RELIGIONS DE L'ANTIQUITÉ.

A PARIS. — DE L'IMPRIMERIE DE RIGNOUX,
rue des Francs-Bourgeois-S.-Michel, n° 8.

RELIGIONS DE L'ANTIQUITÉ,

CONSIDÉRÉES PRINCIPALEMENT DANS LEURS FORMES SYMBOLIQUES ET MYTHOLOGIQUES;

OUVRAGE TRADUIT DE L'ALLEMAND

DU DR FRÉDÉRIC CREUZER,

REFONDU EN PARTIE, COMPLÉTÉ ET DÉVELOPPÉ

PAR J. D. GUIGNIAUT,

Ancien Professeur d'Histoire et Maître de Conférences à l'École Normale, Membre de la Société Asiatique de Paris.

TOME PREMIER.

SECONDE PARTIE.

Études philologiques, historiques et littéraires, pour servir de Notes et d'Éclaircissemens à l'Introduction, et aux Religions de l'Inde, de la Perse et de l'Égypte.

PARIS,

TREUTTEL ET WÜRTZ, LIBRAIRES,
RUE DE BOURBON, N° 17.

A STRASBOURG ET A LONDRES, MÊME MAISON DE COMMERCE.

M DCCC XXV.

NOTES ET ÉCLAIRCISSEMENS

SUR LE PREMIER VOLUME.

Introduction : note 1re (chap. I, p. 2).

Selon M. Gœrres, la religion, dans son essence, est une, éternelle, immuable comme Dieu même : mais, dans son développement et dans ses formes extérieures, elle tombe sous la loi du temps, qui est celle de l'homme; comme l'homme et comme l'espèce humaine, elle naît, grandit, se diversifie en s'étendant, semble s'épuiser par son progrès, vieillit, meurt, renaît de ses cendres, et, dans cette perpétuelle vicissitude, dans ce jeu, en quelque sorte mécanique, de la vie et de la mort, s'épure, s'élève, se généralise et tend incessamment vers l'infini, son principe et son but. Venue de l'unité, elle retourne à l'unité, mais à travers le monde dont elle suit la marche, et par l'homme dont l'histoire est la sienne.

L'homme, enfant de Dieu et de la nature, reste long-temps attaché au sein où il a pris naissance, et il ne s'en détache que par degrés : c'est sous l'inspiration de la nature que se forment ses premières croyances; c'est à la nature que s'adressent ses premiers hommages. Tout est grand, tout est significatif, quoique simple et grossier, dans ce premier culte. Les phénomènes terrestres en sont d'abord les objets; les fleuves et leurs sources mystérieuses, les montagnes, leurs grottes profondes, leurs terribles volcans, le feu, le feu surtout, puissance active et cachée qui dévore tout ce qu'on lui présente. Mais les regards de l'homme quittent bientôt la terre pour s'élever aux cieux et contempler ce magnifique spectacle : là est la source du feu, là est son empire; là brûle éternellement le flambeau sacré du soleil; là étincellent les astres comme d'innombrables flammes au sein des ténèbres. Le culte du feu fait place à celui des astres, ou plutôt il se rattache à ce dernier. Le soleil et l'armée des cieux avec les élémens, qui leur sont subordonnés, voilà les puissances immortelles et tout à la fois les prêtres du ciel; le monde entier est un reflet de Dieu, Dieu est adoré dans le monde qui le révèle aux hommes : en ce sens, la religion primitive devient un panthéisme.

Ici commence l'ouvrage des prêtres : expliquant la Divinité par la nature, ils étudient les élémens et leurs propriétés, ils enseignent la sagesse dans les exemples des animaux, ils ordonnent les cieux sur le plan de la terre, et réforment la terre sur le plan des cieux. Ils déterminent les demeures de la lune, du soleil et des planètes dans le zodiaque; ils rattachent le cours de l'année aux cercles qu'ils ont tracés sous la voûte céleste, établissent les saisons, les mois, les semaines et les jours, et règlent les fêtes d'après les grandes périodes de la révolution des astres, les fixant principalement aux équinoxes et aux solstices. Et comme, partis d'un centre unique qui fut le foyer de l'espèce humaine, les peuples ne se sont répandus que lentement vers les extrémités, ces vues sur le monde, et toute cette ordonnance ou céleste ou terrestre, ont été le commun héritage qu'ils ont emporté de leur patrie commune dans leurs migrations lointaines. Chacun d'eux a bâti ensuite, selon son génie et les circonstances, sur ces fondemens qui se retrouvent partout.

Telle fut l'enfance de l'homme s'ignorant encore lui-même; telle fut sa première religion toute spontanée et toute sensible. Il se confondait avec la nature, et la voyant vivante il vivait en elle; mais enfin il s'en distingua peu à peu, et là se manifeste le progrès. Le sentiment de l'existence propre commença à battre dans son cœur, d'abord sous la forme obscure d'une vie plus forte et plus énergique, de la vie organique s'exaltant dans la passion et n'ayant d'autre but que de se reproduire, se reproduisant par un acte instinctif; cette forme aussitôt se réfléchit dans la religion. Le monde animé par l'homme reçut de lui les deux sexes représentés par le ciel et la terre : le ciel, principe fécondant, mâle et tout de feu; la terre, fécondée, femelle et source de l'humide. Toutes choses sont issues de l'alliance de ces deux principes. Les forces vivifiantes du ciel se concentrent dans le soleil, chef de l'armée céleste; et la terre, éternellement fixée à la place qu'elle occupe, reçoit les émanations de cet astre puissant par l'intermédiaire de la lune : celle-ci répand sur la terre les germes que le soleil a déposés dans son sein fécond. Chaque printemps est la fête nouvelle où se célèbre et se consomme à la fois l'hymen des deux principes; les plantes, les animaux, les hommes, sont les fruits qui naissent de leur union. Le monde, dans cette intuition enfantine et naïve, ressemble à une fleur de lotus : au fond du calice repose la terre, qui est comme l'ovaire renfermant les graines et poussant le pistil jusqu'au stigmate qui figure la lune, appelée encore la terre éthérée et liée intimement à notre planète; et quand le soleil vient, en quelque sorte, investir avec les étamines l'organe féminin, et répandre à la faveur de la lumière les semences fécondantes sur le stigmate ou la lune, celle-ci les recueille pour les porter ensuite dans le sein maternel de la terre qui doit les nourrir et les mettre au jour. Le lingam est tout ensemble le symbole et le mystère de cette époque religieuse, et son culte se perd dans la nuit des temps. Les douze lingams de l'Inde, divisés en mâles et femelles (Phallus et Cteis), nous donnent les douze dieux et les douze déesses de la Grèce, c'est-à-dire le soleil parcourant ses douze demeures, et la lune ses phases analogues, à travers le zodiaque. Ils appartiennent tous à cette époque, ces dieux qui apparaissent sur la terre, revêtus de jeunesse et de fécondité, pour y verser la vie, l'abondance et les biens physiques, comme le Siva des Hindous, l'Osiris des Égyptiens et le Bacchus des Grecs. Le culte porte un caractère semblable : c'est un enthousiasme, une ardeur de vie, un transport effréné des sens qui éclate en orgies et en fureurs bachiques, et par une hospitalité brutale, va jusqu'à prostituer les femmes aux étrangers parmi les fêtes et dans les temples même. Mais à cette chaleur de vie, qui transporte l'homme en exaltant ses organes, est opposée la mort, la froide mort, qui les éteint et les glace impitoyablement. Aussi la douleur succède-t-elle à la joie, le silence au fracas bruyant, et les plaisirs font place aux larmes. Ces dieux qui avaient paru sur la terre pour la féconder et la réjouir, et qui l'avaient peuplée des plus brillantes productions, disparaissent maintenant et s'enfoncent dans la nuit du tombeau. L'hiver et les ténèbres ont remplacé le printemps et la lumière; la mort triomphe de la vie.

Mais une fois que cette soif brûlante de la vie se fut assouvie dans la matière et en eut pris à son gré, les organes calmés et plus élastiques mirent en jeu une force nouvelle. Comme Achille, au milieu des femmes, quand il aperçoit une arme, soudain la volonté s'élance du sein des affections. Un plus noble mouvement est imprimé à la vie, un plus noble but lui est proposé. L'homme veut toujours créer, mais créer des actes; il veut faire de grandes choses, il aspire à dominer, mais à dominer entre les forts. En un mot, la nature morale se fait jour dans l'homme, et à l'instant cherche un adversaire contre lequel elle puisse dignement s'exercer. Ce n'est plus cette lutte sans conscience et sans gloire de la sensibilité, entre le plaisir et la douleur, la vie et la mort; c'est un combat volontaire, héroïque, où le bien et le mal sont aux prises, où le plaisir et la mort sont comptés pour rien. Toutefois ce dualisme moral se produit long-temps lui-même sous des formes obscures dont il se dégage peu à peu; long-temps le bien c'est pour lui la force, le mal c'est la faiblesse : de là le mépris et l'esclavage des femmes chez toutes les nations héroïques de l'Orient et de l'antiquité. Mais enfin le dualisme passe dans la sphère qui lui est propre, celle de la volonté et du libre arbitre; les idées pures du bien et du mal moral prennent leur essor. L'homme commençant à se reconnaître dans cette sphère nouvelle, transporte au monde cette nouvelle conception de lui-même. L'idée de la Divinité se révèle au héros, dont tous les efforts tendent à la vertu, sous une forme semblable à la sienne, une forme héroïque et morale. A cette troisième époque viennent se rattacher tous les mythes où paraît un héros divin, tel que l'Hercule phénicien ou grec, luttant contre les ténèbres, les mauvais esprits, les géans et les monstres ; et, quand il a dompté tous ces ennemis, célébrant dans la victoire son apothéose. Vichnou, dans ses principales incarnations, le Dschemschid de la Perse, le Bélus de l'Assyrie, l'Horus égyptien et l'Odin du Nord, se présentent sous ces nobles traits.

Enfin s'ouvre la quatrième période. L'héroïsme et l'élan moral de la jeunesse s'étant donné carrière, la prudence et la réflexion de l'âge mûr réclament aussi leurs droits. Du milieu des forts s'élèvent les sages, qui fondent un nouvel empire régi par des lois nouvelles. L'homme découvre en lui-même un nouvel organe, au moyen duquel un monde tout nouveau se développe à ses regards. Jusqu'ici l'univers lui avait apparu sous la forme d'une grande opposition, d'abord des deux sexes, de la vie et de la mort, et, par un premier progrès, du bien et du mal : maintenant éclate une troisième et plus profonde antinomie. Long-temps toute vie fut considérée comme matière, et toute matière comme vivante ; puis la vie et la matière se séparèrent insensiblement l'une de l'autre, on distingua une matière grossière et visible, une matière subtile et invisible ; enfin l'élément spirituel et l'élément matériel firent entre eux un divorce complet, la matière fut déclarée morte, l'esprit seul vivant. Cette antinomie, ouvrage de la plus haute abstraction, s'identifie d'abord avec l'opposition morale ; la matière est regardée comme résidant essentiellement dans le mal, et l'esprit dans le bien : par un dernier effort, l'esprit et la matière sont de nouveau rattachés l'un à l'autre, et la prééminence de celui-là fut proclamée dans toutes les sphères. C'est dans cette quatrième période que s'est développée la doctrine des esprits ou la démonologie tout entière. L'abstraction commença par séparer des formes de la nature le principe intérieur qui les anime ; passant aux élémens, elle en fit de même ; généralisant encore, elle découvrit dans le monde une âme universelle qu'elle distingua de lui, jusqu'à ce qu'enfin vint le christianisme qui établit son règne au faîte de toutes les abstractions. L'astrologie, dont les profondes racines tiennent à la première époque, prit son développement de concert avec cette vue nouvelle du monde, ainsi que la métempsychose, qui nous montre l'intelligence descendant par des degrés infinis jusque dans la matière, pour remonter ensuite non moins péniblement au rang supérieur dont elle était déchue. Tous ces prophètes et tous ces sages mythiques nés parmi les hommes pour les instruire et les rendre meilleurs, Brahmâ, Menou, son fils, et les antiques Mounis, Crichna, Bouddha, Zoroastre, Thoth-Hermès, Minos, Teutatès, etc., caractérisent cette quatrième époque dont ils formèrent l'esprit[1]. (J. D. G.)

Note 2 (chap. II, p. 16).

§ 1. « Ceux qui parlent des choses divines au moyen de signes sensibles (intuitivement) s'expriment ou en symboles et en mythes, ou en figures (en simples images). Mais ceux qui énoncent leurs pensées sans voiles le font ou par la méthode scientifique, ou par une inspiration des dieux. L'exposition des choses divines par la voie des symboles est orphique, et propre en général aux auteurs des théomythies; celle qui se sert de figures est pythagoricienne. (Proclus in Theolog. Platon., I, 4, 9.)

Ainsi donc, au langage intuitif qui emploie des signes sensibles (ἔνδειξις, τὸ ἐνδεικτικόν), est opposé le langage sans voiles (ἀπαρακαλύπτως); et en effet les signes sont des images, des

---

[1] Gœrres, *Mythengeschichte der asiatischen Welt*, I, p. 16-31. — On peut comparer cette théorie avec celle qu'a publiée M. Fr. Schlegel, dans le second livre de son ouvrage allemand *sur la langue et la sagesse des Hindous*, p. 89 sqq. Sans entrer ici dans l'examen, que nous touchons ailleurs (Discours prélim., III), des bases de ces deux systèmes opposés en grande partie, nous renvoyons le lecteur à notre développement de la religion de l'Inde (liv. I, chap. 2-5, principalement pag. 170 sqq., 212 sqq., 240 sqq., 258 sqq., 265 sqq., 294 sqq.), ainsi qu'aux notes 4 sur le liv. I, 4 sur le liv. II, etc., *ci-après*, et à l'exposition tout entière de la religion de l'Égypte (l. III, *passim*) par M. Creuzer. (J. D. G.)

formes, des voiles (παραπετάσματα, προκαλύμματα) à travers lesquels nous apercevons ce qui ne tombe pas immédiatement sous les sens. D'autres auteurs se servent d'autres expressions pour désigner l'une ou l'autre méthode d'instruire : l'*intuitive* appelée encore, d'un nom qui rassemble toutes ses branches diverses, *compositions* (συνθήματα) [1], a pour contraire la *discursive* (διέξοδος, διεξοδεύειν), comme qui dirait celle *qui prend la grande route*, la méthode du raisonnement. Voilà comment l'art même qui consiste à se passer de figures reçut une dénomination figurée, et qui plus est, ce fut un mythe que l'on chargea d'immortaliser l'origine du langage discursif ou logique, avec celle de l'écriture alphabétique, sa sœur [2].

La méthode d'intuition, suivant Proclus, a deux subdivisions, les *symboles* et les *mythes* d'un côté, de l'autre les *figures*; ceux-là propres aux Orphiques, celles-ci aux Pythagoriciens. Par ces dernières, il entend les figures mathématiques, au moyen desquelles Pythagore construisait les idées dans l'espace : ce philosophe avait transporté aux choses divines les figures (σχήματα) et les nombres (ἀριθμούς); il s'en servait comme d'images et de signes pour exprimer ses dogmes. Ces figures doivent être distinguées des locutions symboliques

---

[1] Cette intuition est en effet une véritable *synthèse*, et la première de toutes : l'institution en est rapportée à la nature, aux dieux, qui se révèlent et révèlent toutes choses par des *symboles* (διὰ συμβόλων, διὰ συνθημάτων); l'homme possède une faculté analogue (σύνθεσιν), et son esprit conçoit symboliquement ce qui lui est présenté sous la forme symbolique (Jamblich. de Myster., VII, 1; III, 15). Un autre auteur, parlant des *mythes* qui sont, suivant lui, le langage des dieux comme celui des hommes, dit que *le monde entier n'est autre chose qu'un grand mythe*. (Sallust., de Diis et Mundo, cap. 3, p. 8, *ibi* Orellius, p. 77. Cet éditeur me paraît changer fort mal à propos le σύνθεσιν de Jamblique en σύνεσιν, dans le seconde passage cité.) (J. D. G.)

[2] Simplic. cité dans le texte, *ubi sup.* Sallust., cap. 3. Jamblich., de Myster., I, 21. Plotin., Ennead. V, 8, 6. Clem. Alex. Stromat. IV, 25. Suidas, v. Ἑρμῆς. Eudoc. Violar., p. 159 in Villoison. Anecdot. *Conf.* Herodot., II, 126.

et des *symboles parlés* en usage chez les Pythagoriciens. *Voyez* le texte, chap. III, p. 51 sqq.

Attachons-nous maintenant à l'exposition intuitive, qui concerne particulièrement notre objet, et voyons quelles justes idées les anciens attachaient aux mots par lesquels ils désignaient ses différentes branches que nous ramènerons à deux principales, le *symbole* et le *mythe*.

§ 2. Le sens primitif, l'idée la plus simple du mot *symbole*, c'est : *une chose composée de deux* [1]. De là vient que les deux moitiés d'une tablette brisée par deux personnes qui contractaient ensemble un lien d'hospitalité, conformément à l'antique usage, s'appelaient des *symboles* (σύμβολα, συμβόλαια, *tesseræ hospitales*), et ces *symboles* étaient soigneusement gardés par chacune des parties comme un gage de leur mutuel contrat. Le mot s'étendit, par la suite, à tous les contrats, d'une nature quelconque, et s'appliqua successivement à tous les objets qui, pour les sanctionner, furent substitués au signe grossier des antiques alliances, dans le progrès des temps et de la civilisation. Peu à peu il en vint à désigner toute espèce de gage, par exemple, l'anneau que l'on déposait avant de prendre part à un banquet commun, et que l'on retirait ensuite en payant son écot : l'écot lui-même portait ce nom. Enfin tout signe de reconnaissance, tout mot d'ordre (*tessera militaris*), toute parole convenue, tout signal à la guerre (συνθήματα, παρασυνθήματα); l'anneau nuptial, celui qui servait de sceau, et tout anneau, en général, furent appelés des *symboles*. Les mots

---

[1] Platon. Sympos., c. 16, *init*. Aristot., de Generat. anim. I, 18. — Pour bien comprendre toute la filiation des sens si nombreux de σύμβολον, il faut se reporter au verbe qui est la racine de ce mot : 1° συμβάλλειν, réunir, rassembler; 2° συμβάλλειν et συμβάλλεσθαι (avec le datif de la personne), rencontrer quelqu'un; se trouver, traiter avec quelqu'un, etc.; 3° comparer *sa pensée avec un cas présent*, tirer des conjectures (*conjicere*), chercher à pénétrer quelque chose d'énigmatique. *Voy.* les développemens de ce dernier sens dans les Commentat. Herodot., I, cap. 2, § 23, p. 302 sqq.

σῆμα, σημεῖον, chez les Grecs, et *signum*, chez les Latins, sont employés comme analogues [1].

En effet, l'idée de *symbole* se confond avec celle de *signe*, dans le sens le plus général. Bientôt même *symbole* exprime le signe par opposition avec la chose signifiée, le mot comme signe de l'objet, l'image comme marque extérieure d'une action ou d'un sentiment. Toutes ces acceptions dérivent du sens le plus simple et le plus naturel de συμβάλλειν, d'où vient σύμβολον. Mais ce verbe a d'autres significations, d'où le nom de *symbole* emprunte les sens plus élevés que nous allons parcourir.

Ici viennent d'abord se rattacher les signes ou avertissemens divins, objet de l'interprétation religieuse ou de la divination, (μαντεία), dont les uns ont rapport à l'oreille, les autres au regard. Aux premiers appartiennent les réponses des oracles (χρησμός), puis les sons ou bruits mystérieux de toute espèce (φήμη et κληδών — ὄττα, ὀμφή, *omina ex voce*); aux autres les apparitions et les visions (φάσμα, ὀμφή, dans un autre sens), les prodiges (τέρας, *monstrum*), enfin les *symboles* (σύμβολον), les *signes*, en général, qui tombent sous les yeux, qui ont quelque chose d'imprévu, de soudain, comme la rencontre inattendue d'une personne, les éclairs et *météores* semblables, le vol des oiseaux et tous les augures proprement dits [2].

Ce nouvel ordre d'idées est caractérisé par les accessoires

---

[1] Isidor., Etymol. V, 24, ed. Areval. Interpret. ad Lucian. Asin., tom. VI, p. 466 Bip. — Photius, Lex. gr. Scholia et Heindorf ad Platon. Gorg., p. 127. Creuzer ad calcem Plotini de pulcr., p. 115. Demosth., de Halones., p. 70. Oudendorp ad Thom. Magist., p 818. Diogen. Laert., X, § 150, *ib.* Kuhn. — Athenæus, III, 86, *ib.* Casaub., tom. II, p. 320, Schw. — Xenoph., Cyrop. IV, 1, 45, *ib.* Fischer. Casaub. ad Theophr. Charact., VI, p. 87. Plin. H. N. XXXIII, 1, 4.

[2] Sext. Empir., adv. Mathem. VIII, p. 475, Fabric. Budæi Comm. ling. gr., p. 867, 523 Ascens., Callimach., fragm. CIII, coll. CXXII. Plutarch., præcept. conjugal., p. 548, Wytt. — Ruhnk., ad Tim. Lexic. Plat. v. ὄττα. Xenoph. Memor., I, 1, 3. Boissonad., ad Philost. Heroic., p. 2, p. 280. Wyttenb., ad Julian., p. 158, ed. Lips. Æschyl. Prometh., 487, Schütz. Aristophan., Av. 720. Spanheim, ad Callim. in Pallad., 123.

de naturel, d'originel, et aussi d'accidentel, d'obscur dans son origine, en un mot, de divin, au sens de l'antiquité. L'usage des anciens classiques de la Grèce introduisant le symbole dans la sphère de la religion, le conduit à exprimer ces sortes de relations entre les hommes et les dieux qui ne sont pas susceptibles d'être expliquées, mais seulement interprétées. La nature, du sein de ses profondeurs, parlait à l'homme au moyen de présages, de signes, d'avis pleins de mystère, qu'on appelait des *symboles*. Ces symboles lui étaient donnés d'une manière soudaine, ou bien il les provoquait, et cherchait à les obtenir dans les situations graves de la vie. L'idée de quelque chose d'originel, de primitif, de divin, dans le symbole, n'a pas d'autre source, en effet, que la croyance antique qui animait le monde entier, ses forces, ses phénomènes, et mettait l'homme dans un perpétuel rapport avec les dieux faits à son image. Aussi la connexion du signe et de la chose signifiée, loin d'être arbitraire, repose sur les lois éternelles de la nature. Ce sont les dieux qui donnent les signes, ils en sont les premiers interprètes, leur culte est fondé sur ce bienveillant secours qu'ils prêtent à l'homme; et les symboles où les prêtres déposent, à l'exemple des dieux, toutes les hautes connaissances, ont eux-mêmes pour sanction cette origine sublime. C'est ce qui fait la prééminence du symbole sur tous les autres genres d'expression figurée [1].

Les réponses symboliques des Stoïciens qui appelaient ainsi un clin d'œil, un geste, un *oui* ou un *non*, gestes parlés, en quelque sorte [2], nous serviront de transition pour arriver à un nouveau sens du mot *symbole*. Ces sortes de réponses révélant soudainement une pensée, pénètrent d'un seul coup dans l'esprit, ce qui est propre au symbole qu'on pourrait nommer une *révélation instantanée*. En effet, le symbole est un signe

---

[1] Jamblich., de Myster., I, 11. Plethon., Scholia in Oracula mag. Zoroastr., p. 45, Opsop., p. 88, Gal.

[2] Sext. Emp., adv. Math., II, 7. Davis., ad Cic. de Fin. II, 6. Ammon., v. ἐρωτᾶν. Diog. Laert., VII, 66. Eustath., ad Odyss. III, p. 112, Bas., etc.

ou une parole qui donne instantanément une conviction profonde, qui vit dans la mémoire et lui rappelle une grande idée [1]. Ce mot, dans la religion populaire, s'applique à diverses parties du culte des dieux; mais il a des rapports plus intimes avec la doctrine secrète et le culte supérieur pratiqué dans les mystères. Différens emblèmes et différentes formules employés par les initiés, les mots d'ordre et les signes au moyen desquels ils se reconnaissaient entre eux, toutes les choses de ce genre portaient le nom de *symboles* ou un nom analogue [2].

Ces noms, avec leurs diverses significations, passèrent des mystères du paganisme dans le christianisme naissant. On sait que la primitive Église appelait *symboles* ses dogmes principaux, ses articles de croyance réduits en formules, aussi bien que les signes ou mots qui servaient aux chrétiens à se distinguer des païens. En second lieu, certains signes sensibles, certains actes visibles, gages de l'invisible salut, tels que les sacremens, etc., recevaient le même nom accompagné le plus souvent d'épithètes démonstratives. Le Christ lui-même, fondateur des sacremens, est appelé le *Créateur des symboles* (ὁ τῶν συμβόλων δημιουργός), dénomination empruntée aux philosophes grecs; les échanges de ce genre sont réciproques [3].

Il y a une grande diversité d'opinions sur l'origine de ce nom de *symboles* appliqué aux articles de foi et aux sacremens du christianisme [4]. Mais cette origine, à n'en pas douter, doit être demandée au paganisme. De même que les plus éclairés d'entre les païens, ne trouvant plus dans le culte public de leur religion de quoi satisfaire aux besoins de leur âme, se

---

[1] Schol. Euripid. Med., p. 271 Beck. Plotin, Enn., V, 8, 10. — On peut en voir un exemple frappant dans Hérodote, V, 92, 7.

[2] Etymol. M., v. σύμβολα. Clem. Alex. Protrept., p. 18, Potter. Arnob., adv. Gent., V, p. 130, Elm.

[3] Suicer., Thesaur. Ecclesiastic. v. σύμβολον, p. 1089-1103. Chrysostom., in Matth., p. 699. Casaub. Exercit. in Baron., XVI, p. 457.

[4] Isidor., Etymol., VI, 19. Suicer. *ubi sup.* Vossius, de Symb., I, 19. Casaubonian., p. 127.

formèrent en associations secrètes où l'on enseignait une doctrine plus pure, dont les dogmes furent confiés à des signes et à des formules inaccessibles au vulgaire ; de même la religion des chrétiens répudiant le paganisme tout entier, et sentant de quelle importance il était pour elle de se séparer profondément de tout ce qui lui devenait étranger, fit, des sacremens, des confessions de foi réduites en formules, etc., les caractères distinctifs de ses adeptes. De là, entre autres emprunts remarqués par des savans du premier ordre [1], le terme de *symbole* passé des anciens mystères dans la liturgie nouvelle du christianisme, sous son acception la plus élevée, pour exprimer certains actes et certains mots, d'un sens profond et d'une concision énergique, où se reconnaissaient les initiés.

Passons au *mythe*, le second des deux grands genres de l'exposition intuitive, et voyons les divers sens de ce mot ainsi que de quelques autres qui s'en rapprochent naturellement.

Μῦθος vient de μύω *claudo,* ou de μυέω *arcanis initio,* ou enfin de μύθω, μύζω, *musso, clauso ore sonum per nares edo :* c'est-à-dire que ce nom, dans son acception première, désigne la pensée qui n'est point encore exprimée, mais renfermée dans l'âme, et par une liaison d'idées toute simple, le discours comme expression de la pensée. Ce mot a deux analogies remarquables, l'une avec θυμός, qui peut être révoquée en doute; l'autre, plus certaine, avec l'allemand *Muth* et *Gemüth*, l'âme, le cœur, également [2].

Λόγος, de λέγω (dont le sens primitif est le latin *lego, colligo*), cueillir, choisir, assembler, rassembler, poser, mettre en ordre, dénombrer, exposer, (*legen, darlegen* en allemand), signifie proprement compte, calcul, dénombrement, par suite, exposition, discours, récit (en français *compte* et *conte*), et la

---

[1] H. Valesius, ad Euseb. Histor. Eccles., p. 219. Casaub. Exercit. XVI, p. 484. J. Chr. Wolf, ad Casaubonian., 319.

[2] Hom., Iliad., XVII, 200. Damm Lexic. Homer. s. v. Tib. Hemsterh., in Lennep Etymol. l. gr., p 432.

faculté qui calcule, raisonne, expose les idées avec ordre et méthode, le raisonnement, la raison [1].

Ἔπος, c'est la parole rattachée, liée, un discours suivi, de ἕπω (ἅπω, apio, apto), qui est identique à ἴπω, d'où l'usité ἕπομαι, sequor, verbe latin de même famille : ainsi Livius Andronicus, dans le premier vers de l'Odyssée, avait traduit ἔννεπε par insece, du suranné sequo, insequo ou inseco (ἕπω, ἔπω, ἔκω, ἤκω; sequo, seco, etc.; en allem., sagen et sage, tradition, conte populaire, dont l'idée fondamentale est une suite, une succession). Ἔπος (Épopée), c'est donc un récit remarquable par la suite, par la beauté du développement et de l'ordonnance. Enfin, Ῥῆμα de ῥέω fluo, c'est la parole qui coule des lèvres, plus douce que le miel, comme dit Homère [2]. (Ῥέω, ῥίδω, en allem. reden, parler, rinnen, runen, vieux mot, couler, (Rhin, Rhône), duquel vient Runen, et qui ramène ainsi l'idée de récit et de tradition, les fameuses Runes du nord.)

Maintenant, dans l'usage, se formèrent les acceptions et les rapports suivans. Μῦθος, chez Homère et chez les poëtes imitateurs de son langage, a un sens extrêmement étendu; il s'applique à toute espèce de *discours*, sans distinction de vérité ou de fausseté : μυθεῖσθαι signifie *parler, discourir, raconter*, en général. Chez les Ioniens, même en prose, et le verbe et le nom s'emploient de cette manière : par exemple, μῦθος est pris pour une *délibération*, un *conseil* public; pour une *faction*, un *parti* se déclarant publiquement par un discours, et l'orateur, dans ce cas, s'appelle μυθιήτης. Platon se sert encore du verbe μυθολογεῖν tout-à-fait à la manière antique [3].

---

[1] Lennep Etymol., p. 366. Damm Lex. Hom. s. v. Kanne *Verwandschaft der gr. und deutsch. Sprach.*, p. 252.

[2] Scheidii Animadv. ad Analog. l. gr., p. 434. Lennep Etym., p. 214. — Gell. N. A. XVIII, 9. *Conf.* Buttmann, Lexilogus, I, 63, p. 287 sq. — Iliad. I, 249. Lennep Etym., p. 631, *ib.* Valckenaer.

[3] Heyn., ad Il. I, 221. Tib. Hemsterh., in Lennep. Etym. p. 436. Apoll. Lexic. Hom., p. 558, *ib.* Villoison. Plato, de Leg., I, p. 195, Bekk. Heindorf, ad Phædr., p. 347 sq.

De bonne heure et peu à peu l'on apprit à faire la différence de λόγος et de μῦθος. Le premier de ces mots exprima d'abord un récit quelconque, vrai ou faux indifféremment. Bientôt λόγος s'appliqua spécialement au récit véritable, et μῦθος au récit fictif ou poétique [1]. C'est ainsi qu'Aristote (Poët., VI, § 8) appelle μῦθος la fable imaginaire d'une tragédie. Quelquefois, par un reste de l'ancien usage, on trouve le dernier nom accompagné d'une épithète qui détermine ce sens. Quelquefois, au contraire, les deux mots forment un contraste complet : λόγος ἐν μύθῳ, « la vérité sous le voile de la fable. » Et comme, en effet, ce voile couvre souvent une vérité, une croyance, un dogme, on en vint à définir le mythe : λόγος ψευδὴς εἰκονίζων τὴν ἀλήθειαν [2]. Il est inutile de répéter ici que la *fable* des Latins, *fabula*, reproduit le grec μῦθος, soit dans son étymologie, soit dans la plupart de ses acceptions [3]. (C—R.)

(Ici vient encore se rattacher le mot αἶνος dont il est question dans le même chapitre, pag. 32 sq., et la note. Je le crois tout-à-fait analogue à μῦθος, aussi simple, aussi vague, aussi général dans sa signification primitive; et je doute fort que, par son étymologie, il ait aucun rapport essentiel avec αἰνός, grave, terrible, comme le pense M. Creuzer, d'après Valckenaer et Lennep. Je ne le ferai donc venir ni d'ἀΐς, ténèbres, ni de l'exclamation αἶ, mais de l'ancien verbe ἀΐω, le même que le latin *aio* ou *aiio*, je parle, je dis (ἄω, *spiro*, quasi dicas *proflare voces*) : ἀΐω, comme λέγω et beaucoup d'autres mots grecs,

---

[1] On trouvera de grands développemens sur λόγος, μῦθος et autres mots appliqués aux anciennes traditions, etc., dans l'un des premiers ouvrages de M. Creuzer : *die historische Kunst der Griechen*, p. 173 sqq.

[2] Pind. Olymp. I, 47; Nem. VII, 34. Herodot., II, 45, etc.—Diodor., I, 93. Schleusner., Lex. gr. lat. in N. T. s. v. — Origen., contra Cels., I, p. 330 D. Wyttenb., ad Plutarch. de ser. Num. vind., p. 83. Theon. Progymn., cap. 3 *init.* Suidas s. v.

[3] *Fabula* de *fari*, d'où encore *fama*, *fatum* (dictum oraculum). A la même racine se rapportent Faunus et Fauna (φάω, φαύω, φαύσκω, πιφαύσκω, analogues de φαίνω), noms des anciens chantres sacrés de l'Italie (*Voy.* vol. II, liv. V, sect. II). Wyttenb. Philomath., III, p. 302 sq.

modifia tellement, dans la suite, son acception première, qu'il faut la chercher aujourd'hui dans le latin qui, beaucoup mieux que le grec, a conservé le caractère de la langue antique. Suivant cette étymologie naturelle, αἶνος signifiera primitivement, comme μῦθος, *parole*, *discours*, ensuite *récit*; dans l'ancienne formule rapportée p. 35, note, παλαιὸς αἶνος, λόγος ἀρχαῖος et αἶνος ἀρχαῖος sont employés indifféremment : de là αἰνεῖν dans le sens simple de *parler, discourir, deviser* (Æschyl. Agam., 98); αἶνος un récit, une tradition (Sophocl. Philoct., 1419). Αἶνος est proprement un *dicton*, d'où l'idée de proverbe, de maxime, de sentence, qui conduit, d'un côté à celle de leçon, de citation instructive; de l'autre à celle de recommandation, par suite, d'éloge (*laudare*, en latin, dans le sens de *citer; commendatio — laudatio*) : et comme les apologues, soit dans l'usage, soit par le but moral qu'ils se proposent, ne sont autre chose que des leçons mises sous une forme dramatique et citées comme les proverbes et autres *dictons*, on leur appliqua le nom d'αἶνος tout aussi naturellement que ceux de μῦθος et λόγος, ἀπόλογος. De là encore les idées accessoires d'affirmation, de promesse, d'assentiment, etc., dans les nombreux emplois d'αἰνεῖν toutes dérivent de celle de dicton, de citation, de leçon, de *parole*, qui commande et engage à la fois. Αἰνίσσεσθαι, αἴνιγμα ne font pas difficulté, et ne sont certes pas plus éloignés du sens primitif d'αἶνος que le mythe *mythologique* du mythe simple *discours*; et, en français, *devise* ne vient-il pas de *deviser?* Mais ce qui caractérise constamment αἶνος et ses dérivés, c'est quelque chose de populaire et de proverbial, d'applicable à la vie commune, etc. [1].) (J. D. G.)

Note 3 (chap. II, 18-19).

C'est une grande question que celle de l'origine de l'écriture, tout au moins de l'écriture alphabétique; une plus grande question est celle de l'origine des langues. Les langues ont précédé, la chose est de soi manifeste; et toutefois il semble

---

[1] *Conf.* Lennep. Etymol., p. 57, 66 sqq., *ib.* Scheid. Schneider, *Wœrterbuch*, αἰνεῖν, αἶνος. Creuz., *die hist. Kunst d. Gr.*, p. 174. (J. D. G.)

que les premiers et les plus anciens modes d'écriture aient eu long-temps une existence plus ou moins indépendante du langage. Aujourd'hui encore, chez certains peuples, comme les Chinois, la langue écrite et la langue parlée, entièrement distinctes l'une de l'autre, semblent s'être développées parallèlement dans le cours de leurs progrès; mais la première ne fut point, dans son principe, une dépendance de la seconde. Tout porte à penser que les hommes peignirent d'abord leurs idées comme ils les concevaient, par ensemble, par masses, synthétiquement, ne songeant guère plus à distinguer les élémens de ces idées, dans les images grossières par lesquelles ils les représentaient, qu'ils ne songeaient à distinguer ces mêmes élémens dans leur conception non moins grossière. Telle fut, si on peut l'appeler de ce nom, l'écriture primitive, et le symbole y joue peut-être un rôle plus important qu'on ne serait tenté de le croire. Les tableaux de certains peuples sauvages, les peintures des Mexicains, du moins en partie, et avant tout les *quipos* des Péruviens et les cordelettes nouées des anciens Chinois, que Fouhi remplaça, dit-on, par les premières images, près de 3ooo ans avant J.-C., paraissent en témoigner. Dans cet état de l'esprit humain, tout est obscur, confus, rien n'est encore démêlé, ni déterminé; la parole, le geste, les représentations figurées s'entr'aidant à l'aventure, produisent la pensée au dehors, tantôt isolément, tantôt de concert, toujours d'une manière complexe, instantanée, intuitive.

Mais cependant la parole, ce grand instrument de l'analyse, développe le discours, en démêle les parties, les classe même, tout cela d'abord spontanément et comme à l'insu de l'ouvrier. Les langues s'ordonnent, se distribuent avec méthode, et l'homme, ayant à peine conscience de son progrès, applique cette distribution et cette méthode aux premiers essais qu'il a tentés pour peindre sa pensée. L'écriture imitant le discours et se modelant sur lui commence à analyser comme lui les conceptions de l'esprit. C'est alors et seulement alors, selon nous, que les signes de la langue écrite viennent à correspondre insensiblement aux signes de la langue parlée; le langage est tombé peu à peu sous l'empire de la grammaire, et l'écriture tombe à son tour sous l'empire du langage. Est-il possible d'expliquer autrement cette exacte correspondance entre l'un et l'autre, que l'on remarque, par exemple, dans le chinois?

En effet, dans le chinois, chaque mot a son caractère qu'il représente, comme il est représenté par ce dernier. Les caractères, considérés dans le principe qui a présidé à leur formation, se ramènent à six classes ou sortes, dans lesquelles on reconnaît une progression depuis la simple peinture des objets matériels jusqu'à l'allusion détournée et métaphorique à des idées abstraites, et jusqu'à la peinture des sons qui n'est ici qu'une autre espèce d'allusion, où la figure d'un objet est employée pour rappeler à l'esprit le nom *homophone* d'un autre objet. Ces six sortes de caractères nommés *figuratifs*, *combinés*, *indicatifs*, *inverses*, *métaphoriques*, *syllabiques* ont dû se multiplier dans un nombre analogue à celui des mots, qui suivaient eux-mêmes le progrès des idées. Les formes des traits qui les composent s'étant, de leur côté, modifiées peu à peu, et ces traits s'étant multipliés en proportion des caractères, on a fini par considérer ceux-ci indépendamment de leur origine, et l'on en a fait de nouvelles classifications fondées plus ou moins arbitrairement, soit sur la décomposition des caractères dans leurs images constitutives, soit sur le degré de complication de ces images : de là les sections appelées *poù*, au nombre de 214, où les radicaux (ou *clefs*, images constitutives) sont rangés par ordre et distribués en dix-sept classes depuis ceux qui n'ont qu'un seul trait jusqu'au dernier des 214, qui est formé de dix-sept traits. La première classe, qui sert de base à toutes les autres, renferme six traits simples; ces traits se compliquent successivement jusqu'à dix-sept; leurs diverses combinaisons forment les 214 *poù*, et sous chaque *poù*, ou radical, se rangent, dans le même ordre, les dérivés, qui ajoutent au radical depuis un jusqu'à trente ou quarante traits. C'est ainsi qu'on a pu dire que de six figures élémentaires dérivent les 80,000 caractères des Chinois : mais les meilleurs dictionnaires n'en expliquent que 30 à 40 mille. Voilà proprement la langue écrite de la Chine, qui conserve à peine quelques traces de sa formation première et de son ancienne origine hiéroglyphique, en prenant ce mot dans un sens restreint. (Gœrres, *Mythengeschichte, d. a. W*, I, p. 14 sqq. Abel-Rémusat, Grammaire chinoise, prolégomènes, § I. Le même, sur les plus anciens caractères, etc., dans le Journal asiatique, mars 1823, tom. II, p. 129 sqq.)

L'écriture égyptienne, à laquelle appartient spécialement le nom d'hiéroglyphes, paraît avoir suivi une progression semblable, au moins dans les commencemens. Clément d'Alexandrie (Stromat. V, p. 657) distingue quatre sortes d'hiéroglyphes: les uns, qu'il appelle *kyriologiques*, pures et simples images des objets visibles; les autres, dont le nom (κυριολογούμενα) ne fait que modifier le précédent, modifications et abréviations indicatives des figures entières; une troisième espèce qu'il nomme *tropiques*, c'est-à-dire métaphoriques ou allégoriques; une quatrième enfin, de signes tellement symboliques que l'auteur grec les appelle *énigmatiques*. Les hiéroglyphes ont aussi leurs combinaisons, leurs groupes, et il en était qui correspondant à certains sons de la langue parlée, réveillaient telle ou telle idée selon la manière dont on les employait; ceux-ci ont été nommés *phonétiques*, et sont analogues aux *hĭng-chĭng*, ou *figurant le son (syllabiques)* des Chinois. On trouvera dans la note 10 sur le livre III, ci-après, de plus grands détails sur l'écriture égyptienne, qui, en général, paraît avoir suivi dans son développement une marche, non pas plus logique, ni plus rigoureuse, mais moins arbitraire, moins abstraite, plus nécessaire enfin, que celle des Chinois, et s'être rattachée beaucoup plus étroitement que cette dernière aux peintures simples ou symboliques des premiers temps.

Quoi qu'il en soit, l'écriture égyptienne, comme la chinoise, en était venue à ce point, d'analyser et de représenter avec plus ou moins d'exactitude tous les élémens de la pensée, et leurs rapports divers, par des figures qui répondant aux mots exprimaient directement les idées sans l'intermédiaire des sons, si ce n'est dans certains cas purement accidentels. Cette méthode *idéographique* est aussi supérieure aux grossiers essais de l'enfance des peuples, qu'elle est elle-même au-dessous de la méthode *phonographique* ou alphabétique, vrai chef-d'œuvre de l'esprit humain, qui, analysant la parole comme la parole avait analysé le discours, ramène les mots, innombrables comme les idées, au nombre borné des articulations de la voix, et les fixe par quelques signes invariables, susceptibles des combinaisons les plus variées sans cesser jamais d'être uniformes. Il est naturel de se demander si l'une de ces méthodes put conduire à l'autre, si les *hing-ching* et les hiéroglyphes *phonétiques*, qui font également intervenir les sons dans l'expression écrite de la pensée, et, par ce moyen, commencent à généraliser les caractères, ne seraient pas la véritable origine de l'alphabet, d'abord *total* (un seul caractère représentant tous les mots d'un même son ou d'un son approchant), puis *syllabique*, et enfin *littéral?* Nous renvoyons à la note indiquée plus haut nos réflexions sur ce sujet difficile qui vient de recevoir quelques lueurs nouvelles des importantes recherches de M. Champollion le jeune. Toutefois remarquons d'avance que ni les Égyptiens, ni les Chinois n'ont jamais appliqué à leurs langues respectives une méthode générale d'écrire les sons; leurs divers systèmes d'écriture sont restés essentiellement idéographiques : chacun de ces peuples semble avoir épuisé toutes ses forces dans la pénible et longue invention de sa langue écrite, laborieusement mise en rapport avec sa langue parlée. Peut-être, en effet, fallait-il des races plus jeunes, plus libres, des esprits moins asservis par l'habitude, moins façonnés par les institutions, sinon pour apercevoir, au moins pour approfondir et pour féconder l'idée sublime de ce miroir magique de l'alphabet, où les idées viennent se réfléchir, sans se confondre, par le milieu des sons, et où la grammaire subjuguant le langage, le décomposant non plus seulement dans ses parties, dans les mots, mais dans les élémens organiques de ces mots et dans l'instrument vocal qui les produit, il n'y a plus deux langues, mais une seule langue, qui parle à la fois à l'oreille et aux yeux.

Une autre question qui se lie étroitement à celle de l'origine des divers modes de l'écriture, c'est de savoir quels peuvent être leurs rapports essentiels avec les différentes sortes de langues, quelle influence la nature et les formes de telle ou telle langue peuvent avoir exercée sur la méthode destinée à la fixer par l'écriture (car, ainsi que nous l'avons remarqué, même les écritures idéographiques, tout indépendantes qu'elles sont du langage dans leur principe, tombent bientôt sous ses lois logiques et grammaticales dans leur développement), et réciproquement, comment la méthode d'écrire réagit à son tour sur les formes du langage. La dernière partie de cette question, aussi importante que compliquée, a été récemment proposée à l'Europe savante par l'académie des inscriptions et belles-lettres de l'institut de France, en exécution des volontés de feu M. de Volney, et nous transcrirons ici le programme de la commission, fécond en aperçus profonds et ingénieux....
« On a cru pouvoir avancer... que, dans l'absence de toute écriture, les formes grammaticales dont l'usage est de réunir dans un seul mot, à une idée principale, les idées accessoires de temps, de mode, de genre, de nombre, de personne, et de diverses natures de rapports, se multiplient avec une extrême facilité; d'où il résulte un système grammatical très-compliqué et sujet à éprouver en peu de temps de grands et nombreux changemens; que l'écriture idéographique, au contraire, oppose le plus grand obstacle possible à la multiplication des formes et à la complication du système grammatical, et, par une conséquence nécessaire, donne au langage le plus haut degré possible de fixité; enfin, que les effets produits par l'emploi de l'écriture alphabétique ou phonographique, tiennent le milieu entre ceux qui résultent, d'une part, de l'usage de l'écriture idéographique, et, de l'autre, de l'absence de tout système d'écriture. C'est cette supposition que, etc. » [1].
(Journal des Savans, juin 1823, page 381).   (J. D. G.)

[1] On trouvera d'excellentes vues sur les langues, non-seulement dans l'ouvrage de Gœrres, indiqué ci-dessus, ainsi que dans le premier livre de

Note 4 (chap. II, pag. 27).

Signe, signe sensible, signe divin, telles sont les expressions de notre langue qui nous paraissent représenter le plus exactement, soit le sens général du mot *symbole*, soit son acception la plus élevée. *Image* et *figure* sont beaucoup trop vagues et trop étendus. M. Creuzer trouve le *Sinnbild* allemand (*image sensible*), qui est plus déterminé, dépourvu de ce caractère auguste et profond qui s'attache au symbole. *Sinnbild* revient à peu près à notre mot *emblème*, et l'usage confond souvent ces deux expressions avec celle de *symbole* : cependant *emblème* devrait être affecté aux acceptions inférieures de cet ordre d'idées. *Emblème* se prend fréquemment dans un sens particulier, pour désigner une image ou représentation allégorique qui est accompagnée d'une légende, invention des temps modernes en grande partie; car les anciens, par ce mot, entendaient tout autre chose. Ils l'appliquaient à des figures sculptées ou autres que l'on fixait, en manière d'ornemens, sur des vases d'or et d'argent, et que l'on pouvait en détacher (Ernesti Clav. Cic., *Emblema*. Salmas. Plin. Exercit., p. 735 sqq. Heyne *antiquar. Aufsætze*, p. 147 sqq.). L'*emblème* et la *devise* s'emploient aussi l'un pour l'autre dans l'usage moderne. Winckelmann et Sulzer embrassent sous le nom d'*allégorie* le domaine entier des représentations figurées, et, en général, il règne chez ces auteurs une confusion de mots qui s'étend trop souvent aux idées; leur divers éditeurs ont tâché d'y remédier, et quelquefois ne font qu'augmenter l'embarras. (Winckelmann, de l'Allégorie, principalement p. 58 sq., 65; et les éditeurs, p. 358, 366 sq. Sulzer, Disc. sur l'Allég., p. 242; l'un des édit., p. 277 sq. : tom. I et II de la collection française. Meyer, sur Winckelm., tom. II, p. 685, 699, 742 de la dern. édit. allem.)

celui de Fr. Schlegel, intitulé *Ueber die Sprache, etc., der Indier;* mais encore dans la publication plus récente du docteur Link de Berlin : *Die Urwelt und das Alterthum erlæutert durch die Naturkunde*, 1821 sq., vol. I; p. 141 sqq.

Il nous semble que M. Creuzer, par sa théorie profonde et savante, a jeté de vives lumières sur tout le sujet, et nous ne connaissons rien, en ce genre, qui soit comparable à ce chapitre second. (C—r. et J. D. G.)

Note 5 (chap. II, p. 44.)

Il ne faut pas que la forme fasse prendre le change sur le fond dans la poésie épique des Grecs. Ce peut être une question de savoir si Homère ou les chantres nationaux de cette époque avaient toujours le secret des antiques figures qu'ils mettaient en scène; ce n'en est plus une que l'origine symbolique de la plupart de leurs personnages et de leurs récits. Les anciens étaient beaucoup plus familiarisés que nous avec cette manière d'interpréter allégoriquement leurs traditions poétiques, surtout quand l'anthropomorphisme se trouvait en opposition avec la morale. D'un autre côté, mainte leçon utile, présentée sous les formes tout humaines de l'histoire, devenait, à la faveur de cette métamorphose, un frein plus sûr aux passions d'un peuple ignorant et esclave de ses sens. C'est pourquoi les poëtes, bien qu'initiés souvent dans les dogmes de la religion supérieure, préféraient, par des raisons morales, approprier leurs chants aux croyances populaires. Homère, d'ailleurs, pour revenir à ce grand type de la poésie épique, pouvait encore avoir d'autres motifs pour se renfermer entièrement dans l'horizon de la multitude. Le sentiment profond de l'art, qui veut plaire avant tout, lui faisait une loi de plier son génie aux mœurs et aux opinions dominantes dans la Grèce. Bien qu'il connût, selon toute apparence, l'Égypte et l'Orient; qu'il eût vu de ses yeux les sculptures symboliques de la Thébaïde, ou tout au moins en eût entendu la description de la bouche des navigateurs ioniens, ses compatriotes; voulant faire entrer dans ses poëmes, fondés sur une action et sur un récit, ces allégories profondes, il fallait qu'en artiste habile il en adoucît les formes, sût les fondre avec sa narration, avec ses personnages, et par cela même les dépouillât de cet aspect mystérieux qui excitait si fortement l'esprit et le remplissait du sens caché. Homère pourrait donc bien être plus sage que nous ne le faisons ; mais il prit pour lui la forme et laissa le fond aux doctrines secrètes. (*Briefe über Homer und Hesiodus*, etc., Heidelberg, 1818, pag. 126 sqq.)

Note 6 (chap. III, p. 63, 64).

§ 1. Winckelmann qui, dans son Essai sur l'allégorie, chap. VI (p. 233 sqq. de la traduct. fr.), touche aussi en passant l'allégorie de la matière, considère celle des formes principalement dans les meubles et ustensiles des anciens, objets de la sculpture, depuis les lampes jusqu'aux armures. Puis, annonçant qu'il va s'occuper de l'architecture, sous son point de vue analogue, il dit à peine quelques mots de l'ordonnance allégorique d'un petit nombre d'édifices anciens et modernes, et se jette aussitôt dans les ornemens et les accessoires qui sont bien plus du ressort de la sculpture que de l'architecture. Le grand sujet de l'architecture symbolique, dont le domaine embrasse à la fois les temples de l'Orient et ceux de l'Occident, reste donc tout entier à approfondir ou même à traiter. Nous nous contenterons de rapprocher ici quelques indications et quelques traits, puisés la plupart dans l'ouvrage même de M. Creuzer, et qui pourront servir à porter l'attention sur tel ou tel point de cette vaste et importante matière. Les obélisques et les colonnes, ornemens souvent gigantesques des temples de l'Égypte et de la Perse, figuraient, soit par leur forme, soit par leurs accessoires, les rayons du soleil, son disque, le feu céleste ou terrestre, etc. (liv. II, chap. 5, p. 370, 372 sqq.). Les pyramides, tombeaux des dieux ou des rois, leurs images, avaient un sens plus grand encore et plus profond (liv. III, chap. 5, p. 448). Le monument d'Osymandyas, surmonté du zodiaque; le labyrinthe qui représentait dans ses détails cette carrière des animaux célestes que parcourent sans cesse et les dieux et les âmes (*ibid.* 7, 472; 4, 443), nous aident à concevoir ces grottes, ces temples, ces villes même, où, par des dispositions et des figures mystérieuses, l'on avait cherché à reproduire les sphères célestes, le système du monde et toute l'ordonnance de l'univers (II, 4, p. 354, 360; III, 8, 488, 490). C'est ainsi que la Médie et sans doute aussi l'Égypte et l'Inde avaient transporté sur la terre la *cité des dieux*. Chez les Sabéens, on voyait des constructions symboliques de même genre. Leurs temples étaient bâtis de telle sorte que les influences des astres y pussent descendre avec leurs rayons, et les formes de ces édifices différaient selon les divinités qui y recevaient les hommages des peuples (Gœrres, *Mythengesch.* I, 288 sq.; *ibi* Maimonides More Nevochim, cap. 29, et Abulpharag., hist. Dynast., p. 2). La Grèce primitive eut aussi ses labyrinthes, ses sculptures allégoriques, telles que le bas-relief de la porte de Mycènes, si bien expliqué par notre savant auteur (II, 5, 368 sqq.); et même le Panthéon romain peut être rangé dans cette classe. Les notes 1, § 3, du liv. I et du liv. II; 1, § 2, du liv. III, et 9 du liv. II offriront les détails nécessaires, avec quelques exemples nouveaux.

§ 2. Quant à l'architecture chrétienne, et particulièrement à celle qui caractérise la dernière partie du moyen âge et le génie des nations modernes, ou à cet ordre original d'architecture qu'on nomme improprement *gothique*; pour se faire une idée du rôle important qu'y joue le symbole, il faut lire la description aussi savante qu'animée que vient de nous donner, d'un des plus beaux monumens de ce genre, M. Sulpice Boisserée, compatriote et ami de M. Creuzer [1]. L'idéal de l'Église, la Jérusalem céleste, et cette autre *cité divine*, où se trouve reproduite et transfigurée, en quelque sorte, avec son fondateur, l'église terrestre, telle est la conception sublime et profondément symbolique que l'art régénéré comme tout le reste

---

[1] Histoire et Description de la cathédrale de Cologne, accompagnée de recherches sur l'architecture des anciennes cathédrales, en français et en allemand, Paris et Stuttgart, 1823, in-folio, deux premières livraisons. *Conf.* l'ingénieux article de M. Raoul-Rochette, dans le Journal des Débats du 20 septembre, même année.

entreprit de réaliser, avec l'histoire complète de l'ancienne et de la nouvelle alliance. Pour cela tout lui servit, depuis les formes géométriques, les proportions générales et la figure de l'édifice, depuis cette ordonnance végétale, si variée et si harmonieuse dans ses effets, si simple et si organique dans son principe, jusqu'à ces murailles transparentes formées par les vitraux peints, à ces autres peintures parsemées de riches incrustations, qui couvraient les parois et les voûtes, et à ces innombrables statues qui décoraient soit l'intérieur, soit l'extérieur de la nouvelle Sion. L'arc en pointe, qui fait le caractère propre de cette architecture et se répète dans toutes ses parties, les tours qui s'élancent en flèches aiguës et découpées à jour, ces lignes perpendiculaires et pyramidales partout dominantes, et la prodigieuse élévation qui en résulte, tout cela n'est qu'un grand symbole, une idée sublime réalisée par des formes, un élan vers le ciel, produit de l'enthousiasme religieux de ces temps, et qui, aujourd'hui encore, réagit sur l'âme avec une puissance irrésistible. La hauteur générale de l'édifice est divisée en trois parties principales, et ce nombre sacré se représente dans toutes les parties secondaires. La croix figurée par le vaissseau de l'église est la base mystique sur laquelle il semble reposer, de même que sa structure entière repose sur le triangle; le signe du salut se retrouve et se reproduit à l'infini dans les ornemens et dans cette riche décoration végétale où il fleurit, pour ainsi parler, comme un rameau verdoyant, comme un arbre de vie. La tour de la cathédrale de Strasbourg est elle-même, suivant Gœthe, un arbre immense et divin, qui par des milliers de branches, de rameaux et de feuilles annonce à tout le pays d'alentour la magnificence de son Créateur. Les quatorze colonnes qui soutiennent la voûte principale du chœur de la cathédrale de Cologne, sont ornées de quatorze statues représentant Jésus-Christ, la Vierge et les douze apôtres qui sont comme les colonnes de l'Église chrétienne. Les sept chapelles qui entourent le même chœur font allusion aux sept dons du Saint-Esprit, aux sept sacremens, etc. Aux quatre colonnes du centre de la transversale, l'on eût vu sans doute, comme le conjecture ingénieusement M. Boisserée, les quatre évangélistes et les quatre docteurs de l'Église; dans la nef et le porche, celles des prophètes et des autres principaux personnages de l'ancien Testament. Les fenêtres eussent offert à la pieuse admiration des fidèles une série analogue de tableaux, correspondant à ceux qui décorent les vitraux du chœur, où l'on voit, peintes des plus vives couleurs, les scènes diverses de la vie du Sauveur avec la famille de la Vierge et toute la généalogie des rois ses ancêtres. Une autre idée fondamentale du christianisme est figurée dans cette multitude de nains, de singes et de monstres, de satyres et de formes bizarres ou naturelles d'animaux, qui se montrent principalement dans les parties extérieures des églises et y font avec les statues des saints et des anges un frappant contraste. C'est l'opposition des bons et des mauvais esprits qui veillent autour de la maison du Seigneur, animés de desseins contraires; c'est le dualisme chrétien, « et voilà pourquoi les sujets grotesques paraissent à côté des sujets nobles, les figures féroces à côté des figures pacifiques et le profane à côté du sacré. »

Que ne nous est-il permis de suivre l'éloquent antiquaire dans son récit de la dédicace du temple chrétien qu'il crée une seconde fois, pour ainsi dire, en ressuscitant autour de lui son siècle tout entier? On y verrait l'action allégorique s'unissant dans toute sa variété et dans toute sa grandeur à l'allégorie des formes et des images : « tout reportait les fidèles à l'origine du vrai culte et à la destination mystique du lieu... Ce n'était pas l'autel seul, mais l'édifice entier qui devait être consacré comme emblème de la Jérusalem céleste dont l'autel n'est que la pierre fondamentale et angulaire... L'archevêque y répandait l'huile sainte, tandis que l'assemblée entonnait le cantique suivant :

« Toutes tes murailles seront de pierres précieuses, et les tours de
« Jérusalem seront bâties d'une pierre de prix. »

« Les portes de Jérusalem seront de saphir et d'émeraude, et ses mu-
« railles bâties de pierres précieuses »

« Mais l'idée principale qui devait dominer dans la cérémonie de la dédicace et qu'elle devait graver profondément dans les esprits, c'est que l'Église chrétienne n'est point un édifice de pierres, mais *un édifice vivant*, dont Jésus-Christ est la pierre angulaire, et dont les fidèles sont les membres. »   (J. D. G.)

Note 7 (chap. III, p. 64-66).

Winckelmann ne paraît pas moins insuffisant sur l'emploi allégorique des couleurs que sur l'architecture symbolique : nous ferons seulement ici quelques remarques qui se lient à nos observations concernant ce dernier sujet. Quand on jette les yeux sur les monumens de l'Inde et de l'Égypte, on ne peut s'empêcher d'être frappé du rôle important que jouent les couleurs dans ces compositions toutes religieuses, mais par cela même toutes significatives. Chez les Mèdes et les Perses, les sept enceintes d'Ecbatane, représentant les sept sphères célestes commandées par les sept planètes, étaient couronnées par des créneaux de sept diverses couleurs, le blanc, le noir, le pourpre, le bleu, le rouge orangé, l'argent et l'or. Ceci nous rappelle non-seulement l'échelle à sept ou huit portes de divers métaux, et les huit cercles ou sphères de couleurs différentes, également relatives à l'ordre des cieux (*voy.* les citations de la note précédente, § 1; *conf.* liv. III, chap. 5, p. 455 sq.), mais plus particulièrement les figures des planètes, selon le Dabistan et les Sabéens. Saturne, comme Memnon, comme Osiris-Sérapis, comme Kneph-Ammon-Agathodémon-Nilus, comme Vichnou-Narayana, Crichna, Bouddha, etc., était noir ou bleu foncé; et il est certain que tous ces dieux ont un rapport quelconque à l'eau. Jupiter était de couleur de terre, de cendre ou de feu, comme Siva-Ganesa et Phtha. Mars était rouge comme Soubramanya et Osiris-Horus, Sem ou Somi, etc. Le Soleil était d'or et portait un sceptre d'or. Vénus paraissait avec l'éclat du pourpre, mais le jaune et le blanc lui étaient dédiés comme le rouge. La statue de Mercure était faite de pierre bleue, ainsi que son temple, et se rapprochait, à bien des égards, de celle de Saturne. Le temple de la Lune était en pierre verte, son image portée sur une vache blanche, et ses ministres vêtus soit de vert, soit de blanc. (Gœrres, *Mythengesch.* I, p. 290-298; *ibi* citat.; *ci-dessus*, liv. II, 1, p. 310 sq., et les renvois indiqués aux notes et aux planches.)

Ici vient se placer naturellement un passage de Jean le Lydien auquel M. Creuzer s'est référé (II, 5, p. 371), et qui répandra quelque lumière sur plus d'un point de notre sujet. « Le rouge était consacré à Mars, le blanc à Jupiter, le vert à Aphrodite (Vénus), le bleu à Cronos (Saturne) et à Poseidon (Neptune) [1]... Cela a trait aux quatre élémens : le rouge était dédié au feu à cause de sa couleur; le vert à la terre à cause de ses fleurs; le bleu à l'air, le blanc à l'eau, ou aux quatre saisons : le printemps est vert, l'été rouge, l'automne d'un bleu pâle, l'hiver blanc. Ils (les Romains) regardaient comme un présage de malheur, que le vert eût le dessous; car ils croyaient y voir la défaite de Rome même [2]. En effet, le point central

---

[1] Οἱ βένετοι (on verra tout à l'heure la raison de ce pluriel), le bleu, le bleu pâle, la couleur d'eau, *venetus color;* et l'auteur ajoute : « Ils furent nommés βένετοι d'après les *Énètes* (ou *Hénètes, Vénètes*) de l'Adriatique, qui se servaient de vêtemens de cette couleur ; or les Romains appellent βένετον (*venetum*) la couleur que nous nommons καλλάϊνον. » (*Conf.* Schneider. *Lex.*, v. καλάϊνος.) Ailleurs (p. 73) Jean le Lydien donne de nouvelles explications : βενέτους δὲ αὐτοὺς ἐπιχωρίως (pour ἐπιχωρίως, d'après la correction de Schneider) καλοῦσι σιδηροβάφους· τὸ γὰρ παρ' ἡμῖν κ. τ. λ.; et il finit en traduisant τὸ βένετον par τὸ κυανοῦν, ce qui ne laisse plus de doute. Il s'agit dans ce dernier passage, qui me paraît être la véritable interprétation et le préambule nécessaire du précédent, des couleurs que prenaient les cochers du cirque, divisés d'abord en trois, puis en quatre factions; et ces couleurs sont les mêmes que celles dont il est question ici. Laurentius y répète absolument les mêmes explications allégoriques relatives aux quatre divinités et aux quatre élémens. Voilà pourquoi, dans le premier comme dans le second morceau, les couleurs sont au masculin pluriel, οἱ ῥούσιοι, οἱ ῥουσσάτοι, etc., désignant les conducteurs des chars. La suite du passage, qu'on va lire, ne peut se comprendre autrement.

[2] Τὸν ἀνθηρὸν, *viridem, prasinum*, au masculin. Et dans le second passage : « La couleur verte (τὸ ἀνθηρὸν) est celle de Rome, qu'ils appellen-

du couchant (δυτικοῦ κέντρου) étant rapporté à l'élément de la terre, ils devaient naturellement s'occuper d'elle. Aussi les Romains paraissent-ils avoir honoré par-dessus tout Hestia (Vesta), comme les Perses Mithras né de la pierre, à cause du point central du feu : les peuples de l'Ourse adoraient l'élément humide, à cause du point central de l'eau; et les Égyptiens Isis (au lieu de la lune) qui veille sur l'immensité des airs. » (Joan. Laur. Lydus', de Mensibus, ed. Schow., Lips., 1794, p. 46 sq.)

De même que l'architecture, la peinture fut souvent symbolique au moyen âge, comme chez les anciens; et, en général, l'allégorie des couleurs joue un grand rôle dans les monumens et dans les cérémonies du christianisme. Certaines parties des églises gothiques étaient peintes à dessein, sans parler de ces magnifiques vitraux où tout est sensible, où tout parle aux yeux et ravit l'âme par la magie de la lumière et des couleurs [1]. Dans les anciens tableaux allemands, qui doivent au zèle éclairé

Flore (Φλῶραν), comme nous dirions *Florissante* (Ἄνθουσαν). La seconde couleur est le blanc, à cause de l'air, etc. », ce qui contredit le premier passage, qui attribue à l'air (ou à la déesse de l'air, Ἥρα, Junon, dans le texte) la couleur bleue, et le blanc à l'eau, et me paraît en cela corrompu, car il ne s'accorde pas avec lui-même, donnant plus haut le bleu à Neptune et le blanc à Jupiter. Ce qui suit est d'une grande difficulté; on y entrevoit je ne sais quelle liaison mystérieuse entre Rome, la Terre et Vesta. Τὸ ἀνθηρὸν ἀντὶ πυρὸς εἰς τὴν Ῥώμης τιμήν. Φλῶραν δὲ αὐτὴν κ. τ. λ., dit le second passage.

[1] « L'or, le bleu et le rouge étaient exclusivement employés dans les peintures des églises, et ces couleurs étaient emblématiques... On employait quelquefois le noir pour peindre la nuit ou les ténèbres; mais pour exprimer que la lumière l'emporte sur les ténèbres, comme la vertu l'emporte sur le vice, la couleur noire était toujours absorbée par l'or, le bleu et le rouge. Telle était la décoration des anciennes églises; telle est aussi celle des temples égyptiens. Les voûtes de celui de Philæ, dont les couleurs ont encore aujourd'hui tout leur éclat, sont peintes en bleu d'azur avec des étoiles, comme celles de nos églises. » Alexandre Lenoir, Musée des Monumens français, ou Description, etc., tom. VII, p. 125; p. 131 sq. *Conf.* Boisserée, Cathédrale de Cologne, p. 28. Quant aux vitraux et à la pein-

de quelques amis des arts d'avoir été appréciés, préservés de la ruine et recueillis en collections, la plupart des personnages sont drapés allégoriquement. Jésus y paraît toujours en violet dans le cours de sa vie terrestre, et, seulement après sa résurrection glorieuse, en rouge, et quelquefois en blanc, d'après l'observation que m'a communiquée M. S. Boisserée, l'un des possesseurs d'une de ces collections précieuses qui nous sont trop peu connues. Suivant M. Mone, le vêtement bleu de Marie est souvent un emblème de deuil : de là le prêtre également vêtu de bleu pour la célébration des sacrés mystères durant le carême, et, aux approches de la semaine sainte, les images du Christ couvertes d'un voile de même couleur. Dans les processions solennelles de maintes églises, une bannière rouge portée devant les jeunes garçons exprime l'enfance et l'amour; une bleue devant les hommes, la constance, la fidélité, la fermeté; une blanche devant les femmes, la modestie et la pureté. Une bannière noire précède les enterremens; je n'en ai jamais vu ni verte, ni jaune, ajoute M. Mone ou M. Creuzer à qui je dois ces dernières remarques. (J. D. G.)

Note 8 (chap. III, p. 76, *ad fin.*).

« Les rapports du symbole et du mythe me paraissent développés avec une grande justesse et une grande profondeur, soit grammaticale, soit philosophique. Au symbole mystique ou formel, dans lequel l'esprit cherchant à se faire jour brise, en quelque sorte, son enveloppe mortelle; au symbole plastique, qui s'arrête à cette ligne délicate qui est entre la nature et le pur esprit, vous auriez pu ajouter l'opposé du premier, le symbole réel, où la forme corporelle étouffe, si je puis parler ainsi, l'âme et le sens. Je rapporterais à ce troisième genre l'emblème proprement dit (le *Sinnbild* allemand dans son acception restreinte); et, en général, j'attache fort peu de prix aux exemples

---

ture sur verre, en général, *voy.* les mêmes auteurs, Musée des Mon. fr., vol. I-VI *passim*, vol. VIII, nouvelles observations, etc., p. 89 sqq.; Cathéd. de Col., p. 26 sq.

que nous en offrent les siècles derniers : c'est l'époque de la décadence pour les représentations figurées, qui finissent par dégénérer en énigmes purement arbitraires dans ce qu'on appelle l'art héraldique ou les armoiries. L'allégorie est au symbole comme l'histoire vivante, animée, dramatique à la nature muette, grande et puissante. Le symbole ne devient idéal que lorsqu'il a passé par l'allégorie, qui se rattache au symbole formel et mystique; la source de tout symbole est dans le réel, et voilà pourquoi je regarde le Phallus comme un véritable symbole, et même, de l'espèce la plus ancienne. La parole et le récit caractérisent le mythe dont je trouve avec vous l'origine dans l'interprétation des antiques sculptures ou peintures : mais, comme vous le remarquez fort bien, il est aussi des symboles parlés. La musique, les œnoe (apologues primitifs), alors qu'ils ne sont point encore développés en fables dramatiques, ont autant de droits au nom de symboles que les hiéroglyphes eux-mêmes; et réciproquement Thèbes, Mahabalipouram, Ellora, offrent à nos regards de vrais mythes plastiques. L'Hellas, mère des mythes ($\mu\nu\vartheta o\tau\acute{o}\varkappa o\varsigma$), pour le dire en passant, me paraît un trait de vanité nationale : l'Inde aussi a sa mythologie non pas plus belle, mais incomparablement plus riche que celle des Grecs; et nul doute qu'il n'en fût de même pour l'Égypte. Le double sens de certains symboles, que vous regardez comme accidentel, est à mes yeux nécessaire : tout vrai symbole est un genre d'où dérivent les interprétations comme autant d'espèces diverses. Quant à la classification des symboles, vous débutez par la symbolique des noms; j'aurais voulu voir précéder ces symboles que la nature elle-même profère et que les hommes ne font que répéter. Ce que vous dites de l'expression de la figure humaine et de l'importance que lui donnèrent les Grecs, par comparaison avec les barbares, me paraît excellent. Dans votre tableau, le philosophe ne saurait approuver cette distribution du nécessaire, du possible et du réel entre les symboles muets, les symboles parlés et les mythes. Le nécessaire appartient au symbole muet ou parlé, il n'importe; le possible, c'est-à-dire la liberté (l'arbitraire), au mythe; le réel, à la tradition proprement dite. »

REPRÉSENTATIONS FIGURÉES (Iconisme.)			IMAGES PROPRES (Kyriologie): Kyriologica, kyriologumena.
Symboliques, allégoriques et mythiques :			
Symbolique et allégorie muettes ;		Symbolique et allégorie parlées ;	Mythologie.
Symbole, Image sensible, Emblème.	Hiéroglyphes symboliques, énigmatiques ; Figures symboliques des Pythagoriciens.	Image, métaphore (comparaison, parallèle) ; (Métonymie Synecdoche) ; Allégorie (dans un sens restreint) ; Sentence, Maxime, Proverbe, (Devise) ; Énigme (Griphos, Ænigma).	Tradition, antique événement, dogme antique (Théomythie).
Allégorie des noms, Allégorie des signes ; Allégorie de la matière, — de la forme (architecture) ; — de la couleur ; Action allégorique.	Noms et mots hiéroglyphiques.		Combinaison des deux branches mythiques : Fait antique métamorphosé en dogme antique. Dogme antique métamorphosé en fait antique. Rameaux mythiques ; combinaison des rameaux mythiques : Προςμυθευόμενα.
La figure humaine devenue le sujet de l'allégorie et du symbole : Symboles divins.		Ænos (apologue), parabole, exemple.	
Le nécessaire.		Le possible.	Le réel. (Forme de faits.)
Symboles et allégories simples et composés, et cela dans des sens divers. Combinaisons, soit des branches principales, soit des nombreux rameaux.			

Note 9 (chap. IV, p. 90).

Le vrai titre de la dissertation de M. Münter (Comparaison des pierres tombées du ciel avec les *Bœthyles* de l'antiquité) fait pressentir son opinion sur l'origine de ces pierres sacrées : il les prend pour des aérolithes. L'auteur, en débutant, donne lui-même les résultats suivans de ses recherches.

« L'adoration des astres existait dans l'Orient de toute antiquité : ils étaient considérés comme des êtres divins. On croyait que chaque étoile était animée par un esprit élevé au-dessus de la faiblesse humaine et bienveillant pour notre espèce ; de là cette foule d'idées superstitieuses au sein desquelles l'astrologie prit naissance. Les astres en eux-mêmes passaient pour des masses de feu, et l'on ne se faisait aucune idée claire de leur grandeur, non plus que de leur distance de la terre ; aussi ne voyait-on rien d'impossible à ce qu'ils tombassent de la voûte des cieux. Les météores enflammés doivent avoir été de fort bonne heure un sujet d'observation : on les regarda comme des astres tombans. Bientôt même l'on s'assura qu'avec eux tombaient des pierres; et les pierres de ce genre que l'on découvrait, souvent lorsqu'elles n'étaient pas encore refroidies, furent prises pour les astres même. Par une conséquence naturelle, on leur attribuait le don de la vie aussi bien dans leur état actuel que dans leur état antérieur. Voilà pourquoi on les appela pierres animées ou vivantes (λίθους ἐμψύχους) : on les croyait remplies d'un feu élémentaire et sacré ; on s'imaginait que chacune d'elles avait sa divinité propre ; on conservait les plus grosses, quelquefois même les plus petites, dans les temples, comme objets d'une vénération religieuse. Cependant on admit bientôt, à ce qu'il semble, que les pierres d'une moindre dimension étaient, pour la plupart, animées par des esprits moins puissans, et l'on s'en servit comme d'oracles domestiques ; elles furent particulièrement employées par les devins et les jongleurs dans leurs impostures. Conformément à ces idées, on donnait à toutes ces pierres indistinctement, sans égard à leur grosseur, le nom de בית־אל (*Bethel*) *maison* ou *habitation de Dieu*, dont les Grecs firent par la suite leur mot *Bæthyle* (bétyle) : mais (comme nous l'avons vu, p. 90, note 2), ils lui assignaient une étymologie différente, et ils entendaient par-là cette pierre enveloppée d'une peau de chèvre ou de brebis (βαίτη) que Cronus ou Saturne avala pour Jupiter. Quoi qu'il en soit de l'origine du mot, il n'en est pas moins vrai que cette superstition des bétyles commença dans l'Orient dès la plus haute antiquité, et subsista dans l'empire romain jusqu'aux derniers temps du paganisme. »

M. Münter cite ensuite à l'appui de son opinion des exemples nombreux, en commençant par ceux qui sont rapportés dans la Genèse (XXVIII, 11-22 : il y a là encore une échelle céleste qu'il faut comparer à celle dont il est question liv. II, p. 360, et note 7 ci-dessus) et dans Sanchoniathon (ap. Euseb., Præpar. Ev., I, 10). Il rapporte aux aérolithes, avec les bétyles, et la pierre *Abaddir* (*pierre divine*) dont parle Priscien (V, p. 647), et les *Brontia*, *Ombria*, *Ceraunia* de l'antiquité. Il suit de sa dissertation que les pierres météoriques ont été partout et de tout temps ou adorées ou singulièrement révérées. Suivant M. Mone, maints aérolithes se voient dans les églises d'Allemagne, où ils sont suspendus [1]. (J. D. G.)

Note 10 (chap. IV, p. 91-93).

S'il y eut jadis, en Grèce, des colléges de prêtres, des castes sacerdotales, formées à la suite des colonies qui vinrent de

---

[1] *Conf.* Falconet, des Bétyles, Mém. de l'Acad. des Inscript. et Belles-Lettres, tom. VI, p. 513 sqq.; *Ibid.* XXIII, p. 213; De Brosses, du Culte des dieux fétiches, p. 110 sqq.; Dulaure, du Culte des fétiches, etc., p. 160 sqq. ; Bellermann, *Ueber die Sitte Steine zu Salben*, 1793, 4°; Schwarze, *Beytrag z. Gesch. der aus der Luft gefall. St.*, 1804, 4°; Von Dalberg, *Ueber Meteor-Cultus der Alten*, Heidelberg, 1811; W. Ward in Rosenmüllers *Alt. und n. Morgenl.* I, § 89, p. 125 sqq.; Payne Knight, *Inquiry into the symbol. lang.*, § 197, p. 161 sq.

l'Orient s'établir dans ce pays, on n'en doit être que plus frappé de voir chez Homère des prêtres épars, isolés, exercer sur les autres classes du peuple une si faible influence. En effet, la plupart des fonctions du sacerdoce sont aux mains des rois et des chefs de l'armée, et l'archonte-roi, dans la suite, fut institué pour remplir la mission sacrée dévolue aux anciens monarques. Du reste, cet archonte, aussi bien que les autres, était annuellement renouvelé et choisi par le sort. Il en était de même quelquefois pour les prêtres et les prêtresses des différentes divinités : d'ordinaire, ils étaient librement élus et soumis en outre à un examen. Mais certaines prêtresses pouvaient être mariées ; et quant aux prêtres, leur caractère ne paraît pas les avoir exclus des charges ni des fonctions civiles. A la vérité, certains droits, certains priviléges du sacerdoce étaient héréditaires dans certaines familles ; mais les exemples en sont rares, et il est bien probable qu'alors même les emplois n'étaient point donnés à vie.

Ainsi, quelque diverses que fussent, selon les lieux, les institutions sacerdotales des Grecs, il est certain qu'en général les fonctions des prêtres n'y étaient point perpétuelles ; le sacerdoce y fut presque toujours considéré comme une simple magistrature soumise aux mêmes conditions, aux mêmes vicissitudes que toutes les autres. Ceux qui en étaient revêtus, pris parmi les citoyens, redevenaient citoyens, leur temps expiré ; ou plutôt, en devenant prêtres, ils ne cessaient pas un instant d'être citoyens. D'un autre côté, les prêtres ne formèrent jamais, chez les Grecs, un corps compacte comme chez les Romains : bien qu'ici ils ne fussent pas non plus enlevés à la vie civile, ils étaient, comme les pontifes et les augures, par exemple, organisés en colléges, dont les membres étaient nommés à vie. Rien de semblable ni chez les Hellènes en général, ni dans les états particuliers : nulle part on ne voyait un corps de prêtres ayant son organisation et son esprit à lui ; et cependant la religion et le culte public n'en étaient ni moins saints, ni moins inviolables, pour être la propriété commune de la nation.

Mais si, parmi les Grecs, les prêtres ne formaient point une classe ou une caste à part, la religion n'y était pas non plus une religion de l'état, comme elle le devint chez d'autres peuples. Souvent elle se mit au service de la politique, mais elle ne fut jamais son esclave. L'aride et prosaïque religion des Romains put être tournée vers ce but, en bien ou en mal; celle des Grecs était trop poétique pour se prêter à un tel usage. Là on vit la religion populaire réduite par les Patriciens en un système étroit qu'ils exploitaient à leur profit; ici elle conserva toujours un caractère de liberté et d'indépendance, comme le peuple lui-même. (Extrait de Heeren, *Ideen über die Politik und den Handel der alten Welt*, III, 1, p. 97-106, 2te *Ausg.*)

(J. D. G.)

Note 11 (chap. IV, p. 94 sq.).

La croyance aux présages, aux signes de la volonté des dieux, manifestés soit par les phénomènes de la nature, soit par les événemens de la vie, est aussi ancienne que notre espèce et que la religion elle-même. Elle dérive de l'ignorance de l'homme, du sentiment qu'il a de sa faiblesse, de la crainte et du désir qui, le transportant dans un avenir incertain, lui font établir entre ce qu'il voit et ce qu'il ne peut voir une liaison le plus souvent imaginaire. Sa source, plus profonde peut-être, est cette merveilleuse disposition de notre esprit, developpée par M. Creuzer dans les premières pages de l'Introduction (6 sqq.). Meiners (*Allgem. krit. Geschichte der Religionen*, II, p. 603, 606 sqq.) observe fort bien que toute divination est naturelle à son origine, aussi bien celle qui repose sur l'interprétation des phénomènes du monde extérieur, sur les sorts et sur toute autre cause semblable, que celle qui consiste dans une prévision intérieure, dans une inspiration d'en haut, soit en songe, soit pendant la veille. De même, toute divination devient artificielle avec le temps, quand certains hommes s'en emparent pour l'étendre, la développer, en faire un privilège exclusif et l'exploiter au profit de l'intérêt privé ou de la politique. Il est telle ou telle espèce de divination qui suppose chez un peuple un haut degré de bien-être et de prospérité publique, même de civilisation et de lumières; telle autre, au contraire, qui témoigne de la pauvreté et de la barbarie de ceux qui l'exercent. Mais, en général, c'est un fonds de superstition d'un côté, de fourberie de l'autre, qui s'accumule incessamment dans le cours des siècles, et souvent laisse subsister les pratiques grossières de l'état sauvage à côté des inventions les plus habiles de prêtres ingénieux et savans. Hérodote (II, 82) regardait les Égyptiens de son temps comme la nation qui avait imaginé le plus grand nombre de présages; l'astrologie surtout jouait chez eux un rôle important, ainsi que les oracles, dont nous parlerons dans la note suivante. Les Grecs, les Étrusques, les Romains eurent leurs modes propres de divination et de prophétie, et de plus ils firent à l'Orient qui les avait précédés, dans cette route comme dans toutes les autres, maint emprunt du même genre. Un auteur de nos jours recherchant, d'après les témoignages de l'antiquité, l'origine de la divination parmi les Grecs [1], distingue trois époques principales dans le cours de son développement, 1° la divination par les songes, les oiseaux et les entrailles des victimes; 2° le règne des oracles; 3° leur décadence et l'empire de la magie. Mais la magie, les incantations, les conjurations, etc., se montrent à côté de la divination proprement dite, chez presque tous les peuples, dès leur première enfance. Au reste, ne pouvant, non plus que M. Creuzer, nous proposer de suivre ici les détails d'un si vaste sujet, nous nous contenterons de renvoyer avec lui nos lecteurs aux principaux ouvrages sur cette matière. Fabricius en cite beaucoup dans sa *Bibliotheca antiquaria*, p. 591 sqq., où il énumère environ cent sortes différentes de divination. *Conf.* Meiners et Bœttiger *ubi supra*. *Add.* Selden de Diis Syris, p. 231, appendix; Harduin. ad Plin., H. N. X, et

---

[1] Bœttiger, *Mythologische Vorlesungen*, p. 25, et *ibi* Odyss., XV, 225 sqq.; Æschyl. Prometh. 484-495; Platon. Phædr., p. 245, Heindorf. Pausan., I, Attic., 34. — Nous regrettons vivement de n'avoir pu nous procurer l'ouvrage de M. Bœttiger, dont M. Creuzer recommande les leçons 9 à 12.

XI, sect. 5; Potteri Archæologia, I, p. 700 sqq.; Gassendi, Animadversiones ad Diog. Laert., X; Heyne de Fabularum religionumque Græcarum ab etrusca arte frequentatarum causis, in Commentat. societat. Gotting. t. III, VI, VII; *idem*, Opuscul. Academ., III, 198 sqq.; 255 sqq.; 271 sqq., etc., etc.; Payne Knight, *Inquiry into the symbolical language*, etc., § 67 sqq., où on lira d'excellentes réflexions sur les diverses parties de la divination, et principalement sur les oracles. (J. D. G.)

Note 12 (chap. IV, p. 96 sqq.).

Les oracles se rattachent à cette grande branche de la divination qu'on appelle *prophétie*. Les prophètes et les prophétesses isolés précédèrent les oracles proprement dits partout où l'on en vit s'élever. On connaît la grande influence des prophètes chez les Juifs, surtout après David. En Grèce, toutes les cités, tous les rois, tous les hommes d'état avaient leurs prophètes qu'ils ne manquaient pas de consulter sur les affaires importantes. Non-seulement on se réglait sur leurs réponses, mais de bonne heure on en fit des recueils qui étaient soigneusement conservés dans les archives secrètes des villes, et consultés aussi sur l'avenir, dans toute la suite des temps. Fabricius (Bibliotheca græca, vol. I, p. 136 sqq., Harles. *Add*. Fréret, Sur les recueils de prédictions écrites qui portaient le nom de Musée, de Bacis et de la Sibylle, Acad. des Inscript., t. XXIII, p. 187 sqq.) et ses derniers éditeurs ont recherché avec une attention scrupuleuse les traditions des Grecs et des Romains qui nous restent à ce sujet. Quant aux fameuses sibylles, Saumaise (ad Solin., p. 50) et Lennep (Etymolog., p. 654), ont demandé aux langues orientales et grecque l'étymologie de leur nom. Le premier auteur qui en fasse mention paraît être le philosophe Héraclite (Creuzer., ad Cic., de N. D. II, 3, p. 221). Il faut consulter sur la sibylle romaine le passage capital de Denys d'Halicarnasse (Archæolog., IV, 62), et sur les oracles sibyllins augmentés d'âge en âge jusqu'à la dernière époque de l'antiquité, Fabricius *ubi supra*; Bœttiger, *Mythol. Vorlesung.*,

p. 29 sq.; libri sibyllistarum veteris ecclesiæ crisi subjecti a
B. Thorlacio, Havniæ 1815; et Σιϐύλλης λόγος ΙΔ, ed. et interpretatus est Angel. Maius, Mediolan., 1817. Les Égyptiens se distinguaient de toutes les autres nations de l'Orient, dit Meiners
(l. c., p. 620), en ce qu'ils ne reconnaissaient personne pour
prophète, qui ne fût inspiré par de certaines divinités et dans
tel ou tel temple déterminé. Ce peuple était convaincu, selon
Hérodote (II, 83), que le don de prophétie n'appartient à aucun mortel, mais seulement aux dieux. Voilà l'origine des
oracles, institution à la fois sacerdotale et politique, destinée
à concentrer et à régulariser sous la main du gouvernement ou
des prêtres, l'immense influence que des prophètes épars continuèrent de se partager dans d'autres contrées. Les premiers
et les plus célèbres oracles des Grecs eurent pour auteurs des
étrangers, Égyptiens ou Phéniciens, selon toute apparence.
Un écrivain aussi distingué par le goût que par l'érudition,
M. Heeren, a commenté avec beaucoup de sagacité les traditions qui se rapportent à la fondation de l'oracle de Dodone.
(*Ideen über die Politik*, etc., II, 1, p. 434 sqq., note; III, 1,
p. 114. *Conf.* Payne Knight, *Inquiry*, etc., §§ 43, 71, 223).
Outre les Selles, Σελλοί ou Ἑλλοί, il y avait encore à Dodone les
τόμαροι ou τομοῦροι, du nom desquels on donne différentes étymologies. (Hemsterh. et Scheid. ad Lennep. Etymol., p. 738).
On peut ajouter à ces documens et à ceux qui sont indiqués
dans le texte, les dissertations de Sallier et de Brosses (Mém. de
l'Acad. des Inscript., t. V et XXXV), et l'Excursus II de Heyne
sur le XVIᵉ livre de l'Iliade, t. VII, p. 283 sqq. Sur l'oracle
de Delphes, Bœttiger, *ubi sup.*, p. 31; Heeren, second passage
cité, *sup.*; Payne Knight, l. l., §§ 70, 76, 132; et de plus
grands détails dans les trois Mémoires de Hardion, Acad. des
Inscript., t. III. Sur les évocations des ombres, ou oracles
des morts, qui tiennent de fort près à la magie, *voyez* les
Observations de Fréret, Acad. des Inscript., t. XXIII, p. 174
sqq.). Il ajoute plusieurs exemples à ceux qu'a cités M. Creuzer
(p. 96); il compare les cérémonies funèbres, accomplies en
l'honneur des héros, aux rites et aux pratiques usités dans les

évocations des morts, et particulièrement à la fameuse nécyomantie de l'Odyssée (XI et non pas XIII, comme il a été imprimé par erreur dans notre texte, p. 97, note 4), sur laquelle il faut consulter encore les réflexions de Sainte-Croix, à la fin des Myst. du Pagan., t. II, p. 236 sqq. Fréret termine en rappelant combien cette espèce de divination était en vogue parmi les peuples de l'ancienne Palestine et des pays voisins (Deuteronom., XVIII, 10 sqq., coll. Levit. XX, 27, Isaïe VIII, 19; et dans les Rois I, 28, 7, Saül évoquant l'ombre de Samuel par l'entremise de la devineresse d'Endor). — Quant aux oracles en général, on a les ouvrages connus de Van Dale, de Fontenelle, etc.; Meiners, II, 668 sqq.; et, plus récemment, Clavier, Mém. sur les oracles des anciens, Paris, 1818. Ce savant respectable a répandu dans cette production, l'une des dernières qui soient sorties de sa plume, de vives lumières sur plusieurs parties de son sujet, notamment sur les oracles de Dodone, de Delphes surtout et de Trophonius. Il est dit dans notre texte (p. 97) en parlant de ce dernier, « un oracle *pour* les songes »; il faut dire « *par* les songes », ce qui même est inexact ou incomplet: il y avait des *visions*, des *auditions*, probablement des *incubations*, environnées de mystère et de terreur; et c'était, suivant Philostrate, le seul oracle qui répondît au consultant, par le consultant lui-même. Du reste, je ne partage pas plus que M. Creuzer, comme on le verra par la suite, l'opinion de M. Clavier sur le personnage de Trophonius. Un véritable oracle *par les songes* était celui d'Amphiaraüs.

(J. D. G.)

Note 13 (chap. V, p. 120).

On trouvera sur l'origine de l'art des chrétiens et sur l'idéal de leur religion, d'excellentes réflexions dans l'ouvrage suivant: Sicklers *und* Reinharts *Almanach aus Rom*, I, p. 153 sqq. Les grands ouvrages de d'Agincourt et de Cicognara présentent le tableau complet et vivant, pour ainsi dire, des périodes diverses que l'art parcourut durant les siècles du christianisme. Il y faut joindre les considérations de M. Emeric David, dans plusieurs de ses écrits; le *Musée des Monumens français* de M. Alex. Lenoir, surtout les deux derniers volumes, qui comprennent un aperçu général des arts du dessin pendant le cours du moyen âge. Quant à l'architecture, il est bon de revoir la note 6, ci-dessus, § 2. La sculpture et la peinture, d'abord simples auxiliaires de l'architecture, comme chez les anciens, furent long-temps avec elle dans une étroite alliance; puis revendiquant leur indépendance, elles apprirent à se suffire à elles-mêmes. Les églises, les catacombes, etc., ouvrirent de bonne heure un vaste champ aux bas-reliefs : outre les ouvrages déjà cités, on peut consulter sur ce sujet le *Museum Italicum* de Mabillon, le Voyage dans les départemens du midi de la France, de Millin, les *Lucerne sepolcrali* de Bellori et de Bartoli, Arringhi dans la *Roma subterranea*, Boldetti *Sopra i cimeteri de' SS. Martiri;* on y trouvera des exemples caractéristiques du genre, éclairés par des figures nombreuses. Les collections de tableaux des anciennes écoles allemandes, antérieures à Albert Dürer, dont nous avons parlé dans la note 7, sont propres à jeter un grand jour, non-seulement sur les premiers progrès de la peinture chez les nations modernes, mais particulièrement sur la manière dont s'est formé et développé l'idéal propre, et, pour ainsi parler, le caractère symbolique de chacun des principaux personnages du christianisme : MM. Boisserée frères et Bertram ont déjà publié plusieurs livraisons d'un choix fait avec autant d'érudition que de goût, dans la plus riche de ces collections, dont l'Allemagne ou plutôt l'Europe est redevable à leur zèle vraiment patriotique, à leur dévouement pour la science et à leurs infatigables recherches.

(C—n et J. D. G.)

Note 14 (chap. V, p. 127).

Pour étendre les aperçus qui sont indiqués dans le texte, il faut lire une dissertation insérée dans le 4ᵉ vol. des *Studien von Daub und Creuzer*, p. 75 sqq., surtout p. 221 sqq. : *Sur l'origine de l'ancienne poésie allemande et sur ses rapports avec celle du Nord*, par Grimm. L'auteur y montre la singulière conformité qui existe entre le développement de la mythologie du Nord et celui de la mythologie grecque; les traits encore plus étonnans des traditions de l'Asie et de la Grèce, qui se retrouvent dans les fables septentrionales et dans les récits héroïques du moyen âge; et il appelle l'attention sur beaucoup d'autres questions intéressantes. Une foule de savans Danois, Suédois, Allemands, ont, depuis quelques années surtout, recherché avec un zèle infatigable, traduit et commenté avec talent, les chants et les contes populaires où se sont conservés les croyances, les usages, les mœurs et tous les plus antiques souvenirs des nations modernes : déjà même la critique historique et la philosophie commencent à s'emparer de ces utiles matériaux. Sans parler des éditions et récensions nouvelles des deux Eddas, qui ont été publiées à Copenhague et à Stockholm, et enrichies d'excellentes préfaces; des traductions allemandes qui en ont été faites par Rühs, de Hagen, les frères Grimm, F. Majer, etc.; nous citerons le Dictionnaire de la mythologie scandinave du Danois Nyerup, traduit en allemand par Sander, Copenhague, 1816, et précédé d'un coup d'œil sur l'histoire et l'étude de la mythologie du Nord depuis le seizième jusqu'au dix-neuvième siècle; la *Sagabibliothek* de P. E. Müller, dont le premier volume a été reproduit à Berlin par Lachmann, en 1816; les recueils de traditions danoises, suédoises, finnoises, laponnaises, russes, bohémiennes, etc., de Nyerup et Rehbek, Thiele, Geijer et Afzelius, Schrœter, Anton, Hanka, etc., et les précieuses recherches de plusieurs de ces savans (P. E. Müller, *Edda oder die Æchtheit der Asalehre*, en allem., Copenhag., 1812) et de quelques autres, MM. Thorlacius (dans diverses collections), Münter (*die Odinische Religion*, Leipz., 1821, 8°), Rask, etc. Les érudits de l'Allemagne ne sont restés sur aucun point en arrière des savans du Nord : à leur tête se placent et le respectable Græter et les frères Grimm, MM. J. G. Büsching, v. Hagen, Docen, Lachmann, etc., qui ont fait faire de grands progrès à la critique des textes et des traditions tout à la fois, soit dans de nombreuses publications périodiques (Græters *sœmtliche Schriften über N. Mythol. und Dichtkunst*, 1812 sqq.; *Nordische Blumen, Bragur, Odina und Teutona, Idunna u. Hermode*, etc.; Hagen, Docen, Büsching, etc., *Sammlung für altdeutsche Litterat.*, 1812 sqq., etc., etc.; Büsching *vœchentliche Nachrichten*, 1816 sqq.), soit dans des éditions et des recueils de toute sorte de documens en vers et en prose, qu'il serait trop long d'énumérer. Ajoutons à ces noms célèbres d'autres noms qui ne sont pas moins recommandables, avec quelques indications nouvelles d'ouvrages récens où se manifeste de plus en plus le progrès de ces connaissances : Gebrüd. Grimm, *Altdeutsche Wælder*, 1814 sqq.; *Deutsche Sagen*, 1816-1818; W. C. Grimm, *über Deutsche Runen*, 1821; Von Hagen, *Heldenlieder*, 1821; Büsching, *Heidnische Alterthümer Schlesiens*, 1820; Gœttling *Nibelungen und Gibelinen*, 1816; Gœrres *Altdeutsche Volkslieder*, 1817; Von Reden, *Versuch einer kritisch. Entwickel. der Gesch. des hœrnenen Siegfrieds*; Beneke, *der Edelstein*, etc., 1816; Mone, *Otnit*, Berl., 1821. Nous devons à ce dernier savant une nouvelle mythologie du Nord plus complète, plus critique et plus systématique que tous les essais de ce genre qui avaient paru jusqu'ici : *Geschichte des Heidenthums in nœrdlichen Europa von* D^r. F. Jos. Mone, Leipz. u. Darmst. 1822-1823. (*Voy.* la note du texte, p. 127.) Citons encore la dissertation suivante dont il a été rendu un compte assez étendu par M. de Golbéry, dans la Revue Encyclopéd., t. XVIII, p. 610 sqq. : H. Leo, *über Odins Verehrung in Deutschland*, Erlang., 1822.   (C—R et J. D. G.)

Note 15 (chap. V, p. 131).

Nous croyons inutile de relater en détail les travaux déjà anciens de Heyne, de Voss, de Gatterer, de Plessing et même de Meiners, dont le dernier ouvrage (*Allgemeine kritische Geschichte der Religionen*, Hannov., 1806-7, 2 vol.) suffit pour apprécier tous les autres, sur ces matières. Un livre important, aujourd'hui encore, et où se trouvent rassemblés presque tous les résultats des recherches antérieures, en fait de mythologie, est le suivant : F. Majer's *Allgemeines mythologisches Lexicon aus Original-Quellen bearbeitet*, 1ᵉ Abtheil., nicht class. Mythol., vol. I-II, 8°, Weimar, 1803-4; 2ᵉ Abtheil., class. Mythol., von J. G. Gruber, vol. I-III, 1810-14. Les autres dictionnaires et mythologies élémentaires de Damm et Levezow, de Seybold, de Moritz et Schmidt, de Nitsch, etc., méritent peu d'attention, même la nouvelle édition de ce dernier lexique, donnée par Klopfer, à Leipzig en 1821, 8°. La plupart de ces auteurs n'ont pas étendu leurs regards au delà de la Grèce et de l'Italie, et se sont même bornés à extraire et à commenter les anciens écrivains classiques, comme a fait Mart. Gottfr. Herrmann (qu'il ne faut pas confondre avec le célèbre Gottfr. Hermann) dans son *Handbuch der Mythol. aus Homer u. Hesiod*, 1787-95; et dans ses deux *Mythologie der Griechen*, 1801-2. On trouve déjà plus de portée et dans le *Phamenophis* et dans la *Neue Theorie zur Erklærung der Gr. Myth.*, Gœtting., 1802, de C. F. Dornedden. Peu après fut publiée la *Theogonie (Untersuch. üb. den Urspr. der Religion, etc.* Berlin, 1804) de K. D. Hüllmann, dont il est question dans le texte, p. 130. Une nouvelle ère pour la mythologie fut annoncée, en Allemagne, par les ouvrages de J. Jac. Wagner (*Ideen zu einer allgem. Mythol. der alten Welt*, Frankf. a. M., 1808, 8°), de J. Arn. Kanne (*Este Urkunden der Geschichte, oder allgem. Mythologie*, Bayr. 1808; neue Ausg., 1815, 2 vol. 8°) et de Fr. Schlegel (*Ueber die Sprache und Weisheit der Indier*, Heidelb., 1808); et fixée par la publication faite presque concurremment, de ceux de J. J. Gœrres (*Mythengeschichte der Asiatischen Welt*, Heidelb., 1810, 2 vol. 8°), de Fr. Creuzer (*Symbolik und Mythologie der alten Vœlker, besond. der Griechen*, Leipz. und Darmstadt, 1810-12, 4 vol. 8°; 2ᵉ *vællig umgearbeit. Ausg.*, 1819-22), et de J. L. Hug (*Untersuchungen über den Mythos der berühmten Vœlker der alten Welt, vorzügl. der Griechen*, Freyb. u. Konst., 1812, 4°). Le livre de M. Creuzer prit dès lors le premier rang, et pour l'étendue de son plan et pour la sagacité, la profondeur, la richesse d'érudition avec lesquelles ce plan est exécuté; depuis, non-seulement il s'y est maintenu, mais il n'a fait que s'y affermir de plus en plus. Bientôt la discussion s'engagea entre l'auteur et M. Hermann, au sujet de la *Symbolique* du premier et de la dissertation *de Mythologia Græcorum antiquissima*, Lips. 1817, du second, sur toutes les hautes questions de critique qui dominent la mythologie; et de cette lutte savante naquirent de nouveaux écrits, soit des deux habiles adversaires, soit de quelques autres athlètes qui intervinrent en des sens et avec des succès divers (*Briefe über Homer und Hesiodus*, etc., *von* Gottfr. Hermann u. Fr. Creuzer, Heidelb., 1818; *über das Wesen und die Behandlung der Mythol., ein Brief von* G. Hermann, Leipz., 1819; Ouwaroff, *über das vor-Homerische Zeitalter*, etc., St-Petersburg, 1819; *Beytræge z. Alterthumskunde*, etc., *von* J. G. Rhode, Berlin, 1819, 1es *Heft.*). Cependant, tandis que les partisans du système purement hellénique déployaient toutes leurs ressources à l'appui de cette théorie ébranlée, et la défendaient, trop souvent avec passion et par de vaines subtilités, quelquefois avec un rare talent (K. Ottfr. Müller, *Geschichten Hellenischer Stæmme und Stædte*, vol. I, Bresl., 1820), le système oriental enrôlait sous ses bannières victorieuses de grands philosophes et presque tous les érudits les plus distingués de l'Allemagne; mais ceux-ci même se divisaient et sur la méthode de procéder dans leurs recherches, et sur plusieurs autres questions exposées dans notre Discours préliminaire. Quelques-uns, laissant pour un temps la Grèce et l'Occident, étudiaient l'Orient en lui-même et publiaient des ouvrages spéciaux; ceux de Majer et de N. Müller sur la religion de l'Inde, de Rhode sur celle de la Perse, etc., sont cités à toutes les pages, soit de notre texte, soit des notes qui le suivent. D'autres, dont il est inutile de répéter ici les noms, s'attachaient à éclairer des points particuliers par les hautes lumières de la philosophie unies à la science des langues, par la connaissance des antiquités historiques et géographiques, par l'étude de l'art et les collections de monumens figurés.

(C—r et J. D. G.)

Livre premier : note 1re (chap. I, p. 133 sqq.)

Les sources de la religion de l'Inde se divisent en trois classes : 1° les récits des Grecs et des Romains jusque dans la période byzantine; 2° les livres religieux des Hindous eux-mêmes, qui, depuis un demi-siècle environ, commencent à nous être mieux connus; 3° les monumens proprement dits, ou les restes encore subsistans des temples et des édifices consacrés à la religion.

§ 1. C'est à Hérodote (III, 98 sqq.) que nous devons les premiers récits sur l'Inde. Les Grecs, en effet, reçurent leurs premières notions vraiment historiques de cette contrée, par l'expédition de Darius Hystaspis, qui ne pénétra pas très-avant dans la partie nord-ouest, à laquelle se rapportent uniquement les récits d'Hérodote. Viennent ensuite ceux de Ctésias, médecin grec à la cour d'Artaxerce-Mnémon, dans ses *Indica*, dont Photius nous a conservé des extraits qu'on trouve ordinairement à la suite des éditions d'Hérodote : ils ont trait également à la région fabuleuse de l'Inde, au Kachemire. Les ouvrages perdus des compagnons d'Alexandre, Ptolémée, fils de Lagus, Aristobule, Néarque, ont servi à Arrien pour sa vie du conquérant macédonien et pour son livre à part sur l'Inde, qui contiennent les renseignemens les plus précieux. Il en faut dire autant de Diodore (III, 62 sqq.) et de Strabon (liv. XV), qui mirent à profit les relations d'écrivains antérieurs que nous n'avons plus, tels que Megasthène et autres. Ajoutons Quinte-Curce, Pline (H. N., liv. VI), Philostrate dans la vie d'Apollonius, Porphyre (de Abstin. IV, 17), Clément d'Alexandrie, etc., etc., sans parler des auteurs plus récens entre lesquels se distinguent Palladius au 5e siècle, et Cosmas *Indicopleustes* au 6e.

Les relations de tous ces écrivains se rapportent presque exclusivement aux parties de l'Inde qui nous sont le moins connues, aux contrées arrosées par l'Indus : les pays du Gange, au contraire, et les côtes orientales de la presqu'île en deçà, que nous connaissons infiniment mieux, paraissent être demeurées ou tout-à-fait ou à très-peu près inconnues aux anciens. Voilà, en partie du moins, ce qui, dans les temps modernes, a fait traiter de fabuleux maints récits des Grecs et des Romains dans lesquels, du reste, ont pu se glisser beaucoup d'élémens mythiques qu'il faut savoir en dégager. Des savans de nos jours ont entrepris d'expliquer en ce sens, même les merveilleuses narrations de Ctésias, auteur aveuglément décrié par Larcher et autres. *Voyez* Th. Zimmermann, *de India antiqua*, Dissert. histor., Erlang., 1811; v. Veltheim, *Samml. von Aufsætzen*, II, *passim;* Heeren, *Ideen*, etc., I, 1, p. 361 sqq., p. 366; Wahl, *Ostindien*, II, p. 456 sqq.

§ 2. Quant aux sources d'origine hindoue, elles remontent à une haute antiquité, qui semble dominer à la fois la théocratie égyptienne et la première civilisation de la Grèce : mais elles sont toutes nouvelles pour nous, et nous ne possédons encore des traductions complètes que d'un fort petit nombre de livres; nous n'avons de la plupart que des extraits et d'insuffisantes notices. Aussi existe-t-il une grande divergence dans les jugemens des savans sur ces livres, et, en général, nous ne sommes encore en état ni de fixer leurs époques respectives, ni de reconnaître et de tracer avec quelque certitude la marche que suivit dans son développement la littérature des Hindous [1].

---

[1] M. Fr. Schlegel la divise tout entière en quatre périodes : dans la première il place les Védas et les livres qui s'y rattachent immédiatement, comme les lois de Menou; dans la seconde, presque tous les systèmes philosophiques, antérieurs à la philosophie Védanta, tels que la philosophie Sankhya et autres, puis le Ramayan, et le fond de plusieurs Pouranas; la troisième comprend tous les ouvrages attribués à Vyasa, c'est-à-dire les dix-huit Pouranas, le Mahabharat et la philosophie Védanta; la quatrième enfin est celle où Kalidasa et une foule d'autres poëtes s'emparant des anciennes traditions qui jusque-là avait été la propriété exclusive des prêtres, les proposèrent à la multitude dans les drames et sous d'autres formes poétiques (*Weisheit der Indier*, p. 149 sqq.) «Des mythes antiques qui furent la première interprétation de la nature, dit

Toutefois, il est un point sur lequel on s'accorde généralement, c'est que les *Védas* sont la plus ancienne production de l'esprit de ce peuple, et comme la source sacrée de toute sa littérature. Le meilleur traité que l'on ait sur ces livres vénérables est du célèbre Colebrooke, dans le t. VIII, p. 377 sqq. des *Asiatic Researches*. Suivant la tradition reçue, les Védas ayant été révélés par Brahmâ furent d'abord transmis de

M. Gœrres, se formèrent peu à peu les Védas, desquels dans le progrès des temps découlèrent les Pouranas, espèce de romans mythiques dus à la féconde imagination de Vyasa et de ses contemporains; suivit la poésie historique dans le Ramayana et le Mahabharata; la morale prit son rang dans le Dharma-Sastra de Menou; enfin, dans les six systèmes théistes, savoir les deux philosophies Nyaya, les deux Mimansa et les deux Sankhya, celles-ci déjà suspectes d'hétérodoxie, se développa toute la philosophie orthodoxe des Hindous : et c'est ainsi que de soi-même tout se range dans cet ordre invariable que la nature a marqué pour tout développement historique (*Mythengesch. d. Asiat. W.*, p. 190). » Dans les Lois de Menon, que M. Fr. Majer et beaucoup d'autres avec lui regardent comme l'une des sources les plus antiques et les plus pures du brahmaïsme, c'est-à-dire, selon eux, de la primitive doctrine, on ne trouve cités que les Védas, les *Angas* ou *Védangas* (Commentaires des Védas, au nombre de six, traitant 1° de la prononciation des voyelles; 2° des pratiques et des cérémonies religieuses; 3° de la grammaire; 4° de la prosodie; 5° de l'astronomie; 6° de l'explication des mots et des phrases difficiles des Védas), la Nyaya et la Mimansa-philosophie, et seulement l'auteur de la Sankhya, appelé Capila; le recueil des lois, qui n'est autre que le Manava-Sastra, et les Pouranas en général (Majers *Brahma*, p. 98 sqq.). Les Pouranas, la Nyaya, la Mimansa et le Dherma-Sastra sont encore appelés les quatre *Oupangas* ou *sous-Angas;* et il y a en outre les quatre *Oupavédas*, *sous-Védas* ou *sous-écritures*, qui traitent de la médecine, de la musique, de l'art militaire et de l'architecture, à laquelle se lient tous les arts mécaniques. *Voy.*, pour ceci et pour tous les détails des articles subséquens, le Mémoire sur la littérature des Hindous, traduit du Sanscrit, avec le Commentaire de W. Jones et les notes de M. Langlès, dans le premier volume des Rech. Asiat., pag. 368 sqq. *Conf.* le Catalogue des mss. Sanscrits de la Bibliothèque impériale (royale), par MM. Hamilton et Langlès, Paris, 1807. (J. D. G.)

bouche en bouche, jusqu'à l'époque où Vyasa, le *compilateur* [1] (ci-dessus, p. 233 sq., et la note), les recueillit et les distribua en livres. Le premier Véda s'appelle *Ritch* ou *Rig*-Véda, et contient des prières et des hymnes en vers; le second, *Yadjour*-Véda, renferme des prières en prose; le troisième, ou *Sama*-Véda, les prières qui sont destinées à être chantées; le quatrième Véda, *Atharvan*, plus récent que les autres, mais également canonique, consiste principalement en formules de consécration, d'expiation et d'imprécation. Chaque Véda se compose en général de deux parties distinctes, des prières, *mantras*, et des préceptes ou dogmes, *brahmanas*. Nous parlerons dans une note subséquente, avec plus de détail, de la doctrine qu'enseignent ces livres [2]. Quant à la langue dans laquelle ils sont écrits, à leur authenticité, à leur haute et incontestable antiquité, toutes ces questions ont été traitées par Colebrooke avec sa supériorité ordinaire, et par beaucoup d'autres, principalement d'après lui [3]. Jusqu'ici nous ne possédons dans les langues de l'Europe que de très-faibles extraits des Védas,

---

[1] M. Fr. Majer (l. c., p. 111, note 57) conjecture avec beaucoup de vraisemblance que ce nom désigne moins un individu qu'une époque entière de la littérature sanscrite, et probablement celle où les livres sacrés du vichnouïsme furent recueillis et rédigés.

[2] *Ci-après*, note 5. Cette note et les suivantes, 6-8, contiennent des extraits originaux tant des Védas que des autres principaux livres sacrés des Hindous. La doctrine des Védas est en grande partie renfermée dans les *Oupanichadas*, portion des Brahmanas : le recueil complet des hymnes, des invocations et des prières qui appartiennent à tel ou tel Véda, s'appelle encore *Sanhita*. Ces prières, qui ne sont souvent autre chose que des espèces de formules magiques, des conjurations, etc., paraissent former la substance primitive de ces vastes compilations, ouvrage de plusieurs siècles, mais dont la rédaction dernière n'en doit pas moins être fort ancienne. (J. D. G.)

[3] Colebrooke, *On the Vedas*, etc., *ubi sup. Conf.* Heeren, *Ideen*, I, 2, p. 426 sqq.; Majer, l. c., p. 14 et 104. Contre l'opinion de Colebrooke, qui croit l'Atharva-Véda non-seulement aussi authentique, mais aussi ancien que les autres, sauf quelques articles, Majer, après Wilkins, Jones, Polier, etc., ne reconnaît que trois Védas primitifs.

ce qui rend d'autant plus précieux l'ouvrage publié par Anquetil du Perron, sous le nom d'*Oupnekhat* [1], et qui est une traduction latine extrêmement littérale d'une traduction persane abrégée de ces livres sacrés, faite par l'ordre de Darachekouh, frère aîné de l'empereur mogol Aurengzeb, dans le 17e siècle.

Aux Védas se rattachent immédiatement les *Pouranas*, qui renferment la théogonie et la cosmogonie des Hindous : ils sont encore attribués à Vyasa, et l'on en compte dix-huit. Chaque Pourana a un titre spécial et caractéristique; le premier se nomme *Brahmá*, le second *Padma* (ou le Pourana du Lotus), le troisième *Brahmanda* (ou l'œuf du monde), le quatrième *Agni* (le feu), le cinquième *Vichnou*, etc. Le dix-huitième s'appelle *Bhagavat* et contient la vie de Crichna. Chaque Pourana traite des cinq objets suivans : 1° La création du monde, ses âges et son renouvellement; 2° la génération des dieux et des héros; 3° la chronologie d'après un système mythique; 4° l'histoire des demi-dieux et des héros; 5° la cosmogonie avec une histoire mythique et héroïque. Les Pouranas peuvent donc être comparés aux cosmogonies des Grecs : ils comprennent la mythologie proprement dite des Hindous, tandis que les Védas développent principalement les idées de Dieu, de la création primitive des choses, de l'âme et de son rapport avec la divinité [2].

Viennent en troisième lieu les grands poëmes épiques ou his-

---

[1] Strasbourg, 1804, 2 vol in-4°. Il est aujourd'hui bien prouvé que l'*Oupnekhat* représente, en grande partie, les *Oupanichadas* des Védas, particulièrement de l'Atharvan. Gœrres et Majer, en Allemagne, et M. le comte Lanjuinais, en France, ont donné de ce livre d'excellentes notices et des extraits suivis ; ce dernier, d'abord dans les tom. III, V et VI du Magasin encyclopédique, 1804, et récemment dans le Journal asiatique, vol. II et III. *Voy.* le texte, p. 268-285, et *ci-après*, note 13. (J. D. G.)

[2] L'Histoire mythologique *Itihasa* et *Pourana* est considérée comme le complément des Védas, et même forme un cinquième Véda : Colebrooke, *ubi supra*, p. 381.—Majer (p. 129 sqq.) envisage les Pouranas sous un point de vue particulier; il y voit des espèces d'encyclopédies élémentaires, des-

toriques, le *Ramayan* et le *Mahabharat*. Le Ramayan, attribué à Valmiki [1], chante les actions de Rama, l'Hercule hindou, qui diffère autant de l'Hercule grec que la Grèce elle-même diffère de l'Inde. Nous possédons une partie de ce grand ouvrage, publiée dans la langue originale avec une traduction anglaise, et plusieurs savans nous en ont, de plus, donné des extraits traduits avec soin en français et en allemand [2]. Le Mahabharat, ou *le grand Bharata*, a pour auteur Vyasa et consiste en dix-huit chants, qui racontent les guerres allumées dans la race des enfans de la Lune entre les héros des deux familles appelées les *Kourous* et les *Pandous*. C'est à ce poëme qu'appartient le fameux épisode qui porte le nom de *Bhagavat-gíta*, *le Chant de Bhagavan*, c'est-à-dire de Crichna, qui, dans un dialogue philosophique et théologique, avec Arjouna, son disciple, y discourt sur l'éternelle unité de Dieu et sur la vanité de tout le reste. Cet épisode a été traduit plusieurs fois en tout ou en partie, ainsi que quelques autres morceaux du Mahabharat [3].

A la période des poëtes épiques succède celle des législateurs. Le plus ancien code des Hindous est *le Manava Dharma Sastra*, c'est-à-dire, le recueil sacré des lois de *Menou* ou *Manou* [4], dont on reconnaît généralement la haute importance et

tinées à la première instruction dans les écoles des Brahmanes, et qui présentent, dans une sorte d'enchaînement historique, de courtes expositions des dogmes et des connaissances développés et approfondis dans les autres livres sacrés, dont ils rapportent çà et là des extraits et citent des fragmens. (J. D. G.)

[1] *Voy.* sa légende fabuleuse, suivie de celles de Vyasa et de Kalidasa, *ci-dessus*, p. 231 sqq.

[2] *Voy. ci-après*, note 7 sur ce livre.

[3] *Voy.* même note.

[4] *Voy.* le texte, p. 253 sq. *Menes*, chez les Égyptiens, et *Minos*, chez les Grecs, sont également législateurs et premiers rois humains. *Conf.* Neumann, Rerum Creticarum specimen, Gotting. 1820, I, 7. — La plupart des savans qui ont examiné le Code de Menou, tout en convenant qu'on ne saurait le regarder comme l'ouvrage d'un seul homme, ni même d'un seul siècle (Heeren, I, 2, p. 440), s'accordent néanmoins à en

la profonde sagesse. Nous en devons la traduction en anglais, à l'immortel W. Jones (Calcutta, 1794, 4°; London, 1796, 8°), d'après lequel Hüttner l'a reproduit en allemand, accompagné d'un glossaire et de notes (Weimar, 1797)[1].

Après les législateurs viennent les philosophes. Dogmatisme, scepticisme, et jusqu'au nihilisme complet, tous les points de vue, tous les développemens, toutes les formes de la spéculation ont été épuisées par les Hindous. On compte six différens systèmes philosophiques, qui se distribuent deux à deux : les deux philosophies *Nyaya*, les deux *Mimansa* et les deux *Sankhya*. Ils représentent aux yeux de Jones, les deux premiers, les écoles péripatéticienne et ionique, les deux seconds l'école de Platon, et les deux autres les écoles italique et stoïcienne[2].

Cette haute culture de l'esprit unie à tous les avantages du

---

reporter la rédaction dernière à une époque fort ancienne. M. J. G. Rhode, dans deux écrits successifs (*Ueber Alter und Werth einiger Morgenl. Urk.*, p. 52-63; *Beytræge z. Alterthumsk.*, I, p. 98 sqq.), a essayé de prouver, au contraire, que cette rédaction est d'une date relativement assez récente, « sans toutefois dépasser la période où les états de l'Inde jouissant de leur indépendance primitive, n'avaient point encore subi la conquête. » La plupart des raisons qu'il apporte à l'appui de son sentiment, ne sont pas moins vagues que cette indication. Qui croira, d'ailleurs, quand ceux qui ont lu et étudié le livre actuel dans la langue originale, y trouvent, par comparaison avec presque tous les autres ouvrages hindous, hormis les Védas, un caractère manifestement ancien, que ce même livre puisse appartenir à un temps *où le Sanscrit était tombé en désuétude.* (J. D. G.)

[1] Il ne faut pas confondre le code des lois de Menou, que Jones a décoré du nom d'*Institutes*, avec deux autres recueils dont l'un, compilation récente des Brahmanes du Bengale, et traduit du Persan par Halhed, en 1776, a été publié en français, d'après Halhed, en 1778, sous le titre de *Code des lois des Gentoux*; l'autre, beaucoup plus important, et nommé, par rapport avec le Manava-Sastra, les *Pandectes hindoues*, a été traduit du Sanscrit en anglais, et donné en partie, par Colebrooke : *Digest of Hindu law*, etc. London, 1801; 3 vol. 8°.

[2] Mémoire cité plus haut. Il y a d'assez grandes difficultés sur la détermination exacte de ces systèmes et de leurs auteurs : on trouvera quelques éclaircissemens dans la note 15, *ci-après*. (J. D. G.)

climat le plus heureux et aux bienfaits de l'ordre social le plus raffiné, ne pouvait manquer de donner naissance à la poésie dramatique. Ici comme chez les Grecs, elle prit sa source dans l'épopée. Le peu que nous en connaissons jusqu'à présent a frappé toute l'Europe de surprise et d'admiration : qui n'a lu *Sakontala*, ou l'*Anneau fatal*, drame dont la fable est empruntée du Mahabharat, et qui a pour auteur Kalidasa, contemporain du roi Vikramaditya, environ cent ans avant J.-C. ? Cette pièce a été traduite en anglais par Jones, en allemand par G. Forster, (en français, par M. Bruguière de Sorsum dont les lettres déplorent la perte récente et prématurée) [1].

Enfin, c'est aussi dans l'Inde que, probablement pour la première fois, l'homme imagina d'enseigner les lois éternelles de la morale et de la justice par une sorte d'appel fait aux animaux, aux plantes et à toute la nature qui l'environne [2]. Nous voulons parler de l'Apologue ou de la Fable proprement dite,

---

[1] M. Heeren (p. 519-526) regarde la poésie lyrique, non pas les hymnes antiques des Védas, mais ces espèces d'idylles, à la fois érotiques et religieuses, entremêlées de chants, telles que le *Gita Govinda* de Djayadeva, traduit par Jones, comme ayant fait, chez les Hindous, la transition de l'épopée au drame. Les poésies mystiques tiennent aussi une grande place dans la littérature de ce peuple : on peut voir le Mémoire du même Jones, *On the mystical Poetry*, etc., dans le tom. III des *Asiatic Researches*. (J. D. G.)

[2] Sans doute cette invention fut plus naturelle ici que partout ailleurs ; car, indépendamment de la tendance didactique et de la forme dialogique qui dominent dans la littérature des Hindous, leur religion toute fondée sur le panthéisme, et surtout la croyance de la métempsychose, qui en fait une partie si essentielle, y conduisaient nécessairement. Cette observation, aussi juste que profonde, est due encore à M. Heeren, dont nous ne saurions trop recommander les excellentes réflexions sur toutes les branches du sujet exposé dans ce § 2. Il faut y joindre, pour la connaissance exacte des travaux relatifs à la langue et à la littérature sanscrites, spécialement des traductions, la dissertation d'A. W. de Schlegel, *Ueber den gegenwærtigen Zustand der Indischen Philologie* (*Indische Bibliothek*, B. I, H. 1), reproduite en français dans la Bibliothèque universelle et dans la Revue encyclopédique. (J. D. G.)

dont l'histoire se rattache aux noms de Vichnou-Sarma, Brahmane des anciens âges, et de Pilpai ou Bidpay, qui vivait vers 400 avant notre ère. C'est au premier que la tradition attribue le plus ancien recueil de ce genre, intitulé en sanscrit *Hitopadesa*, c'est-à-dire *Instruction amicale*, et qui a été traduit deux fois en anglais, par Ch. Wilkins et par W. Jones. Pilpay en fit plus tard un second recueil, qui fut mis en pehlvi par l'ordre d'un roi de Perse, dans le cours du sixième siècle de l'ère vulgaire. Il obtint un si grand succès qu'il passa bientôt en arabe, en turc et successivement dans plus de vingt langues. Mais l'ouvrage ne demeura point dans son état primitif; on en sépara les différentes parties et on les publia isolément. Tel est, par exemple, l'épisode intitulé *Kalila* et *Dimna*, qui fut traduit du sanscrit de l'Hitopadesa en persan, et du persan en grec[1]. Du reste, il est arrivé à ces recueils orientaux ce que l'on sait du recueil des fables d'Ésope : c'est qu'ils se sont successivement accrus des inventions successives de plusieurs siècles, et que l'antique s'y trouve souvent fort mêlé d'additions et d'interpolations modernes. Cette observation pourrait être étendue à un grand nombre d'autres livres hindous, ce qui n'empêche pas que le fond de ces livres ne soit souvent d'une époque très-reculée.

§ 3. Les monumens se divisent en deux classes, d'après les localités principales dans lesquelles ils se trouvent. La première classe comprend ces grossiers essais d'architecture que nous offrent les antres des montagnes, dans les régions du nord-ouest et du nord de l'Inde, à Kachemire et vers les limites de la Perse. Là sont des grottes creusées en partie par la main des hommes, souvent sans traces de sculptures, et dont la simplicité barbare

---

[1] *Voy.* Specimen sapientiæ Indorum, ex cod. ms. Holsten. ed. Stark, Berol. 1697, 8°. Fables et contes indiens, etc., par Langlès. Paris, 1790. Calila et Dimna, ou Fables de Bidpay, en arabe, précédées d'un Mémoire sur l'origine de ce livre, etc., par M. Silvestre de Sacy. Paris, 1816. K. and D., or the Fables, etc., *translated from the arabic by the Rev. Wyndham Knachtbull*, A. M. Oxford, 1819.

atteste la haute antiquité. De ce genre paraissent être les restes de la ville de Bamiam dans la Perse orientale, au royaume de Caboul, dont la tradition fait des temples de Bouddha. En effet, d'immenses temples-grottes remplissent la vaste enceinte de cette ville qui s'appelle en sanscrit *Vami-Nagari*, la *Belle-Cité*, et dont les ruines ont été comparées à celles de Thèbes d'Égypte. On y remarque, entre autres merveilles, deux énormes statues taillées dans le roc et qui y tiennent par le dos, l'une mâle, l'autre femelle; la première ayant vingt, la seconde quatorze aunes de hauteur. Là se trouve encore un vaste temple souterrain. Ces monumens, d'après les recherches les plus récentes, paraissent être d'origine hindoue et bien antérieurs à tout ce qui nous reste des Perses [1].

La seconde classe renferme les monumens situés dans le territoire de l'Indus, et d'abord ceux que montre la côte occidentale de la Péninsule. Ils appartiennent, dit-on, à la période du sivaïsme, et ce sont principalement les grottes de Kenneri, à Salsette, et d'Éléphanta, non loin de Bombay et des bouches de l'Indus. Dans les cavernes de l'île de Salsette est une espèce de ville creusée dans le roc et formée de grottes grandes et petites, chacune munie d'un puits : on y reconnaît visiblement les habitations privées qui environnaient les temples et durent servir de résidence à d'antiques castes sacerdotales. Mais depuis long-temps tout est abandonné, et ces grottes innombrables, jadis si peuplées, maintenant couvertes d'épaisses forêts, n'ont plus d'autres habitans que les tigres et les animaux féroces de toute espèce qui en rendent l'accès fort périlleux. Du reste, tout y témoigne en faveur de la haute antiquité du culte de Siva; partout on voit la figure de ce dieu et celles de

---

[1] *Voy.* Wilford dans les *Asiatic Research.*, tom. VI, p. 462 sqq.; Elphinstone, *Account of Cabul*, p. 153, 318, 487; et l'excellente dissertation de Hoeck, veteris Persiæ et Mediæ Monum.; Gotting., 1818, p. 176-185. — Il est remarquable qu'une troisième statue, beaucoup plus petite, se trouve à quelque distance des deux grandes, et que, d'après la tradition, dans l'antre souterrain est un tombeau renfermant un corps miraculeusement conservé. (J. D. G.)

ses enfans, partout les attributs propres au sivaïsme, des géans, des taureaux, des lotus, et le lingam reproduit sous mille formes différentes. On croit y reconnaître çà et là d'assez grandes ressemblances avec les bas-reliefs égyptiens.[1]

Suivent les monumens qui paraissent se rattacher à la période subséquente, celle du vichnouïsme, tels que les fameuses grottes d'Ellora dans le Décan, à quelque distance d'Aurengabad, toujours sur la côte occidentale. Elles offrent une représentation architectonique et plastique des Pouranas, et surtout du Ramayan : c'est le sivaïsme réformé et faisant peu à peu place au culte de Vichnou, qui se dégage successivement de l'ancien culte dont il est encore mélangé.

Sur la côte orientale de la presqu'île, Jagernat ou Djagannatha et Mavalipouram appellent notre attention. La première de ces villes est située auprès de la mer, dans le voisinage de Calcutta; il s'y trouve plusieurs pagodes célèbres par les grands pèlerinages qui viennent aujourd'hui encore les visiter et les enrichir; les sculptures que l'on y voit sont relatives au culte de Vichnou ou de Crichna[2]. Mais les monumens les plus considérables de l'architecture des Hindous, après ceux d'Ellora, ce sont les Sept-Pagodes, comme on les nomme, ou les ruines de l'antique cité de Mavalipouram, peut-être la *Maliarpha* de Ptolémée, sur la côte de Coromandel, en face de Ceylan[3]. Ces

---

[1] *Voy.* les Voyages d'Anquetil du Perron et de Sonnerat, de Niebuhr qui, le premier, a dessiné avec exactitude les monumens d'Éléphanta (*Reise*, B. II, p. 32 sqq., et les pl. III-XI); pour ceux de Salsette, et pour les suivans en général, *A comparative View*, etc., *by* R. Gough, Lond. 1785; lord Valentia, *Travels to India*, Lond., 1808; lady Graham, *Journal*, etc., Edinb., 1810; *Hindoos Excavations in the mountain of Ellora*, *by* Daniell, Lond., 1804 sqq., fol., coll. *Asiat. Res.*, t. VI, p. 389 sqq., et la pl. *ibid.*; et surtout le grand ouvrage de M. Langlès, Monumens de l'Hindoustan, Paris, 1813-1821, 2 vol. in-fol.

[2] *Voy.* le texte, p. 209 et note 2 *ibid.*

[3] *Voy.* Campbell, dans les Rech. Asiat., en fr., t. I, p. 87 sqq.; Goldingham, *Asiat. Res.*, t. V, p. 69 sqq.; et les collections des frères Daniell et de M. Langlès. (J. D. G.)

monstrueux édifices, au dire des Brahmanes, datent d'une époque antérieure au Kali-youga, et de près de cinq mille ans : la ville à laquelle ils appartenaient fut, ajoute-t-on, le siége du grand Bali, qui soumit à sa domination une grande partie de l'Orient [1] ; et de là son vrai nom, *Mahabalipouram*. On y remarque des caractères qui n'ont point encore été déchiffrés, des représentations tirées des mythes du sivaïsme, telles, par exemple, qu'une figure de Siva assis sur le bœuf Nandi et tenant dans ses mains les images de Brahmâ, de Vichnou et de Parvati : d'autres scènes sont empruntées du Mahabharat; ce sont des bas-reliefs dont est couvert un mur entier de soixante-douze pieds de long, taillé dans le roc vif [2].

Il n'y a pas moins d'obscurités et de contradictions sur l'époque de tous ces monumens de l'architecture et de la sculpture des Hindous, que sur celle des chefs-d'œuvre de leur littérature. En général, les traditions rejettent l'une et l'autre époque dans les âges fabuleux, et attribuent la plupart de ces grands ouvrages à des êtres supérieurs revêtus de forces et de facultés célestes, tels que Viswakarma, l'artisan des dieux. Du reste, il serait prématuré, dans l'état de nos connaissances, de chercher à établir aucune discussion suivie sur ce point [3]. Quant

---

[1] *Conf.* le texte, p. 162 note; p. 187 et la note.

[2] A Mavalipouram comme à Jagrenat, les cultes de Siva et de Vichnou, particulièrement dans son incarnation de Crichna, paraissent avoir été associés l'un à l'autre. *Voy.*, outre les passages auxquels renvoient les notes précédentes, les réflexions qui terminent le chap. 3 du liv. I; elles pourront jeter quelque lumière sur ce point : *Conf.* chap. 1, p. 141 sq.; et ci-après, la note 8 s. c. l., *ad fin.* (J. D. G.)

[3] Nous rapprocherons toutefois ici l'opinion de Gœrres, suivie par M. Creuzer, et celle de Heeren, dont nous préférons la circonspection, sur la chronologie tant des livres que des monumens. Gœrres (*Mythengesch.*, p. 188 sqq.), d'après Holwell et Alex. Dow, sources assez suspectes, reporte les Védas à 5000 ans de nous (et non pas de notre ère, ainsi que paraît l'avoir entendu notre auteur, p. 140 du texte); il place les Angas 1000, et les Oupavédas avec les Oupangas 1500 ans plus tard : les Pouranas tombent, par conséquent, selon lui et

à l'origine et au caractère religieux des anciens temples de l'Inde, voici ce qu'on en peut dire avec quelque vraisemblance.

Une montagne sainte, le Mérou, était à la fois pour ces peu-

M. Creuzer, dans le seizième siècle avant J.-C. Gœrres rattache indistinctement à la même époque, ou aux siècles qui la suivent immédiatement jusque vers le treizième, les grands poëmes épiques et le Code de Menou : Creuzer place le Ramayan et le Mahabharat avant, et le Manava-Sastra après 1200; le reste vient ensuite, sans exacte détermination. Heeren (l. c., p. 413 sqq., 544 sqq.), d'après les savans anglais de Calcutta, se fondant sur les caractères intrinsèques des livres et principalement de la langue dans laquelle ils sont écrits, reconnaît la haute antiquité de la littérature indienne et la priorité des Védas : du reste, il n'essaie point d'en assigner la date, et se contente de rapporter avec Colebrooke au quatorzième siècle avant notre ère, le calendrier annexé à l'Yadjour-Véda. Après les Védas, il met les lois de Menou qui les supposent et s'y lient étroitement : W. Jones, sur des motifs assez faibles, place ce dernier ouvrage entre 1300 et 900. Plusieurs systèmes de philosophie, les Commentaires des Védas, les Oupavédas, etc., sont antérieurs à la dernière rédaction du célèbre Code. Telle est la première période, qui comprend une partie de la littérature scientifique avec les monumens les plus anciens et les plus sacrés de la religion. La seconde période est celle des poëmes épiques et des Pouranas, qui en sont dérivés pour la plupart : ici se développent de concert la poésie et la religion populaire, l'art et la civilisation de l'Inde en général. Mais les Pouranas sont des compilations plus ou moins récentes de morceaux d'âges fort divers, et il se pourrait que quelques-uns d'entre eux fussent postérieurs à notre ère, tandis que le Ramayan et le Mahabharat remontent certainement fort au-delà. La troisième période, ou la période de Vikramaditya, qui commence environ 100 ans avant J.-C., vit s'opérer les rédactions actuelles d'un grand nombre d'ouvrages, et fleurir la poésie dramatique : c'est l'époque de la plus haute perfection de la langue. Une quatrième et dernière période embrasse les temps du moyen âge où doivent être rapportés beaucoup d'écrits et de compilations principalement scientifiques. Quant aux époques relatives des monumens, c'est-à-dire des temples, c'est encore d'après Gœrres (p. 560 sqq., note), que M. Creuzer en subordonne la suite à la succession des époques qu'il a distinguées avec le même savant dans l'histoire de la religion. M. Heeren (p. 309 sqq.) prend une marche différente : considérant les monumens en eux-mêmes, il les classe chronologiquement d'après leur nature et le pro-

ples le foyer de toutes choses, le berceau de la religion et le séjour chéri des dieux. C'est là que, selon eux, s'était révélé le grand mystère de la vie; c'est de là, en effet, que descendent les fleuves bienfaisans sans lesquels le nord de l'Inde et le Bengale ne seraient qu'un désert; c'est encore là que se trouve l'or, dont l'éclat resplendit dans les plus vieilles traditions de ces contrées. Ces enfans de la nature, mus par un irrésistible penchant à l'imitation, et se représentant le mont sacré qui semble flotter au-dessus des eaux, imaginèrent de le reproduire de leurs propres mains avec les dieux qui l'habitent. Pour cela, ils métamorphosèrent les montagnes en temples, creusant dans l'intérieur, agrandissant les grottes naturelles, et couvrant leurs parois de symboles religieux et d'innom-

grès qui se remarque dans leur construction, et c'est de cette classification même qu'il déduit par corollaire le développement successif et les époques de la religion. Les trois classes qu'il établit sont, 1° les temples-grottes creusés sous terre dans les profondeurs des montagnes; 2° les temples creusés et sculptés dans les rochers, à fleur de terre, ou les montagnes entières transformées en édifices, souvent encore avec des constructions souterraines; 3° les édifices proprement dits. Les grottes d'Éléphanta, de Salsette, de Carli, rentrent, avec celles d'Ellora, dans la première classe : mais là paraît dominer le culte de Siva, et nombre de sculptures attestent la coexistence de celui de Bouddha; ici rien ne rappelle Bouddha, et les cultes de Siva et de Vichnou se montrent l'un à côté de l'autre. Il en est de même pour les constructions de la seconde classe, telles que les Sept-Pagodes. La troisième classe est la plus nombreuse et offre une grande variété : les plus anciens édifices qui s'y rapportent sont de forme pyramidale, comme les pagodes de Déogour, de Tanjaour, de Ramiseram ou Rameswara, de Jagernat, etc.; la plupart semblent appartenir au culte de Siva. M. Heeren fait voir que tous ces monumens se composent de constructions successives, qui n'ont pu être achevées qu'en un grand nombre d'années et datent souvent d'époques très-différentes : il pense d'ailleurs que, sans prendre à la lettre les exagérations mythologiques des Brahmanes qui font remonter à 7894 ans, par exemple, les grottes d'Ellora, on ne doit pas plus de foi aux assertions sans preuves des Mahométans qui ne leur donnent que 900 ans d'existence (p. 336 sq., 347 sq., note). (J. D. G.)

brables figures. C'est ainsi qu'ils retrouvaient partout le Mérou, chaque temple étant destiné à représenter cet autre Olympe à leurs pieux hommages.

Note 2 (chap. I, p. 137 et *passim*).

Le plus ancien système géographique des Hindous, exposé dans la plupart des Pouranas, sous les titres de *Bhou-Khanda* ou *Bhouvana-Cosa*, considère la terre comme une surface plane, entourée d'une rangée circulaire de montagnes, que l'on nomme *Lokalokas*. Au centre est, selon eux, une immense convexité, derrière laquelle le soleil disparaît graduellement vers *Siddhapoura*, le pôle nord. Cette convexité est formée par le mont *Mérou*, la colonne ou l'axe du monde, qui soutient et réunit les cieux, la terre et les enfers (les trois mondes)[1]. Les quatre flancs de cette montagne sacrée, qui regardent les quatre points cardinaux, sont de quatre différentes couleurs analogues aux quatre castes de l'Inde : le flanc E. est blanc et pareil aux Brahmanes; le N., rouge, aux Kchatriyas; le S., jaune, aux Vaisyas; l'O., brun ou noir, aux Soudras. Quatre fleuves, issus d'une source unique qui, tombant du pied de Vichnou, à l'étoile polaire, et traversant la sphère de la lune, se divisa pour la première fois sur le sommet du Mérou, prennent leur cours, de ce centre commun, vers les quatre principales régions du monde, dans lesquelles croissent quatre arbres de vie de quatre espèces diverses, appelés d'un nom générique *Calpavrikcha*. Les quatre fleuves sont nommés : *Ganga*, au S. (le Gange); *Sita*, à l'E.; *Bhadra*, au N.; *Tchakchou* (l'Oxus), à l'O., et s'épanchent des têtes, gueules ou bouches de quatre animaux, la vache, l'éléphant, le lion et le cheval. Les quatre ré-

---

[1] Cette expression, *les trois mondes*, n'est pas toujours prise dans le même sens, comme on peut s'en convaincre en jetant les yeux sur la note 5 *ci-après*, et comme l'a très-bien remarqué A. W. de Schegel, qui en a déterminé plusieurs autres acceptions d'après le Ramayana : *Indische Bibliothek*, B. I, H. 1, p. 95.

gions qu'ils arrosent sont : *Outtara-Kourou*, au N.; *Bhadrasva*, à l'E.; *Cetoumala*, à l'O.; et *Djambou* ou *Djamboudwipa*, au S., car ces régions s'appellent proprement *Mahadwipas* ou *les Grands Dwipas* [1]. Le monde ainsi construit et divisé ressemble, disent les Pouranas, à un lotus flottant sur l'Océan : les quatre feuilles qui forment le calice sont les quatre Mahadwipas; les huit feuilles extérieures, placées deux à deux dans les intervalles, figurent huit Dwipas secondaires; et les fleuves et rivières se distribuent d'une manière analogue. Mais la plus générale et peut-être la première division de la terre reconnaît sept Dwipas groupés autour du Mérou et formant, par une combinaison toute fictive, sept zones ou cercles concentriques avec sept climats correspondans. Entre les sept zones sont sept mers ou courans qui les enferment : une mer salée environne *Djamboudwipa*; une mer enchantée *Cousa*; une mer de sucre

[1] Les traditions des divers Pouranas sont loin d'être uniformes sur chacun des points de cette géographie mythique, et des variantes plus considérables encore se remarquent dans celles des sectes hétérodoxes, comme les Bouddhistes, les Djaïnas, etc. Telle est la raison générale des différences que l'on trouvera entre cette exposition et celle qu'offre le texte. Par le *Djamboudwipa*, les Pouranas entendent souvent la terre entière; le mont Mérou est quelquefois confondu avec le pôle nord; les Bouddhistes font sortir les quatre fleuves des racines de l'arbre *Djambou*, le seul arbre de vie qu'ils semblent connaître, et ces fleuves sont chez eux ceux que donne M. Creuzer (p. 136, note 1), mais les animaux diffèrent comme ici. Une mer de lait tourne sept fois autour du Mérou et reparait au S.-O., où elle donne naissance aux quatre fleuves, etc., etc. *Bharata-Khanda*, l'Inde propre, est ordinairement supposée occuper le milieu (*Madhyama*) de l'île de Djambou (c'est le sens de *Djamboudwipa*), ou de la terre habitable. *Conf.* Rech. Asiat. en fr., t. I, p. 502 sq., et l'extrait de l'Ayïn Akbery donné par M. Langlès, *ibid.*, p. 68-72; le même, Mon. de l'Hindoustan, I, p. 6-13 sqq.— La note 7 *ci-après*, offrira une autre tradition, probablement plus ancienne que les précédentes, sur la descente de la source céleste et sa division en fleuves ici-bas. Il faut aussi comparer l'exposé des dogmes tibétains-mongols, d'après Bergmann, dans le vol. III du Journal asiatique, octobre 1823, p. 196-199.

Plaksa ; une mer de beurre clarifié *Salmala ;* une mer de lait caillé *Craouncha ;* une mer de lait et d'amrita (ambroisie) *Saca ;* une mer d'eau douce *Pouchkara* [1]. On parle encore de sept clôtures de montagnes. Une classification usuelle et cependant presque aussi poétique du monde connu, comprend neuf *Khandas* ou contrées : *Ilavratta*, qui occupe la partie centrale et la plus élevée de la terre ; *Bhadrasva* à l'E., *Cetou* à l'O. Au S. d'Ilavratta sont trois chaînes de montagnes, *Nichada*, *Hémacouta*, *Himatchala* ou *Himadra ;* au N., sont trois autres chaînes, *Nila*, *Sweta* et *Sringavan* : deux contrées se placent entre les premières chaînes, *Harikhanda* et *Cinnarakhanda ;* deux entre les autres, *Ramyaca* et *Hiranyamaya*. Une contrée se trouve par delà la chaîne la plus méridionale, *Bharata* ou l'Inde propre ; une dernière par delà celle de l'extrémité opposée, *Kourou* ou *Airavata*, patrie de l'éléphant de ce nom, d'où sont provenus tous les autres éléphans, particulièrement ceux qui portent ou la terre ou le mont Mérou, en nombre divers selon les diverses traditions. Le sommet du Mérou est un plateau circulaire formé par une enceinte de collines, une autre terre, mais une terre céleste, *Swargabhoumi ;* et là se répète, dans l'ordonnance des *Swargas* ou cieux, séjours des planètes, et dans celle des demeures divines qui leur correspondent, de degré en degré et de sphère en sphère, toute l'ordonnance des terrestres Dwipas. Il en faut dire autant des sept *Patalas* qui composent le monde inférieur [2]. (Les noms, tant des sept Swargas que des sept sphères et résidences célestes, seront donnés dans l'explication de la planche XX, qui éclaircira tout ce sujet. *Conf.* ci-dessus, pag. 146 sq., 224 sq. et la note, 228 sq., 246 sqq., 250-253 ; et ci-après, les notes 7 et 11.) (J. D. G.)

[1] Voici une autre nomenclature des Dwipas, peut-être plus usitée : *Djambou*, *Varaha*, *Cousa*, *Sankha*, *Yamala* ou *Malaya*, *Yama*, *Anga*.
[2] Extrait principalement de la dissertation de Wilford, *Of the geograph. Systems of the Hind.*, t. VIII des *Asiatic Researches*, p. 267 sqq. ; *compar.* les planches qui y sont jointes, p. 376.

DU LIVRE PREMIER. 585

Note 3 (chap. I, p. 140-141, 144, etc.).

§ 1. La chronologie et l'histoire des Hindous sont en général aussi poétiques, aussi idéales que leur géographie : chez ce peuple, l'imagination domine toutes les autres facultés, et la religion domine l'imagination ; sa poésie est éminemment religieuse, et pour lui tout devient poésie. Même sa constitution civile semble avoir été l'ouvrage de prêtres encore plus poëtes que politiques : une fois établie, elle détermina pour des siècles l'état moral de la nation, qui a pu et dû s'altérer, mais n'a pas sensiblement changé depuis quatre mille ans. Cette constitution repose tout entière sur la division de la population en castes, appelées dans l'ancienne langue *Djati* ou *Varna*, et dont l'origine est reportée avec celle de l'espèce humaine et du monde jusqu'au Créateur de toutes choses. (Compar. p. 141 et p. 226 sq.) Les castes originaires et fondamentales sont au nombre de quatre, les *Brahmanes*, les *Kchatriyas*, nommés encore *Radja-poutra* ou fils des rois, les *Vaisya*, ou par abus les *Banians*, et les *Soudras*; elles embrassent les quatre conditions principales de la vie; elles sont héréditaires et rigoureusement subordonnées entre elles. Les trois premières ont, en outre, sur la quatrième de grands privilèges : seules elles ont droit, quoiqu'à différens degrés, à l'instruction supérieure des Védas, à offrir des sacrifices, à conférer des présens; elles sont distinguées l'une de l'autre, et toutes de la dernière, par la ceinture et le cordon sacré, *Mekhala*, *Oupavita*, etc.; que leurs membres reçoivent, à des âges différens, dans une cérémonie fort solennelle qui est considérée comme une seconde naissance; aussi sont-ils appelés, particulièrement les Brahmanes, *deux fois nés*. Les lois les plus sévères ont été instituées pour maintenir les castes dans leur pureté primitive : elles ne se recrutent que d'enfans nés, dans chacune, d'un père et d'une mère qui en font également partie; les enfans provenus d'unions inégales forment un certain nombre de castes mélangées. Quiconque, sans un cas de nécessité pressante, empiète sur les fonctions d'une caste supérieure, où descend à celles d'une caste inférieure, est expulsé de la sienne propre; mais, en aucun cas, les fonctions des Brahmanes ne sauraient être usurpées par les hommes des autres castes. Chaque caste offre, du reste, de nombreuses subdivisions, dont les occupations respectives ont été déterminées avec la même rigueur, tellement que tous les droits et toutes les professions sont, dans l'Inde, également héréditaires. Les trois premières castes, quoique très-inégales entre elles, peuvent être regardées comme dominantes par rapport aux *Soudras*, véritables serfs, qui sont destitués de toute liberté, de toute propriété personnelle, et ne doivent se marier que dans leur caste, sous peine de voir les fruits infortunés d'une sacrilége union aller grossir, non plus les castes mélangées, mais les castes impures, celles des *Soutas*, des *Vaidehas*, des *Tchandalas*, *les plus méprisables des mortels*, appelés communément les *Parias*. La totalité des castes ou divisions des castes est de plus de quatre-vingts [1].

La distribution des castes, fondement de l'état chez les Hindous, dépendait elle-même, comme l'a fort bien montré un auteur justement célèbre, des règlemens à la fois civils et religieux qui régissaient les familles et toute la société domestique. Les castes et les familles fortement constituées d'après un principe unique et sur un même plan, avaient en elles-mêmes une police intérieure qui faisait le plus ferme appui de l'ordre social. Cette constitution, ouvrage de Brahmâ, c'est-à-dire des Brahmanes, et sanctionnée par une révélation divine, prit et garda le caractère d'une véritable théocratie. La forme de l'état était, comme elle est encore, monarchique; mais le pouvoir des *Radjas* ou rois, tellement limité par l'aristocratie sacerdotale et par les lois qu'elle avait dictées au nom du Ciel, que toute l'autorité résidait de fait aux mains des Brahmanes, maîtres du roi par le cérémonial religieux dont ils

---

[1] Extrait principalement de Heeren, *Ideen*, I, 2, p. 596 sqq.; coll. Majer, *Brahma*, p. 134 sqq., d'après les lois de Menou, chap. X et *passim*. Ce qui suit est emprunté en grande partie du premier de ces écrivains.

enchaînaient jusqu'à ses pensées, et du peuple par l'ascendant des lumières devenues leur propriété exclusive.

§ 2. La caste des Brahmanes, à laquelle l'Inde entière est redevable de sa civilisation, couvre encore cette vaste contrée, divisée de tout temps en une multitude de petits états essentiellement indépendans; et l'on observe, avec une grande uniformité d'institutions, de mœurs, de religion, des différences non moins réelles de langage et d'origine dans la population qui compose ces états. Tel est le fait capital qui domine toute l'histoire des Hindous. Un second fait non moins remarquable et qui concourt avec le premier, c'est que partout les trois castes supérieures, distinctes entre elles par le rang, se distinguent en masse des castes inférieures, non-seulement par leurs priviléges religieux et politiques, mais par la couleur et par les traits du visage. De plus, les castes dominantes semblent avoir été autrefois bien plus intimement unies, plus rapprochées de condition, plus égales en droits qu'on ne les voit depuis. Tout porte à croire que les Brahmanes, et probablement aussi les Kchatriyas et les Vaisyas, formaient dans le principe un seul et même peuple, de race blanche, qui se répandit lentement du nord au sud sur toute la face de l'Inde, dompta l'une après l'autre les peuplades d'origine et de langues diverses, mais en général de couleur foncée, qui, de toute antiquité, en habitaient les différentes parties, et partout assujettissant les indigènes par le frein sacré de la religion, voulut, dans les institutions qu'il leur imposa, éterniser à la fois sa suprématie et leur dépendance [1]. Vraisemblablement la distinction des castes exis-

---

[1] Telle est l'hypothèse aujourd'hui presque généralement adoptée sur la population et la civilisation primitives de l'Inde, hypothèse que M. Heeren nous semble avoir appuyée de raisonnement très-forts. Il ne pense pas que l'on puisse tirer une ligne de démarcation bien certaine entre les Soudras et les trois castes supérieures. Quant aux Parias, dit-il, la différence de couleur et de profil entre les créoles espagnols et les Péruviens n'est pas aussi grande que celle qui se remarque entre les Brahmanes et cette caste proscrite. Et je choisis d'autant plus volontiers cette comparaison, ajoute le savant historien, que l'établissement des Espagnols dans le

tait déjà chez ce peuple conquérant, qui peut-être lui-même n'était qu'un amalgame de tribus de mœurs différentes, dont la force ou un culte commun avaient opéré ou cimenté l'union : quoi qu'il en soit de cette nouvelle conjecture, les plus anciennes traditions de l'Inde semblent avoir conservé le souvenir de luttes terribles entre les deux premières castes, par suite desquelles les Brahmanes obtinrent cette haute prééminence qui depuis ne paraît pas leur avoir été contestée, au moins par les Kchatriyas [1]. Dès lors la domination des prêtres guerriers fut fondée dans les pays du Gange, leur langue prévalut, leur législation théocratique s'affermit, et les destinées de la nation se développèrent exclusivement sous leur influence. On voit fleurir les deux puissantes dynasties des enfans du Soleil et des enfans de la Lune, l'une à *Ayodhya* sur la *Déva,* probablement

Nouveau-Monde, opéré par le glaive et la croix tout ensemble, offrirait peut-être la fidèle image de l'établissement armé des Brahmanes au milieu des autochthones de l'Inde, si nous avions l'histoire de ce dernier (*Ideen*, etc., l. l., p. 610 sqq., coll. 562 sqq.). Suivant M. Klaproth, dont l'autorité est si grave dans ces questions, les Indo-Germains forment une race blanche mêlée dans divers pays avec d'anciens indigènes, mais devenue tout-à-fait dominante. Sa grande extension date peut-être des temps antérieurs au déluge (que l'auteur regarde comme un fait historique et place vers 3000 avant J.-C., époque presque correspondante à celle du commencement du Kali-youga des Hindous, ou de l'âge actuel, en 3101). Elle descendit de deux hautes montagnes, l'Himalaya et le Caucase, sur deux points très-éloignés : la première branche se fondit entièrement dans l'Inde avec les habitans primitifs, de couleur foncée, leur donnant sa langue et prenant leur teint; l'autre alla peupler la Perse et se répandit toujours plus à l'occident, tandis qu'une division de la première prenait sa direction au N. et au N.-O., vers les parties septentrionales de notre Europe, où elle forma la grande nation des Goths. On peut voir les développemens de cette opinion dans l'*Asia Polyglotta*, p. 42 sqq.; et sur la Chronologie des Hindous, ci-après, note 9.

[1] Il est question de ces luttes tant dans le Mahabharat que dans le Ramayan : *voy.* notre texte, p. 188 ; la note 11 *ci-après*, et le fragment du Mahabharat traduit dans Heeren, p. 566.

Aoude; l'autre à *Pratichtana* ou *Vitora*, deux mille ans au moins avant notre ère. A l'époque où parut Sri-Rama, tout le nord de l'Inde ou l'Hindoustan propre était partagé en de nombreuses principautés ordinairement indépendantes, quelquefois réunies partiellement sous un conquérant heureux, mais égales en droits, sinon en force. Même tableau dans le Mahabharat que dans le Ramayan. Le chef des Pandous règne dans la cité d'Indra, depuis Dehli; celui des Kourous à Hastinapour, plus au sud : les deux royaumes sont ensuite réunis sous les Pandous, dont la renommée vint jusqu'aux Grecs [1]. Un grand nombre d'autres villes sont les capitales de presque autant d'états inférieurs. *Canya-Coubja* ou *Canoge* succéda à la splendeur d'Ayodhya, plus de mille ans avant Jésus-Christ. Et cependant grandissait par-dessus tous les autres le royaume de *Magadha*, en partie le *Behar* actuel, qui vit naître Bouddha après Crichna; il subsista sous une longue suite de rois jusque vers le milieu du cinquième siècle avant notre ère. A cette époque et deux siècles après, l'expédition de Darius et celle d'Alexandre, suivie des conquêtes de Séleucus, viennent éclairer pour la première fois, et d'une lumière plus sûre, les pays arrosés par l'Indus dans toute la longueur de son cours [2]. Le *Pandjab* était alors couvert d'une foule de peuplades extrêmement belliqueuses, la plupart gouvernées par des Radjas; quelques-unes, par une singularité fort remarquable, organisées en républiques aristocratiques, et rapportant au dieu de Nysa, ou leur civilisation première, ou même le bienfait de leur liberté.

---

[1] Plin. H. N. VI, 16, 20, 23. Arrian. Indica, cap. 9. Ptolem. Geogr. VII, 10.—Il semble voir dans les noms grecs et latins de *Panda, Pandæ, Pandæa* ou *Pandion*, et de *Methora, Modusa*, etc., reproduisant les noms sanscrits *Pandou* ou *Pandava, Mathoura* ou *Madoura*, et se retrouvant dans diverses parties de l'Inde jusqu'à l'extrémité de la Péninsule, la trace des conquêtes et des établissemens successifs de cette race belliqueuse vouée au culte de Crichna. *Conf.* le texte, p. 207 sq.

[2] *Voy.* les auteurs cités ci-dessus et dans la note 1re s. c. l., § 1. *Conf.* Heeren, *Ideen*, I, 1, p. 358, 391 sqq.; 2, p. 579, 626 sqq.

Ces constitutions libres se conciliaient avec la distinction des castes, et l'autorité des Brahmanes n'était pas ici moins révérée que dans tout le reste de l'Inde. Les Grecs nous parlent vers le même temps (328 à 300 ans environ avant Jésus-Christ) du puissant royaume des *Prasii*, dont la renommée effraya les soldats du conquérant macédonien : il était situé vers le Gange, et sa capitale, *Palibothra*, paraît avoir perpétué son nom dans celui de *Patelpouther* (*Patalipoutra*), près de la ville actuelle de *Patna*[1]. Après la retraite d'Alexandre, s'éleva dans l'Inde un héros conquérant, *Sandracottus*, qu'on a voulu retrouver dans le *Tchandra-Goupta* des livres sanscrits : il secoua le joug étranger, traita avec Séleucus Nicator, et reçut ses ambassadeurs au milieu d'une cour brillante à Palibothra ou à Canoge. Deux siècles après, régna avec plus d'éclat encore, dans ces mêmes contrées, *Vikramaditya*, qui étendit sa domination sur la plus grande partie de l'Hindoustan. L'époque de sa mort, cinquante-six ans avant Jésus-Christ, est devenue une ère nationale : la mort d'un autre roi, *Salivahana*, donna lieu à une seconde ère, appelée *Salivahana-Saca*, soixante-dix-huit ans après la nôtre.

Le Décan ou pays de la droite (*Dakchina*), fut long-temps, pour les Hindous, aussi bien que les montagnes du nord, une terre fabuleuse habitée par des nations de singes, d'ours, etc.; de même que la merveilleuse *Lanka*, plus méridionale encore, avait pour habitans des *Rakchasas* ou démons. Le Ramayan nous a conservé ces traditions et avec elles les souvenirs obscurs de la conquête de ces contrées lointaines, faite sous les étendards de Rama, son héros; on ne sait trop à quelle époque[2]. La religion fut le grand moyen employé pour les civiliser : ce qu'attestent de concert et les institutions et les poésies, et surtout

---

[1] Il existe deux autres opinions sur la position de Palibothra. *Conf.* Malte-Brun, Précis de la géogr. univ., t. I, p. 139 sq.

[2] *Voy* le texte, p. 199 sqq.; et pour ce qui suit, les excellentes réflexions de Heeren, p. 587 sqq. Les Pandous et Crichna paraissent avoir poursuivi l'œuvre de Rama.

ces temples nombreux qui sont peut-être la meilleure chronologie de ces âges reculés. Vers le premier siècle de notre ère, la péninsule en deçà du Gange offre le même aspect qu'elle offrit quinze cents ans plus tard aux yeux des navigateurs portugais; et ce n'est pas trop, sans doute, de quinze cents autres années pour rendre compte du développement de la civilisation, du progrès des arts, et des révolutions politiques et religieuses, telles que nous les indiquent les monumens de toute espèce et qu'elles devaient s'être succédées, à l'époque où le commerce des Romains, maîtres de l'Égypte, prit la route de ces côtes opulentes visitées avant eux par tant d'autres peuples. (J. D. G.)

Note 4 (chap. I, p. 139-145 ; II, 154, note et sq.; III, 214-218 ; IV, 239-241 sq., 244 note; V, 266-268, 294 sqq.)

Il est trop vrai que nous n'avons pas plus aujourd'hui l'histoire religieuse que l'histoire politique de l'Inde : le vide de celle-ci, dont la note précédente a pu convaincre le lecteur, et les hypothèses aussi nombreuses que contradictoires qu'a fait naître l'obscurité de l'autre, en témoignent assez. Les traditions même, qui semblent marquer dans la première une succession d'époques, ne font qu'augmenter l'incertitude par leur caractère équivoque et par un jour douteux, à la lueur duquel on ne saurait toujours distinguer s'il s'agit de rapports réellement historiques entre des cultes successifs, ou bien de relations purement spéculatives entre les symboles principaux d'un système unique, quoique divers. M. Creuzer, dans son exposition, dont nous avons respecté les bases et suivi le plan avec fidélité, tout en la développant et la complétant au point d'en faire un ouvrage neuf, a reproduit les idées déjà présentées par Gœrres et qui ne sont au fond qu'une application particulière de la théorie générale de cet écrivain [1]. (*Voy.* la note 1re sur l'Introduct., *ci-dessus*, p. 523 sq.) Toutefois, il

---

[1] Il s'appuie cependant tant des traditions que de la classification des monumens écrits ou autres (*Mythengeschichte der Asiat. W.*, p. 556 sqq.,

est un point essentiel sur lequel notre auteur, après avoir paru suivre son devancier (139 sq.), s'en écarte tout d'un coup; du moins on pourrait le croire. Ayant, avec la tradition, reconnu le brahmaïsme, ou la doctrine des Védas, comme la source primitive de la religion des Hindous; les formes et les élémens qu'il offre au lecteur, en commençant son exposition, sont évidemment empruntés du sivaïsme (146-149). Il est vrai qu'à côté de cette antique mythologie de la nature, ainsi qu'il la nomme lui-même, il place en regard la pure doctrine du monothéisme, ou plutôt de la Trinité dans l'Unité, qu'il qualifie de premier produit de la réflexion religieuse (150-152), réservant, pour un troisième point de vue, la spéculation philosophique, qui cherche à se rendre compte des rapports de Dieu avec le monde, de l'Être avec le phénomène (nous avons cru devoir renvoyer le développement de cette métaphysique à un chapitre séparé, p. 265 sqq.). Gœrres s'explique plus nettement : fort d'une étude approfondie de l'Oupnekhat, qui contient en grande partie la doctrine des Védas, il ne craint pas de déclarer que l'esprit du sivaïsme domine dans ce livre; et cependant, admettant un culte antérieur, il fonde toute la religion de l'Inde sur le sabéisme, ou plutôt sur cette adoration spontanée de la nature, qu'il a nommée ailleurs un panthéisme primitif (passage traduit et déjà cité, p. 524). Après avoir long-temps réfléchi, examiné, comparé, nous avons cru saisir la pensée de M. Creuzer, en rapprochant les

188 sqq., et *ci-dessus*, note 1re sur ce livre, §§ 2 et 3). Nous avons déjà relevé l'erreur de *sept mille ans* au lieu de *cinq mille* : ajoutons qu'il ne faut attacher aucune importance à cette date, non plus qu'à celle de la page suivante (140, 141); car les traditions elles-mêmes auxquelles s'attachent ces dates, ne peuvent être considérées que comme des données purement mythiques, par conséquent très-hypothétiques. Ce langage de première, seconde, troisième incarnation, manque également d'exactitude; il n'y a ici de vraiment historique que les caractères des divinités et des cultes de Siva, Vichnou, etc., entre lesquels la nature des choses ainsi qu'une foule d'indices et de probabilités de différens genres paraissent marquer une succession.

symboles fondamentaux du sivaïsme de ceux qui constituent le brahmaïsme : nous avons vu dans les uns et dans les autres identité parfaite au fond ; le primitif nous a paru être dans leur principe commun, dans cette intuition féconde du monde et de ses phénomènes qui fut à la fois la première mythologie et la première théologie ; mais de cette source unique nous avons fait découler deux développemens divers, suivant dans leur cours deux directions opposées, et finissant par établir dans la religion des Hindous, comme dans toutes les religions de l'antiquité, la distinction capitale des deux doctrines ou des deux croyances, quoique dans un sens différent de celui des Grecs et des Romains (153-159, coll. 144 sq.). Nous osons nous flatter que si l'on compare avec soin les passages indiqués à la tête de cette note, on se formera une idée claire et satisfaisante de cette théorie, à laquelle nous croyons avoir donné par notre travail un degré assez haut de probabilité philosophique et même historique. Elle se rapproche assez sur quelques points de celle que l'Anglais Paterson a insérée dans le tome VIII des *Asiatic Researches* [1], quoique cet auteur ait subdivisé les sectes et multiplié les hypothèses à l'infini. En général, l'on s'accorde à regarder le sivaïsme comme antérieur au culte de Vichnou, et celui-ci au bouddhaïsme ou bouddhisme ; l'opinion qui fait, des formes ou sectes différentes dans lesquelles se développa successivement le vichnouïsme, une lente et pénible série d'essais, tentés, pour supplanter d'abord, ensuite pour réformer le culte antique de Siva, porte surtout un caractère frappant de vraisemblance [2]. Crichna et Bouddha

---

[1] *Of the origin of the Hindu religion*, p. 44 sqq. Cette dissertation, accompagnée des précieuses notes de Colebrooke, contient, avec un grand nombre de conjectures hasardées, beaucoup de rapprochemens très-ingénieux et très-curieux entre les religions de l'Inde, de l'Égypte, de la Grèce et de l'Italie ; elle devient ainsi le complément nécessaire de celle de W. Jones, sur le même sujet, insérée au t. Ier du même recueil. Nous en donnerons quelques extraits dans les notes subséquentes.

[2] Sur les sectes et sur leur histoire, encore si obscure, on peut voir,

paraissent marquer les deux dernières de ces réformes, véritables traités d'alliance entre les dieux comme entre leurs adorateurs : mais le culte de Crichna ne fit que s'agrandir de plus en plus, tandis que Bouddha et les siens finirent par être expulsés de l'Inde. Une question capitale reste tout entière : c'est de savoir jusqu'à quel point l'on peut être fondé à regarder Brahmâ comme le symbole d'un culte antérieur à tous les autres, d'un culte non-seulement primitif, mais plus simple, plus pur et plus spirituel que ceux qui lui succédèrent, en l'étouffant par la violence? Cette hypothèse a été admise en des sens divers par la plupart des écrivains allemands ou anglais qui ont jusqu'ici traité de la religion des Hindous : quelques-uns seulement, comme Paterson et Rhode [1], l'ont modifiée, en faisant de la doctrine de Brahmâ une primitive réforme (présentée sous la forme d'une révélation), d'un ou de plusieurs cultes préexistans qui reviendraient pour le fond au sabéisme. Cette réforme ou révélation première consisterait suivant eux, en grande partie, dans le dogme de l'unité de dieu, annoncé simplement et sans figure : les sectes n'auraient commencé, avec l'idolâtrie, qu'après l'invention des symboles destinés à personnifier aux yeux du peuple les attributs de la divinité, selon Paterson; selon Rhode, qu'après la naissance de la spéculation philosophique qui entreprit de concilier le culte nouveau et tout spirituel avec le naturalisme antique, et n'y parvint qu'en les combinant l'un avec l'autre

---

outre les auteurs déjà cités, Paulin, *Systema Brahmanicum*, p. 218 sqq.; le même, Voyage, etc., liv. II, chap. 8, tome 2, p. 293 sqq., de la trad. franç.; Mackensie et autres dans le tom. V, p. 312, 380, etc. des *Asiat. Res.*; Colebrooke dans les tomes VII, p. 279 sqq., VIII, p. 495 sqq., même collection. On y trouvera, particulièrement chez le dernier, les détails nécessaires sur les signes caractéristiques par lesquels ces sectes se distinguent les unes des autres.

[1] Paterson, *ubi sup.* Rhode, *Beytræge z. Alterthumskunde*, I, p. 55 sqq. Nous donnerons plus loin, note 14, une idée plus étendue du système de ce dernier.

dans un panthéisme symbolique. Ces deux opinions, dans ce qu'elles ont de commun, la préexistence d'une religion naturelle, sont certainement plus philosophiques et plus fondées en raison que l'hypothèse précédente; mais elles pèchent diversement toutes deux, en ce qu'elles méconnaissent tout-à-fait le vrai caractère et de cette religion naturelle qu'elles admettent, et de la doctrine qui la reçut et l'épura dans son sein, et surtout du panthéisme, qui pénètre et vivifie toutes les branches et tous les développemens de la religion hindoue. C'est ce qu'a très-bien vu un troisième écrivain, Fr. Majer [1], qui a eu le mérite de ramener la question sur le terrain qu'elle ne doit pas quitter, l'étude critique des textes, éclairée d'une philosophie également éloignée d'un rationalisme étroit et d'un ambitieux mysticisme. Par l'examen des textes comparés avec les monumens, quand ils seront mieux connus, l'on pourra s'assurer s'il y eut réellement dans l'Inde un ou plusieurs cultes antérieurs à celui de Brahmâ; si le brahmaïsme, comme culte, et non pas seulement comme doctrine, eut jadis le vaste empire que lui attribuent les traditions, et quels purent être ses rapports avec le sivaïsme et les autres sectes; si la doctrine et le culte enseignés par les Védas, dans leur partie la plus ancienne et la plus authentique, ont jamais été autre chose que la religion plus ou moins mystérieuse de la caste sacerdotale des Brahmanes, ou s'ils furent dans l'origine quelque chose de semblable à ce brahmaïsme dont on nous parle, c'est-à-dire la foi commune d'un peuple très-anciennement établi dans les pays du Gange et déjà parvenu à un haut degré de civilisation; enfin si le sivaïsme, dans son caractère antique, ne serait pas ou la première forme populaire du brahmaïsme considéré comme doctrine sacerdotale, ou même l'ancienne religion des indigènes de l'Hindoustan, originairement identique avec le

---

[1] *Brahma, oder die Relig. d. Ind. als Brahmaïsmus*, v. Fr. Majer, Leipz. 1818. Nous partageons vivement le vœu de M. Creuzer, qui souhaite de voir paraître bientôt l'exposition des systèmes suivans par le même auteur.

brahmaïsme et réformée par celui-ci, comme semble le penser M. Heeren [1], et comme nous le professons avec M. Creuzer, dans notre exposition. Majer établit, au contraire, d'après les Védas, l'antériorité du brahmaïsme et comme culte et comme doctrine, mais il ne s'explique pas sur son origine et sur ses premiers développemens; il le prend seulement comme un fait et le caractérise dans son ensemble avec assez de justesse : toutefois nous ne saurions lui accorder ni que l'adoration des astres, des élémens, des corps de la nature, et toutes les personnifications astronomiques y aient été introduites par le sivaïsme; ni que ce dernier culte, primitivement étranger à l'Inde, se soit fondu dans le brahmaïsme, par suite de la conquête d'un peuple barbare qui aurait subjugué les adorateurs de Brahmâ et, tout en adoptant le fond de leurs dogmes épurés, leur aurait imposé ses symboles grossiers et matériels [2]. L'auteur ne nous paraît pas avoir suffisamment distingué dans les Védas les croyances vraiment primitives, qui servirent de base au culte antique ou des Brahmanes ou du peuple dont ils faisaient partie, d'avec les spéculations philosophiques qui dérivèrent de ces mêmes croyances, mais ne purent jamais être une religion populaire. Quant à son hypothèse relative au sivaïsme, elle ne repose jusqu'ici que sur l'interprétation plus ou moins arbitraire de mythes fort équivoques, ainsi que nous l'avons montré ailleurs (p. 239-241). Cette incroyable diversité d'opinions sur le développement historique de la religion de l'Inde ne pouvait pas manquer de faire naître une

---

[1] *Ideen*, I, 2, p. 426-437. Nous ne saurions trop louer la saine critique et la haute circonspection de cet écrivain, qui a commenté très-habilement les idées développées par Colebrooke dans les tom. V, VII et VIII des *Asiatic Researches*.

[2] Majer, *Brahma*, p. 16 sqq., 206 sqq. Nous reviendrons ailleurs sur cette théorie empruntée en partie de Fr. Schlegel (*Weisheit der Indier*, 2es Buch), quoiqu'il y ait d'ailleurs de notables différences dans les vues de ces deux auteurs. Rhode les a combattus l'un et l'autre dans le recueil cité plus haut.

hypothèse nouvelle et, il faut le dire, beaucoup plus philosophique que la plupart des précédentes : c'est qu'indépendamment de la source unique à laquelle toutes les sectes rapportent également leurs systèmes divers (les textes sacrés des Védas), ces sectes ont eu jadis, au moins les deux principales, celles de Vichnou et de Siva, peut-être même celle de Bouddha, un centre et comme un foyer commun avec le culte de Brahmâ dans un vaste système à la fois sacerdotal et populaire, où chacun de ces grands symboles retrouverait sa place, son rapport réel avec les autres, et son sens primitif. Nous avons fait pressentir dans plus d'un passage du texte (principalement p. 139 et 143) notre prédilection pour cette théorie, tout en soumettant nos développemens à celle dont les bases nous avaient été données, soit par M. Creuzer, soit par les écrivains auxquels lui-même l'avait empruntée : ce n'a pas été sans une vive satisfaction que nous avons découvert une ébauche assez grande, quoique bien imparfaite encore, de la première, dans l'ouvrage récent de M. Niklas Müller [1]; il est fâcheux que les idées de cet auteur ingénieux et savant ne soient pas, ce nous semble, assez mûries encore, pour qu'il ait pu donner à son exposition du *brahmanisme* cette suite régulière et cet enchaînement facile qui produisent la lumière, à son style cette simplicité et cette clarté qui la font aimer. Du reste, comme l'a fort bien senti M. N. Müller [2], même dans cet antique catholicisme de l'Inde dût avoir lieu la distinction des deux doctrines, et les légendes aussi bien que les cérémonies populaires avaient un sens profond dont la théologie métaphysique des Brahmanes possédait seule la clef. Delà vint que les symboles

---

[1] *Glauben, Wissen und Kunst der alten Hindus*, etc., 1er Band, Mainz, 1822. Les planches jointes à ce volume et accompagnées d'une explication fort développée, où la connaissance approfondie de l'art le dispute à la plus vaste érudition mythologique, nous ont été d'un grand secours, comme l'on peut s'en assurer en jetant les yeux sur notre vol. IV, sect. 1re.

[2] Ouvrage cité, p. 82 sqq.

primitifs se développant en mythes, la théologie finit par se transformer en mythologie; mais le lien qui les unissait toutes deux ne fut jamais entièrement rompu, et même quand les sectes philosophiques ou religieuses eurent commencé à s'engendrer les unes des autres, l'unité primitive ne fut brisée qu'à demi: elle subsista toujours plus ou moins dans la doctrine des prêtres, dans les Védas, sur lesquels s'appuyaient tous les sectaires, et qui long-temps peut-être, suivant pas à pas le cours du temps, se grossirent des spéculations théologiques des différentes sectes, afin de les rattacher ainsi plus sûrement à la souche commune. Mais ce ne sont là encore que des conjectures, et nous pensons, avec A. W. de Schlegel, qu'une étude des originaux plus étendue, plus exacte et plus approfondie qu'on n'a pu la faire jusqu'ici, une comparaison suivie de leurs textes avec les représentations symboliques des monumens de l'art, enfin une critique plus haute, plus impartiale, plus exempte de préjugés, d'esprit de système ou d'enthousiasme qu'on ne la trouve dans presque tous les écrits publiés jusqu'à ce jour, peuvent seules conduire à des résultats vraiment importans sur toutes ces questions [1].   (J. D. G.)

[1] *Indische Bibliothek*, I, p. 28 sq. Nous avons fait et nous avons dû, dans notre dessein, faire un emploi beaucoup plus étendu des ouvrages allemands que des ouvrages anglais, pour notre travail sur la religion de l'Inde. Ces derniers sont cependant d'une haute importance, bien que composés la plupart dans un point de vue étroit et dans un esprit peu philosophique. La route tracée par W. Jones, par Robertson, par le savant Maurice, a été abandonnée de bonne heure en Angleterre, et les missionnaires chrétiens n'ont pas peu contribué, par les tableaux souvent chargés qu'ils ont faits de l'état moral et religieux des Hindous de nos jours, à répandre une foule d'idées fausses sur l'antique religion de ce peuple. Abraham Roger, dans le dix-septième siècle, et Sonnerat, dans le dix-huitième, avaient montré plus de jugement, plus d'impartialité, un sens plus droit et plus élevé que n'en ont montré dans ces derniers temps le rév. W. Ward (*A Wiew of the History, Litterature and Religion of the Hindoos*, etc., 3d edit. Lond., 1817) et quelques autres. — *Conf.*, sur ce sujet, outre les nombreux écrits de l'abbé Dubois, Remmohon Roy,

Note 5 (chap. II, p. 152 sqq.; IV, 242 sq., 245, 251, etc.)

Quoique les Védas soient certainement les plus anciens livres sacrés de l'Inde, il ne faudrait pas croire que toutes les parties de ces livres et de la doctrine qui s'y trouve développée, remontent à une seule et même époque. Le caractère commun qui s'y montre partout, c'est la tendance à l'unité : mais quelle différence dans la manière de la concevoir, et quels symptômes frappans d'un long travail de l'esprit humain, débutant dans les *Mantras* du Rig-Véda par tout rapporter aux astres, aux élémens, à un élément ou à un astre unique, et finissant dans la plupart des *Oupanichads* par tout absorber dans l'esprit, dans l'intelligence, dans l'Être qui est la raison de tout et qui seul subsiste par lui-même! Les passages que nous avons reproduits (p. 152), d'après M. Creuzer, sont principalement empruntés du Sama-Véda (*Ch'handogya*-Oupanichad, appelé *Tchehandouk* dans la collection d'Anquetil : *voy*. Oupnekhat I, *passim*, tom. 1er; *conf.* Colebrooke dans les *Asiatic Res.*, tom. VIII, p. 462 sqq.), et ils appartiennent à ce dernier progrès : aussi avons-nous cru devoir, dans les pages suivantes (153-155), ramener ce haut développement philosophique à son origine, en précisant son caractère primitif et en indiquant son point de contact avec la croyance populaire. Les morceaux que nous allons citer, montreront assez par eux-mêmes combien est fondée en fait cette progression d'idées que nous reconnaissons dans les Védas : du reste, nous nous référons au chapitre V, art. I, et à la note 13 ci-après, pour l'exposition formelle de la philosophie Védanta et de la doctrine contenue dans les Oupanichads.

Brahmane, dans le *Monthly Magazine*, juni 1817, p. 391-398; le recueil intitulé: *Essays relative to the habits, character and moral improvement of the Hindoos*, Lond., 1823; et les sages réflexions d'A. W. de Schlegel, dans sa Bibliothèque Indienne, *ubi sup.*, p. 34 sqq. — Nous devons beaucoup encore au bel ouvrage d'E. Moor, *Hindu Pantheon*, Lond., 1810.

Voici d'abord deux hymnes adressés au soleil, qui peuvent être regardés comme la profession de foi des Brahmanes; l'un d'eux renferme la *Gayatri* ou la *Savitri*, formule mystique et fameuse, la mère, la bouche et la plus pure substance des Védas, disent les Hindous:

« Ce nouvel et excellent éloge de toi, ô source de lumière et de joie, divin soleil (*Pouchan*), nous te l'offrons! Reçois avec bonté cette prière que je t'adresse! approche de cette âme qui a soif de toi, qui te recherche, comme un homme ivre de passion recherche une femme. Puisse ce soleil divin, qui contemple et pénètre tous les mondes, nous accorder sa protection! »

« OH! MÉDITONS, MÉDITONS SUR LA LUMIÈRE ADORABLE DU DIVIN RÉGULATEUR (*Savitri*)! puisse-t-il guider notre entendement! Affamés du pain de vie, nous implorons les dons de ce resplendissant soleil, qui doit être adoré avec une ardente piété. Hommes vénérables, guidés par l'intelligence, saluez ce divin soleil avec des oblations et des louanges! [1] »

---

[1] Traduit, ainsi que les morceaux subséquens, d'après l'anglais de Colebrooke, mémoire cité, *Asiat. Res.*, VIII, p. 400.—*Conf.* VII, p. 259, note, et le développement de la *Gayatri* dans les *Extracts from the Vedas* de W. Jones, *Works*, vol. XIII, p. 367 sqq., éd. in-8°; *add.* Rech. Asiat. en fr., tom. Ier, p. 392. — C'est une double question de savoir: 1° si la *Gayatri* et la *Savitri* sont deux prières différentes, ou seulement deux noms différens de la même prière? 2° si *Savitri*, nom du soleil, au masculin, est toujours distinct de *Savitri*, nom féminin de la prière au soleil; ou si le soleil, s'identifiant avec cette prière qui lui est adressée, n'est pas quelquefois considéré comme féminin? Quant à la première question, la *Savitri* nous paraît être ou complétement identique avec la *Gayatri*, ou susceptible d'être distinguée de celle-ci, seulement en ce qu'elle la renferme, étant l'hymne entier dont la *Gayatri* n'est que le début, et où le nom du soleil, *Savitri*, se trouve répété une seconde et une troisième fois. Pour la seconde question, *Savitri* (la 1re et la 3e brèves), le soleil, nominatif *Savita*, au masculin, se distingue parfaitement de *Savitri* (la 1re et la 3e longues), féminin, la prière au soleil; et de plus, la déesse *Ouma*, la *mère*, épithète de *Lakchmi; Savitri* (fém.) doit être la lu-

La prière suivante porte un caractère beaucoup plus symbolique; elle s'adresse au chien (céleste), gardien d'une demeure (le zodiaque), dont le maître est *Varouna*, génie de l'eau, identifié avec la Lune qui a sa part dans cette invocation. *Vasichtha*, dit la légende placée au devant de l'hymne, venant de nuit dans la demeure de *Varouna*, fut assailli par le chien de la maison; alors il fit cette prière ou cette incantation pour endormir le vigilant animal :

« Gardien de ce séjour, sois-nous ami! Fais que cette demeure nous soit salutaire! Accorde-nous ce que nous implorons de toi! fais prospérer nos animaux bipèdes et quadrupèdes! Gardien de cette habitation, fais multiplier et nous et nos biens! O Lune, puisque tu nous es favorable, préserve-nous, avec nos vaches et nos chevaux, du dépérissement! Protège-nous comme un père protège ses enfans! Gardien de cette demeure, fais que nous soyons unis avec un séjour de bonheur, plein de délices et de mélodie, accordé par toi! Prends sous ta protection nos richesses et dans le présent et dans l'avenir; préserve-nous![1] »

Un passage emprunté de l'Index du Rig-Véda, d'après la Niroucta et les Védas eux-mêmes, sera à la fois le meilleur commentaire et le complément indispensable de ces textes antiques : « Il n'y a réellement que trois divinités, ayant pour demeures la terre, la région intermédiaire (l'atmosphère) et les cieux : ce sont le feu, l'air et le soleil. Leur pluralité est fondée sur les noms mystérieux[2]; et *Pradjapati*, le maître des créa-

---

mière identifiée avec la prière ou formule sacrée, et regardée comme l'énergie (*Sacti*) du soleil *Savitri* (masc.) Il est vrai que, dans d'autres passages des Védas, *Sourya* prend lui-même le surnom de *Savitri* (fém.) et devient *Sourya-Savitri*, fille de *Pradjapati*, mariée à *Soma*, roi; en sorte qu'ici encore la lune mâle (*Lunus*) domine le soleil femelle : mais au fond l'un et l'autre ont les deux sexes. *Voy.* le texte, p. 251, 163; Colebrooke, *ibid.*, p. 402; et le Dictionnaire de Wilson aux mots en question.

[1] Colebrooke, *ibid.*, p. 401.

[2] *Bhour, Bhouvah, Swar*, qui ne veulent dire autre chose que : la terre, l'air et les cieux ou *Swargas*; on appelle ces noms *Vyahritis* (Manava-

tures, les rassemble dans sa personne collective. La syllabe mystique *O'm* (*Oum* ou *Aum*) exprime la triple divinité (des trois mondes); elle appartient à celui qui habite le séjour suprême (*Paramechthi*), à l'unité infinie (*Brahma*), à Dieu (*Deva*), à la grande âme (*Adhyatma*). Les autres divinités, qui peuplent les trois régions, sont les portions (ou émanations) des trois dieux, nommés et décrits diversement selon leurs diverses opérations; mais au fond tout se résume en un seul Dieu, la grande âme (*Mahanatma*), qui est appelée le soleil (*Sourya*), car le soleil est l'âme de tous les êtres, etc. [1] »

Le feu (*Agni*) et l'air (*Vayou*) sont identifiés avec l'âme du monde, de même que le soleil; et l'on voit clairement en quoi consiste l'antique monothéisme des Brahmanes. Dérivé d'un sabéisme pur, dont le sivaïsme était la forme populaire, son caractère philosophique est évidemment le panthéisme. Si maintenant l'on veut avoir une idée du haut degré d'abstraction où parvint cette théologie panthéistique, en développant ses formes premières, il faut entendre le langage que tient dans le même Véda, *Vatch*, la parole, épouse ou énergie de Brahmâ, procédant de lui et fille d'*Ambhrina*; identique à *Brahmi* ou *Saraswati*, à *Sourya-Savitri*, la lumière du divin soleil, fille de Pradjapati; à *Oum*, le Verbe, le premier né du créateur, le corps de Brahm, en qui se révèle la création tout entière.

« J'erre avec les *Roudras*, avec les *Vasous*, avec les *Adityas*

Sastra, c. 2, v. 76), et ils précèdent ordinairement la *Gayatri* commençant par le pronom mystique *tad*, qui exprime l'Être suprême : ils sont précédés eux-mêmes par le monosyllabe sacré *Oum*, nommé encore *Pranou* ou plutôt *Prana*. Outre *tad* (lui), l'Être irrévélé, il y a encore *sat*, l'Être manifesté par la création, et *asat*, le non-être, les phénomènes, les formes. Ce sont autant de termes ou formules théologico-philosophiques, usités dans la Védanta. — *Conf.* Bhagavat-gîta, lect. 17ᵉ, *ad fin.*; Colebrooke, *ibid.*, p. 397 et 404; Majer, *Brahma*, p. 139 sq.

[1] Ainsi, ajoute Colebrooke, l'ancienne religion des Hindous ne reconnaissait qu'un seul Dieu, mais sans distinguer suffisamment la créature du créateur : *ibid.*, p. 396 sqq. Nous retrouverons le même caractère dans la théologie des Égyptiens : *voy.* la note 6 sur le livre III.

et avec les *Viswadevas*. C'est moi qui soutiens et le soleil et l'Océan (*Mitra* et *Varouna*), le firmament (*Indra*), et le feu, et les deux *Aswins*. C'est moi qui supporte *Soma* (la lune mâle), destructeur des ennemis, et *Twachtri*, *Pouchan* ou *Bhaga* (noms du soleil). J'accorde la richesse au dévot intègre qui accomplit les sacrifices, présente les offrandes et satisfait les dieux: moi, qui suis la reine, qui dispense la richesse, qui possède la science et tiens le premier rang parmi celles qui méritent l'adoration et que donnent les dieux, universelle, partout présente, et pénétrant tous les êtres. Quiconque vit et se nourrit en moi, quiconque voit, respire, entend par moi et ne me connaît pas, est perdu. Écoutez donc la foi que je profère: c'est moi qui déclare ceci, moi qui suis adorée par les dieux et les hommes; celui que j'ai choisi, je le fais fort, je le fais Brahmâ, saint et sage. C'est moi qui ai porté (enfanté) le père (le firmament) sur la tête de l'esprit suprême [1], et mon origine est au milieu de l'Océan; et voilà pourquoi je pénètre tous les êtres et touche le ciel avec ma forme. Créatrice première de tous les êtres, je passe comme une brise légère; je suis au-dessus des cieux, par delà la terre, et l'infini c'est moi [2]. »

Nous terminerons nos citations par les textes du Rig et du Yadjour-Véda auxquels il est fait allusion, chap. V, p. 266. Le premier est un hymne destiné aux cérémonies du *Pourouchamedha*, ou sacrifice de l'homme, imitation symbolique du grand et primitif sacrifice consommé par le créateur *Pradjapati*, *Paramechthi*, *Narâyana*, *Pouroucha*, noms qui peuvent être considérés comme autant d'épithètes de Brahmâ. Les auteurs de cet hymne furent, suivant la tradition, *Pradjapati* ou Brah-

---

[1] D'après un autre passage, dit Colebrooke (p. 403), le père, c'est le ciel ou le firmament, engendré de l'esprit ou de l'intelligence: *conf.* la note 2 de notre texte, p. 256 sq.

[2] Rhode (*Ueber Alter und Werth*, etc., p. 47 sqq.) a comparé ces divers passages des Védas avec des passages tout-à-fait analogues du Zendavesta: *voy. ci-après* la note 4 sur le liv. II. Le dernier n'est pas non plus sans rapport avec les paroles d'Isis-Neith, l'énergie divine du démiurge égyptien: *ci-dessus*, liv. III, p. 519 sq.

mâ lui-même, le grand sacrificateur, et *Yadjnya*, son fils, le sacrifice ou la victime :

« Cette offrande qui fut tissue avec des fils de chaque côté et qui fut étendue par les efforts de cent et un dieux; les pères qui la tissèrent et la formèrent et firent la chaîne et la trame, adore-les. Le premier mâle développe et entoure ce tissu, et le déroule sur le monde et sur les cieux. Ces rayons (du créateur) se réunirent à l'autel et préparèrent les sacrés traits et les fils de la chaîne. Quelle fut la grandeur de cette divine offrande (ou victime) que tous les dieux offrirent (sacrifièrent)? Quelle en fut la figure, le motif (ou le fondement), la clôture (ou les limites), la mesure (le mètre), le sacrifice et la prière? D'abord fut produite la *Gayatri* unie avec le feu; puis le soleil (*Savitri*) avec *Ouchni*; ensuite la splendide lune avec *Anouchtoubh* et avec des prières [1].... et par cet universel sacrifice, les sages et les hommes furent créés. Quand cet antique sacrifice fut accompli, les sages et les hommes et nos ancêtres furent formés par lui. Contemplant avec un sentiment pieux cette offrande que les saints des premiers temps offrirent, je la révère. Les sept sages inspirés, avec des prières et des actions de grâces, suivent le sentier tracé par les saints des premiers temps, et pratiquent avec prudence (les rites des sacrifices), comme d'habiles conducteurs de chars se servent des rênes. »

Le second texte peut servir de commentaire au premier; c'est une prière récitée par les Brahmanes, aux cérémonies des funérailles, et qui jadis fut également destinée au *Pourouchamedha* [2] :

« L'esprit incarné respire dans le sein de l'homme, puisqu'il remplit toute la terre. Cet être suprême, c'est l'univers et tout

---

[1] *Ouchni, Anouchtoubh*, et autres qui suivent dans le texte, sont des formules ou *mesures* sacrées, perpétuellement associées ainsi que le sacrifice et les principaux actes de la religion, dans les idées des Brahmanes, à la lumière, aux astres, aux élémens, etc. Colebrooke, *ibid.*, p. 405-407.

[2] Colebrooke, *On the relig. ceremon.*, *Essay* II, *Asiat. Res.*, vol. VII, p. 251 sq.; coll. VIII, p. 406, 437.

ce qui fut, tout ce qui doit être... les élémens de l'univers ne sont que des portions de lui... sa triple essence habite au delà des mondes... de lui naquit *Viradj*, par qui fut produit le premier homme ; et celui-ci se reproduisant successivement peupla la terre... Ce fut là cet universel sacrifice qui donna naissance à tous les êtres (ici une longue énumération, analogue à celle du morceau précédent, et où se mêlent le beurre et le lait clarifié, les animaux sauvages et domestiques, les trois Védas et les formules sacrées, les vaches, etc., etc.). Les dieux, les demi-dieux et les sages vénérés l'offrirent comme une victime... En combien de portions divisèrent-ils cet être qu'ils immolèrent? (Ici les quatre castes provenues par transformation des différentes parties du corps de la victime divine.) La lune fut produite de son intelligence; le soleil naquit de son œil; l'air et le souffle sortirent de son oreille; et le feu procéda de sa bouche. L'élément subtil fut produit de son nombril; le firmament de sa tête; la terre de ses pieds, et l'espace de son oreille; ce fut ainsi qu'il forma les mondes... [1] »

---

[1] Ce passage éclaircit et explique le premier beaucoup mieux qu'un troisième que Rhode en a rapproché (*Beytræge z. Alterthumsk.*, I, p. 108 sqq.) et qui est également tiré du Yadjoush blanc; c'est un fragment du commencement des prières récitées au *Sarvamedha*, ou sacrifice universel (Coleb., *Asiat. Res.*, VIII, 433). Il n'y est pas question, comme le prétend Rhode, du sacrifice même de la création, mais de l'acte qui en est un symbole ici-bas, et par lequel le sacrificateur humain s'élève jusqu'au sacrificateur divin et s'unit à lui en s'identifiant avec son sacrifice, c'est-à-dire avec le monde : « Il contemple cet Être (dans ses œuvres) et il devient un avec lui, il devient cet Être lui-même en accomplissant le vaste tissu du solennel sacrifice. » C'est la doctrine de l'unification, conséquence pratique du panthéisme spéculatif. — Les pères et les sages vénérés ou grands saints qui forment le tissu et offrent la victime avec les dieux et demi-dieux (*Devas* et *Devatas*), sont les Maharchis appelés encore Brahmadicas, les dix Brahmâs, rayons du Créateur; les sept prophètes sacrés qui poursuivent le sacrifice, c'est-à-dire la création, sont les sept Menous. *Voy.* la note suivante, la note 11 ci-après, et le texte, p. 253 sqq.

On voit que ce fameux sacrifice n'est pas autre chose qu'une forme extrêmement symbolique et mystique de la création : le panthéisme y domine au plus haut degré. Quelques-unes des notes suivantes et particulièrement 6, 13, 14, répandront un nouveau jour sur le développement de la doctrine des Védas : la note 16 traitera en peu de mots du culte et des rites qui y sont enseignés, et où l'on retrouve le même caractère de panthéisme. (J. D. G.)

Note 6 (chap. III, p. 179-181; IV, 228, etc.)

La Cosmogonie du *Manava-Dharma-Sastra* est encore la plus vaste et la plus complète que nous connaissions jusqu'ici; toutefois elle ne paraît guère autre chose qu'un résumé des Védas, conçu peut-être dans le système de la philosophie Nyaya [1]. *Menou* raconte lui-même aux grands saints ou *Maharchis* la formation première des choses.

Swayambhou, le même que *Brahm*, est l'unité absolue, l'Être éternel, la raison suprême se révélant dans l'univers, mais imperceptible en soi. Il veut se produire au dehors, il éprouve le besoin de créer [2], et sa première production, ce

---

[1] *Voy. ci-après*, note 15, § 2. Il faut aussi comparer la Cosmogonie de l'Oupnekhat et celle de la Mimansa-philosophie, note 13, et le texte, p. 268 sqq.; ajout. p. 243, et surtout la note 2 de la p. 270, qui éclaircira plus d'une difficulté.

[2] Le commencement de cette Cosmogonie (traduit dans le texte, p. 178 sq.) me semble porter un caractère fort ancien, et cependant le désir de créer, l'énergie de Brahm, *Maya*, n'y est déjà plus personnifié comme dans les Védas; nombre d'autres personnifications ont disparu : tout y est plus abstrait (*conf.* la note 13). Ce n'est pas que l'on ne trouve, même dans les Mantras du Rig-Véda, des passages où respire une simplicité nue et subtile, autant que grande et forte, qu'on pourrait prendre pour de l'abstraction; en voici un exemple qui offre de nombreux rapprochemens avec Menou : « Alors il n'y avait ni être, ni non-être; ni monde, ni ciel, ni rien au-dessus... ni eau, chose profonde et redoutable (*ou plutôt :* mais quelque chose de sombre et de terrible, *comme le néant*); la mort n'était point encore, ni l'immortalité, ni la distinction du jour et

sont les eaux où flotte l'œuf d'or, qui donne naissance à *Brahmá*, nommé pour cette raison *Naráyana* (et encore *Hiranya-garbha*, ventre d'or). *Brahmá*, comme nous l'avons dit ailleurs, est *Brahm* déterminé, l'intelligence suprême (le Verbe, λόγος), type du monde et type de l'homme, *Pouroucha*, chargé de créer l'un et l'autre à son image, de la substance de l'Être unique. La pensée de l'Homme-Dieu organise d'abord le monde physique, en développant l'œuf qui renfermait les semences de toutes choses [1] : ici paraissent trois émanations premières du grand Être, l'intelligence infinie, incorporelle, indéterminée, *Mana*; l'intelligence déterminée, ou la conscience, principe de l'individualité, *Ahankara*; et l'âme du monde ou la grande âme, la vie universelle, *Mahanatma*, avec le cortége des trois qualités ou modes d'existence, des cinq sens, etc. Des cinq élémens vivifiés par la grande âme, déterminés par l'individualité, l'intelligence créatrice a formé tous les êtres animés [2]... Suit la création

de la nuit. Mais IL (*tad*) respira sans souffler, seul avec ELLE (*Swadha*, la même que Maya), qui habitait en lui... Il n'y avait que ténèbres (*Tama*); tout était enveloppé de ténèbres, tout était confondu *comme dans les eaux*. Mais cette masse couverte d'une écorce (ou coquille) fut créée par le pouvoir de la contemplation. Le désir (*Cama,* l'amour) fut d'abord formé dans son esprit, et il devint la semence primitive de la génération... » Colebrooke (*As. Res.* VIII, p. 404 sq.) nous fait remarquer une ressemblance éloignée avec le *Chaos* et l'*Eros* des Théogonies grecques : il ajoute que cet hymne est développé par les commentateurs, conformément au système de la philosophie Védanta. Ce qu'il faut encore observer, et ce qui est caractéristique dans les Cosmogonies hindoues, c'est que la pensée, la contemplation, la dévotion et la pénitence sont des conditions nécessaires de la création.

[1] Là se termine le passage traduit dans le texte.

[2] Tout ce dernier passage, dont nous ne donnons qu'un résumé succinct, fruit d'un long examen et d'une comparaison attentive des traductions de Jones, de Fr. Schlegel, et de Majer d'après eux, avec une version latine extrêmement littérale, rédigée aux leçons de notre célèbre professeur M. Chézy, par un de ses élèves les plus distingués, M. Burnouf fils, présente de grandes difficultés. Il y est question d'abord de six

des dieux et des génies, du sacrifice, des Védas, trinité éternelle produite du feu, de l'air et du soleil, pour l'accomplissement du sacrifice; du temps et des divisions du temps,

principes très-puissans, dont les molécules pénétrées des particules les plus ténues de l'âme du monde (*Atmamatrasou*) ont servi à créer tous les animaux et tous les corps ou phénomènes; puis les *grandes essences* apparaissent avec leurs actes, ainsi que l'intelligence avec ses actes infiniment subtils; « et au moyen des parties formelles ténues (*Mourtimatra*) de ces sept *Pourouchas* très-puissans, » ajoute le texte, « de ce qui ne passe point est venu ce qui passe. » Plus loin il est dit encore que, des parties subtiles ou *Matras*, périssables, des cinq (élémens) sont provenues toutes les créatures; et enfin dans le troisième fragment traduit ici, nous voyons Brahmâ sorti de son repos pour reproduire le monde, créer d'abord l'intelligence, créatrice elle-même, et de laquelle procèdent, l'un par l'autre, les cinq élémens analogues aux cinq sens. — Ainsi les cinq élémens, plus le principe d'individualité *Ahankara* (qui paraît confondu dans le dernier fragment avec l'intelligence *Mana*), forment les six principes; et en ajoutant *Mana* (comme distincte de *Ahankara* et supérieure à lui), les sept Pourouchas : reste la grande âme qui précède, contient, remplit et finit tout, *Mahanatma*, l'esprit ou le souffle de l'Être, sa première émanation, identique à Brahmâ, le premier *Pouroucha* (l'Être tombé dans la forme, et dans celle de l'homme, parce qu'elle est la plus excellente, selon les Védas); et de la sorte nous retrouvons dans la Cosmogonie des Hindous les huit grandes puissances créatrices qui figurent à la tête de celles des Perses, des Égyptiens, des Phéniciens, etc. Remarquons en même temps, et ce n'est pas l'observation la moins importante, que ces huit grands pouvoirs cosmogoniques se composent réellement d'une Trinité (*Trimourti*, triple forme de l'Être) dont l'ordre peut être *Mahanatma-Ahankara-Mana*, ou *Mana-Ahankara-Mahanatma*, préposée aux cinq élémens sur lesquels elle agit. Nous reviendrons plus loin (note 13) sur cette haute Trinité, dont nous essaierons d'établir l'identité avec la Trimourti populaire, Brahmâ-Vichnou-Siva. Un passage de l'*Aitareya Aranya*, Oupanichad du Rig-Véda, nous offre, avec un dernier rapprochement, la pleine confirmation de ces conjectures : « L'esprit, ou l'âme du monde en tant que déterminée, est *Brahmâ*, *Indra*, *Pradjapati*, le seigneur de la création; ces dieux ne sont autres que lui, et ainsi les cinq élémens primitifs, la terre, l'air, le fluide éthéré, l'eau et la lumière (le feu) : ceux-ci *et tous les êtres animés* (longue énumération analogue à celle de Menou) des étoiles, des planètes, des fleuves, des mers, des montagnes, etc., etc.; d'une foule d'êtres physiques et moraux, et enfin des quatre castes. Menou continue:

« Ayant divisé sa propre substance, le pouvoir suprême devint moitié homme et moitié femme, et de celle-ci fut fait *Viradj*[1]. Celui que *Pouroucha-Viradj* produisit ensuite de lui-même, ce fut moi, moi le créateur (en sous-œuvre) de ce monde visible. Désirant donc procréer des races, je fis d'abord les dix *Maharchis*, maîtres des créatures... Ceux-ci, brillans de splendeur, produisirent à leur tour les sept *Menous*, les dieux et les habitations des dieux, et les *Maharchis* dont la puissance est illimitée, les bons et les mauvais génies... et les différentes familles des *Pitris*... (Ici une longue énumération des divers modes de naissance de tous les êtres de la nature, tant animaux que végétaux). Et tous ces êtres enveloppés de ténèbres multiformes, à cause de leurs actions passées, sont doués de conscience, sensibles au plaisir et à la peine, et poursuivent le cours de leurs transmigrations dans le monde variable des phénomènes, qui passe et passe incessamment. Le créateur ayant ainsi fait toutes choses et moi-même, qui suis l'intelligence *incarnée et finie* (*Manous*), rentra dans l'âme universelle, chassant le temps par le temps. Quand le Dieu veille, le monde veille avec lui et tout prospère; mais quand il s'abandonne au repos, la création entière dort avec lui son

---

ne sont autres que l'œil de l'intelligence. Toute chose en ce monde est fondée sur l'intelligence; ce monde entier est une révélation de la raison suprême, et la raison suprême est son fondement. Cette intelligence ou raison suprême est *Brahm*, l'unité infinie. » Colebrooke, *ibid.*, p. 426 sq. *Conf.* le texte, plus positif encore, du Bhagavat-gîta, ci-après, p. 617.

[1] *Viradj*, ou plutôt *Pouroucha-Viradj* (*virgo, virago*), c'est proprement le *Mahanatma*, la grande âme, l'esprit de vie, tombant dans le fini et produisant; c'est Brahmâ devenu hermaphrodite, le *Pradjapati* des Védas, la seconde émanation ou production de l'Être, identique ou du moins analogue à l'*Ahankara* dont il est question plus haut. *Conf.* la note 13; et pour les dix *Maharchis* ou *Pradjapatis* (Brahmas subordonnés), les sept *Menous*, etc., le texte, p. 253 sqq., et la note 11.

sommeil... C'est ainsi que par une alternative de veille et de sommeil, il vivifie ou anéantit toutes les créatures mobiles et immobiles, sans jamais s'épuiser. »

Menou ou *Manous* termine son récit en donnant la parole à *Bhrigou*, pour annoncer la loi sainte qu'il lui a enseignée, ainsi qu'aux autres *Maharchis*, l'ayant apprise lui-même de son divin auteur Brahmâ. Bhrigou, s'adressant aux *Richis*, raconte d'abord la naissance des six *Menous* qui poursuivent chacun à son tour, après *Swayambhouva*, l'œuvre de la création; puis il passe aux divisions du temps :

« Le soleil distingue les jours et les nuits tant des hommes que des dieux; la nuit est faite pour le repos et le jour pour l'action. Un mois des mortels forme un jour et une nuit des *Pitris*, distingués par la pleine et par la nouvelle lune. Une année des mortels est un jour et une nuit des dieux, marqués par le cours du soleil au nord et au sud. Apprenez maintenant quelle est la mesure d'un jour et d'une nuit de Brahmâ, et le temps qui s'écoule d'un âge à l'autre. Quatre mille ans des dieux forment le *Crita-youga*, et le crépuscule qui précède comme celui qui suit, se composent chacun d'autant de centaines. Les trois âges subséquens, avec leurs crépuscules du matin et du soir, comptent des mille et des cents diminués progressivement d'un. Ces quatre *yougas* des hommes, formant au total douze mille années divines, sont appelés un *youga* des dieux. Or mille *yougas* pareils s'écoulent dans la durée d'un jour de Brahmâ, et mille également dans sa nuit. A la fin de cette nuit, le dieu, sortant de son long repos, se réveille et crée l'intelligence existante, non existante, immatérielle (*Mana*). L'intelligence désirant créer se produit au dehors (dans la création reproduite); de l'intelligence (ou esprit) naît l'éther (l'air subtil, imperceptible, *akas*), dont la qualité est le son; de l'éther naît l'air (perceptible) pur et puissant, véhicule des odeurs, qui a pour qualité le tact; de l'air naît la lumière (ou le feu), qui chasse les ténèbres et illumine toutes choses, et sa qualité c'est la forme; de la lumière naît l'eau avec le goût pour qualité; de l'eau naît la terre, dont la qualité est l'odeur.

L'*youga* des dieux, mentionné plus haut, de douze mille ans des dieux, multiplié par soixante et onze, constitue ce qu'on nomme ici-bas un *Manwantara*. Les *Manwantaras* sont infinis; les créations et les destructions innombrables; l'Être suprême produit et reproduit les mondes comme en se jouant. Dans l'âge *Crita*, le juste et le vrai repose sur quatre pieds, et l'intérêt ne réduit point les hommes à l'injustice; mais l'intérêt et l'injustice augmentant d'âge en âge, il est successivement privé d'un de ses pieds, et finit par ne plus tenir à la terre que d'un seul. Dans l'âge *Crita*, les hommes exempts de maladie et comblés de délices vivaient quatre cents ans; mais dans les âges suivans, leur vie décroît graduellement d'un quart... (tout diminue ainsi progressivement, au physique et au moral, et les devoirs eux-mêmes changent en perdant de valeur). Au *Crita* est assigné le culte pur de la piété; au *Treta*, la science (divine); au *Dwapara* le sacrifice; au *Cali-youga* la libéralité seule. »

Gœrres (*Mythengesch.* I, p. 117 sqq.) a fait une comparaison curieuse de cette Cosmogonie avec celle de l'Oupnekhat, et de l'une et l'autre avec différentes Cosmogonies tantôt plus abstraites, tantôt plus mythiques, tirées du Mahabharat, des Pouranas, etc. : il les croit toutes provenues d'une source commune et primitive qui se trouve, selon lui, dans les Védas. Un pareil travail, qu'il serait facile de rendre plus complet, n'entre pas dans notre plan. (J. D. G.)

Note 7 (chap. II et III, p. 146-221; IV, 223.)

Je suis bien de l'avis du savant et ingénieux A. W. de Schlegel, qui regarde les deux grands poëmes épiques des Hindous comme les meilleures sources où l'on doive puiser, du moins quant à présent, les anciennes traditions religieuses et toute la mythologie de ce peuple. Polier, dans l'ouvrage français, imprimé en Allemagne (Rudoldstädt, 1809, 2 v. in-8°), qui est cité si souvent au bas des pages de notre texe, a donné de longs extraits de l'un et de l'autre de ces poëmes, mais fort inexacts et entachés de fautes de toute espèce. Les trois volumes du *Ramayana* publiés à Serampore avec une traduction anglaise [1], ne contiennent que les deux premiers des sept livres de ce grand ouvrage. Il est donc fort à désirer que nous voyions paraître bientôt ou l'analyse qu'en a préparée dès long-temps, avec la traduction en français des morceaux les plus intéressans, notre célèbre professeur M. Chézy, ou le travail complet que vient d'annoncer au monde savant le critique que nous avons nommé en commençant cette note [2]. Dès 1808, Fr. Schlegel (*Weisheit der Ind.*, p. 231-271) avait donné en vers allemands les deux premières sections du premier livre. Depuis, en 1816, le jeune Bopp, marchant avec succès sur des traces illustres, a publié de la même manière, à la suite de son *Conjugations-System der Sanscrit Sprache*, le grand épisode des *Pénitences de Viswamitra*, appartenant au même livre. Enfin, le premier cahier de l'*Indische Bibliothek*, de A. W de Schlegel (Bonn, 1820, p. 50 sqq.) renferme une imitation en vers de la *Descente de la déesse Ganga* sur la terre, racontée dans le 1er livre, sect. 32-35, du Ramayana. Ces deux derniers morceaux sont de la plus haute importance pour la mythologie; ne pouvant, comme nous le voudrions, les traduire ici en entier, à cause de leur étendue, nous nous bornerons à donner dans cette note une idée de quelques passages du second, qui développe un des mythes principaux du sivaïsme (p. 162-165 du texte). On trouvera ci-après, note 11, un passage capital et tout-à-fait caractéristique du premier morceau.

[1] The *Ramayuna of Valmeeki*, in the orig., etc.; by W. Carey and J. Marshman, vol. I-III; Seramp., 1806-1810, in-4°.

[2] Voy. *la Mort de Yadjnadatta*, et le *Combat de Lakchmana avec le géant Atikaya*, deux fragmens publiés par M. Chézy, il y a près de dix ans : le texte sanscrit du premier, gravé sur cuivre depuis la même époque, s'imprime en ce moment avec une version latine littérale et la seconde édition de la traduction française. *Ramayana, idest, carmen epicum de Ramæ rebus gestis*, etc., prospectus de l'ouvrage de M. de Schlegel, qui doit paraître en sanscrit et en latin, avec des notes, à dater de 1825. *Conf.* le Journal asiatique, t. IV, p. 60 sqq.

Le sage Viswamitra raconte au jeune Rama, son élève et son ami, un merveilleux événement qui avait élevé au plus haut degré de la gloire les aïeux de celui-ci. Sagara, roi d'Ayodhya, avait deux femmes, dont l'une, Kesini, lui donna la première un fils nommé Asamanya; l'autre, Soumati, mit au monde une citrouille d'où sortirent à la fois soixante mille autres fils [1]. Asamanya, cruel et impie, fut banni par son père, et son fils Ansouman substitué à tous ses droits. Sagara voulant un jour offrir le grand sacrifice du cheval (*Aswamedha*), la victime sainte fut entraînée dans l'abîme par un serpent semblable à *Ananta*, qui sortit de terre à tous les yeux. Le roi, furieux de voir son sacrifice interrompu, appelle ses soixante mille enfans devenus soixante mille héros pleins de cœur, et leur commande de chercher le ravisseur, de le punir et de ramener le cheval. Les guerriers s'en vont aussitôt parcourant toute la terre, sondant les profondeurs les plus cachées et pénétrant jusqu'aux enfers. Mais les dieux éperdus viennent implorer le dieu suprême, le père de tous les êtres, *Brahmá*, qui leur répond : « Le sage *Vichnou*, pareil à moi, qui a pour compagne la terre nourricière et qui la protège incessamment, sous les traits de *Kapila* [2], a vu de son regard pénétrant le péril qui la menace : bientôt s'allumera sa colère de feu pour dévorer les fils de Sagara. » Cependant ceux-ci poursuivaient inutilement leurs recherches : ils étaient parvenus jusqu'aux

[1] A. W. de Schlegel fait remarquer, dans ses excellentes notes sur cet épisode, que cette singulière tradition repose probablement sur une étymologie ou une espèce de jeu de mots : *Ikchvakou*, nom de la race entière ou de son premier auteur (*voyez* notre texte, p. 257), synonyme de *toumba*, veut dire *cucurbita lagenaris*. Nous renvoyons, du reste, avec lui aux œufs de Léda.

[2] M. de Schlegel dit qu'il ne connaît point ce *Kapila*, qui figure ici comme une incarnation de Vichnou. Mais si l'on remarque son caractère mythologique, le feu qui lui est donné pour élément, et plus loin sa demeure au N. E., on restera convaincu qu'il n'est autre que *Siva-Isana* (p. 249). Le Ramayana est évidemment composé dans l'esprit du vichnouïsme.

plus secrets abîmes de la terre, et ils avaient vu l'un après l'autre les quatre éléphans monstrueux qui en soutiennent le poids, placés aux quatre points cardinaux [1]. Enfin ils tournent vers le nord-est, et là, creusant, creusant toujours, ils découvrent l'éternel *Vichnou*, sous sa forme de *Kapila*, et non loin de lui le cheval qu'ils cherchaient; ils attaquent le dieu dans lequel ils voient son ravisseur : mais le dieu enflammé de colère respire sur eux son souffle terrible, et les enfans de Sagara sont réduits en poudre.

Ansouman envoyé par son grand-père à la recherche de ses oncles et du cheval tout à la fois, arrive jusqu'aux lieux où les infortunés gisaient en un monceau de cendres : saisi de douleur, il voudrait au moins verser sur ces tristes débris les libations funéraires; mais où trouver de l'eau? Aucune eau terrestre ne saurait convenir à ce pieux et nécessaire office; il ne faut pas moins que la céleste *Ganga*, la fille aînée de l'Himavan, pour venir purifier les cendres des fils de Sagara dans ces ténébreuses demeures, et les rendre par-là dignes d'un séjour meilleur. Il s'agit de faire descendre *Ganga* du ciel sur la terre. Ansouman emmène le cheval; le sacrifice long-temps interrompu est enfin consommé; Sagara meurt et son petit-fils monte sur le trône. Ni les pénitences d'Ansouman, ni celles de Dwilipa, son fils et son successeur, ne furent assez efficaces pour obtenir l'objet de tous leurs vœux; cette récompense était réservée aux mérites plus grands de Bhagiratha, fils de Dwilipa. *Brahmá* lui apparaît et lui annonce la descente de Ganga; mais il faut qu'avant tout *Siva*, le dieu du trident, consente à la recevoir sur sa tête, car autrement la terre succomberait sous ce poids énorme. *Siva* accorde cette faveur nouvelle aux nouvelles pénitences du roi : « Descends, » dit-il, en s'adressant à la déesse du fleuve céleste; mais *Ganga* irritée de cet ordre, et prenant la forme d'un géant, se précipite tout

---

[1] Ailleurs ces éléphans sont au nombre de huit, correspondant aux huit Vasous. *Voyez* la note 2 sur ce livre, et, pour les détails, Schlegel, p. 88.

DU LIVRE PREMIER. 615

d'un coup sur la tête du dieu, espérant bien l'entraîner par son poids jusqu'au fond de l'abîme infernal. Là cependant, embarrassée dans les boucles innombrables de sa longue chevelure, pareilles aux forêts qui couvrent les sommets d'Himavan, elle ne put, malgré tous ses efforts, ni venir à bout de son dessein, ni même trouver à s'échapper des mille détours de ce labyrinthe [1]. Fléchi par les prières de Bhagiratha, *Siva* la laissa enfin épancher ses eaux dans le lac Vindou, d'où elle repartit se divisant en sept fleuves : Hladini, Pavani et Nalini à l'est; Sita, Souchakchou et Sindhou à l'ouest; quant au septième, la divine *Ganga* suivit docilement le cours que lui traça le saint roi... et les dieux attentifs contemplaient le grand spectacle de la descente de *Ganga* sur la terre [2].

Il faut voir dans les beaux vers de M. de Schlegel la fin de cette poétique et souvent bizarre description, *Ganga* avalée par un Mouni nommé *Jahnou*, qu'elle avait troublé dans son sacrifice, et prenant de lui le nom patronymique d'*Jahnavi*, lorsqu'il l'eut enfantée de son oreille; le fleuve sacré arrivant ensuite à la mer, plongeant jusqu'au fond des abîmes pour aller baigner de ses ondes salutaires les ossemens des fils de Sagara [3],

[1] Le caractère mythologique de Siva paraît ici dans toute sa vérité locale et primitive. *Conf.* le texte, p. 159, 163, note; Paterson, dans les *Asiatic Researches*, t. VIII, p. 60 sq.; nos planches et leur explication, vol. IV, sect. I, *passim*. — La chevelure de Siva fortement tressée et relevée en boucles sur le sommet de sa tête, se nomme *Jata* et distingue aussi les pénitens. Schlegel, l. l., p. 90.

[2] *Voy.*, pour les détails de cette géographie mythique, la note importante de Schlegel, p. 90-93. Outre l'Indus et le Gange qui sont ici clairement indiqués, il trouve dans les trois fleuves de l'E., l'*Iravaddi* et peut-être le fleuve de *Camboja* ou celui de Siam, peut-être aussi l'*Yang-tse-Kiang* et le *Ho-ang-ho* qui coulent vers la Chine; dans les deux de l'O., l'*Jaxartes* et l'*Oxus* des anciens. *Conf.* le texte, p. 136, et la note 2 ci-dessus : sur le Gange et ses sources, une suite de mémoires dans les vol. VII, XI et XIV des *Asiatic Res.*

[3] Ce même nom de *Sagara*, imposé patronymiquement à la mer ou à l'Océan (*Sâgara*) par Brahmâ, nous met sur la voie pour découvrir le sens caché dans ce mythe des *Sagarides*. Il est évident qu'avec leurs

et recevant de *Brahmá* le surnom de *Bhagirathi*, afin d'éterniser la mémoire du pieux héros qui l'avait conduite sur la terre. Un autre titre donné à *Ganga*, celui de *Tripathaga* (trois sentiers), montre qu'elle arrose à la fois les trois mondes depuis ce miraculeux événement

Le *Mahabharata* a été jusqu'ici moins heureux que le Ramayana; aucune traduction complète n'en a encore été entreprise [1]. Fr. Schlegel le fit connaître aux Allemands, en même temps que ce dernier, par des extraits de l'*Histoire de Sakontala* qu'il est curieux de comparer avec le drame de même nom, ouvrage d'une époque beaucoup plus récente (*W. d. Ind.*, p. 308 sqq.). Bopp (*ubi sup.*) donna ensuite le *Combat de Bhima*, l'un des cinq *Pandavas* ou Pandous, contre un géant. Le même savant a publié, en 1819, l'épisode des *Aventures du roi Nala* [2], dépossédé de son trône. Ces trois morceaux d'un grand intérêt poétique, surtout le dernier, n'ont que peu ou point d'importance mythologique. Il n'en est pas de même du *Bhagavat-gîta* qui, depuis long-temps connu par des traductions imparfaites, vient d'être publié pour la première fois en Europe, dans le texte sanscrit, avec une version latine, une préface et des notes critiques, dignes en tout point de la haute renommée littéraire à qui nous devons ce beau travail [3]. Nous

---

milliers de bras, ils étaient destinés à creuser le lit immense que *Ganga*, la source unique et sacrée de toutes les eaux, vient remplir pour la première fois. Schlegel, p. 94 sq.

[1] Du moins Ch. Wilkins ne paraît-il pas avoir donné suite à celle qu'il annonçait dès 1784. Dans les notes de sa version anglaise du Bhagavat-gita, travail si remarquable pour l'époque, l'on en trouve un second fragment : c'est le mythe cosmogonique de la préparation de l'*Amrita* (p. 183 sqq. de notre texte).

[2] *Nalus*, Carmen sanscritum e Mahabharato : edidit, etc. Fr. Bopp, 1819, in-8°; London, Paris, Strasbourg, chez Treuttel et Würtz. C'est, à proprement parler, le second ouvrage qui ait paru en sanscrit dans notre Europe. A. W. de Schlegel en a rendu compte dans la Bibliothéque indienne, t. 1er, p. 97 sqq.

[3] *Bhagavad-Gita*, id est Θεσπέσιον μέλος, sive, etc. Textum recen-

nous contenterons d'extraire ou de citer ici le petit nombre de passages qui se rapportent plus spécialement à l'idée mythologico-philosophique de *Crichna*, en reprenant les fragmens déjà insérés dans notre texte '; et nous renverrons à la note 14 ci-après, d'autres extraits propres à caractériser la haute doctrine morale développée dans ce livre.

Pag. 192 du texte. — Crichna-Bhagavan découvre à Arjouna la tradition de sa doctrine éternelle qu'il révéla, dit-il, à *Vivaswat*, celui-ci à *Manou* (*Vaivaswata*, p. 256 sq., note 2) et Manou à *Ikchwakou*, dans le premier âge du monde. Arjouna ne peut comprendre qu'étant né à la fin du troisième âge, son divin maître ait pu voir *Vivaswat*. Bhagavan répond : « De nombreuses naissances sont déjà passées pour moi et pour toi, ô Arjouna ! je les connais toutes et tu ne les connais pas, guerrier redoutable. Bien que, de ma nature, etc. Celui qui sait à fond mes naissances et mes actions divines, après avoir quitté son corps mortel, ne renaît plus ici-bas; il s'élève jusqu'à moi, ô Arjouna ! ».

Pag. 47 sq. — « La terre, les eaux, le feu, l'air, l'éther, l'âme, l'intelligence, la conscience, voilà l'une de mes deux natures composée de huit parties distinctes. Celle-là est inférieure; mais connais en moi, etc. Je suis la saveur dans les eaux, la lumière dans la lune et dans le soleil, le son dans l'éther... l'odeur suave dans la terre, le principe igné dans le feu, le souffle de vie dans tous les êtres animés... Le fils de Vasoudeva

suit, etc. Aug. Guil. a Schlegel, Bonnæ, 1823, maj. 8°. (Il faut rectifier, d'après cette note, celle de la page 48 du texte.)

' Les différences que l'on pourra remarquer entre notre traduction et celle de M. de Schlegel proviennent d'une comparaison attentive et suivie que nous avons faite de cette dernière avec une version latine rédigée au cours de M. Chézy, en 1821, par celui de ses élèves que nous avons déjà nommé. C'est au professeur lui-même, au vrai fondateur de l'étude du sanscrit sur le Continent, qu'il appartiendrait d'examiner à fond la première édition critique en ce genre que le Continent ait vu paraître. *Voy.*, en attendant, le compte rendu de M. Langlois, dans le tome IV du Journal asiatique.

est l'univers entier... Ceux qui, voulant être délivrés de la vieillesse et de la mort, se réfugient en moi, ceux-là connaissent *Brahm* tout entier et *Adhyatma* et *Karma* tout entiers : et ceux qui savent que je ne fais qu'un avec *Adhybouta*, avec *Adhydeva* et avec *Adhyyadjnya*, ceux-là, au temps du départ, me connaissent aussi. » (Lect. 7ᵉ.)

Pag. 221.—Dans la lecture suivante, Bhagavan explique lui-même à Arjouna le sens des noms sacrés qu'on vient de lire [1], et développe les moyens de parvenir à *Pouroucha* ou à l'homme-dieu « prophète antique, modérateur et protecteur du monde, plus subtil qu'un atome, de forme incompréhensible, beau comme le soleil dissipant les ténèbres. » Bientôt il ajoute : « Il ne retourne plus par une seconde naissance, etc. Jusqu'au ciel de Brahmá, aucun des mondes ne saurait dispenser [2], etc. »

La 10ᵉ lecture est fort remarquable sous le point de vue mythologique; Arjouna, et bien mieux encore Crichna lui-même, y exaltent tour à tour, dans un langage plein de magnificence, l'inépuisable grandeur du Dieu incarné : « Je suis, dit Bhaga-

---

[1] *Voy.* la version de Schlegel, p. 155. Nous ne pouvons approuver la méthode de ce savant, qui consiste à traduire généralement, par des expressions latines correspondantes, les termes sacramentels de la philosophie religieuse des Brahmanes, et beaucoup d'autres dénominations théologiques et mythologiques, en faisant disparaître complétement les noms originaux. Il eût mieux fait, selon nous, en les conservant et les accompagnant, seulement en parenthèse, de ses traductions latines ; car celles-ci ne sauraient jamais passer que pour des approximations ou des paraphrases grammaticales, bonnes tout au plus à éclaircir le sens de mots qui, bien que significatifs, n'en sont pas moins en eux-mêmes de véritables noms propres. Avec sa manière, on ne peut construire nettement ni le système général de la religion, ni aucun des systèmes particuliers de philosophie ou de mythologie ; elle efface et détruit toute originalité, toute propriété, toute couleur locale, et sacrifie l'histoire à la grammaire, sans même satisfaire entièrement celle-ci.

[2] La traduction de cette dernière phrase, d'après M. de Schlegel, paraît plus exacte que celle que nous avons donnée dans le texte.

van, l'âme qui réside au sein de tous les corps; je suis le commencement, le milieu et la fin de toutes les créatures. Entre les Adityas je suis *Vichnou*; entre les luminaires célestes, *Ravi* (nom du soleil), le resplendissant; *Marichi*, entre les Maroutas (les vents); *Sasi* (*Tchandra*-Lunus), entre les Nakchatras (constellations lunaires). Entre les Védas je suis le *Sama*-Véda; entre les Dévas, *Vasara* (*Indra*);... entre les Roudras, *Sancara* (*Siva*);... entre les Vasous, *Pavaca* (*Agni*, le feu);... entre les pontifes sacrés, *Vrihaspati* (*une longue énumération se poursuit*)... Entre les lettres je suis l'A; entre les mots, la copule qui les unit, etc., etc. Mais à quoi bon tous ces discours, ô Arjouna? l'univers entier repose en mon essence. »

Dans la lecture 11e, Arjouna demande à voir le dieu sous cette forme auguste et infiniment diverse de l'unité universelle qu'il vient de lui décrire; c'est alors que le héros, éclairé tout d'un coup d'une lumière surnaturelle, s'écrie en contemplant le mystère des mystères : « O Dieu, je vois tous les dieux et tous les êtres animés de toutes les espèces, rassemblés dans ton seul corps! je vois Brahmâ reposant dans ton sein, etc. » (Pag. 223 de notre texte; il faut lire dans l'auteur même, p. 165 sqq. de la traduction de Schlegel, le reste de cet hymne sublime.) (J. D. G.)

Note 8 (chap. II, *passim*; III *passim*; IV, 231, 249 sqq).

Cette note, qui sera principalement consacrée à mettre en lumière les mythes propres aux *Sactas* ou adorateurs de *Sacti-Dévi*, et en général au sivaïsme, répandra cependant aussi un jour nouveau sur la mythologie du vichnouïsme. Le *Tchandika* ou *Dévi-Mahatmya* (grandeur de *Dévi*), épisode du *Markandeya-Pourana*, célèbre sous tous les noms imaginables la Nature divinisée. Nous devons à l'amitié les précieux extraits que nous allons donner de ce poëme aussi remarquable par la couleur antique et la majesté simple du style, que par la variété des fictions et par les rapprochemens nombreux qu'elles suggèrent au mythologue [1]. « *Mahamaya*, la grande enchanteresse, est-il dit dans le premier chant, » est la forme éternelle de la création; c'est elle qui a créé cet univers... C'est pour accomplir les Védas qu'elle se manifeste, et alors, tout éternelle qu'elle est, elle descend en ce monde pour apparaître à nos yeux. » Le second et le troisième chants décrivent les victorieux combats de Dévi contre *Mahicha* à la tête de ses Asouras. *Indra* et les Dévas qu'il gouverne venaient d'être chassés des cieux par ces terribles ennemis : ils se présentent devant *Pradjapati* et racontent leur défaite. Aussitôt *Madhousoudana (Vichnou)* fronçant le sourcil, poussa un grand cri et fit retentir sa conque. Les gloires [2] de *Brahmá* et de *Siva* apparaissent soudain, suivies des gloires de tous les autres dieux : mais la plus brillante de toutes était celle de *Siva;* seule elle remplissait le monde de sa lumière et devint une femme. Ornée de tous les dons et armée par les immortels, *Dévi* marche au combat et tous les mondes tremblaient sous ses pas. Plus d'une fois battus, les Asouras reviennent à la charge : l'affreux *Mahicha*, sous sa forme la plus redoutable, se précipite sur l'armée des Souras et y fait de grands ravages; *Dévi* s'avance alors contre lui, et lui lance une chaîne dans les replis de laquelle elle le serre fortement. L'Asour alors devient lion, puis homme, puis éléphant, etc., et autant de fois que la déesse lui abat la tête, autant de fois celle-ci renaît. *Dévi* l'enivre enfin par un charme qui lui est propre, l'immole, et les dieux chantent sa victoire. Ici se termine le chant troisième.

---

[1] Nous avons sous les yeux une analyse fort étendue des XIII chants du *Tchandika*, qui nous a été communiquée par M. Burnouf fils, avec plusieurs extraits littéralement traduits. Ce jeune orientaliste, qui a fait une traduction complète de l'ouvrage, en a inséré d'autres extraits avec une analyse beaucoup plus succincte, dans le tome IV du Journal asiatique, p. 24-32. On y trouvera le début du poëme, renfermant l'exposition. L'auteur de ces traductions lit en ce moment le *Padma*-Pourana sur lequel il se propose un travail du même genre.

[2] *Tedjas*, splendeur, gloire.

Le quatrième a pour titre : *Chant de Sacra et des autres dieux;* il s'ouvre en effet par un hymne très-long, en grands vers de vingt-huit syllabes, qu'*Indra* chante avec les autres dieux, en l'honneur de *Dévi*. Quant au chant cinquième, je laisse parler mon jeune ami:

Le morceau suivant, extrait du chant V, nous a paru digne d'être traduit, parce qu'il réunit à quelques détails mythologiques qui ne sont pas sans intérêt, un mérite poétique dont on jugera facilement. Les dieux viennent d'être encore une fois défaits par les Asouras *Soumbha* et *Nisoumbha;* les richesses et les trésors célestes sont tombés dans les mains des vainqueurs; les vaincus se réunissent au pied de l'Himavat, et là, chantent un hymne en l'honneur de la déesse : c'est au moment où finit cet hymne que commence notre extrait. Le Richi parle:

« L'hymne des dieux durait encore, quand *Parvati* alla se baigner dans les eaux du Gange. Alors la déesse aux beaux sourcils se tournant vers les Souras assemblés : Quelle est ici celle dont vous chantez les louanges? « Moi, » s'écrie *Sivá*, s'élançant tout à coup du sein de la déesse ; « c'est moi que célèbrent les dieux chassés par le Deitya *Soumbha*, vaincus par *Nisoumbha* dans un combat terrible. » Ainsi parle *Ambika*, et parce qu'elle était sortie du sein de la déesse *Parvati*, *Causiki* fut son nom, et tous les mondes le répétèrent. Mais *Parvati*, après l'apparition de *Sivá*, se montra noire à tous les yeux, et la déesse de l'Himavat reçut le nom de *Calika* [1].

« Cependant *Tchanda* et *Mounda*, esclaves des Asouras, avaient vu la divine *Ambika*, sa forme céleste et sa beauté

---

[1] On voit que *Sivá*, au féminin, est ici proprement la *Sacti* ou l'énergie de *Siva*, le dieu bon et lumineux. *Ambika* et *Causiki* (sortie du trésor *Cosa*) sont deux épithètes de la lumineuse et bonne et *blanche* déesse. *Parvati* réunit en soi la lumière et les ténèbres, peut-être comme hermaphrodite, *Ardhanari-Iswara* : mais une fois *Sivá* sortie de son sein, elle n'est plus que *Cali* ou *Calika*, la *noire*. *Conf.* l'Explication des planches, sect. I, fig. 21, 26, 27, 28, 34, etc.

ravissante. A cette vue, tous deux s'adressant à *Soumbha*, leur maître, s'écrient avec étonnement : « Quelle est, ô grand roi, cette femme dont l'éclat resplendit sur l'Himavat? Jamais beauté plus parfaite n'apparut à nos yeux. Connais, ô roi puissant, quelle est cette déesse, et qu'elle tombe en ton pouvoir. Devant toi est la plus belle des femmes, aux membres délicats, et dont la splendeur éclaire l'Himavat; roi des Deityas, tu dois la voir. Les joyaux, les pierreries, les éléphans, les chevaux, tout ce que renferment de plus précieux les trois mondes, tout cela brille maintenant dans ta demeure. *Eiravatas*, le roi des éléphans, glorieux partage d'*Indra*, l'arbre *Paridjata*, le cheval *Outcheisravas* et le char que traînent des cygnes, sont réunis dans ta cour. Tu possèdes cet admirable joyau, l'ornement de Vichnou, et le trésor *Mahapadma*, dont le dieu des richesses fut jadis le maître. L'Océan t'a donné un bracelet fait de lotus sans taches, et *Varouna* son ombrelle d'où découle l'or. Tu as conquis le char de guerre que montait *Pradjapati*, et ce glaive que les dieux ont nommé le vainqueur de la mort. Ton frère *Nisoumbha* possède la guirlande du roi des eaux et mille espèces de pierreries. *Agni* t'a donné deux riches vêtemens purifiés par le feu. En un mot, roi des Deityas, tu possèdes tout ce que les mondes ont de plus précieux; que ne cherches-tu à posséder aussi la plus belle des femmes?» Ainsi parlèrent *Tchanda* et *Mounda*, et leur roi les ayant entendus, envoya *Sougriva* en ambassade vers *Dévi* : « Va, » lui dit-il, « appelle cette belle femme, et si elle consent à te suivre, amène-la aussitôt en ma présence. » *Sougriva* part, et après son arrivée au lieu où habite la déesse, au sommet brillant de la montagne, il lui adresse la parole avec une voix plus douce que le miel. »

Sougriva ne fait guère que répéter en substance la longue énumération que l'on vient d'entendre des richesses et des trésors de *Soumbha;* il finit par proposer à la déesse de prendre son maître pour époux. « Il dit, et *Dourga Bhagavati*, celle qui conserve la création tout entière, fit un rire profond. » La déesse répond à l'envoyé qu'un vœu a dès long-temps lié

son imprévoyance : celui qui l'aura vaincue dans le combat, pourra seul prétendre à sa main. Les menaces de *Sougriva* ne l'émeuvent pas plus que ses prières; elle persiste avec une amère dérision dans la résolution qu'elle a formée.

Les cinq chants qui suivent, jusqu'au Xe inclusivement, sont remplis des victoires réitérées de *Dourga* contre ses ennemis furieux. *Doumralotchana*, *Tchanda* et *Mounda*, généraux de *Soumbha*, sont successivement tués, et la déesse prend des deux derniers les surnoms de *Tchandika* et de *Tchamounda*. *Soumbha* s'avance contre elle en personne : mais les *Sactis* ou forces des dieux principaux accourent de leur côté pour la soutenir, et les huit *Matris* ou Mères [1] font un terrible carnage des démons qui s'enfuient de toute part. *Ractavidja* seul, dont le sang fécond enfantait des milliers d'Asouras dès qu'il arrosait la terre, se présente pour combattre la redoutable et multiple divinité : celle-ci aussitôt ordonne à *Cali* de boire le sang qui coule des blessures du géant, et *Ractavidja* tombe

---

[1] *Conf.* p. 195, 249 sq.—Ces *Sactis* ou *Matris*, ne répondent pas toujours exactement aux huit *Vasous*, et les énumérations qu'en donnent les Pouranas et autres livres sont fort diverses. *Voy.* Paterson, et surtout les notes de Colèbrooke sur l'essai de ce savant, t. VIII, p. 69, 82 sqq., des *Asiatic Researches :* on y trouvera traduite en anglais la description des *Matris* assemblées pour combattre les démons, telle que la fait ici le *Dévi-Mahatmya.* « L'énergie de chaque dieu, exactement semblable à lui, avec la même forme, la même décoration, la même monture, vint, etc. » Les huit *Sactis* énumérées dans ce passage sont : *Brahmani* ou *Brahmi*, qui préside à l'orient; *Maheswari* au sud; *Caumari* (de *Comara* ou *Cartikeya*) à l'occident; *Vaichnavi* (ailleurs *Narayani*) au sud-est; *Varahi* (*Varaha-avatara*) au nord; *Narasinhi* (*Narasinha-avatara*) au nord-est; *Aindri* (d'*Indra*), probablement au sud-ouest; *Tchandika*, surnommée *Aparadjita*, l'invincible, au nord-ouest. Dans un autre passage du *Markandeya*-Pourana, *Narasinhi* disparait, et *Chamounda* ou *Tchamounda* semble figurer à sa place; ailleurs, cette dernière paraît, au contraire, tenir la place d'*Aindri.* Paterson observe très-bien que *Maheswari*, montée sur un bœuf, rappelle Europe enlevée par Jupiter; et *Brahmi*, sur un cygne, Léda.

épuisé [1]. C'est en vain que *Soumbha* appelle à son secours *Nisoumbha* son frère ; ce dernier périt comme tant d'autres, et *Soumbha* s'écrie plein de rage : « Ne t'enorgueillis pas de tes succès, ô déesse ; tu triomphes, mais l'honneur de tes victoires est loin de t'appartenir tout entier. » La déesse répond : « Je suis seule dans le monde ; quelle autre que moi existe dans l'univers ? regarde et vois ces forces diverses rentrer en mon sein. » A ces mots, toutes les *Sactis* sont absorbées par *Dévi* qui reste seule en face de l'Asoura. Une dernière lutte s'engage, lutte funeste à *Soumbha*, mais salutaire au monde qui recouvre enfin la paix. Les chants XI, XII et XIII terminent le poëme, et comme ils ne seraient pour nous que d'un intérêt très-secondaire, nous ne les comprendrons point dans cette courte, quoique fidèle analyse [2].

[1] En rapprochant le combat de Dourga contre *Racta-vidja*, du combat précédent de la déesse contre *Mahicha* ou *Mahichasoura* à tête de taureau ou de buffle, et du sujet qui représente la même divinité montée sur un lion et terrassant le monstre-taureau, dans notre planche VIII, fig. 34 (coll. IV, 33, et l'Explicat.), on est frappé entre autres rapports avec la mythologie classique, de celui que Paterson a déjà indiqué : *Rhœcum retorsisti leonis Unguibus horribilique mala*, dit Horace (Od. XIX, lib. II) en s'adressant à Bacchus qui, dans la guerre des géans contre les dieux, terrassa sous la forme d'un lion, *Rhœcus* ou plutôt *Rhœtus*, dont le nom se retrouve dans *Racta*-Vidja (semence de sang). Ce dernier trait a échappé au savant anglais. *Conf. Asiat. Res.*, vol. VIII, p. 51, 75 sq., et la pl. *ibid.*

[2] Nous regrettons toutefois que le défaut d'espace nous empêche de donner un nouvel extrait du chant onzième, que nous avons entre les mains, et où Dévi, après sa dernière victoire, prédit aux dieux sous la conduite d'*Agni*, ses incarnations futures. Du moins, n'achèverons-nous pas cet article sans avoir appelé l'attention du lecteur sur une forme nouvelle de *Dévi- bhavani*, *Anna Pourna Dévi* (la déesse de l'abondante nourriture), qui répond de tout point à l'*Anna Perenna* des anciens Latins (*Anna, Annona*) ; aussi bien que sur la triple alliance de *Siva* sous le nom de *Bala-Rama*, de *Vichnou* sous celui de *Djagannatha* (*Crichna*) et de *Dévi* sous celui de *Soubhadra*, dans le temple de Jagrenat, dont nous avons déjà parlé plus d'une fois. Il faut lire à ce sujet les recherches

Note 9 (chap. III, p. 181-183, 190, etc.).

Les systèmes de la chronologie mythique des Hindous, avec un fond commun, les quatre âges (*Yougas*), les âges divins ou grands âges (*Mahayougas*), les *Manwantaras* et les *Calpas*, ne sont pas moins divers, dans leurs développemens, que les systèmes de géographie fabuleuse qui se rencontrent chez le même peuple. Chaque secte a le sien, et on les trouve toujours plus arbitraires, plus artificiels, plus bizarrement enflés de chiffres, à mesure qu'ils se rapprochent de nous. Ils ne semblent même pas toujours très-conséquens, ni dans le rapport des périodes dont ils sont formés, ni dans la nature, la succession et l'étendue des révolutions qu'ils assignent à la fin de ces différentes périodes. Ces variantes ne pourront être complétement recueillies et appréciées que par la comparaison des Pouranas, soit entre eux, soit avec les autres livres religieux et les traités scientifiques d'astronomie; et peut-être une main habile saisissant le fil de l'analogie, qui, au défaut de l'observation, paraît avoir dirigé constamment les inventeurs, retrouvera-t-elle un jour tout l'enchaînement de ces théories monstrueuses, où la poésie et le calcul ont formé une alliance presque inconnue à notre Occident.

Le système développé dans les lois de Menou, qui est aussi celui du Bhagavat-gîta [1], doit, en attendant, nous servir de base; il est le plus simple et, à quelques égards, le plus vaste et le plus philosophique de tous : il repose sur la double éternité de Dieu et du monde; car Brahmâ produit et reproduit ce

---

neuves et les rapprochemens pleins d'intérêt de Paterson, dans le mémoire cité, p. 61, 69 sqq., avec les additions de Colebrooke, p. 85. — On trouvera dans le t. V des *Asiatic Researches*, des fragmens traduits par Blaquière, du *Calika*-Pourana, qui jetteront un nouveau jour sur le caractère et sur le culte de la divinité qui a donné son nom à ce poëme. *Conf.* Colebrooke, t. X, p. 454 sqq.; et *ci-après*, note 16.

[1] *Voy.* la note 6, *supra*, et le Bhagavat-gita, lect. 8ᵉ et 9ᵉ. *Conf.* Majer, *Brahma*, p. 218 sqq.; Bentley dans les *Asiatic Researches*, t. VIII, p. 236 sq.

visible univers, dans un ordre perpétuellement invariable, et il est dit que la série des créations et des destructions ou régénérations est sans fin. Voici le détail des quatre âges et la réduction des années divines en années humaines :

Age *Crita* ou *Satya*,	4,000 ann. div. formant		1,440,000 ann. hum.
Plus, pour le crépuscule du matin et du soir,	800		288,000
Total:	4,800.	Total:	1,728,000.
Age *Tréta*,	3,000		1,080,000
Plus, pour les deux crép.	600		216,000
Total:	3,600.	Total:	1,296,000.
Age *Dwapara*,	2,000		720,000
Pour les crépuscules,	400		144,000
Total:	2,400.	Total:	864,000.
Age *Cali*,	1,000		360,000
	200		72,000
Total:	1,200.	Total:	432,000.

Total général : 12,000 ann. div. formant 4,320,000 années humaines de 360 jours, qui composent un âge des dieux ou *Mahayouga*, dont il faut 71 pour faire un *Manwantara*, en ajoutant toutefois un *Satyayouga* au commencement, de cette sorte :

   71 *Mahayougas*   306,720,000 années humaines;
   Plus, pour le *Satya*   1,728,000

Durée du *Manwantara* 308,448,000.

Chaque Menou est supposé régner seulement dans le *Satya* qui précède son *Antara* et dans celui de chaque âge divin : maintenant les 14 *Manwantaras* formant 4,318,272,000 années, et précédés aussi d'un *Satya* 1,728,000,

donnent au total 4,320,000,000,
durée du *Calpa* ou jour de Brahmâ, équivalente à 1000 *Mahayougas*.

On voit que la base de tous ces calculs est au fond la période de 432,000 ans, doublée, triplée et quadruplée, et prise ainsi dix fois au total, pour former un âge divin. Nous n'entrerons pas dans l'examen, tenté avec plus ou moins de succès par divers savans [1], des élémens arithmétiques ou astronomiques de cette période fondamentale, qui se retrouve chez les Chaldéens. La période de 12,000 ans, non pas divins, à la vérité, mais humains, se retrouve également chez les Perses, avec la même division en quatre âges, et le même rapport moral de l'un à l'autre, quoique sans cette progression arithmétique d'un à quatre, qui caractérise le système hindou. Dans ce dernier système, la période de 12,000 ans se laisse visiblement résoudre en une autre de 10,000 ans, terme après lequel les âmes, suivant Platon [2], doivent être remontées toutes dans leur céleste patrie : en effet, les sommes des crépuscules croissant ou décroissant en raison directe de la durée respective des quatre âges, semblent n'avoir été imaginées que pour mettre en accord les deux périodes.

Il se pourrait que la racine de toute la chronologie mythique des Hindous dût être cherchée dans ces deux périodes si anciennes et si générales de 12,000 et de 10,000 ans, et dans le rapport des nombres fondamentaux qui les composent, soit entre eux, soit avec d'antiques formes d'année. Quoi qu'il en soit, la période de 12,000 ans appartient au système duodécimal évidemment emprunté de la division du cours apparent du soleil en douze parties égales, tandis que celle de 10,000 ans repose sur le système décimal beaucoup plus intime à l'homme, et dont l'invention est déférée à l'Inde par tout le reste de l'Orient. Ajoutons, avec un savant naturaliste, que 4,320, nombre des centaines, des mille et des millions contenus dans le *Cali-youga*, dans le *Mahayouga* et dans le *Calpa*

---

[1] Le Gentil, dans son Voyage, et Sonnerat, d'après lui, dans le sien ; Paterson et Jones, Davis, Wilford, et surtout Bentley, dans les *Asiatic Researches*, t. II, V, VI, VIII; Kanne, *System der Indisch. Myth.*, et Majer, l. l., p. 226 sqq.

[2] Dans le Phædrus, p. 45, Bekker.

de Brahmâ, est précisément le nombre des minutes comprises en trois jours [1].

Ni les lois de Menou, ni le Bhagavat-gîta ne font mention de ces révolutions physiques, de ces destructions par l'eau et par le feu (*Pralaya, Mahapralaya*), qui, suivant les Pouranas, signalent la fin des grandes périodes : il y est seulement question d'une veille et d'un sommeil du créateur, à l'approche desquels la création se réveille ou s'endort avec lui, paraît ou disparaît. Brahmâ n'y meurt pas non plus comme dans les Pouranas, ni Vichnou, ni Siva après lui, puisque ces dieux n'y jouent point les rôles supérieurs que leur attribuent ces derniers livres. Les Pouranas ont élevé sur les *Calpas* ou jours de Brahmâ, qui forment comme le couronnement du système antique, un ou plusieurs systèmes nouveaux qui, modelés sur celui-là, mais rattachés principalement aux noms de Vichnou et de Siva, ne font guère que le répéter dans des proportions plus vastes en apparence, mais bien plus étroites en réalité; car chez Menou, ainsi que nous l'avons remarqué, la succession des *Manwantaras* dans les *Calpas* est infinie, et le monde réellement éternel ainsi que son auteur; seulement il passe et passe sans cesse, tandis que le principe qui sans cesse le produit et le reproduit, demeure immuable. Selon la chronologie des Pouranas, dont on peut voir le développement chez les écrivains qui ont traité ce sujet *ex-professo*, nous sommes aujourd'hui dans le premier jour ou *Calpa* du premier mois de la cinquante-unième année de l'âge de Brahmâ (qui doit en vivre cent); et dans le vingt-huitième âge divin du septième *Manwantara* : les trois premiers âges humains de cet âge divin sont déjà écoulés, ainsi que 4,925 ans du quatrième ou du *Cali-youga* actuel, qui a commencé 3,101 ans avant l'ère chrétienne [2].

[1] Link, *die Urwelt und das Alterthum*, etc., I, p. 278 sq. Ce savant a fait d'autres remarques curieuses sur la constitution arithmétique de ces périodes.

[2] De nombreuses tentatives ont été faites pour réduire cette chronologie

Note 10 (chap. IV, 236-241.)

Suivant M. N. Müller, les *Avataras* de Brahmâ sont de véritables *Logophanies*, ou incarnations du Verbe divin; tandis

évidemment artificielle, et pour la ramener à des bases réelles et historiques: on peut voir à ce sujet les dissertations de W. Jones, Wilford, Bentley, etc., déjà citées. En général, les uns ont rejeté, comme purement fabuleux, les trois premiers âges, et ont cependant retenu la date du dernier comme le commencement du temps historique; les autres, par le moyen de l'époque assignée à la naissance de Bouddha qui vint au monde, soit vers la fin du Dwapar-youga, soit à l'origine du Kali-youga, ont réduit cette même date à 1000 ans environ avant notre ère; d'autres enfin ont essayé de resserrer dans les limites de l'histoire le calcul entier des quatre âges et d'y classer les principaux événemens ou personnages dont il est question dans les livres sanscrits. Parmi ces derniers, Bentley (*Asiat. Res.*, VIII, p. 224 sqq.) se fondant sur deux anciens systèmes astronomiques qu'il croit fort antérieurs aux systèmes actuellement reçus chez les Brahmanes, fixe le commencement du Satya-youga à 3164 avant J.-C.; celui du Tréta à 2204; celui du Dwapar à 1484; celui du Kali à 1004. Quant aux noms prétendus historiques qu'il distribue dans les trois premiers âges, et qu'il faut voir dans le tableau chronologique joint à son mémoire, ce sont évidemment des êtres mythologiques, empruntés pour la plupart à l'astronomie: l'ordre que Bentley établit entre eux nous semble aussi arbitraire que la manière dont il met en accord les deux systèmes du *Graha Munjari*, le paraît à M. Heeren. « La fiction des quatre âges, dit ce dernier écrivain, est probablement d'une haute antiquité; mais les calculs qui y ont été adaptés, ouvrages des chronologistes, en sont tout-à-fait indépendans et doivent être regardés comme beaucoup plus modernes. » Majer penche à croire que la période entière fut dans l'origine, de 12 ou de 10,000 ans; et ce qui vient surtout à l'appui, outre les rapprochemens observés plus haut, ce sont les récits des Grecs, selon lesquels on comptait dans l'Inde, depuis Dionysus jusqu'à Alexandre, ou 153 rois en 6042 ans, ou 154 en 6451 ans. *Voy.* Heeren, *Ideen*, I, 2, p. 559 sq.; Majer, *ubi sup.*, p. 229 sqq.; et sur les annales anciennes de l'Inde, Jones, Wilford, etc., dans les *Asiat. Res.*; Paulin, Voyage, t. II, p. 144 sqq. de la traduct. fr.; Heeren, *ubi sup.*, p. 450 sqq.; et la note insérée dans le Journal Asiatique, t. I, p. 361 sqq.

que les *Avataras* de Vichnou nous montrent plutôt la divinité agissante, et descendant dans ce monde pour le sauver par un bras héroïque; ceux de Siva, la vengeance divine qui purifie en punissant, et abat l'orgueil de Brahmâ, c'est-à-dire de la création. Du reste, les noms historiques que l'on trouve parmi les incarnations de Brahmâ (tout au moins celui de Calidasa), peuvent les faire regarder comme des espèces d'apothéoses, au lieu que celles de Vichnou conservent toujours le caractère de *Théophanies*. Les premières ont évidemment pour but de personnifier dans les quatre âges, quatre grandes époques de la littérature sacrée des Brahmanes, rapportées à Brahmâ, source de toute lumière, de toute intelligence et de toute vérité : elles sont, toute idée d'apothéose à part, d'une nature supérieure aux autres.

La *Trimourti*, dans son essence, n'est qu'une triple révélation de *Brahm*, l'unité absolue, s'émanant successivement sous trois aspects divers, en trois forces distinctes, en trois personnes parfaitement égales, identiques au fond, et qui diffèrent seulement dans leur action et dans leur développement extérieur. Toutes ces fables des punitions, des abaissemens de Brahmâ, de l'abolition de son culte et de ses temples, expliquées selon leur vrai sens, sont loin de faire descendre le créateur au-dessous des deux autres personnes divines, d'autant que, la création une fois consommée, Siva n'a d'autre rôle que de la renouveler sans cesse par la force d'*epigenesis*, qui lui est propre. Brahmâ est l'auteur du monde dans lequel il s'émane; mais il n'en demeure pas moins le symbole de la sagesse éternelle, le législateur divin, auquel les Hindous font hommage du canon tout entier de leurs saintes écritures, de toutes les grandes idées confiées soit aux figures, soit à la parole. De même que, dans Brahmâ, le Verbe créateur, les sages de l'Inde ont personnifié leur langue et toutes ses productions, leurs dogmes, leurs sciences et leurs arts; de même, dans Vichnou, ils ont voulu représenter le principe qui préside au développement du monde et de toute vie, particulièrement de la vie humaine; ils ont décrit, en quelque sorte, la marche de la Providence à travers la création, avec toutes les forces nécessaires pour la conserver; dans Siva, au contraire, ils ont développé la vicissitude *épigénétique* des formes tour à tour détruites et renouvelées, c'est-à-dire le mythe physique de l'homme et de l'univers. Spiritualité, histoire, physique; ou esprit, vie, matière, voilà les trois qualités divines dont se compose la *Trimourti* des Hindous. Si dans le culte de ce peuple, Brahmâ paraît céder la place à Vichnou et à Siva, c'est que le pouvoir créateur ayant accompli son œuvre, a remis ses droits sur la création, soit à Vichnou, chargé de la conserver, soit à Siva, chargé de la poursuivre en la renouvelant : Brahmâ est passé de l'action au repos. Du reste, les relations prétendues de supériorité ou d'infériorité entre ces trois grands organes d'un principe unique, n'ont aucune consistance réelle : ils agissent et réagissent l'un sur l'autre; leurs attributs se croisent, se combinent, se permutent en mille manières, sans qu'ils cessent d'être égaux entre eux et au fond identiques. Les envisager autrement, c'est méconnaître l'essence de la Trinité.

Brahmâ est encore l'homme mystique, le prototype de l'homme : il est appelé, comme l'homme lui-même, un symbole de l'univers. Le monde et l'homme sont également la demeure de Brahmâ; et la vie de Brahmâ est une allégorie du temps avec ses périodes de destruction et de renouvellement, qui embrassent à la fois l'histoire de l'homme et celle du monde. De là cette série de Brahmas qui meurent et ressuscitent tour à tour, et leurs têtes suspendues en colliers au cou de Siva et de Cali : véritables énigmes mythologiques que le philosophe, l'astronome et l'historien doivent expliquer de concert.

Brahmâ, dans lequel la nature expire et renaît incessamment, est donc le type primitif du Phénix : mais il ne s'agit ici ni de régénérations, ni de migrations successives telles que l'homme en subit par la métempsychose; il ne s'agit que de créations et de destructions alternativement répétées. Brahmâ n'a rien à démêler avec les renaissances et les expiations de l'homme; il ne passe point de corps en corps pour se purifier; il ne tombe point sous l'empire du mal; il ne cesse pas un instant d'être Dieu. S'il y a dans la métaphysique des Hindous, qui n'admet pas que la Divinité soit susceptible de plus ou de moins, une force centrifuge et une force centripète en opposition, elles ne peuvent être que l'émanation (*nisus emanationis*) et la rémanation (*nisus remanationis*) limitées l'une par l'autre; du reste, il n'est pas vrai que le pouvoir conservateur l'emporte sur le créateur, car, à proprement parler, c'est de ce dernier qu'il tient sa mission... Si l'on y regarde de près, l'on verra que les trois pouvoirs sont à la fois créateurs, destructeurs et conservateurs : tous trois sont portés sur le lotus, tous trois infligent des peines, et par cela même réparent et maintiennent [1].

[1] Nous pensons que M. N. Müller est trop exclusif dans sa théorie de la Trimourti et des Avatars; et il nous paraît être entré beaucoup moins avant que M. Creuzer dans le véritable esprit du panthéisme hindou, où viennent se confondre, avec les idées purement métaphysiques, des allégories astronomiques et morales, quelquefois même des souvenirs de l'histoire des sectes représentées par les dieux qu'elles adorent de prédilection. D'ailleurs la religion de l'Inde a subi, dans le long cours de son développement, tant de modifications, tant de variations, qu'elle est susceptible des interprétations les plus diverses, et que les systèmes les plus opposés paraissent souvent y trouver leur point de réunion. Si l'on compare avec soin le passage sur lequel roule cette note avec les résumés par lesquels nous avons terminé les chapitres II et III, avec le commencement du chap. V (p. 265-267), et avec la note 4 ci-dessus, nous osons croire que l'on y trouvera des raisons solides de notre préférence pour la théorie de M. Creuzer, qui toutefois n'exclut nullement la théorie contraire, selon nous du moins : celle-ci semble appartenir à cette unité primitive, à ce catholicisme antique, pure et immédiate émanation des Védas, dont nous recherchons la trace dans notre Discours préliminaire; l'autre, comme le témoigne la date plus ou moins récente des légendes sur lesquelles elle se fonde, au système des Pouranas, qui commentent les symboles antiques et les allégorisant de plus en plus, en tirèrent toute sorte de conséquences plutôt morales que métaphysiques, et préparèrent ou manifestèrent les schismes nombreux d'où naquirent les sectes.

Note 11 (chap. IV, art III, p. 245-260.).

L'année des Hindous, qui fut d'abord lunaire, puis solaire, et embrassa depuis 324 jusqu'à 365 jours, plus ou moins, se divise en trois temps, *Kalas*, et en six saisons, *Ritus*. Les trois temps comprennent, le premier, les quatre mois de chaleur; le second, les quatre mois des pluies; le troisième, les quatre mois des froids [1]. Les six saisons ont chacune deux mois et sont nommées, d'après les divinités qui les dirigent et dans l'ordre des trois temps : *Vasanta, Grichma; Varcha, Sarat; Hemanta, Sisira*. L'année, dans ce même ordre, commence avec l'entrée du soleil dans le belier, ou plutôt à la nouvelle lune de mars la plus voisine de l'équinoxe; et ainsi se poursuivent les douze mois dont voici les noms : *Tchaitra, Vaisakha; Djyaichtha, Achadha; Sravana, Bhadra; Aswina, Cartika; Margasircha* (ou *Agrahayana*), *Paucha; Magha, Phalgouna*. Ces noms sont patronymiques et dérivés de ceux de douze d'entre les vingt-sept constellations ou mansions lunaires, appelées *Nakchatras*. C'est ce que veulent dire les Pouranas, quand ils nous parlent, dans leur langage emblématique, de douze génies des mois, nés de douze nymphes célestes, fécondées par le dieu *Tchandra* ou *Soma* aux vingt-sept femmes. Ce mythe montre clairement quelle fut la véritable origine de l'année chez les Hindous; et sans doute il faut expliquer dans le même sens cet autre mythe qui fait naître les douze *Adityas* (soleils

---

[1] Les trois *Temps* de l'année fournissent l'une des explications les plus naturelles et les plus certaines de la *Trimourti* : *Brahmá* préside au temps des froids, le premier, parce que l'année qui fut long-temps de 360 jours seulement, commençait alors avec le mois *Aswina*, vers l'équinoxe d'automne; *Vichnou* au temps des chaleurs, encore douces et bienfaisantes, de février en mai; *Siva* au temps des pluies, qui est aussi celui des plus vives ardeurs du soleil, de juin en septembre. Nous aurons occasion de développer ailleurs ce système d'interprétation que nous croyons aussi fécond pour la mythologie hindoue que pour toute autre. *Conf.* les notes 3 et 4 sur le livre III ci-après.

des douze mois ou des douze signes ¹), d'*Aditi*, l'une des treize épouses de *Casyapa*, sœurs des femmes de *Tchandra*, et, comme elles, filles de *Dakcha* (p. 256 sq.).

Le Zodiaque, nommé en sanscrit *Rasi-Tchakra*, cercle ou roue des signes, au nombre de douze, se compose de 360 degrés, trente pour chaque signe. Les douze signes sont: *Mecha*, le belier; *Idava*, *Vricha* ou *Mahicha*, le taureau; *Mithouna*, les gémeaux (mâle et femelle); *Carkata*, l'écrevisse; *Sinha*, le lion; *Canya*, la Vierge; *Toula*, la balance; *Vristchica*, le scorpion; *Dhanous*, l'arc ou le sagittaire; *Macara*, le monstre marin, (espèce d'antilope ou de gazelle avec ou sans queue de poisson); *Coumbha*, l'urne ou le verseau; *Mina* et *Matsya*, les poissons. Les douze constellations qui composent ces signes passent pour autant de divinités ². Dans

---

¹ Leurs noms ne sont, à proprement parler, que des épithètes ou des qualifications du soleil dans chaque mois de l'année; on en donne différentes listes où nous remarquons: *Poucha*, *Bhaga*, *Vichnou*, *Harà*, *Mitra*, mentionnés dans les fragmens connus des Védas et dans les Lois de Menou. Ailleurs on trouve: *Varouna*, *Sourya*, *Védani*, *Bhanou*, *Indra*, *Ravi*, *Gabhasti*, *Yama*, *Swarnareta*, *Divakara*, *Mitra*, *Vichnou*. Wilkins, notes du Bhagavat-gita, p. 161 de la trad. fr.

² Indépendamment de ces douze constellations solaires, personnifiées, des douze *Adityas* ou soleils, et des douze génies des mois qui leur correspondent; douze grandes divinités, six dieux et six déesses, en rapport avec le soleil et avec la lune, sont censées présider aux douze mois; les voici dans l'ordre même des mois et des signes: *Lakchmi* ou *Sri*, *Indra*, *Bouddha*, *Brahmá*, *Prithivi* ou *Gondopi*? *Maya*, *Siva*, *Bhavani*, *Ganesa*, *Indrani*, *Vichnou*, *Saraswati*. Ce fait mythologique repose sur l'autorité d'un dessin d'origine hindoue, que M. N. Müller dit avoir en sa possession: en le considérant comme authentique, il donne lieu à un rapprochement du plus grand intérêt; les douze divinités de la Grèce et de l'Italie anciennes se distribuent absolument de même dans les douze signes du zodiaque et dans les douze mois: avril, *Vénus*; mai, *Apollon*; juin, *Mercure*; juillet, *Jupiter*; août, *Cérès*; septembre, *Proserpine*; octobre, *Mars*; novembre, *Diane*; décembre, *Vulcain*; janvier, *Junon*; février, *Neptune*; mars, *Minerve*. *Voy.* N. Müller *in* Dorow's *Morgenl. Alterthüm.*, II, p. 103. *Conf.* Galerie mythol. de Millin, pl. XXVIII, et

le cercle intérieur du zodiaque, sont distribués, suivant leur rapport avec les douze signes, les *nava graha* ou neuf luminaires, composés des sept planètes avec la tête et la queue du dragon (250-253, 257 note) : quelquefois, huit seulement occupent le cercle et sont rangés, ainsi que les douze signes, autour du soleil figuré dans le centre du *Rasi-Tchakra*. Mais souvent ce centre formant un troisième cercle, représente la terre environnée par les sept mers, et dans l'intérieur, le mont Mérou, avec les demeures ou palais des trois grands dieux ou des trois personnes de la Trinité, par lesquelles se révèle à la fois dans le temps et dans l'espace, l'unité éternelle et infinie qui est comme le point culminant de toute la sphère. Voilà, sans doute, pourquoi le zodiaque est comparé par les Brahmanes à une fleur de *dhoustoura* ou *datoura*, dont la forme est celle d'un cône ou d'un entonnoir, ou encore d'une pyramide [1].

XXIX, 85-89, reproduites dans notre vol. IV (Table des planches, art. *Zodiaque*).

[1] W. Jones, sur l'antiquité du zodiaque indien, Rech. As. en fr., t. II, p. 334 : compar. la planche qui y est jointe, *ibid.*, à notre planche XVII, 94. — C'est ici qu'il convient d'agiter la question de savoir quel est au juste le sujet figuré dans la pl. XIV, à laquelle nous avons déjà renvoyé plus d'une fois (surtout p. 210, 260 sq.). M. Creuzer (*voy.* l'Expl. des pl., vol. IV, sect. I, n° 64) n'en donne qu'une interprétation assez vague, et il se contente d'ajouter, en rappelant les idées analogues de Pythagore et de Platon sur l'harmonie des corps célestes : « Lucien (de Saltat., § 17, vol. V, p. 133 sq., Bip.) dit que les peuples de l'Inde saluent par une danse le soleil à son lever, *pour imiter la danse du dieu.* » Cette coutume est fort générale chez les Orientaux, et, quant aux Hindous, il est évident que c'est dans Crichna et dans le cycle des divinités qui se rattachent immédiatement à lui, qu'ils ont voulu personnifier cet ingénieux et poétique système ; le son et la danse sont les emblèmes naturels de la lumière et du mouvement propres aux astres, qui se les communiquent l'un à l'autre dans une constante harmonie. Mais de quels astres s'agit-il ici précisément ? Les couples qui environnent le couple principal sont au nombre de huit, comme les huit *Gopis* et les huit *Nayikas* ; et la mythologie nous raconte, en effet, que Crichna, dans ses chœurs divins avec elles, se multipliait pour les satisfaire toutes à la

Le mois (*masa*) luni-solaire des Hindous, est composé de trente *tithis* ou jours lunaires de vingt-quatre heures, personnifiés comme autant de nymphes. Il se divise en deux parties appelées *Pakcha*, de quinze *tithis* chacune, que l'on a souvent prises pour des mois de quinze jours : l'une est la nouvelle lune *Amava*; l'autre la pleine lune, *Pournima*; ou encore la croissance, *Pourvapakcha*, et la décroissance *Aparapakcha*, chacune, à proprement parler, de quatorze jours, parce que l'on ne compte ni le jour de la nouvelle lune, ni celui de la pleine lune. La semaine, comme toutes ces divisions, soit lunaires, soit solaires, paraît être d'institution hindoue; et parmi tant d'autres analogies qu'il serait aisé de faire ressortir, l'une des plus remarquables, c'est que les sept jours qui la composent portent les noms des sept planètes, ainsi que les nôtres, et

fois. Mais alors pourquoi ce neuvième couple au centre? Le Zodiaque que nous donnons d'après Moor, fournit la solution de cette difficulté et en même temps l'explication la plus probable, selon nous, du tableau astronomique qui nous occupe et qui lui est également emprunté : les huit couples doivent représenter les huit planètes figurées ici, comme dans le Zodiaque, en évolution autour du soleil qui est la neuvième; elles ont chacune leur épouse ou *Sacti*, conformément au système général de la religion de l'Inde, et par conséquent ce n'est point la lune qui paraît à côté du soleil; elle est *Tchandra* mâle et forme avec son épouse un couple à part dans le cercle. Quant aux six musiciennes qui se répondent, deux à deux, de chaque côté, ce sont les six saisons qui secondent l'harmonie des astres par celle de l'année, dans la révolution solaire. Nous ne nierons pas toutefois qu'il n'y ait un rapport quelconque entre les neuf planètes du cercle zodiacal, ainsi allégorisées, et les huit mois ou *Adityas* conduits par *Sourya* leur chef; peut-être aussi les huit *Vasous*, commandés par Vichnou, le protecteur par excellence (p. 250, 256 sq., note 2). Mais l'idée fondamentale du chœur céleste nous ramène invinciblement à Crichna et à ses *Gopis* ou *Nayikas*, dont on compte souvent neuf au lieu de huit (Jones, dans les Rech. As. en fr., t. I, p. 198); et quant à notre interprétation, nous citerons comme un dernier argument à l'appui, ces zodiaques gréco-égyptiens, au centre desquels l'on voit Pan jouant de la flûte, ou Sérapis, entourés l'un et l'autre, soit des douze signes, soit des planètes (pl. LI, 194, 195, et l'Explicat., sect. III). *Conf.* N. Müller, *ubi sup.*, p. 99 sqq.

se suivent absolument dans le même ordre : *Adityadinam* ou *Souryadivasa*, etc., le jour du soleil, le dimanche ; *Somadinam* ou *Somadivasa*, lundi ; *Mangaladinam*, mardi ; *Boudhadinam*, mercredi ; *Vrihaspatidinam*, etc., jeudi ; *Soukradinam*, *Ousanadivasa*, vendredi ; *Sanidinam*, etc., samedi (p. 253 [1]).

Il est incontestable que tous ces dieux, qui se partagent les différentes divisions du cours du soleil et de la lune, sont des êtres calendaires et astronomiques ; ils président à la fois au temps et à l'espace, et sont en rapport avec le ciel et la terre, avec les astres, les élémens, les animaux, les hommes, etc. Nous ne doutons pas non plus que, dans des sphères plus élevées, les sept ou quatorze *Menous*, les sept *Richis*, les dix *Maharchis* ou grands *Richis*, nommés encore *Pradjapatis*, etc., ne doivent être regardés comme des êtres analogues, et principalement comme des constellations d'un ordre supérieur, auxquelles ont été rattachés soit des calculs d'une chronologie transcendante, soit des conceptions métaphysiques, morales ou purement poétiques, soit même des événemens, des faits et des personnages historiques : mais le plus souvent, la forme seule est historique, et le fond puisé dans les antiques symboles du sabéisme, ou plutôt du panthéisme primitif [2]. Sans revenir ici sur les

---

[1] Sur l'astronomie des Hindous en général, et sur le Zodiaque en particulier, *voy.* plusieurs Mémoires de W. Jones et de Colebrooke, dans les vol. II, III, IX, XII, des *Asiat. Res. Conf.* Paulin, Voyage, t. II, p. 307 sqq. ; 540 sqq., etc., etc., et ci-dessus, note 9.

[2] *Voy.*, p. 253 sqq., 258 sqq., et ci-dessus, notes 4 et 5.—Sur ce point, nous nous rangeons tout-à-fait à l'opinion de Jones et de Paulin, et nous regardons comme inadmissible en grande partie celles de Colebrooke, de Fr. Schlegel, de Majer et autres qui, au contraire, voient dans les *Menous*, *Richis*, etc., des êtres humains, d'antiques patriarches, rois ou prophètes. Voici les noms des quatorze *Menous* : *Swayambhouva*, *Swarotchicha*, *Outtama*, *Tamasa*, *Raivata*, *Tchakchoucha* ,— *Vaivaswata*—; *Sourya-Savarni*, *Dakcha-Savarni*, *Brahmā-Savarni*, *Dharma-Savarni*, *Roudra-Savarni*, *Routcheya*, *Agni-Savarni*. Les sept *Richis* sont : *Casyapa*, *Atri*, *Vasichtha*, *Viswamitra*, *Gotama*, *Djamadagni* et *Bharad-*

considérations déjà présentées dans le texte, nous citerons en abrégé, à l'appui de notre sentiment, un passage du Ramayan, qui, parmi beaucoup d'autres, nous paraît l'un des plus frappans et des plus décisifs.

Viswamitra (l'ami de tous), l'un des descendans de *Pradjapati*, après avoir régné avec gloire durant plusieurs milliers d'années, entreprit de parcourir la terre, environné de ses vaillans guerriers. Il parvint ainsi jusqu'à la demeure de *Vasichtha*, située au fond des forêts et pourtant semblable au ciel de *Brahmâ*. Ravi de la merveilleuse fécondité de la vache sans tache *Sabala*, qui remplissait tous les vœux du prophète, son heureux possesseur, le roi voulut l'avoir à tout prix; et *Vasichtha* s'obstinant à garder cet inestimable trésor, il entreprit de le lui arracher par la force. Mais *Sabala* défendit le Brahmane et se défendit elle-même, produisant peuples sur peuples et guerriers sur guerriers : en vain les flèches terribles de *Viswamitra* anéantissaient ces ennemis sans cesse renaissans; un seul élan de l'ardente piété du Richi réduisit en cendres les cent fils du Rajah. Celui-ci se vit contraint de céder et se retira dans la solitude. Fort de la protection de Siva qui, touché de ses pénitences, l'avait formé par ses leçons dans l'art de manier les armes des dieux, *Viswamitra* revint à la charge, mais sans plus de succès; le bâton du Brahmane dans la main de *Vasichtha*, suffit pour triompher des flèches même de *Brahmâ* dans celle du roi, ivre de vengeance. Dès ce moment, *Viswamitra* reconnaissant combien la puissance du prêtre était au-dessus de celle du guerrier, prit la résolution de s'élever par ses mérites jusqu'à ce rang suprême.

Vient ensuite sur la scène un roi nommé *Trisankou*, de la

---

wadja. Les dix *Pradjapatis* : *Angiras*, *Atri*, *Cratou*, *Brighou*, *Dakcha*, *Maritchi*, *Narada*, *Poulaha*, *Poulastya* et *Vasichtha*. Les *Maharchis*, *Devarchis* et *Rajarchis* sont, à proprement parler, trois différens ordres de *Richis*, terme extrêmement étendu, ainsi que celui de *Mounis*.

race d'*Ikchwakou*, qui veut offrir un sacrifice pour obtenir d'être transporté aux cieux avec son corps. *Vasichtha* se refuse à lui prêter son ministère, et les fils du Mouni ne se contentent pas d'en faire autant, ils maudissent le roi qui les menace, et le changent en un Tchandala aux yeux rouges, à la peau noire. Ce prince infortuné va trouver en cet état *Viswamitra*, toujours livré aux plus austères pénitences : le solitaire, touché de son récit, le console, lui promet son appui et entreprend le sacrifice tant désiré. Les mérites de *Viswamitra* eurent assez de pouvoir pour enlever au ciel *Trisankou*; mais *Indra* ne voulut point le recevoir et le précipita vers la terre. Alors, enflammé de courroux, *Viswamitra*, nouveau *Pradjapati*, créa dans la région du sud sept *Richis* nouveaux, une autre famille de *Nakchatras*, un autre *Indra*, d'autres *Devatas*. Mais les dieux et les *Richis* épouvantés s'empressent de conclure avec le redoutable pénitent un traité où éclate encore sa puissance : *Trisankou* doit rester aux cieux avec son corps, ainsi que les constellations nouvelles, tant que subsisteront les mondes; seulement ces êtres de lumière ont leurs demeures au delà du chemin de *Vaiswanara*.

Cependant *Viswamitra* poursuit ses pénitences durant des milliers d'années, s'avançant successivement du midi au nord, par l'ouest, à travers les vastes forêts, et recevant de *Brahmá* des titres de plus en plus magnifiques : mais le plus magnifique de tous, il ne l'a point encore obtenu; pour être digne du nom de Brahmane, il faut qu'il dompte ses sens et surtout sa colère, dont il a donné de terribles preuves. Plus d'une fois encore il succombe ; mais enfin se dirigeant vers l'orient, là il se livre à de si prodigieuses austérités et devient si parfait, que les dieux et les *Richis* sont entièrement éclipsés par l'éclat de ses pénitences. Tremblans pour leur pouvoir et même pour l'existence des trois mondes que le tout-puissant Mouni peut anéantir en un instant, ils supplient *Brahmá* de lui accorder ce qu'il désire avec tant de force : le père de toutes choses exauce leur prière, et marchant à leur tête, salue enfin *Viswamitra* du titre de Brahmane. *Vasichtha* lui-même se charge de lui communiquer la science divine des Védas[1].

Note 12 (chap. IV, p. 260-264).

C'est une idée merveilleusement belle, dit M. N. Müller, d'avoir déifié les sons musicaux dans leurs effets; d'avoir présenté et figuré aux yeux, dans un ensemble de personnifications allégoriques, cette grande harmonie de la musique. Cette idée ne pouvait prendre racine que sur une terre aussi heureusement douée; elle ne pouvait fructifier que par l'accord des âmes avec cette nature où les sons et les fleurs semblent confondre leurs élémens en quelque sorte éthérés. Aucun peuple du monde, hormis les Hindous, n'a connu ces aimables divinités qui composent la hiérarchie musicale : que sont les péris des Perses, que sont les nymphes des Grecs en comparaison, si nous soumettons la forme au sens, à la délicatesse vraiment idéale de la pensée ?

Dans le tableau que nous avons sous les yeux (pl. XVIII), nous voyons une nymphe divine qui marche légèrement sur le bord d'un puits d'où s'écoulent les eaux surabondantes. Cette *Raguini* porte le Vina dans sa main gauche, et dans la droite une espèce de balance dont les bassins sont remplacés par deux urnes en équilibre parfait. C'est la déesse qui préside à la mesure des sons qu'elle pèse, pour ainsi dire, dans sa balance, en s'avançant avec harmonie au-dessus de la source féconde où elle les a puisés. Derrière elle, paraissent quatre autres *Raguinis* représentant les quatre systèmes fondamentaux de la musique indienne[2], qui s'étendent sur les quatre

---

[1] *Voy.* ci-dessus, note 7. — Ne pouvant, comme nous le voudrions, commenter ici ce morceau remarquable, nous nous contenterons de renvoyer le lecteur aux réflexions de M. Creuzer sur certains passages d'Homère et des anciens poëtes grecs, Introduct. p. 46 sqq. *Conf.* Paulin, Voyage, t. II, p. 326 sqq.; Rhode *Beytræge*, etc., I, p. 115 sq.

[2] Le premier est attribué à *Iswara* ou *Osiris*, dit Jones, le second à *Bharata* ; le troisième à *Hanouman* ou *Pávana* (fils de *Pavana*, *Pan*);

régions de la terre. Au devant du puits est la tortue dont fut fait le premier Vina. A droite, l'on voit une grande nappe d'eau, sorte d'océan des sons, qui figure en même temps par l'élément mobile, la mer non moins mobile des passions. C'est aussi le miroir des modes [1], miroir animé, vivant, où se réfléchit la création entière. Au centre s'élève à triple étage un grand rocher du sommet duquel surgit, comme du cratère d'un volcan, le taureau du monde, lançant de sa tête un jet d'eau vers le ciel. Au-dessous, immédiatement, sortent du sein du rocher trois courans, symboles des trois sons que l'on distingue dans chaque mode, *Graha, Nyasa* et *Ansa* [2]. Tout au bas, trois grottes séparées l'une de l'autre laissent échapper quatre à quatre douze ruisseaux qui, par six couples, analogues aux six saisons formées de douze mois, représentent les six *Ragas* ou modes [3] : *Richaba, Gandhara, Madhyama, Pan-*

le quatrième au Richi *Callinatha.* Parmi les mortels inspirés, le premier musicien, suivant la tradition, fut le sage *Bharata,* inventeur des *Natacs,* ou drames, mêlés de chants et de danses. Des quatre systèmes, le troisième passe pour très-ancien et fut jadis extrêmement populaire. W. Jones, *on the musical Modes of the Hindus, Asiat. Res.,* t. III, p. 67 sq. (J. D. G.)

[1] *Ragarnava,* la mer des passions, et *Ragaderpana,* le miroir des modes, sont deux des principaux ouvrages sanscrits sur la musique. *Raga* signifie à la fois *passion, affection* de l'âme, et *mode* musical. Les auteurs hindous varient sur le nombre total des modes : les *Ragas,* dit l'un des plus célèbres d'entre eux, *Soma,* pareils aux flots de la mer, peuvent être multipliés à l'infini. Le système présenté dans notre texte, et qui se coordonne avec l'ordre des saisons et de l'année en général, est celui de *Pávana.* Jones, *ibid.,* p. 65 et 71 sqq.; *conf.* 83. (J. D. G.)

[2] *Ansa* est la tonique ou la note modale; *Graha* et *Nyasa* sont généralement la troisième et la cinquième, c'est-à-dire la médiante et la dominante. Jones, *ibid.,* p. 76 sq. (J. D. G.)

[3] Il me paraît y avoir ici et dans tout ce qui suit une grande confusion : les noms donnés sont ceux des sept sons, *Swaras,* et nullement des modes, *Ragas;* ces sept sons sont les sept notes, exprimées par les initiales des sept noms, soit dans la prononciation, soit dans l'écriture; *Sharja* ou *Sa* est la première note de l'échelle, le son par excellence,

chama, *Dhaivata* et *Nichada*. Les premières lettres de ces six noms forment, avec celles qui commencent le nom du son fondamental ou son modal, *Sadrja* ou *Sarja*, appelé encore *Swara*, le son par excellence, les sept notes de la musique indienne : *Sa, Ri, Ga, Ma, Pa, Da, Ni*. Le son fondamental ou modal, ou encore la note qui lui correspond et figure à la tête de la gamme, *Sa*, paraît ici sous les traits de *Saraswati*, déesse de la musique et reine des sons, qui préside à leur harmonie, le Vina en main. C'est la tonique, la note principale de toute l'échelle, la mère de la famille entière, diatonique-chromatique-enharmonique, de *Maha-Swara-Grama*, l'océan des sons primitifs, image de l'harmonie éternelle, où la déesse est elle-même plongée jusqu'au-dessus des genoux. Le paon aux cent yeux et les autres oiseaux que l'on voit divisés en couples, etc., sont des emblèmes correspondans, mais accessoires, et la plupart de ces animaux semblent ressentir le pouvoir irrésistible de la musique. Peut-être les deux arbres sont-ils là encore comme symboles des deux souches divines de cet art divin, le *Sâma-Véda* et l'*Oupavéda* [1].

Swara; la gamme entière s'appelle *Swaragrama* ou *Septaca*. Les nombres six et douze n'ont ici proprement aucune application. Quant aux six *Ragas* ou modes primitifs, voici leurs noms, dans un ordre analogue à celui de l'ancienne année lunaire, qui commençait par la saison appelée *Sarat*, et les mois *Aswina* et *Cartika* : *Bhairava, Malava, Sriraga, Hindola* ou *Vasanta, Dipaca* et *Megha*. Conf. la note précédente, et *voy.* Jones, *ibid.*, p. 68-73. (J. D. G.)

[1] Jones, p. 67. — Le célèbre Anglais (p. 74) parle de peintures allégoriques du système musical des Hindous, *Ragamalas*, analogues à celle que vient de décrire avec assez de bonheur (sauf les erreurs que nous avons dû relever), M. N. Müller, et qu'il donne pour une copie fidèle de l'original. M. Müller a publié ce tableau comme pouvant servir à expliquer dans le même sens une fort belle peinture indienne appartenant à M. Dorow, son compatriote : il y a joint une triple interprétation de ce dernier monument, hydrographique, astronomique et musicale. Si l'on doutait encore de la légitimité de ces rapports établis entre l'empire des eaux, celui des sons et celui des astres, nous nous contenterions d'ajouter : *Dakcha*, le principe du mouvement des sphères et de la mesure du

DU LIVRE PREMIER. 643

Note 13 (chap. IV, p. 243, 255; V, 268 sqq.) [1].

Avant toutes choses était l'Être des êtres, *Brahm*, l'unique, l'incomparable, le pur, l'infini, forme de toutes choses et supérieur à toutes choses, exempt de toute dualité. (*Voy.*, entre autres, Oupnekh., I et II, *passim*; IV, Brahm. 82.)

Cet être pur est sans fin. Le monde aussi, avec son nom et sa figure, est sans fin : mais *Brahm* seul subsiste réellement,

temps, fils de Brahmâ et Brahmâ lui-même, fils de *Saraswati* et frère de *Narada*, de plus, descendant de *Samoudra*, ou de l'Océan, et père de cinquante constellations, se retrouve non-seulement dans Atlas, comme l'ont pensé de savans Anglais, mais bien plus évidemment dans Nérée avec ses cinquante filles, dans Danaüs avec ses cinquante Danaïdes puisant les eaux : aussi partage-t-il avec *Varouna* le nom de *Pratcheta*. Les élémens, les astres, les sons, les nombres, le mouvement, l'espace, la vie, l'intelligence, en un mot, toutes les puissances, toutes les lois, toutes les hautes relations de la nature et de l'esprit, forment dans la mythologie à la fois si spontanée et si profondément philosophique des Hindous, une sorte de tissu mystique et en même temps un prisme magique, un miroir vivant, où tout se mêle sans se confondre, où chacune des parties répète le tout, où la grande harmonie de Dieu, du monde et de l'homme qui se réfléchissent l'un l'autre, va se reproduisant sans fin et sans repos par une multitude d'harmonies partielles. *Voy.* N. Müller *in* Dorow's, etc., p. 67 sqq., 93, etc.; la table ingénieuse jointe par le même à son grand ouvrage (*Glauben*, etc.), p. 544, tab. II; et sur l'enchaînement de toute la mythologie indienne, principalement sur son rapport avec l'astronomie et les nombres, J.-A. Kanne, *erste Urkunden der Gesch.*, I, p. 14 sqq. (J. D. G.)

[1] Une comparaison aussi intéressante que facile à établir entre cette note, les passages auxquels elle se réfère, et les notes 5 et 6 ci-dessus, nous dispensera de multiplier ici les rapprochemens et les réflexions dont nous n'avons déjà été que trop prodigues. On trouvera dans l'analyse de M. le comte Lanjuinais, déjà citée (p. 285, 572) de plus amples développemens sur la doctrine de l'Oupnekhat, dont nous ne pouvons et ne voulons offrir qu'un résumé précis, mais substantiel, où nous nous sommes surtout attachés, quoiqu'en abrégeant, à conserver la couleur antique.

sans nom, sans figure; le reste n'a qu'un vain semblant d'existence. (Oupnekh. II, Brahm. 45; V, 84.)

Le fondement de cette apparente existence est en *Maya* : *Maya*, qui donne la vie à toutes les créatures, est le désir de *Brahm*, la volonté éternelle et divine; elle s'appelle encore l'amour éternel, parce que l'amour n'a pas de commencement, mais a une fin; et en effet, quand vient la connaissance, l'amour s'en va. *Maya* ne produit que des illusions. (XIII, 110; XXIV, 130; XXX, 139; XLI, 161.)

Maya, de même que *Prana*, a la figure d'une vache aux trois couleurs, et se nomme ainsi *Camadhenou* : ces trois couleurs sont les trois qualités dont *Prakriti* est le mélange. Au centre des trois qualités, *Atma* réside en *Prakriti*, comme l'araignée au centre de sa toile. *Maya* développe le tissu des trois qualités, et cette mère de toutes les créatures s'unissant à l'Être-lumière, met au jour la *Trimourti*. Dès lors *Atma* est tombé dans les liens de l'existence; il s'oublie lui-même, il ne se connaît plus, il passe sous l'empire du moi. Ce monde, fruit de l'union de *Brahm* et de *Maya*, ressemble à une mer où les sens, les élémens, les états sont les sources, les flots et les courans. (*Ibid.*; III, 63, et *passim*.)

La première parole que proféra le Créateur, ce fut *Oum* : *Oum* parut avant toutes choses, et il s'appelle le premier-né du Créateur. *Oum* ou *Prana*, pareil au pur éther, renfermant en soi toutes les qualités, tous les élémens, est le nom, le corps de *Brahm*, et par conséquent infini comme lui, comme lui créateur et maître de toutes choses. *Brahmâ* méditant sur le Verbe divin y trouva l'eau primitive, lien commun de toutes les créatures, et le feu primitif, et la *Trimourti* et les Védas, et les mondes et l'harmonie universelle des choses : son image est la vache, qui est aussi l'image de l'univers. (I, 5; III, 69; IX, 92; XXV, 131; XLVIII, 168.)

Le monde fut d'abord caché sous les eaux et les eaux en *Atma*, et de tout temps les eaux furent grosses du monde et elles conçurent le fruit du feu. Ces eaux sont les eaux sans rivage, tout ce qui existe est eau, et l'eau et *Oum* ne font qu'un; ces eaux primitives sont la mer de *Maya*. (VIII, 88; XXX, 189, et *passim*.)

Quand *Brahm* eut mis au jour la *Trimourti* et les trois qualités, du milieu de celles-ci tomba une goutte, et cette goutte fut *Hiranya-garbha*, le principe de toute production et lui-même la production première, le grand phénomène, *Mahabhouta*, dont le corps est ce visible univers. Il est le fruit du feu par qui l'eau fut fécondée; sa bouche dévore toutes choses, il a des têtes innombrables, des sens à l'infini. Il est le grand trône, l'arbre de vie, unique dans tout le monde, et le monde est plein de lui. Cette substance première, assemblage des élémens subtils et à la fois de toutes les intelligences (individuelles), les sages l'appellent *Maha-atma*, la grande âme, et encore *Sati*, la vérité, la vie : mais *Hiranya-garbha* est aussi nommé *Mout*, la mort, car il détruit tout ce qu'il enfante; il absorbe en lui-même toutes ses productions. (II, 48; III, 67; VIII, 88; XIII, 110; L, 180.)

Le monde était encore sans nom, sans figure, lorsque *Hiranya-garbha*, las de dévorer, mit au jour *Pradjapati*, la seconde production, l'assemblage des élémens grossiers, dont le monde et le cercle du monde (le Zodiaque) et l'année sont la figure. Les sens demandant un jour à *Pradjapati* : « Qui es-tu? » il répondit : «*Aham*» moi (*Ahankara*, puissance de *moi*). Par lui fut développé *Brahmanda*, l'œuf du monde, avec toutes les créatures qu'il contenait. (II, 25, 49; L, 178; I, 8.)

Hiranya-garbha étant devenu *Pradjapati*, et s'étant divisé en trois portions également précieuses, le feu, le soleil et l'air, voulut avoir un second corps sensible et grossier; de cette pensée fut produite la parole, qui est la forme des trois Védas. Et de l'union de la mort affamée, qui est *Hiranya-garbha*, avec la parole (vivante), fut créée la semence, et de cette semence fut fait le soleil, qui parut au bout d'une année, et l'année parut avec lui. Le soleil voyant *Hiranya-garbha* prêt à le dévorer, répéta la parole; et de cette parole furent faits les noms de toutes les créatures, et ainsi la création s'acheva. (II, 22, 24, et *passim*.)

Avec le soleil naquit le temps, *Kala* : le temps habitait en *Brahm* de toute éternité ; mais alors il ne connaissait pas de limites. Le temps, de même que *Pradjapati*, embrasse, pénètre et dévore toutes choses : il est le soleil, et de lui viennent la lune, les planètes et les étoiles... Avant tout, *Pradjapati* produisit la lune et en elle l'eau de vie, source de toutes les eaux... Le soleil est une émanation de l'Être-lumière ; sa lumière est la lumière du créateur ; à ses côtés sont le jour et la nuit ; les étoiles sont sa figure ; la terre et le ciel, l'ouverture de sa bouche ; il consomme toutes choses, et tout ce qui se consomme (toute nourriture) est dans la lune [1]. (III, 71 ; XXX, 139.)

Pradjapati fut aussi le créateur des cinq élémens (grossiers ou composés), desquels provinrent toutes les formes qui sont dans le monde... Le Dieu suprême, la lumière des lumières, l'être unique et sans pareil, tira de sa propre essence le feu, l'eau et la terre, pour que dans ces trois dieux et par le mélange de ces trois élémens, d'abord simples (comme qualités), puis composés (comme élémens), fussent révélées toutes les choses visibles, toutes les figures des corps, tous les noms et les innombrables formes de son être. (I, 16, 18 ; XIV, 116, et *passim*.)

Les créatures nées de *Pradjapati* furent de trois sortes (correspondant aux trois qualités) : les *Dévatas* ou bons génies, qui président aux phénomènes ; les humains ; et les *Daityas* ou *Asouras*. Le nombre total des génies préposés aux phénomènes est de 3306, tous membres de *Pradjapati*. A leur tête marche *Indra*, armé du tonnerre dont il foudroya jadis, sur

---

[1] Le soleil est partout associé au feu, principe actif, créateur et destructeur ; la lune à l'eau, principe vivifiant et conservateur, passif et actif tout à la fois, mais dont l'action n'est que secondaire. Gœrres (*Mythengesch.*, p. 86) dit que, dans les Védas, le soleil est présenté comme supérieur à la lune : cela paraît au premier abord ; mais il reste encore de grandes difficultés sur ce point comme sur tant d'autres de la doctrine scientifique et religieuse des Hindous. *Conf.* sup., p. 600 sq., note, et les passages auxquels il est renvoyé.

les montagnes, le malfaisant démon *Vritra*, à la forme de serpent; puis viennent les huit *Vasous*; puis les onze *Roudras* (les cinq souffles de vie supérieurs et les cinq inférieurs qui animent le corps, plus, *Djivatma*, l'âme individuelle qui a son siége au cœur); et enfin les douze *Adityas*, chacun dans son signe : ce sont, avec *Pradjapati*, les trente-trois génies principaux [1]. (II, 23, 24, 40, 43; XLIV, 164, etc.)

« Il (*Pradjapati*) ne ressentait aucune joie, et voilà pourquoi l'homme ne se réjouit point lorsqu'il est seul. Il souhaita l'existence d'un autre que lui, et tout à coup il se trouva comme un homme et une femme unis l'un à l'autre. Il fit que

---

[1] *Indra* est ici dans un rôle supérieur et non pas seulement le premier des *Vasous* ou *Vichnous*, dont les listes, ainsi que les fonctions, sont loin d'être rapportées uniformément. Ailleurs, *Indra* reprend sa place parmi les *Vasous*; et ces huit génies avec les onze *Roudras*, les douze *Adityas* et les deux *Aswins* sont regardés comme trente-trois dieux inférieurs, qui ont au-dessus d'eux les treize grands dieux. Outre ceux-ci, il y a encore huit puissances cosmogoniques regardées comme huit dieux suprêmes, ainsi que nous l'avons déjà remarqué (note 6, p. 608) : ce sont, à n'en pas douter, les cinq élémens précédés d'une Trinité, *Hiranyagarbha* (*Mana*), *Pradjapati* (*Ahankara*) et *Prana* (*Mahanatma*, la grande âme, la vie qui respire dans tous les êtres, souvent confondue ou identifiée avec *Mana*, l'intelligence universelle, de même que *Prana* est identifié avec *Oum*). Une foule de passages, entre lesquels ceux qui vont suivre bientôt nous semblent décisifs, tendent à établir l'identité de cette Trinité supérieure avec la Trinité ou *Trimourti* vulgaire, *Brahmâ*, *Vichnou* et *Siva-Roudra* (*Roudra* et *Prana*, les *Pranas* et les *Roudras* se confondent réellement entre eux). Le soleil, l'air, le feu; le soleil, la lune, la terre; la terre, l'eau et le feu; de plus, les trois couleurs, le noir, le blanc, le rouge, emblèmes des trois qualités : toutes ces choses, envisagées sous les points de vue les plus divers et dans les combinaisons les plus variées, figurent tantôt comme les types réels, tantôt comme les symboles de l'une ou de l'autre de ces deux Trinités. Peut-être celles-ci ne font-elles que se correspondre et se représenter mutuellement, la première à la tête des huit dieux suprêmes, la seconde à la tête des treize grands dieux : quelle est, au reste, la liste de ces derniers, c'est une question fort obscure encore et que nous n'entreprendrons pas de résoudre ici.

son propre être se divisa en deux, et ainsi il devint homme et femme. Ce corps, ainsi partagé, était comme une moitié imparfaite de lui-même... Il s'approcha d'elle, et par cette union furent engendrés les êtres humains. — Elle se dit avec incertitude : « Comment peut-il, lui qui m'a produite de son propre être, s'approcher de moi? Je veux prendre une autre figure. »
— Elle devint une vache; et l'autre devint un taureau et s'approcha d'elle, et leurs fruits furent des vaches. Elle se changea en cavale et lui en cheval; puis elle en ânesse et lui en âne: et il s'approcha d'elle, et la gent solipède naquit de cette union. Elle devint une chèvre et lui un bouc; elle une brebis et lui un belier : il s'approcha d'elle, et les chèvres et les brebis furent engendrées. De la même manière il créa chaque couple jusqu'aux fourmis et aux moindres insectes [1]. »

Manou (ou *Manous*), le premier-né (*Adima*, le même que *Pradjapati* fait *Viradj* et hermaphrodite), par la puissance de la méditation, devint *Hiranya-garbha* (ou *Mana*, l'intelligence universelle, créatrice de tous les êtres) et parut sous la figure du feu... et ce *Pouroucha* (homme) obtint de mettre au jour des créatures bien supérieures à lui. (II, 40, et *passim*.)

Djivatma (l'âme ou l'intelligence individuelle) est ce qui dit *moi* (*Ahankara*, la conscience); elle est le maître, le *Pradjapati* du corps. *Atma* (l'âme universelle), descendue dans le petit monde (dans l'organisme humain), a trois siéges, le nombril, la poitrine et le cerveau. *Brahm*, divisé en trois personnes, habite le corps de l'homme : il est, dans le nombril, *Vichnou*; dans le cœur, *Brahmâ*; dans le cerveau, *Mahadeva*... *Prakriti* vient habiter dans l'homme avec le mélange des trois qualités... *Atma* ou *Hiranya-garbha* est dans l'intelligence; *Pradjapati* ou *Ahankara* dans la conscience, et avec celle-ci commence à battre le cœur qui est le centre général des ac-

---

[1] Nous avons traduit ce passage, d'après Colebrooke, du texte même de l'Oupanichad *Vrihad Aranyaca*, du *Vayasaneyi* ou Yadjoush blanc (*Asiat. Res.*, VIII, 441). *Conf.* Oupnekhat *Brehdarang*, II, 24; t. I, p. 123 sqq.

tions, la demeure et le principe de tous les sens. Mais, si le siége de tous les sens est dans le cœur, leur énergie réside en *Prana*, le souffle qui les anime et anime le corps, la forme de la vie et de toutes choses vivantes, le lien des deux mondes et le premier principe de l'organisme; lui aussi a son siége au cœur; mu par *Djivatma*, il se meut encore par lui-même; tout ce qui vit a besoin de *Prana*, et lui-même de *Brahm* [1]. (III, 62; XV, 117, 118; I, 5, 9, 13; II, 25; XI, 99; XXII, 128, etc., etc.)

Le corps de l'homme est une cité avec onze portes; et *Prana*, le roi du corps, habite en *Djivatma* au centre de la cité de *Brahm*. Le corps, *Bhoutatma*, formé des cinq élémens subtils correspondant aux cinq sens, et des cinq élémens grossiers correspondant aux cinq membres, est vivifié par *Prana* dans toutes ses parties : il est l'agent; et la cause première de ses actes, c'est *Atma* en *Djivatma*. Et ainsi *Atma*, la grande âme, paraît divisée en deux êtres distincts, mais qui se correspondent et se lient intimement l'un à l'autre : *Prana* dans l'intérieur, *Pouroucha* (le soleil) à l'extérieur; celui-ci, âme du monde, celui-là du corps. Le souffle, principe de vie, et le soleil, principe de lumière, se meuvent dans les deux cœurs de l'univers, identiques l'un à l'autre comme ses deux principes. (XIII, 110; I, 19; III, 63; II, 68, etc. [2]) (J. D. G.)

---

[1] La Trinité, sous ses diverses formes et à ses degrés divers, est tout à la fois dans *Brahm*, dans le grand monde et dans le petit monde, c'est-à-dire en Dieu, dans le monde et dans l'homme, qui forment eux-mêmes une Trinité nouvelle identique à toutes les autres. Voilà l'esprit du panthéisme hindou, doctrine de compénétration, d'identité et d'harmonie universelles.

[2] Voici en outre les sources principales des passages résumés dans le texte (p. 273-276, 280-285): III, 67, 75; I, 6; XXXVII, 150-152, etc.; IV, 80; VI, 85; II, 44, etc.; III, 75, 72; VIII, 88; XIII, 110; XXV, 131, 132; X, 94; IV, 83; II, 44, p. 255 sq., et *passim*; XXXIV, 144; II, 40, etc., etc.

Note 14 (chap. V, p. 279-285.)

Colebrooke avait déjà montré, et divers passages de l'Oupnekhat prouvent que, même dans les Védas, il est question de combats entre les bons et les mauvais génies, entre les dieux et les démons [1] ; nul doute, d'un autre côté, que plusieurs classes des uns et des autres ne soient également soumises aux renaissances, aux transmigrations, aux purifications de la métempsychose : mais cela suffit-il pour admettre comme originale et vraiment antique, dans la religion de l'Inde, l'idée d'une chute première des esprits ou anges, causée par l'orgueil, principe de leur révolte contre le Créateur et de tout mal dans le temps? Faut-il admettre, par suite, l'origine indienne du dogme de la création des âmes, antérieure à celle du monde visible; et celle-ci comme ayant été une conséquence de leur chute? Enfin, tout ce système d'une religion purement morale dans son essence, déterminée et historique dans ses formes autant qu'abstraite et métaphysique dans son objet; cette tradition si nue, si claire, si développée, qui nous la présente comme une révélation accordée par la miséricorde divine aux esprits déchus pour les ramener à leur gloire première; tout cela se concilie-t-il réellement avec la double exposition que nous avons faite des croyances populaires contenues dans les Pouranas et de la haute doctrine enseignée dans les Védas, surtout avec ce panthéisme à la fois poétique et philosophique qui partout respire dans les uns et dans les autres? En d'autres termes, les extraits d'Holwell portent-ils en eux-mêmes ce caractère d'authenticité qui ne leur est point encore venu d'ailleurs; et M. Rhode est-il fondé à en faire la base de sa théorie de la religion des Hindous [2] ?

---

[1] *Asiat. Res.*, VIII, p. 398. Oupnekhat I, 5, tom. I, p. 16 sq.; XII, 108, 109, tom. II, p. 84 sq., 93; XLIV, 164, p. 368, etc.

[2] *Voy.* Holwell's *Interest. hist. events relat. to Bengal*, p. 31 sqq., et *passim*; tom. II, p. 43 sq. de la trad. fr. *Conf.* Rhode *Beytræge z. Alterthumsk.*, p. 73 sqq. et *passim*; *Allgem. Litter. Zeitung*, Jul. 1817, n°^s 167-169.

Nous avons laissé pressentir notre opinion dans une précédente note (ci-dessus, p. 594 sq.) et nous désirerions vivement que l'espace nous permît d'en déduire ici tous les motifs. M. Rhode croit ces traditions non-seulement authentiques, mais fort anciennes et fort générales dans l'Inde : l'adversaire qu'il combat sur ce point comme sur plusieurs autres, et qui nous paraît être M. Majer, admet leur authenticité, mais nullement leur antiquité ; il y voit une production tardive, et, pour nous servir de ses expressions, un résumé systématique de la philosophie abstraite des Bouddhistes. Sans nous prononcer d'une manière aussi positive ni sur l'une, ni sur l'autre question, nous avouons qu'il nous semblerait également téméraire, dans l'état de nos connaissances, et de rejeter tout-à-fait les documens d'Holwell et d'y attacher une haute importance : ils tiennent certainement aux doctrines de l'Inde par les noms propres, par le fond de certaines idées, surtout par le dogme de la métempsychose ; et cependant ni l'esprit, ni la forme, ni surtout ce caractère d'un spiritualisme pur, cette couleur morale dont ils sont empreints, ne se retrouvent dans aucun des livres réellement authentiques qui nous sont jusqu'ici venus de cette contrée. Les parties de la grande compilation rédigée sur les manuscrits de Polier, par la chanoinesse sa parente, qui portent cette même empreinte, ont été évidemment puisées chez Holwell, et ne sauraient par conséquent rien ajouter à son autorité. Tout considéré, la prétendue *tradition sacrée* de M. Rhode nous paraît fort suspecte, et ses rapports, soit avec la doctrine des Parsis, soit même avec certaines croyances demi-juives, demi-chrétiennes, auxquelles nous faisons allusion plus haut, ne peuvent que fortifier nos doutes. Ce n'est pas là de l'indianisme pur et original, c'est tout au plus de l'indianisme récent et mélangé.

Si l'on veut développer nos aperçus sur les rapports de Dieu, de l'homme et du monde ; sur la nature des âmes, leur origine, leur destinée, leurs divers états après cette vie ; enfin sur le principe fondamental et les différens caractères de la morale des Hindous, il faut s'adresser aux véritables sources, à l'Oupnekhat, aux Lois de Menou, au Bhagavat-gîta. La doctrine morale exposée dans ce dernier livre, postérieur aux deux autres, ainsi qu'à presque tous les systèmes de philosophie (note 15, § 2), est à bien des égards en opposition avec celle des Védas : elle condamne l'espèce de quiétisme prêché dans ceux-ci, la dévotion stérilement contemplative, les mortifications homicides des *Sannyasis* et des *Yoguis* vulgaires; elle met bien au-dessus d'eux les *Tyagis*, qui, sans s'abstenir des œuvres, renoncent seulement à leurs fruits; en un mot, elle proclame l'action, mais l'action désintéressée, comme le but de la vie, et semble vouloir concilier le dualisme avec le panthéisme, et la morale avec la métaphysique. « Les enfans seuls », y est-il dit, « distinguent la spéculation de la pratique; l'une et l'autre ne font réellement qu'une seule et même chose... Celui qui agit, en déposant ses œuvres dans le sein de la divinité, en faisant abnégation de leurs suites, ne saurait pas plus être souillé que la fleur du lotus au milieu des eaux. » Et ailleurs : « la science est certainement préférable à l'action; la contemplation à la science; le désintéressement dans l'action à la contemplation : lui seul donne le vrai repos [1]. » (Lect. 5ᵉ et 12ᵉ, p. 146 sq., 170 sq., de la traduction de M. de Schlegel; coll. lect. 2ᵉ, 136 sq.; 3ᵉ, 139 sq.; 4ᵉ, 144 sq.; 6ᵉ, 152; 17ᵉ, 181.) (J. D. G.)

[1] Toute réflexion faite, nous avons cru devoir négliger ici les développemens dont il est question page 282, note. Ils consistent en un petit nombre d'exemples tirés, soit des textes, soit des monumens : les uns et les autres sont remplacés avec avantage, soit par les morceaux traduits dans les notes précédentes, soit par l'explication détaillée jointe à nos planches. Voici, au surplus, les sources des textes cités par M. Creuzer : 1° Passage suspect de l'Ézour-Védam, livre justement regardé comme apocryphe par Sonnerat, etc., et bien prouvé aujourd'hui n'être qu'une compilation des missionnaires chrétiens (*As. Res.*, XIV, n° I); 2° une fable de l'Hitopadesa; 3° le début d'un hymne du Yadjour-Véda, qui précède immédiatement le fragment traduit ci-dessus, p. 605, note; 4° la comparaison de Dieu, principe éternel de l'univers, avec l'arbre *aswattha*, tirée du Bhagavat-gîta, lect. 15ᵉ, coll. 10ᵉ. Quant aux considérations sur l'art des Hindous, comme symbolique, *voyez* le renvoi déjà indiqué.

Note 15 (chap. V, p. 291 sq., 299 sqq., 303, etc.)

§ 1. La vie de Bouddha, d'après les livres mongols, ayant été traduite en français, et publiée dans deux numéros successifs du Journal asiatique (tom. IV, p. 9 sqq., 65 sqq.), depuis l'impression de notre texte, nous sommes dispensés de grossir cette note des nouveaux extraits que nous en avions promis. On verra facilement que ce n'est point la seule source où nous ayons puisé pour composer la légende, fort abrégée du reste, que nous offrons au lecteur. Nous avons cherché à y réunir les traits qui, dans chacune des copies que nous possédons, chingalaise, siamoise, chinoise, tibétaine, etc., nous ont paru devoir se rapprocher davantage de l'original hindou qui nous manque. Il faut comparer cette légende à celle de Crichna (p. 205, et surtout 211 sq., note) avec laquelle elle a de frappans rapports, et dont elle peut même passer pour une imitation. L'une et l'autre sont propres à faire naître des conjectures et des doutes que nous essaierons de développer et d'éclaircir dans notre dernier livre. Gœrres (*Mythengesch.*, p. 157) ne peut s'empêcher de reconnaître lui-même, dans les traditions du Lamaïsme relatives à Bouddha, une réaction manifeste de l'Occident sur l'Orient; et en effet, il est bien difficile de lire divers détails de la naissance, de la vie et des enseignemens du Dieu-Homme, tels que son baptème dans l'eau divine, ses pénitences dans le désert, ses rapports avec un maître plus ancien que lui, avec un esprit qui lui impose les plus cruelles souffrances en expiation des crimes du monde dont il porte le poids, et lui livre les dix commandemens de la loi nouvelle au prix d'une sorte de passion dont il sort régénéré et glorieux, sans être tenté d'y soupçonner la trace du christianisme. D'un autre côté, l'on découvre çà et là dans les légendes bouddhiques des vestiges d'incantation et de magie, qui semblent appartenir à une autre origine, probablement septentrionale. Mais il ne faut pas s'y tromper : les idées d'un Dieu incarné dans le monde et dans l'homme par un premier sacrifice, et d'un second sacrifice nécessaire pour les ramener l'un et l'autre à leur source divine, n'en sont pas moins nées du panthéisme hindou aussi bien que tout le fond du bouddhisme; et les emprunts, déterminés peut-être par l'analogie même des doctrines, ne portent que sur des accessoires. *Conf.* p. 220, 236, 266, 603 sqq. [1].

§. 2. La doctrine de Bouddha peut être regardée comme le plus haut développement, et, pour nous servir de l'expression d'un savant et ingénieux orientaliste, comme le plus beau rameau de la religion de l'Inde. De même que toutes les doctrines religieuses nées dans ce pays, elle est fondée, dit encore M. Klaproth, sur ce principe profondément philosophique,

---

[1] Quelque opinion que l'on adopte sur l'époque de la naissance de Bouddha ou de l'introduction de sa légende, il n'en est pas moins incontestable que cette époque remonte plusieurs siècles au delà de notre ère. On ne peut qu'être très-frappé de voir dans la légende mongole (*Conf.* notre texte, p. 290 : la traduction française du Journal asiatique, p. 73, paraît ici très-défectueuse, comme il est facile de s'en convaincre en comparant l'original allemand, p. 139), Bouddha aux prises avec les *Ters*, c'est-à-dire *Pars*, adorateurs du feu, venus de la Perse, quoiqu'il soit bien difficile de rapporter ce fait à une date même approximative : mais ce qui est encore plus remarquable, c'est la parfaite ressemblance des traditions persanes relatives à la naissance de Zoroastre, avec celles des Hindous sur Crichna et Bouddha qui, de même que le prophète de la Perse, sont souvent présentés comme les manifestations ou les disciples d'un être mythique antérieur, *Oum* ou *Hom* (*Voy.* le texte, p. 317, coll. 271). L'une des époques de l'apparition de Bouddha, et non pas la moins probable, qui le fait descendre jusque vers les septième ou sixième siècles, coïncide vaguement avec celle de la venue de Zoroastre. Suivant la liste des trente-trois premiers patriarches ou chefs religieux du bouddhisme, extraite de l'Encyclopédie japonaise, par M. Rémusat, *Chakia-Mouni*, divinisé sous le nom de *Bouddha*, mourut en 950, et eut pour successeur un Brahmane nommé *Mahakaya*, qui vivait en 905 et le premier reçut le titre d'*illustre* : puis vint un Kchatriya, *Ananta*, avant 879; puis un Vaysia, mort en 805; puis un Soudra, en 760. Il nous est impossible de ne pas soupçonner, dans cet ordre de succession, quelque chose d'artificiel et de tout-à-fait arbitraire : ne serait-ce pas le principe

« que l'univers est animé par un esprit unique individualisé sous des formes sans fin par la matière qui n'est qu'illusion [1]. » Et les formes et les croyances sont à peu de chose près identiques avec celles qui se retrouvent dans les autres branches de l'indianisme. Le Lingam y paraît comme emblème de la création : le monde est en puissance dans son premier auteur ; il se révèle et il existe en figure et en qualité seulement, par l'œuvre de Maya, dit *Fô*. La Trimourti succède avec les trois élémens, les trois feux, les trois couleurs, les trois mondes et les trois temps. Le chaos est présenté sous la figure d'un œuf d'où sort le père de tous les êtres, le monde vivant et personnifié sous l'image d'un homme ou d'un grand animal. Du reste, même hiérarchie des dieux, même ordonnance du monde et du temps, même conception de l'homme ; même distinction de la grande âme, de la petite âme et du souffle qui vivifie le corps ; mêmes idées sur la nature et sur les destinées de l'âme humaine. La transmigration des âmes ou la métempsychose est un des dogmes fondamentaux dans toutes les églises du bouddhisme. Qui ne connaît pas ma loi, dit *Fô*, et meurt dans cet état, doit retourner sur la terre jusqu'à ce qu'il devienne un Samanéen parfait. Pour cela, il est nécessaire qu'il détruise en lui-même la Trinité de Maya ; qu'il se fasse semblable à un homme à qui l'on aurait coupé les quatre membres ; qu'il pense sans qu'il semble penser, qu'il agisse sans qu'il semble agir, qu'il abandonne tout, détruise ses passions, s'unisse et s'identifie avec la loi, et comprenne la religion de l'annihilation. C'est là cette science suprême qui éleva jadis *Sommonakodom* au rang des

---

fondamental de l'institution, qui appelle indifféremment toutes les castes aux fonctions les plus hautes, mis sous une forme historique, selon le génie de l'antiquité ? La suite de cette liste pourrait donner lieu à bien d'autres remarques qui, si nous ne nous faisons point illusion, fortifieraient cette conjecture. Quoi qu'il en soit, nous inclinons à croire que, s'il y eut réellement un Bouddha humain, ce dut être le huitième patriarche, *Gautama*, ou *Goutama Boudhou* des Chingalais, ou *Sommonakodom* de la presqu'île au delà du Gange.

[1] Klaproth's *Asia Polyglotta*, p. 7, et ad calc. Leb. d. B., p. 122.

dieux. L'idée fondamentale de la divinité est encore la même que dans les Védas, inépuisable, sans nom possible et d'une ineffable pureté. Mais, dans la manière de concevoir le rapport de Dieu avec le monde, dans le premier organe donné à l'Être unique comme à la pensée qui le réfléchit, il semble au premier abord y avoir entre les deux doctrines un notable dissentiment. Dans *Cum-hiu*, le premier principe de *Fô*, l'on a trouvé le vide pur, par suite le néant, et l'on a opposé ce système à celui des Védas, qui font tout dériver d'une essence unique, en taxant celui-là d'athéisme. Mais, si l'on compare avec soin les formes diverses du bouddhisme chez les divers peuples qui l'ont adopté, l'on se convaincra bientôt de la fausseté de cette assertion. *Fô* n'a voulu dire autre chose sinon que la substance primitive est éternelle et immuable : selon lui, sa première et sa plus haute révélation, c'est le pur, le lumineux, le transparent éther, l'espace illimité, l'infini, non point vide et résultant de l'absence des formes, mais au contraire fondement de toutes les formes et antérieur à elles ; toutes créations, ouvrage de Maya, sont comme le néant devant l'Être incréé, et tout mouvement doit finir dans son profond et saint repos ; l'univers est nécessaire, il existe de toute éternité, mais seulement dans son principe, qui est l'éternel pouvoir de la nature produisant et reproduisant sans cesse de sa propre substance [1].

[1] Gœrres, *Mythengesch.*, I, p. 171 sqq., principalement d'après Deguignes, Hist. des Huns, tom. I, part. II, p. 226 sqq. *Conf.* notre texte, p. 267 sqq., et les notes 5, 13, etc., *ci-dessus*. Il est fort difficile, dans l'état de nos connaissances, de déterminer exactement ce qu'il faut entendre par philosophie *Védanta* ; et, en général, de se faire une idée juste des différens *Darsanas* ou systèmes philosophiques des Hindous (*supra*, p. 569 sq., note ; 574). L'on confond généralement, ou, pour mieux dire, l'on identifie le système du *Védanta* et le second *Mimansa*, appelé postérieur ou moderne (*Outtara Mimansa*) ; et tous deux sont également attribués à *Vyasa*, le rédacteur des Védas. Pour nous, sans attacher aucune importance historique à ce nom de *Vyasa*, nous avons cru devoir distinguer, dans notre exposition, ce qui paraît appartenir au *Mimansa* ou *Védanta* moderne de ce que nous avons emprunté à la philosophie

§ 3. Avant de clore ces notes, déjà trop étendues peut-être, nous sentons le besoin d'insister encore sur un fait que nous avons plus d'une fois exprimé dans le cours de ce livre : c'est

Védanta proprement dite, ou ancien *Védanta*, telle qu'elle se trouve professée dans les *Oupanichads* ou dans la partie philosophique et secrète des Védas : cette distinction fondée en fait semble avoir été implicitement admise par le savant et profond Colebrooke. (*Voy.* son Mémoire sur les Védas, plusieurs fois cité, *passim.*) Nos extraits de la philosophie *Mimansa-Védanta*, développement des *Oupanichads* et de l'ancien *Védanta*, sont tirés de la Dissertation préliminaire d'Alex. Dow (*History of Hindostan*, etc.), qui nous en a donné d'autres, plus importans encore et plus caractéristiques, du premier *Nyaya*, dont l'auteur, Gotama (ou *Gautama*) paraît avoir été mal à propos confondu avec *Gautama-Bouddha*. En effet, bien loin que cette école ait donné naissance à la secte de ce nom, des traditions qui n'ont rien que de vraisemblable font sortir de son sein les plus fameux adversaires des *Bouddhas* (Lettres édifiantes, t. XXVI, p. 218; et Choix des mêmes, t. IV, p. 245) : d'ailleurs, ainsi que nous l'avons déjà remarqué, les Lois de Menou, dont la dernière rédaction doit être antérieure au bouddhisme, ne connaissent guère que ce système et le *Mimansa* (probablement *Mimansa-Pourva* ou l'ancien *Mimansa*, de *Djaïmini*); et des traits de ressemblance assez frappans, soit dans le fond de la doctrine, soit dans la forme de l'exposition, entre le *Dharma-Sastra* et le *Nyaya* de Gotama, induisent même à penser que le célèbre Code a pu être un fruit de la même école; ajoutons que, dans le mémoire de Goverdhan-Kal (Rech. asiat. en fr., I, p. 369), le *Nyaya* et le *Mimansa* figurent seuls parmi les *Oupangas*, sur la ligne du *Dharma-Sastra*, ce qui ne contribue pas peu à confirmer leur haute antiquité et notre conjecture. Il y a un second *Nyaya*, distingué par le nom de *Veichéchica* et attribué à *Kanada* : Aboul-Fazel le fait antérieur au premier et place avant tous deux le *Mimansa-pourva* (Ayïn Akbery, t. III, p. 99, 121, sqq.; coll. Rech. as., *ubi sup.*, p. 395 sqq.). Il règne, du reste, beaucoup de vague et de contradictions sur les caractères de ces derniers systèmes. Nous sommes portés à croire, avec M. Langlois (Journal asiatique, t. IV, p. 112 sq.), que l'ancien *Mimansa*, plus rapproché des Védas, prêchait surtout la vie active et les œuvres : vint, plus tard, le *Sankhya* de *Capila*, qui fit de la vie intérieure ou contemplative le souverain bien, et commença à discréditer les pratiques comme les légendes religieuses. Peut-être l'autre *Sankhya*, distingué par le nom de *Patandjali*, son auteur, essaya-t-il déjà

que l'histoire de la religion des Hindous nous est jusqu'ici réellement inconnue, au moins pour les temps qui ont précédé notre ère, ou tout au plus l'époque vague de la réforme attribuée à Bouddha. Du reste, l'antique et le récent, pour ne pas dire le moderne, sont tellement mêlés et confondus ensemble dans les textes et dans les traditions, que les opinions les plus opposées peuvent à la fois y puiser des argumens spécieux. Nous nous garderons donc bien de rejeter absolument l'hypothèse développée d'ailleurs avec tant de sagacité et d'érudition par M. K. Ritter, d'un culte primitif de Bouddha, distinct du bouddhisme proprement dit, qui aurait précédé le brahmanisme, ou du moins se rattacherait à la première origine de

une espèce de conciliation entre ces deux doctrines : quoi qu'il en soit, le Bhagavat-gîta, qui partout exalte le *Sankhya*, tend manifestement à cette conciliation; il transige avec la religion populaire en la dominant de toute la hauteur de la raison spéculative, signale et proscrit les aberrations et les excès de toutes les sectes; en un mot, porte le caractère d'un véritable éclectisme et marque le dernier progrès de la philosophie indienne : faut-il y voir, avec Fr. Schlegel (*Weisheit d. Ind.*, p. 147 sqq.), l'esprit du moderne *Védanta?* Outre ces systèmes, dont les derniers affectent une indépendance d'idées remarquable et déjà suspecte, on en compte six autres formellement déclarés hétérodoxes, hérétiques ou athéistes, ce qui est la même chose pour les Brahmanes orthodoxes : ils paraissent se rattacher aux livres de Bouddha, sur lesquels nous n'avons malheureusement jusqu'ici aucune donnée positive. Quant aux *Djaïnas*, qui ont aussi leurs livres sacrés, à leur doctrine, à leurs rapports avec les *Bauddhas* et à l'histoire des uns et des autres, nous sommes forcés de renvoyer le lecteur aux savantes recherches de Colebrooke (*Asiatic Res.*, IX, 244 sqq.) et de Wilson (*Pref. to Dictionary*, p. XV sqq., XXXIV sqq.), qui ont cité leurs prédécesseurs Buchanan, Mackenzie, etc. Indépendamment des auteurs allégués dans le cours de cette note, on trouvera un tableau partial, mais animé et curieux des différentes sectes philosophiques de l'Inde, mises en action par un poète dramatique Védanti, dans le *Prabodha Tchandrodaya* (le lever de la Lune de l'intelligence), traduit en anglais par J. Taylor, avec un appendix, etc. *Conf.* Rhode, *Beytræge*, etc., II, p. 41 sqq.

celui-ci et partagerait ses plus anciens caractères, ses dogmes fondamentaux : telles sont les limites dans lesquelles nous croyons pouvoir admettre ce système et le concilier avec notre propre théorie [1]. Ce premier Bouddha, antérieur à l'incarnation, et par conséquent au réformateur possible de ce nom, ne serait alors qu'un des symboles principaux et intégrans de l'antique catholicisme que nous sommes portés à regarder comme primitif dans la religion de l'Inde. Ce serait l'un des noms, peut-être même le premier nom de *Vichnou*, et ce fils ou ce successeur de *Dionysus* (*Siva-Brahmá*), qu'Arrien (Indic. 1), d'après les traditions recueillies par les compagnons d'Alexandre, appelle *Boudyas;* ce serait ce dieu protecteur de la terre et enfant de la Lune (*Maya, Bhavani* , ou plutôt *Ardhanari, Tchandra-Tchandri, Soma*), le père des *Pourous* (ou des hommes), le génie de la planète de Mercure, *Boudha* plutôt que *Bouddha, Gotama* et non *Gautama*, divinité astronomique à laquelle furent diversement rattachées, dans des temps postérieurs, soit la légende de la neuvième incarnation

---

[1] *Voy.* la note 4 ci-dessus, et le Discours préliminaire, II. — Cette religion de l'ancien Bouddha se composerait, suivant M. Ritter, de tout ce qu'il y a de vraiment original, d'élémentaire et de commun dans ce mélange de systèmes et de formes, ouvrage du temps et d'un long travail de la civilisation, que l'on découvre même dans les plus vieux livres du brahmanisme : il y voit la croyance populaire, primitive, extrêmement générale, non-seulement de l'Inde, mais de toute l'Asie centrale, à une époque où les nations n'étaient point encore séparées, comme elles le furent depuis, en corps politiques, et antérieurement aux migrations nombreuses déterminées par ce nouvel ordre de choses, et qui auraient porté de toutes parts, avec le nom de Bouddha, les dogmes de cette religion patriarcale. Ailleurs, il semble se rapprocher davantage de notre opinion et lier plus intimement son Bouddha soit à l'Inde, soit au brahmanisme ; il va même jusqu'à le confondre avec la neuvième incarnation de Vichnou. *Vorhalle* , etc., *Einleit.*, p. 24 sqq., et l'ouvrage même, *passim.* Nous devons à la vérité de déclarer ici que ce livre important n'est venu dans nos mains qu'après la rédaction et presque l'impression de notre article sur Bouddha.

de *Vichnou*, soit l'histoire mythologique du réformateur *Gautama-Bouddha*. Mais il faudrait, avec M. Ritter, reconnaître autant de différence entre l'ancien et le moderne Bouddha, liés pourtant l'un à l'autre chez les Hindous (et même hors de l'Inde; p. 291 sq.), qu'entre les deux doctrines représentées par ces deux personnages, c'est-à-dire entre le pur sabéisme des premiers temps et le système de panthéisme idéal propre aux nouveaux sectaires. Nous ne suivrons pas le savant géographe dans ses recherches sur l'extension du nom et du culte antique de Bouddha, tels qu'il les conçoit, à travers l'Asie occidentale et jusqu'aux derniers confins de notre Europe : nous réservant de présenter, selon l'occasion, les principaux résultats de ces recherches souvent profondes, toujours ingénieuses, mais trop souvent fondées sur de simples rapprochemens de mots, nous nous contenterons de remarquer ici que la distinction établie plus haut justifie pleinement, sur tous les points, ceux qui comme lui identifient avec *Bouddha*, ou plutôt *Boudha*, le *Wodan* ou *Woden* des nations germaniques, et l'*Odin* des Scandinaves, à la fois l'une des trois personnes de la Trinité du Nord et le dieu ou la planète du Mercredi (*Wodans-tag*, dies Mercurii) [1]. C'est ce qui sera démontré dans le

[1] Faut-il donc tant s'étonner alors, avec M. Klaproth (Journal asiatique, t. IV, p. 78 sq.), que le caractère et le culte d'Odin ressemblent si peu à ceux du Bouddha des légendes mongoles, tibétaines et autres? Les argumens, en partie d'une autre nature, produits par A. W. de Schlegel (*Ind. Bibl.*, I, p. 252 sqq.), tombent également devant cette distinction. Le nom de Bouddha suit la religion de l'Inde dans tout son développement, depuis les temps primitifs jusqu'à nos jours; il appartient à toutes les sectes, aux croyances populaires comme aux doctrines plus ou moins secrètes, à la barbarie comme à la civilisation : est-il si surprenant qu'à une époque ancienne et chez une peuplade guerrière, le dieu qui le porte ait pris un aspect sauvage? Pour nous, *Thor* avec son sceptre est évidemment *Pradjapati-Brahmâ-Indra*; le belliqueux *Wodan*, *Boudha-Vichnou*, *Boudyas* d'Arrien, *Rama-Tchandra* ou l'homme-lion *Narasinha*, l'Hercule indien des autres écrivains grecs (*Sakya-Sinha*, le lion de *Sakya* ou de la Lune, est encore un des surnoms de Bouddha dans toute l'Asie

dernier livre de cet ouvrage, et principalement dans la continuation (Religions du nord de l'Europe.)   (J. D. G.)

Note 16 et dernière (p. 174 et *passim*.)

Un grand nombre de voyageurs et d'écrivains ont donné des relations intéressantes sur les cérémonies religieuses des Hindous : mais il en est peu qui se soient trouvés à même de déterminer d'une manière exacte et de dresser dans son ensemble, d'après les livres sacrés de la nation, le calendrier liturgique. Ici encore nous retrouvons l'illustre Jones à la tête de ceux qui ont éclairé d'une vraie lumière la religion brahmanique : c'est de lui et du révérend Ward que sont tirés les extraits suivans [1].

Avec le mois *Tchaitra* (mars-avril), commence l'année lunisolaire de Vikramaditya. On y célèbre la fête de *Cartikeya*, le sixième jour de la croissance de la lune; le 9, celle de la naissance de *Sri-Rama* [2]; le 13 et le 14, celle de *Cama*. (Le roi Sourata introduisit, dit-on, à la fin du Dwapar-youga, l'usage actuellement existant de célébrer dans ce même mois, le 7, le 8 et le 9, la fête de *Bhavani*, appelée *Vasanti*, ou la fête du printemps; on y célèbre encore une fête très-solennelle en l'honneur de *Siva* [3].)

Le 3 de la lune de *Vaisakha*, anniversaire de la descente de *Ganga* sur la terre : on y réunit dans les mêmes adorations, *Ganga*, *Siva*, les monts *Cailasa* et *Himalaya*, et le roi *Bhagiratha*.

---

orientale); enfin *Fricco* avec le Phallus, ou *Freya* hermaphrodite, *Siva* ou *Ardhanari-Iswara*.

[1] *The lunar year of the Hind.*, Asiatic Researches, III, p. 257 sqq. *A Wiew*, etc., t. II, p. 241 sqq., ed. de Seramp., 1815.

[2] C'est à cette fête qu'ont lieu les représentations scéniques dont nous avons parlé, p. 203. *Voy.* Jones dans les Rech. Asiat. en fr., I, p. 196; et surtout Holwell, *Interest. histor. events*, etc., p. 118, 137 sqq.

[3] *Voy.* les descriptions de ces deux fêtes dans Ward, II, p. 86 sq.; 18-24.

NOTES

Le 10 de *Djyaichtha*, anniversaire de la naissance de *Ganga*; à la pleine lune, on baigne l'idole de *Djagannatha*, et l'on célèbre sa fête annuelle appelée *Snana-yatra*.

Le 2 d'*Achadha* (juin-juillet), on promène dans un énorme char l'idole de *Djagannatha* avec celles de *Bala-Rama* et *Soubhadra*; cette cérémonie, qui se nomme *Ratha-yatra*, dure jusqu'au 10. Le 11, commence la nuit des dieux avec le solstice d'été : *Vichnou* s'étend sur le serpent *Sêcha*, pour y reposer pendant quatre mois.

Le 8 de la décroissance de la lune, dans *Sravana*, on célèbre l'anniversaire de la naissance de *Crichna*, et on jeûne tandis que le soleil est dans le signe du lion.

Le 11 de *Bhadra*, *Vichnou* endormi se retourne sur le côté. Le 12, fête très-solennelle en l'honneur d'*Indra*.

Du 1er au 9e jour lunaire d'*Aswina* (septembre-octobre), adoration de *Dourga* : le 6 commencé, à proprement parler, sa fête appelée *Shara-diya*, ou la fête d'automne; le 9 est nommé le dernier des trois grands jours, on célèbre des sacrifices sanglans en l'honneur de la déesse; le lendemain, son image est jetée dans le Gange[1]. Le 15, à la pleine lune, on adore *Lakchmi*, qui est supposée descendre sur la terre; le dernier jour de la lune, grande fête de nuit en l'honneur de *Lakchmi*, avec des illuminations; le même jour, on offre des fleurs à *Syama* ou *Cali*, la noire.

Le 1er de *Cartika*, fête de nuit avec des illuminations, en l'honneur de l'ancien roi *Bali*; le 2 est consacré à *Yama* et *Yamouna*, sa sœur. Le 11, et quelquefois le 14, *Vichnou* se lève de son sommeil de quatre mois. A l'entrée du soleil dans un nouveau signe, ou le dernier jour de *Cartika*, on adore *Cartikeya*[2].

---

[1] *Voy.* dans Ward, p. 88 sqq., de longs détails sur la célébration annuelle de cette fête, qui dure quinze jours au total et où l'on immole une quantité innombrable d'animaux, principalement de buffles.

[2] C'est également la dernière nuit du déclin de la lune, dans ce même mois, que la plupart des adorateurs de *Cali* célèbrent maintenant la fête

Le 6 de *Margasircha*, adoration de *Cartikeya*; le 14, on fête *Gauri* ou *Parvati*, et l'on mange des gâteaux de ris en son honneur; le 8 du décours de la lune, l'on en offre aux mânes des ancêtres.

Le 1er de *Paucha*, matin des dieux, ou commencement de l'ancienne année des Hindous (vers le solstice d'hiver). Le 8 du décours de la lune, offrandes de chair aux mânes.

Le 4 de *Magha*, adoration de *Gauri*; le 5, fête de *Saraswati* ou *Sri*, et de l'art d'écrire ou des livres. Le 7, fête très-solennelle de *Sourya*, célébrée principalement par des femmes. Le 8 du déclin de la lune, offrandes de végétaux aux mânes. Le 14, *Siva-ratri*, fête du Lingam, accompagnée de cérémonies extraordinaires.

Le 14 de *Phalgouna*, à la pleine lune, *Holica* ou *Phalgoutsava*, vulgairement *Houli*, grande fête à l'approche de l'équinoxe du printemps; rois et peuples se réjouissent en l'honneur de *Govinda*, qui est porté dans un *dola*, ou palanquin.

Les fêtes les plus solennelles sont celles de *Siva* et du Lingam, de *Bhavani-Dourga-Cali* et de *Crichna-Djagannatha-Govinda*. Il n'y a point, à vrai dire, de fêtes publiques en l'honneur de *Vichnou*, si ce n'est que le 8 de *Tchaitra* on lui consacre des fleurs d'asoca; du reste, il est adoré dans l'offrande d'un sacrifice du feu, dans la méditation journalière des Brahmanes, etc. Quant à *Brahmâ*, les Brahmanes, ses enfans de prédilection, l'invoquent régulièrement matin et soir en jetant de l'eau du creux de leurs mains, par trois fois, sur la terre et vers le soleil qu'ils adorent ensuite, comme le représentant et la plus belle image de l'Éternel; à midi, ils renouvellent leurs hommages à *Brahmâ*, en lui offrant une simple fleur; dans le sacrifice du feu, ils lui présentent le beurre clarifié. *Agni* est spécialement adoré, sous différens noms, dans le même sacrifice; et les dieux, dit-on, ont deux bouches, celle du Brahmane et celle d'*Agni* : quelques Brahmanes conservent

---

de cette déesse, sous le nom de *Syama* : il faut lire tout l'article de Ward sur *Cali*, pour se faire une idée complète de son culte, p. 115 sqq.

en l'honneur de ce Dieu un feu perpétuel, qui leur sert pour toutes les cérémonies où cet élément est d'usage, depuis la naissance jusqu'au moment où le corps est brûlé, après la mort [1].

Les sacrifices du feu sont appelés *Yadjnya* ou *Yagna*, et doivent être distingués des offrandes au feu, *Homa* : il y en a de nombreuses espèces dont plusieurs sont tombées en désuétude, notamment les fameux sacrifices d'un homme, d'un taureau et d'un cheval [2]. Ward en a donné la description, et indépendamment des exemples du *Naramedha*, rapportés dans le Ramayan, dans le Mahabharat et ailleurs, il cherche à prouver que cet affreux usage d'immoler des victimes humaines s'est perpétué jusqu'à nos jours dans l'Inde, aux fêtes nocturnes de la déesse *Cali*. Mais d'autres auteurs, entre lesquels nous citerons le savant Colebrooke [3], pensent que l'*Aswamedha* et le *Pourouchamedha*, dont il est question dans les Védas, ne peuvent être des sacrifices réels de chevaux et d'hommes; ils y voient des scènes symboliques, et posant en fait que les sacrifices humains ne sont point autorisés par ces livres antiques, ils concluent de là que ces sacrifices avaient été abrogés à l'époque de leur rédaction, ou furent introduits postérieurement. Reste à savoir s'il ne serait pas plus naturel de considérer les textes des Védas comme des interprétations symboliques de sacrifices réels, quoique symboliques eux-mêmes, ainsi qu'on peut le croire quand l'on compare les descriptions positives de Ward avec les passages traduits dans la note 4

---

[1] Ward, p. 13, 29 sq., 53. Abrah. Roger, Porte ouverte, p. 97. Sonnerat, Voyage, p. 152, 252.

[2] Une distinction plus spéciale à faire, est celle des *Yagna*, où les victimes sont brûlées sur l'autel du feu; et des *Bali-dana*, où leur chair est simplement offerte, sans être brûlée. Parmi les victimes mentionnées le plus fréquemment dans les livres, se trouvent des hommes, des buffles, des boucs, des brebis, des chevaux, des chameaux, des daims, des poissons, des oiseaux de différentes espèces. Il y a encore de nombreuses cérémonies et offrandes usuelles, appelées *Poudja*. Ward, p. 258 sqq., 268 sqq., 272 sqq.

[3] *On the Vedas*, As. Res. VIII, 436 sqq.

ci-dessus (p. 603 sqq.), et surtout avec l'*Aswamedha*-Brahmana de l'Oupanichad *Vrihad-Aranyaca*, du Yadjour-Véda (Oupnekh. II, 21; t. I, p. 98-100). Quant aux autres cérémonies prescrites dans les Védas, elles sont surtout propres à montrer le génie à la fois simple et profond du culte primitif des Brahmanes; mais, comme nous craindrions d'en affaiblir ici l'idée par la brièveté nécessaire de nos extraits, nous aimons mieux renvoyer le lecteur aux excellentes dissertations de Colebrooke, insérées dans les tom. V et VII des *Asiatic Researches* (*On the relig. cerem. of the Hindus, and of the Brahmens especially*), ainsi qu'au chap. VIII du *Brahma* de Majer (*Von den Gottesdienstlichen Uebungen und Gebræuchen*). (J. D. G.)

LIVRE SECOND : note 1re (chap. I, p. 308 sqq.)

Les sources de la religion des Perses peuvent se diviser en trois classes : 1° les relations étrangères, c'est-à-dire celles des Hébreux, des Grecs et des Romains; 2° les débris originaux des anciens livres religieux des Mages, et les traditions antiques recueillies par les écrivains persans, depuis l'hégire; 3° les monumens de l'art, et principalement les ruines de Persépolis.

§ 1. Entre les écrits des Hébreux se recommandent surtout ceux dont les auteurs furent en rapport avec la Perse, particulièrement les prophètes. Daniel n'était nullement étranger à la religion de la lumière, et les visions d'Ézéchiel contiennent une foule de traits empruntés aux dogmes des Mages : viennent ensuite Esdras, Néhémias et les autres. Le livre d'Esther nous découvre l'intérieur du palais des rois de Perse et nous présente un tableau fidèle des mœurs de la nation.

Ici encore, c'est à Hérodote, parmi les Grecs, que nous devons les premiers récits sur la Perse. Ctésias serait pour nous d'une bien plus haute importance, si nous avions de lui autre chose qu'un petit nombre d'extraits; car il eut accès aux archives mêmes de l'empire (ci-dessus, p. 568). L'Anabasis et la Cyropédie de Xénophon ont aussi leur prix. Diodore, dans ses relations sur la Perse, la Médie, la Bactriane, etc., a principalement suivi Ctésias. Strabon, Arrien, Philostrate dans la vie d'Apollonius, où il copie évidemment le médecin d'Artaxerce, Diogène-Laërce, Clément d'Alexandrie, Eusèbe dans la Préparation évangélique, Damascius (de Principiis) renferment beaucoup de notions d'un grand intérêt. Plutarque est surtout important pour notre but : car il ne se contente pas, comme la plupart des autres Grecs, de nous présenter l'extérieur de la religion des Perses; il nous laisse entrevoir ses dogmes fondamentaux, et se référant à des auteurs plus anciens, nous révèle en partie le vrai système des Mages.

Chez les Romains, Pline l'Ancien, Quinte-Curce, les auteurs de l'Histoire Auguste, Justin, sont à consulter [1].

§ 2. Parmi les sources que l'on peut appeler nationales, parce qu'elles sont écrites dans l'une ou l'autre des langues qui ont jadis dominé ou dominent encore en Perse, figure en première ligne le *Zendavesta* [2], recueil de documens originaux de l'antique religion des Mages, apporté en Europe et traduit en français par l'immortel Anquetil du Perron, auquel nous devons aussi l'Oupnekhat (ci-dessus, p. 572). Cette précieuse collection

---

[1] Kleuker a rassemblé en grande partie, sous le titre de Περσικά, les témoignages des Grecs et des Romains sur la religion des Perses. *Voy. Anhang z. Zendavesta*, II B., 3er Th. Quant aux institutions, aux mœurs, etc., on a l'excellente compilation de Barnabas Brissonius, de Regio Persarum principatu libri III (cum notis Sylburgii ed. Lederlin, Argentor., 1710. — *Ueber Herodot und die Glaubwürdigkeit seiner Geschichten, besonders in Hinsicht der Religion und Geschichte der alten Perser*, in Rhode's *Beyträge z. Alterthumsk.*, II, p. 1 sqq. Nous reviendrons sur cet important écrit. (J. D. G.)

[2] *Zendavesta*, etc., Paris, 1771, 2 tomes en 3 vol. in-4° ; traduit en allemand par J. F. Kleuker, Riga 1776, 3 vol, in-4°; et accompagné par le même d'additions précieuses, où se trouvent réunis divers mémoires d'Anquetil du Perron, de l'abbé Foucher, etc., dispersés dans le recueil de l'Académie des Inscriptions et dans le Journal des Savans, sous le titre suivant : *Anhang zum Zendavesta*, I Band, 2 Th., 1781; II B., 3 Th., 1783, in-4°.

forme deux parties bien distinctes, écrites dans deux langues ou dialectes différens, le zend et le pehlvi. Les livres zends, tous canoniques, sont les suivans : *Vendidad* (pour le combat contre *Ahriman* ou *le mal*), *Izeschne* (élévation de l'âme), *Vispered* (chefs des êtres); ces trois livres, qui ont chacun leurs subdivisions, composent le *Vendidad-Sadé*, espèce de bréviaire que les prêtres devaient avoir récité chaque jour avant le lever du soleil; de plus, *Ieschts-Sadés* (recueil qui contient, outre les *Ieschts*, beaucoup d'autres prières de noms différens, en zend, en pehlvi et en parsi), et *Sirouzé* (les trente jours, sorte de calendrier liturgique). Le *Boundehesch* (ce qui a été créé dès le principe) est un livre pehlvi qui vient immédiatement après les livres zends dans l'estime des Perses, et qui est tout à la fois une cosmogonie et une sorte d'encyclopédie scientifique renfermant des notions sur la religion et le culte, l'astronomie, les institutions civiles, l'agriculture, etc. [1].

Ces textes révélés sont décorés d'un grand nom, celui de Zoroastre : mais l'on ne s'accorde ni sur la personne et le caractère de ce législateur divin, ni sur l'époque de sa mission, ni même sur sa patrie [2].

---

[1] Il ne faut pas confondre le *Boundehesch* pehlvi avec le *Sadder-Boundehesch* qui est en parsi aussi bien que les deux autres *Sadder* (cent portes), dont le dernier en vers a été traduit par le D^r. Hyde et publié à la suite de son traité, si utile encore, de Religione veterum Persarum, Oxon. 1704, in-4°. *Voy.* Zendavesta d'Anquetil, notices des mss. etc., tom. I, part. 2, p. 29 sq., 34. Le Sadder, extrait récent des livres zends, ne saurait en aucune façon tenir lieu de ceux-ci. (J. D. G.)

[2] Jusqu'ici l'on a presque toujours considéré comme liées l'une à l'autre deux questions cependant bien distinctes, celle de l'authenticité des livres zends et celle qui concerne Zoroastre, auteur réel ou prétendu de ces livres. Les résultats des recherches des savans français, anglais et allemands, sur cette double question, se trouvent en quelque façon résumés, depuis Anquetil et Kleuker jusqu'à Tychsen et Heeren, dans une note de M. Guizot sur Gibbon, t. II, p. 7 sqq., édit. de 1819. *Conf.* Beck's *Anleit. z. allgem. Weltgeschichte*, t. I, 1, p. 646 sqq. Quant au Zendavesta, Welcker a récemment passé en revue les autorités pour et contre (*Nachträge*

Quant aux Oracles magiques qui nous restent en grec, sous

zu Zoëga's *Abhandlungen*, Gœtt. 1817, p. 413 sq.) Rhode, d'abord dans un écrit publié en 1817 (*Ueber Alter und Werth*, etc.), ensuite dans son grand ouvrage (*Die heilige Sage* etc., *Einleitung*, p. 15-59,) a soumis à un nouvel examen toute la question. Sans s'inquiéter si Zoroastre fut ou non l'auteur des livres innombrables que la tradition générale de l'antiquité lui attribue, il recherche si les parties qui restent de ces livres sont bien les mêmes écrits que possédaient les anciens Perses et qu'ils mettaient sur le compte de leur prophète : il établit par toutes les preuves soit extrinsèques, soit intrinsèques, que les livres zends sont réellement des portions du vaste recueil que les Perses rapportaient à Zoroastre, avant la conquête d'Alexandre ; que ces portions des vingt et un *Nosks* ou livres de l'Avesta, sont précisément celles qui durent échapper aux ravages du temps, telles que le *Vendidad*, fondement de la loi religieuse et politique, seul conservé en entier ou à peu près ; et qu'en effet les autres livres actuels ne peuvent être que des recueils faits après coup, de fragmens des autres Nosks, consistant principalement en hymnes, en prières et en morceaux détachés, destinés à divers usages liturgiques, comme les Épîtres et Évangiles de notre Église. Un des plus forts argumens à l'appui de cette dernière assertion, c'est que l'*Izeschné* et les *Jeschts-Sadés*, évidemment composés de fragmens semblables, ne se trouvent point même aujourd'hui dans les catalogues des vingt et un Nosks conservés par les Parses. M. Rhode, dans une critique détaillée, entreprend de classer, selon leur nature et leur âge probable, tous ces morceaux si divers, dont quelques-uns lui paraissent antérieurs et la plupart postérieurs à Zoroastre, auquel il rapporte, entre autres, le *Vendidad*. Le *Boundehesch* pehlvi est une compilation, faite en partie sur les anciens livres sacrés, de fragmens d'époques et d'auteurs différens. — Cette manière d'envisager les livres de Zoroastre, nous semble confirmer pleinement l'idée que M. Creuzer attache à ce nom révéré. Platon qui, parmi les anciens, parle le premier de *Zoroastre*, l'appelle fils d'Oromaze (Alcibiad., I, p. 341, Bekker.); d'autres auteurs le nomment *Zaratas*, *Zaratus*, etc. (Plutarch. de anim. gener. in Tim., p. 124, Wyttenb.), et donnent diverses étymologies de son nom. (Scholiast. ad loc. Platon., p. 78 Ruhnken., coll. Diog. Laert. Procem., § 8. Reinesius in Suidam, ed. Ch. G. Müller, p. 103 sq. ; Toup epist. ad Suid., p. 137, Lips.) L'on sait aujourd'hui que *Zeretoschtro* en zend, *Zeratoscht* ou *Zeradocht* en pehlvi, et *Zerdouscht* en parsi désignent un seul et même personnage ; et quoi qu'on en ait dit (Zendav. d'An-

le même nom de Zoroastre [1], l'on pouvait, avant la découverte des livres zends, révoquer en doute leur authenticité et même les regarder comme un ouvrage supposé des Néo-Platoniciens. Mais quelle qu'en soit la forme, il est aisé de voir aujourd'hui que le fond est réellement antique, car les idées fondamentales se retrouvent toutes dans le Zendavesta.

Les Perses, aussi bien que les Hindous, eurent encore leurs livres moraux, leur sagesse symbolique, en un mot, leur apologue, vraisemblablement dérivé de la même source que l'apologue indien (ci-dessus, 575 sq.). Le grand maître en ce genre

---

quetil, I, 2, p. 3, sq.; coll. Rhode, *Heil. Sage*, p. 130 sq.), de quelque manière qu'on écrive ce nom, il nous paraît avoir de grands et féconds rapports, entrevus par Herder, d'un côté avec *Zere* (d'or, de couleur d'or) épithète donnée à *Hom*, de l'autre avec *Taschter*, l'étoile de Sirius; Hom et Zoroastre sont dans une connexion mythique incontestable, soit entre eux, soit avec *Taschter* : nous y reviendrons. Ajoutons seulement ici que *Sapetmé* ou *Sapetman*, mots qui accompagnent si fréquemment le nom de Zoroastre, dans les livres des Parses, sont encore de simples épithèthes honorifiques, selon toute apparence. Rhode a bien prouvé, du reste, que le Zendavesta, de même que la plupart des auteurs grecs, ne connaît qu'un seul Zoroastre, toujours distingué de Hom. Quant à la patrie et à l'époque de ces deux législateurs, qu'il regarde comme deux personnages réellement historiques, il s'éloigne sur le premier point de presque toutes les opinions connues, sauf peut-être celles de Zoëga et de M. de Hammer; sur le second, il a émis une hypothèse tout-à-fait extraordinaire, en rejetant non-seulement Hom, mais Zoroastre, au delà des limites de l'histoire et bien avant Moïse : nous croyons devoir renvoyer l'une et l'autre discussion aux notes 2 et 3 sur ce livre. « Pour moi », répète M. Creuzer, « ce vague, ces incertitudes qui règnent sur tout ce qui concerne Zoroastre, me fortifient de plus en plus dans mon opinion de l'auteur ou des auteurs de la doctrine identifiés avec la doctrine même, et l'accompagnant ainsi, par une suite de transformations symboliques, dans tout le cours de ses développemens. » *Conf. supra*, p. 299 sq., note; 654 sq., note; et ci-après, note 10 sur le liv. III.   (J. D. G.)

[1] Sibyllina Oracula; accedunt Oracula magica Zoroastris, etc., ed. Gallæus, Amstelod., 1689, 4°. Confer. Tiedemann : Quæstio, quæ fuerit artium magicarum origo, Marburg. 1787, 4°.

fut, suivant eux, l'Abissynien ou Éthiopien Lokman, dont les orientaux racontent des choses merveilleuses, et qu'ils placent environ 1000 ans avant notre ère [1]. Leurs récits sur Lokman s'accordent en partie avec ceux des Hindous sur Vichnou-Sarma, en partie avec ceux des Grecs sur Ésope, ce dernier rapporté à l'époque de Cyrus. L'on est bien tenté de regarder tous ces noms comme autant de personnifications différentes de cette morale antique révélée par la nature dans l'Inde et dans la Perse, dans la Lydie et dans la Grèce; toutefois nous n'entendons pas nier par-là l'existence réelle de plusieurs Gnomiques en Orient.

Nul doute que la Perse antique n'ait eu aussi ses poëtes épiques et ses historiens. Les témoignages des anciens nous en donnent l'assurance [2] : mais quant à l'histoire, c'était surtout celle des rois et de la cour, nullement celle de la nation; caractère que l'on retrouve en effet dans les fragmens de Ctésias. Les Persans de nos jours ont une grande épopée, le *Schah-nameh* ou Livre des rois, composé sur l'ordre du Schah Mahmoud, vers 1020 de notre ère, par Ferdousi, ou Firdoussi de Thous dans le Khorassan. Ce poëme de l'Homère oriental renferme en 60,000 distiques les vieilles traditions nationales et l'histoire des prédécesseurs de Mahmoud, depuis l'origine de la monarchie. Quelque rapprochée de nous que soit la date de sa composition, il n'en est pas moins d'une haute importance pour la connaissance des antiquités et en général de toute l'histoire de la Perse, son auteur ayant puisé dans des sources restées inconnues aux Grecs et aux Romains, et dans des livres pehlvis perdus depuis [3].

---

[1] Les fables de Lokman existent encore en arabe ; elles ont été publiées avec une traduction latine à Amsterdam, 1676, in-4°. *Conf.* d'Herbelot, Biblioth. orient., art. *Lokman al-Hakim*, c'est-à-dire le Sage.

[2] Xenophont. Cyrop., I, 2, 1. Diodor. II, 32. *Conf.* Brisson. l. c., p. 294-305.

[3] *Voy.*, entre autres, J. Malcolm, Hist. de Perse, t. I, p. 298 sqq., de la trad. fr.; J. v. Hammer, *Geschichte der schœnen Redekünste Persiens*

DU LIVRE SECOND. 671

Il est encore un livre d'une autorité fort contestée, que nous devons citer toutefois au nombre de nos documens : c'est le *Dabistan*, ouvrage qui traite de douze religions différentes, et fut, dit-on, rédigé dans le dix-septième siècle, sur des manuscrits pehlvis, par un Mahométan de Kachemire, Scheik-Mohammed-Mohsen, surnommé *Fani* ou le Périssable. W. Jones, et après lui J. de Müller, Gœrres et autres ont appelé l'attention sur le *Dabistan*, qui, depuis, paraît avoir reçu quelque confirmation par la publication du *Desatir*, l'une des sources auxquelles il se réfère [1]. En supposant ces deux livres authen-

---

p. 50 sqq. Le *Schah-nameh* peut être divisé en deux parties, l'une héroïque ou poétique, l'autre proprement historique. M. Gœrres a extrait la première dans un travail du plus haut intérêt, publié sous le titre suivant avec une admirable introduction : *Das Heldenbuch von Iran aus dem Schah Nameh des Firdussi*, 2 vol. in-8°, Berlin, 1820. (J. D. G.)

[1] *Voy.* W. Jones, dans les Recherches asiat., t. II, Disc. sur les Persans, p. 80 et *passim*; Notes de Langlès, dans le même vol., p. 22 sqq.; J. v. Müller's *Werke*, VIII, p. 231; Gœrres *Mythengesch.*, p. 40 sqq., 267, etc. *Conf.* l'extrait du *Dabistan*, par Gladwin, *New Asiatic Miscellan.*, 1789, p. 86-136. Le texte entier de l'ouvrage persan a été publié depuis à Calcutta en 1809, et le *Desatir* à Bombay en 1820, texte, version persane, commentaire *id.*, accompagné d'une traduction anglaise, etc. : *The Desatir*, etc., *by* Moulla Firouz bin kaous, 2 vol. in-8°. L'opinion que nous exprimons ici sur ces deux ouvrages est moins la nôtre que celle de M. Creuzer, qui ne connaissait pas le *Desatir*. L'un et l'autre livre, surtout le dernier, qui s'annonce comme ancien, ont été récemment soumis à l'examen d'une critique plus ou moins sévère tant dans l'Inde qu'en Angleterre, en France et en Allemagne, et le résultat ne paraît point leur avoir été favorable. Il n'est pas même certain aujourd'hui, ni que Mohsen Fani soit l'auteur du *Dabistan*, ni que cet auteur, quel qu'il soit, ait jamais vu le *Desatir* dont il parle; et quant à ce dernier ouvrage, donné d'abord comme un livre pehlvi, plusieurs orientalistes Anglais s'accordent avec M. de Sacy pour établir : 1° qu'il dut être écrit dans l'Inde ou au voisinage de ce pays, et sous la double influence de sa religion et du mahométisme; 2° que l'auteur de la traduction et du commentaire en persan est très-probablement aussi l'auteur du texte écrit non en pehlvi, ni dans aucune des langues de la Perse antérieures à la destruction de la dynastie

tiques, ils nous décriraient une période de la religion d'Iran et du monde asiatique, antérieure à l'époque de Zoroastre et à celle même de Hom, son prédécesseur.

§ 3. Les monumens appartiennent à des époques très-différentes et embrassent une période qui s'étend depuis les Achéménides et avant, jusqu'aux derniers temps des Sassanides ou même plus tard. Plusieurs des nombreuses dynasties qui régnèrent jadis sur la Perse paraissent avoir travaillé successivement à quelques-uns de ces grands ouvrages, si bien que l'ancien et le moderne s'y trouvent mêlés et ne peuvent toujours être distingués avec certitude [1].

des Sassanides, mais dans un langage artificiel inventé par une secte pour son usage, comme le *Balaïbalan* des Sofis; 3° que la date de cette composition toute mystique est nécessairement postérieure à l'hégire, et vraisemblablement ne remonte guère au delà du treizième siècle de notre ère, si même elle n'est pas plus récente. Le célèbre orientaliste allemand, M. de Hammer, a pris au contraire en plusieurs points la défense du *Desatir*, qu'il croit beaucoup plus ancien, du moins en quelques parties, et composé dans un très-ancien dialecte du parsi, vraisemblablement le déri primitif parlé à Bamian et dans les contrées voisines. Nous sommes loin de vouloir nous porter juges dans cette question de philologie orientale; mais il nous semble que les argumens de M. de Sacy sont d'une grande force. Les preuves tirées du fond de l'ouvrage viennent d'ailleurs singulièrement à l'appui, ainsi que nous le verrons dans la note suivante. *Conf.*, outre les renvois du texte, l'*Asiat. Journal* de Calcutta, janvier 1819 et novembre 1820; W. Erskine, dans les *Transactions* de la société de Bombay, t. II, 1820; *Heidelberg. Jahrbücher der Litt.*, 1823; n°s 6, 12, 13, etc. (J. D. G.)

[1] C. Fr. Hoeck, dans la dissertation académique que nous avons citée (p. 577), a résumé avec beaucoup de soin et de lumières les travaux des voyageurs et les opinions des érudits sur les monumens de la Perse, jusqu'au premier voyage de M. J. Morier et aux savantes recherches de M. Heeren. Depuis, M. de Hammer en rendant compte de seize ouvrages différens relatifs à la Perse, parmi lesquels se trouve le mémoire même de M. Hoeck, a poursuivi cette revue jusqu'au second voyage de M. Morier et au premier volume de celui de sir W. Ouseley, dans les tomes VII et VIII des *Wiener Jahrbücher der Litteratur :* entre ses mains habiles, une simple

Parmi les monumens de la haute antiquité antérieurs à Cyrus, se placent d'abord les ruines des constructions attribuées à Sémiramis, et dont Diodore nous a laissé la description dans son second livre : on les cherche dans la grande Médie, ou *Irak-Adjemi* avec partie du *Kourdistan*, près de la ville actuelle de Kirmanschah, aux lieux appelés *Takhti-Bostan* (la montagne du jardin) et *Bi-Sutoun* (sans colonne). *Bi-Sutoun* rassemble aujourd'hui, selon toute apparence, les monumens des trois dynasties de l'empire des Perses, Achéménides, Arsacides et Sassanides [1]. Dans la même contrée doivent se trouver les restes de l'antique Ecbatane, résidence des rois Mèdes, bâtie, disent les anciens, par Déjocès (710-657 avant J.-C.) : tout porte à croire que la ville moderne d'Hamadan s'est élevée sur les ruines même d'Ecbatane, dont elle semble reproduire le nom [2].

Mais les débris à la fois les plus authentiques et les plus remarquables de la grandeur des Achéménides, prédécesseurs ou successeurs de Cyrus, se trouvent dans la Perse propre ou le *Farsistan*, patrie de ce conquérant fameux (560 av. J.-C.). C'est là qu'il faut chercher et Pasargades avec le tombeau de Cyrus, son fondateur; et Persépolis, si célèbre sous des noms divers, et dont les ruines majestueuses portent aujourd'hui ceux de *Takhti-Dschemschid* (le trône de Dschemschid) ou de *Tchehil-Minar* (les quarante colonnes); et les sépultures

---

revue critique est devenue une excellente et riche description comparée de ce pays célèbre à toutes les époques de l'histoire. En France, les voyages de MM. Morier et Ouseley ont été extraits aussi bien que celui de sir Robert Ker Porter, le plus important de tous sous le rapport des monumens, par le premier de nos orientalistes, dans le Journal des Savans, années 1819, 1822-1824.   (J. D. G.)

[1] *Voy.* Hoeck, p. 107-147. *Conf.* Malcolm, Hist. de Perse, t. I, p. 379 sqq., et les planches *ibid.*; Ker Porter's *Travels*, vol. II.   (J. D. G.)

[2] Hoeck, *ibid.* Morier's *Second Journey*, et S. de Sacy, Journ. des Sav., 1819, p. 45. Ker Porter, *ibid.* *Conf.* ci-dessus, p. 546, 549.
(J. D. G.)

royales connues sous celui de *Nakschi-Roustam* (l'image de Roustam)[1]. L'on n'est d'accord ni sur la position de Pasargades, ni sur l'édifice qui représente le tombeau de Cyrus : les uns identifient Pasargades avec Persépolis, qui leur paraît la traduction grecque de ce nom persan, et voient le tombeau décrit par les anciens dans un monument voisin de *Nakschi-Roustam*; les autres veulent retrouver et la ville et la sépulture dans les ruines considérables qui couvrent la vallée de *Morghab* et sont rattachées par les Mahométans aux noms de *Soleïman* ou Salomon, et de sa mère[2]. Quant aux ruines de Persépolis, elles sont répandues dans la plaine de *Merdascht* et adossées en forme de terrasses aux montagnes qui la ferment, et où l'on voit, sculptés dans le roc, deux frontispices de tombeaux pareils à ceux de *Nakschi-Roustam*, situés plus au nord: dans l'un des deux l'on croit reconnaître le tombeau de Darius Hystaspis, tel que Ctésias nous en a laissé la description[3].

Si maintenant nous nous demandons quelle put être la destination de ces antiques monumens, nous sommes portés à

---

[1] Hoeck, p. 9-29, 62-69; coll. Heeren's *Ideen*, I, 1, p. 233-318. V. Hammer, *Wien. Jahrb.*, VIII, p. 321 sqq. Morier, les deux voyages; Ouseley, vol. II, chap. 11; Ker Porter, I, p. 482-678, et les planches de ces divers ouvrages qu'il faut comparer avec celles de Chardin, Le Bruyn, Niebuhr et autres. (J. D. G.)

[2] *Voy*. Strab., XV, p. 730; Ælian., H. A. I, 59; Arrian. Exp. Alex. VI, 29. — La première opinion a été soutenue par MM. Heeren, Tychsen (à la fin du tom. I, 1 de Heeren, p. 625 sqq.), Hoeck, d'après eux, et Ouseley; la seconde, par MM. Grotefend (encore dans Heeren, p. 642 sqq.), Morier et Ker Porter. M. de Sacy (Journ. des Sav., 1823, p. 236) pense que cette question difficile exige une discussion nouvelle, mais il ne fait pas mention d'une troisième opinion avancée par M. de Hammer, et qui place Pasargades à *Darab-gherd* (*ubi sup.*, p. 312, 342 sq.), d'après des argumens purement géographiques. (J. D. G.)

[3] Ctesiæ fragm., cap. 15. *Conf*. Heeren, p. 243 sqq.; Hoeck, p. 17 sq., et notre planche XXII avec l'explication. — M. de Hammer contredit encore ici l'opinion commune et voit ce tombeau dans l'un de ceux de *Nakschi-Roustam* (p. 304 sq., 322). (J. D. G.)

penser, avec un savant historien [1], que là dut se trouver la métropole, la cité natale et aussi le séjour suprême (la nécropole) de Cyrus et de ses successeurs. A Pasargades, à Persépolis fut la première et véritable capitale, sinon de la vieille monarchie assyrienne, au moins des monarques qui suivirent Cyrus. C'était comme un foyer national et sacré, d'où sortait le roi appelé au trône, où il revenait après l'avoir quitté. C'est là qu'il recevait la consécration royale, là qu'étaient gardés ses trésors avec les reliques de ses ancêtres, là que les Mages tenaient leurs assemblées religieuses. Pasargades, l'antique camp des Perses, la cité lumineuse de ces fils de la lumière, le lieu du lever et du coucher, était pour eux une terre sainte comme Jérusalem pour les Hébreux, Thèbes et Memphis pour les Égyptiens, ou même encore Rome, dans le moyen âge, pour les peuples de la chrétienté.

Les environs du *trône* ou *palais de Dschemschid*, à plusieurs milles de circonférence, et en général tout le Farsistan, offrent çà et là d'autres ruines du même caractère d'architecture, avec des sculptures analogues et des inscriptions cunéiformes comme à Persépolis et au *tombeau de la mère de Salomon*, près de *Morghab*. Tel est cet autre monument non moins faussement décoré du même nom, dans le voisinage de Schiraz : tout près de *Darab-gherd*, qui rappelle le nom de Darius, on trouve aussi un second *Nakschi-Roustam*, mais où tout paraît se rapporter au temps des Sassanides [2].

---

[1] Heeren's *Ideen* I, 1, p. 318 sq.—M. Creuzer a étendu les vues remarquables de cet écrivain sur Persépolis, à la plupart des grandes capitales de l'ancien monde. *Conf.* note 1, § 2, sur le liv. III, fin du vol.

[2] Il se passera long-temps encore, peut-être, avant que les monumens des Achéménides aient, comme ceux des Sassanides, trouvé leur de Sacy, qui les rapporte à leurs époques respectives en déchiffrant les inscriptions nombreuses dont ils sont couverts, et en expliquant par ce moyen leurs magnifiques bas-reliefs (Mémoires sur diverses antiquités de la Perse, Paris, 1793; plusieurs autres dans la collection des Mémoires de l'Institut national; et les articles du Journal des Savans, cités plus haut). Quoi qu'il en soit, il ne nous est pas permis de passer sous silence le résultat

Les pays situés aux limites soit occidentales soit orientales de la Perse, demandent à être étudiés avec un grand soin sous le rapport archéologique. L'*Aderbidjan,* ou la Médie *Atropatene* des anciens, montre des débris de murs énormes que l'on pourrait nommer cyclopéens, et dont la tradition des Perses attribue la construction à leurs antiques héros; ils peuvent avoir appartenu à la ville de Gaza, jadis capitale de cette contrée. A Meraga, près d'Artaxata, se voient d'immenses excavations souterraines, telles que l'on en trouve encore dans les montagnes du *Kourdistan* oriental. Le *Mazenderan* possède un grand nombre d'anciens temples du feu, qui partout jaillit spontanément de cette terre imprégnée de naphthe [1]. D'un autre côté, le *Seistan*, d'où vint, dit-on, Dschemschid pour fonder Istakhar,

---

des travaux de M. Grotefend qui, plus heureux que ses devanciers, paraît avoir lu à Persépolis les noms de Darius et de Xerxès; à *Morghab*, suivant lui Pasargades, celui de Cyrus. (*Beylage* I *und* V *zu* Heeren's *Ideen* I, 1.) Il s'ensuivrait de fortes présomptions pour l'âge de ces ruines, dans les sculptures desquelles on ne trouve rien, du reste, qui ne soit parfaitement en accord avec les institutions des Médo-Perses et les symboles religieux du Zendavesta. Quant à l'architecture, elle est originale, et, selon Heeren, n'offre aucune trace d'imitation égyptienne, comme on l'a prétendu; il la caractérise par le nom de Bactro-médique et en reporte l'origine bien au delà de Cambyse et de son expédition. Il convient cependant que des ouvriers égyptiens ont pu être employés à l'exécution des monumens de Persépolis, mais sur des plans donnés par les mages. Ce qu'il y a de sûr, c'est que l'on a découvert en Perse des fragmens chargés d'hiéroglyphes, comme en Égypte d'autres fragmens couverts de caractères persépolitains. *Voy.* ci-dessus, p. 341, et ci-après, note 7 sur ce livre. *Conf.* Heeren, p. 312 sqq.; Hoeck, p. 20 sq.; les réflexions de Ker Porter qui trouve des rapports frappans et nombreux entre la description du temple de Salomon et les ruines de Persépolis, p. 700 sqq.; celles d'Ouseley, p. 273 sqq., sur l'opinion duquel nous reviendrons plus loin; Journal asiatique, t. II, p. 65 sqq., l'extrait d'un Mém. relat. aux inscriptions cunéiformes, pour lesquelles on attend beaucoup des recherches de l'auteur, M. J. Saint-Martin; même journal, *ibid.*, p. 143 sqq., etc.

[1] Hoeck, p. 156 sqq. Malcolm, t. I, p. 385 sq. Ker Porter, vol. II.

(J. D. G.)

et que Roustam reçut en domaine, paraît avoir conservé des vestiges certains d'une très-ancienne splendeur. Dans le *Khorasan* ou l'antique *Aria;* à *Balk,* dans l'ancienne Bactriane, tout semble plus Hindou que Perse, et les noms géographiques et les monumens de l'architecture et de la sculpture, malheureusement bien peu connus encore [1]. Nous avons déjà parlé des temples souterrains de Bamiam, à quelque distance de Kaboul (p. 577). Ici la Perse et l'Inde, Hom et Brahmâ, Bouddha et Zoroastre, semblent se donner la main.

Note 2 (chap. I, p. 308-314, etc.)

§ 1. Les premières époques historiques et religieuses de la Perse sont enveloppées d'une telle obscurité, et l'on a si long-temps pris le change sur le caractère beaucoup plus mythique qu'historique des vieilles traditions orientales, qu'il ne faut pas trop s'étonner de voir avec quelle bonne foi d'enthousiasme des hommes comme W. Jones et J. de Müller ont adopté les fictions du Dabistan, d'après le Desatir. Ces fictions ont beaucoup plus de rapport avec les traditions brahmaniques qu'avec celles du Zendavesta, quoiqu'elles se trouvent, pour ainsi dire, entées sur ces dernières : les quatorze *Abads*, l'institution des quatre castes, attribuée au premier d'entre eux, le grand *Abad;* enfin, cet empire idéal aussi illimité dans son étendue géographique que dans l'immensité des périodes sidérales en apparence, mais au fond purement artificielles et arbitraires qui s'y rattachent, tout cela est évidemment emprunté de l'Inde, mais tout cela aussi, joint au nom de *Mahabali,* supposé identique avec Baal ou Bélus, fournissait un merveilleux appui à l'hypothèse favorite d'une grande monarchie antédiluvienne, qui aurait embrassé l'Inde, la Perse et l'Assyrie dans une communauté primitive de langues, de croyances et d'institutions. On croyait par-là rendre compte de tous les problèmes que présentent les origines de l'histoire universelle.

[1] Hoeck, p. 170 sqq. Malcolm, p. 387 sq. etc.

Ces traditions ont en elles-mêmes un caractère de réflexion et d'abstraction philosophique, disons mieux, d'invention préméditée, qui s'accorde peu avec la simplicité originale et la naïve intuition de la nature dominantes dans le Zendavesta. C'est dans le Zendavesta soigneusement comparé avec la partie du Schah-Nameh rédigée sur des documens antiques, et avec le peu de notions que les Hébreux et les Grecs nous ont transmises, qu'il faut chercher quelques vraies lumières sur les premiers temps de la Perse. Mais tout diffère au premier abord entre les récits des Juifs et des Grecs et les souvenirs nationaux des peuples d'Iran, et les critiques ont entassé hypothèse sur hypothèse pour les accorder ensemble; quelques-uns même ont regardé la chose comme impossible [1]. On pouvait bien, avant la découverte des livres zends, supposer que les écrivains orientaux, venus si tard, avaient confondu comme en un seul tout les Assyriens, les Mèdes et les Perses, ou admettre que ceux-ci, apparus les derniers sur la scène, lièrent à dessein leur histoire à celle des peuples qui les avaient précédés dans la domination de l'Asie occidentale [2]. Aujourd'hui cette opinion souffre de graves difficultés; car les mêmes noms et en général les mêmes faits anciens se retrouvant, à quelques différences près, dans le Zendavesta et chez Ferdousi ou ses copistes, cette confusion, ce mélange des histoires de peuples divers sont beaucoup moins admissibles, et, en dernière analyse, la question dépend tout entière de l'époque assignée à la composition des livres zends. La plupart des auteurs distinguent, dès l'origine, les Mèdes et les Perses, comme fait M. Creuzer, et rap-

---

[1] Entre autres le célèbre orientaliste Richardson. Beck, dans son Histoire universelle déjà citée, a rapproché avec beaucoup de clarté les différens récits d'Hérodote, de Ctésias, des Hébreux et des Orientaux modernes. *Voy.* aussi le beaucoup trop systématique Volney, dans ses Recherches sur l'Hist. anc., 2ᵉ partie, *passim*, et surtout p. 209 sqq. *Conf.* Malcolm, auquel il est renvoyé dans le texte, etc.

[2] Anquetil du Perron, dans les Mém. de l'Acad. des Inscrip., t. XL et XLII. Gœrres *Mythengesch.* I, p. 213 sqq.; et beaucoup d'autres.

portent aux premiers Zoroastre, ses lois et les livres qui portent son nom, en un mot, le système des Mages, aussi bien que l'œuvre de la civilisation des Perses long-temps barbares. Les Mèdes auraient formé un même corps de nation avec les Bactriens, un empire médo-bactrien ou bactro-médique, car on incline à rapporter aux Bactriens la civilisation des Mèdes eux-mêmes [1]. Quant à l'origine de ces peuples, à leurs premières destinées, à leurs relations avec les Assyriens, toutes ces choses restent plus ou moins obscures. On convient généralement qu'ils portèrent d'abord le nom d'*Arii*, qui rappelle celui d'*Iran*; mais ces *Arii*, les uns les font venir du Caucase, les autres les cherchent primitivement vers les montagnes du N.-O. de l'Inde, et, il faut le dire, avec plus de vraisemblance [2].

[1] Heeren, *Ideen* I, p. 427 sqq. — Ce savant critique penche même à croire que les Mèdes et les Bactriens firent long-temps deux états distincts, dont le dernier aurait de beaucoup précédé l'autre (Manuel de l'Hist. des états de l'antiquité, trad. fr., p. 26), ce qui explique les deux dynasties différentes et fort inégales en nombre d'Hérodote et de Ctésias, et rétablit en même temps dans leurs droits ces peuples des rives de l'Oxus qu'Aristote et Cléarque regardaient comme si anciennement civilisés. Diogen. Laërt., Prooem., VI.

[2] Gœrres persiste dans son système de faire descendre du Caucase, Assyriens, Mèdes et Perses parlant une même langue, formant une même race et une grande monarchie d'Iran, qui aurait embrassé depuis cette chaîne jusqu'aux monts Himalaya : il rapproche les noms *Iran, Aria, Aturia, Assyria, Assur,* etc., et semble identifier *Sem* et *Dschem* ou *Dschemschid*, premier chef mythique de cet empire qui ne l'est pas moins. (*Mythengesch.*, *ubi sup.*; coll. *Schah-nameh, Einleit.*, p. VI sq.) Un autre système a été récemment présenté et développé avec beaucoup d'habileté par Rhode : selon lui, les Bactriens, les Mèdes et les Perses composent cette race commune et primitive d'Iran, parlant la langue zend ou ses divers dialectes, et originaire d'*Eeriene Veedjo* et du mont Alhordj, qu'il trouve vers les sources de l'Oxus et les montagnes du nord de l'Inde, et dont les noms ont été transportés plus tard au Caucase et à l'Arménie. Les argumens de cet écrivain sont tirés des livres zends et principalement du Vendidad, au commencement duquel est raconté la création, ou, comme il l'explique, l'habitation successive de diverses contrées, et où l'on

A peine se sont-ils montrés dans un lointain douteux et poétique, ou on les voit sortir peu à peu de la barbarie, qu'on les fait tomber sous le joug soit des Assyriens, soit des Arabes

trouve entre autres, après *Eeriene Veedjo*, *Soghdo* (la Sogdiane), *Moore* (Merou), *Bakhdi* (Balk probablement), *Nesæ* (Nysa), *Haroiou* (Herat), etc. Il voit, dans cette énumération, la tradition antique des migrations de cette race long-temps nomade qui s'avance peu à peu vers le sud, sous la conduite de Dschemschid, jusqu'à *Ver* ou *Var*, contrée délicieuse où elle se fixe, où Dschemschid bâtit une ville et un palais, *Var-Dschemgherd*, et que Rhode, d'après Herder, prend pour la Perse propre ou le *Pers*, avec sa capitale Persépolis, beaucoup plus ancienne, selon lui, qu'on ne la fait ordinairement, et où le nom de *Dschemschid*, l'*Achemenes* des Grecs, ce maître du monde auquel Cyrus, Darius, Xerxès, faisaient remonter leur origine, s'est perpétué d'âge en âge. M. de Hammer adopte, en général, cette opinion sur la géographie du Vendidad, sauf le dernier point : il pense que *Ver* et le *Var-Dschemgherd* ne sauraient être le *Pars* ou *Fars* et Persépolis, mais doivent être la contrée plus septentrionale où sont aujourd'hui Damaghan et Kaswin, et où fut jadis *Hecatompylos*, la véritable cité de Dschemschid. Le célèbre orientaliste, M. W. Ouseley, sans confondre *Var* et *Pars*, comme fait M. Rhode, penche cependant à croire que c'est de Persépolis, de ses édifices, de la plaine où ils sont situés, qu'il est question dans le Zendavesta sous les noms déjà rapportés, aussi bien que sous celui de *Dschemkand*. Sans prendre parti dans ce dernier débat, nous ferons remarquer, avec MM. Creuzer, Rhode et autres, que les Grecs parlent eux-mêmes des *Arii* comme d'une grande famille de peuples à laquelle se rattachaient les Mages, et en général toutes les tribus ou castes mèdes (Μάγοι δὲ καὶ πᾶν τὸ Ἄρειον γένος, Damasc. ap. Wolf. Anecd. gr. III, p. 259; coll. Herod. VII, 62, 1, 101); que, selon eux encore, les Perses appelaient leurs antiques héros Ἀρταῖοι (Herodot. VII, 61, VI, 98; Hellanic. ap. Steph. Byz., Ἀρταῖα; *Artaxerxes* se décompose, comme l'on sait, en *Arta-Kchatryia*, qui est purement sanscrit, et signifie *grand guerrier*); qu'enfin et les *Arii*, et l'*Aria* ou l'*Ariana* avec l'*Artæa*, et l'*Ari*, ou *Eeri*, racine diversement composée des livres zends (*Ariema*, *Eeriene*, *Eeriemeno*, *Eeriene-Veedjo*, etc.) se retrouvent dans les *Aryas* et l'*Aria-Verta* des livres sanscrits, les *illustres* et la *terre des illustres* ou *des héros*, Ἥρωες, mot grec de même origine. Toutes ces analogies, jointes à la ressemblance si frappante du zend, du parsi et du sanscrit, prouvent qu'il est ici question d'une race primitivement unique, mais

Cuschites, qu'ils portent durant une longue suite de siècles. Enfin, ils sont affranchis par un héros de leur nation que la tradition représente comme le second fondateur de l'empire d'Iran, ou même comme la tige féconde d'une race de princes qui se seraient partagé l'Iran, le Touran et les contrées de l'ouest. A ces trois époques ou périodes sont attachés les noms de *Dschemschid,* de *Zohak* et de *Féridoun* : suivent quatre rois d'Iran depuis *Minotschehr* jusqu'à *Kerschasp*, qui furent engagés dans des guerres continuelles avec le Touran ; à côté d'eux s'élèvent comme de puissans tuteurs *Sam, Zal* et *Roustam*, princes des contrées orientales de la Perse, qui, par leurs lumières et leurs exploits, firent la gloire non-seulement de ces règnes, mais encore de plusieurs de ceux de la dynastie suivante [1].

depuis divisée en plusieurs nations différentes. Les peuples de la Bactriane et des contrées voisines restèrent tout à la fois plus près de la souche commune et plus fidèles au nom et au langage antiques : d'autres tirèrent vers le S.-O. et vers le Caucase, où ils transportèrent dans la suite et l'Alhordj et l'*Ariema* (*Armenia*); de la sorte, il y eut les *Arii* orientaux et les *Arii* occidentaux, ceux-ci devenus bientôt un peuple à part, les Mèdes propres, connus des Hindous sous le nom de *Pahlavas*, (*Pehlavan*, héros, dans Ferdousi), qui rappelle le *Pehlvi* leur langue, fruit de leur mélange avec des peuples d'une autre race : enfin, les Perses dont le nom fort ancien (p. 368 note) aussi bien que l'idiome, le culte et les traditions paraissent attester les liaisons intimes et prolongées avec la première branche, s'établirent, on ne sait à quelle époque, dans la contrée de *Pares* ou *Pars*, qui devint, au temps de Cyrus, le centre d'un empire mieux connu que les précédens et renouvelé de l'empire fabuleux de Dschemschid. *Voy.* Rhode, *die heil. S.*, p. 60 sqq.; *Ueber Alter*, etc., p. 18 sqq., 64 sqq.; v. Hammer, *Heidelb. Jahrb.*, 1823, p. 84 sq.; W. Ouseley, *Travels*, II, 305 sqq.; Fr. v. Schlegel, *Wien. Jahrb.*, VIII, p. 458 sqq., etc. *Conf.* Zendavesta d'Anquetil, I, 2, 263 sqq.; II, 408 sqq.

[1] L'opinion qui identifie la dynastie des Pischdadiens avec les Assyriens des Grecs, diversement modifiée par les divers auteurs, a été reprise, agrandie, fortifiée de rapprochemens très-ingénieux par M. Gœrres, qu'il sera intéressant de comparer sur ce point avec sir John Malcolm, cité dans notre texte. Sauf la confusion de races probablement très-distinctes, le système du premier paraît beaucoup plus conséquent

§ 2. Tout procède par masses, tout est vague, tout flotte entre l'imagination et la réalité, entre les faits physiques et les faits humains, entre la religion et l'histoire, dans cette pre-

qu'aucun autre. Pour lui, *Dschemschid* représente, comme nous l'avons dit, la grande nation des *Sémites* et la monarchie primitive d'Iran; *Zohak*, le *Tasi* ou l'arabe, c'est Nemrod, le chef des Cuschites, c'est le Mardocentes (*mar* serpent, *doc* deux), le Ninus, même le Sésostris des Grecs, c'est-à-dire la nation chaldéenne, d'origine arabe, et la dynastie des Dercétides établie à Babel ou Babylone; les Pischdadiens succombent dans la lutte qui s'élève entre les deux races, *Dschemschid* est coupé en deux par *Zohak*, l'Iran est divisé en deux parties, l'ouest au pouvoir des Cuschites, l'est ou le nord-est, refuge des Sémites, et cette division dure mille ans jusqu'à *Féridoun* (*Treteomo, Treteno, Toron* dans le Zendavesta), le Bélétoras ou Bel-Taran de Ctésias, qui renversa les Dercétides vers 1400 avant notre ère. L'empire d'Iran reprend une nouvelle vie sous *Féridoun*, le même que Persée, selon Gœrres, et cette seconde branche des Pischdadiens, venue de l'Orient, demeure en possession du trône durant cinq siècles, jusqu'à *Kai-Kobad*, l'Arbacès des Grecs, chef de la dynastie des Kaianides ou des Mèdes, vers 900. — Rhode, au contraire, fidèle à son hypothèse sur l'origine de la population d'Iran et à sa préférence pour le Zendavesta sur toutes les autres sources d'instruction, ne croit pas que les données historiques de ce livre, défigurées, selon lui, dans les récits des Persans modernes, aient aucun rapport réel avec ceux des Grecs. Il pense qu'elles se reportent à une époque reculée où cette population primitive ne s'étoit point encore séparée en nations distinctes. Pischdadiens et Kaianides, ceux-ci du moins en partie, seraient antérieurs aux Assyriens et à Ninus qui les mirent sous le joug et qui n'ont rien de commun ni avec les Arabes, ni avec *Zohak*: sur ce dernier, il hasarde une conjecture bizarre que M. de Hammer a déjà réfutée. En effet, lui qui repousse toute interprétation allégorique de ces anciennes traditions, il veut trouver dans *Zohak*, avec l'idée d'une invasion de quelque peuple indien, un symbole de la doctrine des Brahmanes et même de la *Trimourti*. Pour nous, en considérant combien de vague et d'arbitraire renferment ces hypothèses si divergentes sur les Pischdadiens, bien loin d'exclure l'allégorie des moyens d'interprétation, nous désirerions pouvoir reprendre et développer ici à notre tour les vues tout autrement profondes de l'illustre Herder. Qu'il nous suffise de déclarer que ni *Kaiomorts*, et ces quatre premiers Kaianides ou *Keans* si évidemment mythiques et qu'on affecte de

mière dynastie authentique des *Pischdadiens* ou *Poeriodekeschans* (donnés les premiers, instruits au commencement par l'oreille), nom générique de tous ceux qui ne connurent pas la loi de Zoroastre. Les *Yezdaniens*, *Sipassiens*, *Sassaniens*, *Fersendadjis*, ou encore *Mahabadiens*, que le Desatir met à la place de ces patriarches de la première loi, ou même rejette avant eux, pour donner plus d'autorité à la doctrine qu'il proclame comme la plus pure de toutes, ne sont apparemment qu'une de ces sectes nombreuses qui pullulèrent parmi les débris des Parses réfugiés dans les contrées montagneuses, voisines de l'Inde, ou dans l'Inde même, après l'invasion des Musulmans [1]. Toutefois il est possible que ces sectaires, avec leur prétention de ressusciter la religion primitive, nous aient conservé quelques notions précieuses sur le culte et les

---

passer sous silence, ni *Dschemschid* avec son ennemi *Zohak*, que presque toutes les traditions comptent au nombre des Pischdadiens, ni même *Féridoun*, le vainqueur de l'équinoxe, avec ses trois fils *Salm*, *Tour* et *Irets* ou *Iradj*, qui se partagent le monde et ont pour symboles trois élémens, l'eau, le feu, la terre, pour horoscopes trois planètes, Jupiter, le soleil et la lune, ne sont, à nos yeux, des personnages historiques, quoique l'histoire soit civile, soit religieuse, mais celle-ci surtout, ait pu être diversement rattachée et mêlée à leurs noms. Tout ce qu'il nous est possible d'admettre, c'est qu'on voit poindre obscurément, au voisinage de l'Inde, dans l'*Aria* proprement dite où tout rappelle l'Inde, sa religion et ses institutions, sur les bords de l'*Arius* ou *Heri* ou de l'Oxus, à Bamiam, à Balk, à Merou, à Nysa, premiers anneaux de la grande chaîne qui lie ensemble les deux civilisations de la Perse et de l'Inde, un antique royaume de Bactriane, de bonne heure en contact avec les Assyriens, peut-être même avec les Égyptiens, mais bien certainement antérieur aux Mèdes et aux Perses tels que les Grecs seuls nous les font connaître avec un peu de certitude. *Voy.* J. v. Müller's *Werke*, VIII, p. 211 sqq., 225 sqq.; Gœrres, *Mythengesch.*, I, 213 sqq., et *Schah-nameh*, *Einl.*, p. VII, XX, LXXVIII sqq.; Rhode et de Hammer, *ubi sup.*, le premier surtout, *heilige Sage*, p. 145, 150 sqq.; Herder's *Werke z. Philosophie und Gesch.*, *passim*. *Conf.* Zendavesta d'Anquetil, II, p. 416, 420; et les réflexions judicieuses de Volney, Rech. sur l'Hist. anc., 2ᵉ partie, p. 266 sqq.

[1] *Conf.* v. Hammer, *Heidelb. Jahrb.*, 1823, p. 180 sqq.

croyances de la période antérieure à Zoroastre et à ses vrais croyans[1]. En effet, dans toutes les traditions sur les temps anciens de la Perse, on trouve le sabéisme et l'idolâtrie à côté de la pure adoration des élémens et des corps ou phénomènes naturels; on trouve le culte des planètes lié au culte du feu; on trouve le polythéisme en opposition avec un naturalisme épuré, et une succession de réformes se faisant toujours plus ou moins dans le sens de celui-ci, sous Houscheng, sous Dschemschid, sous Féridoun, les *Poeriodekeschans* par excellence. *Hom* ou *Heomo* qui fut d'abord invoqué par Vivengham, père de Dschemschid, fut aussi le grand prophète et le législateur religieux des *Poeriodekeschans*. Source des eaux, de la vie, de la science, rapproché de *Taschter* ou Sirius; génie protecteur des hommes et célébrant la grandeur du soleil; auteur de tous les biens et de toutes les vertus, il parut sur l'Albordj, où il réside encore dans un palais soutenu par cent colonnes, et il figure à la fois dans le Zendavesta comme un astre, comme un dieu, comme le premier et le plus ancien prêtre d'Ormuzd. Il est identifié avec la parole ou la loi qu'il fut chargé d'annoncer, et le symbole de cette parole vivante est un arbre, le premier des arbres, qui écarte la mort et tous les maux. C'est donc bien gratuitement que l'on a voulu faire de *Hom* un prophète réel, un être humain, le précurseur historique de Zoroastre : *Hom* n'est autre chose qu'une personnification astronomique, physique et morale tout ensemble, mais où

[1] Ils se distinguent eux-mêmes très-positivement, soit des Brahmanes, soit des Sabéens, proprement dits, quoique le fond de leur doctrine ne soit en grande partie qu'un *sidérisme épuré*, pour nous servir de l'expression de M. de Hammer. On trouvera un aperçu de cette doctrine dans les articles de M. de Sacy, déjà cités, et de plus grands détails avec de longs extraits du Desatir, accompagnés de remarques toujours ingénieuses, souvent profondes, dans les *Heidelb. Jahrb.*, *ubi sup.*, p. 285-318. *Conf.* Malcolm I, p. 274 sqq.—L'imitation de l'Inde se trahit sur une foule de points, mais surtout dans un système perfectionné de métempsychose et dans le précepte qui s'ensuit, de respecter la vie des animaux.

domine l'idée mystique et fort complexe du *Verbe*, que nous développerons dans la suite [1].

Tout porte à penser que les religions comme les populations de la Perse et de l'Inde furent liées de très-près dans l'origine : le nom même de *Hom* et les idées qui s'y rattachent semblent surtout attester cette liaison. La première croyance et le premier culte régulier d'Iran dûrent être quelque chose de tout-à-fait analogue à ce naturalisme symbolique, à ce sabéisme épuré, en un mot, à ce panthéisme primitif que nous avons caractérisé ailleurs et qui fait le fond vraiment antique des Védas [2]. Le Zendavesta, dans une foule de passages,

---

[1] On peut voir dans le Zendavesta d'Anquetil les passages auxquels renvoie la table, et qu'il serait trop long de rapporter ici. Rhode les explique tous historiquement et, selon nous, très-arbitrairement, en essayant de réfuter l'opinion de Herder que nous croyons devoir maintenir avec quelques modifications. *Hom*, l'arbre de vie, n'est pas plus, à nos yeux, un personnage historique, qu'*Eeriene-Veedjo* ou *Hedenesch*, le lieu de sa naissance et de celle de Zoroastre après lui, la patrie primitive du peuple des *purs*, telle qu'elle se trouve idéalisée dans le Vendidad, n'est pour nous, dans ce cas, une réalité géographique. Outre ce sens mystique, les noms *Ari*, *Eeri*, *Eeriene*, *Iran*, paraissent avoir deux sens réels, l'un restreint, l'autre plus étendu, comme l'*Aria* et l'*Ariana* des Grecs. Compar. Izeschne, IX Ha, et notre texte ci-dessus, p. 335 sqq. *Voy.* aussi, § précédent, p. 680; et note 4 ci-après, § 1.

[2] W. Jones est le premier qui ait entrevu cette analogie : il en concluait que les Brahmanes avaient été autrefois possesseurs de la Perse, dont ils seraient originaires aussi bien que leur langue et leur religion. MM. Gœrres, de Hammer et autres, pensent, au contraire, que l'Inde, et particulièrement les contrées du N.-O., doivent avoir été le berceau commun des deux religions, et cette opinion paraît avoir été adoptée par M. Creuzer. M. Rhode, en la modifiant et l'exaltant, en quelque sorte (quelques-uns pourront dire, en l'obscurcissant), s'est fait fort de la démontrer par les traditions de l'un et l'autre peuples, qu'il interprète sous l'influence d'une théorie générale sur l'histoire primitive dont il est parlé ailleurs (Disc. prélimin., II). Selon lui, les *Arii* et les Hindous, qui s'appellent eux-mêmes *Aryas*, formaient, dans l'origine, un seul et même peuple habitant les hauteurs du Tibet, ayant même langage, mêmes

témoigne encore de cette identité originelle des deux religions que les notes suivantes, et surtout la note 4, mettront dans un grand jour. (J. D. G.)

Note 3 (chap. I, p. 314 sqq.)

§ 1. Une double cause répand sur les anciennes histoires des peuples orientaux, et sur celle des Perses en particulier, un nuage fantastique qui trouble les regards, et que la critique même la plus sévère ne peut parvenir à dissiper tout-à-fait. En même temps que les dieux, transportés sur la terre, y revêtent la figure humaine, y jouent le rôle de rois ou de héros; les héros et les rois, au contraire, parés d'un éclat céleste et assimilés aux dieux, modèlent, dans la tradition, leur vie et leurs actions réelles sur les actions et la vie imaginaires que cette équivoque tradition a prêtées à leurs types immortels. Si l'histoire de la dynastie pischdadienne en est une première preuve, il n'est que trop à croire que nous en trouverons une seconde dans celle de la dynastie des Kaianides. Sous *Féridoun* et ses successeurs, les derniers Pischdadiens, nous avons vu l'Iran se relever, Balk ou Bactres devenir le centre d'un puissant état, et la lutte commencer entre l'empire d'*Iradsch*, soutenu par les Roustamides, ces princes des héros d'Iran, et les empires ennemis des fratricides *Salm* et *Tour*. Deux guerres terribles sont déjà terminées, lorsque monte sur le trône antique de Dschemschid, *Kai-Kobad*, jeune rejeton de la race d'Houscheng, qui reverdit en lui. Il rejette Afrasiab au delà de l'Oxus, et fort du bras de *Roustam*, met fin à la troisième

---

mœurs, même religion. Cette religion que *Hom* (*Oum*) leur prêcha sur les montagnes, avant qu'ils fussent séparés et antérieurement à la migration des *Arii* sous Dschemschid, consistait dans la simple adoration de la nature, déjà peut-être avec un sens symbolique, etc. *Voy.* Rech. asiat. en franç., II, p. 104 sqq.; Gœrres, *Mythengesch.*, I, p. 260 sqq.; v. Hammer, *Gesch. der Redek. Pers.*, p. 2 sqq.; Rhode, *Ueb. Alter*, etc., p. 47 sqq.; *Beytræge*, I, p. 60 sqq.; *Heil. Sage*, p. 121 sqq. *Conf.* § précéd.

guerre contre le Touran : durant le reste de sa longue vie, il s'occupe à bâtir des villes et à policer les Mèdes, ses compatriotes, qui dès-lors apparaissent comme nation dominante, bien qu'étroitement unis aux Bactriens. Après *Kai-Kobad* régna *Kai-Kaous*, célèbre, dans le Zendavesta comme chez Ferdousi, par sa prudence et son habile audace, fondateur d'une cité magnifique, sur une montagne, où il est difficile de ne pas reconnaître Ecbatane (*Agbatane*, l'*Achmete* de la Bible, aujourd'hui *Hamadan*). Bientôt commencent les conquêtes et une longue alternative de revers effrayans et de plus glorieux succès : l'Iran deux fois près de sa ruine est deux fois sauvé par la valeur de Roustam, ainsi que son roi *Kai-Kaous*, qui, reprenant ses courses victorieuses, défait à la fois le roi de *Scham* (l'Assyrie) et refoule Afrasiab (les Scythes) dans les déserts, puis rentre triomphant dans ses états. Enfin paraît sur la scène le petit fils de *Kai-Kaous*, le fils de l'infortuné *Siavesch*, *Kai-Khosrou*, ce mulet issu de deux races ennemies, élevé à la cour de son aïeul auquel il doit être fatal, et qu'il remplacera sur le trône au préjudice de son fils. Cependant les guerres enfantent toujours les guerres contre le Touran : *Kai-Khosrou* poursuit Afrasiab jusqu'aux extrémités de la terre, éteint dans son sang la longue querelle des deux pays et laisse en mourant la couronne royale à *Lohrasp*. Mais des troubles s'élèvent dans l'Iran entre des partis contraires; *Lohrasp* n'est reconnu qu'avec peine; bientôt il se retire à Balk où il se consacre tout entier à la religion, et son fils *Gustasp* ou *Veschtasp* monte sur le trône désormais établi à *Istakhar* ou Persépolis [1].

[1] Un rapprochement qu'il est bon de faire ici avec la fin du § 1 de la note précédente, c'est que, dans le Desatir, sept rois prophètes, distingués chacun par le culte spécial d'une planète, sont nommés dans l'ordre suivant, après les quatre prophètes mahabadiens : *Kaiomorts* ou *Ghilschah* (le maître de la terre), adorateur de Saturne; *Siamek*, de Jupiter; *Houscheng*, de Mars; *Tahmouras*, du Soleil; *Dschemschid*, de Vénus; *Féridoun*, de Mercure; *Minotschehr*, de la Lune. — On regarde ordinairement *Féridoun* comme Arbacès, et ses successeurs *Minotschehr*, etc., comme

§ 2. Zoroastre ou *Zerdouscht*, ainsi qu'il a été dit, vint au temps de *Gustasp*, dont le règne fut une nouvelle ère pour la religion, et en général pour les institutions d'Iran. Les voies,

le Mandauces, le Sosarmus, l'Artias et l'Arbianes de Ctésias : nous avons déjà dit que Gœrres voit Arbacès dans *Kai-Kobad;* mais il trouve en même temps sous ce nom toute la première dynastie médique jusqu'à Artæus-Déjocès, chef d'une seconde dynastie et représenté à son tour, ainsi que ses trois successeurs jusqu'à Astyages inclusivement, par *Kai-Kaous*. Ainsi tous les noms propres de la tradition nationale seraient des noms de dynasties, comme l'avaient pensé depuis long-temps Anquetil et d'autres; mais il faut avouer que personne n'avait encore présenté ce système avec autant de netteté, d'enchaînement et de vraisemblance que l'ingénieux auteur de l'Introduction du Schah-nameh : il embrasse dans ses développemens toute l'histoire de l'Asie occidentale, et caractérise avec une grande supériorité de vues, l'esprit des traditions diverses sur lesquelles elle repose, comparant ces traditions soit entre elles, soit avec les récits des Grecs, et montrant leurs rapports réels ou apparens. La bizarre et gratuite hypothèse de Rhode ne saurait tenir contre cette éloquente démonstration. W. Jones avait dit pourtant : « S'il m'arrive jamais de douter que Louis XIV et *Lewis the fourteenth* aient été un seul et même roi de France, alors, et seulement alors, je douterai que le *Khosrou* de Ferdousi (et du Zendavesta) ait été le Cyrus du premier historien de la Grèce, et le héros du plus ancien roman politique et moral. » Gœrres n'en doute pas non plus; mais il faut lire sa critique comparée des trois différentes traditions, persique, médique et bactrienne, sur le conquérant de l'Asie. Quant à Cambyse, il ne trouve qu'une mention vague de lui dans la tradition; *Lohrasp* lui semble représenter plutôt l'Hystaspes des Grecs, et *Ke-Gustasp* certainement Darius, fils d'Hystaspes. Cette opinion, qui place la venue de Zoroastre vers la fin du vi^e siècle avant notre ère, est aussi celle de Hyde, d'Anquetil, de Kleuker, de Herder, de J. de Müller, de Malcolm et d'une foule d'autres, entre lesquels il faut distinguer M. de Hammer qui l'a fortifiée de preuves nouvelles (quoique nous n'entendions nullement adopter son idée de Dschemschid-Déjocès, de Féridoun-Phraortes, etc.). Une seconde opinion, qui rejetant Zoroastre sous la dynastie des Mèdes, fait de Ke-Gustasp Cyaxares I, déjà mise en avant par l'abbé Foucher, a été fortement soutenue, d'après le Zendavesta, par MM. Tychsen et Heeren : mais Rhode en tournant contre eux leurs propres argumens, pour les faire servir à l'établissement d'une troisième

sans doute, avaient été préparées dès long-temps à ce réformateur, qui s'annonça comme un prophète envoyé par Ormuzd, mais ne manqua pas de rattacher sa mission, ses enseignemens et tout son caractère à des noms anciennement révérés chez les peuples de la Perse, aux noms de *Houscheng*, de *Dschemschid* et de *Hom*. On parle de ses communications avec les Chaldéens de Babylone, avec les docteurs hébreux répandus alors dans toutes les grandes villes de l'empire; la tradition des Hindous,

opinion, qui « reporte l'âge de Zoroastre au delà des limites de toute histoire connue » et met Gustasp avant Ninus et les Assyriens, a du moins réussi à montrer combien ces argumens sont faibles, et combien le génie des livres zends et des traditions religieuses de l'Orient a été mal compris par eux et par lui-même. Volney, qui l'a bien moins compris encore, mais qui a rassemblé et comparé avec beaucoup de soin presque tous les récits sur le législateur des Perses, est arrivé à peu près au même résultat que Rhode, et fait Zoroastre contemporain de Ninus, vers 1200, selon lui, ce qui se rapprocherait de l'époque donnée par Xanthus qui n'est point prouvé être le Lydien. (Diog. Laert., procem. § 3. *Conf*. Creuzer. fragm. historic. græc. antiquiss., p. 225; et Marx ad Ephori fragm., p. 76 sq.) On sait que nombre d'anciens font remonter Zoroastre 6000 ans environ avant notre ère. Ces divergences chronologiques et beaucoup d'autres motifs ont porté d'excellents esprits, entre autres Zoëga, à admettre plusieurs Zoroastres dont le dernier, le seul dont semblent parler les livres des Parses, aurait vécu au temps de Darius Hystaspis; quelques-uns identifient le premier avec *Hom* et le rejettent par-là dans le domaine de la mythologie. Nous pensons, avec Herder, que le nom de Zoroastre est, en effet, bien antérieur au réformateur qui le porta dans la suite, ou, pour mieux dire, nous distinguons dans Zoroastre, comme nous avons fait dans Bouddha, deux personnes, en quelque sorte, l'une mythique ou symbolique qui se rattache à tout ce qu'il y a de plus ancien dans la religion des Perses, l'autre historique et qui appartient à une époque de réforme, représentée dans le Vendidad et, en général, dans les livres zends. C'est de la seconde qu'il s'agit maintenant. *Conf*. ci-dessus, note 1re, § 2, p. 668 sq. *Voy*. Jones, Malcolm, Gœrres, etc., etc., *ubi supra*; v. Hammer, *Heidelb. Jahrb*., 1823, p. 86 sq., coll. *Wien. Jahrb*., vol. IX; Tychsen, comment. Soc. Gœtt., XI, p. 112 sqq.; Heeren's *Ideen*, I, 1, p. 459 sqq.; Volney, J. l., p. 283 sqq., 209 sqq.; Zoëga's *Abhandl*., p. 107 sqq., 114, etc.

comme celle des Perses, fait mention de ses débats avec les Brahmanes; mais il paraît qu'il eut surtout affaire aux Mages de la Médie et de la Bactriane parmi lesquels il avait pris naissance et dont il emprunta, sinon ses dogmes, au moins les formes principales dont il les revêtit[1]. Ceux-ci, selon toute apparence, étaient alors divisés en sectes nombreuses et hostiles entre elles; ils ne s'unissaient que pour des projets d'ambition, prétendant à régir l'état et ne faisant que le troubler par leurs intrigues : livrés à des prêtres sans conviction, les peuples étaient sans foi véritable, quoique plongés dans les superstitions les plus absurdes : ces circonstances expliquent la faveur avec laquelle fut accueillie la nouvelle loi et la protection qu'elle trouva près des monarques. *Lohrasp*, *Gustasp*, *Isfendiar*, *Bahman*, embrassèrent successivement cette réforme religieuse, qui devint bientôt entre leurs mains et de concert avec Zoroastre ou ses premiers disciples, *Dschamasp* et autres, une réforme politique, choses rarement séparées en Orient. Rien de plus propre à affermir une dynastie nouvelle que l'appui qu'elle prête à de nouvelles croyances dont le besoin s'est fait sentir; et telle est la situation où se trouvait la Perse, si, comme il est vraisemblable, les noms cités plus haut sont ceux de Darius et de son père Hystaspes, de Xerxès et d'Artaxerxès Ier [2].

[1] Tout porte à croire que le théâtre de la mission de Zoroastre, le pays de Balk, fut aussi sa véritable patrie; mais il faut se souvenir que la Médie et la Bactriane formaient, depuis long-temps, un même corps politique. L'opinion vulgaire qui le fait naître à Ourmia, dans l'Aderbidjan, dérive du système réfuté par Rhode et de Hammer, sur la géographie du Vendidad et des livres zends (ci-dessus, note 2, § 1). Avouons, avant d'en finir sur ce point, que toutes ces recherches sur *Eeriene* ou *Hedenesch*, *Ari*, *Ariema*, etc., nous semblent assez vaines, ces mots étant presque toujours employés dans un sens mythique ou du moins très-vague et très-général, de même qu'*Ariana* et *Iran*. Quant aux rapports de Zoroastre avec les sectes et les doctrines soit étrangères, soit nationales, *voy.* la note 4 ci-après.

[2] *Voy.* Malcolm et Gœrres, *ubi sup.* Ce dernier montre fort bien que dans les combats fabuleux de *Gustasp* et surtout d'*Isfendiar*, *Asfendiar*

Cette loi des Mèdes et des Perses, dont nous parlent les auteurs, n'était vraisemblablement pas autre chose que le code religieux proclamé par Zoroastre ou par les Mages en son nom. En effet la religion, les formes qu'elle prescrivait et cet immense rituel dont elle embrassait à la fois la vie publique et la vie privée du monarque, formaient ici, comme dans la plupart des monarchies orientales, le seul contre-poids du pouvoir absolu. Ainsi la justice n'avait guère de garantie que dans la foi; cependant, les droits de la nation méconnus étaient jusqu'à un certain point suppléés par l'autorité de la hiérarchie, et les représentans de la Divinité substitués à ceux des peuples. D'ailleurs, dans l'impuissance d'astreindre le roi aux devoirs de l'homme, les prêtres l'avaient lui-même exalté jusqu'au rang des dieux : ils avaient conçu une sorte d'idéal d'un despotisme tout paternel, d'un royaume pareil à celui de Dschemschid, à celui d'Ormuzd, dont ils frappaient de bonne heure son imagination, afin qu'il fût tenté quelquefois de le réaliser sur la terre [1]. Nous avons, du reste, peu de renseignemens positifs sur l'organisation intérieure de la Perse, qui, pour la première fois, fut constituée par Darius : nous ne

ou *Espendiar* contre *Ardschasp* (et non *Argiasb* , comme l'écrit M. Creuzer) d'abord, et ensuite contre *Roustam*, le vieux défenseur d'Iran, se révèle l'opposition non-seulement des princes du Touran, mais aussi de ceux des provinces orientales de la Perse, situées vers l'Inde, Seistan, Caboul, etc., à la nouvelle doctrine. On en trouve également des traces chez les historiens grecs, dans les troubles qui suivirent la mort de Xerxès tué par Artaban, comme Isfendiar par Roustam. Il est bien probable que ce dernier héros, avec sa vie de sept cents ans, représente, comme le conjecture Malcolm, une race ou dynastie entière de vassaux puissans et redoutables qui fut détruite par *Ardeschir:* mais il y a de plus, dans *Roustam*, de même que dans *Dschemschid* et *Féridoun*, un élément symbolique, et de tous les héros mythiques de la Perse, aucun ne paraît avoir autant de rapports avec l'Hercule grec. *Conf.* le texte, p. 380, note ; et la savante dissertation de W. Ouseley, *Travels*, vol. II, Appendix, n° XII, p. 504 sqq., *Rustam and Hercules.*

[1] *Voy.* Vendidad, IIe Fargard, et *passim. Conf.* Heeren I, 1, p. 469 sqq.

savons même jusqu'à quel point le tableau que nous fait le Zendavesta, peut être applicable à l'état réel de ce pays. Ce qu'il y a de sûr, c'est que la distinction en quatre castes, analogues à celles de l'Inde, ne s'y établit jamais héréditairement comme chez les Hindous; que la nation paraît avoir eu, en quelque sorte, deux constitutions parallèles : l'une purement religieuse, celle du peuple d'Ormuzd, des *Mazdeiesnans,* sorte d'église et de société mystique où tout dépendait du *Mobed* des *Mobeds* ou de l'Archimage [1], l'autre purement politique et beaucoup plus réelle, où le roi commandait en maître absolu; qu'enfin rois et prêtres, chefs et sujets, trouvaient la commune règle de leur conduite dans une loi unique et sacrée, qui ayant tout prévu comme la Providence, prétendait comme elle à tout dominer [2]. (J. D. G.)

[1] Les Mages, soit comme tribu, soit comme caste sacerdotale, doivent avoir été fort antérieurs à Zoroastre, et chez les Bactriens, et chez les Mèdes, et peut-être même chez les Perses : d'ailleurs on sait que ceux-ci adoptèrent en grande partie les mœurs et les institutions des Mèdes, dès le temps de Cyrus. *Mag* ou *Mog*, en pehlvi, signifie, dit-on, *prêtre;* ce mot reviendrait ainsi à l'*Athorne* parse, qui exprime les trois degrés de la hiérarchie des Mages. Leur nom est étendu par les anciens, non-seulement aux Chaldéens, mais même aux Brahmanes, comme l'observe M. Creuzer. *Voy.* Zendavesta d'Anquetil, I, 2, p. 115, 280; II, 93, 555 sq., etc. Kleuker; *Anhang z. Zend.*, II, 3, p. 17; Heeren, I, 1, p. 479 sqq.; 2, p. 176, coll. Pausan. IV (Messeniac.), 32. — En irlandais ancien, *mogh* ou *magh* veut dire *sagesse*, et M. Adolphe Pictet remarque très-bien, dans un essai mythologique récent, qui fait concevoir les plus hautes espérances, que l'idée de *magie* se trouve liée au nom des Druides de la même manière qu'à celui des Mages. Du culte des Cabires chez les anciens Irlandais; Genève 1824, pag 93.

[2] Sur la constitution politique, civile, etc. de la Perse, dans les temps anciens, il faut voir, outre l'excellent morceau de Kleuker, dans son appendice au Zendavesta, Rhode, *Heilige Sage*, p. 536 sqq.; Heeren, l. l.; Gœrres, *Schah-Nameh, Einl.*, CCV sqq.; Malcolm, I, p. 388 sqq. Sur tout le sujet effleuré dans ce §, et sur les détails de la législation de Zoroastre, on peut consulter encore la première partie de l'ouvrage de M. de Pastoret : Zoroastre, Confucius et Mahomet, etc.; Paris, 1787.

Note 4 (chap. I, p. 318 ; chap. II *passim*, etc.)

§ 1. Peut-être est-il plus difficile encore, pour l'histoire de la religion que pour l'histoire civile, chez les Perses, de concilier entre eux les témoignages des écrivains classiques de l'antiquité et ceux des auteurs orientaux, nationaux ou autres. Aussi les modernes qui ont examiné ce sujet, n'ont-ils pas manqué de se partager en systèmes fort divergens ou même contraires. Les uns, tels que Foucher et Zoëga (pour ne pas remonter jusqu'à Hyde, Prideaux, etc.), n'attachant qu'une médiocre importance aux livres zends, ont cherché de préférence la solution des principaux problèmes dans les récits des Grecs et des Romains. Les autres, et c'est le plus grand nombre, considérant le Zendavesta comme le recueil authentique des livres sacrés des Mages, au temps des derniers Achéménides, se sont surtout proposé de mettre en accord avec ces précieux originaux, les documens qui nous ont été transmis soit par les auteurs classiques, soit par les orientaux modernes : parmi ces derniers se distinguent Anquetil, Kleuker, Herder, et plus récemment MM. Gœrres, Creuzer et de Hammer. D'autres enfin, se prenant de passion pour les antiques écrits qui portent le nom de Zoroastre et leur sacrifiant toute autre source d'instruction, alors même que par une critique des livres zends, plus sévère qu'on ne l'avait faite jusqu'ici, ils y reconnaissent, sauf le Vendidad et un certain nombre de morceaux, des fragmens d'époques très-différentes, ont essayé de retracer, d'après le Zendavesta seulement, tout le système religieux et liturgique des Perses, que, par une bizarre inconséquence ou combinaison, si l'on veut, ils reportent ensuite aux âges primitifs : M. Rhode est l'auteur de cette théorie nouvelle à tous égards, et qui paraît d'abord séduisante, mais qui ne résiste pas à un examen impartial. Nous mettrons souvent en contraste les trois systèmes dans cette note et dans quelques-unes des suivantes.

La première question qui se présente, c'est de savoir en quoi consista la religion primitive soit des Perses, soit des Mèdes et

Bactriens, et quel est le juste rapport de l'une et de l'autre avec la doctrine de Zoroastre ou du Zendavesta, qui devint la religion dominante de tous ces peuples, sous les successeurs du grand Cyrus. M. Creuzer réfute avec raison les idées aussi étroites qu'aridement analytiques de Zoëga, qui fait passer les Perses comme tous les peuples, suivant lui, de l'*amulétisme* ou du *fétichisme* qualifiés d'*adiakritolatrie* et liés avec le culte des morts ou *nekrodoulie*, et avec l'*hestiolatrie* ou culte du foyer, au culte du feu et des autres élémens d'abord, puis à l'adoration spéciale du feu et de l'eau, à celle des astres, etc.: il ne pense pas que le culte des morts soit, à beaucoup près, l'unique source de l'idolâtrie, et s'élève surtout contre ce procédé *atomistique* qui, méconnaissant la nature de l'esprit humain, fait naître les religions en quelque sorte pièce à pièce, et les compose de membres isolés et, pour ainsi dire, sans vie, sans principe *organique* et commun [1]. Les auteurs orientaux s'accordent en général avec Hérodote, pour nous présenter les anciens Perses (sans les distinguer des Mèdes toutefois, ainsi qu'il le fait expressément), comme des adorateurs des élémens et des astres; et cette religion de la nature fait encore le fond des livres zends. S'ensuit-il qu'Hérodote ait eu en vue, dans sa description, le culte réformé de Zoroastre, c'est ce qu'il ne paraît pas possible de supposer, quelque pur, quelque dégagé de toute idolâtrie, que semble ce culte qu'il nous dépeint. Entre autres raisons que l'on en allègue, est cette absence même, non pas d'idoles précisément, mais de temples, d'autels et de toute espèce de symboles et de figures, cette excessive simplicité, qui ne se retrouve pas plus dans le Zendavesta, à ce degré du moins, que dans le Schah-Nameh et dans les rapports des Grecs depuis Ctésias et Théopompe [2]. Les anciens nous affirment, en effet, que les Perses, tout en adoptant la religion des

---

[1] *Voy.* Zoëga's *Abhandlungen*, p. 99 sqq.; Malcolm, Hist. de Perse, I, p. 22 sq. *Conf.*, sur cette théorie encore dominante, Disc. prélim., II.

[2] Malcolm, I, p. 282, 291 sq.; et Creuzer dans notre texte, p. 339, ainsi que dans la note 1 sur ce livre, § 1.

Mèdes ou des Mages, introduite pour la première fois par Cyrus, retinrent cependant le culte de leurs dieux nationaux, des dieux de leurs pères (θεοὶ πατρῷοι); et M. Creuzer pense même, avec Heeren et autres, que la nouvelle doctrine concentrée dans les castes supérieures et notamment dans la tribu des Pasargades, fit peu de progrès parmi la masse du peuple [1]. Si l'on ajoute que ce magisme, antérieur à Zoroastre, différait probablement, sur plusieurs points importans, du système attribué à ce réformateur, qui dut faire un amalgame de ces élémens divers, déjà rapprochés, en les développant ou les épurant l'un par l'autre, on aura peut-être une solution, aussi naturelle que facile, des principales difficultés qui peuvent se rencontrer dans l'étude historique et critique de la religion d'Iran, dénomination, pour le dire en passant, beaucoup trop vague et trop générale.

Quant à la nature de ce magisme médo-bactrien, que vint réformer Zoroastre, il n'est pas si facile de la définir, d'après l'incertitude des documens qui nous restent. C'est en vain que l'on voudrait s'adresser au Zendavesta, tout a dû y changer de face. On peut bien, comme Herder et M. Creuzer, par des conjectures plus ou moins ingénieuses, chercher dans les localités, dans des accidens extérieurs, dans une intuition toute physique, les causes occasionelles des dogmes que l'on regarde comme fondamentaux et primitifs : il restera toujours fort douteux que les anciens Mages les aient professés dans le même sens que Zoroastre, ou même que leur croyance, ainsi que la sienne, aient eu pour berceau les contrées sur lesquelles on se plaît à faire cette trompeuse expérience [2]. La tradition générale de l'Orient leur impute, de toute antiquité, le culte du feu uni au sabéisme et à l'astrologie, trois élémens qui se retrouvent dans presque toutes les religions anciennes. Le dualisme, dans son germe et dans ses premiers développemens, ne saurait guère plus leur être propre. Zoëga a émis sur ce point des conjectures

---

[1] *Voy.* Xenophon, Cyrop. VIII, 1, 23, et les autres auteurs cités dans Brisson, de reg. Pers. princip., p. 347; Creuzer *ubi sup.*

[2] *Conf.* ci-dessus, p. 685, 690; et Rhode, *Heil. Sage*, p. 108-111.

tout aussi hasardées, aussi faussement analytiques, que les vues du même auteur, touchées plus haut : suivant lui, les Mages, arrivés, après de longs efforts, au dogme des deux principes, l'admirent universellement, mais se divisèrent bientôt dans la manière de le concevoir. Les uns, et ce fut probablement la secte la plus ancienne, considéraient les deux principes comme absolus, égaux en puissance et en durée, et les adoraient également. D'autres, qui dûrent être les sectateurs de Zoroastre, firent Ahriman de beaucoup inférieur à Ormuzd. Une troisième secte, sans doute la plus récente de toutes, éleva au-dessus d'Ormuzd et d'Ahriman un principe commun à tous deux, unique par lui-même et vraiment absolu, le temps, selon les uns, selon d'autres l'espace. M. Creuzer repousse comme erronée et tout-à-fait contraire au génie de l'Orient cette gradation de sectes et cette épuration ou abstraction successive[1] : il se réfère, du reste, à son exposition (p. 321-323). Mais notre auteur et Zoëga, aussi bien que M. de Hammer, se rapprochent sur un autre point qui, s'il était une fois éclairci, répandrait un

---

[1] Comme si, ajoute-t-il, les idées de l'amour et de la haine (de la vie et de la mort, etc.) en opposition, ne se retrouvaient pas à la tête de toutes les Théogonies; comme si le dualisme et la lutte de deux forces ennemies, sous mille formes diverses, ne constituaient pas l'un des dogmes fondamentaux de toutes les religions. — Le savant écrivain reconnaît pourtant que Zoëga était autorisé, par les expressions même du passage très-remarquable cité dans Damascius, à distinguer plusieurs sectes ou plusieurs systèmes chez les Mages, et d'ailleurs nous croyons difficile de révoquer en doute qu'il y ait eu, dans la religion des Perses comme dans toutes les autres, une progression et un perfectionnement successif. (*Conf. supra*, p. 523-528, et les renvois indiqués dans la note, à notre exposition de la religion de l'Inde.) Zoëga se trompe seulement en déterminant ce progrès d'une manière tout-à-fait arbitraire, et en niant avec Foucher, Tychsen et autres, que le dogme d'un principe suprême, antérieur à toute dualité, soit enseigné dans les livres zends, ou même ait été connu des Médo-Perses avant leur commerce avec les Grecs. (*Abhandl.*, p. 112-116 et *ibi* Welcker.) On trouvera plus bas quelques notions sur les sectes réelles des Mages.

grand jour sur toute la question qui nous occupe : ils pensent que le culte de Mithras, celui de la *Mitra* d'Hérodote, les idées, les cérémonies et les symboles qui se rattachent à l'un ou à l'autre, pourraient bien être antérieurs soit au dualisme, soit à la doctrine du Zendavesta telle qu'elle le développe; MM. Creuzer et de Hammer s'accordent à y voir comme un débris de quelque système sacerdotal beaucoup plus ancien, en rapport plus intime avec les systèmes religieux de l'Assyrie et de l'Inde : ne serait-ce pas là ce magisme primitif que nous cherchons, cette idolâtrie des Dèves déjà détruite par Houscheng, et que Zoroastre n'en vient pas moins détruire encore, cette corruption de la loi révélée avant lui par Hom, et qu'il veut rétablir dans toute sa pureté [1]?

§ 2. M. Rhode ne se tourmente point de toutes ces questions: élevant, comme nous l'avons vu, par une hypothèse gratuite, et Hom et Zoroastre et toute la doctrine du Zendavesta avec eux, à une hauteur d'antiquité qui ne trouve plus rien d'analogue, excepté peut-être dans l'Inde, il ne veut rien voir ni avant, ni après; et, pour la religion comme pour l'histoire, il rejette tout autre témoignage que celui des livres zends. Cette manière est commode; mais laissant là les théories, nous ferons comme M. de Hammer et ne demanderons à M. Rhode qu'un fidèle exposé du contenu de ces livres [2]. Nous reconnaissons d'abord avec lui que nombre de textes du Zendavesta offrent les plus grands et les plus frappans rapports avec certains passages des Védas; que les objets d'adoration, les formes, le ton, le caractère général, y sont à peu près les mêmes. Il prouve très-bien également que la déduction primitive des idées religieuses fut semblable chez les deux peuples; que le soleil et sa lumière les conduisirent de bonne heure l'un et l'autre, à la notion plus élevée d'une source unique et mystérieuse de toute lumière, que les Hindous virent plutôt dans la science, les Iraniens

---

[1] Nous reviendrons sur ce point important dans les notes 8 et 9 ci-après.

[2] *Heidelb. Jahrb. der Litteratur*, 1823, p. 81-95.

plutôt dans le bien. Cette première différence fit, dans la suite, le caractère distinctif des deux systèmes, et elle exerça une influence décisive sur le développement moral et politique des deux nations, l'une portée surtout à la spéculation, l'autre à l'action [1]. Mais, avec beaucoup d'autres analogies, il y a aussi beaucoup d'autres différences entre la religion des Védas et celle des livres zends : quoiqu'on puisse remarquer, dans ceux-ci comme dans ceux-là, un fond de sabéisme, de naturalisme et de panthéisme qui atteste certainement une haute antiquité, peut-être même une source commune, nous croyons que M. Rhode s'est complétement mépris, en voulant assimiler presque sur tous les points les dogmes fondamentaux des deux religions, dans le parallèle développé qui précède son exposition de la seconde [2]. Aussi, en l'examinant de près, trouve-t-on que, pour la première, il se fonde bien moins sur les Védas que sur les traditions suspectes recueillies par Holwell et dont nous lui avons contesté ailleurs la parfaite authenticité et surtout la date (p. 650 sqq.) : nous craignons même que l'emploi qu'il en a fait, en viciant toute son interprétation du système hindou, qu'il a d'ailleurs méconnu dans son principe constituant, le panthéisme, n'ait eu également sur le système perse, tel qu'il le conçoit, plus d'une fâcheuse réaction. L'une et l'autre religion, identiques peut-être à l'origine, appartiennent, dans l'histoire connue, à deux époques, à deux siècles, à deux peuples très-différens : la première, telle que l'ont faite les âges et ses prêtres philosophes, se montre encore aujourd'hui comme une révélation aussi antique que spontanée de la

---

[1] Rhode, *Ueber Alter*, etc., p. 47 sqq. *Beytræge*, I, p. 71, 92. — Quant aux passages du Zendavesta dont il est question ci-dessus, p. 603, note 2, il faut voir entre une foule d'autres, le Neæsch du Soleil et celui de la Lune, p. 12, 18 sq., tom. II; le Boundehesch, p. 375 *ibid.*, où il s'agit du chien *Soura*, protecteur des hommes et des animaux, etc. Tout à l'heure nous allons citer textuellement le fameux morceau sur le Verbe *Honover*.

[2] *Ueber Alter*, etc., p. 71, et surtout *Heil. Sage*, p. 159-168.

nature à l'homme; la seconde est une révélation préméditée, politique, et par comparaison, récente, d'un prophète qui vient au nom du ciel rétablir, par une loi nouvelle, l'empire de la loi primitive dégénérée.

Il ne faut donc pas s'étonner si tout est ici plus arrêté, plus déterminé, plus abstrait, mais en même temps moins vaste, moins grand, moins élevé, soit dans la forme, soit dans le fond. Le point de vue moral est devenu dominant, et voilà pourquoi le dualisme du bien et du mal, sous la figure antique de la lumière et des ténèbres en opposition, prend l'aspect d'un combat dont l'origine fut une chute, dont le terme doit être un retour; une chute causée par l'envie, par l'orgueil, un retour décidé par le repentir. Toutefois, dans nombre de passages des livres zends et du Boundehesch, on retrouve des vestiges d'une doctrine moins réflexive et plus rapprochée de celles de l'Inde. Ici *Ahriman* paraît comme égal en tout à *Ormuzd* et même uni avec lui au commencement; là *Ormuzd*, prenant les attributs de la cause unique et suprême, s'exprime dans un langage qui rappelle celui des Védas [1]. Et cette eau primitive, ce feu primitif, tous deux identiques à la primitive lumière, identique elle-même au Verbe qui se confond avec *Ormuzd;* ce feu, d'un autre côté, agent créateur, principe vital des âmes, lien mystérieux de communication entre *Ormuzd*, source éternelle du soleil, et l'Être infini; surtout ce « Verbe donné de Dieu, cette parole de vie et de promptitude, qui était avant que le ciel fût et l'eau et la terre, et les troupeaux et les arbres, avant le feu, fils d'Ormuzd, avant l'homme

---

[1] Il s'en faut bien que les rapports d'Ormuzd et d'Ahriman et leurs caractères soient toujours dépeints uniformément : *voy*. Vendidad, Fargard XIX; Boundehesch, *initio*, etc. « Mon nom est : le principe et le centre de toutes choses; mon nom est : celui qui est, qui est tout, qui conserve tout, etc., etc. », dit Ormuzd, Jescht-Ormuzd, p. 145 sqq., tome II du Zendavesta d'Anquetil. *Voy*. encore, sur Ormuzd, entre les nombreux passages auxquels renvoie la table d'Anquetil, l'extrait du livre parsi *Eulma Eslam*, p. 344, coll. 339, du même tome.

pur, avant les Devs..., avant tout le monde existant, avant tous les biens, tous les purs germes donnés d'Ormuzd [1]. » N'aperçoit-on pas dans ces associations d'idées, dans ces dogmes naïfs et profonds où la nature et l'esprit se confondent, dans ce naturalisme idéal qui fut la première métaphysique, quelque chose qui respire encore le panthéisme, l'émanation, la Trinité dans l'unité et cette intuition féconde de la philosophie religieuse des Hindous? Et, pour ne pas parler ici de la mythologie proprement dite, qui est encore la même dans ses traits généraux, ce dogme fondamental, si mal à propos dénié aux anciens Mages, ce dogme de l'unité infinie et incréée produisant, embrassant et réabsorbant la création finie, dans laquelle le monde se développe et se dégrade peu à peu; ces idées de durée illimitée et limitée en contraste, qui l'impliquent si manifestement; cette grande période de douze mille années ; enfin, tout, les mots comme les choses, ne semblent-ils pas empruntés aux Brahmanes? [2].

---

[1] Et la suite, Izeschne, Ha XIX, p. 138 sqq., tom. I, 2, Z. d'A.; coll. Ha XXXVI, p. 180; Vendidad, p. 278, 368; Boundehesch, I, etc., etc.

[2] Vendidad, Fargard XIX, déjà cité; Boundehesch, *passim. Conf.* ci-dessus, p. 627 sq. *Zervane Akerene*, le temps sans limites, pourrait bien être le *Sarvam Akhyaran* sanscrit, *omne indivisum* ou *indivisibile*, le πᾶν καὶ ἕν de la doctrine Védanta; Fried. v. Schlegel, *Wien. Jahrb.*, VIII, p. 455. Gœrres a fait un beau parallèle des dogmes et des formes propres aux deux religions : *Mythengesch.*, p. 250-262. M. de Hammer énumérant, d'après le *Burhani Katii*, les sectes principales du Magisme, observe que l'une des plus remarquables, celle de *Kessun*, attribuait l'origine matérielle des choses aux trois élémens du feu, de l'eau et de la terre, et enseignait la métempsychose. Plusieurs prophètes hindous sont nommés, dans ce dictionnaire, comme ayant eu des relations avec la Perse, les Mages et Zoroastre, entre autres *Schakemouni* ou Bouddha. Le Desatir, dans le livre de Zerdouscht, fait mention de *Senkerakas, Tschengerengadsch*, et *Biras* ou *Bias*, probablement *Sankara-Atcharya, Atscherenkaja* et *Vyasa*, contemporains du prophète persan. *Heidelberg. Jahrb.*, 1823, p. 179 sqq., 312. *Voy.*, en outre, sur les sectes des Mages, Hyde, cap. 21, p. 276 sqq., éd. de 1740; Anquetil, Zendav., I, 2, p. 67 sq.

Il n'en est pas moins vrai que, dans le Zendavesta, le dualisme prévaut presque partout sur le panthéisme. L'idée d'émanation y fait place à celle de création, le fini et l'infini, le réel et l'idéal y sont nettement séparés; il y a deux temps, deux créations, deux règnes en opposition; le monde visible et tout ce qu'il enferme a son type dans un monde invisible; la terre est ou doit être l'image des cieux : en un mot, le spiritualisme tend à se dégager du naturalisme. Mais, pendant que tout se distingue, tout se rétrécit; la métempsychose a disparu aussi bien que cette alternative de créations et de destructions, cette série de mondes sans fin, qui donne à la doctrine des Hindous un si grand caractère. La réflexion succède à l'intuition, elle la subjugue et l'enchaîne dans des formes toujours plus étroites. (J. D. G.)

Note 5 (chap. II, p. 323-330, etc.)

M. Creuzer paraît avoir suivi, dans sa Théogonie et sa Cosmogonie, principalement Kleuker et Gœrres : nous rapprocherons ici et dans la note subséquente quelques passages de l'exposition de Rhode. Cet auteur débute par une réflexion fort juste, c'est qu'il ne faut point chercher dans le Zendavesta un système proprement dit, mais seulement une légende; nous ajouterons que cette légende ou *tradition sacrée*, comme il l'appelle, ne formant nulle part un ensemble complet, il y a toujours plus ou moins d'arbitraire dans la recherche, le choix et l'arrangement des débris épars dont on la compose [1].

La grande période de douze mille ans, donnée à la lutte des deux principes, est formée de quatre âges égaux qu'ils se partagent alternativement. Dans le premier âge, *Ormuzd* règne

---

[1] *Voy*. Rhode, *die Heilige Sage*, p. 169 sqq.; 182 sqq., et *passim*. *Conf*. Zendavesta d'Anquetil, tome II, p. 592 sqq. : Exposition du système théologique, etc. de Zoroastre. Pour ne pas multiplier les citations, nous avertissons le lecteur qu'il trouvera tant au commencement de ce mémoire que dans la Table des matières, à la fin du même volume, toutes les indications et tous les renvois nécessaires.

seul; dans le second, *Ahriman* commence à se montrer, mais très-subordonné encore; dans le troisième ou l'âge actuel, il soutient le combat contre le bon principe; dans le quatrième ou l'âge à venir, le mauvais principe doit l'emporter, jusqu'à la fin du monde et au triomphe définitif du bien.

Ormuzd commença la création en produisant les *Fervers*... Le monde matériel et visible fut donc précédé d'un monde invisible et spirituel, qui devint le modèle et comme le prototype divin de celui-là. En d'autres termes, le monde matériel n'est qu'une révélation du monde spirituel (provoquée, selon M. Rhode, par la chute d'*Ahriman*, par l'existence du mal et pour son anéantissement [1].)

Ormuzd créa d'abord la voûte des cieux et la terre sur laquelle elle repose : sur la terre, il fit la haute montagne d'*Albordj*, qui traversant toutes les sphères célestes, s'élève jusqu'à la primitive lumière, et il choisit cette montagne pour sa demeure. Du sommet de cette montagne, le pont *Tchinevad* conduit à la voûte des cieux, *Gorotman*, ouverte au-dessus de l'*Albordj*. *Gorotman* est la demeure des *Fervers* et des bienheureux, et le pont qui y conduit se trouve au-dessus du monstrueux abîme, *Douzakh*, royaume primitif d'*Ahriman* [2].

[1] C'est là une interprétation toute gratuite; et nous ne pouvons pas plus l'admettre que l'opinion du même écrivain sur les *Fervers*, modèles purs, *idées* des êtres dans la pensée créatrice d'Ormuzd, et en même temps leurs célestes protecteurs, leurs *anges gardiens*, leurs *patrons*, qu'il identifie mal à propos avec les âmes, dont ils ne cessent pas d'être distincts alors même qu'ils s'unissent à elles pour s'incarner sur la terre. L'Iescht-Farvardin ou *des Fervers* mérite d'être parcouru en entier, tom. II, pages 247-286 du Z. d'A. *Conf.* Rhode, l. l., p. 194 sqq.; 201 sqq.

[2] L'*Albordj* des Perses correspond parfaitement au *Mérou* des Hindous : de même que la tradition de ceux-ci divise la terre en sept *Dwipas* ou îles, de même, les livres zends et pehlvis reconnaissent sept *Keschvars* ou contrées, groupées également autour de la montagne sainte. Le *Keschvar-Khounnerets* ou l'Iran, analogue au *Djamboudwipa*, est au milieu des autres et de la terre entière. De la source divine *Ardvisour*, située au

Ormuzd sachant que sa lutte contre *Ahriman* devait commencer à la fin du premier âge, s'y prépara en donnant l'être à toute la brillante armée des cieux, au soleil, à la lune et aux étoiles : mais cependant *Ahriman*, du fond de son ténébreux empire, voyait tout ce qu'avait fait *Ormuzd;* et tout à coup se levant, à la création de lumière il opposa une création de ténèbres, égale en force et en nombre. (*Voy.* les développemens dans la note suivante.)

Alors le Méchant vint plein de courroux et il voulut engager le combat. En vain *Ormuzd*, redoutant les maux qui allaient en naître, lui proposa la paix; il choisit la guerre. Mais bientôt ébloui de la gloire lumineuse d'*Ormuzd*, épouvanté à la vue des purs *Fervers* des hommes vertueux, il fut vaincu par la parole puissante du Bon et de nouveau précipité dans l'abîme, où il resta durant tout le second âge.

Cependant *Ormuzd* continuant la création de lumière, fit les *Amschaspands* et les *Izeds*, rois et chefs de l'armée céleste, chargés en outre de veiller sur toutes les parties de la création, et principalement sur les hommes; car tout être terrestre a son génie protecteur dans l'un des êtres célestes [1]. *Ahriman*, en

---

sommet de l'Albordj et au pied du trône d'Ormuzd, découlent tous les fleuves, toutes les rivières, toutes les eaux qui arrosent les Keschvars. *Voy.* Bonndehesch, V, XI-XIII; Iescht-Avan, etc. *Conf.* Rhode, p. 230 sqq.; et ci-dessus, p. 582 sqq.

[1] Les noms d'*Amschaspands* et d'*Izeds* ne sont pas toujours distingués, ni déterminés exactement dans leur application : c'est ainsi que le Soleil, la Lune, le feu et *Serosch*, sont appelés *Amschaspands* : de même les *Amschaspands* et *Ormuzd* lui-même sont souvent qualifiés d'*Izeds*, par exemple quand ils président aux sept premiers jours du mois. (*Voy.* la note 6, ci-après.) Les sept *Amschaspands* proprement dits sont les maîtres de la création et les protecteurs respectifs de ses différentes parties, c'est-à-dire de l'homme, des animaux, du feu, des métaux, de la terre, de l'eau et des arbres : *Ormuzd* figure tantôt comme le premier d'entre eux, tantôt comme bien supérieur à eux, et identique à *Zervane Akerene*, le suprême auteur de l'univers : nous avons alors huit puissances cosmogoniques analogues à celles des Hindous, etc. (ci-dessus, p. 608). Rhode

même temps, poursuivait sa création de ténèbres, et à chaque créature lumineuse en opposait une ténébreuse, non moins forte, non moins puissante. Ainsi naquirent les *Devs* et leurs

cherche dans les sept Amschaspands, les sept planètes; on y pourrait voir avec plus de raison peut-être le soleil et la lune, le feu et l'eau considérés sous différens aspects : mais, dans le vrai système du Zendavesta, ces génies du premier ordre sont des personnifications mythologiques très-complexes et fort élevées au-dessus des élémens et des astres. Plutarque les présente sous un point de vue remarquable : « *Oromazes*, dit-il, créa six dieux, le premier de la bienveillance, le second de la vérité, le troisième de la justice, les autres de la sagesse et de la richesse, et l'auteur de la joie qui est le fruit de la vertu. » De Is. et Osir., cap. 47. — Voici les noms des vingt-huit *Izeds* dont Plutarque ne connaît que vingt-quatre, sans doute parce qu'il les restreint à ceux qui, avec les *Amschaspands*, président aux jours du mois : *Mithra*, *Khorschid*, *Aban*, le génie de l'eau; *Ader* ou *Aser*, celui du feu (d'où *Aderbidjan*, la maison du feu); *Anahid*, la planète de Vénus; *Aniran*, la primitive lumière; *Ard*, qui ne fait qu'un avec *Arsching* ou *Aschesching*, femelle (*Ardhanari* des Hindous?); *Ardvisour*, source céleste des eaux, vierge, fille d'Ormuzd (analogue à la divine *Ganga*); *Aschtad*, génie de l'abondance; *Asman*, le ciel, opposé à *Douzakh*, l'abîme; *Barzo*, génie de l'Albordj et auxiliaire de *Taschter*, *Behram*, *Dahman*, *Din*, génie de la loi; *Farvardin*, Ized des *Fervers*; *Gosch*, qui donne tous les biens, très-rapproché de *Goschoroun*, l'âme des animaux; *Mah*, la Lune, femelle, en rapport avec le taureau; *Mansrespand*, Ized de la parole divine; *Neriosengh*, génie du feu qui anime les rois; (*Narasinha* des Hindous?) *Parvand*, en rapport avec *Ard*; (*Parvati?*) *Rameschne-Kharom*, génie de la révolution du temps et du ciel, des plaisirs durables, etc., personnification d'Ormuzd et de Zervane Akerene lui-même, sous le symbole d'un oiseau, invoqué avec Mithra; (*Rama*, *Rameswara* des Hindous?) *Raschne-rost*, Ized de la vérité et de la droiture; *Serosch*, *Taschter* ou *Tir*, astre, génie des eaux et de la pluie; *Vad*, génie du vent; *Venant*, astre qui donne la santé; *Zemiad*, femelle, Ized de la terre. Conf. Zendav. de Kleuker, I, p. 16 sqq.; Rhode, *Heil. Sage*, p. 312-352; les parallèles intéressans de M. de Hammer dans les *Wien. Jahrb.*, vol. X, p. 239 sqq., et *Heidelb. Jahrb.*, 1823, p. 178 sq.; Seel, *die Mithrageheimnisse*, 1823, p. 39-54.

chefs, distribués dans un ordre analogue aux *Amschaspands* et aux *Izeds*[1].

Les deux créations céleste et infernale étaient complètes : mais *Ormuzd* régnait encore seul avec les siens sur la terre. Il y avait produit le grand taureau, le taureau primordial, dans lequel il avait déposé les germes de toute vie organique. Tout à coup, avec le commencement du troisième âge, et le septième des douze millénaires, *Ahriman* sachant que son temps était venu, fit une invasion dans l'empire d'*Ormuzd* à la tête de tous ses *Devs*; mais seul il parvint jusque dans les cieux, son armée demeura en arrière. Un frissonnement le saisit et il s'élança sous la figure d'un serpent, du ciel sur la terre; il pénétra jusqu'à son centre et s'insinua dans tout ce qu'elle contenait, dans le taureau primitif, dans le feu, ce symbole visible d'*Ormuzd*, qu'il souilla par la fumée. De la terre, il s'élança de nouveau contre le ciel avec tous ses compagnons, portant de tout côté l'impureté avec les ténèbres, lorsqu'enfin *Ormuzd* et son armée, avec l'aide des *Fervers* des hommes justes, le refoulèrent dans les profondeurs de *Douzakh*, lui et les siens, après un combat de quatre-vingt-dix jours et quatre-vingt-dix nuits. Mais cette fois il n'y resta point; il se fraya un chemin

---

[1] Il y a beaucoup d'obscurités sur la hiérarchie, les noms, les fonctions et les caractères respectifs des mauvais esprits. Dans l'Afrin des sept Amschaspands, à *Ormuzd* est opposé *Ahriman*; à *Bahman*, *Aschmogh*; à *Ardibhescht*, le Dev de l'hiver, nommé *Eghetesch* dans le Vendidad; à *Schahriver*, *Boschasp*; à *Sapandomad*, *Astouiad*; à *Khordad*, *Tarik*; à *Amerdad*, *Tosius*. Dans le Boundehesch, les princes des Devs créés après les Amschaspands, sont *Akouman*, *Ander*, *Savel*, *Tarmad* ou *Nekaëd*, *Tarik*, *Zaretch*. Dans l'Eulma Eslam, il est parlé de sept Devs attachés aux cieux des sept planètes; et de ceux que nous venons de nommer, *Tarmad* seul s'y retrouve. *Eschem* est associé à *Ahriman*, comme *Serosch* à *Ormuzd*. Les Devs, comme les Izeds, sont mâles et femelles, et celles-ci, appelées *Paris* dans le Zendavesta, nous retracent les *Peris* devenues si célèbres dans la mythologie des Persans modernes. *Voy.* Zendavesta, *passim. Conf.* Kleuker, I, p. 21 sqq.; Rhode, p. 368-376.

au travers de la terre avec ses compagnons, et partagea l'empire d'*Ormuzd*. Dès lors l'espace qui est entre le ciel et la terre fut divisé en lumières et en ténèbres, en jour et en nuit [1].

Le taureau blessé par *Ahriman* périt; mais à sa mort, de son épaule droite sortit *Kaiomorts*, le premier homme, et de la gauche *Goschoroun*, l'âme du taureau, laquelle devint le génie tutélaire de toute la création animale. De la semence du taureau, *Ormuzd* forma deux autres taureaux, et de ceux-ci naquirent toutes les espèces d'animaux purs sur la terre : de son corps fut produit tout le règne pur des plantes [2]. Alors *Ahriman*, plein de rage, à ce monde organique pur en opposa un autre impur. Ainsi partout deux créations, deux grandes séries d'êtres bons et mauvais, purs et impurs, lumineux et ténébreux, en lutte perpétuelle l'un avec l'autre; et dans chacun de ces deux mondes, ou de ces deux royaumes, chaque classe, chaque ordre, chaque règne a ses chefs respectifs.

Toutefois *Kaiomorts*, le premier homme, fut le seul être auquel *Ahriman* ne trouva rien à opposer, et il résolut de le tuer. *Kaiomorts*, qui était homme et femme tout ensemble, avait alors trente ans comptés depuis la mort du taureau. Quand il mourut

---

[1] Rhode, *Heil. Sage*, p. 174 sqq., 376 sqq.

[2] *Conf.* le texte, ci-dessus, p. 354. Rhode observe avec raison qu'aucune partie de la légende sacrée n'offre des variantes plus considérables que cette histoire de la mort du taureau et du développement de la création terrestre, qui en est la suite. En général, dans les livres zends et particulièrement dans le Boundehesch, l'œuvre de la création est présenté sous deux aspects divers, l'un plus vague, auquel M. Rhode semble s'être attaché de préférence, l'autre plus déterminé, où tout s'ordonne successivement en six époques, sous la direction des six Amschaspands : la lumière et le ciel, le feu, l'eau, la terre, les plantes et les animaux. Dans ce second système, très-bien développé par Gœrres, la création du règne végétal et celle du règne animal sont mieux distinguées l'une de l'autre, celle-là rapportée à un arbre primitif (*Hom*), et celle-ci seulement au taureau (*Aboudad*). *Voy.* Boundehesch, V-X, XIV, XXIV, XXVII. Kleuker's *Anhang*, I, 1, p. 255; Rhode, 383-387, 209 sq.; Gœrres, *Mythengesch.*, I, 227-233.

lui-même, sa semence tomba sur la terre, le soleil la purifia, et *Sapandomad* avec *Neriosengh* veillèrent sur elle comme génies tutélaires. Au bout de quarante ans, *Ormuzd* en fit sortir un arbre pareil à un tige de Reivas, et qui mit dix années à prendre sa croissance. Cet arbre était fait comme un homme et une femme unis l'un à l'autre, et au lieu de fruits il portait dix couples humains, desquels *Meschia* et *Meschiane*, les ancêtres de la race humaine. Tous deux au commencement étaient pleins d'innocence et créés pour le ciel; mais ils se laissèrent séduire par *Ahriman*. Ils goûtèrent le lait d'une chèvre et ils se firent du mal : alors *Ahriman*, encouragé par ce premier succès, leur présenta des fruits : ils en goûtèrent et par-là perdirent cent béatitudes; une seule leur demeura. La femme fut la première qui sacrifia aux *Devs*. Au bout de cinquante ans, ils eurent pour enfans *Siamek* et *Veschak*, et ils moururent âgés de cent ans. Ils porteront dans les lieux infernaux la peine de leur péché jusqu'à la résurrection...[1].

Les âmes des hommes (ou leurs *Fervers?*) ont été produites par *Ormuzd* au commencement de la création; elles habitent dans *Gorotman*, dans le lumineux royaume d'*Ormuzd*. Mais elles sont obligées de descendre sur la terre, pour s'unir à des corps et pour y accomplir le pèlerinage de cette vie, sentier à deux issues, qui conduit à deux destinées bien différentes. Les âmes qui ont fait le bien, au moment de leur séparation d'avec le corps, sont reçues par les bons esprits et conduites au pont *Tchinevad*, sous la garde du chien *Soura;* celles qui ont fait le mal, y sont traînées par les *Devs*. Là est le tribunal d'*Ormuzd*, qui prononce sur les mérites et sur le sort des âmes. Les justes

---

[1] Boundehesch, III, IV, XV. Rhode, 177 sq., 388-393.— Le Boundehesch distingue dix espèces d'hommes, les dix couples de l'arbre : il parle en outre de quinze peuples ou races, issues des enfans de *Meschia* et *Meschiane*, dont six restèrent dans le *Khounnerets* et neuf passèrent dans les six autres Keschvars, sur le dos du taureau *Sareseok*, l'un des deux taureaux nés d'*Aboudad*. Il n'est pas question de déluge dans les livres zends.

passent le pont et sont accueillis dans le séjour du bonheur par les transports d'allégresse des *Amschaspands*; les méchans sont précipités dans l'abîme où les *Devs* leur font souffrir d'affreux tourmens. Mais la durée des peines est proportionnée par *Ormuzd* à la grandeur des fautes; les prières et les bonnes œuvres des parens, des hommes saints, peuvent en accélérer le terme; toutefois la plupart des coupables demeureront à *Douzahk* jusqu'à la fin du monde [1].

Avant ce dernier événement et quand les hommes livrés à *Ahriman*, dans le cours du quatrième âge, seront accablés de tous les maux, *Ormuzd* enverra un sauveur, le prophète *Sosiosch*, pour les préparer à la résurrection générale... Tout à coup l'astre malfaisant *Gourzscher*, une comète, trompant la garde de la Lune, chargée de le tenir en respect, s'élancera sur la terre qui sera dévorée par les flammes. Tous les êtres devront passer à travers le fleuve brûlant dans lequel elle sera transformée, et s'y purifieront, *Ahriman* lui-même avec les siens, dans des tourmens proportionnés à leurs impuretés... Du feu qui s'éteindra, l'on verra sortir une terre nouvelle, une terre pure et parfaite, comme était l'ancienne à l'instant de sa création, une terre destinée à l'éternité. *Ormuzd* le premier, et *Ahriman* immédiatement après lui, tous deux accompagnés de leurs créatures, y paraîtront comme les prêtres

---

[1] Rhode. p. 178 sq., et les développemens, 394-412, où, parmi beaucoup de réflexions judicieuses et d'utiles rapprochemens, se trouvent quelques assertions hasardées ou même tout-à-fait fausses, comme celle de l'identité prétendue des *Fervers* avec les âmes, que nous avons relevée plus haut. Ce point toutefois est encore loin d'être complètement éclairci. Les *Fervers*, portions immortelles de l'intelligence infinie, paraissent avoir leur centre et leur principe dans le Verbe divin, *Honover*; les âmes proprement dites, tant des hommes que des animaux, ont leur commun foyer dans *Goschoroun*, le principe permanent de toute vie organique, et vivent par lui dans le temps; les corps enfin n'ont qu'une existence éventuelle et contingente par la génération, ils sont mortels comme *Aboudad-Kaiomorts*, l'homme-taureau, leur premier père. Mais à la fin, les corps eux-mêmes renaîtront et se réuniront aux âmes pour l'éternité.

de l'Éternel, y célébreront ses louanges et y feront régner sans partage sa loi sainte et sacrée [1].

Note 6 (chap. III, p. 336 sq. ; coll. II, p. 328.)

Pour bien comprendre le calendrier liturgique et les rapports de la religion avec l'astronomie, chez les Perses, il faut d'abord se reporter à la grande période de douze mille années, à cette carrière dans laquelle se développe toute la création tant céleste que terrestre et se vide en quelque sorte, sur chaque point, la longue querelle du bon et du mauvais principe. Il est évident que ces douze millénaires de l'année divine, divisés en quatre âges égaux, ont leur type dans les douze mois et les quatre saisons astronomiques de l'année humaine. Plusieurs passages du Zendavesta supposent, en effet, que l'acte primitif de la création proprement dite fut consommé en six époques successives et en trois cent soixante-cinq jours [2]. Ce fut, dit-on, en mémoire de ce premier de tous les événemens, que *Dschemschid* institua cette forme d'année et la partagea en six *Gahanbars*, du nom des six fêtes célébrées par *Ormuzd* après chacun de ses travaux, et solennisées dans la suite, à son exemple, par ses purs adorateurs. Cependant il résulte du contexte de la légende, telle qu'elle a été rapportée dans la précédente note, que les six *Gahanbars* pourraient également avoir trait aux six premiers millénaires, et que la création, y compris le

---

[1] Vendidad, Fargard XIX. Boundehesch, XXXI. Izeschne, Ha XXX, XXXI.—Un petit nombre d'autres passages semblent confirmer la tradition différente, rapportée dans Plutarque et suivie aujourd'hui encore par une secte des Parses, d'après laquelle Ahriman et ses Devs, essentiellement mauvais dès le principe, seront anéantis à la fin du monde. *Voy*. Zendav. d'Anquetil, t. II, p. 344, 415 sq., etc.; Kleuker, *Anhang*, etc., I, 1, p. 139, 276 sqq.; 2, p. 338 sqq.; II, 3, p. 85; Rhode, *Heil. Sage*, p. 461-470, coll. 186-193.

[2] *Voy*. ci-dessus, p. 328, (même page, il a été imprimé par erreur : en soixante-cinq jours fut achevée la création de l'homme ; lisez : *soixante-quinze*.) *Conf*. l'Afrin des *Gahanbars*, Zendav. d'Anquetil, t. II, p. 81-89.

taureau, source de toute vie organique, n'aurait pas coûté à *Ormuzd* moins de six mille années. Cette division de la grande période en deux parties opposées l'une à l'autre, comme la terre au ciel et le mal au bien, est tout-à-fait dans l'esprit du magisme. La période de l'année est divisée de même en deux portions de six mois chacune, marquées par les deux fêtes principales des Parses : le *Neurouz* ou le nouvel an, qui se célèbre au mois *Farvardin*, vers l'équinoxe du printemps; et le *Meherdjan* ou fête de *Mithra*, au mois de même nom, vers l'équinoxe d'automne. Il est remarquable que chacune de ces fêtes dure six jours, par une relation manifeste encore aux six *Gahanbars* et à la création. Les six fêtes des *Gahanbars* ont cinq jours chacune; et pendant les cinq derniers jours de l'année ou les cinq épagomènes, nommés *Farvardians*, ou jours des *Fervers*, ou encore *Gathas*, jours des *Gahs*, les âmes sont censées venir sur la terre visiter leurs proches, qui s'empressent de leur faire un pieux et solennel accueil par des festins, des prières et des cérémonies de toute espèce. Avant cette fête, le 15 d'*Espendarmad* qui est le dernier mois, se célèbre celle des laboureurs [1].

---

[1] Février-mars. On trouvera de plus grands détails sur le calendrier et les fêtes des Perses, dans Hyde, cap. 9, p. 162 sqq.; cap. 14-17, 19, éd. de 1760; Anquetil, Zendav., II, p. 574 sqq., etc. — Si l'on considère l'ancien calendrier des Perses, tel que nous l'ont transmis Schahristani et Kaswini, dit M. de Hammer, il paraîtra mieux ordonné qu'aucun de ceux qui nous sont parvenus de l'antiquité; et les fêtes des religions plus récentes s'y reconnaîtront facilement. Les siennes se rangent toutes sous les six titres du soleil, du feu, de la victoire, de la liberté, du Génie et de la création. Les fêtes du soleil étaient fixées aux quatre grandes époques solaires : le *Newrous* au commencement du printemps; le *Mihrgan* au commencement de l'automne; le *Chourremrous* au commencement de l'hiver; le *Neiran* au solstice d'été. Les fêtes spécialement consacrées au feu étaient : le *Sede*, la plus ancienne de toutes, introduite par Houscheng, en l'honneur de la découverte de cet élément, et fixée au 10 de *Bahman* (2 février); la fête du feu renouvelé et épuré par Gustasp, au 9 d'*Ader*, (novembre-décembre). Les fêtes de la victoire : la fête de la vic-

Les six millénaires, les six époques de la création, les six *Gahanbars* qui consacrent ces époques; les six *Amschaspands*, qui concoururent avec *Ormuzd* à l'œuvre des œuvres; les élémens et les planètes en rapport avec les *Amschaspands*, desquels Zoroastre reçut la révélation de la loi dans l'ordre même où la création s'était accomplie [1] : cette merveilleuse combinaison d'idées a fait dire à l'illustre Herder que la religion d'Iran était comme une fête perpétuelle en l'honneur de l'œuvre divin [2].

toire de Féridoun sur Zohak, qui, dans l'ancien calendrier, coïncidait avec le *Mihrgan*, et selon Morier, se célèbre aujourd'hui encore à Damavend, vers la fin de mai; elle a été probablement confondue avec celle de la victoire sur le Touran, célébrée en effet à cette époque, selon le calendrier ancien, et qui n'est autre que la *Sacée* de Strabon, de Ctésias et d'Athénée, confondue aussi par ce dernier avec la fête de la liberté ou les saturnales de la Perse, dont nous parlerons tout à l'heure. La troisième fête de la victoire, ou la *Magophonie*, est présentée par les Orientaux comme la fête de l'extirpation de toutes les créatures d'Ahriman (les *Kharfesters*), des devs, des daroudjs, des magiciens ou faux mages, à la fin de février. Les fêtes de la liberté étaient celle des fous, celle du mannequin et celle des morts, aux pieds desquels, dans l'Orient, l'on plante aujourd'hui encore des cyprès, parce que le cyprès est regardé comme l'arbre de la liberté, et la mort comme le gage de la liberté véritable. La fête des fous tombait au 1er *Ader*, environ la mi-novembre : elle coïncide avec les fêtes de la vendange chez les Grecs, rappelle les Bacchanales et l'âne de Silène. La seconde fête, tant par son esprit que par l'époque où elle tombe (la fin de décembre), est proprement la fête de la liberté, et représente les Saturnales romaines : on y promenait sur un taureau un mannequin supposé être le roi et paré des ornemens royaux, que l'on jetait ensuite dans le feu. La fête des morts était célébrée le 26 *Aban*, dans la première moitié de novembre. Les fêtes des Génies étaient au nombre de douze : on solennisait chaque mois et chaque jour du même nom que le mois. Enfin les six *Gahanbars* ou fêtes de la création, célébrées chacune durant cinq jours, rappellent avec les cinq *Farvardians*, les *Quinquatria* du calendrier romain, consacrés à différentes divinités. *Wiener Jahrbücher*, vol. X, 1820, p. 248 sqq., coll. 211 sqq.

[1] Zendav., Vie de Zoroastre, I, 2, p. 26-27.
[2] Herder's *Denkmale der Vorwelt*.

Mais cet œuvre divin se reproduit chaque année sous nos yeux dans chaque création annuelle, et si l'ordre actuel de la terre se modèle sur l'ordre primitif du monde, il n'est pas moins vrai de dire que celui-ci a son type dans l'ordre permanent de la nature. De même que le royaume terrestre de *Dschemschid* fut établi à l'image du royaume céleste d'*Ormuzd*, de même l'un et l'autre viennent se réfléchir dans l'ordonnance de ce visible univers, telle que la conçoivent les Parses. Reprenons, d'après M. Rhode, la légende cosmogonique interrompue dans la note précédente.

Ormuzd ayant créé le ciel et la terre et les trois sphères célestes, se réserva la troisième et la plus élevée, au-dessus de laquelle est son trône, dans le sein de l'ineffable lumière, et par delà le sommet d'*Albordj* où il aime à résider. Au-dessous de son trône il fit le soleil, qui, se levant de l'*Albordj* pour donner la lumière au monde, fait le tour de la terre dans la sphère la plus sublime des cieux, et, le soir, revient au point d'où il étoit parti. Puis il fit la lune qui a sa lumière propre, et la porte à la terre par une révolution semblable, mais dans une sphère inférieure. Ensuite il créa les cinq moindres planètes et avec elles l'armée entière des étoiles fixes, qui occupèrent la sphère la plus basse du ciel [1]. Cette armée des étoiles, soldats postés sous la voûte céleste contre *Ahriman*, fut partagée en douze bataillons rapportés aux douze constellations zodiacales comme à autant de mères [2]. Les constellations, dès leur origine, furent aussi divisées en vingt-huit *Khordehs*, mâles [3]. Le peuple des étoiles ne forme pas moins de six mille

---

[1] *Voy.* les mots *Soleil*, *Lune*, etc., et les renvois indiqués dans la table d'Anquetil, à la fin du Zendav.

[2] Les douze signes du zodiaque sont : l'Agneau, le Taureau, les Gémeaux, le Cancer, le Lion, l'Épi, la Balance, le Scorpion, l'Arc, le Capricorne, le Seau et les Poissons. Bonndehesch, II. *Conf.* Rhode, *Heil. Sage*, p. 237 sqq.

[3] Bonndehesch, *ibid.* — Rhode, qui multiplie ici comme partout les conjectures bizarres ou les assertions gratuites, paraît avoir été trompé

et quatre cent quatre-vingt mille combattans. *Ormuzd* établit sur cette armée nombreuse quatre sentinelles vigilantes, placées aux quatre points du ciel pour la surveiller sans cesse : *Taschter*, qui garde l'est; *Satevis*, l'ouest; *Venant*, le midi; *Haftorang*, le nord. Au centre du ciel fut, en outre, placée une grande étoile nommée *Mesch* ou *Meschgah*, et spécialement chargée de porter secours au midi. Il est encore parlé du chien *Soura* qui est au ciel des étoiles fixes, d'où il veille sur les hommes et les animaux, et favorise leur propagation [1].

sur le nombre des *Khordehs* par une erreur de la traduction de Kleuker : *Heil. Sage*, p. 239, 248 sqq.

[1] Boundehesch, II et XIV, *sub fin.*, coll. Vendidad, Farg. XIX, p. 418. — Nous avons vu plus haut (p. 707) que le même *Soura*, appelé le chien des troupeaux, est chargé de conduire les âmes au pont *Tchinevad*. C'est, sans aucun doute, *Sirius-Anubis*, préposé au ciel et aux étoiles comme un gardien et une sentinelle, dit Plutarque (φύλακα καὶ προόπτην, de Is. et Osir., p. 463, Wyttenb.), et en même temps guide des âmes. (Liv. III, p. 436, 439 sq., 442 sqq.) Cette identité manifeste de *Soura* et *Sirius-Anubis* nous conduit à présumer celle de *Taschter* ou *Tir* et de *Thoth*, qui n'est autre que *Sirius* sous un point de vue différent. Mais si l'on cherche, dans la mythologie des Perses, le rôle supérieur, intellectuel, à la fois divin et humain de *Thoth-Hermes*, étoile de salut, prophète et scribe sacré, etc., on le trouvera partie dans *Soura*, partie dans *Taschter*, et surtout dans *Hom* et *Zoroastre*, les deux législateurs surnaturels d'Iran. Au fond *Soura*, le chien céleste; *Taschter*, l'astre éclatant, immortel, qui donne les eaux et la vie; *Hom*, auxiliaire de *Taschter* dans la distribution des eaux, arbre de vie, calice de miséricorde et d'immortalité; *Zere-Toschtro*, l'étoile d'or, véritable incarnation de *Hom*, sont un seul et même personnage mythique, envisagé sous des aspects divers, comme *Sirius-Anubis-Thoth-Hermes*. Ajoutez que *Taschter* au triple corps, invoqué trois fois avec le soleil, de même qu'*Ormuzd* et le triple *Mithra*, rappelle *Hermes-Trismégiste*, et s'élève comme lui jusqu'au rang de Démiurge. — *Satevis*, l'œil austral du Taureau, selon Anquetil, est, d'après M. de Hammer, l'*Aldebaran* des Arabes avec la Pléiade; *Venant*, ou le pied d'Orion, ou plutôt Canopus; *Haftorang*, c'est-à-dire les *sept étoiles*, la grande Ourse : quant à *Meschgah*, le même que *Rapitan*, qui préside au midi et au milieu en général, il est dans un rapport évident

Nul doute qu'ici, comme chez les Hindous et chez les autres peuples de l'Orient, la Théogonie et la Cosmogonie n'aient été, dans le principe, une seule et même chose, et ne soient encore, sur plusieurs points, étroitement liées l'une à l'autre. Aussi M. Rhode était-il fondé à chercher dans les planètes, les étoiles fixes et les autres corps de la nature, en général, les objets primitifs de l'adoration des hommes d'Iran. Mais il faut convenir que, parmi beaucoup de rapprochemens fort justes et d'excellentes réflexions, il s'est étrangement abusé dans son interprétation de la plupart des noms d'astres qui se rencontrent dans les livres zends et dans le Boundehesch, changeant, ainsi que le lui reproche M. de Hammer, les étoiles fixes en planètes et les planètes en comètes. On dirait même que les étoiles fixes lui blessent la vue, car il ne veut voir presque partout que les planètes, qu'il trouve à la fois dans les *Amschaspands*, dans les *Izeds*, et quelques-unes dans plusieurs *Amschaspands* et dans plusieurs *Izeds* tout ensemble. Mais son goût le porte plus encore vers les comètes que vers les planètes, car il finit par méconnaître celles-ci en les confondant avec ses chimères favorites, les *Devs*-comètes[1]. Si l'esprit de système n'eût pas égaré un auteur estimable du reste, mais lui-même peu fidèle aux principes de critique qu'il sait si bien opposer aux autres, il aurait aperçu un fait plus sûr que toutes ses hypothèses historiques ou astronomiques : c'est que l'action de la réforme introduite par Zoroastre à une époque de civilisation, sur le sabéisme antique des Mages, dut y causer une révolution assez considérable pour qu'il ne soit pas si facile aujour-

---

avec Mithra, le médiateur ; mais nous ne trouvons rien de certain sur son type astronomique. M. Rhode a bouleversé tout le système du Zendavesta, en confondant *Meschgah* avec Mithra, dans lequel il voit la planète de Vénus ; et en faisant de *Tascher* Jupiter, de *Satevis* Saturne, de *Venant* Mercure, et de *Haftorang* Mars. *Voy. Heil. Sage*, p. 255 sqq. *Conf.* v. Hammer, *Heidelb. Jahrb.*, 1823, p. 89 sqq.

[1] Rhode, *Heil. Sage*, art. VII, VIII et IX, *passim. Conf.* v. Hammer, *ubi supra.*

d'hui de retrouver le sens primitif et les applications *naturelles* des noms des *Amschaspands*, des *Izeds* ou des *Devs*. Il est certain d'ailleurs que des êtres purement moraux ou métaphysiques, fruits d'une abstraction philosophique qui témoigne en faveur de notre opinion relativement à l'époque de Zoroastre, furent, en quelque sorte, entés par ce réformateur religieux sur les personnifications physiques de l'ancien culte, en conservant toutefois avec celles-ci une relation plus ou moins vague. De ce nombre nous semblent surtout les *Amschaspands* et les princes des *Devs*, qui ne cessèrent pas d'avoir un rapport éloigné avec les planètes considérées dans les deux hémisphères célestes, supérieur et inférieur, mais qui n'en sont pas moins distincts de ces étoiles et infiniment élevés au-dessus d'elles. Il y a plus, c'est que le soleil et la lune sont eux-mêmes expressément distingués des planètes et assimilés aux étoiles fixes, dans le Boundehesch [1].

Si l'on compare le même Boundehesch avec un passage du Desatir, déjà cité [2], on verra les *Amschaspands* et les planètes, les rois divins et les rois humains en contraste, se partager les douze millénaires de la grande période ou du temps (*Zervane*), représentés par les douze signes du zodiaque : c'est ainsi que l'histoire elle-même vient, comme un développement de la création, se coordonner à l'œuvre des six jours, et la terre se rattacher au ciel qui se réfléchit en elle. Les six signes supérieurs du zodiaque, depuis l'agneau jusqu'à l'épi et depuis l'équinoxe

---

[1] Art. V, *init.* — Sept astres sont mis en sentinelle : *Taschter*, chargé de la planète *Tir* (tous deux portent le même nom), Mercure; *Satevis*, de la planète *Anahid*, Vénus; *Venant*, d'*Anhouma*, Jupiter; *Haftorang*, de *Behram*, Mars; *Mesch* de *Kevan*, Saturne; *Gourzscher* et *Dodjom Mouschever*, étoiles à queue, sont sous la garde du Soleil et de la Lune. Dans l'Eulma Eslam, il est question de sept Devs rendus lumineux par Ormuzd, et qui reçurent des noms divins : *Kevan*, Saturne; *Ormuzd* (*Ankouma*), Jupiter; *Behram*, Mars; *Schid* (*Khorschid*), le Soleil; *Nahid*, Vénus; *Tir*, Mercure; *Mah*, la Lune (*Conf.* ci-dessus, p. 705, 713 sqq.). Ici le Soleil et la Lune reprennent leur rang de planètes.

[2] *Supra*, p. 687, note. Boundeh. XXXIV. *Conf.* Rhode, l. I., p. 244 sqq.

du printemps jusqu'à celui d'automne, répondent aux six *Amschaspands* et aux six époques de la création qu'ils dirigent. Dans les six, ou plutôt dans les quatre signes inférieurs (car le Temps n'est pas fini) se distribuent, depuis la balance et *Kaiomorts* avec ses premiers successeurs, y compris *Dschemschid* et ses sept cents ans, jusqu'au capricorne qui commence sous *Gustasp* et règne sur le dixième millénaire fermé par les quatre cent soixante ans donnés aux Sassanides, ces rois dont nous avons vu les sept premiers, êtres bien plus mythiques qu'historiques, caractérisés par les sept planètes dans le Desatir. On conçoit que M. Rhode, qui admet ou rejette à son gré les textes, selon qu'ils paraissent favorables ou contraires à ses hypothèses, ait fort maltraité les calculs chronologiques du Boundehesch, tout en accueillant les généalogies sur lesquelles ils reposent : ces calculs, en effet, quelque peu exacts qu'ils soient du reste, faisaient le procès le plus décisif à son système sur l'histoire des peuples d'Iran, tandis qu'ils prêtent, au contraire, à celui de Gœrres un appui très-remarquable [1].

Note 7 (chap. III, p. 338 sqq., etc.)

Un ingénieux érudit a surnommé les Perses « les Puritains du paganisme [2] : » en effet, il serait difficile de trouver dans toute l'antiquité, si ce n'est chez les Hébreux, rien qui fût comparable à la simplicité aussi sévère que sublime de la religion fondée sur le Zendavesta. Le sabéisme y est tellement idéalisé, le culte des élémens si épuré, tous les objets de l'adoration publique ou particulière si rigoureusement subordonnés à l'idée d'un être bon, auteur, protecteur et sauveur du monde, que l'on ne saurait guère taxer de polythéisme les sectateurs de cette doctrine. A plus forte raison doivent-ils être considé-

---

[1] *Ke-Gustasp* tombe vers 500, *Feridoun* vers 1500, *Kaiomorts* vers 2500 avant notre ère. *Voy.* ci-dessus, p. 681 sqq.

[2] Payne Knight, *Inq. into the symbol. lang.*, § 92.

rés comme étrangers à toute idolâtrie, dans le sens vulgaire de ce mot. Le feu sacré qu'ils invoquaient, en présence duquel s'accomplissaient tous leurs sacrifices et les principales cérémonies prescrites par la loi, n'était pour eux qu'un emblème de la volonté ou parole divine qui a créé l'univers et le vivifie incessamment. Le *Dadgah*, ou le foyer qui entretenait cette flamme symbolique, avant d'être placé sur un autel, brûla long-temps sur la terre nue; et ce fut plus tard encore que l'on éleva des *Ateschgahs* ou temples du feu, nommés *Pyrées* par les Grecs, et dont les dômes, tout en préservant des injures de l'air l'élément sacré, étaient censés représenter la voûte céleste : ils devaient être construits de telle sorte que les vents pussent librement répandre dans les différentes parties du monde l'agréable odeur du feu d'Ormuzd [1]. Ce n'étaient point là des temples ni des autels tels que les entendaient les Grecs : ceux-ci, du reste, ne paraissent guère avoir compris le sens profond de ce culte, non plus que des rites nombreux qui s'y rattachaient [2].

Mais si les Perses n'étaient point idolâtres, il ne s'ensuit pas, comme on pourrait l'induire des paroles d'Hérodote, et comme

---

[1] Vendidad, Farg. VIII. — Sur le culte du feu, d'après le Zendavesta, il faut voir de nouveaux développemens dans Rhode, *Heil. Sage*, p. 417 sqq.; 471. Sur les temples du feu, construits en divers lieux de la Perse, et sur les traditions qui y sont relatives, M. de Hammer a ajouté aux recherches de Hyde (cap. 8, p. 148 sqq.) des recherches entièrement neuves : *Wien. Jahrb.*, VIII, p. 326 sqq.; coll. *Heidelb. Jahrb.* 1823, p. 177 sq. *Conf.* Ker-Porter, *Travels*, vol. I, pl. 25 et 26.

[2] Indépendamment de son sens supérieur, il est certain que le culte du feu, chez les Perses, demeura en rapport avec les différentes parties de la nature et particulièrement avec les planètes. Delà les principaux temples du feu, au nombre de sept; de là les sept feux, portions d'un feu unique, qui se retrouvent dans les livres sacrés de l'Inde. Ce sujet, déjà traité par Hyde, a été soumis par M. de Hammer à un examen plus approfondi, d'après les écrivains orientaux, et surtout d'après le Schahnameh comparé au Zendavesta : *Wiener Jahrb.* VIII, p. 328 sq.; X, p. 219-225. Nous y reviendrons dans la note 8 ci-après.

semble le penser M. Creuzer, qu'ils fussent exempts d'anthropomorphisme, ni même qu'ils n'eussent aucunes représentations extérieures de la Divinité et de ses célestes ministres. C'est ici surtout que se fait sentir le besoin de distinguer les époques encore plus que les populations ou les castes ; car cette dernière distinction est assez arbitraire, à notre avis du moins. Nous nous bornerons à quelques observations très-rapides.

Les Perses n'avaient point de temples au sens des Grecs, et ils n'y offraient point leurs hommages à des idoles ; voilà ce qui est généralement admis pour les temps des Achéménides, postérieurs à Zoroastre. Cependant les ruines de *Tschehilminar*, de *Morghab*, etc., sont couvertes de bas-reliefs dont les figures ne représentent pas toutes des personnages historiques, ni des êtres réels. On est surtout frappé à Persépolis de nombreuses représentations d'animaux chimériques, ou isolés, ou combattant entre eux, ou combattant contre des hommes.

Les premiers qui s'offrent à la vue, sont isolés et occupent deux à deux les faces intérieures des deux portails successifs du palais de *Dschemschid*, à la garde duquel ils semblent préposés [1]. Le premier couple est malheureusement mutilé ; les têtes n'y sont point reconnaissables ; mais tout le reste du corps appartient au bœuf et n'a rien de commun avec l'âne sauvage ou le *Monocéros* décrit par Ctésias, comme l'ont cru mal à propos Heeren, Tychsen et Rhode [2]. Nous pensons que ce couple doit être assimilé au double demi-bœuf qui surmonte si souvent les colonnes persépolitaines et que l'on voit aussi sans corne (pl. XXV, 126). Ce bœuf qui rappelle le bœuf *Dherma* ou *Dherma-Radja* (pl. IV, 42, l'explication et les renvois), placé également à l'entrée des pagodes de l'Inde, a sans doute rapport au taureau *Aboudad*, le premier-né des animaux ; et comme ce taureau primitif est souvent confondu avec *Kaio-*

---

[1] *Voy.*, entre autres, Ker-Porter, *Travels*, I, p. 585-592, et pl. 31-33.
[2] Heeren's *Ideen*, I, 1, p. 274 sqq., et *ibi* Tychsen, p. 615 sqq. Rhode, *Heil. S.*, p. 216 sqq.

morts, nommé l'homme-taureau, nous le retrouverons encore dans le second couple, qui ne paraît différer du premier que par les ailes et la tête humaine, ornée d'un diadème tout-à-fait convenable au premier roi (pl. XXIII, 119, 119 *a*). L'Inde nous montre une figure analogue dans la vache ailée à tête humaine, source des êtres et de tous les biens de la terre, comme *Aboudad* (pl. XII, 74). En aucun cas nous ne saurions voir dans la figure persane, ni le *Martichoras* de Ctésias, avec Tychsen et Heeren suivis par M. Creuzer, ni au contraire, avec Rhode, le chef ailé des animaux purs : c'est ici le chef et le père de la création terrestre tout entière, admirablement placé à l'entrée d'un édifice où Herder, fidèle à la renommée de l'Orient, a si bien reconnu, selon nous, un tableau développé de cette création, véritable empire de *Dschemschid*, du plus grand des successeurs de *Kaiomorts* ou *Gilschah*, le roi de la terre [1].

Dans l'intérieur de l'édifice, se représente plus d'une fois un groupe où nous voyons la licorne sans ailes ou l'âne sauvage de Ctésias, le même que l'âne à trois pieds des livres zends, misérablement déchiré par un lion, qui l'attaque par derrière (pl. XXIII, 118). Le premier de ces animaux manifestement composé du bœuf, du cheval et de l'âne, doit être le chef des quadrupèdes purs, créatures d'*Ormuzd* : quant au second, l'analogie conduit à y reconnaître son adversaire, le chef des quadrupèdes impurs, créatures d'*Ahriman*, quoiqu'il n'en soit

---

[1] Herder's *Werke z. Philos. u. Gesch.*, I, *passim*. M. de Sacy (Mém. de l'Institut, p. 211) avait déjà constaté le vrai caractère de la figure en question : c'est un chérubin, un andro-sphinx, un abrégé symbolique et en même temps une révélation première de la création, idée qui se rapproche à quelques égards de celle que nous avons trouvée dans le sphinx égyptien (ci-dessus, p. 504). *Voy.* les ingénieux et profonds développemens de M. de Hammer, *Wien. Jahrb.*, X, 245 sqq.; *Heidelb. Jahrb.* 1823, p. 91 sq. Ézéchiel peint les chérubins sous des traits à peu près semblables, X, 20; et comme le Seigneur est porté par des chérubins, quelquefois l'on voit Ormuzd monté sur *Aboudad-Kaiomorts* : psalm. XVIII, 11 ; XCIX, 1, etc., etc.

pas formellement question dans le Zendavesta, non plus que du *Martichoras*, tel que Ctésias nous l'a dépeint. Ce qui donne beaucoup de force à cette conjecture, c'est que d'autres groupes fort multipliés dans diverses parties des ruines, nous montrent non-seulement le lion, mais plusieurs combinaisons monstrueuses d'animaux où il entre presque toujours comme principal, violemment dressées contre le roi qui, saisissant la corne unique du monstre, lui enfonce un poignard dans le flanc avec un courage plein de calme. Le loup, quadrupède essentiellement impur, entre quelquefois aussi pour beaucoup dans la composition de cet être chimérique, avec une espèce de crête qui lui couvre le cou, des ailes et une queue vertébrée qui rappelle le scorpion. D'autres fois, le monstre prend la tête et le plumage supérieur d'un aigle avec le corps, les pates et la queue d'un lion : d'autres fois, c'est une licorne ailée, mais avec les pates de lion : d'autres fois, chose singulière, c'est la licorne sans ailes, au corps, aux pieds de bœuf[1]. On ne peut donc rassembler toutes ces combinaisons sous le nom de licorne ailée, par opposition à la licorne sans ailes, comme l'a fait M. de Hammer[2], quoique la corne unique semble être permanente. Nous ne connaissons pas non plus, pour notre compte, de figure de ce genre qui, par la tête humaine, puisse être complétement identifiée avec le *Martichoras* dont parlent les anciens. Ce qu'il y a de plus sûr, c'est que l'une des figures décrites (pl. XXIV, 122) est le type antique du fameux griffon que nous fait connaître Élien d'après Ctésias, et que M. de Hammer veut retrouver aussi dans le *Rock* des modernes orientaux[3]. Il n'est pas également certain que les *Devs* soient représentés par des griffons, car le Zendavesta n'en fait aucune mention[4].

[1] Compar. Chardin, pl. LXV, et Ker-Porter, l. l., pl. 52-54.
[2] *Heidelb. Jahrb.*, 1823, p. 92.
[3] Ælian., H. A. IV, 26. *Conf.* Heeren et Tychsen, *ubi sup.*, p. 301 sq., 612; Rhode, l. l., p. 227; v. Hammer, *ubi sup.*
[4] Au moins les griffons sont-ils des animaux ahrimaniens, ce qui re-

Mais de même que le Zendavesta ne donne point la peinture de tous les animaux symboliques que l'on a découverts sur les monumens, de même il en décrit que les monumens n'ont point encore offerts à nos regards. De ce nombre sont les quatre oiseaux célestes nommés *Eorosch*, *Houfraschmodad*, *Eoroschasp* et *Aschtrenghad*. Nous pensons, avec M. de Hammer, que l'*Eorosch*, interprète des cieux à la vue perçante, est l'épervier ou l'aigle, l'oiseau sacré par excellence, le ἱέραξ des Égyptiens, symbolisé comme le *Garoudha* des Hindous. Quant à l'*Houfraschmodad*, l'oiseau à trois corps et à trois noms, l'ingénieux orientaliste y voit le *Simourgh*, encore aujourd'hui fameux dans tout l'Orient comme le chef prophétique des oiseaux, et qu'il croit être le vautour également allégorisé. Il ne s'explique point sur les deux autres [1].

vient à peu près au même. Sur les règnes pur et impur, on peut voir encore Plutarque, de Isid. et Osir., p. 514, Wyttenb.; Kleuker, *Anhang z. Zendav.*, II, 3, p. 84. « Ces symboles, dit Rhode (p. 225), loin d'être de simples jeux d'une imagination poétique, se rattachent intimement aux dogmes fondamentaux du Zendavesta. Le combat des animaux représentans des deux règnes, représente à son tour le grand combat des deux créateurs, qui se révèle dans le monde entier, et où l'homme a lui-même le devoir d'intervenir sans cesse. L'adorateur d'Ormuzd doit prendre soin des animaux purs et les défendre contre les créatures d'Ahriman; il doit poursuivre, écraser celles-ci, car c'est Ahriman qu'il combat dans ses œuvres, etc. » Le même écrivain a très-bien fait ressortir les rapports de cette doctrine avec celle des livres hébreux (214 sq., et l'art. XIII, *passim*). Quant aux rapports des symboles, ils ne sont pas moins frappans et se retrouvent en grand nombre dans les origines du christianisme : Apocalyps. XIII, 1; XII, 3; IX, 3, 5, 10; Luc. X, 19, et *ibi* Kuinoel Comment. in N. T., II, p. 449; Matth. XII, 43; Luc. XI, 24, etc., etc. — Daniel, VII, 7, parle d'un monstre à dix cornes que rappelle la fig. 119 c de notre pl. XXVII bis. Le Zendavesta n'a rien de semblable.

[1] *Heidelb. Jahrb.*, *ubi sup.*, p. 93 sq. Gœrres (*Mythengesch.*, p. 226), en partie d'après Anquetil, voit dans *Eorosch*, le corbeau; dans *Houfraschmodad*, le coq; dans *Aschtrenghad*, l'aigle. *Voy.* table du Zendav., aux noms en question, et surtout les renvois de l'art. *oiseaux*.

Ces oiseaux célestes, rois des oiseaux, ennemis des *Devs*, et sur lesquels est préposé *Mithra*, pareil à *Aschtrenghad*, pourraient bien être des personifications de ces quatre étoiles fixes, préposées elles-mêmes sur tout le peuple des étoiles, et entre lesquelles resplendit *Meschgah* [1]. Vraisemblablement aussi ils ne sont pas sans rapport avec les quatre *Jynges* ou langues divines de Babylone, suspendus sur la tête du roi (341, 502, note 4).

Ces *Jynges* nous conduisent naturellement à parler de la figure aérienne placée dans une espèce d'anneau ou de couronne d'où partent des ailes, et se terminant par un plumage épais, figure que l'on voit partout à *Tschehilminar*, à *Nakschi-Roustam*, à *Bisoutoun*, planer au-dessus de celle du monarque avec un cercle et quelquefois un lotus dans la main. Souvent l'anneau ailé se trouve isolé de la figure et surmontant la scène où paraît le roi; jamais la figure n'est isolée de l'anneau. La relation de l'une et l'autre représentation à la personne royale est manifeste. Sur les tombeaux où le roi paraît, un arc à la main, comme *Kean* ou héros, devant l'autel du feu que surmonte un globe, la figure aérienne placée ailleurs au-dessus de la tête du monarque, et dans le même sens, semble planer entre lui et le feu sacré, tantôt se dirigeant du roi à l'autel, et tantôt de l'autel au roi. Il est évident que la figure remplit ici un rôle de médiation; et si, d'un autre côté, l'on remarque que le globe, en s'élevant derrière le feu, semble s'en éloigner, l'on sera porté à croire qu'il joue un rôle analogue entre l'autel et un objet invisible. Sans développer les motifs de notre opinion, nous persistons à penser, avec Herder, MM. de Sacy, Heeren, Creuzer, et le plus grand nombre des auteurs, que la figure en question représente le *Ferver* du roi, ou, comme nous dirions, son ange gardien, son patron céleste, qui veille constamment sur sa personne, porte ses prières à la divinité, dont il lui rapporte les grâces, et se trouve dans la même relation entre lui et le feu, symbole terrestre d'*Ormuzd*, que le globe

---

[1] Ci-dessus, p. 713. Gœrres, *ubi sup.*

visible du soleil entre le feu et *Ormuzd* lui-même, le soleil invisible. Quant à l'anneau ou la couronne ailée, ce doit être pareillement le céleste prototype de cette espèce de diadème que se transmettent l'un à l'autre les deux personnages sculptés si souvent dans les bas-reliefs sassanides, et par conséquent un emblème de la royauté. Le cercle et le lotus, tant de fois reproduits sur les monumens de la Perse, comme sur ceux de l'Inde et de l'Égypte, sont des symboles de l'éternité et de l'immortalité, partage du *Ferver*, qui deviendra un jour celui du roi. Tous deux se voient quelquefois tenant en même temps le lotus, et leur parfaite et perpétuelle ressemblance, jointe à leur coexistence dans tous les bas-reliefs achéménides connus jusqu'ici, permet à peine le moindre doute sur la vérité de notre explication [1] (pl. XXII, 117, 117 *a* et *b*).

[1] M. de Hammer, après avoir partagé long-temps cette opinion, a cru devoir en émettre une nouvelle, qui est aussi celle de M. Rhode (*Heil. S.*, p. 485 sqq.). Il trouve dans la représentation qui nous occupe, *Ormuzd* sortant d'un cercle qui figure l'éternité, et tenant à la main un autre cercle, celui du ciel : c'est, du reste, selon lui, l'*ancien des jours*, tel que le peint Daniel, VII, 9 (*Wien. Jahrb. der Litter.*, X, 244). Dans un article subséquent (489 sqq.), M. Rhode a judicieusement discuté tout ce qui se rapporte à la sépulture en général et aux tombeaux des rois chez les Perses ; mais à la fin de cet article, il montre une grande ignorance des monumens de cette nation, en confondant les bas-reliefs sassanides avec ceux des Achéménides, ce qui l'entraîne dans les explications les plus bizarres et les plus fausses. Sur les pratiques relatives aux funérailles, consultez encore MM. de Sacy (Journ. des Sav. 1821, p. 23), et de Hammer (*Heidelb. Jahrb.*, 1823, p. 309), qui renvoient tous deux aux découvertes récentes de Malcolm, Ouseley, Johnson, etc. Sir Ker-Porter, qui voit dans l'anneau ailé un symbole analogue à celui de l'Égypte, supposé représenter *Kneph* ou l'Éternel (ci-dessus, p. 508), fait remarquer que les animaux placés en rang à la frise des tombeaux, sont des lions et non pas des chiens (K. P., I, p. 678, et pl. 43 *a*.); mais cette rectification n'emporte rien de contraire à l'usage du *Sagdid* (*sup.*, p. 358) où le chien figurait *Soura*, guide des âmes au sortir des corps (p. 713). Le coq, probablement un symbole de *Behram*, jouait aussi son rôle dans cette cérémonie, et quelquefois on le trouve, comme le chien toujours, sur les monu-

De tout ceci nous pouvons conclure que les Perses de Zoroastre représentaient sur leurs monumens, non-seulement des rois et des êtres réels, mais encore des êtres mythologiques et des génies terrestres ou célestes, personnifiés déjà dans les livres sacrés du prophète, qui sont pleins de descriptions semblables. Si nous avons trouvé des *Fervers*, il est possible que nous ayons un *Ized* dans la grande figure sculptée en bas-relief sur la face N. O. d'un énorme pilier appartenant aux ruines de *Morghab*, et au-dessus de laquelle est une inscription en lettres cunéiformes (pl. XXIV, 123). Cette figure, vêtue d'une longue robe, porte de la barbe et quatre ailes étendues; mais ce qui est surtout remarquable, c'est sa coiffure manifestement symbolique, et tout-à-fait semblable à celle que l'on voit souvent sur la tête des rois, des héros, et même de certains dieux, dans les bas-reliefs égyptiens. Quoique l'on puisse penser de ce singulier rapport, dont on ne connaît pas d'autre exemple jusqu'à présent, la figure, considérée en elle-même, n'en appartient pas moins à la mythologie des Perses par tous ses caractères [1].

Ce qui le prouve d'ailleurs, c'est qu'elle forme une transi-

---

mens mithriaques. *Voy.* Anquetil, Zendav., II, p. 582, et la table, aux mots *Chien* et *Coq*.

[1] Ker-Porter, qui reconnaît dans cette figure un génie d'un ordre supérieur, renvoie aux descriptions analogues de l'Écriture : Exod. XXV, 18 et 20 ; Reg. I, 6, 23-29 ; Paralipom. III, 13 ; Isaïe, VI, 1, 2. MM. de Hammer et Grotefend y voient, le premier, un *Ized*, à cause des ailes ; le second, *Cyrus*, divinisé après sa mort. Ce dernier se fonde principalement sur l'inscription où il croit lire : LE SEIGNEUR, KOUSROUSCH (*puissant génie*, nom différent de *Koresch* ou *Khorschid*, *le soleil*), MAÎTRE DU MONDE. Tout porte à croire, en effet, que les Perses révéraient Cyrus à l'égal d'un *Ized*, et qu'en général ils rendaient à leurs monarques, même vivans, des honneurs presque divins. *Conf.* Dorow's *Morgenlændische Alterthümer*, I, p. 52 sqq.; II, p. VI sqq. Le premier cahier de ce recueil renferme, entre autres recherches relatives au cylindre dont nous allons parler, une longue et savante dissertation de M. Grotefend, où sont examinés, décrits, expliqués, un grand nombre de monumens de ce genre.

tion toute naturelle à certaines autres figures gravées sur des pierres cylindriques que l'on a trouvées soit en Perse, soit dans les ruines de Ninive et de Babylone, et sur lesquelles se remarquent également des inscriptions cunéiformes. Tel est, entre autres, le beau cylindre publié par M. Dorow, et qui représente un génie avec quatre ailes d'épervier, une brillante cuirasse, une ceinture, une riche parure qui descend, à plusieurs rangs, jusqu'aux extrémités du corps, mais la tête nue, quoique munie de barbe comme la figure précédente et toutes les figures de rois et de guerriers sculptées à Persépolis (pl. XXIV, 124, 124 a). Le roi ou guerrier céleste saisit fortement au cou deux énormes oiseaux, qui doivent être deux autruches, et dont la pose annonce des mouvemens convulsifs. Nous avons, à dessein, rapproché cette scène d'un groupe persépolitain, gravé également dans notre planche XXIV, 122, parce que l'un et l'autre sujet ont trait à une action du même genre [1]. Ici nous voyons peut-être ou *Mithra*, le plus grand des *Izeds*, ou *Sérosch*, l'*Ormuzd* de la terre (tous deux revêtus de gloire, tous deux la terreur des *Devs* et des créatures d'Ahriman), étouffant deux de ces impurs ennemis. Quoique les livres zends ne parlent pas plus des autruches que des griffons, on ne saurait douter que ces habitantes du désert, à la taille gigantesque, au vol pesant, aux funestes approches, n'aient dû être rangées parmi les monstres et les êtres malfaisans dans les contrées voisines de l'Arabie [2].

---

[1] Le sujet gravé dans la pl. XXVII bis, 124 c, offre un terme de comparaison plus voisin encore : 124 b appartient au même monument et nous montre un chien, animal révéré à Babylone comme en Perse ; le caractère de la vigilance y est fortement exprimé. *Voy.* l'expl. des pl.

[2] *Voy.* Levit. XI, 16; Deuter. XIV, 15; Job, XXX, 29; XXXIX, 14 sqq.; Is. XLIII, 20; Jerem. IV, 3; L, 39, etc. *Conf.* Grotefend, l. l., p. 30 sqq.; de Hammer, dans le 2ᵉ cahier du recueil cité, *ibid*. — L'opinion du premier, qui trouve dans la figure d'homme à ailes d'épervier, *Serosch*, auquel l'oiseau *Eorosch* était consacré, me parait appuyée sur des argumens très-plausibles (*sup.*, p. 721).

Trois autres cylindres que nous avons fait graver dans nos planches XXI, XXII et XXIII, comme objets de comparaison, nous proposant de revenir avec plus de détail sur les monumens de ce genre, dans le livre IV de cet ouvrage, offrent de nouveaux rapprochemens avec les bas-reliefs des Achéménides. Les représentations symboliques que l'on y voit paraissent reposer, en grande partie, sur un même fond d'idées, et appartenir, sinon à la même religion, au moins à une religion sœur ou fille de celle de Zoroastre. Cependant l'on est frappé, au premier aspect, d'une complication d'images et de symboles fort éloignée de la simplicité des sujets qui nous ont occupés jusqu'ici ; tout évidemment est à la fois d'un caractère plus astronomique et d'un sens plus élevé, dans les figures de la plupart des pierres cylindriques ; tout y laisse percer le vif éclat du sabéisme antique que les allégories morales des livres zends ont voilé ou adouci ; tout semble s'y rapprocher de la richesse et de la pompe de ce culte des Chaldéens que nous connaissons encore si peu ; l'on y entrevoit même je ne sais quel air de famille qui nous rappelle l'Égypte et ses tableaux hiéroglyphiques. Est-ce une époque antérieure à Zoroastre, ou au contraire un tardif retour à cette idolâtrie sabéenne qu'il vint réformer ? Est-ce un mélange de la religion des Perses avec celle des Assyriens, fruit de la conquête et des longs rapports qui finirent par identifier les vainqueurs et les vaincus ? Est-ce le résultat d'une espèce de transaction entre le fond plus pur de la doctrine persane et les formes plus poétiques des cultes de Ninive et de Babylone ? Questions sans doute plus faciles à poser qu'à résoudre : mais, quoi qu'il en soit de leur solution, dans les monumens dont il s'agit, non-seulement des rois ou des héros surmontés de leurs *Fervers*, des quadrupèdes et des oiseaux réels ou chimériques, mais des prêtres, sous divers costumes, sont mis en rapport avec des êtres bien supérieurs, parmi lesquels on croit même reconnaître *Ormuzd* et *Ahriman*, distingués par des astres et par des attributs expressifs [1].

---

[1] La figure surmontée du croissant, 120, 125 *a*, peut représenter *Or-*

Beaucoup d'autres symboles propres à l'ancienne religion des Perses, et dont il est mention dans le Zendavesta et dans les auteurs de l'antiquité classique, doivent être recherchés avec soin sur les monumens; peut-être parviendra-t-on ainsi à retrouver, l'un après l'autre, les anneaux perdus qui, de peuple en peuple et de siècle en siècle, formèrent la chaîne sacrée par laquelle les mystères de Mithras, les cérémonies de son culte tout symbolique, et les représentations figurées des bas-reliefs plus ou moins récens qui s'y rapportent, étaient rattachés aux simples et majestueuses sculptures des palais et des tombeaux de Persépolis et de Pasargades[1].

En résumé, quoique la religion de Zoroastre, toute pleine de symboles, ne paraisse pas avoir jamais proscrit les images proprement dites, elle était fort opposée, par son esprit, aux cultes idolâtres. Demeurée plus simple chez les Perses, qui,

---

muzd; le monstre-oiseau de ce dernier sujet peut être *Ahriman*. M. Grotefend explique en ce sens avec beaucoup de bonheur, selon nous, un cylindre publié par l'abbé Lichtenstein (*Tentamen palæograph. Assyrio-Persicæ*, n° VIII. Dorow, 1er cah., fig. 1, tab. II, et p. 27 sqq.). La figure à étoile, 120, fait songer à *Mithra*. Il y a de plus grandes difficultés pour le sujet 121. *Voy.* plusieurs représentations analogues dans le vol. IV des Mines de l'Orient, p. 86. On y remarque à diverses reprises un mystérieux arbuste, plus caractérisé encore que dans notre n° 120, et qui pourrait être le *Hom*, non-seulement arbre de vie, mais arbre de lumière, en rapport avec le soleil et son cours zodiacal, et semblable à l'arbre *Calpavriksha* ou *Toulasa* des Hindous, également nécessaire aux sacrifices. Des arbres se trouvent aussi avec un sens symbolique dans les monumens mithriaques : mais le *Hom*-arbre du Zendavesta a quelque chose de beaucoup plus mystique. *Conf.*, outre Anquetil, Kleuker, Herder, les réflexions ingénieuses, mais un peu trop circonscrites du docteur Link, *die Urwelt*, etc., I, 301 sqq.; et Sprengel, Hist. Botan., I, p. 140, 247.

[1] Cet espoir nous a engagé à joindre après coup aux précédentes figures deux nouveaux cylindres, publiés par M. Ker-Porter, et qui nous paraissent, entre autres analogues que l'on trouvera dans les vol. III et IV des Mines de l'Orient, former la transition sur plusieurs points, d'une manière assez naturelle. *Voy.* pl. XXVII *bis*, 122 *a* et *b*; et ci-après, note 9.

long-temps peut-être, n'eurent que des bas-reliefs historico-mythologiques renfermés dans une sphère assez étroite, elle dut se familiariser peu à peu avec des figures symboliques d'un ordre supérieur, chez les peuples voisins au sein desquels la conduisirent les conquêtes. En ce genre aussi elle emprunta beaucoup des Hébreux, qui à leur tour lui firent de nombreux emprunts. Il s'établit entre les Perses et les nations de l'Asie occidentale un commerce d'idées et d'images dans lequel finirent par entrer les Grecs d'abord, et plus tard les Romains eux-mêmes. Ce commerce peut seul expliquer une foule de problèmes dans l'histoire de l'antiquité, entr'autres celui qui occupera les deux notes subséquentes. (J. D. G.)

Note 8 (chap. IV, p. 346 sqq.; 352 sqq.; 361, etc.)

Un orientaliste français dont le nom est respecté de toute l'Europe savante, et auquel rien de ce qui intéresse l'Europe savante n'est étranger, M. Silvestre de Sacy, dans son édition des Mystères du Paganisme de M. de Sainte-Croix, a fait connaître le premier en France, avec quelque détail, les grands travaux des Allemands sur la Mythologie, particulièrement ceux de M. Creuzer. La question de *Mithra* et de ses mystères a dû surtout fixer l'attention de notre illustre compatriote, connu de si bonne heure par ses Recherches sur les antiquités de la Perse : il a passé en revue les opinions de MM. Creuzer et de Hammer, qu'il conteste ou admet en partie; mais il s'est plus spécialement attaché à présenter en aperçu le système de M. Eichhorn, plus d'accord que tout autre avec ses propres idées, et, il faut le dire, l'un des mieux raisonnés et des plus complets qui aient encore paru [1]. Depuis la publication de M. de Sacy, en 1817, les recherches sur la religion des Perses

---

[1] *De deo Sole invicto Mithra*, Commentat. II, in Comment. Societ. reg. Goetting. rec. vol. III, p. 155 sqq. *Conf.* S. de Sacy dans les Myst. du Pagan., II, p. 147-150.

en général, et sur le culte de *Mithra* en particulier, ont pris un grand essor et un haut degré d'importance chez nos voisins d'outre-Rhin. Dans la même année parurent à Gœttingue les Dissertations de Zoëga, accompagnées des remarques de son savant éditeur, M. Welcker, où le sujet des *Mithriaques* et des monumens qui s'y rapportent est embrassé avec plus d'étendue et traité avec plus de détail, de précision et de rigueur qu'on ne l'avait fait jusque-là. Cependant M. de Hammer poursuivait ses travaux, dont il publiait successivement les résultats dans les Annales de Vienne, dans les Mines de l'Orient, et dans les Annales de Heidelberg; et, tandis qu'il appelait au secours de sa théorie les plus vastes connaissances, tant des langues que des traditions et des monumens de toutes les époques, M. Creuzer, refondant la première édition de sa Symbolique, confirmait, par des développemens nouveaux, une théorie presque semblable. Les contradicteurs n'ont manqué ni à l'un ni à l'autre : il nous a paru intéressant de rapprocher, dans cette note, les principaux argumens de l'orientaliste de ceux de l'helléniste-philosophe, qui sont présentés dans le texte de notre traduction : nous y rattacherons çà et là tout ce qu'il y a de vraiment important dans les systèmes analogues ou contraires qui ont pu venir à notre connaissance, depuis les aperçus ingénieux et profonds de Gœrres, dont M. Creuzer a beaucoup profité, jusqu'aux objections spécieuses de M. Rhode, auquel MM. Creuzer et de Hammer reprochent de concert d'avoir encore rétréci le cercle déjà très-étroit du Zendavesta, dans lequel il s'est enfermé [1].

---

[1] Sainte-Croix (p. 124) a déjà cité la plupart des travaux antérieurs, parmi lesquels figure en première ligne la longue et savante dissertation de l'évêque d'Hadria, Phil. del Torre (Monumenta veteris Antii, etc., auct. Philippo a Turre, Romæ, 1700; et in Burmanni et Grevii Thesaur. Antiq. Italiæ, vol. VIII, part. 4, p. 86 sqq.). Il ne faut pas non plus oublier Montfaucon, Antiquité expliquée, t. I. Quoique l'on puisse penser du système beaucoup trop absolu de Dupuis, il n'en est pas moins vrai que ses recherches contiennent des vues importantes sur le sujet qui nous occupe.

D'après les idées de M. de Hammer, sur le développement historique de la religion des Perses, le culte simple et pur du feu, dominant dans les premiers âges, se vit bientôt associer le culte des astres et surtout des planètes, déjà plus compliqué, avec lequel il se coordonna, comme ils se coordonnèrent ensuite l'un et l'autre avec tous les élémens, toutes les parties et, en quelque sorte, tous les membres vivans de la nature. Les feux, les planètes et les génies qui y président, ainsi qu'aux divers corps ou règnes naturels en rapport avec elles, sont au nombre de sept, nombre le plus sacré de tous chez les Perses; mais trois surtout se représentent sans cesse, comme les plus anciennement révérés, le feu des étoiles ou feu *Guschasp*, la planète de Vénus, *Anahid*; le feu du soleil ou feu *Mihr*, le soleil, *Mihr* ou *Mithra*; le feu de la foudre ou feu *Bersin*, Jupiter [1]. Le culte du feu *Guschasp* ou d'*Anahid* figure comme

---

Nombre d'autres écrivains et antiquaires qui en ont traité, soit *ex-professo*, soit par occasion, seront mentionnés dans cette note et dans la suivante. Un auteur allemand, M. H. Seel, s'est récemment proposé de réunir en un volume tout ce qui a été publié de capital sur Mithras et ses mystères, tant en recherches et en observations qu'en monumens figurés: mais cette compilation incomplète, confuse, et surchargée ou d'inutiles divagations ou d'additions tout-à-fait étrangères au sujet, est loin de réaliser l'attente qu'elle fait naître d'abord. Quelques dissertations de Kleuker, de Heeren, sur la doctrine du Zendavesta et sur Persépolis, en font presque tous les frais, avec une traduction allemande extrêmement oiseuse des mémoires cités de Montfaucon et del Torre, et un petit nombre de descriptions ou explications empruntées à Schœpflin, Sattler, Creuzer, Steinbüchel, Giovanelli, Hormayr, Pallhausen et de Hammer; encore M. Seel ne semble-t-il connaître que la partie la moins importante des travaux de ce dernier savant. Pour ce qui lui appartient en propre, nous nous dispenserons d'en parler, en exprimant toutefois notre surprise de voir que, dans une foule de passages, il ne distingue par aucun signe extérieur ce qu'il copie de ce qu'il ajoute : mais peut-être a-t-il pensé que les connaisseurs ne sauraient s'y tromper. *Die Mithrageheimnisse während der vor-und urchristlichen Zeit*, etc., Aarau, 1823, in-8°.

[1] De Hammer, *Wien. Jahrb.* X, p. 210, 219 sqq. *Conf.* ci-dessus, p. 717.

un culte fort antique dans les livres zends et dans le Schah-Nameh, de même que celui d'*Anaïtis*, identique avec *Anahid*, dans une foule d'auteurs grecs et romains, depuis Hérodote [1].

Comme on a refusé aux Perses le culte d'*Anaïtis*, on a contesté l'existence d'une déesse *Mitra*, distincte de *Mithras*, dieu : on a même prétendu que le mot *Mitra* ne pouvait être une forme persane [2]. Mais *Mihr*, le même mot que *Mithra* au fond, signifie encore aujourd'hui le *soleil* et l'*amour* tout à la fois ; il signifie le *soleil* et une coiffure faite à l'imitation de cet astre, que les Grecs ont également représentée par le féminin *Mitra* ; *Mitra* et *Mithras* se retrouvent l'un et l'autre dans *Mihr* ou *Mithra* qui renferme les deux genres. Or *Mitra* et *Anahid* ou *Anaïtis* sont une seule et même déesse, l'étoile du matin ou le génie qui est supposé l'habiter, génie femelle qui préside à l'amour, qui donne la lumière, et qui réside aux

---

Les trois noms persans se retrouvent en sanscrit, *Guschasp* dans *Casyapa*, le ciel étoilé; *Mihr* dans *Mitra*, le soleil; *Bersin* dans *Vrihaspati*, la planète de Jupiter (*sup.* p. 250-256). Ces trois feux sont considérés comme les trois rayons d'un feu primitif, *Beresesing*, *Sade*, ou *Sede*, le feu de la terre, des montagnes, des rochers ou cailloux, le plus ancien de tous, en rapport avec la plus ancienne des planètes, Saturne (*Sani* en sanscrit). Viennent ensuite, le feu *Behram* ou le feu des métaux, rapporté à Mars; le feu *Khordad* ou le feu des plantes, à la Lune ; le feu des animaux, *Voh freian*, *Neriosengh*, *Nusch*, à Mercure.

[1] Boundehesch, XXXIII; et les passages du Schah-Nameh dans de Hammer, *ubi sup.*, p. 225 sqq. — *Guschasp-Casyapa*, le ciel des étoiles, est bien la Vénus-*Uranie* ou *Céleste*, d'Hérodote, que nous retrouverons dans la déesse Ciel de la Théogonie égyptienne (note 6 sur le liv. III, fin du vol.). Cette divinité, chez les Perses et chez beaucoup d'autres peuples, paraît avoir été confondue de bonne heure, soit avec le génie de la planète de Vénus, soit avec la Lune, reine du ciel. C'est faute d'avoir remarqué cette confusion, ou plutôt cette combinaison, que l'on a tant erré sur ce sujet. Nous avons déjà renvoyé à notre liv. IV, vol. II, les développemens relatifs à *Anaïtis*, etc.

[2] Rhode, *Heil. Sage*, p. 270 sqq. S. de Sacy sur Sainte-Croix, II, p. 121 sq. *Conf.* de Hammer, *ubi sup.*, p. 226 sqq.

cieux, la *Diana phosphora* des Grecs, la *Vénus-Uranie* d'Hérodote, l'*Athene* ou l'*Artemis persica* de Strabon, *Zaretis* ou *Sohre* qui, dans la mythologie des Persans modernes, dirige la marche harmonieuse des astres avec les sons de sa lyre dont les rayons du soleil forment les cordes [1] (*Soukra*, la planète de Vénus, chez les Hindous).

Cependant il faut convenir que le nom de *Mihr*, dans le Schah-Nameh, comme celui de *Mithra*, dans les livres zends, sont spécialement appliqués à un génie mâle qui préside au soleil [2]. Les héros de Ferdousi jurent par *Mihr*, comme Cyrus

---

[1] *Guschasp* est le même mot que *Guschb*, surnom de *Sohre* ou *Anahid*: Vénus-Uranie se confond avec la planète de Vénus ou l'étoile du matin. *Voy.* plus haut. *Conf.* de Hammer, dans les Mines de l'Orient, vol. VI, p. 340. On peut consulter encore, sur *Mitra-Anaïtis*, Kleuker, *Anhang z. Zend.*, II, 3, p. 15 sqq.; Visconti, Museo Pio-Clement. II, p. 44; Zoëga, Bassiril., n° 58; le même *Abhandl.*, p. 101 sqq. — Dans le Desatir, la planète de Vénus, intelligence femelle de la troisième sphère, joue aussi un rôle très-remarquable; les idées de l'amour, de la bonté, de la joie, s'attachent à son nom; il y est même question d'une science révélée, d'une sorte d'initiation à des mystères, qui semble venir à l'appui des conjectures de M. Creuzer sur le culte secret de l'*Athene* de Pasargades (*sup.*, p. 346 sq.). De Hammer, *Heidelb. Jahrb.*, 1823, p. 301 sq.

[2] De Hammer, *Wien. Jahrb.* X, p. 229 sqq. — On voit par ce qui précède, et l'on verra mieux encore par ce qui suit, quelle erreur a commis Rhode en identifiant *Mithra* ou *Mithras* avec la planète de Vénus: M. de Sacy avait déjà fait une concession nécessaire à l'opinion de MM. Creuzer et de Hammer, en reconnaissant que *Mithra* était un Ized préposé à la garde et à la direction du soleil; mais ces deux savans ne peuvent, de leur côté, lui accorder que cet Ized eût son domicile dans la planète de Vénus-*Anahid*, bien distincte de Mithra-Soleil et considérée elle-même comme un Ized à part. Ils pensent également tous deux que le *Mithra* des Perses et le *Mithras* des Romains ont entre eux des rapports beaucoup plus intimes, avec un sens plus élevé, plus mystique qu'on ne le croit ordinairement. *Conf.* Zoëga, *Abhandl.*, p. 96 sq., et *ibi* Welcker; Eichhorn, l. l., p. 163 sq.; et quant aux témoignages sur le *Mithras* grec-romain, Wernsdorf, not. ad Himerium, orat. in laud. urb. Constantinop., p. 31 sq.

et Artaxerce, dans Xénophon et dans Plutarque, par *Mithras.* Selon le Zendavesta, *Mithra* est le grand, le fort roi; le héros à la course rapide, le héros victorieux; qui dit la vérité dans les assemblées, qui profère la parole de vérité dans l'assemblée des célestes Izeds; le juste juge; l'actif, l'agissant, le gardien vigilant aux mille oreilles, aux dix mille yeux, qui ne dort jamais et veille incessamment, attentivement avec ses mille forces; l'auteur de la paix, le médiateur; celui qui féconde les déserts, qui augmente les eaux, le maître des générations [1]. Dans ces épithètes ou invocations diverses, dominent trois idées principales: celle de la suprême vérité et justice, de la suprême force ou de l'activité médiatrice, de la suprême puissance de vivifier et de produire. Le symbole de la première de ces hautes facultés, dans le langage figuré de la plupart des peuples anciens, c'est le soleil; celui de la seconde, le marteau ou la massue; celui de la troisième, le taureau. Or *Mithra* porte le soleil ou la mitre solaire sur sa tête [2]; il est armé ou de la massue, ou de la lance, de l'arc et des flèches, du glaive, mais plus souvent de la massue, dans les livres zends [3]. Ce qu'il y a de très-remarquable, c'est que, dans le Schah-Namch, *Féridoun* paraît avec la plupart des attributs propres à *Mithra*; il porte la mitre solaire, la massue à tête de taureau, héritage des rois; de plus, il monte la vache *Purmaje*, qui rappelle ou *Aboudad*, ou le taureau *Sareseok* du Boundehesch, ou celui des monumens mithriaques [4].

---

[1] Consultez la table du Zend., art. *Mithra*; De Hammer, l. l., p. 234 sq.
[2] *Voy.* la note 9 ci-après, et la pl. XXVII *bis*, 133 *a.*
[3] Iescht-Mithra, *passim*; Neæsch VII, etc. L'*Iescht-Mithra*, espèce de livre de psaumes en l'honneur de *Mithra*, comme s'exprime M. de H., mérite d'être lu en entier.
[4] Tout concourt donc à rapprocher *Féridoun* de *Mithra*, le héros de la planète de Jupiter (*Bersin-Persée*, selon de Hammer et Gœrres) du héros du soleil. M. Creuzer identifie complétement *Mithras* et *Persée*. Il est remarquable, en effet, de voir, dans le Zendavesta, *Féridoun* nommé triple (*Treteno*, ci-dessus, p. 682), comme *Mithras* chez les Grecs (p. 373):

On ne saurait douter que, même dans les livres zends, *Mithra* révèle en soi un caractère supérieur à celui de génie du soleil. Il est le premier des *Izeds*, le médiateur de la création, le conducteur des âmes ; on le retrouve trait pour trait sous cette image dans Porphyre et dans Plutarque, se référant tous deux à des auteurs plus anciens : il y a mieux, c'est que le triple *Mithras*, et ses mystères si élevés, et les monumens romains qui en offrent à nos yeux le grand et divers symbole, dans le sacrifice du taureau, sont évidemment en rapport, soit avec le système religieux du Zendavesta, soit avec les idées et les symboles qui dominent la plupart des religions de l'antiquité. *Mithras* porte sur sa tête le soleil de vérité et de justice; dans sa main la massue d'or, éternelle, vivante, intelligente, victorieuse; il est monté sur le taureau fécondant et générateur, qu'il immole pour dégager l'âme impérissable du monde de ce vase périssable où elle était emprisonnée : ce taureau unique d'où proviennent tous les corps, et qui doit mourir pour que le principe de vie vienne les animer, est une victime propitiatoire de la création, pareille à cette autre victime également unique, également divine, que nous avons vue, dans les Védas, immolée par le créateur et par tous les dieux, dans le premier de tous les sacrifices [1].

Mithra aussi est *triple* chez les Perses. Le Desatir, qui présente *Féridoun* à peu près sous les mêmes traits que les livres zends, et lui rapporte également une science secrète de formules magiques et de talismans, lui donne pour patron la planète de Mercure (*sup.*, p. 687, note). De Hammer, l. l., p. 230 sq., et *Heidelb. Jahrb.*, 1823, p. 303. — La vache *Purmaje* ne paraît autre que *Paramaya* ou la grande *Maya* des Hindous, mère de la *Trimourti* ou du *triple* Dieu (p. 268, 270 sq., note 2).

[1] De Hammer, *Wien. Jahrb.* I, 108 sqq.; II, 306; X, 235. *Conf. supra*, p. 266, et surtout 603 sqq., 664. — M. de Hammer trouve, dans les textes des Védas, le plus vrai commentaire du sacrifice du taureau consommé par *Mithras* : mais l'antique *Gomedha* ou sacrifice d'un bœuf, recommandé par ces livres sacrés, n'en serait-il pas le type original? Les Perses aussi paraissent avoir immolé jadis des taureaux à *Mithra*, en commémoration

Nous trouvons donc, dans les monumens mithriaques, la suprême vérité représentée par le globe du soleil; la suprême activité, la puissance démiurgique, par la massue ou par le glaive (d'or, éternel, infatigable comme la massue); et la suprême force vitale par le taureau du monde, *Aboudad*, par le taureau-homme, *Kaiomorts*, tous symboles que nous donnent les livres zends, et que confirment les auteurs de l'antiquité classique. N'est-ce pas là précisément cette Trinité dont nous parlent les Oracles de Zoroastre, traités jusqu'ici, avec tant de légèreté, de rêveries néo-platoniciennes : la lumière, l'intelligence créatrice et l'âme du monde? N'est-ce pas là encore la Trinité de Platon : le bien suprême qui a pour image le soleil, la raison ou le Verbe, et l'âme du monde? ou celle d'Hermès Trismégiste : la lumière, l'intelligence et l'âme ? ou celle de Porphyre : le Père, déjà nommé dans les Oracles de Zoroastre et dans les livres d'Hermès, l'intelligence ou le Verbe, et l'âme suprême du monde? Ces trois Trinités, celle de Platon, la plus ancienne, celle des nouveaux platoniciens, dans Hermès Trismégiste, et celle de Zoroastre, dans les Oracles qui portent son nom, ne sont pas autres au fond que la Trinité primitive des vieilles doctrines orientales, représentée symboliquement sur les bas-reliefs mithriaques, par le globe du soleil, par la massue ou le glaive, et par le taureau. De ces trois emblèmes, le second est surtout digne d'attention, car il caractérise spécialement *Mithras*. La massue, dans le Zendavesta, est appelée l'arme de l'intelligence; et l'intelligence, ou la sagesse, ou la raison, est partout créatrice; elle appartient proprement au Démiurge. Dans les Proverbes de Salomon, la sagesse était présente lorsque Dieu préparait le ciel; elle était présente lors-

---

de son primitif sacrifice; ils immolaient des chevaux au tombeau de Cyrus, ce qui rappelle encore l'*Aswamedha* des Hindous; et quant au *Pourouchamedha* ou au sacrifice de l'homme, les sacrifices humains des Mithriaques de Rome ne semblent-ils pas en avoir conservé la trace? Quoiqu'il en soit, l'homme, le taureau et le cheval, sont trois grands symboles de la création chez les deux peuples.

qu'il faisait le monde; et, dans l'Évangile de St-Jean : « Au commencement était le Verbe, et le Verbe était en Dieu [1]. »

La massue est le symbole de l'intelligence démiurgique, et *Mithras* profère le Verbe comme l'oiseau *Eorosch*, l'oiseau au bec de lance, c'est-à dire l'épervier, qui, chez les Perses, annonce la parole céleste, de même que, chez les Égyptiens, l'épervier apporte du ciel le livre de la loi [2]. Mais quel est le véritable instrument de l'intelligence ou du Verbe, à titre de puissance créatrice? le feu; le feu, artisan du monde qui subsiste par lui : et voilà pourquoi le Démiurge égyptien est *Phthas*; le Démiurge grec *Hephæstus* (Vulcain), le premier des cabires, armé du marteau créateur; voilà pourquoi dans Jérémie : « Ma parole n'est-elle pas comme le feu, dit le Seigneur, et comme le marteau qui brise le rocher [3] ? » *Mithras* se retrouve encore dans le *Bélus*, *Bel* ou *Baal* des Babyloniens et des peuples de l'Asie antérieure, tel que nous le dépeint le même Jérémie dans le livre de Baruch, ayant en main le glaive et la hache [4]. Quelquefois *Mithras* semble se confondre avec le taureau, ce premier-né des êtres, ce prototype de la création d'*Ormuzd*, symbole du monde et de la sagesse qui l'a produit et le soutient : alors il se rapproche singulièrement et de l'*Osiris* des Égyptiens, et du *Dionysus* ou Bacchus des Grecs [5]. Mais le type ordinaire de *Mithras*, c'est l'homme, le

---

[1] Proverb. VIII, 27. Sap. IX, 9. Joh. I, 1. De Hammer, l. l., X, 235 sq.

[2] *Supra*, p. 721 ; et la note 15 sur le liv. III, fin du vol.

[3] Jérém. XXIII, 29. — *Mithra* a un double rapport au feu et au soleil. *Conf.* Creuzer dans notre texte, p. 371 sqq.

[4] Baruch, VI, 15. — Les dieux sont souvent représentés armés de toutes pièces sur les cylindres trouvés à Babylone et ailleurs. *Conf.* la note 7 ci-dessus et les figures auxquelles elle renvoie.

[5] Nous verrons dans les livres III et suivans, jusqu'à quel point sont fondés ces rapprochemens que M. de Hammer pousse beaucoup plus loin, trop loin peut-être. Chez les Romains, *Mithras*, qui rappelle ordinairement Apollon, s'identifie aussi quelquefois, non-seulement avec Bacchus, mais

guerrier, le roi, qui féconde la nature, combat les fléaux qui la menacent, répand sur la terre les bénédictions du ciel, fait régner en tous lieux la parole divine, maintient l'harmonie du monde, forme entre tous les êtres le lien le plus sacré; il est nommé le chef de la milice céleste, le protecteur et le chef des croyans, le roi des vivans et des morts, le médiateur universel, le pur, le saint, le savant par excellence. Occupé sans cesse entre le soleil et la lune, entre le ciel et la terre, il élève ses mains vers *Ormuzd* qu'il proclame le monarque de l'univers, et dont il implore la miséricorde; il préside au seizième jour du mois, dans le cours duquel il est invoqué trois fois avec *Ormuzd;* il est, en outre, invoqué trois fois dans le jour : au lever du soleil, à midi, au coucher du soleil; enfin, sous tous les points de vue, il est à la fois le médiateur et le triple *Mithras* [1].

avec Hercule, ainsi que le prouvera la note 9 ci-après. Pour ramener toute cette discussion à son objet principal et déterminer avec netteté et précision le vrai caractère du *Mithra* perse, tel que le conçoit et le présente la religion de Zoroastre, nous avons cru devoir ajouter les lignes suivantes textuellement extraites du Zendavesta.

[1] Zendavesta, Jescht-Mithra et *passim*. Consultez la table d'Anquetil. — On voit qu'ici *Mithra* est complétement idéalisé, et bien élevé au-dessus soit du feu, soit du soleil, quoiqu'il conserve cependant un rapport manifeste avec l'astre du jour. Les idées, non-seulement de *Mithra*, mais d'*Ormuzd* et même d'*Ahriman*, se sont, en effet, développées, ainsi que presque toute la théogonie des anciens Perses, d'un germe primitif de sabéisme; et voilà pourquoi tous les types principaux, tant dans les formes que dans les nombres, y sont astronomiques. Gœrres avait déjà remarqué qu'*Ormuzd, Mithra* et *Ahriman*, forment une espèce de Trinité (le soleil des trois saisons, p. 373) : *Mithra* s'élève jusqu'à *Ormuzd, Ormuzd* jusqu'à *Zervane-Akerene*, l'Éternel lui-même; *Mithra* toutefois demeure médiateur entre *Ormuzd* et *Ahriman*; à la fin des temps, tous trois ne font qu'un et se confondent dans l'Éternité. D'un autre côté, les six Amschaspands (planètes), avec *Ormuzd*, forment *sept* puissances supérieures (les sept jours de la semaine); en ajoutant ou *Mithra*, démiurge comme *Ormuzd*, ou *Zervane-Akerene*, le suprême auteur de toutes choses, une *Ogdoade* sacrée de pouvoirs cos-

Note 9 (chap. IV et V, *passim* : suite de la précédente.)

Quoiqu'on ne puisse soutenir que ni les mystères de *Mithras*, ni les monumens mithriaques connus aient eu leurs premiers et parfaits modèles dans les représentations et les cérémonies du culte national des Perses, cependant il n'en est pas moins incontestable que le *Mithras* des Grecs et des Romains fût un dieu originairement persan ; ce *Mithras* « qui, vêtu de la candys et paré de la tiare, ne sait pas dire un mot de grec au banquet de l'Olympe, et n'a pas même l'air de comprendre que l'on boit le nectar à sa santé [1]. » Mais, comme l'observe très-bien M. Creuzer, *Mithras* arriva dans notre Occident après maintes erreurs, maintes métamorphoses ; et, sans changer au fond de caractère, il se modifia singulièrement dans le cours de ses longs voyages ; ce dieu barbare finit même, comme tant d'autres, par s'humaniser avec les dieux élégans de l'Olympe auxquels il s'associa diversement. Toutefois, et les mystères, et leur divinité, et le tableau qui frappait les regards, à l'entrée des grottes destinées au culte de *Mithras*, offraient aux âmes fatiguées des superstitions vulgaires, brisées par un despotisme brutal, des pensées aussi neuves que profondes et consolantes, qui relevaient leur énergie, ranimaient leur espoir, et les recréaient, en quelque sorte, à la religion et à la patrie [2].

Aucun écrivain ne nous semble avoir développé l'idée de *Mithras* avec autant d'étendue, disons mieux, de supériorité

mogoniques (p. 703). Les douze Izeds des douze mois, les trente génies (Amschaspands et Izeds) des trente jours du mois etc., achèvent de montrer l'analogie exacte et suivie de ces formes calendaires avec celles que nous avons observées dans la religion des Hindous. *Voy.* les notes sur le liv. I, *passim*, et surtout p. 633 sqq., 647, etc. Gœrres, *Mythengesch.* I, p. 255.

[1] Lucian. in Deorum concilio.
[2] Eichhorn, de Deo sole, etc. *ad fin.*

et de génie que M. Creuzer [1]. M. de Hammer s'est particulièrement attaché à développer celle du sacrifice, déjà expliqué dans un sens mystique par Herder et Zoëga [2]. Ici encore, M. Creuzer, qui penche en définitive pour le sentiment de M. de Hammer, nous paraît avoir adopté avec beaucoup de raison, à l'exemple de Gœrres [3], une sorte d'éclectisme qui, loin de rejeter entièrement aucune explication, les admet au contraire et les concilie toutes, par une gradation et une combinaison d'idées fort naturelle dans un tel sujet. Personne ne doute aujourd'hui que les bas-reliefs mithriaques ne représentent un sacrifice, et un sacrifice essentiellement symbolique; que cette représentation ne soit placée dans un point de vue astronomique et calendaire; qu'enfin, si la forme du sacrifice, tel que nous le voyons figuré dans les monumens, n'appartient point primitivement à la religion de Zoroastre, si même l'idée n'en fut point immédiatement empruntée de cette religion, du moins et cette idée, et les principaux symboles qui l'expriment, ont leurs profondes racines dans les vieilles doctrines de l'Orient [4]. Nous pensons que cette idée

---

[1] *Voy.* surtout le dernier article, p. 378-382.

[2] Herder, *Werke z. philos. u. Gesch.*, I. Zoëga, *Abhandl.*, p. 119 sqq.; *ibi* Welcker, p. 400. — « Le sacrifice du taureau, » dit M. de Hammer, en opposition avec MM. Eichhorn, de Sacy et surtout Welcker, « est en même temps un sanglant *sacrifice de l'homme*, offert par *Mithra*, le médiateur, pour réconcilier Dieu et l'homme et pour détruire le péché héréditaire d'*Ahriman*. » L'on sait qu'*Aboudad* est aussi *Kaiomorts*. *Wien. Jahrb.*, I, p. 110. *Conf.* la note précéd., p. 734.

[3] *Mythengesch.*, p. 245; et notre texte, p. 356 sqq.

[4] Il est bon de rapprocher ici l'opinion de M. Eichhorn, que l'on trouvera suffisamment indiquée dans M. de Sacy (sur les *Myst. du Pag.* II. p. 148 sqq.), et celle de Welcker, qui s'exprime à peu près en ces termes : « Je ne puis admettre comme originaire de la Perse, le sacrifice du taureau, en tant que victime expiatoire. Je conjecture que les Occidentaux, en recevant médiatement de cette contrée l'idée tout orientale du taureau qui, par sa mort, développe dans la nature tous les germes de vie, et celle de la matière qui, engourdie dans l'hiver, se régénère, pour ainsi

tient en principe au panthéisme de l'Inde; qu'elle passa dans la Perse, où elle se combina avec le dualisme, et reçut peut-être sa première forme; que, dans son passage ultérieur à

dire, au sein de la destruction, ne purent dépouiller cette autre idée du sacrifice qui avait poussé chez eux de profondes racines et y avait pris les plus grands, les plus riches, les plus beaux développemens : ce fut surtout par cette dernière qu'ils firent subir aux religions étrangères tant d'altérations, et qu'ils se les approprièrent en quelque sorte. La victime étant donnée, Mithras devint tout naturellement le sacrificateur; il le devint à titre de médiateur, d'être bienfaisant, pareil à l'Hermès ἐριούνιος, qui conduit la victime à l'autel. Mais reçu à cette époque, dans le monde romain, comme un véritable sauveur, il dut s'identifier bientôt, non-seulement avec les antiques dieux solaires, mais avec tout ce qu'il y avait de plus élevé dans les religions nationales. Zoëga a donc grand tort de regarder le Mithras des monumens comme différent de celui des écrivains, et du *sol invictus* des inscriptions; il a tort de le réduire au rôle de médiateur. Cette idée de médiation peut être juste et fondamentale chez le *Mithra* persan; chez le romain, elle est, pour ainsi dire, passée dans la forme, et le soleil s'est emparé du rôle principal. C'est en vain que l'on objecterait que le soleil est figuré à part dans les monumens : *Helios* et *Selene* sont simplement ici comme les Dioscures qui, dans les ouvrages grecs, accompagnent le soleil et la lune; ce sont des espèces de Dioscures que ces deux génies avec le flambeau élevé ou renversé; entre le lever et le coucher, est la lumière immuable, éternelle, *sol invictus*. Mais, indépendamment de toutes ces modifications, il est certain que plusieurs symboles subordonnés, plusieurs idées accessoires subsistèrent, chez les Romains, dans leur sens originairement persan, quoique mélangées d'idées et de formes indigènes ou plus anciennes. C'est ce qu'il faut dire aussi vraisemblablement des épreuves et des autres rites usités dans les mystères mithriaques, en sorte que l'on pourrait avancer que le Persan, le Phrygien, le Grec et le Romain ont contribué, dans des proportions à peu près égales, à former cette grande et unique composition de la religion de Mithras et de ses monumens. » (Welcker z. Zoëga's *Abhandl.*, 415 sq.) Quelque justes que soient, en général, ces dernières réflexions, nous ne pouvons, pas plus que M. Creuzer, admettre que l'idée fondamentale aussi, du sacrifice ne soit point d'origine persane ou, pour mieux dire, orientale : la note précédente ne doit laisser là-dessus aucun doute. Tout ce qu'il est possible d'accorder, c'est que les Perses ne

travers l'Asie occidentale, elle se modifia encore et revêtit des formes nouvelles; que le dualisme et l'empreinte morale de la Perse s'effaçant peu à peu, les formes, devenues plus astronomiques dans la Chaldée, devinrent plus idéales dans l'Asie-Mineure et dans la Grèce, et que cependant l'idée, s'altérant ou s'épurant tour à tour par divers mélanges, était, dans le premier siècle du christianisme, où elle se produisit avec éclat, parvenue à un très-haut degré de raffinement mystique. Mais l'histoire de cette idée, de ses développemens et de ses formes successives, est celle même de *Mithras*, et vraisemblablement

représentaient point ce sacrifice sous la forme qu'il reçut dans son passage soit en Grèce, soit à Rome : encore n'est-il pas sûr que l'on ne retrouvera point avec le temps, en Perse, à Babylone ou dans d'autres parties de l'Orient, des représentations fort analogues à celles des monumens mithriaques. Déjà nous avons remarqué, dans une précédente note, que, sur les bas-reliefs de Persépolis, on voit le héros ou le roi éventrant avec le poignard non-seulement le lion et divers animaux plus ou moins fabuleux, mais même le bœuf-licorne, qu'il saisit en même temps par sa corne unique : si l'on compare avec cette figure les cylindres babyloniens que nous avons fait graver dans notre planche XXVII *bis* (122 *a*, 122 *b*), où le héros (homme, quelquefois homme-taureau, ταυρόμορφος, comme Bacchus) saisit également par la corne, ou dompte en le liant un véritable bœuf, (le lion s'y voit aussi), on trouvera dans ces types antiques une parfaite ressemblance avec les plus anciennes descriptions qui nous aient été laissées par les auteurs Romains (*sup.*, p. 375 sq.), de Mithras entraînant le taureau par les cornes, voleur de bœufs, etc. D'ailleurs ne retrouve-t-on pas aussi sur les monumens orientaux, et en partie dans le Zendavesta, ces animaux réels ou chimériques, lions et hyènes, corbeaux, aigles ou éperviers, griffons, dont les initiés aux mystères empruntaient les noms ou les emblèmes? La seule couronne que consente à porter le *soldat* mithriaque (p. 359), est-elle autre que cette couronne mystique, cette *mitre* solaire, que l'on remarque sur la tête des monarques dans les bas-reliefs et les médailles sassanides, et que nous verrons tout à l'heure portée par Mithras lui-même dans un monument plus ancien, selon toute apparence (pl. XXVII *bis*, 133 *a*)? Sur toute cette question, l'on peut consulter encore les judicieuses réflexions de M. de Sacy, Myst. du Pagan., II, p. 144 sqq.

de toute la religion des Perses, dont les rapports avec les doctrines de l'Inde d'un côté, et de l'autre l'influence sur les révolutions religieuses de l'Occident, paraissent avoir été beaucoup plus étendues et plus considérables qu'on ne les fait ordinairement. Peut-être aurons-nous occasion de nous en expliquer ailleurs.

La découverte des livres sacrés des Parses a fait époque dans l'interprétation archéologique des monumens mithriaques, comme dans l'histoire philosophique des religions de l'antiquité. Alors seulement on a pu expliquer le sens profond du sacrifice, et rendre compte des principaux et variables accessoires de cet acte constant et presque uniforme. Au premier monument décrit par M. Creuzer [1] (p. 355), et le seul qu'il ait donné dans ses planches avec celui dont nous parlerons tout à l'heure, nous avons cru devoir substituer le beau bas-relief de la Villa Albani (pl. XXVI, 131), qui, bien que très-simple, renferme cependant tout ce qu'il y a d'essentiel, et se distingue de tous les autres par la fourmi, insecte abhorré des Mages, créature d'*Ahriman* comme le scorpion et le serpent, ce dernier, symbole d'*Ahriman* lui-même, c'est-à-dire des ténèbres, de l'hiver, du mal [2]. Nous y avons joint le bas-relief, plus remarquable encore, de la Villa-Borghese (pl. XXVI, 132), où se lit la fameuse inscription NAMA SEBESIO — DEO SOLI INVICTO MITHRE, sur laquelle on a tant disputé [3]. Quelque sens que

---

[1] Il se trouve dans de la Chausse, Museum Roman., t. I, sect. II, tab. 18; et dans Montfaucon, I, 2, CCXVI, 1.

[2] Herodot., I, 140; et Zendavesta, *passim*.

[3] Il faut voir le résumé de toute cette discussion, avec quelques développemens nouveaux, empruntés principalement au P. Paulin de S.-Barthélemy, dans Welcker, sur Zoëga, l. l., p. 400 sqq. — Toutes les explications que l'on a cherchées dans le grec ou dans le latin des mots *nama sebesio*, sont plus absurdes les unes que les autres : mais les interprétations orientales n'ont pas toujours été plus satisfaisantes. Nous pensons, avec M. de Hammer, que les deux parties de l'inscription doivent être liées l'une à l'autre, et que *sebesio* est une épithète qui se rapporte à *Mithre* (pour *Mithræ*); mais cette épithète doit-elle être traduite par *verdoyant* ou

l'on donne aux deux premiers mots, séparés de l'inscription latine si connue, il nous semble impossible d'y méconnaître la trace de l'Orient, aussi bien qu'un rapport quelconque entre le culte de *Mithras* et celui du *Bacchus-Sabazius* de la Phrygie et de la Thrace. Cette association, d'ailleurs, se montre d'une manière évidente dans plusieurs monumens : laissons parler notre savant auteur.

Le bas-relief de Ladenburg (pl. XXVII, 133 [1]), comme tous les autres de ce genre, dit M. Creuzer, nous offre une représentation symbolique dont l'idée fondamentale appartient à la religion des Perses. Le personnage qui tient la queue du taureau, et se trouve sur le même plan que *Mithras*-Soleil, me paraît être la lune chargée de recevoir et de garder la semence féconde de l'animal qui va périr sous le glaive vainqueur. Le reste a trait à d'autres croyances et à d'autres formes. Chez les Perses, la lune est femelle : ici nous la voyons mâle. Le serpent n'est point non plus ce reptile détestable d'*Ahriman*, qui s'attache au taureau et l'infecte de son venin mortel ; mais, comme sur des monumens d'un autre genre, roulé autour d'un vase mys-

---

qui verdit tout ; et *Mithra* doit-il être ainsi assimilé à *Chisr*, génie arabe du printemps, dont le nom porte le même sens et vit encore dans tout l'Orient ; c'est ce que nous n'oserions affirmer. Il nous semble plus naturel de lier, avec le P. Paulin, M. Eichhorn et M. Creuzer, Mithras-*Sebesius* à Bacchus-*Sabazius*. *Nama*, qui est à la fois persan et sanscrit, et qui rappelle le grec νόμος et le latin *nomen*, signifie très-probablement ici : *gloire, louange, invocation, prière*, etc. Conf. de Hammer, *Wien. Litteratur-Zeitung*, 1816, n° 92, p. 1462 ; Eichhorn, *de Deo sole*, etc., p. 184 sq. ; Anquetil, Acad. des Inscript., t. XXXI, p. 421.

[1] Ce monument fut déposé dans le cabinet de l'Électeur à Manheim, où Ste-Croix l'avait vu et où il est encore. *Conf.* Freher, Orig. Palat., 1, 4 ; Cullman, Spicileg. præcip. Monum. in terris cisrhenan. Palat., Heidelb. 1764 ; Andreas Lamey, in Act. Academ. Theodor. Palatin., t. I, p. 205.— L'Histoire du grand-duché de Bade, par le professeur Dümgé doit, suivant M. Creuzer, à qui appartient cette note, répandre un jour nouveau tant sur les monumens de ce genre que sur les antiquités romaines de l'Allemagne, en général.

tique, il dresse sa tête au-dessus avec un sens profond. Le magisme antique s'était de bonne heure mêlé, dans les Sabazies, avec le culte de l'Asie-antérieure. De même que, dans le Vispered, la Lune est invoquée avec *Mithras*, de même, dans les Sabazies, la Lune, ou plutôt *Lunus* était invoqué avec le Soleil : tous deux, pouvoirs mâles, partageaient le titre de roi de la Lune (*Menotyrannus*). C'était le grand *Sabus* ou *Sabazius*, dont les mystères phrygiens exprimaient la merveilleuse naissance avec cette formule : *Taurus draconem genuit et taurum draco*. Le taureau et le serpent sont ici dans ce mutuel rapport, quoique le premier conserve en même temps le sens antique du taureau équinoxial et de la nature fécondée. Quant au serpent, il présente, en contradiction avec la doctrine du Zendavesta, un symbole de Jupiter fécondant, et par conséquent bienfaiteur. Le dieu qui tient la queue du taureau, porte à la main le bâton du bouvier; bâton qui, dans les mystères, était également l'objet d'une formule sacrée [1]. Les deux divinités ont chacune leur fonction : *Mithras* immole le taureau avec le glaive; *Sabus* le frappe avec le bâton. Tel est le céleste sacrifice représenté dans le plan supérieur. Le lion et l'oiseau qui y paraissent encore, rappellent deux degrés des Mithriaques, les *Leontica* et les *Coracica*. Maintenant le plan inférieur nous offre le sacrifice terrestre. Un adorateur des deux divinités, initié aux mystères de l'une et de l'autre, leur fait son offrande, tandis qu'elles-mêmes consomment l'offrande solennelle de la nature. Le bâton du pasteur est levé, le glaive est tiré, la patère est épanchée, le chien regarde le taureau, et le mystérieux serpent plonge dans le vase mystique. Quelque grossier que soit le travail de ce bas-relief, ce n'est pas sans intelligence que l'artiste a rendu l'instant décisif de la scène [2].

Un autre monument (pl. XXVII *bis*, 132 *a*), presque aussi

---

[1] On trouvera tous les développemens nécessaires sur ce sujet, dans le vol. II, liv. VII.

[2] Un bas-relief analogue est celui de Felbach, qu'a décrit Sattler dans son Histoire de Wirtemberg, p. 133, 192 sqq., et pl. XI.

grossier pour l'exécution, mais bien plus précieux encore pour le sens, et surtout pour la richesse des accessoires, ouvrirait à nos regards, si nous en croyons M. de Hammer, un horizon qui s'étend depuis le Tyrol jusque dans l'Inde [1]. Ce qui le caractérise spécialement, ce sont les deux bandes latérales, divisées chacune en six compartimens, qui rappellent, par leur nombre, les douze mois et les douze signes du Zodiaque, dont quelques-uns, tels que le belier et le taureau, le lion et le scorpion, sont en outre figurés, tant dans la bordure supérieure et dans l'espace qui la sépare de la scène du sacrifice, que dans celle-ci même. Nul doute que les douze tableaux qui remplissent les douze compartimens n'aient trait aux épreuves à la fois réelles et symboliques qui précédaient l'initiation aux mystères de *Mithras* [2]. Un *Pandit* hindou, dit l'auteur auquel

---

[1] Ce monument a été successivement décrit par Hormayr (*Gesch. von Tyrol*, I, p. 127-133); par le comte Giovanelli dans ses *Lettere;* par M. de Pallhausen (*Bojoariæ Topographia Romano-Celtica*); par M. de Hammer (*Wien. Litt. Zeit.*, 1816, p. 1463 sqq.), et enfin par M. Seel, qui, de plus, a recueilli dans son livre toutes les interprétations de ses prédécesseurs (*Mithrageheimnisse*, 1823, p. 496-557).

[2] Nous croyons devoir renvoyer le lecteur à l'extrait assez étendu qu'a déjà publié M. de Sacy (sur les *Myst. du Pag. de Ste-Croix*, II, p. 125-127) de l'explication donnée par M. de Hammer, qui assigne aux mystères de Mithras et à leurs épreuves, ainsi qu'au dieu lui-même et à son sacrifice, une origine primitivement indienne, et fait une comparaison suivie des douze tableaux du monument en question, représentant, selon lui, une double série de purifications corporelles et spirituelles, avec les pratiques et les exercices mystiques encore en usage parmi les Fakirs ou Djoguis de l'Inde. L'auteur est revenu depuis, plus d'une fois, sur le même sujet, pour défendre son interprétation et l'appuyer d'argumens nouveaux (contre M. Welcker qui l'avait vivement attaquée, *z.* Zoëga's *Abhandl.*, p. 404-410), d'abord dans les *Wien. Jahrb.*, I, p. 111 sq., puis dans un volume subséquent de ce recueil, X, p. 233. Il pense, et nous pensons avec lui, que l'on ne saurait méconnaître un fond d'idées indiennes dans les Mithriaques : nous ajouterons que cette branche de la religion des Perses porte, dans tous ses rameaux, une couleur de panthéisme, d'union mystique avec la Divinité et d'abnégation de l'existence terrestre, qui contraste

nous devons une copie fidèle de ce curieux morceau d'antiquité [1], peut trouver, dans sa croyance, la clef de plusieurs de ces représentations singulières; mais il est bien probable qu'un initié aux mithriaques nous en donnerait des explications différentes, ou qui du moins s'éloigneraient beaucoup d'une interprétation purement indienne.

Reconnaissons toutefois, avec M. de Sacy, que le système d'interprétation avancé et soutenu par l'ingénieux orientaliste de Vienne, est beaucoup plus complet, plus conséquent, plus fécond qu'aucun de ceux qui ont été jusqu'ici mis en avant, et surtout que les explications vagues, décousues, sans goût et sans connaissance véritable de l'antiquité, de son dernier et faible adversaire [2]. Néanmoins quelques-unes de celles de M. de Hammer nous paraissent très-hazardées, et s'accordent peu d'ailleurs avec les dessins que M. Seel nous donne comme le résultat d'un examen attentif et réitéré du monument. Sans rattacher si intimement à l'Inde le culte, les mystères et les représentations mithriaques, nous sommes convaincus que toute cette religion éminemment symbolique, tient cependant

singulièrement avec l'esprit de la doctrine enseignée par Zoroastre, et ne peut guère mieux être rapportée qu'à l'influence de l'Inde; d'ailleurs nous avons établi par une foule de rapprochemens, tant dans les notes du texte que dans nos éclaircissemens sur ce livre, l'identité primitive des dogmes et des symboles des deux religions, qui furent sœurs dans l'origine, et malgré la réforme introduite sous Darius, tendirent continuellement à se rapprocher dans la suite, jusqu'à la nouvelle réforme d'Ardeschir-Babegan, le premier des Sassanides, 226 ans après J.-C. Le savant Allemand croit avoir découvert dans les sépultures de Kenneri, publiées dans les *Transactions* de la société de Bombay (I, p. 45 et 48) une ressemblance avec les bas-reliefs du monument de Mauls, qui devient une preuve décisive en faveur de ses explications. — Relevons, en finissant, une bizarre faute d'impression qui s'est glissée dans l'extrait de M. de Sacy cité plus haut; le baron de Hormayr avait pris ce précieux reste d'antiquité pour un monument *tusque* (*Tuskisch*), et non pas *turc*.

[1] Seel, *Die Mithrageheimnisse*, p. 545.
[2] Seel, l. l., p. 517 sqq. *Conf.* ci-dessus, p. 730.

de fort près à la Haute-Asie; et nous trouvons une nouvelle preuve de sa connexion étroite et de son accord primitif avec les symboles du Zendavesta, dans un dernier monument, également expliqué par M. de Hammer (pl. XXVII *bis*, 133 *a*), où *Mithras*, armé non plus du poignard, mais de la massue, et le casque surmonté du globe du soleil, en tête, semble saisir la corne, à peine reconnaissable aujourd'hui, d'un taureau, tandis qu'un chien vient l'assaillir lui-même par derrière [1]. Mais vouloir, à cette occasion, attribuer l'établissement du culte mithriaque au milieu des Alpes noriques et rhétiennes, à des migrations asiatiques qui, dans des temps reculés, se seraient avancées des bords de l'Oxus à ceux de l'Ister et de l'OEnus [2], est-ce nous éclairer beaucoup plus que d'aller, avec les interprètes des antiquités celtiques, en rechercher l'origine dans les écoles des druïdes? On sait que d'autres savans ont déféré aux Phéniciens l'honneur d'avoir les premiers

---

[1] *Wien. Jahrb.*, X, p. 232 sq. *Conf.* la note précédente, p. 733. — M. de Hammer ne nous donne pas d'autres éclaircissemens sur ce morceau d'antiquité, qu'il dit avoir été trouvé à Salzbourg. Il parle encore d'un autre monument découvert à Saalfeld, et qui, outre des sculptures latérales analogues à celles du bas-relief de Mauls en Tyrol, montre plusieurs fois la massue. Une pierre gravée persane que nous reproduisons d'après lui (pl. XXVII *bis*, 119 *b*), présente un bœuf à demi-abattu avec le disque solaire sur le dos. Le même savant rappelle que, selon Arrien (Ind., 50), les taureaux, dans l'Inde, étaient marqués par le signe de la massue. Ces symboles sont évidemment relatifs au soleil générateur, à ses rayons, etc. Si l'on ajoute que le bas-relief mithriaque déterré à Stix-Neusiedel en 1816 (*Wien. Modezeitung*, etc., 1816, n° 25), paraît avoir été peint de trois couleurs, rouge, bleu et blanc, l'on aura un rapprochement de plus à faire avec la symbolique des Hindous, puisque ces trois couleurs sont précisément celles de la *Trimourti* ou Trinité indienne. *Voy. sup.*, liv. I, *passim*; et Seel, *Mithrageh.* p. 313 sqq. — L'on pourrait trouver aussi, dans le monument de Salzbourg, *Mithra* identifié avec Hercule, comme il l'est avec Bacchus, dans celui de la Galerie Justinienne (Montfaucon, I, 2, CCXVII, 1), sans parler du bas-relief de Ladenbourg, etc. (*sup.*, p. 743 sq.).

[2] Ritter's *Erdkunde*, II, p. 908. V. Hammer, *ubi sup.*

importé *Mithras* dans l'Occident, et particulièrement dans les Iles britanniques, parce que *Mithr*, en irlandais ancien, veut dire le *Soleil* [1].

LIVRE TROISIÈME : note 1re (chap. I, pag. 383 sqq.)

Les sources de l'histoire et de la religion des Égyptiens consistent : 1° en relations que nous devons principalement aux auteurs de l'antiquité, hébreux et grecs ; 2° en monumens de l'art de différens genres, presque tous couverts de représentations figurées et de caractères symboliques ou autres, formant des inscriptions et des légendes. A ces deux classes de documens, il faudra joindre quelque jour les résultats des travaux entrepris tant sur ces inscriptions que sur les manuscrits égyptiens en papyrus, découverts dans les tombeaux.

§ 1. Les Égyptiens, comme les Hindous et comme les Perses, avaient des traditions allégoriques sur l'introduction de l'agriculture et sur les premiers commencemens de la civilisation dans leur pays. Tels étaient ces *chants d'Isis* dont Platon nous atteste la haute antiquité [2], tels étaient encore les hymnes à Isis et à Osiris. Ils avaient, en second lieu, des traditions épiques, des espèces de chroniques poétiques, qui renfermaient la succession des grands-prêtres et les dynasties des Pharaons. Tels étaient ces volumes de papyrus que les prêtres développèrent pour satisfaire aux questions d'Hérodote [3]. L'on se tromperait beaucoup, si l'on s'imaginait que ce fussent là de véritables histoires : c'étaient plutôt des récits héroïques, entremêlés de

---

[1] M. A. de Humboldt va plus loin encore ; il veut retrouver *Mithra* jusque dans le Nouveau-Monde. « Le dieu mexicain *Tonatiuh*, dit-il, paraît identique avec le *Crichna* des Hindous, tel qu'il est chanté dans le Bhagavata Pourana, et avec le *Mithras* des Perses. » (Vues pittoresques des Cordillières, p. 84.) — Ainsi le célèbre voyageur rapproche, comme nous, *Crichna* ou *Vichnou*, le médiateur indien, du médiateur persan. *Conf.* *sup.* p. 219 sq., note ; 377 ; 380, etc., etc.

[2] De leg. II, 3, p. 239, Bekker.

[3] Herodot. II, 100.

légendes religieuses, et où l'allégorie jouait encore un grand rôle, comme dans le Ramayan et le Mahabharat des Hindous, dans le Schahnameh des Perses, et dans les traditions des Grecs jusqu'à l'invasion des Héraclides.

Ces originaux sont malheureusement perdus pour nous. A leur défaut, les livres des Hébreux, à partir de la Genèse, nous offrent un assez grand nombre de récits, mais fragmentaires, sans développement et souvent fort vagues. Aussi est-il difficile de concilier ces récits avec ceux des Grecs, qui sont en général plus circonstanciés et plus étendus. Quelque temps avant Hérodote, Hippys de Rhegium et d'autres voyageurs avaient visité l'Égypte : mais entre eux se distingue Hécatée de Milet, dont le voyage eut lieu vers la 59ᵉ olympiade. Il décrivit particulièrement la haute Égypte et accorda une attention toute spéciale à l'état de Thèbes et à l'histoire de ses rois : voilà pourquoi Hérodote en parle si peu [1]. Vers le même temps, Hellanicus de Lesbos avait aussi fait une description de l'Égypte [2]. Suivit Hérodote, qui, environ soixante-dix ans après la conquête de l'Égypte par les Perses, la visita tout entière, et consigna dans son grand ouvrage ce qu'il avait vu, ce qu'il avait appris des prêtres, tant sur les monumens que sur l'histoire du pays, et ses jugemens comme ses observations (lib. II et III). L'état de Memphis est le principal objet de sa relation. Après lui, Théopompe de Chios, Éphore de Cumes [3], Eudoxe de Cnide, Philiste de Syracuse donnèrent de nouvelles relations de l'Égypte; mais leurs ouvrages sont tous perdus.

Dans la période d'Alexandrie tombent Hécatée d'Abdères [4], qui fit un voyage à Thèbes sous le premier Ptolémée; mais surtout Manéthon, prêtre égyptien, qui, par l'ordre de Ptolémée Philadelphe, composa une histoire chronologique de l'Égypte

---

[1] *Voy.* Creuzer. fragm. historic. Græcor. antiquissim., Heidelb., 1806. Schœll, Hist. de la littérat. grecque, 2ᵉ édit., t. II, p. 135 sqq.

[2] Hellanici fragm., ed. Sturzio, p. 39 sqq.

[3] Fragm., ed. Marx., p. 213 sqq.

[4] Creuzer., fragm., etc., p. 28-33. Schœll, vol. III, p. 211 sq.

en trois tomes, comprenant cent treize générations et trente et une dynasties, de dieux, de demi-dieux et de rois jusqu'à Alexandre-le-Grand. Les fragmens de cet auteur, et les listes de rois qui ont été puisées dans son ouvrage par les chronographes chrétiens, sont pour nous de la plus haute importance, quoi qu'en ait pu dire une critique étroite et partiale [1].

Avec Hérodote, l'auteur le plus précieux pour la connaissance de l'Égypte et de ses institutions, est encore, après tout, Diodore de Sicile, qui vivait sous César et sous Auguste, et qui, indépendamment de ses propres observations et de ses recherches sur les lieux, s'attacha surtout, dans son livre, aux anciens historiens grecs et spécialement à Hécatée de Milet, d'après lequel il nous décrit l'antique royaume de Thèbes et les monumens de cette cité fameuse avec une étonnante fidélité [2]. Strabon, le célèbre géographe, visita l'Égypte à la suite d'Élius Gallus, vers le commencement de notre ère : mais il ne se contente pas de raconter ce qu'il a vu par lui-même ; souvent encore il se réfère à des auteurs plus anciens.

Plutarque, dans plusieurs de ses Vies, et surtout dans son Traité d'Isis et Osiris ; Philostrate, dans la vie d'Apollonius ;

[1] *Voy.* Beck's *Allgem. Geschichte*, I, 1, p. 281, 282 sqq. L'autorité de Manéthon a été attaquée dans ces derniers temps par Meiners, Tychsen et Larcher : Heyne, Gatterer et Heeren l'ont défendue en Allemagne ; et, chez nous, les recherches neuves de MM. Saint-Martin et Champollion jeune tendent à la confirmer de plus en plus chaque jour. Il faut maintenant comparer aux fragmens de Manéthon recueillis dans Josèphe (contra Apion, I), dans les extraits connus d'Eusèbe, et dans le Syncelle, la traduction de la chronique du second faite d'après l'Arménien, et récemment publiée à Milan, par les soins réunis de MM. Maï et Zohrab, in-4°. *Conf.* Schœll, t. III, p. 216-219.

[2] La fidélité de Diodore, attestée par les auteurs de la Description de l'Égypte (vol. II, Thèbes, p. 59 sqq.), ne paraît pas également prouvée, ou du moins très éclairée, à M. Letronne, quoique ce savant pense, en contradiction avec l'opinion commune, que Diodore avait visité la Thébaïde. *Conf.* Heyne de fontibus Diod. Sic., in Commentat. Soc. Gœtt., V, p. 104 sqq. ; Schœll, ouvr. cité, IV, p. 89 sq.

Porphyre, Jamblique, Horapollon et plusieurs autres, nous ont conservé une foule de notions et de faits relatifs aux antiquités et à la religion de l'Égypte [1].

Un grand nombre de modernes se sont exercés, avec plus ou moins d'érudition et de critique, sur les documens transmis par les anciens, depuis Kircher, Marsham et Perizonius [2]. Dans le dernier siècle, l'on a commencé à cultiver avec succès la langue copte, débris authentique de l'ancienne langue nationale des Égyptiens, et l'on en a fait d'utiles applications, qui se poursuivent plus utilement encore aujourd'hui [3]. Mais les relations

[1] M. Creuzer est du nombre des savans qui, loin de rejeter comme des rêveries les écrits des Alexandrins et des philosophes appelés Néo-Platoniciens, y voient, au contraire, la source la plus précieuse des mystères de la théologie égyptienne. Il n'est pas éloigné de penser, avec Gœrres, que les principes fondamentaux de cet antique système se retrouvent, sous des formes plus ou moins récentes, dans les fragmens des livres attribués à Hermès Trismégiste, à Asclépius, etc., et regardés jusqu'ici comme des compilations apocryphes demi-platoniciennes, demi-chrétiennes. Aussi a-t-il fait, dans son exposition, un assez grand usage de ces fragmens. La note 6 ci-après, en donnant un aperçu de l'exposition plus vaste de Gœrres, justifiera par des faits nouveaux la théorie de ce profond écrivain, dont la critique ressemble souvent à de l'inspiration, mais n'en repose pas moins sur des bases très-philosophiques et bien plus sûres, dans le fond, que celles auxquelles s'attache trop exclusivement la philologie vulgaire. Nous reviendrons plus d'une fois, dans la suite, sur cette importante question. *Conf.* Gœrres, *Mythengesch. d. Asiat. Welt, Einleit.*, p. XIX sqq.; et notre Discours prélim., II et III, *passim*.

[2] *Voy.* Beck, lib. laud., p. 290 sqq.; Bryant, De Pauw, et les historiens anglais Laughton, J. Franklin, James Wilson (*History of Egypt from the earliest accounts to the year* 1801, Lond. 1805, 3 vol. in-8°) peuvent encore être consultés avec quelque fruit, ainsi que les Mémoires de l'Acad. des Inscript., et les chronologistes récens Larcher et Volney.

[3] On connaît les travaux déjà anciens de Lacroze, Jablonsky, de Rossi, etc.; et les recherches contemporaines de MM. Silvestre de Sacy, Étienne Quatremère (Recherches sur la langue et la littér. de l'Égypte; Paris, 1808, in-8°.; Mémoires géographiques et historiques sur l'Égypte, etc.; Paris 1811, 2 vol. in-8°) et Champollion jeune (l'Égypte sous les Pharaons,

des voyageurs, qui ont étudié sur les lieux le pays et les innombrables ruines dont il est couvert, ont surtout produit, depuis vingt-cinq ans, des résultats aussi vastes qu'inattendus [1]. Dans les descriptions et dans les dessins des Denon, des Jomard, des autres collaborateurs du grand Ouvrage français, et de leurs habiles successeurs, Belzoni, Gau, Cailliaud, etc. [2], non-seulement l'Égypte, mais les contrées occidentales ou méridionales qui partagèrent la même civilisation, semblent ressuscitées sous

Descript. Géogr., 1814 : nous analyserons plus loin les travaux ultérieurs de ce savant sur les hiéroglyphes et les différentes écritures de l'Égypte).

[1] Les relations plus anciennes ne sont point à négliger, sans parler de celles des Arabes, qui forment le lien entre l'antiquité et les temps modernes. *Voy.* Beck, l. l., p. 272 sqq.; et consultez surtout : Relation de l'Égypte par Abdallatif, suivie de divers extraits d'écrivains orientaux, etc., par M. Sylvestre de Sacy; Paris, 1810.

[2] Les Anglais, les Allemands et les étrangers de presque toutes les nations de l'Europe ont rivalisé avec les Français de zèle, de lumières et d'amour pour la science : sans remonter jusqu'à Browne et Hornemann, qu'il nous suffise de citer les *Ægyptiaca* du célèbre Hamilton, et les noms de Burckhardt et de MM. Legh, Light, Salt, Bankes, Leake, Hyde, Caviglia, Drovetti, etc., qui tous ont payé de précieux tributs à l'antiquité égyptienne. L'on annonce la prochaine publication des voyages du général prussien Menou de Minutoli; et l'Europe savante attend avec impatience que les cartons de l'habile architecte français, M. Huyot, aient révélé leurs trésors. Les inscriptions grecques et latines recueillies par les voyageurs tant en Égypte que dans les Oasis et dans la Nubie, sont devenues, sous l'œil pénétrant et avec la vaste érudition de MM. Niebuhr et Letronne, une source nouvelle et chaque jour plus abondante d'utiles renseignemens sur l'Égypte des Ptolémées et des Romains. *Voy.* Inscriptiones nubienses... a B.-G. Niebuhrio; Romæ, 1820, in-4°; et surtout : Recherches pour servir à l'Histoire de l'Égypte pendant la domination des Grecs et des Romains, etc., par M. Letronne, etc., 1823, in-8°. *Conf.* Annales des Lagides, par M. Champollion-Figeac; Paris, 1819, 2 vol. in-8°. — Pour suivre la marche des découvertes, il faut consulter les Journaux littéraires de ces dernières années, entre autres le *Quarterly Review*, le *Classical Journal*, etc.; et surtout le Journal des Savans, le Journal asiatique et la Revue encyclopédique.

nos yeux avec tout l'appareil de leur religion, de leurs usages et de leurs institutions antiques.

§ 2. Il était donné à un Français de poursuivre jusque dans son berceau, cette vieille civilisation de l'Égypte que des Français avaient, en quelque sorte, fait revivre. M. Cailliaud, le premier, a retrouvé, au sein de l'Éthiopie, les ruines de cette fameuse ville de Méroé, qui fut, selon toute apparence, la mère de Thèbes non moins fameuse [1]. Sur les deux rives du Nil, à travers la Nubie et le royaume de Sennaar, il a observé et décrit, après quelques autres, mais avec bien plus d'étendue et d'exactitude, cette série non interrompue de temples, de pyramides, de monumens colossaux, presque en tout semblables à ceux de l'Égypte, qui atteste le long séjour des arts de la paix dans ces contrées redevenues si sauvages. Les environs de Dongola sont un des points les plus remarquables sous ce rapport; et *Soleb*, entre autres, nous montre un temple qui peut être comparé à celui de Karnak à

---

[1] *Voy*. Revue Encyclopédique, janvier 1823. *Conf.* le prospectus du second Voyage de M. Cailliaud : Voyage à Méroé, au fleuve Blanc, dans le midi du royaume de Sennaar, etc., publié par MM. Cailliaud et Jomard. Les premières livraisons des planches ont paru. — Ni Bruce, ni Browne, ni Burckhardt n'avaient pénétré à beaucoup près aussi avant que notre courageux et habile compatriote, qui ne s'est arrêté qu'au 10e degré de latitude, aussi loin de Méroé que Méroé l'est de l'Égypte. *Souba*, vers le 15e degré, près de Sennaar, est le dernier endroit où il a trouvé des monumens. Les points les plus remarquables, en descendant le cours du Nil, sont ensuite : les deux *Naga*, dans la province de Chendi; à *El-Meçaourah*, une vaste enceinte remplie de ruines, probablement dépendante de Méroé; puis les ruines de la véritable Méroé, méconnue par les précédens voyageurs, sur l'emplacement et aux environs des villages d'*Assour* et de *Dankeïl*; le mont *Barkal* avec plusieurs temples et un grand nombre de pyramides; *Argo* et *Tombos* avec des statues colossales; *Amara*, *Sescé* et enfin *Soleb* où Burckhardt crut que finissaient les monumens. Les recherches, tant sur l'Éthiopie que sur la Nubie, antérieures au voyage de Cailliaud, sont parfaitement résumées, discutées, éclaircies dans la savante géographie de M. C. Ritter, t. 1er, 2e édit., Berlin, 1822.

I. 48

Thèbes [1]. Plus au nord, sur la rive gauche du Nil, à l'entrée de la basse Nubie, est le grand temple d'*Ipsamboul, Ebsamboul* ou *Aboussamboul*, creusé dans les rochers et sur lequel se lit, en lettres grecques, le nom de Psammétichus (656 av. J. C.) : on le croit dédié à Osiris, et tout près se voit un second temple consacré, dit-on, à Isis [2]. Depuis Ipsamboul, jusqu'aux portes de l'Égypte, la vallée fertile de la basse Nubie ne cesse pas un instant de fixer l'attention du voyageur, par une innombrable quantité de monumens, entre lesquels on distingue plusieurs tombeaux : les temples les plus remarquables sont ceux, de *Derri*, qui porte tous les caractères d'une très-haute antiquité, de *Wady Seboua* ou *Essaboua* (la vallée des lions), qui s'annonce par une avenue de sphinx, et où Burckhardt voit le type de plusieurs temples de la Thébaïde; de *Dekke* (l'ancienne *Pselcis*) le mieux conservé peut-être de toute la Nubie, mais aussi l'un des moins anciens et qui se rapproche beaucoup pour le style de ceux d'Hermonthis et de Philes [3]; de *Girsché*, qui forme avec le précédent un frappant contraste, car tout y annonce l'enfance de l'art, tout y est barbare et gigantesque; de *Dandour*, de *Khalapsché* (l'ancienne *Talmis*) qui appartiennent, au contraire, au plus beau temps de l'architecture égyptienne et rappellent les temples de Philes, d'Edfou, de Dendera [4]; le petit temple de *Dar-el-Waly* (ou le petit

[1] Ritter's *Erdkunde*, I, p. 611. Cailliaud, Voyage à Méroé, Planches, vol. II, pl. IX. et suiv.

[2] *Voy.* la description de ces deux monumens dans Ritter, l. l., p. 621-628, d'après Burckhardt et Belzoni, dont il faut consulter les planches, en les comparant aux planches bien supérieures de Gau, Antiquités de la Nubie, pl. 54 et suiv. — Belzoni, à qui appartient l'honneur d'avoir déblayé le grand temple, la plus magnifique de toutes les excavations qui soient en Égypte et en Nubie, a fait, comme l'on sait, modeler cet édifice avec plusieurs autres de même genre.

[3] Le temple de *Dekke*, qui fut dédié à Hermès, offre un grand nombre d'inscriptions grecques sur lesquelles on peut voir les ouvrages cités de MM. Niebuhr et Letronne.

[4] L'une des inscriptions grecques du grand temple de *Khalapsché*

monument creusé dans le roc à *Khalapsché*), dont les murs sont couverts de bas-reliefs historiques d'un haut intérêt; enfin, les ruines de *Debout*, probablement l'ancienne *Parembole*, déjà dans la contrée du granit, qui ne s'étend que jusqu'à *Syène* ou *Assouan*, aux portes de l'Égypte.

C'est, en effet, à la dernière cataracte du Nil, entre les deux îles de *Philes* et d'*Éléphantine*, que furent, depuis les temps connus, les limites de cette terre célèbre, et l'on veut même que ce fait géographique soit exprimé par le nom de la première de ces îles [1]. Là commence une nouvelle série de monumens de toute espèce, si multipliés, si riches, qu'il serait vain d'entreprendre de décrire ici même les principaux : aussi nous bornerons-nous à quelques rapides indications [2]. *Philes* n'est, en quelque sorte, qu'un groupe d'édifices, et des plus beaux, des mieux conservés qui soient dans toute l'Égypte : on y remarque surtout le grand temple dédié à Isis, la divinité principale de l'île; tout près à l'ouest, un temple plus petit

montre qu'il était consacré au soleil, sous le nom de *Mandulis*. *Voy.* Niebuhr et Letronne, ouvr. cités.

[1] *Voy.* Ritter, lib. laud., p. 681, où sont cités Champollion jeune, Quatremère, Creuzer, etc. — Une autre étymologie rattache le nom de *Philes* (Φίλαι) à celui de l'éléphant, dans les langues sémitiques; en sorte qu'*Éléphantine* en serait la traduction grecque et latine, ce qui explique jusqu'à un certain point le silence d'Hérodote et de Pline sur *Philes :* Belzoni a trouvé l'éléphant représenté sur les monumens de cette île, et là seulement. *Conf.* Malte-Brun, Précis de la Géographie, IV, 500, d'après Jomard et autres; Letronne, dans le Journal des Sav., 1820, p. 717. (Nous croyons devoir écrire *Philes*, conformément à l'orthographe usitée en français pour les noms de cette terminaison, au lieu de *Philæ* tout latin, et de *Philés* ou *Philé* qui n'ont aucune autorité ni dans l'usage, ni dans les lois de la grammaire.)

[2] Pour les détails, nous nous référons en général au texte de la grande Description de l'Égypte, abrégé par Ritter avec quelques utiles additions et observations : les planches sont indispensables. Un excellent guide pour la géographie et la topographie de l'Égypte, c'est Strabon, dans son livre XVII, si habilement commenté par M. Letronne, t. V de la trad. française.

d'Athor ou Athyr, l'Aphrodite ou Vénus égyptienne; et non loin des deux, une chapelle consacrée à la même Aphrodite par l'un des Ptolémées. Dans ces édifices et dans deux autres, l'on voit un grand nombre de bas-reliefs : plusieurs paraissent avoir trait à la mort d'Osiris, dont une petite île dépendante de Philes et accessible aux seuls prêtres (τὸ ἄϐατον) passait pour contenir le tombeau[1]. Le temple du sud à *Éléphantine* montre partout des emblèmes relatifs au culte de Kneph ou de Jupiter-Ammon, qui en était la divinité. Le grand temple d'*Ombos* se fait remarquer par sa construction singulière, qui le divise en deux moitiés symétriques, de sorte qu'il paraît former deux temples distincts; et en effet, ce double temple était dédié à deux divinités différentes, dont chacune y avait son sanctuaire à part : Aroéris ou Horus, regardé comme l'Apollon des Grecs; et un dieu à tête de crocodile, où les uns voient Typhon, les autres Saturne[2]. *Edfou* ou *Apollonopolis magna* nous offre un des prodiges de l'architecture égyptienne, pour la masse, le plan et l'exécution, dans son temple principal, consacré à Horus ou Apollon; l'œil et le phénix y rappellent en effet, plus d'une fois, le soleil et les périodes astronomiques dans lesquelles il est supposé mourir et renaître. Non loin d'Edfou sont les fameuses grottes d'*Elethyia*, sortes de catacombes où l'on trouve représentées une multitude de scènes de la vie civile et privée des Égyptiens, qui répandent le plus grand jour sur cette partie intéressante de leur histoire. L'un des édifices les plus gigantesques de la Thébaïde, est le temple d'*Esné*, l'ancienne *Latopolis*, couvert

---

[1] *Conf.* le texte, p. 392, 393 et la note.—Nous rectifions tout à la fois Lancret, dans la description de l'Égypte, et M. Creuzer, par les Recherches sur l'Égypte de M. Letronne, p. 89 sqq., 304 sq. Le même savant a expliqué avec un grand succès les diverses inscriptions grecques découvertes sur les monumens de Philes, et entre autres celle d'un petit obélisque ou d'une *stèle* égyptienne transportée en Angleterre par les soins de MM. Bankes et Belzoni : l. l., p. 134 sqq., 297 sqq., etc.

[2] Chabrol et Jomard, dans la Description de l'Égypte; et surtout Letronne, Recherches, etc., p. 78 sqq.

de bas-reliefs et d'hiéroglyphes tant dans l'intérieur qu'à l'extérieur : la figure à tête de belier de Jupiter-Ammon, sans cesse reproduite dans ces sculptures, montre que le temple était consacré à ce dieu. A peu de distance au nord, est un second temple beaucoup plus petit et en ruines. Tous deux ont chacun un zodiaque semblable. Le temple d'*Hermonthis*, maintenant *Erment*, bâti comme plusieurs autres avec les débris d'édifices plus anciens, se distingue par des particularités très-remarquables, soit dans sa structure, soit dans ses ornemens : une grande partie de la légende d'Isis, Osiris, Horus, est figurée dans le sanctuaire. Erment est déjà dans la vallée de Thèbes, qui va toujours s'élargissant sur l'une et l'autre rive du Nil, jusqu'au point où finissent les vastes ruines de la ville aux cent portes : on en désigne les masses principales par les positions respectives des quatre principaux villages de la vallée, *Médinat-Abou* et *Qournah* à l'ouest, *Louksor* et *Karnak* à l'est. Tout y est plein de débris de temples, de colonnades, d'obélisques, de pylones, de colosses, d'avenues de sphinx, de sculptures et de peintures de tout genre ; tout y porte l'empreinte des siècles et des travaux d'une multitude de générations ; la plupart des édifices, ruinés aujourd'hui, semblent avoir été jadis rebâtis deux et trois fois de leurs propres ruines. Dans la foule des temples et des palais qui confondent l'attention de l'observateur, se fait remarquer d'abord l'édifice connu sous le nom de *palais de Médinat-Abou*, dont les bas-reliefs peints représentent les lointains exploits, les triomphes et les sacrifices en action de grâces d'un conquérant que l'on croit être Sésostris. Non loin de là sont les constructions appelées par les anciens le *Memnonium*, ou le *palais de Memnon*, et le *tombeau d'Osymandyas*, avec de nombreux et gigantesques colosses debout ou renversés, parmi lesquels on cherche les statues de ces deux personnages peut-être plus mythologiques qu'historiques [1]. De ce même côté, un petit temple d'Isis,

---

[1] MM. Jollois et Devilliers, dans leur belle description des ruines de Thèbes, ont cru prouver que les constructions dont il s'agit ici, ou cet ensemble de ruines que l'on s'accorde à désigner sous le nom de *Mem-*

d'une époque relativement récente, offre à l'œil étonné des tableaux dont les couleurs sont aussi brillantes que le sens en est curieux. La *Syrinx*, espèce de labyrinthe souterrain, destiné sans doute à des fêtes mystérieuses; le palais de *Qournah* avec un portique dans le genre des Grecs; et, à quelque distance au N., une suite de galeries creusées dans les rochers de la chaîne libyque, sont ce que la rive gauche du Nil possède encore de plus remarquable. Sur la rive droite, deux magnifiques obélisques, chacun d'un seul bloc de granit, accompagnés de deux colosses également monolithes, des pylones élevés, de longs péristyles, avec des bas-reliefs représentant des scènes militaires, annoncent le palais de *Louksor*. Des allées de plusieurs centaines de sphinx à tête de belier conduisent ensuite, par delà *Louksor*, à une porte triomphale (porte isolée ou propylon) de la forme la plus élégante, qui conduit elle-même à un temple dont la simplicité majestueuse atteste l'un des monumens les plus antiques de la Thébaïde; et cependant il s'est élevé sur les débris de monumens antérieurs! C'est là le fameux temple de Jupiter-Ammon à *Karnak*, le temple principal de la grande *Diospolis*; d'où l'on arrive au plus monstrueux de tous les édifices de l'Égypte, connu sous le nom de *palais de Karnak*. Les propylées en sont formés, non pas de colonnes comme ailleurs, mais d'une série de py-

nonium, représentent exactement le fameux *tombeau d'Osymandyas*, tel que le décrit Diodore. Déjà M. Hamilton (Ægyptiaca, p. 113 sq.), avait avancé une opinion contraire; et tout récemment M. Letronne, dans une dissertation spéciale sur cette question d'antiquité, a établi : 1° que l'édifice décrit par Diodore ne se retrouve plus dans les ruines actuelles de Thèbes; 2° que, s'il a jamais existé un monument sous ce nom, il différait presque entièrement de celui dont cet auteur, qui avait vu Thèbes, a fait la description sur le simple récit des prêtres, qu'il a, du reste, fidèlement rapporté. Le même savant ne pense pas non plus que l'on ait retrouvé la statue d'Osymandyas, prise, dit Diodore, dans un seul bloc de pierre avec celle de sa femme et de sa mère. Quant à la statue de Memnon et à tout ce qui regarde ce personnage, *voy.*, outre le texte, chap. 8, la note 14 ci-après : nous y reviendrons sur le tombeau de Memnon-Osymandyas.

lones colossaux devant lesquels sont des statues non moins colossales, tantôt debout, tantôt assises : le reste est en harmonie pour la grandeur et pour la magnificence; il suffira de dire que la cour principale de cet édifice pourrait aisément contenir tous les monumens de l'île de Philes, et qu'elle conduisait à une salle, maintenant ruinée, qui était ornée de colonnades en caryatides, au milieu desquelles s'élevait un obélisque de quatre-vingt-onze pieds de haut : des armées entières, des batailles, des fêtes, des processions solennelles, en un mot, la vie et toutes les actions publiques d'un grand peuple sont représentées en sculptures peintes des plus vives couleurs, sur les murs de ce prodige d'architecture [1].

Toutefois ce n'était là encore que la cité des vivans : à l'ouest du Nil, au delà du tombeau d'Osymandyas, et dans toute la hauteur de la chaîne libyque, s'étendait sous terre la cité des morts, avec ses innombrables habitations, où se déploient aux regards étonnés les arts, les sciences et tous les détails de la vie civile et domestique des Égyptiens. En exposant les idées de ce peuple sur l'autre vie, et les cérémonies qui devaient lui en frayer la route, nous reviendrons sur ces catacombes, si intéressantes pour l'étude de la religion, pour l'histoire et pour l'archéologie tout à la fois [2].

Il est bien remarquable de voir, en Égypte comme en Perse, la splendeur des tombeaux distinguer les grandes capitales, non moins que celle des palais et des temples. Thèbes comme Pasargades ou Persépolis, métropole religieuse et politique en même temps, consacrait les rois près des sépultures de leurs ancêtres, pour les envoyer de là sur le trône, et, quand la mort les en avait précipités, leur donnait asile dans ces mêmes sépultures, après les avoir consacrés de nouveau. La vie et la mort avaient à la fois leur initiation et leur empire.

---

[1] Sur les ruines de Thèbes, il faut voir, outre le Mémoire de MM. Jollois et Devilliers, dans la Description de l'Égypte (t. I, chap. IX), et les *Ægyptiaca* d'Hamilton, Belzoni, Voyage, principalement tom. I de la traduction française.

[2] *Voy.* le texte, chap. 6, I; et ci-après, note 11.

Les ruines de *Keft*, l'ancienne *Coptos*, et celles de *Kous* ou *Apollonopolis parva* n'offrent pas un grand intérêt à nos recherches, quoiqu'il subsiste, du temple de cette dernière ville, un magnifique propylon. Il n'en est pas de même de celles de *Dendera*, la *Tentyra* ou *Tentyris* des Grecs, sur la rive gauche du Nil : le grand temple dédié à Athor-Aphrodite, ou à la Vénus égyptienne, dont la figure se retrouve partout, dans les bas-reliefs, dans les chapitaux des colonnes, etc., est un des plus beaux et des plus majestueux édifices de toute l'Égypte. Aux deux sofites du portique, l'on remarque un zodiaque développé en deux bandes parallèles : un autre zodiaque, mais circulaire et plus célèbre encore, sous le nom du *Planisphère de Dendera*, occupait en partie le plafond d'une des chambres d'un appartement supérieur du temple, d'où il a été détaché et apporté en France, à la fin de l'année 1821. Derrière le grand temple de Vénus était, suivant Strabon, un autre temple dédié à Isis, et plus loin un Typhonium, dont nos voyageurs ont, en effet, retrouvé les débris [1]. Plus loin, au nord, vers les limites de la Thébaïde, fut *Abydus*, comme Thèbes l'une des anciennes capitales de l'Égypte, comme elle ayant son Memnonium et ses royales sépultures : mais dès long-temps le palais de Memnon a presque entièrement disparu sous les sables, la ville antique étant située loin du Nil, au voisinage de la chaîne libyque, sur les limites de la terre cultivée et du désert. Tout annonce dans ces ruines une époque fort reculée, et nous savons, en effet, que la magnifique *Ptolémaïs*, au temps des rois grecs dont elle rappelle le nom, avait déjà remplacé et Abydus et la petite *Diospolis* voisines l'une de l'autre.

A partir de Dendera, les monumens se perdent peu à peu, détruits qu'ils ont été par le temps; les hypogées seuls subsistent dans un état de conservation remarquable. *Akhmyn*,

---

[1] *Voy*. Descript. de l'Ég., Antiq., t. II, chap. X; et *confér*. les remarques de M. Letronne, Recherches, etc., p. 186-191, qu'il faut modifier, d'après M. Champollion jeune dans son Panthéon égyptien, en substituant *Athor* à *Nephthys*.

l'ancienne *Chemmis* ou la *Panopolis* des Grecs; *Kaou* ou *Antæopolis*; *Syout* ou *Lycopolis*; *Akhmouneyn* (les deux *Akhmyn*), autre *Chemmis*, nommée par les Grecs *Hermopolis magna*, n'ont que des débris, qui ne sont pas toutefois sans magnificence. Le temple de la grande cité d'Hermès, ou du Thoth égyptien, paraît à quelques-uns avoir été l'un des plus anciens de toute l'Égypte [1]. Non loin de là était *Ibeum* ou la ville de l'Ibis, oiseau consacré à Thoth. Vis-à-vis d'Hermopolis, sur la rive orientale du Nil, s'éleva, sous Hadrien, la ville encore plus grecque que romaine d'*Antinoë*, à la place de l'antique *Besa* [2]. Au nord-ouest d'Antinoë, dans la chaîne arabique, se voient les hypogées de *Beni Hassan*, *speos Artemidos* des anciens, les plus grands et les plus dignes d'attention qui soient dans l'*Heptanomis* ou la moyenne Égypte [3]. Sur l'autre rive du Nil, en descendant le fleuve, que suit le canal de Joseph, *Cynopolis*, *Oxyrhynchus*, *Heracleopolis magna* n'ont laissé aucune trace. Bientôt s'ouvre la riche vallée du *Fayoum*, le nome *Arsinoïtes* des Grecs et des Romains, à l'entrée duquel on voit une première pyramide et plus loin une seconde, toutes deux bâties en briques, mais celle-ci beaucoup mieux conservée et plus remarquable à tous égards [4]. Au nord et à l'ouest de cette pyramide, ont été retrouvées par deux savans Français, MM. Bertre et Jomard, les ruines du fameux labyrinthe, dont un autre savant, M. Letronne, a expliqué la merveilleuse construction avec autant de bonheur que de sagacité [5]. Là sont encore les restes d'immenses travaux d'ir-

[1] Belzoni, Voyage, I, p. 45 de la trad. franç. *Conf.* Jomard dans la Description de l'Égypte, t. II, chap. XIV.

[2] *Conf.* Letronne, Recherches sur l'Égypte, p. 294 sqq.

[3] Jomard, Description de l'Heptanomide, dans la Descript. de l'Ég., t. II, chap. XVI. *Conf.* Hamilton, Ægyptiaca.

[4] Jomard, Description du nome Arsinoïte, dans la Descrip. de l'Ég., t. II, chap. XVII. Belzoni, Voyage, II, p. 142 sqq.

[5] *Voy.* la traduction française de Strabon, t. V, p. 405-410. — Il n'y a guère plus d'accord entre les anciens qu'entre les modernes, sur la destination, le but et le sens de cet édifice qu'Hérodote trouve incomparable,

rigation et de quelques-uns des canaux les plus considérables que l'antiquité ait exécutés; là est ce célèbre lac de Mœris, dont la nature avait préparé le bassin, et que la main des hommes agrandit et vivifia en lui communiquant les eaux du Nil [1]. Au centre du Fayoum, la ville de même nom (*Medinat el Fayoum*) occupe en partie l'emplacement de l'ancienne *Crocodilopolis*, appelée depuis *Arsinoë*: les environs sont couverts de ruines qui s'étendent au nord jusque vers les bords du *Birket-el-Keroun*, l'ancien lac de Mœris; on y voit encore deux énormes piédestaux qui doivent avoir porté deux colosses

et auquel Strabon ne trouve à comparer que les pyramides. M. Creuzer en donne deux explications différentes au premier aspect, mais qui se concilient très-bien dans ses idées (p. 63 sq., 443, coll. 453 etc.). Il ajoute, avec MM. Jomard et Christie, qu'un usage n'en excluait point nécessairement un autre. Le labyrinthe pouvait être à la fois un lieu de réunion pour les chefs ou les députés de tous les nomes, et comme le rendez-vous des autels et des momies d'animaux sacrés de chaque nome. Il faudrait y voir, dans ce cas, une sorte de *Panthéon égyptien*; et, en effet, il n'y avait pas d'assemblées publiques sans sacrifices et sans cérémonies religieuses. Le labyrinthe fut-il en même temps un tombeau destiné aux rois qui le firent construire? Le concert presque unanime des auteurs, ainsi que les excavations souterraines qui correspondaient aux constructions à fleur de terre, rendent la chose infiniment probable. Nous finirons en observant que Strabon, très-favorable du reste à l'idée des savans français, développée plus haut, place un nouveau Memnonium, un tombeau (pyramide) d'Ismandes-Memnon, auteur, selon lui, du labyrinthe, à l'extrémité de ce monument. Cette circonstance a été oubliée par Larcher (sur Hérodote, t. II, p. 496 sqq.), qui pense avec raison que la construction d'un si prodigieux édifice dut coûter une longue succession de travaux, pendant un grand nombre d'années, de siècles même, et par-là explique très-bien les témoignages si divers des écrivains de l'antiquité, sur les princes qui en eurent l'honneur. On peut consulter encore Zoëga, de Obelisc., p. 417 sq.; Gatterer, in Commentat. Soc. Gœtt., IX, 56 sqq.; et Creuzer, Meletem., I, p. 84 sq.

[1] Martin, Descript. hydrograph., etc., dans la Descript. de l'Ég., État mod., livraison III, p. 195 sqq.; *ibid.*, Antiq., Mém. sur le lac de Mœris, par M. Jomard, t. I, p. 79 sqq. Letronne, sur Rollin, t. I, p. 22 sq. de son édition.

et que les habitans nomment, en effet, les pieds de Pharaon. Le groupe principal des ruines, appelé aujourd'hui *Kasr Keroun*, fut jadis un temple, peut-être assez moderne, que M. Jomard croit avoir été le siége d'un oracle [1].

Après la contrée des canaux vient celle des pyramides, dont les trois plus considérables sont situées entre *Gizeh* et *le Kaire*, au voisinage de l'antique *Memphis*, la seconde des anciennes métropoles de l'Égypte, sinon dans l'ordre des temps, au moins dans celui de la grandeur et de la magnificence. Malheureusement il ne reste plus de cette cité fameuse que des tombeaux ou des grottes sépulcrales en nombre immense ; et ce sont encore des tombeaux que ces pyramides tantôt isolées, tantôt distribuées par groupes, au devant desquelles s'élevaient des sphinx colossaux, comme pour annoncer les mystères de la ville des morts, qui s'étendait bien avant dans le désert de Libye, vers le village actuel de *Saccara* [2].

[1] Jomard, Descript. du nome Arsinoïte, *ubi sup.*

[2] Beck a rassemblé avec beaucoup de soin et d'étendue les principaux résultats des innombrables relations et recherches sur les pyramides, jusque vers 1813 (*Allgem. Gesch.*, I, 1, p. 705-714). On peut voir aussi les commentateurs d'Hérodote, de Diodore, de Strabon, etc., particulièrement Larcher, vol. II, p. 430 sqq., et en dernier lieu M. Letronne sur Strabon, t. V, p. 395 sqq.; le même sur Rollin, I, p. 16 sqq.; Creuzer, Meletem., I, p. 96 sq.—Sans entrer ici dans aucun détail sur les différentes étymologies données au mot πυραμίς, probablement d'origine égyptienne, mais dont les Grecs, selon leur coutume, cherchaient l'origine dans leur propre langue (πῦρ, feu; ou πυρός, froment : Ammian. Marcell. XXII, 15; Stephan. Byz., p. 650, Berkel.; Etymol. Magn., p. 697 Heidelb., 632 Lips. Est-ce un emploi réel qui a donné naissance à cette dernière étymologie et à la tradition qui s'y rapporte? ou plutôt la tradition et l'emploi à la fois ont-ils été imaginés par suite de cette étymologie? *Conf.* Dornedden, sur l'origine du nom des pyramides, dans son ouvrage intitulé *Neue Theorie*, etc., à l'occasion du Mémoire de M. de Sacy sur le même sujet), il nous paraît que, quels qu'aient pu être les idées et même les emplois accessoires rattachés aux pyramides, la première et principale destination de ces édifices ne saurait désormais être méconnue : ils furent élevés pour servir de sépultures aux rois et à d'autres grands personnages, dont, pour la plupart, ils reçurent en effet les momies;

Memphis succéda de bonne heure à la splendeur sacrée et aux priviléges religieux et politiques de Thèbes et d'Abydus. Possédant, de même que ces deux villes, les sépultures des dieux et des rois qui, dans les temps anciens, avaient fait la félicité de l'Égypte, ce fut dans son temple principal, dédié à Phtha ou Vulcain, que les rois continuèrent, jusque sous les Ptolémées, à recevoir le sacre ou l'initiation royale, ainsi qu'en fait foi l'inscription de Rosette.

Quelques lieues au-dessus de Memphis et de la ville actuelle du Caire, le Nil se divisant en deux bras principaux, forme le Delta, qui devint, au temps de Psamméticus, avec *Saïs*, sa capitale, fameuse par son temple de Neith ou Minerve, le

c'est ce qu'atteste la tradition générale de l'antiquité, de concert avec les découvertes des modernes. *Consultez* Langlès sur Norden, III, 303 sqq., Zoëga, de Obelisc., p. 372 sqq., 382, etc.; Volney, Denon et tous les derniers voyageurs en Égypte, notamment Belzoni, II, 415 sqq., qui, ayant pénétré dans l'intérieur de la seconde des grandes pyramides, connue sous le nom de Chephren, y a trouvé un sarcophage, en 1817. — Nous ne passerons point sous silence une conjecture très-ingénieuse, communiquée à notre auteur par son ami, M. S. Boisserée; c'est que les pyramides furent peut-être pour la moyenne Égypte ce qu'étaient pour la Thébaïde les célèbres tombeaux des rois, creusés dans la montagne. Les Pharaons de Memphis, rivaux en tout point de ceux de Thèbes, forcèrent des populations entières à élever péniblement ces espèces de montagnes artificielles, où ils voulaient trouver, après leur mort, des habitations plus magnifiques encore. — Les deux dissertations suivantes contiennent des considérations nouvelles sur les pyramides, envisagées tant sous le rapport de leur construction que sous celui de leur but et de leur sens : Hirt, *von den ægyptischen Pyramiden*, etc., Berlin, 1815, in-4°; Thorlacius, sur les monumens symboliques de l'Égypte et particulièrement les pyramides, *Skandin. Litterat. Skrivter*, vol. XVIII, 1822. Outre les neufs et intéressans résultats qu'ont produits, dans ces derniers temps, les fouilles entreprises autour des pyramides de Gizeh, par Belzoni, Caviglia et autres, le Voyage de Cailliaud en Éthiopie, où l'on trouve les pyramides par centaines, en offrant des objets de comparaison aussi variés qu'inattendus, donnera lieu à des recherches et plus neuves encore et plus vastes sur ce genre de monumens, sa destination, son origine, etc.

centre de l'empire égyptien. Des villes puissantes s'y élevèrent
en foule, telles que *Busiris*, nouvelle cité sépulcrale, nouveau
tombeau d'Osiris; *Atarbechis*, la cité d'Athor ou Vénus;
Bouto, la ville de Latone; *Bubastus*, dédiée à la déesse de
même nom; *Mendès*, la ville de Pan; *Sebennytus*, et beaucoup
d'autres. *Tanis*, si l'on en croit les récits des Hébreux, aurait
été bâtie bien long-temps avant Moïse. *Héliopolis*, la cité du
soleil, nommée *On* par les mêmes Hébreux, et qu'ils rattachent
également aux époques primitives de leur histoire, étant située
hors du Delta, sur la limite du désert d'Arabie, a laissé plus
de traces de son ancienne grandeur qu'aucune des villes que
nous venons de nommer. Célèbre par la magnificence de ses
édifices, par la sagesse de ses prêtres que visitèrent Eudoxe et
Platon, déjà elle était tombée en ruines lorsque Strabon y vint:
des nombreux obélisques qui s'élevaient au devant de ses temples, où l'on arrivait, comme à ceux de Thèbes, par de
longues allées de sphinx, l'un des deux plus grands est depuis long-temps renversé, l'autre est encore debout; un
troisième fut transporté à Rome par les ordres de l'empereur
Auguste. Celui qui subsiste encore sur sa base est formé d'un
seul bloc de granit rouge, chargé d'hiéroglyphes, et n'a pas
moins de soixante à soixante-dix pieds de haut [1]. A l'autre extrémité de la basse Égypte, mais sur les bords de la mer, fut
bâtie, non loin de la voluptueuse *Canope*, sur les ruines de
l'antique *Rakotis*, *Alexandrie*, la dernière capitale de l'Égypte
dans les temps anciens, la ville des Ptolémées, la rivale de Rome
en étendue, en éclat, en population, sous les empereurs, et
qui par sa position et par ses deux ports, fut long-temps la
première cité commerçante de l'ancien monde, comme elle
devint, par le concours d'une multitude de causes, la métropole
des arts et des sciences depuis la mort de son fondateur,
Alexandre-le-Grand. La ville actuelle et ses environs et tout

[1] *Voy.* le grand et savant ouvrage de G. Zoëga sur les obélisques, qui a
dignement préludé, à la fin du dernier siècle, aux découvertes importantes qui se sont faites et se continuent de nos jours : *de Origine et usu
Obeliscorum*, lib. V; Romæ 1797, in-fol.

ce rivage, jusque sous les flots de la mer, sont remplis des plus précieux débris d'antiquités de toutes les époques : à l'ouest, on trouve aussi une dernière cité des morts, attestée par de vastes catacombes, dont un grand nombre paraissent antérieures à la fondation d'Alexandrie [1].

[1] Clarke's *Travels*, vol III, p. 279, 285.—La description de la basse Égypte, dans Strabon, mérite d'être lue avec soin, et comparée à celle que nous ont donnée de l'état moderne de cette contrée les collaborateurs du grand ouvrage français : on tirera un véritable fruit des éclaircissemens de M. Letronne sur le Géographe, particulièrement pour ce qui regarde Alexandrie et Héliopolis (t. V, p. 328-390 de la trad. franç). Nous recommandons surtout la description des édifices sacrés d'Héliopolis, parce qu'elle offre une foule de traits qui jettent le plus grand jour sur la disposition générale et les parties intégrantes des temples égyptiens. Ces temples, aussi bien que ceux de l'Éthiopie, ont été, pour la plupart, élevés, agrandis, décorés par une lente succession d'efforts et de travaux; observation que nous avons déjà faite sur le labyrinthe et qu'il faut appliquer aux palais, ainsi qu'à presque toutes les constructions un peu considérables de la vallée du Nil. Aussi n'est-il pas rare d'y trouver des parties d'époques très-différentes, principalement dans les ouvrages extérieurs, tels que les portiques et les propylées ou pylones : souvent même les sculptures paraissent de beaucoup postérieures à l'architecture, et dans nombre d'édifices elles n'ont jamais été terminées. C'est la première donnée dont il importe de faire acception tant pour l'histoire de l'art dans ces contrées que pour la chronologie des monumens, deux questions d'un haut intérêt et sur lesquelles une vive lumière a été répandue par les dernières découvertes. Il y a long-temps que l'on a cherché l'origine de l'architecture égyptienne dans les grottes des Troglodytes qui habitent le plateau de l'Abyssinie et les rivages de la mer Rouge. D'autres en ont vu les premiers essais et tout à la fois les modèles dans les catacombes de la Thébaïde, supposées trop gratuitement peut-être avoir été elles-mêmes, dans le principe, des excavations naturelles, d'abord agrandies, puis imitées par la main de l'art. Sans prétendre, dit M. Creuzer, (toujours d'après M. Boisserée), révoquer en doute l'influence que l'antique architecture de l'Inde a pu exercer sur celle de l'Égypte, rappelons-nous ce caractère, pour ainsi parler, *tellurique*, que porte d'une manière si frappante, sous l'un de ses aspects, la religion égyptienne. Dans une religion où tout repose sur l'idée fondamentale d'un dieu mort, dans

Ces îles de verdure, que l'on nomme *Oasis*, jetées comme une chaîne brisée au sein de la mer brûlante des sables de Libye, parallèlement au cours du Nil, furent elles-mêmes visitées par la civilisation qui peu à peu descendit ce fleuve. Les nombreux monumens de style éthiopien ou égyptien, ré-

un pays où les habitations des morts devaient effacer par leur magnificence les demeures des vivans, faut-il s'étonner que les grottes sépulcrales, imposantes comme des temples, aient fourni le type primitif de l'architecture religieuse? — Les nouvelles découvertes ont en partie confirmé, en partie rectifié ces vues suggérées par le caractère massif et par l'expression sombre et, en quelque sorte, souterraine des édifices de l'Égypte. C'est dans les temples-grottes de l'Éthiopie et de la Nubie qu'il faut étudier les premières époques de l'art égyptien ; ce sont là les monumens de l'ancien style, auxquels se lient immédiatement tous ceux qui, en Égypte même, portent l'empreinte d'excavations. Les sculptures surtout sont d'un grand secours pour établir la différence des styles, et par conséquent des époques. Il faut voir, dans les ouvrages de MM. Champollion le jeune et Letronne, combien les recherches du premier sur les inscriptions hiéroglyphiques, et celles du second sur les inscriptions grecques des temples égyptiens, concourent avec les résultats obtenus par le coup d'œil exercé d'artistes tels que MM. Huyot et Gau. Il s'en suit, par exemple, que si un grand nombre de monumens, soit en Nubie, soit en Égypte, doivent être reportés au temps de Sésostris et même trois ou quatre siècles avant l'époque de ce conquérant (1500-1800 avant notre ère); que si des constructions telles que le palais de Karnak à Thèbes furent continuées, accrues, décorées pendant près de onze siècles, jusqu'au temps de Psammétichus et de Néchao son fils (650 av. J. C.), beaucoup d'autres édifices, temples, palais, obélisques, colosses, etc., qualifiés du second et du troisième style, ont été commencés, poursuivis ou terminés sous les rois Grecs d'Égypte et même sous les empereurs Romains; qu'enfin, à part la différence des styles, dans le système d'ailleurs essentiellement uniforme de leur architecture et de leur sculpture, les Égyptiens, au milieu du second siècle de notre ère, connaissaient encore tous les procédés de l'art pratiqués par leurs ancêtres et les mettaient eux-mêmes en œuvre. *Voy.* Heeren, *Ideen*, II, p. 335, 450, 618 sqq., 810 sqq.; Ritter, *Erdk.*, p. 653; Champollion jeune, Précis du système hiéroglyphique, p. 172-248, 386 sqq.; Letronne, Recherches, etc., *passim*, surtout l'Introduction, et le résumé, p. 433-460.

cemment découverts dans ces asiles préparés à l'homme par la nature, en témoignent hautement, aussi bien que les récits des écrivains de l'antiquité. Le fameux temple de Jupiter-Ammon a été retrouvé dans l'Oasis de *Syouah*, l'*Ammonium* des anciens, colonie de Thèbes et de Méroé tout à la fois. La petite et la grande Oasis ou *Oasis de Thèbes*, d'autres intermédiaires, offrent partout des ruines avec des inscriptions, dont quelques-unes du temps des Romains. Même spectacle, mêmes indices dans les vallons qui courent à l'est du Nil, vers les ports de la mer Rouge [1]. Tout donc depuis le Sennaar et les vestiges d'*Auxuma*, vers le 14e degré de latitude, jusqu'aux rivages de la Méditerranée, et depuis la lisière du désert de Libye jusqu'au golfe arabique, nous annonce une population, des arts, des mœurs, un culte religieux marqués de caractères communs et qui, formés sous les mêmes influences, durent, pendant une longue suite de siècles, courir les mêmes destinées.

Tels sont les précieux documens qui ont ouvert un nouvel et vaste horizon à l'étude des antiquités égyptiennes, et qui, jusqu'à un certain point, peuvent nous tenir lieu de la littérature perdue des peuples du Nil. Les bas-reliefs, les peintures, les statues, les monumens de toute espèce, cette multitude de scènes religieuses, guerrières, domestiques font, en quelque sorte, revivre à l'imagination par les yeux et l'état social et même l'histoire de ces peuples : c'est pour nous comme une poésie muette et pourtant éloquente, qui conserve un long retentissement de ces poésies véritables, de ces traditions chantées ou écrites auxquelles, ici comme ailleurs, devaient

---

[1] M. Ritter a recueilli, dans sa géographie souvent citée (I, 963 sqq.), tout ce que nous ont appris sur les Oasis, Browne, Hornemann et les autres voyageurs jusqu'à Belzoni : MM. Cailliaud, Drovetti, quelques Allemands et quelques Anglais les ont de nouveau parcourues et visitées avec plus d'étendue et de soin, dans ces dernières années. *Voy.* les Voyages à l'Oasis de Thèbes, à celle de Syouah, etc., publiés par M. Jomard, in-fol., 1821, 1823; et le Voyage au temple de Jupiter-Ammon, etc., par M. le général baron de Minutoli, publié par le professeur Tœlken, Berlin, 1824, vol. in-4°, en allemand, dont les nouvelles Annales des Voyages, t. XXIV, p. 97 sqq., donnent un aperçu.

se lier les monumens. Mais les monumens eux-mêmes n'ont-ils pas retrouvé leur voix? Ne pouvons-nous pas nous flatter que ces innombrables légendes hiéroglyphiques qui les couvrent, vont enfin trahir leur secret, et que bientôt nous puiserons la science désormais révélée de l'Égypte aux archives mêmes où ses prêtres voulurent la déposer. (J. D. G.)

Note 2 (chap. I, p. 384 sqq.; II, 412; VII, 470, etc.).

§ 1. Le seul aspect de la terre d'Égypte, les particularités et les avantages naturels qui la distinguent, sa position géographique, suffiraient pour rendre compte de la civilisation si originale et si antique des peuples qui l'habitèrent jadis, quand même le concours de la tradition et des monumens ne mettrait pas dans une vive lumière ce phénomène historique. Aucun pays ne présente d'aussi frappans contrastes; aucun n'a dû agir aussi fortement sur l'imagination des hommes, ne se les est attachés par des liens si puissans, ne les a soumis à des habitudes si régulières et si durables. La plus heureuse fertilité à côté de l'aridité des déserts; une vallée délicieuse entre des dunes menaçantes et des rochers sauvages; la vie et la mort en opposition et en combat perpétuel, voilà les images qui se représentaient sans cesse aux regards des Égyptiens; voilà les premières influences qui les subjuguèrent et qui déterminèrent de tout temps leur caractère politique, moral, religieux.

L'Égypte est un présent du Nil, comme le dit si bien Hérodote (II, 5), et ce fleuve n'est pas moins unique en son espèce que la contrée dont il fut en partie le père, et dont il n'a pas cessé d'être le sauveur. Ses inondations annuelles, aussi abondantes qu'infaillibles, aussi fécondes que régulières, ont peu à peu formé le sol de la basse Égypte en le ravissant à la mer; aujourd'hui encore, elles couvrent toute la vallée d'un limon sans lequel elle demeurerait presque stérile, et lui apportent une masse d'eau que l'homme peut distribuer à son gré pour étendre les bienfaits du fleuve en complétant son ouvrage. La plus riche, la plus rapide végétation succède à ces inondations bienfaisantes; c'est à peine s'il est besoin de remuer un peu la terre pour qu'elle centuple en quelques mois les graines déposées dans son sein ; et les moissons s'y répètent plusieurs fois l'année. Mais si l'appât d'un gain à la fois si sûr et si facile dut, plus tôt que dans d'autres contrées, éveiller l'homme à l'industrie et le conduire à l'agriculture, d'assez grands travaux l'attendaient sur ces bords qui semblaient tour à tour l'inviter à y fixer sa demeure et l'en détourner; un vaste champ s'ouvrait au développement de ses forces et de ses facultés. Il fallait prévoir le retour de l'inondation et se prémunir contre elle; calculer ses phases, liées en apparence au cours des astres; diriger ses eaux, les mesurer, tantôt les contenir et tantôt les répandre, leur creuser des canaux et leur opposer des digues. Il fallait non-seulement créer, mais conserver; chaque année s'associer à la régénération de l'Égypte par le Nil, et reprendre possession de cette terre sans cesse renouvelée.

En même temps que les Égyptiens divinisaient leur fleuve et leur terre, on conçoit donc qu'ils aient également divinisé le génie de l'homme; qu'ils aient fait d'Hermès le fidèle ministre d'Osiris et d'Isis. On conçoit encore qu'après les immenses ouvrages de terrassement et d'irrigation qu'il leur fallut exécuter pour rendre leur pays habitable, les miracles d'architecture dont ils le décorèrent, leur aient moins coûté à enfanter. Ils en trouvaient les matériaux les plus divers dans les deux chaînes de montagnes qui resserrent la vallée d'Égypte et lui servent de rempart contre les sables du désert, surtout dans la chaîne arabique : le granit, le porphyre, les marbres de toutes couleurs, les grès, les pierres calcaires y forment, du sud au nord, ce vaste et inépuisable magasin d'où sont sortis tant de monolithes, de pyramides, de temples, de colonnes, et où l'on découvre encore çà et là, dans les carrières antiques, des obélisques à demi taillés.

Isolée du reste du monde par sa position au milieu des déserts, l'Égypte possédait par son fleuve, qui cache ses sources dans des contrées sauvages et décharge ses sept bouches dans une mer inhospitalière, un moyen de communication intévieure, prompt et assuré autant que général, qui en excitant une nouvelle industrie, la navigation, devait y vivifier le commerce et les arts. Et cependant, liés qu'ils étaient au sol de la patrie plus étroitement qu'aucun peuple de la terre, il ne faudrait pas croire que les Égyptiens fussent tout-à-fait déshérités des avantages du commerce extérieur : sans contact immédiat avec les autres nations, ils pouvaient communiquer avec elles par l'intermédiaire de ces hordes nomades qui parcouraient sans cesse les déserts et qu'ils transformèrent en caravanes. Leur centre d'activité fut toujours la terre sacrée du Nil; leurs relations et leurs entreprises au dehors, passagères ou permanentes, furent l'Éthiopie, berceau de leur fleuve, et les pays de l'Orient où les appelaient le soleil et ses trésors, peut-être aussi d'antiques souvenirs. Ils eurent long-temps en horreur la Méditerranée dont ils combattaient les invasions de concert avec le Nil. Quant aux contrées de l'Ouest, ils les avaient consacrées à la mort, à l'éternel repos; ils y reléguaient les enfers, et plus loin, dans les sables arides de la Libye, tous les génies malfaisans, Typhon et les siens [1].

§ 2. Voilà par quelles causes, sous quelles influences se forma des élémens les plus divers cette nation égyptienne qui sut conserver l'individualité de son caractère durant une longue suite de siècles, et parmi tant d'événemens plus d'une fois funestes à son indépendance. C'est que ses législateurs, dans la constitution qu'ils lui donnèrent, ne firent, en quelque sorte, que développer, régulariser et fixer l'ouvrage commencé par la nature, et demeurèrent en tout fidèles à ses inspirations. Ils trouvèrent dans le pays une multitude de peuplades, de mœurs, d'habitudes, de manières de vivre aussi diversifiées que le pays lui-même, aussi différentes que l'étaient vraisemblablement l'origine de plusieurs d'entre elles. Cette différence

---

[1] Ces vues sur l'Égypte nous ont été en partie suggérées par deux excellens morceaux de Heeren (*Ideen*, II, 2, p. 487-517), et de Ritter (*Erdkunde*, I, p. 875-882 : Coup d'œil sur le Nil et son influence sur l'histoire de l'homme). L'un et l'autre ont beaucoup profité des travaux des savans français dans la grande Description.

d'origine, autant que celle du genre de vie des tribus primitives, devint la base de la célèbre institution des castes (γένεα, races, familles, dans Hérodote, II, 164), perfectionnée surtout dans l'Égypte et dans l'Inde, quoique beaucoup d'autres contrées en offrent des exemples. Peut-être aussi l'établissement des *nomes* ou districts, qui divisaient le territoire comme les castes divisaient la population, eut-il sa première et véritable source dans la multiplicité des tribus successivement rattachées par les législateurs au centre commun, mais constamment distinguées par des singularités de genre de vie, d'inclinations, de cultes même, qui attestaient leur individualité originelle [1].

La distinction héréditaire des castes, qui fixait à jamais l'état des personnes, était le fondement de la constitution civile et politique, en Égypte comme dans l'Inde. Il y a de grandes variations dans les auteurs sur le nombre et la désignation des castes égyptiennes [2]; cependant tous s'accordent à mettre au premier rang les Prêtres et les Guerriers, qui se partageant la propriété du sol, avaient entre leurs mains toute autorité et toute influence. C'étaient donc de véritables ordres privilégiés, qui tenaient sous le joug les classes productives et industrieuses. La caste sacerdotale, dont la hiérarchie formait de nombreuses subdivisions toutes également héréditaires, était

---

[1] Heeren, l. l., p. 526 sqq.; 542 sqq. *Conf.* Beck, *Allgem. Gesch.* I, p. 278, 735 sqq. Nous avons modifié les idées du premier de ces écrivains relativement à l'origine des nomes, qu'il n'est point du tout nécessaire de rattacher à la préexistence d'un nombre de petits états contemporains les uns des autres, selon le système beaucoup trop étendu par quelques auteurs, des dynasties collatérales. Nous y reviendrons dans le § suivant.

[2] Herodot. II, 164. Diodor. I, 73, coll. 28. Strabon XVII. Platon in Timæo, etc. *Conf.* sur ce sujet et sur les institutions de l'Égypte, en général, Beck, l. l., p. 736 sqq.; Heeren, *ubi supra*, et p. 564 sqq.; Prichard, *Analysis of the Ægypt. Mytholog.*, p. 373 sqq.; et l'élégant ouvrage de M. de Pastoret, qui n'a d'autre défaut que de donner aux anciens trop d'esprit, surtout d'esprit moderne (Histoire de la Législation, t. II; Législat. des Égypt., *passim*).

répandue sur la face entière de l'Égypte et avait ses principaux colléges à Thèbes, à Memphis, à Héliopolis, à Saïs, dans les temples les plus considérables du pays. Chaque collége, comme chaque temple, avait un patron céleste dans la divinité (ou les divinités) auxquelles il était spécialement consacré; son grand prêtre qui le présidait; ses domaines libres de tout impôt; ses revenus et son trésor administrés par un membre du collége. Mais, outre cette propriété commune, les prêtres possédaient encore des propriétés particulières; ils remplissaient tous les emplois publics, exerçaient toutes les fonctions lucratives; ils étaient à la fois les grands propriétaires et les administrateurs de l'état, un corps politique et un corps savant, et leur empire se fondait tout ensemble sur leurs propres lumières et sur la religion des peuples, qui voyaient en eux les interprètes des dieux. Nous entrerons plus loin dans de nouveaux détails sur cette caste qu'on peut appeler dominante (§ 4).

Si les Prêtres formaient la première aristocratie de l'état, les Guerriers en formaient une seconde, et celle-ci moins légitime, car elle n'avait d'autre droit que la force. La caste militaire se composait de deux grandes tribus, les *Hermotybiens* et les *Calasiriens*, auxquels étaient assignés en propre quelques-uns des nomes les plus fertiles de toute l'Égypte. Le premier corps s'élevait jusqu'à cent soixante mille hommes; le second à deux cent cinquante mille, dans les temps de splendeur. Chaque soldat avait douze aroures de terrain, exemptes de tribut; et tous les ans mille Calasiriens et autant d'Hermotybiens, choisis tour à tour pour servir à la garde du roi, recevaient une haute paie en nature [1]. Nous n'avons pas d'autres renseignemens sur l'organisation de ces corps qui, à titre de propriétaires, devaient être fort attachés au sol. Il est probable qu'ils restèrent fort inférieurs aux prêtres en culture intellectuelle.

Les lois avaient interdit aux soldats, aussi bien qu'aux prêtres,

---

[1] Herodot. II, 164-168. Diodor. I, 73; *ibi* interpret. et Letronne sur Rollin, I, p. 73.

toute occupation purement mécanique ou mercantile. Les uns comme les autres, selon toute apparence, affermaient leurs terres aux Cultivateurs, classe très-honorée en Égypte, où l'agriculture était si florissante, et qui cependant ne semble avoir formé qu'une des subdivisions de la caste nombreuse qui comprenait encore les Marchands, peut-être même les Artisans. Chaque profession, chaque métier était-il rigoureusement héréditaire comme chaque caste ou division de caste, c'est ce qu'il n'est pas facile de décider. Une autre division renfermait les Mariniers, c'est-à-dire les bateliers du Nil, classe beaucoup plus considérable qu'on ne l'a cru, car elle seule établissait les communications dans un pays inondé la moitié de l'année et qui n'a guère d'autres routes que ses canaux. Venait en dernier lieu la caste des Pasteurs, divisés par Hérodote en bouviers et en porchers: ils habitaient principalement au pied des montagnes de la chaîne arabique et dans les parties marécageuses du Delta, qui ne permettaient pas l'agriculture. Du reste, il faut distinguer les tribus fixées qui s'adonnaient à l'éducation des troupeaux, de ces hordes nomades que les Égyptiens avaient en horreur: les premières étaient plus ou moins soumises à la police commune; les autres demeurèrent toujours plus ou moins indépendantes. Il paraît toutefois que les porchers, regardés comme impurs, étaient exclus de la société des hommes et de l'accès des temples; c'étaient les *Parias* de l'Égypte [1].

Cette distinction des castes était une organisation de l'enfance des sociétés, consacrée par la religion; fondée sur la

---

[1] *Compar.* MM. Heeren et de Pastoret, *ubi supra*. — Le temps et les révolutions durent nécessairement amener dans la législation des castes, leurs rapports mutuels, leurs droits, leur circonscription et même leur nombre, des modifications importantes dont la plupart nous sont inconnues. Nous savons seulement qu'à l'époque de Psamméticus, il se forma en Égypte une caste nouvelle, composée d'enfans Égyptiens élevés par des Grecs pour servir d'interprètes (Ἑρμηνεῖς, nom de la caste), et séparés du reste de la nation. *Voy.* Herodot. II, 154; et ci-dessous, le § suivant.

nature, mais rendue permanente par la politique. Les prêtres, qui l'avaient faite, y tenaient le premier rang; de bonne heure ils imprimèrent à la constitution de l'Égypte un caractère profondément religieux. En ce sens on peut l'appeler une théocratie : mais quelle qu'ait pu être à l'origine la forme du gouvernement, il est certain qu'elle devint bientôt et qu'elle resta monarchique. Le roi paraît avoir été choisi d'abord, long-temps peut-être, dans la caste sacerdotale, qui réclama cet ancien droit à plusieurs reprises; mais elle l'avait perdu à une époque fort reculée et ne parvint jamais à le recouvrer d'une manière durable. La royauté passa dans la caste militaire, où elle devint même héréditaire : seulement, quand la famille royale venait à s'éteindre, le nouveau roi, qui devait commencer une dynastie nouvelle, était élu par les prêtres et les guerriers, ordinairement parmi ceux-ci, dans une assemblée solennelle [1]. Par une transaction habile, les prêtres avaient établi que, du moment où un guerrier était désigné pour le trône, il faisait partie de leur corps, était sacré, initié comme prêtre, et entrait avec eux en communauté de priviléges et de lumières, de devoirs et d'intérêts [2]. Les rois, au reste, partageaient la propriété du territoire avec les deux castes supérieures; ils avaient leur domaine, qui devait être fort considérable. Leur pouvoir était limité, soit par l'influence du sacerdoce, qui occupait toutes les charges importantes et gou-

---

[1] Synésius, de Provident., p. 94, ed. Petav., nous a conservé le tableau de ces élections, et comme l'observe très-bien M. de Pastoret, ce tableau doit se rapporter à des temps reculés, car l'inauguration est supposée se faire à Thèbes. *Voy.* Hist. de la Législat., II, 99-114. *Conf.* Larcher sur Hérodote, II, 390 sq.; et Creuzer, Commentat. Herodot., I, p. 92 sq.

[2] *Voy.* le texte, p. 413, et les Commentat. Herodot., auxquelles il renvoie et où sont recueillis les passages des auteurs, p. 213 sq. *Conf.* Pastoret, *ubi supra*. — Les auteurs de la Description de l'Égypte reconnaissent des scènes de sacre et d'initiation des rois sur un grand nombre de bas-reliefs égyptiens, par exemple au péristyle de Médinat-Abou (Antiq. Descript., II, chap. 9, p. 40) et à Karnak (*Ibid.*, p. 235 sq.). *Conf.* ci-dessus, note 1, § 2, p. 759, 763 sq.

vernait peuples et grands au moyen de la superstition, soit par la loi religieuse, qui était aussi la loi de l'état, et enchaînait les monarques dans les liens d'un cérémonial où tout était prévu, tout réglé d'avance, et que leur éducation les avait accoutumés à regarder comme sacré. « Ce fut, dit un écrivain, le premier effort des hommes pour imposer une digue au despotisme : si cette digue n'était ni aussi puissante, ni aussi bien calculée que l'exige une haute raison, devons-nous en faire un sujet de reproche à des temps si anciens [1] ? »

A titre de successeurs des dieux, les antiques Pharaons [2] portaient des noms ou des surnoms empruntés aux divinités, qui leur étaient proposées pour modèles, et même ils recevaient, soit durant leur vie, soit après leur mort, des honneurs presque divins. Leur titre le plus ordinaire et, à ce qu'il paraît, général était celui d'*enfans du Soleil* [3]; leurs ornemens, leur coiffure, rappelaient Osiris et Horus, les derniers rois divins; leurs statues s'associaient à celles des dieux dans l'enceinte des

---

[1] Heeren, *Ideen*, II, 2, p. 602 sq.—Ce judicieux écrivain nous paraît avoir saisi mieux que personne l'esprit de la constitution ancienne de l'Égypte, que M. Creuzer a conçue tout-à-fait dans le même sens. M. de Pastoret l'a présentée sous un jour fort différent. Ouvr. cité, p. 45-99.

[2] M. de Pastoret (p. 506 sq.) et M. Creuzer (Commentat. Herodot. p. 212) ont cité, celui-là les opinions anciennes, et celui-ci les plus récentes sur l'origine et le sens du mot *Pharaon*, représenté par le *Phéron* d'Hérodote (II, 111 *ibi* Wesseling). C'est sans aucun doute un mot égyptien, qui signifie *roi*, ou plutôt *chef*. *Voy.* Jablonski de Terra Gosen, IV, § 111, et in Voc. Ægypt., p. 375 sq., *ibique* the Water. Conf. *Classical Journal*, IV, p. 468 sqq.; V, p. 180 sqq.; Champollion jeune, Syst. hiérogl., p. 72 sq.

[3] *Voy.* la traduction grecque des légendes hiéroglyphiques d'un obélisque élevé en l'honneur d'un roi du nom de *Ramessès*, traduction due à Hermapion, insérée par Ammien-Marcellin dans son texte (liv. XVII, c. 4) et pleinement confirmée de nos jours par les précieuses recherches de M. Champollion jeune, qui a expliqué un grand nombre d'autres titres royaux inscrits sur les monumens égyptiens du premier style (Précis du Système hiéroglyphique, chap. VII, p. 131 sqq., et surtout 165-170; VIII, 240), et entre lesquels celui de *fils du Soleil* est dominant.

temples. Est-il surprenant que, dans les récits nationaux, transmis de bouche en bouche, les dieux et les rois aient été souvent confondus, et les légendes divines mêlées diversement aux histoires humaines? L'est-il davantage de voir les rois grecs de l'Égypte et les empereurs romains qui leur succédèrent, non-seulement assimilés aux dieux, mais déifiés eux-mêmes par le concert d'une longue habitude d'adulation chez les prêtres et de stupide assentiment chez les peuples [1]?

§ 3. Un rapide coup d'œil jeté sur les principales époques historiques de l'Égypte, nous montrera tout à la fois et les causes qui durent à la longue produire cet état social, dont nous venons de marquer les traits les plus saillans, et les effets qui, après quelques siècles de puissance et d'éclat, en amenèrent la lente et pénible décadence. Nous ignorons quel espace de temps put s'écouler jusqu'au moment où les tribus pastorales et les misérables pêcheurs, qui tour à tour se rapprochaient du Nil et se réfugiaient dans les montagnes voisines, furent rassemblés en partie et fixés sur ses bords par l'heureux ascendant d'une tribu plus civilisée. Tout annonce que la civilisation fut importée dans les régions supérieures du pays, alors que les régions inférieures ne formaient encore qu'un vaste marais ou un golfe de la mer [2]; tout semble prouver qu'elle suivit le cours du fleuve, dans ses développemens progressifs, du sud au nord. Les monumens, la tradition, les analogies de toute espèce sont ici d'accord avec les probabilités naturelles [3]. Il fut un temps où les noms d'Éthiopie et

---

[1] *Voy.* la plupart des inscriptions recueillies dans les Recherches pour servir à l'Histoire d'Égypte de M. Letronne, *passim*.

[2] Herodot. II, 4, 5, 11 sq.; 15 *sub fin.* Diodor. I, 34. Strab. I, 53, 61 sqq. — Ces assertions des anciens ont été vérifiées par les observations des modernes. *Voy.*, entre autres, dans la Description de l'Égypte, État moderne, les savans Mémoires de MM. Girard, Andréossy, etc.

[3] Ces idées et le système qui s'ensuit sur les commencemens de l'histoire d'Égypte, sont depuis long-temps en circulation dans l'Allemagne savante. Le bel ouvrage de M. Heeren (*Ideen*, II, 1, 363 sqq.; 2, 532 sqq.) les a rendus populaires; MM. Gœrres et Creuzer et beaucoup d'autres

d'Égypte se confondaient, où les deux peuples ne faisaient qu'un seul peuple [1]. Dans tous les récits de la haute antiquité, les Égyptiens sont associés aux Éthiopiens, et à ces derniers s'attache particulièrement une renommée de sagesse, de lumières, de piété envers les dieux, qui dépose de leur antériorité dans l'ordre de la civilisation [2]. Aussi voyons-nous que les traditions communes des deux peuples rapportaient à Méroé l'origine de la plupart des cités de la haute Égypte, de Thèbes entre autres; et c'est encore à Méroé, son antique métropole, que Thèbes s'unit lorsque, pour étendre leur commerce, elles envoyèrent une colonie fonder, au sein des déserts, une nouvelle *ville d'Ammon* [3]. Les mêmes institutions, un même culte, une même langue, une même écriture, des mœurs absolument semblables attestaient la parenté primitive et les liens long-temps respectés de ces trois cités également saintes.

Il paraît donc qu'une caste sacrée établie de toute antiquité sur les bords du Nil, dans cette île ou presqu'île qu'embrassent l'Astapus et l'Astaboras, répandit peu à peu ses colonies toutes sacerdotales, avec l'agriculture et les premiers arts, jusqu'au delà de la cataracte de Syène, mettant le commerce sous la sauvegarde de la religion, et subjuguant les peuplades

écrivains les ont adoptés et fortifiés de nouvelles preuves (*Mythengesch.*, II, 331 sqq. Commentat. Herodot., p. 178 sqq.). M. Champollion le jeune, chez nous, par l'interprétation des monumens découverts dans ces dernières années et par ses savantes lectures des légendes hiéroglyphiques, donnera, nous n'en doutons pas plus que lui, une démonstration complète de cette hypothèse : nous sommes seulement étonnés qu'il la traite de *nouvelle* et qu'il parle du système contraire comme ayant été jusqu'ici général. *Voy.* Système hiéroglyphique, p. 389 sqq., un aperçu des premiers résultats obtenus par ce savant.

[1] *Voy.* les témoignages rassemblés et discutés par M. Creuzer, en contradiction avec M. Champollion jeune, dans son premier ouvrage, et avec différens passages d'Hérodote : Commentat. Herodot., *ubi supra*.

[2] On connait les nombreux passages d'Homère, auxquels il faut joindre ceux des livres hébreux. *Conf.* Heeren, l. l., p. 314, 405, etc.

[3] Diodor. I. Herodot. II, 42, coll. Diodor. II, III.

sauvages par ses bienfaits plus encore que par la force [1]. C'est à elle que sont dus les plus anciens temples creusés ou élevés, agrandis et rebâtis bien des fois, depuis Soba, Naga et Méroé, le long du *Fleuve blanc* (le véritable Nil [2]), jusqu'à Éléphantine, Thèbes, This ou Abydus, et déjà peut-être Memphis. Les règnes des dieux avaient cessé [3]; Osiris et Horus avaient dis-

[1] Telle est l'expression exacte de l'hypothèse si bien développée par M. Heeren, qui nous montre un vaste commerce, non-seulement d'or, de parfums, d'épices, de tissus précieux, mais d'idées, de traditions et de croyances, embrassant le midi de notre continent, dès les temps les plus reculés, depuis l'Inde jusqu'à l'Éthiopie, et depuis l'Égypte jusqu'en Grèce. La fondation de sanctuaires et d'oracles, devenus peu à peu le centre de réunion des peuplades environnantes, était le grand moyen employé pour le propager. Mais quelle fut l'origine et la première patrie de cette tribu civilisée, qui fit de l'état de Méroé le plus ancien entrepôt connu de ce commerce et le premier siège de la civilisation dans l'Afrique orientale? c'est un problème que l'étude comparée des monumens récemment découverts et leur rapprochement avec ceux de l'Inde, aussi bien que la comparaison approfondie des formes religieuses, des systèmes de langues et d'écriture qui ont dominé jadis dans ces contrées et dans l'Arabie méridionale, leur lien naturel, peuvent seuls nous mettre en état de résoudre d'une manière certaine. MM. Heeren, Creuzer et la plupart des savans allemands, ainsi que quelques savans anglais très-distingués, inclinent pour l'Inde. M. Champollion jeune, au contraire, généralisant la question, non-seulement regarde comme originale la civilisation de l'Éthiopie, mais penche pour l'origine purement africaine et des Éthiopiens et des Égyptiens, qu'il croit tout-à-fait étrangers au continent asiatique. Peut-être la suite de nos recherches répandra-t-elle sur cet important sujet quelques lueurs nouvelles. On sait que les anciens ont souvent confondu sous le même nom d'Éthiopiens les peuples de l'Afrique orientale, de l'Yémen et de la presqu'île en de-çà du Gange.

[2] En attendant la publication du second voyage de M. Cailliaud, on peut voir sur la géographie et les antiquités de ces contrées, différentes notices dans les Annales des Voyages et la Revue encyclopédique, et la carte jointe au 49ᵉ cahier de ce dernier recueil (janvier 1823) par M. Jomard. *Conf.* la note précédente, p. 753 sq.

[3] Sur le sens de ces règnes des dieux, *voy.* le texte, p. 469 sq., et la note 7 ci-après.

paru de la terre, après avoir enseigné aux hommes une meilleure vie, lorsque parut *Ménès*, le premier roi humain, dont le nom ouvre à la fois les dynasties de Thèbes, de This et de Memphis. Ménès acheva l'ouvrage des dieux, en perfectionnant les arts de la vie et en dictant à la terre les lois qu'il avait reçues du ciel [1]. Faut-il voir dans ces premières dynasties, placées en quelque sorte sur des lignes parallèles, et dans quelques autres que l'on trouve ensuite, l'indice de plusieurs petits états ou royaumes collatéraux qui, fondés sous les mêmes influences, auraient eu cependant des destinées à part, c'est une question qui n'est point encore suffisamment éclaircie. Toutefois, le nombre infini de rois que citent de concert Hérodote et Manéthon, rend la chose vraisemblable, du moins pour les temps antérieurs au seizième siècle avant notre ère [2]. Mais long-temps avant cette époque, dans une période de près de mille années (depuis 2500 au moins), l'Égypte avait déjà subi de nombreuses révolutions; elle s'était détachée de l'Éthiopie; le gouvernement arraché aux prêtres avait passé dans les mains des guerriers, et Thèbes s'agrandissant, reven-

---

[1] Ce *Ménès* ou *Menas* ou *Mines* (nom qu'Ératosthène interprétait par *Dionios* ou *Jovialis*) ne saurait, comme on l'a remarqué bien des fois, être un personnage historique : c'est un être intermédiaire entre les dieux et les rois humains, un type divin de l'homme, un symbole de l'intelligence descendue des cieux et créant la société humaine sur la terre, pareil au *Menou* ou *Manou* de l'Inde, au *Minos* de Crète, etc. Il est conquérant, législateur et bienfaiteur des hommes comme Osiris-Bacchus; comme lui il périt sous les coups de Typhon, car il fut tué par un hippopotame, emblème de ce mauvais génie; comme lui encore, il a pour image le bœuf, *Mnevis* le législateur n'étant autre que le taureau *Mnevis* d'Héliopolis, et delà le *Minotaure*. *Voy*. Volney, Recherches sur l'Hist. anc., III, p. 282 sq.; Prichard's *Analysis of the Ægypt. Mythol.*, p. 381; et ci-dessus, p. 253, 573.

[2] Nous renvoyons à la note 13 ci-après, l'analyse des recherches les plus récentes sur la chronologie égyptienne : on y verra que la grande divergence qui paraît exister au premier abord entre les données des différens auteurs, n'est point réelle au fond.

diquant son indépendance, sous des rois probablement indigènes, avait commencé sa carrière de conquêtes et de brillans travaux. Memphis avait été fondée une première fois, peut-être colonie de Thèbes, peut-être capitale elle-même d'un état indépendant; et déjà sans doute quelques autres villes s'élevaient dans la moyenne et dans la basse Égypte, au prix de gigantestes efforts pour conquérir un sol nouveau, lorsque tout à coup se précipitèrent sur ces contrées des hordes arabes venues par l'isthme de Suez [1] (1900-1800 avant J.-C.). Tout céda devant cette nuée d'ennemis féroces qui, ayant pris Memphis et s'étant fortifiés à Avaris, depuis Péluse, organisèrent une espèce de gouvernement, se donnèrent des rois et même, si l'on en croit quelques traditions, fondèrent *On*, la cité du Soleil [2]. Plus de deux siècles s'écoulèrent sous la domination des *Hycsos* ou Rois-Pasteurs [3]. Cependant Thèbes qui

---

[1] Josèphe (contra Apion. I, 14 sqq., coll. Euseb. Præp. Ev. X, 13) nous a conservé, d'après le second livre de Manéthon, ce précieux récit, sur lequel il faut voir les commentaires de Volney, l. l., p. 235 sqq.; de Prichard (*Ægypt. Chronology*), p. 63 sqq.; et les Commentat. Herodot. de M. Creuzer, p. 188 sqq., où se trouvent rassemblés et les autres documens anciens et les opinions modernes qui y ont rapport.

[2] Juba, dans Pline, H. N., VI, 34 (*al.* 29). *Conf.* Volney, l. l., p. 247, etc.

[3] C'est ainsi qu'on les nomme ordinairement, et leur dynastie, la XVIIe dans Manéthon, est en partie contemporaine de la XVIIIe, des Diospolites, d'où viennent probablement les différens calculs qui en évaluent la durée tantôt à un, tantôt à deux siècles et plus. M. Champollion jeune adopte une seconde interprétation donnée par Manéthon du nom de *Hycsos*, qu'il écrit *Hikschos*, et traduit avec Josèphe *Pasteurs-captifs*. Il faut voir sur l'histoire de ces deux dynasties, dont la seconde se termine à *Aménophis*, père de Sésostris, les résultats aussi neufs qu'inattendus obtenus par notre savant compatriote, de la comparaison des monumens et légendes hiéroglyphiques avec les extraits de Manéthon chez Josèphe (Système hiéroglyphique, p. 212-247, 388; et dans le Bulletin des Sciences historiques de M. de Férussac, juillet 1824, p. 18 sqq., les extraits des lettres de M. Champollion, datées du Musée de Turin, où, parmi les nombreuses et inappréciables antiquités égyptiennes de la collection

avait échappé à leurs armes, rallia ses voisins, forma contre les barbares une ligue puissante, et après une guerre longue et terrible, deux héros, *Misphragmouthosis* [1] et *Thoutmosis*, son successeur, eurent la gloire de vaincre les Hycsos et de rendre à l'Égypte son indépendance. Cet événement, grand par lui-même, plus grand encore par ses conséquences, en préparant la réunion de toute l'Égypte sous un même sceptre, commença sa splendeur (1600 av. J.-C.). Il acheva de fixer les peuples au sol sur toute la face du pays, développa et consolida le système des castes, posa la barrière entre les agriculteurs et les nomades, fomenta le mépris des Égyptiens pour ceux-ci, leur aversion pour les étrangers en général, et en constituant l'Égypte chez elle, la sépara du reste du monde. En même temps, il porta les forces de la nation vers le nord, lui ouvrit un plus vaste champ d'activité avec un territoire plus étendu et plus fertile, et par la seconde fondation de Memphis, à l'occident du Nil [2], amena de loin la décadence de Thèbes. Des résultats non moins importans, soit de l'invasion des pasteurs,

---

Drovetti, il a reconnu plusieurs statues des rois de la XVIIIe et de la XIXe dynasties et de leurs épouses. *Conf.* Journal asiatique, t. V, p. 18 sqq. On assure que, depuis, ce savant a fait dans la même collection une découverte de bien plus haute importance encore, celle de plusieurs manuscrits égyptiens relatifs à l'histoire de ces mêmes dynasties).

[1] Ce nom, diversement corrompu, doit s'écrire, selon M. Champollion, *Misphra-Thoutmosis*.

[2] Volney a rendu probable la double fondation de Memphis, une première fois à l'orient du Nil, dans des temps inconnus auxquels se rattache le nom de *Ménès*, chez Hérodote; et la seconde fois à l'occident, par l'*Uchoreus* de Diodore, qu'il croit l'un des rois de la XVIIIe dynastie, successeur de *Thoutmosis*, et auquel il attribue les immenses travaux pour déplacer le cours du Nil, dont parle le père de l'histoire. Mais il nous semble y avoir de grandes difficultés dans le rapprochement des rois mentionnés chez Diodore jusqu'à Sésostris, avec les Pharaons de la XVIIIe dynastie, tels que les donne Manéthon; et jusqu'ici nous ne saurions souscrire ni aux conjectures trop hasardées de Volney, ni même au parallélisme plus suivi qu'établit M. Champollion, p. 246 de son Précis du Système hiéroglyph. *Conf.* Rech. sur l'Hist. anc., p. 220, 261, 285.

soit de leur expulsion et du système de politique qui s'ensuivit, furent ces colonies d'Égyptiens, ou d'étrangers partis de l'Égypte, qui allèrent porter ses arts, ses mœurs, ses traditions, sur tant de rivages, en Asie, en Grèce, en Italie [1]. Même après que les Hycsos eurent été chassés, la basse Égypte resta partagée, à ce qu'il semble, entre des peuplades d'origine diverse, dont les unes y avaient formé de petits états, les autres, tribus pastorales comme les enfans d'Israël, y nourrissaient de nombreux troupeaux [2]. Mais les rois de Thèbes, avertis par une expérience récente, ne pouvaient voir sans défiance de si dangereux voisins. Maîtres de Memphis, qu'ils défendaient à la fois contre le Nil et contre les nomades par d'étonnans ouvrages, ils conquirent peu à peu les états du Delta, et après de vains efforts pour tourner les pasteurs à la vie agricole, en leur faisant bâtir des villes, ils prirent le parti de les envelopper dans la vaste proscription des *impurs*, c'est-à-dire de tous ceux qui refusaient de se soumettre à leur

[1] Fréret, dans un Mémoire inséré au 47e vol. du Recueil de l'Académie des inscriptions, et M. Raoul-Rochette, en grande partie d'après lui, dans son premier volume de l'Histoire des colonies grecques, ont développé cette vue féconde, jusqu'à un certain point fondée en fait, et qu'adopte même le sceptique Volney. Une discussion très-intéressante s'est élevée à ce sujet en Allemagne : nous y reviendrons dans les livres suivans, et principalement au livre V.

[2] Comparez les dynasties de Manéthon, d'après Eusèbe et Jules Africain, dans le Syncelle, avec le récit de Josèphe, cité plus haut, et avec ceux de la Genèse et de l'Exode : plusieurs fragmens très-curieux d'auteurs perdus, relatifs à ces mêmes faits, ont été conservés par Josèphe et autres, et se trouvent rassemblés dans Volney et Prichard, *ubi supra*. Nous n'admettons point l'opinion de ce dernier écrivain sur la seconde partie du récit de Manéthon, qu'il croit apocryphe, et qui nous semble, au contraire, confirmée sur les points essentiels par tout l'ensemble des traditions de l'antiquité. Les rois-pasteurs sont évidemment distincts des Hébreux et antérieurs à ceux-ci, qui purent bien venir en Égypte sous la domination même de cette dynastie, et paraissent avoir été persécutés dans la suite, par les successeurs des rois Thébains vainqueurs des *Hycsos*, à titre de leurs frères.

joug et à celui de la police sacerdotale [1]. De là les plaintes des Hébreux, de là leur sortie d'Égypte, racontée diversement par eux et par leurs ennemis, mais avec un même fond de circonstances : de là, disent encore quelques traditions, les émigrations de Cadmus et de Danaüs en Grèce, émigrations dont la dernière fut, en effet, rattachée par toute l'antiquité à Sésostris et à son époque [2] (1400 av. J.-C.).

Ici commence, à proprement parler, la seconde période de l'histoire d'Égypte, celle des Sésostrides, que l'on peut nommer son âge d'or. *Sésostris*, *Sésoosis* ou *Séthos*, appelé encore *Ægyptus* et *Ramessès-le-Grand* [3], mérita d'être regardé comme le fondateur d'une dynastie nouvelle. Il régénéra, en quelque sorte, son pays et sa nation en chassant les derniers restes des étrangers et des nomades, en donnant au territoire de l'Égypte des limites certaines, en le distribuant, aussi bien que la population elle-même, dans les districts tout à la fois religieux et administratifs que l'on appelle nomes [4], et en imprimant un triple mouvement aux arts, au commerce et à l'esprit de conquête. Il faut voir dans Hérodote et dans Diodore [5] quels

[1] Manethon apud Joseph. c. Ap., cap. sqq.; coll. Exod. I, 8 sqq. : *Surrexit interea rex novus super Ægyptum, qui ignorabat Joseph*, etc. — Parmi les villes citées, l'on trouve celle de *Ramesses*, ainsi appelée, sans doute, du nom d'un des Pharaons prédécesseurs d'*Aménophis III*, c'est-à-dire ou *Ramsès I*, ou *Ramsès-Méiamoun*, l'aïeul de Sésostris.

[2] *Voy.* les auteurs cités plus haut, principalement la fin du deuxième récit de Manéthon dans Josèphe, et le fragment du liv. XL de Diodore, d'après Hécatée. *Conf.* vol. II, liv. V, sect. 1re.

[3] *Conf.* Champoll., Syst. hiérogl., p. 224 sqq. — C'est aux savans qui se sont occupés de la langue égyptienne, de voir si le nom de *Sethos*, *Sesoosis* ou *Sesostris*, que j'appellerais plutôt un surnom ou un titre, n'aurait pas quelque rapport avec le fait même de l'expulsion des pasteurs ou *impurs*, Σὼς ou Σοός. *Voy.* de Rossi dans Creuzer, Commentat. Herodot., p. 193, note 175.

[4] Sur les *nomes*, *voy.* ci-dessus, p. 772 ; Champollion jeune, l'Égypte sous les Pharaons, I, p. 65 sqq., etc.

[5] Beck, *Allgem. Gesch.*, I, 1, p. 694 sqq.; et M. Creuzer, dans ses Commentat. Herodot., p. 196 sqq., ont rassemblé tous les documens et

grands souvenirs avaient laissés aux peuples ses nombreux exploits en Afrique, en Asie et peut-être même en Europe : ses travaux en Égypte nous sont attestés par les monumens non moins nombreux, décorés de ses légendes, que les voyageurs modernes ont retrouvés, non-seulement depuis les rivages de la Méditerranée jusqu'à Syène, mais bien au delà dans la Nubie, qui probablement faisait alors partie de l'Égypte [1]. Ses expéditions militaires eurent pour résultat d'enrichir son pays des trésors de l'Éthiopie, de l'Arabie-Heureuse et de l'Inde, et d'établir des relations suivies avec les contrées de l'Orient, au moyen des flottes qu'il équipa sur la mer Rouge [2]. Peut-être son rôle de héros, comme son caractère de législateur, ont-ils été embellis par les prêtres qu'il avait favorisés, et qui rapportèrent à son nom et les institutions antiques et tout ce que la tradition racontait d'un *Memnon*, d'un *Osymandyas*, d'un *Ménès*, ses prédécesseurs demi-fabuleux [3]. Son histoire, toute poétique, n'est même pas sans quelque ressemblance avec la légende divine d'Osiris. Mais ces assimilations des rois avec les dieux étaient familières aux prêtres-poètes de l'Égypte et ne peuvent ici nous donner le change.

Les successeurs de Sésostris profitèrent de ses richesses et de ses exemples pour décorer le pays dont il avait fait le repos et la gloire ; quelques-uns opprimèrent par des travaux aussi vains qu'excessifs les peuples qu'il avait ménagés ; d'autres, en petit nombre, songèrent à perfectionner son plus bel ouvrage

---

témoignages relatifs à Sésostris et à son histoire. Notre auteur a déjà fait, après Heeren, un judicieux usage des monumens pour contrôler ou appuyer les récits des anciens. *Conf.* maintenant Champollion le jeune, Syst. hiérogl., p. 220-226.

[1] Champollion, Syst. hiérogl., *ubi supra*, et surtout p. 239, 391.

[2] *Voy.* ci-après, note 8 sur ce livre.

[3] Ces trois personnages ont entre eux et avec Osiris de frappantes ressemblances. M. Champollion regarde pourtant *Memnon* comme très-historique et le même que l'*Aménophis II* de la XVIIIᵉ dynastie : l'identifie-t-il avec *Osymandyas*, c'est ce qu'il ne nous dit pas. *Voy.* la note 14 sur ce livre, ci-après, et les passages du texte auxquels elle se rapporte.

en donnant de sages lois à l'Égypte [1]. Les obélisques, les colosses, les magnifiques propylées s'élevèrent de toutes parts au devant des temples, à Thèbes, à Memphis, à Héliopolis. Mais bientôt les traditions des Grecs commencent à se mêler à celles des Égyptiens, et les récits allégoriques, ainsi que les rapprochemens, se multiplient dans les communications des prêtres à Hérodote, depuis les temps voisins de la guerre de Troie (1200 environ av. J.-C.). On entrevoit les premiers symptômes de lutte entre les deux castes dominantes, et l'ascendant toujours croissant des rois soutenus par les guerriers, sur les prêtres opprimés avec le peuple, dans les histoires des deux tyrans *Cheops* et *Chephren*, fondateurs des deux plus grandes pyramides (1150-1050) [2]. Cependant l'importance

---

[1] Parmi les législateurs de l'Égypte, Diodore cite *Mnevis*, *Sasychis* (*Asychis* d'Hérodote?), *Sésostris*, *Bocchoris* et *Amasis* : il y faut joindre *Tnephachthus* ou *Gnephachtus*, peut-être le *Technatis* de Plutarque, père de Bocchoris, qui fit inscrire dans un temple des imprécations contre *Ménès* (*Mneves* ou *Mnevis*), auteur de tous les genres de mollesse, et porta des lois somptuaires. (Diodor. I, 94; Plutarch. de Is. et Osir., p. 354.) — Pour la suite du récit, compar. Hérodote, Diodore et les listes de Manéthon dans le Syncelle.

[2] Diodore les nomme *Chembes* et *Cephren* : rien dans Manéthon qui corresponde à ces noms, si ce n'est, après *Amosis*, chef de la XVIIIe dynastie, un *Chebros* ou *Chebron*; car on ne trouve place ni pour les deux tyrans avec leurs règnes de cent six ans, ni pour leur successeur, le paisible *Mycérinus*, dans les XXe et XXIe dynasties des listes. Il y a confusion manifeste, outre quelque chose de singulièrement mythique, dans les récits d'Hérodote et de Diodore, depuis Sésostris. On ne sait où placer le cruel *Amasis*, non plus que l'Éthiopien *Actisanes* et le *Mendes* ou *Marrhus*, auteur du labyrinthe, suivant Diodore, que cet écrivain nous donne avant *Cetes-Protée* et *Remphis-Rhampsinit*, dont le premier répond au *Thouoris-Polybus* de Manéthon, contemporain de la prise de Troie et dernier roi de la XIXe dynastie. Le fondateur du labyrinthe fut, d'après les listes, *Labaris*, quatrième roi de la XIIe dynastie et successeur d'un antique *Sésostris* évidemment confondu avec *Sésostris-Séthos* ou Ramessès-le-Grand, de la XIXe : quant aux auteurs des grandes pyramides, ils sont bien plus anciens, selon le

politique passe de plus en plus à la basse Égypte, et l'on voit arriver sur la scène les familles royales de Tanis, de Bubastus et de Saïs, qui succèdent aux dynasties de Memphis et de Thèbes. Un nouvel ordre d'événemens se prépare. Les Pharaons forment des liaisons étroites avec la Syrie et les pays voisins; les Phéniciens et les Grecs asiatiques sont admis de loin en loin sur cette terre sacrée de l'Égypte jusquelà fermée aux étrangers. En même temps que les bouches du Nil s'ouvrent au commerce; le goût des conquêtes se réveille au cœur des Sésostrides, malgré l'opposition de la caste sacerdotale qui, dans le changement des mœurs nationales, prévoyait la ruine totale de son influence et peut-être de plus grands malheurs. Homère, dit-on, visitait l'Égypte dans le même siècle où *Sesak*[1] pillait Jérusalem, sous Roboam

---

prêtre de Sébennytus, en contradiction complète avec Diodore, et remontent aux premières dynasties (Memphites et Thinites, qu'on ne sait, il est vrai, comment accorder avec les Thébaines. *Voy.* note 13). Tout ce que nous conclurons de cet exposé, c'est qu'il est infiniment probable, à part la construction des pyramides, que, sous l'histoire fabuleuse des deux frères *Chéops* et *Chéphren*, qui accablèrent de maux les Égyptiens et fermèrent les temples pendant plus d'un siècle (Herodot. II, 128, coll. Diodor. I, 63 sqq.), peut-être aussi dans l'*Amasis* et l'*Actisanes* de Diodore, se cache un souvenir obscur, traditionnel, de la domination des *Hycsos*, et des premiers rois de la XVIIIe dynastie de Manéthon. « Les Égyptiens, dit le père de l'histoire, en parlant des deux tyrans frères, ne veulent absolument pas prononcer leurs noms, par la haine qu'ils leur portent; ils vont même jusqu'à appeler les pyramides (ouvrages) du pasteur *Philition* (ou *Philitis*), qui vers ce temps-là faisait paître ses troupeaux dans ces lieux. » Faut-il, avec M. Heeren (*Ideen*, II, 2, p. 549 sq.), d'après ce singulier passage, présumer que les rois-pasteurs, qui forment la XVIIe dynastie, pourraient bien avoir été les véritables fondateurs des pyramides? c'est son opinion, qui nous paraît souffrir de grandes difficultés. On peut voir les opinions fort différentes de Jablonski et de Zoëga rapprochées et discutées dans les Commentat. Herodot. de M. Creuzer, § 16, p. 188-195.

[1] Le *Sesak* de l'Écriture, que beaucoup retrouvent dans le *Psousennes* ou le *Sousennes* de la XXIe dynastie de Manéthon, est évidemment

(1000-950). Les invasions des rois d'Éthiopie, provoquées par les dissensions de leurs voisins, menacent à la fois et l'Égypte et la Palestine [1]. Cette nation qui croyait avoir mis entre elle et le monde une barrière insurmontable, qui dans l'immobilité de sa constitution voyait un gage d'éternité, est menacée de toutes parts par des armes ou des mœurs étrangères, et cependant se mine elle-même par les conséquences de ses propres institutions. Sa décadence devient sensible dans la confusion ou le vide de ses annales, durant deux siècles [2] (950-750). Bientôt elle tombe sous le joug de *Sabaco* et d'une dynastie entière de rois Éthiopiens, ses successeurs, qui livrent le gouvernement à la caste sacerdotale, peut-être leur alliée secrète, représentée par le *Sethos* ou *Sethon* d'Hérodote, prêtre de Vulcain à Memphis [3]. Un autre ennemi paraît, Sennachérib, roi d'Assyrie, vaincu par un fléau du ciel aux portes de l'Égypte, mais précurseur des désastres qui maintenant, de siècle en siècle, vont fondre sur elle de ce côté (750-710). Les prêtres oppriment les guerriers à la faveur des armes

---

Sesonchis ou *Sesonchosis*, chef de la XXIIe, dont M. Champollion jeune lit à Karnak la légende portant *Scheschonk*. (Syst. hiérogl., p. 203 sqq.) Peut-être est-il encore l'*Asychis* d'Hérodote et le *Sasychis* de Diodore, comme le pense Volney.

[1] *Zarah* l'Éthiopien, qui vint attaquer Asa, petit-fils de Roboam, est-il un roi égyptien et l'*Osorthon* (pour *Osorchon*) des listes, fils de *Sesonchis*? nous n'osons l'affirmer avec M. Champollion, p. 205 sqq. Hérodote nous porte à présumer une invasion des Éthiopiens en Égypte dès cette époque.

[2] Hérodote et Diodore. — Heeren, par une conjecture ingénieuse, suppose que l'aveugle *Anysis* pourrait bien ne pas être autre chose qu'un symbole de cette lacune et de l'ignorance des prêtres. (Ouvr. cité, note de la page 657.) Manéthon nous donne la fin de la XXIIe, et les XXIIIe et XXIVe dynasties, où il y a bien aussi quelque embarras. *Voy.*, à l'appui de ces documens, la suite des découvertes de M. Champollion sur les légendes hiéroglyphiques des monumens, l. l., p. 196-203.

[3] *Sethon* ne dut être qu'une espèce de vice-roi, puisque Manéthon n'en parle pas, selon la remarque du comte Potocki, Principes de chronologie, p. 81.

étrangères, et l'anarchie succède à leur domination, jusque vers le milieu du septième siècle, où commence avec *Psammétichus*, fils de *Néchao*, une ère toute nouvelle pour l'Égypte, et la troisième période de son histoire, beaucoup mieux connue que les précédentes (650 av. J.-C.).

Psammétichus, vainqueur de la Dodécarchie, selon Hérodote et Diodore [1], par le secours des pirates Ioniens et Cariens, transféra le trône des Pharaons à Saïs, dans le Delta, et porta deux coups terribles à l'antique constitution de l'Égypte, d'abord en s'appuyant sur des troupes mercenaires, puis en livrant aux Grecs, qui les composaient principalement, le commerce de son pays. Il s'ensuivit une émigration considérable des guerriers mécontens, qui partirent, abandonnant leurs enfans et leurs femmes, pour aller chercher, au fond de l'Éthiopie, une patrie nouvelle, et des mœurs plus semblables à celles que leur ancienne patrie perdait de jour en jour [2]. *Néchao II*

---

[1] Herod. II, 147 sqq. Diod. I, 66 sqq.—Il n'est pas question de Dodécarchie, chez Manéthon, qui nous donne en revanche trois ou quatre rois Éthiopiens formant la XXVe dynastie, et confirmés par le témoignage des livres hébreux; puis trois rois Saïtes dans la XXVIe, avant *Psammétichus*. Hérodote et Manéthon sont désormais parfaitement d'accord, excepté sur quelques nombres. Les annalistes juifs viennent encore à l'appui. Aussi devons-nous de plus en plus abréger et épargner les citations, dans ce simple résumé.

[2] Vers 646 avant J.-C. Ces émigrés, au nombre de deux cent quarante mille hommes, et leurs descendans, sont nommés *Automoli* par les Grecs, et encore, suivant Strabon, *Sembritæ*; dans la langue du pays, *Asmach* ou ceux de la gauche (Jablonski Opusc. I, 41.) Ils influèrent beaucoup sur la civilisation de ces contrées reculées où ils bâtirent des villes, notamment *Sembobytis* et *Esar*. Gouvernés par des vice-rois ou vice-reines, ils dépendirent long-temps de Méroé, s'étendirent toujours davantage au midi et laissèrent des traces profondes dans la population de l'Abyssinie. On connaît l'hypothèse récente de Bowdich qui rattache l'origine, les mœurs et la religion des *Ashantees* (Achantis) actuels à des émigrations tardives, vers l'ouest, de ces Éthiopiens méridionaux mélangés avec des colons égyptiens. *Voy.* Herodot. II, 30; Diodor. I, 67; Strab. XVI et XVII, p. 270, 310 de la trad. fr., et les commentateurs; Pline VI, 29, 30.

(617-601) poursuivit avec succès les plans de son père et ses conquêtes en Palestine et en Syrie, mais il finit par se briser contre la puissance colossale des Chaldéens de Nébucadnezar : du moins il eut la gloire durable de commencer le fameux canal de communication entre le Nil et la mer Rouge, de rendre une marine à l'Égypte et de faire exécuter par des Phéniciens la navigation autour de l'Afrique [1]. On ne cite de *Psammis* ou *Psammuthis*, son fils (601-595), qu'une expédition en Éthiopie. Mais *Apries*, *Uaphris* ou le *Pharao-Hophra* des Hébreux (595-570), reprit les projets de ses ancêtres sur la Syrie ; il battit les Phéniciens sur mer et fut à son tour battu par les Cyrénéens. Sa mort est racontée de deux manières très-différentes par les Grecs et par les Hébreux : les uns le font périr dans une révolte de ses propres sujets ; les autres sous les coups de l'heureux conquérant Nébucadnezar, qui aurait parcouru en vainqueur l'Égypte entière jusqu'aux confins de l'Éthiopie. *Amasis* ou *Amosis*, soldat de fortune, sut faire oublier sa naissance en caressant les prêtres, ménageant les peuples et se pliant au génie peu guerrier de ses compatriotes mieux que n'avaient fait ses prédécesseurs. Cependant il fut loin de négliger les Grecs, désormais l'unique appui de l'Égypte, privée en grande partie de sa caste militaire, et incapable de se soutenir par elle-même dans l'état de dissolution intérieure où elle se trouvait. Aussi donna-t-il à ces précieux alliés une existence politique dans le pays. Il leur permit de s'établir à Naucratis, sur la branche canopique du Nil, de bâtir des temples et de juger leurs différens par leurs propres lois. Il forma, d'un autre côté, une étroite alliance avec Cyrène, rendit l'île de Cypre tributaire, et tandis qu'il se fortifiait au dehors, voulut, mais en vain,

Conf. Heeren in Commentat. Soc. Gœtting. XII, p. 48 sqq. ; Malte-Brun, *Précis de la Géogr.*, I, p. 65-67 ; Ritter's *Erdk.* I, p. 221, 327 sqq. ; Bowdich *Mission*, etc. ; et surtout *On the Origin of the Ashantees*, dans le *Journal of science, litt., arts*, n° XIX, 1820, p. 73 sqq.

[1] Les opinions sont encore très-partagées sur la réalité de cette grande entreprise. *Voy.* Malte-Brun, ouvr. c. 1, p. 68 sq. ; et à l'appui du récit d'Hérodote IV, 42, Heeren, *Ideen*, I, 2, p. 87-94.

réveiller au dedans par de bonnes lois le génie des Égyptiens. Les formes antiques subsistaient encore, elles devaient subsister bien plus long-temps, mais l'esprit s'était évanoui pour jamais. L'Égypte, toute florissante que l'avait faite une longue paix, portait la peine de son long isolement, de ses institutions devenues factices, du despotisme de ses rois et de ses prêtres; et les temples monolithes, les colosses, les magnifiques ouvrages dont Amasis décorait les villes du Delta, ne purent sauver son successeur [1]. Six mois après sa mort, en 525, *Psammenitus* ou *Psammacherites*, son fils, fut détrôné par Cambyse, roi de Perse, héritier des prétentions des monarques Assyriens et Babyloniens. L'Égypte tomba sous le joug et inscrivit dans ses annales les noms des grands rois [2]. Trop vieille pour faire tête à ces redoutables conquérans, dans la première vigueur de leur empire, le souvenir de son ancienne indépendance, les instigations de ses prêtres, et plus encore le secours des Grecs, lui firent retrouver assez d'énergie pour relever, après deux révoltes inutiles (488-484, et, sous le roi *Inarus*, 463-456) le trône des Pharaons (sous *Amyrteus* de Saïs, en 414, jusqu'à *Nectanebes II*, en 349 [3]), alors que celui des Achéménides, bien moins durable, commençait à s'ébranler. Reconquise par Artaxerxès-Ochus, elle suivit, dix-huit ans après, sous le dernier des Darius, le sort de la Perse conquise à son tour par Alexandre (331), et sembla reprendre une vie nouvelle avec la fondation d'Alexandrie, mais sous une dynastie grecque qui, tout en conservant la plupart des formes anciennes, altéra profondément les mœurs nationales. Dégénérée et corrompue presque autant que les Ptolémées eux-mêmes, l'Égypte devint province romaine, 293 ans après la mort d'Alexandre, et 30 ans avant J.-C. Deux grands avan-

---

[1] Herodot. II, 172-182. Diodor. I, 69.

[2] XXVIIᵉ dynastie de Manéthon. *Conf.* Champollion, l. l., p. 179 sqq.

[3] XXVIIIᵉ, XXIXᵉ et XXXᵉ dynasties; la XXXIᵉ et dernière reprend la suite des rois de Perse, jusqu'à Darius-Codoman. Deux rois Mendésiens de la XXIXᵉ, *Néphéreus I* et *Achoris*, paraissent avoir fait sculpter deux sphinx qui se voient dans notre Musée royal. Champoll., 181, 190 sqq.

tages demeurèrent à cette terre favorisée du ciel jusque dans ses désastres : elle dut l'un à sa position géographique, et au génie d'Alexandre; l'autre à l'immobilité de son climat et au génie de ses premiers législateurs. Alexandrie fut l'entrepôt du commerce du monde, le lien commun des peuples, l'asile sacré des sciences. Le sacerdoce égyptien, élite perpétuelle de la nation, se maintint à travers toutes les vicissitudes des temps et régna par la religion sur les âmes, alors qu'il ne pouvait plus régner sur l'état par la politique. Le christianisme seul put renverser cette merveilleuse institution, qui avait fait alliance avec la philosophie des Grecs en lui prêtant quelques-unes de ses formes, en échangeant avec elle quelques idées, et que nous allons maintenant étudier de plus près.

§ 4. Clément d'Alexandrie, dans un célèbre passage, nous dévoile, en quelque sorte, toute l'organisation de la caste sacerdotale des Égyptiens, en nous faisant assister à la procession solennelle d'Isis : « A la tête, marche le Chantre portant un des symboles de la musique. Il doit posséder deux des livres d'Hermès, dont l'un renferme les hymnes des dieux, l'autre les règles pour la conduite du roi. Après le Chantre vient l'Horoscope [1], qui tient dans sa main l'horloge et la branche de palmier, emblèmes de l'astrologie. Il doit avoir toujours présens les livres d'Hermès relatifs à l'astrologie, au nombre de quatre : l'un traite de l'ordonnance des étoiles fixes; un autre des conjonctions et des illuminations du soleil et de la lune; les deux autres des levers. Marche ensuite le Scribe sacré (ou l'Hiérogrammate) : il a des plumes sur la tête [2], un livre et une règle dans les mains, avec de l'encre et un roseau pour écrire. Il doit savoir l'hiéroglyphique, la cosmographie, la géographie, la marche du soleil et de la lune et des cinq planètes; connaître la chorographie de l'Égypte, la description du Nil, le détail complet de ce dont se compose l'appareil des

---

[1] *Conf.* Sturz., de Dialect. Alexandr., p. 113.
[2] Πτεροφόροι, épithète des ἱερογραμματεῖς et νοήμονες, Sturz., l. l., 111. *Conf.* Descript. de l'Égypte, vol. II, Antiq., pl. 46, f. 13; et le texte II, p. 333.

DU LIVRE TROISIÈME. 793

cérémonies religieuses et les lieux qui leur sont consacrés [1], la mesure et la nature de toutes les choses nécessaires aux sacrifices. Ces personnages sont suivis du Stoliste [2], qui porte dans ses mains la coudée de justice et la coupe pour les libations. Il est instruit dans tout ce qui concerne l'éducation, et dans l'art de préparer et sceller les victimes [3]. Dix objets constituent les honneurs que l'on doit aux dieux, et embrassent la dévotion égyptienne : les sacrifices, les prémices, les hymnes, les prières, les processions, les fêtes, etc. Après tous les autres, s'avance le Prophète portant dans les plis de sa robe l'urne sacrée découverte à tous les yeux : derrière lui sont ceux qui portent les pains [4]. Le Prophète, président du temple, est obligé d'apprendre les dix livres sacerdotaux proprement dits, qui traitent des lois, des dieux et de toute la discipline du sacerdoce. C'est encore lui qui surveille la distribution des revenus [5]. Il y a en tout quarante-

[1] Le sens de cette phrase n'est pas très-clair, et je doute que M. Creuzer l'ait suffisamment rendu en suivant la traduction latine : *descriptionem instrumentorum ornamentorumque sacrorum et locorum eis consecratorum*. C'est une paraphrase très-vicieuse du texte, que nous avons tâché de suivre de plus près.

[2] Comme qui dirait *vestitor*. Sturz, p. 112.

[3] Τὰ μοσχοσραγιστικά. *Conf.* Chæremon ap. Porphyr. de abstin. IV, 7, ed. Rhœr.—C'est une espèce de sacrifices typiques où l'on entrevoit quelque chose de semblable à l'idée de la *substitution* développée dans l'Épître aux Hébreux.

[4] Ou, comme dit le texte, τὴν ἔκπεμψιν τῶν ἄρτων, *emissos panes*. Ceci nous rappelle encore l'Épître aux Hébreux, IX, 2, où il est question de *proposition des pains :* Πρόθεσις et Ἔκπεμψις ne seraient-ils pas synonymes ?

[5] Le *Prophète* paraît désigner toute la classe élevée du corps sacerdotal : il est mention dans les auteurs d'un *Archiprophète* ou *Propheta primarius*. Sturz, l. l., 111. Appul. Metamorph. II, p. 158, Oudendorp. Le grand-prêtre, ou chef du collège sacré, aurait porté, chez les Égyptiens, le nom de *Piromis*, selon le sens que l'on prête à Hérodote, II, 143, qui traduit ce mot par καλὸς κἀγαθός, comme qui dirait *noble* ou *prud'homme*, *homme par excellence*, et ce dernier sens est en effet celui de *Piromi* en copte: *conf.* Creuzer, Commentat. Herodot., p. 202 sq. Mais nous ne croyons pas qu'Hérodote ait prétendu faire de ce nom un titre spécial ; il le prend, au contraire, dans toute sa généralité.

deux livres d'Hermès essentiellement nécessaires [1] : de ces quarante-deux, les prêtres nommés ci-dessus en étudient trente-six, qui contiennent la philosophie entière des Égyptiens. Les six autres sont laissés aux Pastophores [2]; ce sont ceux qui traitent des différentes parties de l'art de guérir, c'est-à-dire de la structure du corps, des maladies, des instrumens, des médicamens, des yeux, et enfin des femmes [3]. »

[1] Les termes même dont se sert Clément d'Alexandrie, comme l'observe très-bien M. Prichard, supposent qu'il y avait un bien plus grand nombre de livres hermétiques, et en effet l'on en trouve beaucoup d'autres cités dans les auteurs : quant aux trente-six mille cinq cent vingt-cinq dont parle Jamblique, nombre analogue à celui des années de la grande période sacrée de l'Égypte, ce doivent être des vers ou des distiques seulement, selon Gœrres. D'autres en comptent vingt mille (Prichard's *Analysis*, etc., p. 6 sqq.; Gœrres *Mythengesch.* II, p. 340 sqq.; et notre texte, p. 441, coll. note 10 sur ce livre, fin du vol.). Rien n'est, au reste, plus certain que l'existence d'une littérature sacrée ou sacerdotale, chez les Égyptiens, jusqu'aux temps voisins du christianisme. Comme celle des Hindous, elle se composait probablement d'un petit nombre de livres primitifs, vraiment anciens, et d'une foule de commentaires. (Heeren, *Ideen*, II, 2, p. 468.) Plusieurs furent traduits en grec sous les Ptolémées et plus tard, et passèrent en grande partie dans les écrits des nouveaux Platoniciens.

[2] De Παστάς, mot dont le sens peu déterminé laisse place aux acceptions les plus diverses. (Cuperi Harpocr., p. 129 sqq. Wyttenbach ad Selecta historic., p. 356. Zonaræ Lexic., p. 1510, 1520. Sturz Lexic. Xenoph. s. v., et de Dialect. Alex., p. 107 sqq. Bœttiger Archæolog. Museum, I, p. 102 sq. Oudendorp ad Appul. Metam. IX, p. 815. Millin, Ægyptiaques, p. 9 sqq. Prichard's *Analysis of Mythol.*, p. 386 sq.) — Les *Pastophores* étaient, en général, une classe de prêtres chargés de toutes les fonctions subalternes : on les trouve joints aux *Néocores* ou *Ædítui*, gardiens des temples, qui leur étaient peut-être inférieurs. De ces derniers on veut encore distinguer les *Zacores*; on nomme des *Comastes*, etc. Toute cette variété d'offices dans la hiérarchie égyptienne paraît déjà chez Moïse. Jablonski Voc. Ægypt., *passim*, et Opusc. II, p. 349. Prichard, p. 388.

[3] Clemens Alexandr., Stromat. VI, 4, p. 757, ed. Potter., coll. 1, p. 356, et Chæremon ap. Porphyr. de Abstin. IV, 8, p. 321; Porphyr. de Vit. Apollon. I, 2; Herodot. II. 36, 58, etc., tant pour ce qui précède

Après les immenses priviléges politiques des prêtres égyptiens, précepteurs et guides des rois en toutes choses, régulateurs de l'état, conservateurs des lois qu'ils étaient même que pour ce qui suit. On trouvera de nouveaux éclaircissemens sur le sacerdoce des Égyptiens, etc., dans de Schmidt, de Sacerdot. et Sacrif. Ægypt.; Zoëga de Obelisc., p. 505 sqq.; Heyne et autres sur l'inscription de Rosette, in Commentat. Soc. Gœtt., XV, p. 276, etc., etc.; Pastoret, Hist. de la législ., t. II, chap. XVIII; Prichard, *ubi supra*, et p. 389 sqq. Ce dernier écrivain a comparé la caste sacerdotale de l'Égypte et ses réglemens, d'un côté avec les Brahmanes de l'Inde, de l'autre avec la législation religieuse de Moïse, p. 397-427. — La description que nous a laissée Clément trouve aujourd'hui une pleine et entière confirmation dans les bas-reliefs peints des monumens, par exemple dans ceux de Médinat-Abou : *Voy.* Descript. de l'Égypte, Antiq., vol. II, chap. 9, sect. I, p. 46-50. *Conf.* le bas-relief de la villa Mattéi, représentant une procession d'Isis, dans Bartoli Admiranda Romæ antiq., tab. 68, et dans le Museo Chiaramonti, tab. II, p. 5 sqq.; Winckelmann, Hist. de l'art, II, 1, § 45, t. I, p. 153 de la trad. fr. — Entre les nombreuses cérémonies, figurées sur les monumens, on rencontre souvent des processions de prêtres (Pastophores) portant sur leurs épaules une barque sacrée au milieu de laquelle est un petit temple, tabernacle ou pavillon renfermant la divinité : des barques pareilles se voient à Thèbes, à Éléphantine, à Philes, à Derri en Nubie, à Essaboua dans le sanctuaire. (Gau, pl. 51 et 45 comparées à notre planche XLII, 173, 175 et l'explication.) C'est une des représentations les plus solennelles, les plus variées, les plus symboliques tout à la fois, et qui nous rappelle non-seulement ces bateaux *thalamèges* dont parle Strabon (XVII et la note de M. Letronne, p. 354 de la trad. fr.; le même, Rech. sur l'Ég., p. 369), mais surtout la cérémonie décrite par Diodore, et qui consistait à transporter ainsi, chaque année, la châsse de Jupiter-Ammon aux limites de l'Éthiopie et de l'Égypte, sur la rive libyenne du Nil, d'où elle était rapportée quelques jours après. (Diod. I, 97; Heeren, l. l., p. 444 sqq.) Quelques-uns de ces navires sacrés sont colossaux et réveillent l'idée d'offrandes semblables à celle qui fut faite par Sésostris au grand dieu de Thèbes, selon le récit du même Diodore (I, 57). Ailleurs, des prêtres encore portent, au lieu de la barque, une espèce de table sur laquelle est un vase mystique avec les attributs d'Ammon, divinité à laquelle ces sortes de représentations paraissent avoir été exclusivement consacrées dans l'origine. (Pl. XLII, 174.) On peut voir dans la description de l'Égypte, Antiq., vol I, p. 26, les rapprochemens tentés par feu Lan-

chargés d'appliquer, seuls distributeurs de la science, où ils voyaient la meilleure garantie de leur pouvoir, rien n'est plus remarquable que leur manière de vivre qui avait pour base une règle invariable. Ils avaient la tête et le corps entièrement rasés, et, dans le deuil seulement, laissaient croître leur poil. La circoncision leur était commune avec les autres castes. La plus grande pureté leur était ordonnée; chaque jour les coupes où ils buvaient devaient être nettoyées. Les vêtemens d'une étoffe provenant des animaux leur étaient défendus; ils ne portaient que des habits de lin et des chaussures de byblos ou papyrus. Ils se baignaient deux fois le jour et autant la nuit. Le cérémonial qui soumettait les moindres détails de leur vie à des formes prescrites, n'était pas moins sévère que celui

cret entre ces rites égyptiens et certains rites hébreux, tels que l'arche d'alliance avec les chérubins, portée sur les épaules des lévites, la table des pains de proposition, etc., etc. (*Conf.* Heeren, p. 830 sq.) La barque seule ne pouvait s'accommoder aux localités de la Palestine : chez les Athéniens, au contraire, elle se conserva dans les Panathénées, ainsi que nous le verrons par la suite. — Les anciens Égyptiens avaient-ils des prêtresses ? Hérodote II, 35, le nie formellement; des écrivains plus récens l'affirment (Juvénal, Satir. VI, 488; Pers. V, 186; Appul. de Abstin. II, p. 363), et l'inscription de Rosette fait mention de *prêtresses*. D'autres indications, par exemple une figure dans les bas-reliefs de Médinat-Abou (Descr. de l'Ég., Antiq. II, p. 49, coll. 141, 332 sqq., et vol. I, p. 11) et certains passages des anciens (Herodot. II, 54, coll. I, 182 ; Diodor. I, § 44 ; Strab. XVII, p. 1156, Oxon.), où il est question des femmes sacrées du Jupiter de Thèbes, portent à croire que, même sous les anciens Pharaons, des femmes furent employées dans les temples, sans être pour cela précisément des prêtresses. L'analogie est tout-à-fait en faveur de cette opinion, car dans toute l'Asie, en Grèce, en Italie, l'on trouve des *hiérodoules* ou servantes sacrées, attachées aux temples. *Confer.* Winckelmann, Hist. de l'art, I, p. 118 sq. de la trad. fr. avec les remarques des éditeurs; Zoëga de Obel., p. 478 ; Visconti, Museo Pio Clement. t. VII, tab. 6 ; Bœttiger, *Archæol. der Malerei*, 1, p. 39 sq.; Adrian, *die Priesterinnen der Griechen*, in-8°, 1822. — La plus grande partie de cette note, ainsi que de celles qui précèdent, sur le passage de Clément d'Alex., doit être rapportée à M. Creuzer.

qu'ils imposaient aux rois. Les alimens leur étaient fournis par les classes inférieures, auxquelles ils affermaient les biens du temple; mais ils n'en usaient qu'en se conformant à la diète la plus austère. Le poisson leur était absolument interdit; au contraire, eux seuls et le roi pouvaient boire du vin, mais la mesure en était marquée [1]. Quant aux alimens lourds, flatueux, tels que les fèves et autres légumes, loin de pouvoir en faire usage, ils en fuyaient même la vue, aussi bien que de la chair du porc, qui leur paraissait avoir un effet pernicieux pour le sang.

Nul doute que la caste sacerdotale des Égyptiens n'eût en dépôt d'assez vastes connaissances, fruit de l'expérience des âges, du besoin de soutenir une domination fondée en grande partie sur la supériorité des lumières, et des loisirs qu'une vie exempte de tous les soins vulgaires livrait aux méditations du génie. De là ce concours des étrangers, des philosophes grecs surtout, avides d'aller puiser la science égyptienne à sa source antique [2]. Mais cette science, unie sur tous les points à la religion, subissait elle-même le joug qu'elle avait imposé, et ne pouvait ni suivre son libre développement, ni éviter de se corrompre dans les entraves que lui avait données l'esprit de caste. Les connaissances étaient parquées, en quelque sorte, comme les hommes, dans les degrés nombreux de la hiérarchie. Certains livres étaient confiés exclusivement à certains prêtres : les hautes sciences étaient la propriété des rangs supérieurs, des prophètes, des hiérogrammates, etc.; les rangs

---

[1] Hecataeus ap. Plutarch., de Isid., p. 448, Wyttenb.; coll. Creuzer, Historic. Graecor. antiq. fragm., p. 28 sq.

[2] Diodor. I, 69, 96. Strab. XVII, p. 787, 806, Casaub., etc., etc.— C'est là, ce nous semble, la plus forte preuve que l'on puisse alléguer en faveur de la réalité des lumières et des connaissances généralement attribuées par les anciens aux prêtres de l'Égypte. Quant aux jugemens si divers qu'en ont portés les modernes, *voyez* en opposition Woodward, qui les rabaisse beaucoup trop, dans l'*Archæologia*, vol. I, p. 212 sqq., et Fr. Schlosser, *Weltgeschichte*, I, p. 18 sq., au jugement duquel M. Creuzer souscrit sur tous les points. *Conf.* les excellentes réflexions de Heeren, ouvr. cité, p. 599 sqq.

inférieurs, tels que les pastophores, par exemple, n'avaient accès qu'aux sciences subalternes. Ces institutions furent de bonne heure importées en Grèce, et il est hors de doute que, dans les établissemens d'Orphée et de Pythagore, se retrouvent tous les traits principaux de la constitution sacerdotale de l'Égypte. Et ces analogies ne se bornent pas à certains règlemens extérieurs; elles sont aussi frappantes que nombreuses dans toutes les branches les plus élevées de l'organisation intérieure. Même distinction en doctrine exotérique et ésotérique, mêmes rangs, même distribution du savoir, enfin même hiérarchie des savans et des sciences [1].

S'il est un phénomène qui ait droit à toute notre attention dans l'histoire de l'esprit humain, ce n'est pas tant la prodigieuse antiquité que l'immobilité, pour ainsi dire, des institutions religieuses de l'Égypte, à travers toutes les révolutions politiques, et la longue persistance des idées et des formes dont se composait le système sacerdotal. Conquis et persécutés deux fois par les Perses, leurs ennemis politiques et religieux tout ensemble, soumis ensuite durant trois siècles à la dynastie toute despotique des rois grecs, d'où ils tombèrent sous le niveau de l'administration romaine, les Égyptiens surent résister à toutes les influences étrangères, et jusque dans la ruine de leur indépendance nationale, ils triomphèrent de leurs vainqueurs par l'ascendant de la religion. Non-seulement les dieux de l'Égypte, fabuleux conquérans du monde au premier crépuscule de l'histoire, réalisèrent cette douteuse conquête à la clarté du jour en faisant invasion de toute part dans l'empire romain; mais dans leurs foyers même ils conservèrent intacts et leurs autels et tous leurs honneurs et leur mystérieuse domination sur les âmes. Les Ptolémées et les empereurs, à

[1] Herodot. II, 80. Valckenaer ad Euripid. Hippol., p. 266 b. *Conf.* Gœrres *Mythengesch.* II, p. 444; et Prichard, *Analysis of Ægypt. Mythol.*, p. 12 sqq., qui s'accordent avec M. Creuzer à voir dans les Orphiques et les Pythagoriciens les disciples des prêtres de l'Égypte, et comme lui ont fondé en grande partie leur théorie de la religion égyptienne sur les rapprochemens qui s'ensuivent.

l'exemple des antiques Pharaons, continuèrent habilement la chaîne magique qui rattachait aux souverains des cieux les monarques de la terre; ils ne cessèrent pas de se modeler sur Osiris, sur Horus, sur Hermès [1]; ils firent gloire de partager les noms et les titres des divinités auxquelles leur piété réelle ou leur adroite tolérance faisait ou laissait élever de si magnifiques temples; et sur ces édifices tout égyptiens, dont les sculptures reproduisaient partout leurs images sous des formes égyptiennes, les légendes hiéroglyphiques s'associèrent aux inscriptions grecques pour immortaliser et la politique des rois et la reconnaissance des prêtres. (J. D. G.)

Note 3 (chap. II, p. 396; V, 448; VII, 471 sqq.).

L'histoire d'*Isis* et d'*Osiris* est évidemment l'histoire naturelle et agraire de l'année en Égypte [2], consacrée par la religion, et à laquelle venaient se rattacher beaucoup d'idées d'un ordre supérieur, physiques, morales et métaphysiques, même, comme le pense M. Creuzer, d'antiques traditions sur l'origine de l'agriculture et de la civilisation dans cette contrée. C'est

[1] *Voy.* l'inscription de Rosette, lignes 10 et 19; les papyrus, inscriptions et légendes dont MM. Bœckh, Buttmann, Letronne et Champollion nous ont donné récemment des interprétations si savantes, et *compar.* la fin du précédent éclaircissement, § 2.

[2] Sur le Calendrier économique de l'Égypte, on peut consulter l'ouvrage suivant, qui est tout-à-fait spécial : Nordmeyer, Commentatio Calendarium Ægypti œconomicum sistens, Gotting., 1792.—Voici un extrait du résumé, p. 110 sqq., traduit en français : « L'Égypte a deux principales moissons de blé et de légumes. L'une se fait depuis la fin de février jusqu'en mai, pour laquelle on sème depuis la fin de septembre jusqu'en novembre, et même en décembre et en janvier. L'autre a lieu en septembre ou plutôt en octobre, et l'on sème en février, mars, avril, mai et juillet. Les prés, les gazons, les herbes sont verts d'octobre en février. Beaucoup de plantes fleurissent en janvier, mars, avril, mai, septembre, novembre, décembre; beaucoup sont semées et plantées dans les mêmes mois. Les semences et les fruits de beaucoup de plantes ou arbustes mûrissent en février, mars, mai, juin, juillet. Par-là s'expliquent et se prouvent ces moissons multipliées dont parlent les écrivains, etc. »

à ces termes qu'il faut ramener l'hypothèse de ceux qui ne veulent voir, dans la religion populaire des Égyptiens, qu'un calendrier [1]. Après la plus ancienne forme d'année, dont certains usages religieux avaient conservé la trace (p. 393, 399), les Égyptiens, plus attentifs au cours du soleil, inventèrent successivement et gardèrent concurremment, dans leur calendrier, deux années nouvelles, l'année civile ou religieuse, et l'année naturelle ou agraire. La première était composée de douze mois, chacun de trente jours avec cinq épagomènes ou jours complémentaires : un mythe singulier (p. 410) perpétua la mémoire de cette grande réforme, et l'année de trois cent soixante-cinq jours fut représentée par les trois cent soixante-cinq coudées de la couronne symbolique d'Osymandyas, véritable calendrier astrologique. Cette année commença d'abord à l'équinoxe d'automne, le soleil entrant dans la Balance, avec le mois de *Thoth* (septembre), et suivaient les autres mois, *Phaophi* (octobre), *Athyr* (novembre), *Choeak* (décembre), *Tybi* (janvier), *Mechir* (février), *Phamenoth* (mars), *Pharmuthi* (avril), *Pachon* (mai), *Pauni* (juin), *Epiphi* (juillet), *Mesori* (août) [2]. Mais l'observation du lever héliaque de Sirius fit bientôt découvrir aux prêtres un manque d'accord entre cette année civile et l'année naturelle, réglée sur la marche des saisons : car le premier jour de *Thoth*, aussi bien que les fêtes attachées à des époques fixes, dans le calendrier religieux, passant successivement de période en période, il devait finir par y avoir une complète opposition entre l'année civile, appelée encore *vague* pour ce motif, et l'année naturelle

---

[1] Jablonski et quelques autres avaient mis sur la voie de ce système étroit et incomplet : on sait les développemens que lui a donnés Dupuis. Quelques mythographes allemands l'ont repris et développé de nouveau, parmi lesquels mérite d'être cité Dornedden (*Neue Theorie der Mythologie*, etc., p. 72 sqq.), sur lequel il faut lire les judicieuses réflexions de M. Heeren, *Ideen*, II, 2, p. 609 sqq. *Conf.* note 13 ci-après.

[2] D. Petavii Uranologium, p. 71 sqq. ; et Jablonski, Opuscul. t. I *passim*, et II, p. 274 sqq., qui a montré les rapports des mois égyptiens avec les signes du zodiaque.

caractérisée du nom de *fixe*. Aussi fallut-il les remettre en accord par une nouvelle invention, celle de la période *Sothiaque* ou de Sirius, ou encore du phénix, dont il a été et sera parlé en son lieu (ci-dessus, p. 437, 472 sqq.; et ci-après, note 13 s. c. l.). L'année fixe ou agraire commençait à la nouvelle lune la plus voisine du lever de Sirius, vers le solstice d'été : elle se composait comme la précédente, de trois cent soixante-cinq jours, mais avec intercalation d'un jour tous les quatre ans, d'où est venue notre année julienne bissextile. Cette forme d'année fut long-temps le secret des prêtres égyptiens, et c'est à eux que l'emprunta Jules César, pour en faire l'année commune chez les Alexandrins et chez les Romains : mais il est probable que le reste de l'Égypte conserva l'ancien usage de l'année vague, comme s'était conservé long-temps peut-être à côté de celle-ci l'usage plus antique de l'année lunaire ou luni-solaire de trois cent soixante jours. Le calendrier fixe alexandrin prit son commencement au 1er de *Thoth*, vers l'époque où ce jour se trouva correspondre avec le 29 août [1].

M. Creuzer remarque très-bien que ces différentes formes de l'année égyptienne et les efforts successifs qui furent faits pour corriger le calendrier, ne pouvaient manquer de donner lieu à des variantes considérables dans la légende d'*Isis* et d'*Osiris*, fondée originairement sur une période normale. Peut-être la double mort d'*Osiris* doit-elle s'expliquer par ces variantes, résultat nécessaire de l'année vague. Au reste, les fêtes principales de l'Égypte, établies, comme celles de tous les peuples, d'après les époques naturelles de l'année, trouvaient à la fois dans le mythe populaire leur commentaire et leur sanction. La plus solennelle, appelée la fête (des lamentations) d'*Isis* ou de la *disparition (mort) d'Osiris*, commen-

---

[1] *Voy.* Jackson, *Chronological Antiquities*, init.; Van Goëns ad Porphyr. de Nymphar. antro, p. 113; Rhode, *Ueber den Thierkreis*, p. 12, 78, etc.; Fourier, dans la Descript. de l'Égypte, Antiquités, Mémoires, vol. I, p. 805 sq.; Letronne sur Strabon, t. V, p. 423 sq., et sur Rollin I, p. 76; le même, Rech. sur l'Ég., p. 170.

çait le 17 d'Athyr ou 13 novembre, au rapport de Plutarque : c'était une fête de deuil et le larmes [1]. Vers le solstice d'hiver, on célébrait la *recherche d'Osiris;* et le 7 de Tybi ou 2 janvier, l'*arrivée d'Isis* de la Phénicie. Peu de jours après, la fête d'*Osiris retrouvé* (une seconde fois) unissait les cris d'allégresse de toute l'Égypte à la joie pure d'*Isis*. La fête des semailles et celle de la *sépulture d'Osiris*, celle de sa *résurrection*, alors que les jeunes herbes commencent à se montrer hors de terre, celle de la *grossesse d'Isis*, enceinte d'*Harpocrate*, de la naissance de ce dieu enfant, auquel on offrait les prémices de la récolte prochaine, celle des *Pamylies* ou de la *procession du Phallus*, liées plus ou moins aux précédentes, tombaient dans une grande période qui embrassait la moitié de l'année, depuis l'équinoxe d'automne jusqu'à celui du printemps, et de Phaophi en Pharmuthi (28 septembre-27 mars), au commencement duquel se célébrait la fête de la *purification d'Isis*. Un peu avant, à la nouvelle lune de Phamenoth (Mars), les Égyptiens solennisaient l'*entrée d'Osiris dans la lune* (luna-lunus hermaphrodite), qu'il était supposé féconder pour qu'à son tour elle fécondât la terre [2]. Enfin, le 30 d'Epiphi (24 juillet) avait lieu la fête de la *naissance d'Horus*, le représentant d'*Osiris*, le vainqueur de *Typhon*, dans la seconde grande période, qui s'étendait de Pharmuthi en Thoth (27 mars-29 août), où recommençait l'année [3]. Outre ces fêtes générales, à ce qu'il paraît, dans toute l'Égypte, il y avait encore de nombreuses fêtes locales dont quelques-unes attiraient un immense concours de population. Telles étaient la fête de *Bubastis*, dans la ville de même nom ; celle d'*Isis* à *Busiris*, au centre du Delta; celle de *Neith* ou Minerve à Saïs, appelée la fête des

[1] Plutarch. de Is. et Osirid., cap. 39 et 69, p. 501, 549, Wyttenb. *Conf.* Creuzer, Commentat. Herodot., p. 120 sqq.

[2] Plutarch., *ibid.*, p. 508 ; Creuzer, *ubi sup.*, p. 125 sqq.

[3] Les époques de ces fêtes sont fixées d'après le calendrier alexandrin : il faut voir les développemens donnés par Prichard sur toute cette matière qu'il a traitée fort au long, *Analysis of Ægypt. Mythol.*, p. 62 sqq., 83, surtout p. 95 sqq., et le tableau de la page 103.

lampes ardentes; celle du Soleil à Héliopolis; celle de *Buto* ou Latone, dans la cité de ce nom; celle de Mars à Papremis, énumérées par Hérodote dans l'ordre même de leur célébrité [1]. Toutes les fêtes égyptiennes étaient fixées à la nouvelle ou à la pleine lune. (J. D. G.)

Note 4 (chap. II, p. 402, 416, 419, etc.).

Depuis la publication des travaux de M. Creuzer sur la religion de l'Égypte, cette branche importante de l'histoire de l'antiquité a pris un essor tout nouveau, et malgré les heureux essais de notre auteur, soit pour déterminer le vrai caractère des divinités égyptiennes, soit pour éclairer par l'étude des monumens figurés les obscures et imparfaites légendes que nous ont laissées les anciens, soit enfin pour expliquer le système tout entier de la théogonie et de la théologie sacerdotales, il faut avouer que nos connaissances positives ont été portées bien au delà du point où les avaient amenées ses recherches. Un ouvrage étendu, d'une érudition un peu surannée, un peu légère, mais intéressant néanmoins par des rapprochemens nombreux entre les religions de l'Égypte et de l'Inde, a été publié en 1819 par le docteur Prichard [2], l'année même où paraissait la seconde édition du 1er volume de M. Creuzer, dont le savant Breton ne semble pas avoir profité, quoi qu'il y ait quelque analogie entre sa manière de concevoir l'esprit de la doctrine religieuse des prêtres égyptiens, et la théorie du professeur allemand. On doit reprocher à M. Prichard, qui a de nouveau rassemblé et commenté les passages des auteurs classiques, en se bornant souvent à copier Jablonski, d'avoir tiré si peu de parti d'une source d'information de jour en jour plus féconde, plus pure, et en elle-même beaucoup plus authentique que toutes les autres, nous voulons dire les monumens figurés. Il est vrai que, dans le silence des légendes hiéroglyphiques, le langage mystérieux des mo-

[1] Herodot. II, 40, 48, 59 sqq. *Conf.* Prichard, ouvr. cité, p. 369 sqq.
[2] *An Analysis of the Ægyptian Mythology, etc.*; London, 1819, in-8°.

numens ne pouvait être compris ou plutôt deviné que par un bien petit nombre d'initiés, tels que M. Creuzer. Après lui, le célèbre antiquaire M. Hirt, dans une dissertation imprimée en 1821 [1], essaya de déterminer avec quelque rigueur les formes et les attributs des dieux et déesses de l'Égypte, de les classer d'après leurs types distincts, et d'en dresser la liste, en comparant les bas-reliefs ou les peintures aux documens épars, aux traits si peu caractéristiques, aux noms souvent défigurés et traduits d'une façon plus ou moins arbitraire, que nous ont conservés les auteurs grecs et romains. M. Champollion le jeune, par les applications qu'il a commencé à faire de sa découverte de l'alphabet des hiéroglyphes phonétiques, vient de nous montrer combien, après tous ces efforts, et les travaux plus anciens de Zoëga et de Jablonski, nous étions loin d'avoir un véritable *Panthéon égyptien* [2]. Dans cette note et dans la suivante, nous tâcherons de compléter M. Creuzer tant par lui-même que par des extraits de MM. Prichard et Hirt, pour ce qui regarde les principaux personnages de la

---

[1] Dans les Mémoires de l'Académie royale des Sciences de Berlin, et à part sous ce titre : *Ueber die Bildung der Ægyptischen Gottheiten*, in-4°, avec onze grandes planches lithographiées.

[2] *Voy.* le Système hiéroglyphique, chap. V, Application de l'alphabet phonétique aux noms propres hiéroglyphiques des dieux égyptiens. *Compar.*, dans le volume de planches avec l'explication, joint au même ouvrage, les noms divins soit phonétiques, soit figuratifs, soit symboliques ; et surtout le Panthéon égyptien dont il a paru, au moment où nous imprimons ces lignes, neuf livraisons renfermant quarante-cinq planches, où les personnages mythologiques sont représentés sous tous leurs aspects, avec tous leurs attributs, et peints de ces couleurs expressives qui en sont un des plus essentiels. Les légendes en caractères soit hiéroglyphiques, soit hiératiques, sont placées à côté de chaque divinité. L'exécution de ces magnifiques dessins coloriés est tout-à-fait digne des savantes et neuves explications qui les accompagnent, et qui nous font sentir plus vivement tout ce qui restera à désirer, sous ce double rapport, à notre propre travail ; mais ce travail était depuis long-temps sous presse lorsque furent publiées les premières livraisons de l'ouvrage de M. Champollion le jeune.

légende d'Isis et d'Osiris, et toute la mythologie populaire, nous réservant de présenter dans la note 6, l'ensemble de la théogonie et du système sacerdotal, d'après MM. Gœrres et Champollion comparés. Nous nous référons, pour les détails, à l'Explication des planches, selon les renvois du texte.

En comparant les diverses interprétations données par Plutarque et quelques autres anciens, on voit qu'*Osiris*[1] n'était pas simplement le soleil ou le Nil, mais la force active, génératrice et bienfaisante de la nature et des élémens ; *Isis*[2], au contraire, la force passive, la puissance de concevoir et de mettre au jour dans le monde sublunaire. Toutefois *Osiris* était particulièrement adoré dans le soleil, dont les rayons vivifient et réchauffent la terre, et qui, à son retour au printemps, paraît créer de nouveau tous les êtres organisés : il devait être

---

[1] Le nom d'*Osiris* signifie, dit-on, le *maître de la terre*, ou *celui qui a beaucoup d'yeux*, ou encore le *pouvoir actif et bienfaisant*. La seconde de ces étymologies, sur laquelle s'accordent Diodore, Plutarque et Horapollon, paraît avoir trait à la légende symbolique du dieu représenté par un œil et un trône (ou un œil et un tombeau en forme de vache). Le nom phonético-hiéroglyphique se lit *Ousri*, en copte *Ousiri*. Au rapport des anciens, on l'appelait encore *Hysiris*, *Sirius* et *Arsaphes* (Hellanic. et alii, ap. Plutarch. de Isid., c. 34, 37, 52 ; Diodor. I, 11). *Voy.* Jablonski, Pantheon, I, p. 144 sqq.; Opuscul., I, 188 ; Silvestre de Sacy, sur l'inscription de Rosette ; Prichard, *Analysis*, p. 57, 96 sq.; Champollion jeune, Syst. hiérogl., p. 102.

[2] *Isis*, sur le nom de laquelle on peut voir Jablonski, Panth., II, 29 sqq., et Opuscul. I, sub voc., reçoit, comme on sait, les épithètes de *dame* ou *maîtresse*, *mère*, *nourrice*, etc., communes à plusieurs autres déesses égyptiennes : son surnom favori est *myrionyme* ou *qui a dix mille noms*. Sa légende symbolique ne diffère de celle d'*Osiris* que parce qu'à l'œil est substitué le signe caractéristique du genre féminin. L'on est bien tenté de rapprocher, comme le fait M. Creuzer, *Osiris* et *Isis* de l'*Iswara* ou *Isa* et *Isani* ou *Isi* des Hindous, non-seulement pour les rôles, mais pour le sens des noms, si semblables du reste : c'est le *seigneur* et la *dame*, deux titres de presque toutes les grandes divinités populaires, chez la plupart des peuples.

également adoré dans le Nil, qui fait la fécondité de l'Égypte. *Isis* était la terre ou la nature sublunaire, en général; ou, dans un sens restreint, le sol de l'Égypte inondée par le Nil; le principe de toute fécondité, la déesse de la génération et de la production. Unis l'un à l'autre, *Osiris* et *Isis* sont l'être universel, l'âme de la nature, le *Pantheus* ou l'hermaphrodite des vers orphiques [1].

Typhon et *Nephthys* étaient à tous égards opposés à *Osiris* et à *Isis*. La terre fertile et tous les principes générateurs ou bienfaisans appartenaient à ces derniers : les régions stériles, les élémens ou les principes improductifs, malfaisans; tous les êtres cruels, hideux, bizarres étaient du ressort de *Typhon* [2] et de sa sœur inféconde. Quand la lisière du désert se trouvait atteinte et fertilisée par une inondation extraordinaire du Nil, *Osiris*, disait-on, avait laissé dans le sein de *Nephthys* sa guirlande de mélilotus [3].

[1] Absolument comme *Ardhanari-Iswara. Conf.* liv. I, chap. 2.

[2] Primitivement *Typhon* ne signifiait pas autre chose, suivant Jablonski (Panth., III, p. 97; Opuscul. I, seuVoc., p. 354), que le *vent malfaisant et nuisible*. Le même savant explique *Bebon* ou *Babys*, autres noms de ce Dieu (Hellanicus ap. Plutarch. de Isid., p. 520, Wyttenb.), par le *vent souterrain caché dans les cavernes*, par opposition à *Typhon*, le *vent terrestre* (Panth., III, 103 ; Voc., p. 51. Ces étymologies sont combattues par M. de Sacy, sur les Myst. du Pagan. de Sainte-Croix, I, p. 171 sq.). Jablonski interprète *Smy* par *tenue*, *subtile*, *minutum* (Panth. III, 110; Voc. 319). Quant au nom de *Seth* (Plutarch. de Is., p. 505; coll. Epiphan. adv. Hæres., vol. II, p. 1093), il voudrait dire *pullus asinæ* (Panth., III, 109; Voc. 289), interprétation que M. de Sacy confirme de toute l'autorité de sa science. (Lib. laud., I, p. 283.)—M. Creuzer a donné de très-grands et très-intéressans développemens sur tout ce qui regarde *Typhon*, dans ses Commentat. Herodot., I, § 22, p. 270-298.

[3] Plutarch. de Is., 14, 38. — En attendant les résultats des nouvelles recherches de M. Champollion jeune sur les dieux et déesses du troisième ordre, il faut consulter sur *Nephthys*, sur *Thoueris*, concubine de Typhon, qui n'en est qu'une forme, et sur *Aso*, reine d'Éthiopie, son alliée, qui en est une autre forme, l'ouvrage toujours précieux de Jablonski, part. III, p. 112-130. Ce savant avait fort bien vu que *Nephthys*

Horus l'aîné, nommé encore *Aroéris* ou *Arouéris* passait pour le frère d'*Osiris* : mais *Horus* était plus généralement regardé comme le fils d'*Isis* et d'*Osiris* [1]. Les Grecs ou l'identifiaient avec leur Apollon, ou le considéraient comme un Priape [2]. Si l'on voit dans *Osiris* et dans *Typhon* le pouvoir générateur et le pouvoir destructeur, *Horus* sera le régénérateur ou le conservateur de la nature, qui dompte pour un temps, mais ne peut exterminer tout-à-fait, le principe du mal, et qui rétablit la domination d'*Osiris* ou du bon principe avec lequel il se réunit [3]. Les Égyptiens mettaient *Horus* en rapport avec le soleil : selon les livres d'Hermès, il préside à cet astre dont il est chargé de conduire la révolution. Voilà pourquoi les obélisques, emblèmes des rayons du soleil, lui étaient dédiés; pourquoi encore il est nommé, sur un obélisque même, le suprême Seigneur et l'auteur du temps [4]. Régulateur des saisons et des phases du Nil, c'est lui qui préside à la

---

et *Athor* étaient deux divinités distinctes, quoique confondues par les Grecs et les Romains sous le même nom d'Aphrodite ou Vénus. *Athor* est une Vénus supérieure, céleste; *Nephthys* une Vénus inférieure et terrestre, qui même se retrouve aux enfers. C'est donc à tort que M. Prichard veut de nouveau les identifier l'une avec l'autre, dans un article du reste fort embrouillé (p. 145 sqq.), qui a donné le change à M. Letronne. *Conf. supra*, p. 760, et les notes 5 et 6 sur ce livre, *infra*.

[1] Son nom, dans les légendes phonético-hiéroglyphiques, est tantôt *Harouéri* ou *Aroéri*, tantôt *Hôr*, *Har* ou *Ar*, qui sont perpétuellement pris l'un pour l'autre, suivant M. Champollion. La racine de ce mot est peut-être analogue à l'arabe *Harr*, qui exprime la grande chaleur (Jomard, Antiq. d'Edfou, dans la Descript. de l'Ég., I, chap. 5, p. 27. *Voy.* l'étymologie fort différente proposée par Jablonski, Panth., I, p. 224 sq.). *Hara*, *Hari*, *Heri* sont des noms de Siva et de Vichnou en sanscrit : *conf.* liv. I, chap. 2 et 3.

[2] Suidas, v. Πρίαπος. Il y a là quelque difficulté. *Conf.* la note 5.

[3] Cette *triade* égyptienne, comme l'appelle M. Prichard, serait une conception toute semblable à celle de la *Trimourti* ou Trinité indienne (*an Analysis*, etc., p. 82, 84, 270 sqq.) : nous y reviendrons.

[4] Plutarch. de Is., cap. 61. Hermap. ap. Ammian. Marcellin. XVII, 4.

végétation, qui fait croître et mûrir les plantes et les fruits [1]. *Horus*, comme *Osiris*, dans un caractère plus élevé, est identifié avec le monde visible, avec le grand tout, et c'est en ce sens que le soleil et la lune sont appelés les yeux d'*Horus* [2]. *Horus* avait pour sœur *Bubastis*, nommée Diane par les Grecs, et qui, aussi bien que cette déesse, présidait à la naissance des enfans : elle avait beaucoup de rapports avec *Isis*, avec la lune et avec une autre divinité femelle que les Grecs ont comparée à *Ilithyia* [3]. *Harpocrate* ne paraît être autre qu'*Horus* enfant [4]. Ce dieu qui ne marche et ne parle point, ce dieu plein de mystère, favorise le premier essor des plantes qui se forment en silence au sein de la terre, leur mère comme la sienne, et en même temps il fait croître les jours [5].

La plupart de ces dieux se retrouvent à la fois dans le monde supérieur et dans le monde inférieur, sur la terre et aux enfers; ils ont deux rôles et deux figures. C'est ainsi qu'*Osiris*, descendu dans les sombres demeures, devient *Sérapis* [6]. *Isis*

[1] Horapollon I, 17. Ælian. de Nat. animal., II, 10.

[2] Plutarch., de Is., cap. 52.—Idée encore toute indienne. *Conf.* liv. I, *passim*, et surtout les notes 5 et 7 sur le même livre, à la fin du vol.

[3] *Voy.* Jablonski, et Prichard, p. 134-141. *Conf.* les notes 5 et 6.

[4] Voilà pourquoi Hérodote et d'autres auteurs ne le citent point sous son nom spécial. Ce nom, qui n'est peut-être qu'une épithète, paraît signifier *Har* ou *Horus aux pieds délicats*, *mous* ou *malades*, *Har-phoucrates*, *Har-phoch-rat*, *Har-pokrat*. Le dieu qui le porte fut confondu, à une époque probablement tardive, avec un autre dieu plus ancien ou supérieur, *Phtah-Sokari* enfant, surnommé également *Po-krat*. *Harpocrate* est *Horus* enfant, comme *Arouéris* est *Horus* parvenu à la force de l'âge, à la fois fils et frère d'*Osiris*. Ce sont trois formes ou personnes distinctes d'une même divinité. *Conf.* Jablonski, Panth. I, p. 245 sqq.,Voc. p. 38 ; Prichard, l. l., p. 86 sq.; et ci-après, notes 5 et 6.

[5] Plutarch. de Isid., cap. 65, 68.

[6] Diodor. I. Plutarch. de Isid., cap. 28 sq. Porphyr. ap. Euseb. Præp. Ev., lib. IV, fin. Tacit. Hist., IV, 84. Pausan., I, 18. Plin. XXXVII, 19, *al.* 5, XXXVI, 11, *al.* 7.—Ces témoignages rassemblés par M. Hirt., p. 37 sq., prouvent ce qu'avance M. Creuzer, que *Sérapis* et les *Serapeum* ou temples qui lui étaient dédiés, furent de toute antiquité en Égypte. La note suivante s. c. l. offrira des faits nouveaux à l'appui de cette opinion.

continue de lui être associée en cette qualité, tantôt sous le même nom, tantôt sous celui de *Tithrambo* [1] ; et de même pour les autres personnages de la légende. *Sérapis* paraît représenter la vie productive et indestructible de la nature, durant cette période de déclin qui, dans l'éternelle vicissitude de toutes choses, la prive pour un temps de son énergie et la retient dans un état de langueur ténébreuse, jusqu'à ce que soit arrivé le terme fatal où elle reprendra sa vigueur et son action première. Voilà pourquoi ce dieu répondait tout ensemble à l'Esculape et au Pluton des Grecs et des Romains : il est à la fois le sauveur des malades et le juge des morts [2]. Mais comme *Osiris* et *Horus*, *Sérapis* s'élève encore à une idée plus haute et plus générale : il faut entendre la réponse faite par son oracle à Nicocréon, roi de Cypre, qui demandait quelle divinité était adorée sous ce nom :

« Je suis le dieu que je vais dire; apprenez qui je suis. La voûte des cieux est ma tête ; la mer est mon ventre ; sur la terre sont mes pieds, et mes oreilles sont dans les régions éthérées ; mon œil c'est le brillant flambeau du soleil, qui porte au loin ses regards [3]. »

[1] *Conf.* Jablonski, Panth., I, p. 103 sqq. ; Prichard, p. 141 sqq.

[2] *Conf.* Zoëga, Numi Ægypt. Imp., p. 78, not. 133 ; et les réflexions judicieuses de Prichard, p. 93 sq.

[3] Macrob. Saturn., I, 26. L'idée de *Sérapis-Canobus* étant plus intimement qu'aucune autre liée à ces images, nous renvoyons à la note suivante quelques rapprochemens et développemens d'un haut intérêt, que nous avons à ajouter sur le compte de cet être mythologique. Presque tout le corps de la présente note est emprunté au docteur Prichard. Cet écrivain qui, de même que M. Creuzer, fait reposer toute la religion de l'Égypte sur un système d'émanation et de panthéisme, nous semble avoir trop généralisé la mythologie populaire, essentiellement locale, dont il s'agit ici. Nous pensons, comme lui, que le fond et même les formes principales de la doctrine égyptienne ont de grands et nombreux rapports avec la religion de l'Inde ; que l'une et l'autre résolvent également le dualisme en panthéisme, et, si l'on en doutait, nous n'en voudrions pour preuve que ce singulier trait de la légende, qui nous représente *Isis* rendant la liberté à *Typhon* vaincu par *Horus* : mais il n'en demeure pas moins

Il est encore question, dans la légende, d'*Anubis* et d'*Hermès*, tous deux en relation intime avec *Osiris* et *Isis*. Les notes 6 et surtout 10, 11 et 12 donneront sur ces dieux, leurs caractères et leurs images, quelques développemens nouveaux. Nous passons à la note 5 et à la détermination des figures et des attributs propres aux principaux personnages que nous avons caractérisés dans celle-ci. (J. D. G.)

Note 5 (chap. II, p. 402 sqq.; III, 419; IX, 502, etc.)

M. Creuzer prend pour *Osiris* des dieux qui en sont essentiellement différens : il le reconnaît avec exactitude seulement comme *Sérapis*, roi de l'*Amenti* ou enfer, et juge des morts, dans le sujet gravé pl. XLVI, fig. 184, coiffé de la mitre qui le caractérise ordinairement, et portant le fouet ou fléau et

vrai que les deux religions, outre ce caractère général, ont des caracteres propres et doivent être étudiées comme des dérivations différentes, quoique parallèles, d'une source commune. Dans notre IX.e et dernier livre nous reviendrons au long sur ces analogies et sur ces différences. Un autre reproche que nous ferons à M. Prichard, c'est d'avoir voulu exclure toute explication agraire, calendaire et astronomique, c'est d'avoir méconnu presque entièrement la combinaison ingénieuse et profonde des particularités locales, des faits célestes et des grandes intuitions physiques, morales et métaphysiques, dans les mêmes symboles ; combinaison spontanée à son origine, comme tout symbolisme et toute religion, mais ensuite développée par la réflexion en un vaste système théologico-philosophique, à la fois sacerdotal et populaire. De ce que certains mythographes ont abusé des interprétations astronomiques en les voulant elles-mêmes exclusives, de ce que M. Prichard aussi abuse souvent des interprétations purement physiques, comme nous le montrerons ailleurs, il ne s'ensuit nullement qu'on doive proscrire ni les unes ni les autres. Cet auteur nous semble avoir aussi complétement tort lorsqu'il isole l'histoire d'Isis et d'Osiris de la révolution du soleil et la lune, que lorsqu'il prétend établir une ligne de démarcation certaine entre les symboles astronomiques et les figures simplement mythologiques dans les monumens. L'astronomie, en Égypte, fut toute mythologique, comme le calendrier tout religieux. *Voy.* la note précédente, et Prichard, *Analysis, etc.*, p. 107 sqq. *Conf.* la note 13 ci-après.

DU LIVRE TROISIÈME. 811

le crochet ou bâton augural. M. Hirt le reconnaît également très-bien dans le cinquième tombeau des rois à Thèbes (Descript. de l'Ég., Antiq., pl., vol. II, pl. 85, f. 5; Hirt, p. 38 et pl. 8, f. 56) : mais ailleurs il le confond avec d'autres divinités fort distinctes. Le même savant nous paraît retrouver avec beaucoup de vraisemblance les principaux traits de la passion, de la mort et de la résurrection d'*Osiris*, dans une suite d'images empruntées à divers monumens (Dendera, vol. IV de la Descript. de l'Ég., pl. 24, f. 8; *ibid.*, pl. 27, f. 5; Thèbes, vol. III, pl. 64; Dendera, pl. 27, f. 4. Hirt, p. 39, et pl. 8 et 9, f. 59-62) : on y voit le dieu privé du phallus, puis avec le phallus retrouvé. Le plus remarquable de ces sujets est celui de notre pl. XXXII, 141, parfaitement expliqué par M. Creuzer, d'après les savans de la Commission d'Égypte, sauf quelques détails [1]. Nous voyons encore *Osiris* plusieurs

---

[1] *Voy.* l'Explicat. des planches. — Une comparaison frappante est celle du sommeil de *Vichnou* étendu sur le serpent *Sécha*, et de son réveil au bout de quatre mois; mais les époques sont différentes, comme la marche de la nature dans les deux contrées. *Conf.* note 15 sur le liv. I, p. 662.— M. Creuzer ne paraît pas avoir été à beaucoup près aussi heureux dans l'explication des sujets 136 et 137, pl. XXVIII et XXIX, quelque vraisemblance qu'offre au premier abord son interprétation. Si ces deux scènes présentent quelque analogie dans l'action du principal ou de l'un des principaux personnages, notre auteur a commis une erreur très-grave en les assimilant l'une à l'autre sur tous les points ; car les deux divinités qu'il prend pour *Hermès* et *Osiris* dans la seconde, sont manifestement deux déesses. Maintenant M. Champollion le jeune vient de nous montrer, par une suite de rapprochemens très-curieux entre diverses légendes hiéroglyphiques et le texte grec de l'inscription de Rosette, que le sceptre recourbé où M. Creuzer voit un nilomètre, n'est autre chose qu'un symbole calendaire exprimant l'année ou les années, dont ses dentelures déterminent la quotité, avec relation à des périodes plus ou moins longues, qui se terminaient à des *panégyries* ou assemblées religieuses, espèces de jubilés, exprimées à leur tour par le caractère symbolique qui en effet termine le sceptre annuaire, et que notre auteur, dans un autre passage (p. 440), explique d'une façon assez bizarre. *Voy.* Syst. hiéroglyph. p. 158-164. *Conf.* notre Expl. des pl., aux n[os] en question.

fois répété dans la frise qui règne au-dessus de cette scène, tenant en main le sceptre à tête de huppe ou de *coucoupha*, symbole ou de la piété filiale ou de la bienfaisance des dieux. Dans la même planche, f. 151, le dieu portant la croix ansée, symbole de la vie ou de la vie divine, est embrassé par une déesse qui est *Bouto* ou Latone. (*Voy.* la note suivante.) C'est encore lui qui paraît le second, dans la pl. XXXVI, 153; sur le couvercle de la caisse de momie, pl. XLV, 182, à gauche, au-dessous de la grande figure aux ailes étendues; peut-être enfin avec la tête d'un taureau ou d'un bœuf, animal qui lui était consacré, pl. XXXIV, 144.

Quant à *Isis*, sa figure a été encore plus mal déterminée et plus souvent confondue avec celle de telle ou telle autre déesse. M. Creuzer nous la montre fort bien, coiffée d'un vautour, symbole du sexe féminin et de la maternité, au-dessus duquel s'élèvent les cornes de la vache embrassant le globe, d'abord dans la pl. XXVIII, 136, derrière un dieu qui paraît être son fils *Horus*; puis avec le siége ou trône qui lui est propre, placé au-dessus du globe, nourrissant le même *Horus*, pl. XXIX, 137, XXXVI, 153. (*Compar.* pl. XXX, 138, 139.) Elle est souvent reproduite dans nos autres planches, quelquefois avec les cornes et le globe sans le vautour, pl. XXXII, 141; quelquefois, au contraire, avec le vautour sans le globe ni les cornes, pl. XXXVII, 149. La vache lui était dédiée, et il est assez probable que c'est *Isis* encore que nous voyons avec la tête entière de cet animal, tenant le jeune Horus sur ses genoux, pl. XXXIV, 145. (*Compar.* Descript. de l'Ég., Hermonthis, vol. I, pl. 96, f. 3; Hirt. p. 44 et pl. 11, f. 71, etc.).

L'histoire de l'accouchement d'*Isis*, de la naissance et de l'éducation d'*Horus*, paraît à M. Jomard, et à M. Creuzer d'après lui, avoir été représentée dans une série de bas-reliefs du sanctuaire d'Hermonthis, dont nous avons reproduit quelques sujets. (Descript. de l'Ég., Antiq., pl., vol. I, pl. 96, f. 1 et 3, pl. 93, f. 3, etc. *Conf.* pl. XXX, 138, 139.) On voit le dieu, d'abord à la mamelle, parcourir toutes les périodes de l'enfance et de l'adolescence, et parvenir ainsi à la fleur de sa brillante jeunesse, recevant successivement tous les attributs de la divinité, le fléau, la croix ansée, le crochet ou bâton augural, etc. (*Conf.* pl. XXIX, 137.) *Horus* est spécialement caractérisé, sans doute comme *Harpocrate*, par le geste qui consiste à porter la main vers sa bouche (pl. XXXI, 140; XXXIX, 157) : sa beauté, sa jeunesse, sa chevelure artistement tressée, son goût pour la musique, peut-être encore le bâton augural qu'il porte en main et sur lequel même on le voit assis comme sur un trépied sacré (XLVI, 184)[1], devaient le faire assimiler par les Grecs à leur Apollon. Cette dernière figure nous le montre descendu aux enfers avec son père *Osiris*, et l'assistant dans ses fonctions de juge des morts. L'image sous laquelle il paraît le plus fréquemment, comme *Aroéris* ou *Horus*, est celle d'un jeune homme à tête d'épervier, ou même de cet oiseau, tantôt avec et tantôt sans le *Pschent*, coiffure double qui est un emblème de la double domination sur les régions supérieure et inférieure (XXXIX, 157; XL, 165; XLII, 173, 175; XLIV, 186 *b*; XLVI, etc.) : sous cet aspect, il se rapproche du dieu Soleil, son père, suivant quelques traditions, auquel l'épervier était également consacré (*voy.* la note subséquente)[2]. Un autre des attributs d'*Horus* est le lion, symbole du Soleil dans sa force, et en général de toute force physique et morale : il figure aux côtés du dieu, modèle des rois, comme aux côtés des rois eux-mêmes dans un grand nombre de bas-reliefs[3]. La planche XLI, 172, représente le lion

---

[1] Cette ingénieuse remarque appartient à M. Hirt, ouvr. cité, p. 48.

[2] On le voit aussi sous sa forme entièrement humaine, coiffé du *Pschent* (pl. XXVIII, 136).

[3] Par exemple dans ceux du petit monument de Khalapsché. Gau, Antiq. de la Nubie, pl. XIV, f. 2. A Naga, en Éthiopie, un groupe nombreux de victimes barbues à figures typhoniennes, est immolé par un héros ou Pharaon à l'action duquel un lion concourt. (*Voy.* Cailliaud, Voyage à Méroé, etc., planches, vol. I, pl. 14, et les détails, pl. 16 et 18. *Compar.* notre pl. XLIV, 186 *a* et *b*. Dans ce dernier sujet, *Horus* hiéracocéphale et le *Pschent* en tête, préside lui-même à la scène sanglante, souvent répétée sur les monumens et que nous commenterons

et l'épervier unis en une espèce de sphinx accroupi sur un serpent à nombreux replis, et portant la coiffure des héros : ce doit être *Horus* vainqueur du dragon *Apophis* ou *Apop*, frère du soleil, mais ennemi de Jupiter et d'Osiris, dont parle Plutarque [1]. La même coiffure est portée par le dieu en personne dans une autre scène de la même planche, 169, sur laquelle nous reviendrons plus loin.

Il ne paraissait pas très-facile de distinguer, sur les monumens, la déesse *Bubastis*, sœur d'*Horus* et fille d'*Isis* : aussi M. Hirt n'y a-t-il rien vu, ou la confond-il avec une divinité d'un rang bien supérieur. M. Champollion le jeune, en déterminant sa légende symbolique, qui se compose d'une étoile au bout d'une espèce de bâton, surmontée d'un signe qui est peut-être une double feuille, en manière d'accolade renversée horizontalement, et à côté le caractère distinctif du genre, nous fait reconnaître dans notre planche XXIX, 137, la jeune et belle déesse avec une chevelure artistement tressée et portant sur sa tête cette même légende comme attribut caractéristique : elle est placée derrière sa mère qui donne le sein à son jeune frère [2].

---

ailleurs.) Diodore raconte que dans les anaglyphes du palais d'*Osymandyas*, le héros paraissait accompagné d'un lion dans les combats, I, 48.

[1] Plutarch.; de Isid. et Osirid., cap. 36, coll. 19. *Conf.* Jablonski, Panth., III, p. 98 sqq., et 122.

[2] M. Hirt la prend pour *Isis* elle-même, assise derrière *Bouto* ou Latone, nourrice d'*Horus* et de *Bubastis*; et dans l'étoile qui brille au-dessus de sa tête, il voit *Sothis* ou Sirius, astre où était supposée resplendir son âme, comme celle d'*Horus* dans Orion, et celle de *Typhon* dans l'Ourse. *Conf.* Plutarch., de Isid., 21; Horapollon, I, 3; Hirt, l. l., p. 43. — M. Creuzer nous montre *Bubastis-Diana* changée en biche et abattue sous *Typhon*, dans une pierre gravée (pl. LII, 151 *a*); mais en supposant l'explication solide, n'est-ce pas une idée égyptienne sous un type purement grec? Dans le combat contre *Typhon*, *Bubastis* se métamorphosa, non point en biche, mais en chat, et cet animal dont la déesse porte encore la tête sur quelques monumens, lui était consacré aussi bien qu'à la lune. Les médailles de *Bubastus* nous la font voir portant sur sa main la mygale ou musaraigne dédiée à Latone, sa nourrice, avec laquelle elle a de grands rapports. (Pl. XXXVII, 151 *c*.) *Conf.* Jablonski, Panth., II, p. 55 sqq.; p. 99 sq.; et la note suivante.

Nephthys, qui a de nombreux rapports avec *Bubastis*, *Horus*, *Isis*, *Osiris*, et qui semble former la transition de ces dieux bons au dieu méchant, *Typhon*, est aussi rapprochée d'eux fort souvent dans les scènes symboliques. Une sorte de vase ou de coupe, placée sur une tour ou un édifice, est à la fois son nom, sa coiffure et son attribut distinctif : c'est elle que nous voyons avec *Horus, Isis, Osiris,* etc., dans nos planches XXX, 139; XXXII, 141; XLVIII, 190. Quant à *Typhon*, il règne encore une grande obscurité sur cet être mythologique, et principalement sur ses images. De ce que, au rapport des anciens, le crocodile lui était consacré, comme symbole du couchant et des ténèbres, on a conclu que le dieu représenté avec la tête de cet animal, dont *Typhon* avait pris la figure pour échapper à *Horus*, son vainqueur [1], devait être *Typhon*, conclusion fort naturelle et qui semble cependant démentie par les premiers résultats des recherches de M. Champollion. Ce savant montre que le dieu à tête de crocodile, remplacé quelquefois par cet animal lui-même, n'est autre que *Sovk* ou *Petbé*, le Cronos ou Saturne égyptien, dieu du temps et de la planète de ce nom, dont on aperçoit le disque entre deux grandes feuilles ou plumes qui, avec deux cornes de bouc et deux *uræus*, composent sa coiffure. (Pl. XXXIII, 142, coll. XXXII, 143.) Mais il est probable que la mythologie égyptienne établissait d'étroites relations entre Saturne et *Typhon*, son fils; et vraisemblablement ils finirent par être confondus l'un avec l'autre, comme le furent aussi *Som*-Hercule, et *Horus*-Apollon; *Phtha-Phokrat* et *Harpocrate* [2]. M. Creuzer croit reconnaître *Typhon*

---

[1] Plutarch., de Is., c. 50. Ælian., de N. A., X, 21.

[2] Ces rapports, ces correspondances et par suite ces identifications de divinités de différens ordres doivent, selon nous, recevoir leurs preuves certaines des travaux ultérieurs de M. Champollion le jeune. En attendant, nous ferons remarquer que M. Creuzer, lorsqu'il rapproche avec tant de raison *Typhon* et *Antée* (p. 420 sqq.), ne paraît pas se douter qu'*Antée* lui-même, quel qu'ait pu être son nom égyptien, n'est autre que *Sovk* ou *Souchos*-Saturne, comme le démontrent de concert un passage de Plutarque (de Solert. animal.), qui nous apprend qu'à *Antæopolis*

ou une figure typhonienne dans cette scène du petit temple de Karnak, où l'on voit une ourse debout, la gueule ouverte, opposée à un lion debout également et armé, ayant, comme l'ourse, la pate appuyée sur un symbole qui se rapproche de la croix à anse : entre les deux figures est l'épervier mitré environné de lotus, dont nous avons parlé plus haut. L'ourse, en effet, de même que la constellation qu'elle représente, était consacrée à *Typhon* [1]. Elle paraît, ainsi que le crocodile et le crocodilocéphale, sur les bas-reliefs astronomiques, tantôt isolée, tantôt rapprochée du crocodile, qui est monté sur son dos (pl. XL, 165; XLVIII, 191; XLIX et L) [2]. Une figure

on adorait un crocodile, et les médailles gréco-romaines de cette ville, sur lesquelles on voit Saturne avec le crocodile sur sa main étendue. (Zoëga, Num. Ægypt. Imp., tab. X, 12, p. 169, not. 61; et p. 124, tab. XXI, 1). Dans la légende, *Hercule* et *Antée* à un degré supérieur, sont absolument dans le même rapport qu'*Horus* et *Typhon* à un degré inférieur. *Vulcain*, *Hercule* et *Horus* ou *Harpocrate*, les trois fils par excellence, dans les trois ordres successifs et distincts, quoique corrélatifs, de la théogonie égyptienne, correspondent entre eux sur tous les points. De là le nom composé *Semphoucrates*, traduit par Ératosthène *Hercules-Harpocrates*. M. Hirt (ouvr. cité, p. 53 sqq.) a été sur la voie de ces idées, mais il en dévie tout à coup, égaré par le point de vue étroit dans lequel il lui a plu de s'enfermer. Un autre rapprochement fort ingénieux, que nous devons à cet écrivain, c'est que *Typhon* détrône et mutile *Osiris*, comme Saturne mutila son père Uranus; dans la suite Saturne subit le même traitement de la part de Jupiter, et *Typhon* de celle d'*Horus*. *Antée* porte la *harpè* (espèce de faucille ou de croc) de Saturne sur les médailles, ainsi que l'observe M. Hirt : serait-ce que, pour une raison analogue, *Horus* semble porter le même instrument dans nos pl. XXIX, 137, et XLIV, 186 *b*? Nous verrons, dans la suite, toute la portée de ces rapprochemens.

[1] Plutarch., de Is. et Osir., cap. 2. — Il serait bien important de déterminer si c'est réellement une ourse qui se voit dans ces bas-reliefs et dans beaucoup d'autres : c'est M. Hirt qui lui donne ici cette désignation, *ubi sup*. Nous croyons que la figure égyptienne est plutôt celle d'une laie ou truie avec différentes têtes dans les différentes scènes, et ordinairement des mamelles pendantes.

[2] *Compar*. le zodiaque du petit temple au nord d'Esné, Descript. de

analogue est celle de notre pl. XXXIX, 157; la scène entière mérite d'être étudiée dans la frise dont nous ne pouvons donner qu'une partie [1]. On y voit *Horus* et *Harpocrate* alterner avec des personnages que ce rapprochement, joint à leurs formes hideuses ou bizarres, indique assez comme Typhoniens. L'un a le corps de l'ourse ou peut-être de la laie, animal non moins abhorré, des mains humaines, avec la tête du crocodile, et une coiffure assez semblable à celle que nous remarquions tout à l'heure chez *Sovk* crocodilocéphale : quelquefois la tête change et devient celle d'un hippopotame ou cheval du Nil. L'hippopotame, autre emblème du couchant et des ténèbres, était encore un animal typhonien; le même bas-relief l'offre tout entier placé devant *Horus* hiéracocéphale. Ailleurs, *Horus* armé combat et perce de sa lance le féroce représentant de *Typhon*. L'autre personnage, qui accompagne *Horus* sur la frise d'Edfou et dans notre fig. 157, est assez généralement regardé comme la forme humaine de *Typhon*, nain ventru et d'un aspect grotesque qui en fait une véritable caricature, tandis que dans la laie on voit *Nephthys*, sa sœur et sa concubine. Mais MM. Creuzer et Hirt s'accordent à reconnaître dans la première figure un dieu bien supérieur, le Créateur lui-même, l'ordonnateur de l'univers, *Kneph* ou tout au moins *Phtha*, dont le risible aspect excita la gaieté de Cambyse, dans le temple de Memphis [2]. La suite des travaux de M. Champollion répandra sans doute quelques lumières nouvelles sur ce point comme sur tant d'autres encore fort peu éclairés.

Dans le vague qui règne jusqu'ici sur un grand nombre de figures représentant des dieux, dans les monumens de style

l'Ég., Antiq., vol. I, pl. 87; et surtout le plafond d'un des tombeaux des rois à Thèbes, vol. II, pl. 82, où la truie est parfaitement caractérisée.

[1] *Voy*. Descript. de l'Ég., vol, I, chap. 5, § 7, p. 33 sqq.; et la pl. 63 qui s'y rapporte. *Conf.* Euseb., Præpar. ev., III, 11, 13.

[2] *Voy*. le texte, p. 520 sq.; et Hirt, l. l., p. 16.

égyptien pur, l'on ne sait au juste ni laquelle répond à l'ancien *Sérapis*, s'il porta ce nom, ni si son image, non plus que son idée, doit être distinguée de celles d'*Osiris*, soit lorsqu'il préside au Nil, soit lorsqu'il siége comme juge des morts (pl. XLVI, XLVII, 184, 185). Quelle qu'ait pu être à l'origine son individualité propre, le vase (mal à propos peut-être appelé *modius* ou boisseau), le serpent, le nilomètre qui était mis sous sa garde, son culte lié à celui du Nil, tous les attributs qui le caractérisent dans les temps postérieurs, et par-dessus tout les titres de *Jupiter, dieu grand*, de *Jupiter-Soleil*, de *grand Sarapis*, que lui décernent les inscriptions [1], nous persuadent qu'il représente en lui seul plusieurs formes des dieux suprêmes *Kneph, Phtha* et *Phré*, ou Jupiter, Vulcain et le Soleil, qui seront expliquées dans la note suivante (pl. XLI, 169, 170; XLII, 174; XLIII, 176, 177 *a* et *b*; certaines figures à tête de belier et de serpent sur la caisse de momie, pl. XLV, 182, et dans la pl. XLVIII, 189; LI, 178). Peut-être cette dernière figure, empruntée à une enveloppe de momie, nous donne-t-elle la forme antique et originale d'*Osiris-noir* ou de *Sérapis-Nilus*, roi des sombres demeures, portant le fléau et le bâton augural. Jablonski, dit M. Creuzer, pense que le nom de *Sérapis* est composé de *Sar-Api* et signifie un *nilomètre*,[2] ou cette sorte de colonne qui servait à marquer les degrés de la crue du Nil : mais ce qu'il aurait dû observer, c'est la liaison intime qui s'était établie, chez les Égyptiens, entre l'idée de l'eau rafraîchissante, et celle du salut, de la félicité qu'*Osiris-Sérapis*, le maître des régions infernales, dispense aux purs, aux vertueux. Et comme l'eau qui purifie les morts, guérit les vivans, comme la vie est supposée renaître au sein de la mort même, on conçoit que le dieu du Nil et le dieu des enfers, le

---

[1] *Voy*. Letronne, Rech. sur l'Ég., p. 465, 469, 473, coll. 397.

[2] D'autres l'expliquent *manifestans judex*, parce qu'il manifeste les fautes des hommes après leur mort. *Voy*. Fréret, dans le 47ᵉ vol. de l'Acad. des Inscript., coll. Raoul-Rochette, Hist. des colonies grecques, I, p. 163 sqq.; et ci-dessus, p. 464, une troisième étymologie.

dieu qui donne la vie et le dieu qui rend la santé, aient été aisément confondus en un seul et même personnage, et que Jupiter, Esculape et Pluton soient à la fin venus s'identifier dans *Sérapis*. M. Creuzer nous paraît avoir fort habilement rapproché l'idée et la forme de cette divinité multiple, de celles de *Canobus*, qui n'est autre au fond que le dieu du Nil représenté par le vase ou l'urne niliaque, renfermant l'eau sacrée du fleuve [1]. Ce dieu-Nil se confond, comme *Osiris-Sérapis*, avec tout ce qu'il y a de plus élevé dans la théogonie égyptienne, et voilà pourquoi l'on trouve son symbole, le Canope, combiné avec les symboles principaux de tous les grands dieux, la tête de belier, celle de l'épervier, celle de l'homme, le serpent, etc. Le vase mystique est souvent entre les mains ou les pates du sphinx, ou en rapport avec lui, ce qui indique son sens mystérieux. Sur les caisses de momies et sur divers bas-reliefs, l'on voit fréquemment des Canopes, ou des figures qui paraissent s'y rattacher, tantôt simples urnes avec une tête d'homme ou d'animal, tantôt ayant le corps de l'homme, mais mutilé, serré comme dans une gaîne et sans mouvement : ces singulières figures sont ordinairement au nombre de quatre [2] (pl. XLV, 181, 182; XLVI, 184; XLVIII, 190). Sur les monumens de l'époque grecque et romaine, *Isis* fut associée comme épouse à *Jupiter-Sérapis*, soit avec le vase sur la tête, soit sous la forme d'un serpent à face humaine, de même que son époux (LI, 179 a [3], XLIII, 180).

[1] C'est sans doute cette urne mystérieuse qu'offrent les médailles copiées dans nos pl. LII, 138 *a*, et LIII, 138 *c*; c'est elle aussi que peut porter le dieu *Anubis*, 138 *b*.

[2] *Voy.* la note 11 ci-après.

[3] Cette figure, qu'il semble naturel de rapprocher de celles que nous venons de parcourir, pourrait bien être tout autre que celle d'une *Isis*, et représenter une déesse purement égyptienne, dont nous ne savons point encore le nom : elle se rapproche peut-être plus naturellement de la fig. 179 qui porte un scorpion sur la tête. *Conf.* note 13 ci-après.—Creuzer a donné de très-grands développemens sur *Sérapis*, dans son Dionysus, Commentat. IV, p. 183 sqq. Nous y reviendrons plus d'une fois dans la suite.

Ces mystères du Canope, emblème des élémens et de leur mélange, nous amènent naturellement à parler de ceux du lotus. En effet, dans le lotus, même rapport à l'eau, au Nil, à la terre sacrée de l'Égypte, aux astres dont le Canope porte les symboles, et tout à la fois à la lumière et aux ténèbres, à la vie et à la mort, au tombeau et à l'immortalité. M. Creuzer adopte l'ingénieuse explication donnée par M. Jomard, d'un bas-relief d'Apollonopolis magna, reproduit dans notre pl. XLVIII, 190[1]. La tige de lotus que l'on y voit dressée est l'emblème de la crue du Nil; l'œil est Osiris, c'est-à-dire le soleil à son plus haut point, au solstice d'été; le croissant avec ses cornes dirigées en haut, placé entre l'œil et le calice de la fleur, est la nouvelle lune; l'homme à tête d'ibis présage l'inondation prochaine; les quatorze degrés pourraient avoir quelque rapport avec la période astronomique de 1400 ou 1461 ans qui conciliait l'année vague avec l'année fixe : mais M. Creuzer aime mieux y voir une allusion à la hauteur désirée des eaux, et rappelle encore à cette occasion les quatorze lambeaux dans lesquels Typhon déchira le corps d'Osiris.

Souvent, dans les tombeaux de Thèbes, l'on aperçoit une tête de femme surgir au-dessus de la fleur bleue du lotus, absolument comme sur certains vases grecs antiques[2]. Dans une autre image des grottes de Selsele, se voient des femmes portant dans leurs mains des tiges de lotus, en signe d'immortalité[3].

(J. D. G.)

[1] *Voy.* la Descript. de l'Ég. Antiq., vol. I, chap. 5, § 5, p. 28. *Conf.* notre Explicat. des pl. au n° cité.

[2] *Conf.* Jomard, dans la Descript. de l'Ég., Antiq., II, pl. 74, et p. 367 du texte.

[3] Rosière, dans la Descript. de l'Ég., Antiq., vol. I, chap. 4, p. 23. — Cette explication aurait pu être appuyée, dit M. Creuzer, par le détail d'une scène qui se rapporte tout entière à cet ordre d'idées : c'est le bas-relief que Pricæus le premier (ad Appul. Apolog., p. 148), et ensuite Gronovius (ad Herodot. II, 132, p. 166, ed. Wessel.) ont fait connaître. L'exécution en est grecque-romaine, il s'y trouve même une inscription grecque; et pourtant le symbole consolateur s'y est perpétué dans une

Note 6 (chap. II, p. 403, 409; V, 447; IX, 496, et *passim*;
surtout X, 510-522).

A part quelques erreurs de détail, quelques incohérences, plus apparentes que réelles, que l'on peut trouver à reprendre dans l'exposition de la théogonie égyptienne par M. Creuzer, nous osons dire que jusqu'à lui, personne n'en avait encore embrassé, d'un coup d'œil à la fois si vaste et si pénétrant, le système simple autant que profond, mais si divers dans son unité et enveloppé d'ailleurs de tant d'obscurités. Les notes assez nombreuses et peut-être trop étendues que nous avons jointes à son dixième chapitre, ont dû, si nous ne nous faisons point illusion, jeter quelques lueurs nouvelles sur l'ensemble de cet important sujet. Nous donnerons ici le complément naturel du travail de notre auteur et des commentaires qu'il nous a suggérés, en offrant à nos lecteurs un aperçu du travail antérieur de Gœrres, auquel M. Creuzer s'est souvent référé, et dont nous adoptons nous-même les principaux résultats. C'est le vieux système égyptien sous une forme un peu récente, un peu grecque et néo-platonicienne, il est vrai; mais chaque jour les fécondes recherches, disons mieux, les admirables découvertes de notre célèbre compatriote, M. Champollion le jeune, viennent confirmer, par des faits aussi multipliés qu'incontestables, tirés des monumens hiéroglyphiques, les théories que les deux illustres Allemands avaient si savamment dégagées d'un chaos

---

image fidèle. « Ta fleur se redressera » dit *Osiris* à une femme défunte du nom de *Thèbe*, dans l'inscription funéraire dont parle notre texte (p. 406, note 2). M. Creuzer observe très-bien, avec le comte de Palin, que la fleur dont il s'agit doit être le lotus (d'autant plus que le calice du lotus est l'emblème du sexe féminin, ordinairement porté par les déesses au haut de leur sceptre, dans les bas-reliefs égyptiens): mais nous ne saurions adopter l'interprétation qu'il donne du fragment de caisse de momie reproduit pl. LI, 182 *a*; on peut consulter l'Explicat. des pl.

de fragmens échappés pêle-mêle au naufrage littéraire de l'antiquité [1].

La doctrine des prêtres égyptiens, comme celle des Brahmanes de l'Inde et même des Mages de la Perse, se présente sous la double forme d'une Théogonie et d'une Cosmogonie : elle repose au fond sur un panthéisme, tantôt plus physique, tantôt plus intellectuel, ou l'un et l'autre à la fois; sur la personnification des forces de la nature, plus ou moins identifiées avec les puissances de l'esprit, et conçues dans le point de vue d'une mystérieuse unité où Dieu et l'Univers se confondent [2]. Il nous est parlé d'un dieu sans nom, sans figure, incorporel, immuable, infini, origine et source de toutes choses, et qui doit être adoré en silence [3] : c'est le père, le bon, le *Piromis*

---

[1] *Conf. supra*, p. 751, note 1; 794, note 1; et la note 10 sur ce liv., *infra*.

[2] *Compar.* les notes 5 et 6 sur le liv. I, 599-611, *passim*; note 4 sur le liv. II, p. 697 sqq., 5, p. 701 sqq. On verra, par cette comparaison, que la doctrine égyptienne a des rapports beaucoup plus étroits et plus multipliés avec le système de l'Inde qu'avec celui de la Perse, et qu'elle est manifestement plus ancienne que ce dernier.—Heraïscus, dans Damascius (de Principiis in J. Chr. Wolf Anecdot. gr. III, p. 261), dit que « le soleil lui-même est l'intelligence intelligible, τὸν νοῦν τὸν νοητόν. Cela signifie que le soleil tient dans le monde physique le rang que l'intelligence occupe dans le monde intellectuel : mais la distinction logique des deux sphères est bien postérieure à l'origine de ces vieilles religions fondées sur le culte de la nature. Les anciens Orientaux n'ont pas connu d'autre division de l'unité primitive que celle qui la considère s'émanant en puissances distinctes, regardées comme autant de personnes. C'est le sens précis des paroles de Damascius, qui poursuit en ces termes : « Or, il faut savoir que les Égyptiens ont l'habitude de diviser les choses soumises à la loi de l'unité, car ils séparent l'intelligence elle-même en une foule d'individualités divines. *Note de M. Creuzer.*

[3] Hermes Trismegist. Pœmander, § 2. Porphyr., de antro Nymphar., p. 127. Cyrillus contra Julian., p. 31. Lactant de ver. Sap. I, 6. Hermes ad Tat., § 4. Asclepius, Appuleio interprete, ed. Basil., 1532, VI, p. 135 sqq., etc., etc. Coll. Jamblich. de Myst. Ægypt., VIII, 3.

par excellence [1]. Dieu est dans l'éternité; de l'éternité vient le monde, du monde le temps, du temps la génération. Tout vit dans l'univers, tout vit d'une seule vie, et cette vie c'est Dieu. De même que le ciel, la terre, l'eau, l'air sont les parties intégrantes du monde, de même la vie, l'immortalité, la nécessité, la providence, la nature, l'âme, la raison, sont les membres de Dieu; leur point de réunion c'est la bonté; rien n'a été, ni ne sera, où Dieu ne se trouve; il est le tout dans le tout et par le tout [2]. Cet être unique, indivisible, éternel, infini, fut antérieur au premier-né des dieux qui fut aussi le premier des rois [3]. Ce n'est point par les mains, mais c'est par la parole que le monde a été fait; et cette parole de Dieu qui est sa volonté, est en même temps son corps. Le suprême créateur de l'univers engendra de lui-même ce créateur subordonné, fils semblable à son père [4]. C'est *Kneph*, le dieu de Thèbes, Dieu sans commencement, dieu immortel; c'est *Amoun*, le Jupiter Thébain, le Démiurge, le dieu caché qui se révèle sous la forme d'un belier, qui fait jaillir la lumière au sein des ténèbres, qui ouvre la carrière de l'année comme celle du monde, et mène à sa suite tout le cortége des dieux. C'est l'esprit qui pénètre toutes choses, le principe de toute organisation, l'âme du monde enfin [5]. Il se nomme encore *Agathodémon*, le bon

---

[1] C'est-à-dire *l'homme*, nom de prédilection également donné par les Hindous à leur *Brahma*. Lacroze a même rapproché *Piromis* de *Brahma*, *Birma* ou *Birouma*, comme il se prononce dans plusieurs dialectes de l'Inde (Hist. du Christian. des Indes, pl. 429.) *Voy. supra*, p. 793, note 5; Sermo universal., § 2, et Crater.; Hermes ad Æsculap., § 8.

[2] Mens ad Mercur., § 11. De Communi, § 12.

[3] Jamblich. de Myster. Ægypt., sect. VIII, cap. 2.

[4] Herm. Monas. Herm. lib. prim. Digression. ad Tat. ap. Cyrill. adv. Julian., p. 32-34. Herm. ap. Lactant., de Fals. relig. Asclepius, etc.

[5] Plutarch. de Isid., § 9, 21, 36. Jamblich., l. l., VIII, 3. Proclus in Timæum, I, p. 30. Euseb. Præpar. ev. III, 2. — Suivant M. Champollion jeune, *Amon* ou *Amen* est à la fois l'appellation et la forme primordiales de cet Être suprême; ce mot veut dire *occulte* ou *caché*, ou *celui qui se révèle*, *qui met en lumière les forces cachées*. Kneph ou Knouphis, mot

génie (le νοῦς et le *Pœmander* des Alexandrins), et le caractère sacré, l'hiéroglyphe qui le représente, est le cercle ou le disque au centre duquel est un serpent avec une tête d'épervier, ou le globe entouré du serpent, symbole de l'esprit, du principe éternel, actif et mâle qui anime le monde, qui le contient et le gouverne, et en même temps de la lumière qui illumine toutes choses créées [1]. On le représente aussi sous la figure d'un homme de couleur bleue, pour exprimer que le Créateur est incompréhensible et invisible; dans sa main sont la ceinture et le sceptre, qui le désignent comme l'esprit vivifiant, comme le roi; sur sa tête est une plume, emblème du mouvement de l'intelligence [2]. Enfin il est identique à cet *Hermès*, à

dont il faut voir les différentes formes égyptiennes, ci-dessus, p. 515, signifie proprement l'*Esprit*, Πνεῦμα, *spiritus*, dont *Agathodémon* est la traduction approximative. La syllabe *Ra*, *Ré* ou *Ri* qui signifie Soleil, s'ajoute également aux deux noms égyptiens et montre le rapport primitif du culte de *Jupiter-Ammon* avec celui de l'astre du jour. Quelquefois encore les deux noms s'unissent et forment le composé *Aménébis* (*Amen-Neb*), que l'on trouve dans une inscription grecque de la grande-Oasis. *Voy.* Letronne, Rech. sur l'Ég., p. 237 sqq.

[1] *Conf. supra*, p. 507 sqq.; et les planches relatives à ce livre avec leur explication. — Tous ces divins symboles seront déterminés avec plus de netteté et d'exactitude dans la note 15 ci-après.

[2] Euseb. Præpar. evang., III, 3, d'après Porphyre. — *Ammon-Kneph* a des formes multipliées que l'on peut voir dans le Panthéon égyptien de M. Champollion le jeune, depuis la planche 1re jusqu'à la planche 5, et qui se ramènent à trois principales, correspondant aux trois points de vue principaux sous lesquels se présente le dieu : 1° la forme toute humaine; 2° la forme d'homme à tête de bélier, *Criocéphale*, ou simplement de bélier; 3° la forme d'un serpent, qui n'est point l'*Uræus*, comme on l'a cru long-temps (*sup.*, p. 507, *coll.* note 15 *infra*). Quelquefois ces trois formes se trouvent figurées dans les monumens, l'une à côté de l'autre, ce qui prouve qu'elles sont bien réellement distinctes, et constituent une sorte de *Trinité*. Sur l'épiphanie d'*Ammon-Criocéphale* et la fête célébrée en son honneur, où l'on sacrifiait un bélier, ce jour-là seulement, *conf.* p. 428. — M. Champollion, dans l'explic. de la pl. 3 *ter*, développe avec beaucoup d'intérêt et d'érudition le rapport établi entre

ce pur esprit, qui, avant la création, avait écrit les livres sacrés [1]. Avec l'esprit fut donnée la matière première, tous deux nés du principe unique, tous deux existant en lui de toute éternité, tous deux impérissables. Cette primitive matière est le lieu, le réceptacle et la circulation de toutes choses, que l'esprit pénètre, remplit et anime. Cette matière, aussi appelée symboliquement le *limon primitif*, renfermant en soi tous les élémens et toutes les forces élémentaires, était grossière et sans forme, lorsque l'esprit lui imprima le mouvement, la concentra en une seule masse, et lui donna la forme d'une sphère avec toutes ses qualités [2]. Cette sphère devint le globe ou l'œuf du monde que *Kneph* laisse échapper de sa bouche, le Verbe manifesté, la raison ou la parole visible, que le Démiurge proféra, lorsqu'il voulut former toutes choses [3]. Ce

Amon-Ra, ou Amon-Soleil, et le Nil, qui, déifié comme *Jupiter-Nilus*, passait pour une des formes de *Jupiter-Ammon* et s'identifiait avec lui, avec le bon génie *Agathodémon*. M. Creuzer, de son coup d'œil perçant, avait déjà pénétré tous ces rapports, maintenant mis au grand jour par les monumens et leurs légendes. (*Voy.* p. 515 sq., et la note 5 ci-dessus, p. 818 sq.) Le vase niliaque ou le Canope, répandant les eaux fécondes, est dans les mains de *Knouphis-Nilus* (*Noute-Phon*, ou *Noute-Phen*, *Deus effundens* ou *Deus effusus* : je ne puis me persuader qu'il n'y ait pas identité au fond entre les mots *Knouphis* et *Canobus*, et que le premier ne soit pas la véritable étymologie de l'autre, comme le pensait Zoëga). *Knouphis-Nilus* représenté ordinairement avec la tête de belier et les cornes de bouc, comme *générateur*, l'est aussi quelquefois sous la forme d'un scarabée comme *mâle et père*, mais également criocéphale, comme *premier mâle et premier père. Conf.* pl. XXXVI-XXXIX, 153, 155, 158, 159; XLI, 170, 171; XLII, 175; XLIII, 180, coll. LII, LIII, 180 *a* et *b*; XLV, 182; XLVIII, 187 *b*.

[1] *Conf.* ci-dessus, p. 444, note 3, et 518 sq.; ci-après, p. 828 et note 10.
[2] Asclepius, p. 135; Mens ad Mercur. § 11; de Communi, § 12; Mercur. ad Tat., § 8. — « Les Égyptiens, dit Simplicius (in Arist. Phys., p. 50), appelaient la *matière* (ὕλην), *le fondement de la vie première*, qu'ils nommaient symboliquement l'*eau*; il semble qu'ils la prissent pour *un certain limon* (ἰλύν τινα), celui du Nil (ci-dessus, p. 403 sq.). « *Creuzer.*
[3] Euseb., Præpar. évang., III, 3. *Conf.* ci-dessus, p. 508; et ci-après notes 10 et 15 sur ce livre.

monde beau, mais non pas bon, le second des êtres existans, le premier des êtres souffrans, engendré lui-même, ne cesse d'engendrer, parce qu'il est mobile et que le mouvement n'est possible que par la génération : il est pareil à une sphère et à une tête, au-dessus de laquelle rien de matériel, au-dessous de laquelle rien d'intelligible. L'univers ressemble à un grand animal composé de matière et d'esprit ; c'est une grande divinité, image d'une plus grande, unie à elle, habitant en elle comme dans la source féconde de toute vie [1].

Or voici comment se joue l'immense spectacle de la création. Des ténèbres infinies étaient répandues sur l'abîme, les eaux le couvraient, et un esprit subtil, une pure intelligence résidait au sein du chaos par la puissance divine. Ces ténèbres, cette nuit primitive, antérieure à toute existence, dont le nom était répété trois fois dans les hymnes sacrés, c'est la grande Mère qui produisit de l'humide les semences de toutes choses, c'est la cause, la nature elle-même, la source de tous les biens, la mère et l'asile de tous les dieux ; c'est *Athor* ou *Athyr*, l'antique nuit qui était avant la lumière, la puissance d'enfanter dans la nature, la *céleste Vénus* [2]. Tout à coup brilla, au sein de

---

[1] Hermes, Clavis, § 10; de Comm. § 12. *Voy*. les divers symboles du monde, dans la note 15 ci-après.

[2] *Conf.* notre texte, p. 511-514, et les notes qui y sont jointes. — Il paraît y avoir ici une erreur commune à MM. Creuzer et Gœrres : la Nuit, qui était avant que la lumière fût, la première des grandes Mères, la grande Mère par excellence (*Thermoutis, t'-ar-mout*, la grande Mère, qui est une dénomination commune à la plupart des déesses égyptiennes) n'est point *Athor*, placée beaucoup trop haut dans la Théogonie, mais décidément *Bouto* ou la plus ancienne des deux *Bouto*, celle qui est surnommée *la génératrice du soleil*, dans les légendes hiéroglyphiques, et qu'Hérodote nous donne positivement pour l'une des divinités du premier ordre. La *Mygale* ou musaraigne lui était consacrée, parce qu'on supposait cet animal aveugle ; et l'ichneumon lui était en outre attribué aussi bien qu'à Hercule. C'est d'elle que la branche Sébennytique du Nil, qui avait son embouchure près de la ville de *Bouto*, s'appelait encore *Thermoutiaque*, et il est bien remarquable de trouver aux portes de la cité dédiée à *Bouto-Latona*, un lac avec une île flottante où la déesse élève les dieux

la nuit éternelle, un rayon sacré, lumière suave, réjouissante, ineffable, la lumière primitive qui est le Démiurge, *Kneph*, plus ancien que l'humide, que l'eau primitive venue de la nuit. Un mouvement, une agitation inexprimable se fit dans l'humide; il s'éleva une vapeur et un grand bruit, et de ce bruit partit une voix, comme la voix de la lumière, et par cette voix de lumière fut articulée la parole (le Verbe [1]). Or

et les enfans des dieux, allusion qui nous semble manifeste à l'eau et à la terre, deux grands principes de toutes choses, au sortir des ténèbres du chaos, source première et féconde des êtres. (Herodot. II, 156, 67. Plutarch., Symposiac. IV, 5.) Cependant, tout en restituant à l'antique *Bouto*, l'une des filles ou émanations directes d'*Ammon*, sa place usurpée par *Athor*, simple fille de *Phré*, M. Champollion, de cette généalogie même, conclut que le σκότος ἄγνωστον ou les *ténèbres inconnues* de Damascius ne sauraient être autre chose que le *Dieu caché* dont il est question plus haut, c'est-à-dire *Ammon* avant qu'il se fût révélé comme Démiurge. Ce n'est pas, au surplus, la seule trace que nous trouverons d'expositions et peut-être de systèmes différens chez les prêtres égyptiens, comme il y en eut chez les Brahmanes et chez les Mages. Pour revenir à *Athor*, elle n'en paraît pas moins avoir de nombreux rapports avec *Bouto;* comme celle-ci, elle est nourrice des dieux; comme elle, épouse de *Phtha;* elle porte des cornes noires sur la tête, par allusion à la nuit, aux ténèbres, etc. On peut donc l'appeler une *Vénus ténébreuse*, et en effet le mois d'*Athyr* (novembre) lui était consacré; mais la nommer une *Vénus céleste*, *Uranie*, nous croyons que c'est une seconde erreur. L'*Uranie* égyptienne, comme le montre fort bien M. Champollion, fut *Tpé, Tphé* ou *Tiphé*, c'est-à-dire la *déesse Ciel*, le ciel personnifié, qui enveloppe ordinairement de son vaste corps peint en bleu ou parsemé d'étoiles, de planètes, etc., les peintures astronomiques, telles que les zodiaques : elle appartenait aussi à la famille d'*Ammon. Voy*. Champollion le jeune, Panthéon égyptien, explicat. des pl. 17, 18, 20, 23. *Conf*. nos pl. XXXII, 151, coll. XXXVII, 151 b et c; XXXI, 140; XXXIV, 145, 146; XXXV, 147, 154; XXXVI, 152; XLVIII, 191; XLIX.

[1] Cette voix et cette parole articulée, ce *Verbe* dont il a déjà été question plus haut, et que nous avons trouvé également comme venant du grand Être, s'unissant à lui et prenant une part active à la création, dans les Cosmogonies de l'Inde et de la Perse, paraissent ici, de même que dans les Védas, se distinguer nettement en une *fille-épouse* et un *fils*, tous

Kneph le créateur, qui est toute lumière et toute vie, qui est à la fois mâle et femelle, voulant créer dans la plénitude de sa force, la parole divine fit éruption dans le pur ouvrage de la nature, et s'unissant avec le Démiurge *Kneph*, dont elle partageait l'essence, elle mit au jour le second Démiurge, le dieu du feu et de la vie, *Phtha*, qui sortit de l'œuf-monde produit par *Kneph* [1]. *Phtha* est l'organisateur, l'artisan du monde,

deux identiques à leur *père* et ses primitives émanations. Même analogie, d'un autre côté, même connexion intime entre la *parole* et la *lumière*. La *parole* est aussi la *sagesse* ; le *Verbe* est l'*homme*, l'homme par excellence, le *prêtre* (*Brahma-Piromi*). *Neith* (*Athène*, Minerve), la parole, la sagesse, la faculté ou force créatrice, fut la première émanation d'*Ammon*, suivant la véritable doctrine égyptienne, et voilà pourquoi le belier lui était dédié comme à lui. Elle créa le monde, de concert avec le grand Démiurge, son père ; elle était censée présider à l'hémisphère supérieur du ciel, tandis que *Sate* ou *Sati*, la Junon égyptienne, également en rapport avec *Ammon*, mais seulement fille de *Phrè* comme *Athor*, présidait à l'hémisphère inférieur ; elle fut la mère du soleil, comme *Bouto* (qui n'en fut peut-être que la nourrice ainsi qu'*Athor*) ; elle est la Mère par excellence, la première des grandes Mères, comme *Bouto* encore avec laquelle on la voit se confondre, et c'est à *Neith* que le vautour, symbole de toutes les mères divines, était plus spécialement consacré. Son nom signifiait : *Je suis venue de moi-même*. Elle était le divin propotype de la force morale et de la force physique tout à la fois, la protectrice des sages et celle des guerriers, etc. Elle s'identifie avec la Nature, dans la plus grande extension du mot. Quant au *Verbe*, nous avons dit que c'est le type divin de l'Homme associé à Dieu et à la Nature dans une trinité mystérieuse. La note 10 ci-après prouvera avec la dernière évidence que le *Thoth* égyptien, d'abord Dieu irrévélé, pur esprit, puis incarné sur la terre, n'est autre que le *Verbe* créateur dont il s'agit ici.—*Neith* est quelquefois représentée avec une tête humaine, coiffée du vautour que surmonte le *Pschent* (*voy.* le Panth. égypt., pl. 6, coll. 6 *bis* ou *ter*) ; plus souvent avec une tête de lion (*sup.*, p. 520 et les renvois aux pl., éclaircis ou modifiés par leur explication, principalement nos 162, 164, 138). Pour les images de *Sati, conf.* pl. XXIX, 137 ; XLV, 182 (*a*) ; XLVI, 184.

[1] Pœmander et Sermo Sacer. Euseb., Præpar. ev. III, 3. *Neith*, la première émanation ou révélation d'*Amon* se préparant à créer, est représentée comme *Hermaphrodite* ou plutôt *Hermathène*; car *Thoth*, le premier

qui exécute son ouvrage avec art et vérité à la fois ; c'est la puissance du feu qui a tant de part à la production des choses et favorise leur accroissement. C'est aussi le souffle de vie dont toutes les créatures ont besoin, qui les nourrit et les vivifie toutes, chacune selon son mérite. Esprit créateur et fécond, il rassemble dans sa personne les facultés des deux sexes, il est le père et l'aïeul de tous les dieux [1]. Mais tandis que les élémens légers s'élevaient dans les régions supérieures, les élémens pesans demeurèrent en bas un limon humide, et la terre continuait d'être submergée par les eaux. Enfin elle s'en dégagea, toutes choses furent divisées, distinguées, ordonnées par l'esprit tout-puissant du feu ; et au-dessus de la terre, *Tho* resplendit le ciel, *Potiris* [2]. *Phtha*, qui réunissait en soi les

Hermès, et *Amon-Kneph* se confondent l'un dans l'autre. *Voy.* les notes au bas du texte, p. 504, 520 ; et *compar.* les passages cités du liv. I, et les notes 5 et 6 sur le même livre.

[1] Jamblich. de Myst. VIII, 3. Diodore I, 12 ; Herm. Monas ; *id.* ap. Cyrill. contra Julian., p. 33. Horapoll. I, 12. Hermap. ap. Amm. Marcell. XVII, 4. — *Phtha* a diverses formes, qu'on pourrait appeler des degrés distincts, et que M. Champollion a démêlées sur les monumens avec beaucoup d'art. Nous avons parlé, dans les notes précédentes, de *Phtha* enfant ou *Phtha-Pokrat* (p. 808, 816). *Phtha*, sous sa forme la plus commune, paraît enfermé dans une sorte de chapelle comme dans l'œuf du monde. Il porte ordinairement le surnom de *Sokari* (*Socharis*) et comme tel est souvent représenté avec une tête d'épervier distinguée par une coiffure particulière. Comme *Toré*, *Thoré* ou *Tho*, il a pour tête un scarabée, symbole du monde, et devient le mâle par excellence, idée exprimée par le même insecte. *Phtha*, ainsi que *Kneph*, est hermaphrodite en *Neith* qui est leur lien commun et réunit dans ses attributs le scarabée au vautour ; mais pareil à *Mendès* ou *Ammon-générateur*, dont il sera question tout à l'heure, il prend plus souvent le phallus pour signe caractéristique. Le crocodile se voit encore mis en rapport avec *Phtha* et semble nous conduire à *Sovk* ou Saturne. *Voy.* le texte, p. 504, 506, 520 ; et le Panthéon égyptien de M. Champollion jeune, explicat. des pl. 8 à 13. *Conf.* nos pl. XXXVI, 152 ; XXXVII, 156 ; XXXIX, 157, coll. LII, 157 a, et LIII, 172 a ; XLIII, 177 a et b (deux formes nouvelles de *Phtha* comme *stabiliteur*).

[2] Sermo sacer, § 3.

deux natures, voulut les partager, et il devint *Pan-Mendes* et *Hephæstobula*. *Mendes* est le générateur universel, le pouvoir mâle de la production dans la nature embrasée du feu de l'amour, le ciel fécondant, le phallus de *Phtha;* aussi a-t-il le bouc pour symbole. *Hephæstobula* est la chaleur pénétrée par l'humidité, la terre primitive fécondée, le pouvoir femelle de la génération dans l'univers, la *Venus aurea*, mère de volupté, le ctéis de *Phtha* [1]. Par la parole créatrice du Démiurge, fut produit le Soleil, *Pi-Re* ou *Phré*, le premier-né du couple divin, le roi du ciel et son œil droit; avec lui fut donnée la Lune, *Pi-Ioh*, reine et œil gauche du ciel [2]. Le Soleil est le créateur et le père de toutes choses; la lune en est la mère et la génératrice. *Osiris* et *Isis* sont leurs enfans; eux-

---

[1] Hermes in κόρη κόσμου (la Vierge du Monde), Dialogue d'Isis et d'Horus, ap. Stobæum, t. II, p. 933, ed. Heeren, nomme *Asclepius* ou *Esculape*, fils de *Pan* et d'*Hephæstobula;* ailleurs, p. 1091, il l'appelle *Imuthes*, fils de *Vulcain*. — Quoique *Mendès* soit une forme d'*Amon*, dont il porte le nom sur les monumens, il s'en distingue toutefois aussi bien que de *Phtha*, auquel néanmoins il tient de fort près. Comme *Phtha*, il a en main le fouet pour stimuler la Lune, chargée de répandre dans les airs les germes de la génération des êtres. Plus bas, nous reviendrons sur *Hephæstobula*. *Voy.* pl. XXXVII, 155 et 155 a.

[2] Herm. ap. Cyrill. c. Julian., p. 57; coll. Stob. Eclog. phys. II, 743. Sextus Empiric. adv. Mathem. V, 343. — M. Champollion, qui tous les jours répand quelques lumières nouvelles sur la Théogonie égyptienne, a traité récemment l'article de la Lune avec un soin et une étendue qui laissent peu à désirer. Il observe très-bien que le nom seul de cette divinité, *Pi-ioh* ou *Pooh*, précédé de l'article masculin, montre qu'elle dut être mâle en Égypte, par conséquent *Lunus* et non *Luna*, comme *Soma* ou *Tchandra* dans l'Inde. Mais de même qu'il est difficile de douter que le *Tchandra* de la mythologie indienne fut souvent considéré comme hermaphrodite et jouant tour à tour le rôle de mâle et celui de femelle, de même il nous est impossible de ne pas voir, dans la nature des rapports de *Piioh* avec *Mendès* et *Phtha*, armés du phallus et du fouet, la preuve que ce dieu, nouvel androgyne, fut tour à tour et tout ensemble *Luna-Lunus*, au moins dans la Cosmogonie. Par-là s'expliquent les analogies frappantes qui existent entre le *Lunus* égyptien et la plupart des déesses, analogies que l'on ne saurait, ce nous semble, raisonnablement contester, d'autant

mêmes sont *Osiris* et *Isis*. Dans les trois saisons qui, bien qu'étrangères l'une à l'autre, forment l'année par un merveilleux concert, ils gouvernent, enfantent et nourrissent ce visible univers. Le Soleil est le troisième Démiurge, la suprême intelligence créatrice sous sa troisième forme; incarné, il devient *Osiris*, l'auteur de tout bien, et c'est lui qui complète la Trinité égyptienne [1].

Voilà les huit dieux primitifs et suprêmes, dieux éternels, immatériels, émanations de la pure intelligence et ne faisant qu'un avec elle [2]. Le Soleil est le chemin qui conduit à ces

qu'elles se trouvent confirmées par des rapports semblables entre la série presque entière des dieux et le Soleil, *Phré*. Nous y reviendrons ailleurs. *Voy.* le Panthéon égyptien, expl. des pl. 14 à 14 *f. Conf.* nos pl. XXXIX, 157; XLIII, 176, 177; XXXIII, 142; XXXV, 148, 150.

[1] Euseb., de Præpar. ev., III, 2; Diogen. Laert. in Proœm. Diodor. I, § 2. Mens ad Mercur., § 11. Jamblich., de Myst., *ibid.* Cyrillus c. Julian., p. 33-34. — On voit se développer une suite de *triades* ou trinités, comme une suite de *dyades* ou de couples, et d'hermaphrodites; l'évolution se poursuit ainsi de sphère en sphère, et les sexes s'échangent souvent de l'une à l'autre.

[2] M. Gœrres, d'après le système des livres d'Hermès, tel qu'il le conçoit, dresse la liste suivante des huit divinités du premier ordre ou de la première race: le Jour ou la primitive lumière, *Kneph;* la Nuit, les ténèbres premières, *Athor* (premier hermaphrodite); le feu, le premier souffle, *Phtha;* l'humidité ou l'eau primitive, issue des ténèbres, la *Venus aurea* (second hermaphrodite); le ciel et le phallus de Phtha, *Mendes-Pan;* la terre céleste issue de l'humide, *Neith*, le cteis de Phtha (troisième hermaphrodite); enfin le Soleil et la Lune (quatrième hermaphrodite). — Hérodote ne nomme expressément que *Pan* et *Latone*. Diodore, sans faire mention expresse de huit dieux suprêmes, donne une succession de huit divinités: le *Soleil, Saturne, Rhea, Jupiter-Ammon, Junon, Vulcain, Vesta, Mercure*. (Un peu plus haut, il en cite sept autres qui ayant trait aux cinq élémens, au Soleil et à la Lune, nous paraissent répondre plus directement aux dieux du premier ordre: *Jupiter, Vulcain, Cérès,* l'*Océan, Minerve, Osiris-Soleil, Isis-Lune* ou l'*ancienne. Conf.* le texte, p. 511, note 3.) Manéthon, tel que nous l'avons, n'est propre qu'à induire en erreur sur ce point: dans la première de ses dynasties divines, composée de sept dieux, il n'y a que *Vulcain*, le *Soleil*, son fils, et *Agathodémon*

dieux ; il réside sur la limite même de l'empyrée et du ciel ; il est le dernier des dieux de l'empyrée, le premier des dieux célestes, auquel ceux-ci obéissent tous comme à leur roi [1]. C'est de lui que toutes les régions du ciel, tous les animaux célestes reçoivent le mouvement et l'action ; c'est de lui que le temps lui-même, ce grand régulateur, d'après lequel se meut l'univers, tient la force qui lui est propre. Il change perpétuellement de formes, prend successivement la figure de tous les signes célestes, et répand les dons les plus variés, toujours di-

ou *Kneph* qui s'y rapportent réellement, comme on le voit par la vieille Chronique, qui nous a conservé le véritable système égyptien. *Conf.* ci-après, note 13 s. c. l. — Théon de Smyrne nous a transmis l'inscription suivante, gravée, selon Évandre, sur une stèle égyptienne : *Aux dieux immortels, à l'Esprit et au Ciel, au Soleil et à la Lune, à la Terre et à la Nuit et au Jour et au père de tous les êtres présens et à venir, à l'Amour* (de Music., cap. 47. Zenobius, Cent. Prov. c. 78, substitue, d'après le même Évandre, le *feu* et l'*eau* à l'*Esprit* et à l'*Amour*). — M. Champollion ne nous a point encore fait connaître les résultats généraux de ses recherches sur la généalogie et le classement des divinités de l'Égypte : mais nous pensons qu'en les attendant, on pourrait retraduire ainsi en égyptien l'inscription d'Évandre : à *Phtah* et *Tpé* (Vulcain et Uranie), à *Phré* et à *Pooh* (le Soleil et Luna-Lunus), à *Neith* et à *Bouto* et à *Amon-Kneph* (Minerve, Latone, Jupiter-Ammon) *et à Mendes-Schmoun* (le *Pan* d'Hérodote : ce dieu, identique à *Amon*, *Jupiter-Nilus*, père de toutes choses, s'identifiait par lui avec le premier *Thoth*, surnommé aussi *Schmoun*.)

[1] Mens ad Tat., § 11. — Tandis que *Phtha* ou Vulcain, le premier des dynastes divins, dominateur de la région supérieure et de la région inférieure tout ensemble, était considéré comme le protecteur et le patron par excellence des dynastes humains, des Pharaons, *Phré* ou le Soleil, fils et successeur de *Phtha*, et le roi du monde matériel, passait non-seulement pour le patron, mais pour le premier père des rois de la terre (de l'Égypte), qui lui étaient assimilés aussi bien qu'à *Osiris* ou plutôt à *Horus*, et faisaient, en quelque sorte, partie de sa famille. On sait que l'épervier était spécialement consacré à *Phré*, quoiqu'il fût l'attribut ou l'emblème de beaucoup d'autres dieux. *Conf.* Champollion, Syst. hiérogl., chap. VII, *passim*, et surtout p. 167 sqq. ; le même, Panth. égypt, explic. des pl. 24 et 24 *d.* ; ci-dessus, p. 776, et la note 15 ci-après.

vers et toujours le même [1]. Il est à la fois l'un des membres et le chef d'une seconde *ogdoade*, celle des *Cabires*, des dieux grands et forts, tous enfans de *Phtha*, auquel le nombre huit était consacré. Ce sont les sept planètes, y compris le Soleil et la Lune, dont les cinq autres planètes proprement dites [2], passent pour les compagnons et satellites; quant au huitième, il se compose de la réunion de toutes les étoiles du ciel, qui sont comme ses membres. Ce huitième Cabire est *Imuthes* ou Esculape, né de *Phtha* et d'*Hephæstobula* : c'est le dieu qui conduit l'univers et entretient son harmonie, le conservateur de toute vie, le pilote de la barque du monde [3]. Chacun des Cabires a sa sphère, dans les cieux, qu'il est chargé de gouverner, depuis la sphère suprême qui touche à l'empyrée, jusqu'à celle de la Lune, qui est la plus basse et la dernière [4].

[1] Jamblich., de Myst., VII, 3; Asclepius, p. 142. Proclus in Tim., I, 33. Macrob., Saturn. I, 21.

[2] Voici les noms égyptiens, ou donnés comme tels, des sept planètes : *Rempha*, roi du ciel, Saturne, l'astre de Némésis; *Pi-Zeous*, l'étoile d'Osiris, Jupiter; *Ertosi*, le générateur et le vivificateur; *Artes*, le destructeur, Mars, l'astre de l'Hercule d'Hérodote, c'est-à-dire de *Djom*, *Som* ou *Chom*, *Chon*, la force et le fort, nommé encore *Cabir* et le même que *Melekarta* ou *Moloch*; ensuite Vénus, l'étoile d'Isis, *Surot*, nommée encore *Cabar*, la grande, par les Arabes; puis *Pi-Hermes*, Mercure; et enfin le Soleil, roi des Cabires, et la Lune, leur reine (*Pi-Ré* et *Pi-Ioh*). Sextus Empir., V, p. 343. Achill., Tat. Isag., in Petav. Uranol., p. 136. Cedrenus, Chron., p. 168. Selden, de Diis Syr., p. 186.

[3] Xenocrat. Carthagin. ap. Clem. Alex. admon. ad Gent., p. 44. Cic., de Nat. Deor., I, 13. Hermes ap. Stob., II, p. 933 et 1091. Aristid., Orat. VI, p. 67. — *Imuthes*-Esculape, fort rapproché de *Sérapis*, s'il n'est le même, paraît correspondre à *Mendes*-Pan, dans l'ordre supérieur. *Supra*, p. 521 et 830, 832.

[4] Pœmander, Sermo Sacer, Clavis et § 8 ad Tatium. — Le ciel des étoiles, chez les Égyptiens comme chez les Perses, était soumis au soleil et aux douze signes, selon Avenar. Suivant Horapollon, le soleil, la lune et une étoile inscrite signifiaient le père, la mère et le fils. Il est dit formellement, dans les livres d'Hermès, que les dieux sont comptés d'après le nombre des étoiles qu'ils habitent.

Avec la sphère de la Lune commence un nouvel ordre de choses, le monde élémentaire. La Lune, possédant les deux sexes, est placée entre le ciel et la terre : dans sa double nature, lumière humide et par-là féconde, elle rassemble les six Cabires mâles, et en même temps ouvre la série des six Cabires femelles. Autour de la terre, fixe au centre du monde, se groupent en cercle les quatre autres élémens qui forment avec elle une *pentade* inférieure, en de-çà de la Lune; comme les cinq planètes en font une supérieure, au delà de la sphère du Soleil. Les cinq élémens composent le monde inférieur soumis à l'empire de la Lune; comme elle, ils possèdent les deux sexes, mais le féminin y domine [1]. Ainsi sont ordonnés et les sphères et les mondes. Le Soleil occupe le sommet de l'univers, entouré de tous les autres dieux : d'un côté sont Mercure, Vénus, Mars, Jupiter, Saturne et le ciel des étoiles, tous mâles; de l'autre, la Lune, l'éther, le feu, l'air, l'eau, la terre, toutes femelles. Lui-même, dieu pantomorphique, il ne fait point partie du cycle duodénaire, mais il se révèle successivement et à la fois sous les formes des douze autres dieux, comme sous autant de masques [2]. Les six Cabires femelles, rattachés ainsi

---

[1] Plutarch., de Is., cap. 43, 52 sqq., coll. Ammon. in Arist. de Interpr., p. 15. Asclep., p. 120. Mens ad Tat., § 11. Diodor., I, 11. Jamblich., de Myst. VIII, 3; Senec., Quæst. nat., III, c. 14.—Cette exposition, confirmée par les autorités ci-jointes et par une foule d'analogies dans les systèmes mythologiques de l'antiquité, nous paraît suffisamment prouver ce qui a été avancé plus haut sur le double rôle de *Pooh* ou *Pi-Ioh*, selon nous *Lunus-Luna*, qui paraît d'ailleurs avoir été le type égyptien de l'*I o* grecque. *Pi-Ioh* a des rapports intimes, non-seulement avec les dieux supérieurs *Phré*, *Phtha*, *Ammon*, dont il porte quelques attributs, et qu'il représente dans sa sphère inférieure, mais encore avec le second *Thoth* ou Hermès : tous deux semblent souvent se confondre, soit par leurs noms et leurs légendes hiéroglyphiques, soit par le cynocéphale, leur symbole commun, de même que se confondent, dans l'ordre précédent, le premier *Thoth* et *Amon-Mendes*. Nous pouvons donc répéter ici : tous les dieux sont un dieu, comme tous les astres sont un monde unique. Euseb., Præpar. evang., III, 9. *Conf.* note 10 ci-après.

[2] Macrob., in Somn. Scip., I, 19.

aux six Cabires mâles, composent avec eux les douze dieux célestes du second ordre, engendrés des huit dieux empyrées du premier ordre [1]. Les douze grands dieux furent reçus dans

[1] On voit comment M. Gœrres conçoit les 13-12 divinités de la seconde race ou du second ordre : D'abord *Phré* (qu'il faut considérer comme en dehors ou à la tête des douze et que nous sommes portés à identifier ici, contre l'opinion du savant Allemand, avec *Djom*, *Som* ou *Sem*, l'Hercule égyptien, distinct de Mars, avec lequel pourtant il semble quelquefois se confondre; *Pi-Zeous* ou Jupiter (qui nous paraît être le dieu que M. Champollion le jeune prend pour le précédent, car sa légende hiéroglyphique, suivant M. Champollion lui-même, se lit plutôt *Sou*, *Soou* ou *Gaou* que *Djom* ou *Djem*, et ses attributs le rapprochent singulièrement, soit d'*Ammon*, soit de *Saté* que nous allons voir lui correspondre. *Conf.* Panth. égypt., pl. 25, 25 *a*, et surtout l'explicat. de cette dernière); *Ertosi* ou *Artes*, Mars; *Surot*, Vénus, probablement hermaphrodite; *Pi-Hermes*, Mercure ou le deuxième *Thoth*; *Rempha*, Saturne (sans doute le même que *Sovk-Souchos* ou *Petbé*, surnommé le dernier ou le plus jeune des dieux-dynastes et de cet ordre, dont nous ignorons encore la véritable distribution); *Imuthes*, Esculape (qui occuperait ainsi dans cet ordre une place analogue à celle de *Mendes* parmi les 8-7 divinités du précédent, et se rapprocherait du second Hermès, de même que *Mendes* se rapproche du premier); ensuite *Bubastis* (plutôt *Ilithyia* dont nous ne savons pas le nom égyptien, et qui représenterait *Pi-Ioh*, dans cet ordre, comme *Djom* y représente *Phré*); *Neith*, l'éther, déjà nommée comme *Hephœstobula*, dans l'ordre précédent (plutôt *Saté* ou Junon, l'Uranie inférieure); *Vesta* le feu terrestre (*Anouke* en égyptien, correspondant à *Neith* de l'ordre supérieur); *Vénus*, l'eau (probablement *Athor* ou *Athyr*); *Latone* l'air, l'atmosphère inférieure tantôt obscure, tantôt éclairée (une *Bouto* subordonnée que M. Champollion croit avoir reconnue); *Rhéa* ou *Cérès*, la terre mère et nourrice (nommée *Netpé*, suivant M. Champollion).—Nous ne nous dissimulons pas qu'il reste bien des difficultés pour la détermination exacte et complète des divinités de cet ordre et de leurs attributions; mais nous espérons les voir levées en grande partie par la suite des travaux de notre habile compatriote. Peut-être faut-il abaisser *Sem*-Hercule dans les rangs des douze, et réduire le *Surot*-Vénus de Gœrres à la Vénus-*Athyr*; *Imuthes* aurait alors une épouse, qui serait cette *Athyr*. Presque tous les dieux correspondent à ceux du premier ordre, et les déesses qui paraissent être leurs épouses, sont aussi celles des dieux

le zodiaque, qui passa avec eux des Égyptiens aux Grecs, et *Neith* ou *Minerve*, la force mouvante de la nature, ouvrit dans le belier ce cercle céleste [1]. Là vient se rattacher un ordre nouveau de divinités inférieures, les dieux éthérés d'Hermès, les *Démons* ou les *Décans*, au nombre de trente-six, subordonnés trois par trois aux douze dieux, selon les douze signes. Des démons toujours plus nombreux et plus subalternes suivent les Décans, tant qu'enfin il s'en trouve un pour chaque degré du grand cercle zodiacal et pour chaque jour de l'année qu'il représente [2]. Aux douze grands dieux du ciel sont immédiatement soumises les étoiles, dispersées en nombre infini dans tout l'espace éthéré, et partagées en quatre troupes principales selon les quatre régions du monde. Elles se divisent encore en deux ordres plus élevés, les unes remplissant l'hémisphère du nord et appartenant à la lumière, au bon principe; les autres à l'hémisphère du sud, ténébreux, froid, funeste, aux sombres demeures de l'*Amenthes* [3]. *Sérapis* est le maître et le prince de ce royaume de la nuit, le noir Sérapis environné de serpens, ayant à ses côtés Cerbère avec ses trois têtes de lion, de chien et de loup, les trois animaux des enfers, pour exprimer le présent, l'avenir et le passé [4]. L'autre hémisphère a aussi son chef, probablement *Esculape*, et tous deux viennent se réunir dans l'unité suprême de *Mendès*. C'est ainsi que, depuis l'empyrée jusqu'au cercle de la lune, jusqu'à l'horizon terrestre, jusqu'au centre

suprêmes ou tout au moins leurs *parèdres* (compagnes). Ajoutez aux renvois précédens, pl. XXXVI, 153; XXXV, 148; XXXII, 161, et XXXVII, 161 *a;* XXVIII, 135, 136; XLV, 182; XLVIII, 190, etc.

[1] Proclus in Timæum, I, p. 30. *Conf.* note 13 ci-après.

[2] Asclepius, p. 139-141. *Trecentos sexaginta quinque ministros dat Deo Orpheus.* Lactant., de Fals. relig. — M. Creuzer, en parlant des *dieux éthérés d'Hermès*, p. 447, ne parait pas avoir très-bien compris Gœrres qui, d'après Jamblique, de Myst., VIII, 2, entend cet ordre de dieux qu'Hermès, dans ses livres, avait appelés *dieux éthérés*, par rapport aux *dieux empyrées*, et aux *dieux célestes*.

[3] Merc. ad Filium ap. Stob.

[4] Plutarch., de Is.; c. 28, 29, 61. *Conf.* note 11 ci-après.

même de la terre, toutes les sphères, toutes les régions, tous les élémens, tous les règnes sont peuplés de démons et de génies, bons ou mauvais, mais tous supérieurs à l'homme [1]. Entre les démons et les hommes sont les héros, qui habitent dans la région la plus pure de l'air. (*Sup.*, p. 454.) Et de même que le ciel, depuis son faîte jusqu'à la lune, appartient aux dieux, de même l'espace qui s'étend depuis la lune jusqu'à la terre, est le séjour des âmes, qui traversent les airs aussi aisément que l'huile traverse l'eau. Cette sphère inférieure est partagée, d'après les divisions du zodiaque, en douze intervalles, en quatre parties, et celles-ci en soixante régions, zones ou contrées. La première partie, qui commence à la terre, comprend quatre de ces régions, jusqu'au sommet des plus hautes montagnes; la seconde en contient huit; la troisième seize; la quatrième trente-deux, là où l'air d'une pureté extrême sépare cette sphère de celle du feu [2]. La lune préside à la sphère de l'air et des âmes, comme le soleil à celle de l'éther et des étoiles, le Démiurge au ciel et aux dieux célestes; et c'est sur ce dernier que tout repose comme sur le représentant du dieu irrévélé [3].

Quand le monde supérieur eut été créé dans toute sa beauté, et après lui la Nature, femme dont les attraits excitèrent l'admiration de tous les immortels, le Démiurge fit les âmes, particules innombrables d'une matière épurée, transparente, invisible pour tout autre que pour lui, et qu'il avait formée d'un mélange de son souffle avec le feu et d'autres substances, en proférant des paroles mystérieuses. Ces âmes furent distribuées en soixante classes, toutes également immortelles et provenues d'une même source. L'Éternel se réjouit de leur naissance, les appela ses enfans et leur assigna des postes respectifs dans la sphère de l'air, qu'il leur fut défendu de quitter. Puis il se mit à créer des âmes d'un ordre inférieur, et s'associa les âmes supérieures pour la formation des autres classes

---

[1] Hermes ad Tat., sect. I. Jamblich., de Myst. Macrob., Saturn., I, 20; Plutarch., de Is., p. 591.

[2] Hermes ap. Stob., t. II, p. 1079-81.

[3] *Ibid.*, p. 983. Asclep., p. 142.

d'êtres animés, depuis les oiseaux jusqu'aux reptiles. Mais les âmes s'enorgueillirent de leur ouvrage, désobéirent et abandonnèrent leurs postes, car le repos leur semblait la mort. Jalouses des rois des sept sphères, elles voulurent faire invasion dans leurs demeures; mais elles tombèrent aussitôt dans la sphère (ou région) des naissances. Là elles virent cette Nature que Dieu avait parée d'attraits merveilleux, elles la convoitèrent; celle-ci leur rendit amour pour amour, et ils eurent commerce ensemble. De ce commerce fut produite la forme irraisonnable, et le Créateur résolut d'en faire l'instrument de leur punition, et il commanda au divin Hermès d'enfermer les pécheurs dans cette forme des corps comme dans une prison. Les âmes ainsi unies aux corps reçurent des dieux (planétaires) toute sorte de présens; et du Dieu suprême, qui les vivifia de son souffle, la promesse du retour aux célestes demeures, si elles se conservaient exemptes de crime; au contraire, la menace d'être condamnées à passer dans les corps des animaux, si elles commettaient le mal. La terre pourvue de tous les végétaux leur fut donnée pour habitation. Mais ces âmes tombées continuèrent leur coupable révolte aux ordres du Tout-Puissant; elles semèrent partout le désordre et la guerre, et le mal devint grand. Les élémens, la terre, souillés, déshonorés par l'impiété et le sacrilège, élevèrent leurs plaintes jusqu'au ciel. Alors Dieu promit d'envoyer sur la terre une émanation de son essence, pour juger les vivans, récompenser ou punir les morts, et diriger les événemens [1].

Ici se place le troisième ordre ou plutôt la troisième génération des dieux, incarnations proprement dites des dieux de la seconde (*sup.*, p. 411), et qu'on peut, avec Diodore, appe-

---

[1] Pœmander, § 1. Sermo sacer, § 3. Asclepius, p. 130. κόρη κόσμου ap. Stob., t. II, p. 935, 943-45, 950-59, 968-76. Jamblich., de Myst.— Cette belle Nature dont il est question, est l'*Athene-Physis*, point de vue particulier de *Neith*. Elle rappelle d'une manière frappante la *Maya* des Hindous (liv. I, p. 268, 271 et la note 13 sur le même livre, f. v.). On retrouve également ici tous les principaux traits de la *Pandore* des Grecs.

ler *dieux terrestres* [1]. On sait comment ils naquirent (p. 410); mais ce qu'il est nécessaire d'ajouter, c'est que tous enfans de *Rhéa* ou de la Terre, leur mère commune, ils eurent des pères différens : *Osiris* et *Aroueris* furent engendrés du Soleil; *Typhon*, de Saturne; *Isis* d'Hermès; *Nephthys* de Saturne comme son frère [2]. Guidés par les conseils d'*Hermès*, *Osiris* et *Isis* prodiguèrent aux hommes tous les biens de la vie et de la civilisation, de la religion et des arts. Mais ne voulant point borner ses bienfaits à l'Égypte, *Osiris* partit pour sa grande expédition, accompagné de *Pan* avec ses satyres; d'*Anubis* cynocéphale, qu'il avait eu de *Nephthys*; d'un autre génie à tête de loup [3]; d'*Aroueris* qui menait à sa suite une troupe aimable de danseuses et de femmes artistes de toute espèce [4].

[1] Θεοὺς ἐπιγείους, I, 13. — Diodore applique cette dénomination aux huit dieux énumérés plus haut d'après lui, dynastes divins qu'il suppose des hommes divinisés, conformément à son faux système d'interprétation mythologique *Conf.* la note 7 ci-après.

[2] Une autre généalogie fait les cinq divinités du troisième ordre à la fois, enfans de *Saturne* aussi bien que de *Rhéa* (de *Sovk* ou *Petbé* et de *Netpé*, le dernier des six couples qui composent les douze divinités du second ordre). Quant au récit qui rattache leur origine au complément du calendrier, il faut y ajouter cette circonstance curieuse, que le Soleil maudissant son épouse infidèle (*Rhéa* est donc femme de *Saturne* et du *Soleil* en même temps), avait déclaré qu'elle n'enfanterait ni dans le mois, ni dans l'année. *Hermès*, désirant à son tour s'unir à la déesse, fut obligé de gagner préalablement à la Lune la soixante-dixième partie de ses illuminations, dont il fit cinq jours nouveaux en dehors à la fois du mois et de l'année, pour y placer la naissance des cinq nouveaux dieux. Ainsi, en supposant avec M. Prichard (*Analysis of Ægypt. Mythol.*, p, 95), que l'existence de ces dieux dans la religion égyptienne aurait été bien antérieure à la réforme calendaire, il est clair qu'à l'époque de celle-ci seulement, ils furent admis dans le système astronomico-mythologique qui paraît avoir été la forme commune et fort ancienne de toutes les religions orientales. *Voy.* ci-après, note 13.

[3] Diodor., I, 18, l'appelle *Macedon* : mais est-il réellement distinct d'*Anubis*? *Voy.* note 10.

[4] Ce sont les Muses d'origine égyptienne. *Voy.* p. 492.

Quant à *Hercule*, *Antée* et *Busiris*, ils furent laissés pour le gouvernement ou la garde de l'Égypte. *Osiris*, soit durant sa vie, soit après sa mort, donna en outre trois enfans à *Isis* : *Horus*, *Bubastis*, sa sœur, et l'impuissant *Harpocrate* [1]. (*Voy*. la légende, p. 389 sqq., et les notes 4 et 5 sur ce livre.)

Après la mort d'*Osiris* et la défaite de *Typhon* par *Horus*, qui mit fin à l'empire du mal, l'Égypte jouit d'une longue et sainte prospérité, jusqu'à ce que l'âge d'or eut passé et que *Thémis* se fût envolée dans les cieux [2]. Là cessèrent les règnes des dieux et commencèrent les règnes des hommes. (J. D. G.)

[1] Diodore cite encore quelques autres personnages du cortége d'Osiris, tels que *Maron* et *Triptolème* : jusqu'à quel point ces êtres mythologiques sont-ils réellement égyptiens, c'est ce que nous ignorons. Le *Prométhée* dont il est question dans la suite de son récit, ne paraît autre qu'*Hermès* laissé avec *Hercule* en Égypte comme ministre d'Isis. Dans ce nombre de dieux ou de personnages divins rattachés à la légende d'Isis et d'Osiris, et que Gœrres regarde comme autant d'émanations, ou, pour mieux dire, d'incarnations des divinités supérieures, quels sont ceux qui composent exclusivement la troisième dynastie, qui fut non pas de sept, comme dit M. Creuzer, mais de huit divinités inférieures ou demi-dieux, selon le langage trop grec de la vieille Chronique? Peut-être à *Osiris*, *Aroueris*, *Typhon*, *Isis* et *Nephthys*, faut-il ajouter *Horus-Harpocrate*, *Bubastis* et *Anubis* (distinct d'*Hermès*). *Conf*. notes 4, 5 et 10.

[2] Pour avoir la légende populaire aussi complète que possible, il faut comparer Plutarque, Diodore et Synesius, de Provident., p. 114 et 124, sans adopter toutefois les fausses interprétations de ces deux derniers écrivains voués à l'Évhémérisme. (*Voy*. la note suivante.) Gœrres remarque très-bien que les Égyptiens, comme les Hindous et les Perses, avaient le dogme des différens âges du monde, et qu'avec la fuite de *Thémis* ou la mort d'*Isis*, était censé commencer le dernier âge ou le temps historique. Le même savant trouve de frappans rapports entre le mythe d'*Osiris* et la septième incarnation du *Vichnou* indien. (*Sup*. liv. I, chap. 3, p. 199 sqq.) Mais, comme l'observe plus justement M. Creuzer, les élémens de la légende égyptienne soit d'*Osiris*, soit d'*Hercule*, sont épars dans les diverses incarnations de *Vichnou*, dans celles de *Rama*, de *Bala-Rama* et surtout de *Crichna* son frère. (*Sup*. p. 188 sq., 199, 205 sqq., et note de la p. 211.) *Crichna* est noir comme *Osiris*, leurs principaux attributs sont les mêmes, et tous deux,

Note 7 (chap. II, p. 411-414, etc.).

Il paraît qu'à une époque quelconque toute la religion populaire des Égyptiens vint se concentrer, pour ainsi dire, dans *Osiris*, *Isis* et leur fils *Horus*, auxquels furent subordonnés ou rattachés diversement, soit le petit nombre de personnages qui figurent avec eux dans la légende sacrée, soit les nombreuses divinités des ordres supérieurs. Les idées morales ayant prévalu peu à peu sur les simples intuitions physiques, cette religion, pour mieux s'accommoder à l'homme, prit un aspect de plus en plus humain, et de là cette forme historique donnée à la croyance, qui a fait illusion à tant d'esprits d'ailleurs judicieux. Ils ont confondu le grand principe de la doctrine égyptienne, l'émanation, qui implique nécessairement l'incarnation, avec les principes fort différens de la religion des Grecs. Chez les Égyptiens, la divinité, par une suite d'évolutions, descendait jusqu'à l'homme; chez les Grecs, au contraire, l'homme pouvait s'élever jusqu'au rang de la divinité. Ceux-ci, au dessous de leurs dieux suprêmes, avaient bien aussi des êtres divins d'une nature inférieure; mais ces êtres intermédiaires entre la divinité et l'homme, étaient eux-mêmes des hommes que leurs bienfaits ou leurs services avaient

chose singulière, trouvent la mort sur un bois fatal, à la veille du dernier âge. Tous deux ont un cortège de nymphes et d'animaux; la fécondité, les bienfaits de l'agriculture, marquent également leurs pas; tous deux sont nommés et le roi de l'univers et le meilleur des hommes, le *Bon* par excellence. Enfin, dans *Crichna-Bouddha* comme dans *Osiris-Agathodémon*, nous avons à la fois le principe vital des corps et le principe intelligent des esprits. *Osiris*, de même que *Crichna*, est exalté au point de s'identifier avec *Ammon-Kneph* (identique à *Thoth-Hermès* et par lui au *Brahma* de l'Inde), le principe unique et caché duquel dérivent toutes les existences : en même temps s'identifient la mythologie populaire et la haute doctrine, comme le corps et l'esprit de la religion. Compar. liv. I, p. 220 sq., 242, 294 sqq.; et liv. III, p. 407 sqq.; 439, 444 sq.; 518.

déifiés; c'étaient les *héros*, quelquefois exaltés à la hauteur des dieux. Ainsi donc une partie du culte hellénique se fondait sur l'*apothéose*, directement opposée à l'*incarnation* qui est générale dans les religions de l'Orient [1]. Les Grecs ne pouvaient se faire à l'idée d'un dieu abandonnant les célestes béatitudes pour venir sur la terre souffrir et mourir; leurs dieux à eux, laissant aux mortels les soucis et les maux de la terrestre condition, et savourant incessamment le nectar et l'ambroisie, vivaient pour l'immortalité. D'après la croyance populaire de la Grèce, il n'y avait qu'un homme ou un demi-dieu qui pût endurer la destinée humaine; et *Osiris-Dionysus* devait nécessairement avoir pris naissance au sein d'une mortelle. Mais dans les augustes doctrines de l'Orient et de l'Égypte, où furent déposés, en quelque sorte, les premiers germes du christianisme, le Dieu se manifeste sous les dehors de l'homme, poussé par un inépuisable amour; il devient le sauveur de son peuple, et, pour accomplir sa mission tout entière, se dévoue à la mort. Aussi Plutarque, le plus savant et tout ensemble le plus pieux des Hellènes, ne pouvait-il se résoudre à croire qu'*Isis* et *Osiris* fussent des dieux; il voit en eux des *démons* ou génies, êtres intermédiaires à demi tombés dans les liens du monde matériel [2]. Quant aux sectateurs du système de l'apothéose, ils prenaient un parti plus décidé: selon les disciples de l'épicurien Évhémère, par exemple, toutes les divinités, tant des Hellènes que des Barbares, devaient avoir été des personnages humains, déifiés après leur mort par la reconnaissance des peuples ou par toute autre cause. Dans des temps où la foi antique se perdait de jour en jour, où dominait la frivolité, un tel système ne pouvait manquer de trouver une faveur extraordinaire, surtout chez les Romains; et Callimaque avec quelques autres hommes vraiment religieux eurent beau le combattre de toutes leurs forces, aujourd'hui encore il conserve de nombreux partisans. Toutefois

---

[1] Maxime de Tyr remarque cette grande différence. *Voy.* Dissertat. VIII, 5, p. 137 sq., Reisk.
[2] De Isid. et Osirid., p. 467; Wyttenb.

nous ne nous y arrêterions pas, si l'un des plus savans hommes des temps modernes, Zoëga, dans son grand ouvrage sur les obélisques, n'avait sacrifié à cette idole. Il a cru trouver dans un passage d'Hérodote rapporté plus haut (p. 787), le fondement du mythe tout entier d'*Osiris*, qui lui paraît un simple événement de l'histoire d'Égypte. Selon lui, *Osiris*, le *bon roi*, le *pasteur de Philes*, tombé dans les combats pour la défense de sa patrie, sous les coups du chef des nomades, *Baby*, que les Grecs nomment *Typhon*, serait devenu le *bon Dieu*. En effet, les agriculteurs ayant repris le dessus, lui auraient élevé des monumens comme au sauveur du pays, et auraient consacré à sa mémoire un véritable culte. Le *pasteur*, dont Hérodote rattache l'idée à celle des pyramides, d'après la tradition égyptienne, n'est autre qu'*Osiris*, le roi de *Philes*, qui jadis avait conduit en ces lieux ses troupeaux, c'est-à-dire ses peuples, et qui maintenant, dans le royaume des morts, les gouverne encore et les rend heureux comme le *bon pasteur* [1].

Telle est l'hypothèse de Zoëga, à laquelle il a rattaché tout son système sur les commencemens de la société et de la civilisation en Égypte. Mais on peut lui répondre, d'abord, que ce nom de *pasteur* donné aux rois comme un titre d'honneur chez les Grecs du temps d'Homère, qui les appelle les *pasteurs des peuples*, est en opposition formelle avec les mœurs égyptiennes. Les pasteurs étaient méprisés, exécrés dans toute l'Égypte; les prêtres égyptiens vivaient avec eux dans une guerre éternelle [2].

---

[1] Zoëga, de Orig. et usu Obelisc., p. 389, note 20; p. 577 sq.

[2] Genes., XLVI, 34; et Maneth. ap. Joseph. c. Apion. I, 14; coll. de Rossi, Etymol. Ægypt., p. 280. — Cette haine des Égyptiens pour les pasteurs n'a-t-elle pas été fort exagérée, comme l'ont déjà pensé MM. Heeren et de Pastoret (*Ideen* II, 2, p. 594; Hist. de la Législat., II, 130)? ou plutôt, n'y a-t-il pas ici confusion des pasteurs en général, soit avec les pasteurs-nomades, ennemis naturels des agriculteurs, soit avec telle ou telle tribu de pâtres, objet d'un mépris spécial? (Ci-dessus, p. 774, 782.) Nous sommes même portés à croire que l'idée du *bon pasteur* pourrait bien n'avoir pas été plus étrangère à l'Égypte qu'à l'Inde, et que les dieux comme les rois égyptiens étaient quelquefois comparés à des *pas-*

D'ailleurs, Hérodote est directement contraire à l'idée fondamentale du savant Danois; car il sépare nettement les règnes des dieux de ceux des hommes, déclarant que le dernier roi divin fut *Orus* (Horus), qu'il nomme fils d'*Osiris*. Selon lui, *Horus* est l'Apollon des Grecs, *Osiris* leur Bacchus ou Dionysus. Après *Horus* vinrent les rois humains; et depuis 11340 ans, au dire des prêtres, aucun dieu ne s'était manifesté sous la figure d'un homme [1]. Jamais non plus les Égyptiens ne connurent le culte des *héros*, au sens des Grecs, comme l'affirme encore le père de l'histoire [2].

Il n'est donc pas vrai de dire que des prêtres ligués avec les rois mirent ces derniers au rang des dieux, après leur mort,

---

teurs de troupeaux. Sur un bas-relief du tombeau royal découvert par Belzoni, *Horus*, modèle des rois plus encore qu'*Osiris*, suit comme pasteur seize personnages, Perses, Éthiopiens, Arabes, Égyptiens, qui figurent les nations sur lesquelles dominait le monarque défunt (2e chambre, pourtour représentant les obsèques du roi, plan inférieur à gauche du tableau principal). Du reste, nous reconnaissons avec M. Creuzer toute la futilité du système de Zoëga, qui se fonde en grande partie sur une étymologie probablement fausse du mot φιλίτιος ou φιλιτίωνος. Ce mot ne peut venir de Φίλαι, qui fait φιλάτης ou φιλίτης. Stephan. Byz., p. 739, Berkel. (J. D. G.)

[1] Herodot. II, 142, 143, 144. — Sur cette chronologie, *voy.* ci-après note 13. Certains modernes ayant renoncé à expliquer, soit la religion égyptienne, en général, soit les règnes des dieux, par l'apothéose, n'en ont pas mieux compris le rapport de ces règnes divins avec l'ensemble du système mythologique. De là l'hypothèse nouvelle qui veut y voir les traces de la domination successive des différens colléges de prêtres et d'une longue période de théocratie, antérieurement à la monarchie des Pharaons. Cette hypothèse, mise en avant par Larcher (Chronol. d'Hérodote, chap. I, § X *ad fin.*), a été principalement développée par M. de Pastoret, Hist. de la Législat., t. II, chap. 1er. (J. D. G.)

[2] Herodot. II, 50. — Zoëga et Larcher se sont complétement mépris sur le sens de ce passage, comme l'ont remarqué M. de Pastoret pour le second et M. Creuzer pour le premier. *Voy.* Hist. de la Législat., t. II, p. 349 sq.; et les développemens de notre auteur dans les Commentat. Herodot., p. 199 sqq. (J. D. G.)

et les proposèrent à l'adoration des peuples [1]. Telle ne fut point l'origine de la religion et du culte des divinités. Mais les prêtres ayant découvert cette essence divine qui réside au sein de la nature et dont ils sentaient l'existence en eux-mêmes, firent adorer aux peuples cette cause suprême dont les effets se révélaient à leurs regards, et qu'eux-mêmes ils adoraient comme la condition de leur propre existence. Ainsi ce n'est point l'apothéose, c'est la vie, c'est la contemplation de la nature, qui fut la source féconde de la religion des Égyptiens et de toutes les religions de la haute antiquité, de toutes les religions vraiment primitives. (C-R.)

Note 8 (chap. III, p. 419).

L'horreur de la mer, chez les anciens Égyptiens, a été fort exagérée par de Pauw et quelques autres écrivains qui, refusant aux vieux Pharaons tout commerce et toute familiarité avec cet élément, en ont inféré la fausseté des expéditions de Sé-

---

[1] Tout ce qu'on peut accorder à cette opinion, l'une des plus fausses qui aient prévalu dans l'étude de l'antiquité, c'est ce que lui accordent, en des sens divers, M. Creuzer (*sup.*, p. 413 sq.) et M. Champollion le jeune (dans le nouvel et très-remarquable écrit qui vient de tomber entre nos mains : *première Lettre à M. le duc de Blacas*, relativement aux monumens historiques du Musée royal égyptien de Turin; Paris, 1824, in-8°). « Dans un très-grand nombre de sculptures, dit le savant Français, p. 75 sq., des rois que l'on a pris jusqu'ici pour des divinités, en agissent tout-à-fait de pair avec de véritables dieux, et occupent au milieu d'eux un rang distingué... Je ne doute point, au reste, qu'on ne cherche à voir dans cette particularité une preuve démonstrative en faveur du vieux système d'Évhémère, si souvent renouvelé de nos jours, et qui veut retrouver l'origine des religions anciennes dans le culte de personnages humains divinisés : mais je me propose d'établir, dans un travail particulier, que cette apothéose des Pharaons, dont je retrouve la cause nécessaire dans le grand système psychologique des Égyptiens, laissait toujours subsister un vaste intervalle entre les rois *sanctifiés* et les essences divines immortelles et incorporelles que l'Égypte honorait d'un culte public et général. » *Compar* ci-dessus, nos notes 2, § 2, p. 776 sq.; et 6, p. 837 sq., où se trouve un aperçu de la psychologie égyptienne. (J. D. G.)

sostris [1]. Une foule d'inductions, et entre autres l'étendue des connaissances géographiques que possédaient les prêtres de l'Égypte, tendent à prouver, au contraire, la réalité des grandes entreprises maritimes attribuées à ce peuple, notamment sur la mer Rouge et jusque dans l'Inde. D'ailleurs les témoignages positifs d'Hérodote et de Diodore sont aujourd'hui pleinement confirmés par les scènes représentées en bas-relief sur les murs du palais de Médinat-Abou [2]. Il est toutefois probable que les côtes de la Méditerranée furent, dans les premiers siècles, périodiquement bloquées, en vertu de motifs politiques, auxquels le temps et les circonstances apportèrent des tempéramens successifs. Le trône des Pharaons avait à redouter de ce côté de funestes secousses; et cependant la culture toujours plus florissante du territoire, jointe au commerce de l'Afrique, de l'Arabie et des contrées plus reculées de l'Orient, suffisaient à tous les besoins d'une sage administration. C'est ainsi que long-temps la Méditerranée fut mise au ban du sacerdoce égyptien.

[1] *Conf.* note 2, § 3, *supra*, p. 785.
[2] Herodot., II, 102. Diodor., I, 53 sq.; coll. Descript. de l'Ég., vol. II (Thèbes), p. 63 sqq. — Le héros qui figure dans ces scènes guerrières n'est point *Sésostris*, comme on l'a cru, mais son aïeul *Ramsès-Meiamoun*, le même pour qui fut creusé le cinquième tombeau de l'est, dans la vallée de Biban-el-Molouk à l'occident de Thèbes. M. Champollion le jeune, qui a déterminé ce fait important, croit avoir découvert depuis, parmi les nombreux et inestimables mss. sur papyrus de la collection Drovetti, au Musée de Turin, un plan lavé de cette magnifique catacombe, parfaitement conforme à celui que nous a donné la Commission d'Égypte. Le même savant parle d'un autre papyrus du temps de *Sésostris*, au milieu de l'une des pages duquel est peint un grand vaisseau avec de grandes voiles, ses agrès et des mousses courant sur les mats. Rien n'égale l'importance de ces dernières découvertes de notre célèbre compatriote, si ce n'est son zèle à les répandre et son active habileté à les exploiter pour l'histoire. *Voy.* le Système hiéroglyphique, p. 227 sq. *Conf.* les lettres de M. Champollion insérées dans la Revue Encyclopédique, t. XXIV, p. 518, dans le Bulletin des sciences historiques, novembre 1824, et dans le Moniteur du 25 décembre, même année. (J. D. G.)

Dans la suite des temps, cette conception fondamentale reçut des modifications considérables, et l'empire de la mer, regardée autrefois comme un génie hostile et malfaisant, passa aux mains d'*Isis*. Les Égyptiens d'Alexandrie, habitans des côtes, et dont l'existence dépendait en partie du commerce maritime, donnèrent cette attribution nouvelle à l'antique déesse nationale : elle paraît maintenant s'avançant vers le Phare avec un manteau flottant, le sistre dans une main, dans l'autre une voile enflée. Sous cet aspect, elle prend le nom de *Pharia* [1]. On pourrait concilier l'idée ancienne et l'idée nouvelle en supposant que les Égyptiens auraient cherché dans *Isis* une protectrice contre le méchant *Typhon*, dominateur de la mer.

Il y avait encore une *Maria-Pharia*, qu'un poëte grec compare à Vénus, et qu'un peintre avait représentée sous les traits d'une femme jouant de la cithare [2].

Pour le remarquer en passant, peut-être aussi des tribus libyennes firent-elles long-temps le monopole de la navigation sur la Méditerranée. On veut trouver des dénominations libyques dans le mot *Naphtuhim* (Genes. X, 13), et dans *Nephthun*, d'où serait venu *Neptunus* [3]. En effet, *Poseidon*, dieu

---

[1] *Voy.* Eusebii, Præpar. ev., V, 7. *Conf.* Jablonski Voc. Ægypt., p. 377, avec la remarque de Te Water sur le Phare, et le Dionysus de M. Creuzer, p. 162 sqq., sur cette divinité. On la trouve représentée sur les médailles égyptiennes des empereurs, par exemple sur celle qui est reproduite dans notre pl. LII, 160 *a*. Les fig. 160, mais surtout 159, pl. XXXIX, ne sont pas sans quelque analogie ou de forme ou d'idée.

[2] Paulus Silentiarius in Anthologia græca, vol. IV, p. 59, n° 55, ed. Jacobs. — Sur les monumens de l'Égypte, on voit souvent des musiciennes, dont quelques-unes sont certainement des déesses. *Voy.* pl. XXXI, 140, et l'explication. (J. D. G.)

[3] Jackson's *Chronolog. Alterthümer*, p. 540 (trad. allem. de l'ouvr. anglais cité p. 801, *sup.*). — Très-certainement le nom de *Nephthys* ou *Nephthé*, épouse de *Typhon*, dieu de la mer, n'est pas non plus sans rapport avec *Neptunus* ou *Neptune*. Cette déesse était en relation avec la Libye et les côtes libyques bien plus qu'avec les côtes arabiques, comme l'a cru mal à propos Jablonski, Panth. III, p. 120 sq. (J. D. G.)

libyen, suivant Hérodote¹, devait avoir un nom libyque. (C-R.)

Note 9 (chap. III, p. 441).

Le nom de *Busiris* se rattachait tout à la fois à la haute et à la basse Égypte : mais là il est donné à de prétendus rois; ici seulement à des localités. Diodore (I, 45) cite, après *Ménès*, un premier *Busiris*, qui aurait été le chef d'une dynastie de huit Pharaons dont le dernier, *Busiris II*, fut, selon lui, le fondateur de Thèbes. Peut-être faut-il interpréter ainsi cette tradition : « les Pharaons, fondateurs de Thèbes, reposent dans le tombeau d'*Osiris*; » à moins que l'on n'y veuille trouver en même temps une allusion mythique à l'origine de l'architecture égyptienne, née dans les grottes sépulcrales². (Ci-dessus, p. 766 sq.) On distinguait, dans l'ancienne Égypte, trois ou quatre

---

[1] II, 50; IV, 188. *Conf.* Münter, *Religion der Karthager, zweite Auflage*, p. 98. — Il y aurait beaucoup à dire sur le chap. 50, liv. II d'Hérodote : non-seulement d'autres auteurs bien informés, tels que Manéthon, Diodore, Horapollon, etc., mais des monumens authentiques, comme l'inscription de Cius et celle de l'île de Sétès aux Cataractes nous ont fait connaître des synonymies de divinités égyptiennes et grecques que le père de l'histoire n'admet pas. Les résultats des premiers travaux de M. Champollion le jeune ont confirmé de toute leur autorité cet accord, et nous avons reconnu avec lui, par exemple, dans notre note 6, une *Junon* et une *Vesta* égyptienne, *Sate* et *Anouke*, mentionnées, dans l'inscription des cataractes, sous ces doubles noms. En traitant des religions phénicienne, carthaginoise, grecque et romaine, nous reviendrons, dans la suite, et sur la valeur ou le sens du témoignage d'Hérodote, et sur la véritable origine, les noms, etc., de *Neptune* et des autres divinités qu'il refuse à l'Égypte. (J. D. G.)

[2] Sans adopter précisément l'interprétation donnée par M. Creuzer de ces règnes des *Busiris*, nous ferons remarquer que, dans un autre passage (I, 15), Diodore assigne à *Osiris* lui-même la fondation de Thèbes, ce qui rapproche déjà ces deux noms et ces deux personnages également en rapport l'un avec l'autre dans la légende populaire. (*sup.*, p 429.) *Busiris*, de même qu'*Antée*, était fils de *Neptune* et de *Lysianasse*, fille d'*Epaphus*, ou d'*Anippe*, fille de *Nilus*. Ces rapprochemens nouveaux et cette généa-

villes du nom de *Busiris*, dont la plus célèbre fut celle qu'Hérodote place au centre même du Delta, et qui avait un temple magnifique dédié à *Isis* [1]. Jablonski, Voc. Ægypt., p. 54, et Zoëga de Obelisc., p. 288, expliquent le mot au moyen du copte *Be-Ousiri*, c'est-à-dire *tombeau d'Osiris*. M. Champollion, au contraire, écrivant *Pousiri*, n'y voit autre chose que le nom même d'*Osiris* précédé de l'article, et déclare à son tour l'étymologie des Grecs, qui le font venir de Βοῦς et Ὄσιρις, complétement absurde [2]. Toutefois le témoignage positif de Diodore qui affirme (I, 88) que *Busiris* en égyptien signifie *tombeau d'Osiris*, doit être d'un grand poids. J'ai essayé de montrer, dans mes Commentaires sur Hérodote, comment les deux expressions : « Ici est Osiris » et « Ici est le tombeau d'Osiris », veulent dire au fond une seule et même chose ; et quelque fausse que soit en elle-même l'étymologie inventée par les Grecs, elle n'en renferme pas moins une vérité importante,

logie concourent avec les témoignages positifs cités par notre auteur, à écarter toute idée d'un roi humain. *Neptune* représente ou *Typhon* lui-même ou plutôt *Saturne*, qui lui donna le jour ainsi qu'à *Nephthys*, sa sœur : *Busiris*, *Antée* et *Typhon* seraient donc trois incarnations du dieu à tête de crocodile. (*Sup.*, p. 815 sq.) Comment admettre ensuite avec M. Champollion le jeune (Syst. hiérogl., p. 246), que le *Rathosis*, *Rathotis* ou *Athoris*, dans la XVIIIe dynastie de Manéthon, soit « le fameux tyran *Busiris*, si connu dans les mythes grecs ? » Il est vrai que, dans un écrit postérieur et plus spécial, M. Champollion n'y est pas revenu. *Conf.* la première Lettre à M. de Blacas, p. 85 sqq.   (J. D. G.)

[1] *Conf.* Herodot. II, 59; Strab. XVII, p. 802, Casaub.; Diodor. I, 85, 88, *et ibi* Wesseling.; et surtout Champollion le jeune, l'Égypte sous les Pharaons, I, p. 365; II, 42, 184 sqq.; Hartmann's *Ægypten*, 836, 954, 993, 1038.

[2] Elle est développée dans Stephan. Byz. in voc., p. 240, Berkel. — Plutarque (de Isid., c. 21, p. 493, Wyttenb.) dit positivement que Βούσιρις signifie la même chose que Ταφόσιρις; qu'il dérive en conséquence de Τάφος, *tombeau*, et Ὄσιρις. M. Champollion le jeune combat encore cette étymologie, mais confirme la première partie de l'assertion de Plutarque, en reconnaissant que *Taposiris* ou *Tapousiri* veut dire la *ville d'Osiris*. Les deux noms paraissent s'être échangés l'un pour l'autre. L'Égyp. s. les Phar., II, 186, 263, 267 sq.

c'est que jadis le taureau fut, pour la plupart des peuples anciens, un symbole de la terre. Aussi les grands de l'Égypte se faisaient-ils quelquefois ensevelir dans des cercueils faits en forme de bœuf ou de vache, avec une allusion évidente au taureau zodiacal et à l'espoir d'une vie nouvelle [1]. (*Conf.* p. 468).   (C—R.).

[1] S'il nous est permis à notre tour de proposer nos conjectures, il nous semble que la découverte de la légende hiéroglyphico-symbolique d'*Osiris*, d'accord avec la nature du culte tout funèbre rendu à ce dieu, concilie toutes les opinions et lève toutes les difficultés. Un tombeau en forme de bœuf ou de vache, surmonté ou accompagné d'un œil, telle est l'une des formes habituelles de cette légende, comme nous l'avons remarqué plus haut (p. 805); le nom écrit de la *ville d'Osiris* devait, aussi bien que son nom parlé, reproduire celui du dieu éponyme; et c'est au nom écrit que se rattachent les étymologies tant de Diodore et de Plutarque que d'Étienne de Byzance, tandis que la véritable étymologie, donnée par M. Champollion, est celle du nom parlé. M. Creuzer a prouvé avec beaucoup de sagacité et avec sa richesse ordinaire d'érudition, contre Zoëga et autres, qu'Hérodote lui-même n'a pu ignorer la *tradition sacrée*, d'après laquelle *Osiris* avait été enseveli dans un bœuf ou dans une vache. *Conf. sup.*, p. 395, et Commentat. Herodot., p. 113 sqq.—*Osiris* au tombeau, c'est *Busiris*, transformé en tyran cruel, parce qu'il attire et retient dans les sombres demeures dont il est le roi, tous ceux qui abordent dans ses états, c'est-à-dire tous les morts. En effet, les villes appelées de son nom paraissent avoir été autant de cités sépulcrales. D'un autre côté, nous avons vu que, suivant quelques traditions, *Osiris* était fils de *Saturne*, qui doit être le *Neptune*, père de *Busiris*. (*Sup.* p. 848 sq.) Ajoutons que *Sarapis*, dont le nom était expliqué par quelques-uns le *tombeau d'Apis*, s'identifie par-là complétement avec *Busiris-Osiris*. (Plutarch. de Is., cap. 29; et *sup.*, p. 808, 818.) L'*Illaudatus Busiris* rappelle encore l'odieux pasteur *Philitis* (*sup.*, p. 787, 843 sq.), comme le remarque notre ingénieux auteur. D'après tout ceci, l'on pourrait être tenté de regarder et le tyran *Busiris* et son aventure avec *Hercule* comme de pures inventions des Grecs, peu au fait du langage symbolique des Égyptiens; telle paraît avoir été l'opinion du père de l'histoire (II, 45). Beaucoup de poètes, entre lesquels Euripide (fragm., p. 434, ed. Beck; Hesych. I, p. 56 et 604, Alb.; Athen. X, p. 4 et 26, Schweigh.; Pollux, X, 5, 82) avaient mis *Busiris* en drame. Quant aux sacrifices humains, on trouvera de plus grands développemens dans la note 12, § 2, ci-après.   (J. D. G.)

Note 10 (chap. IV, p. 435-446; X, 518 sq.).

Il est peu d'articles de sa Mythologie où M. Creuzer ait semé plus d'aperçus ingénieux et profonds que dans son morceau sur *Hermès*, et en ce sens l'on doit reconnaître que l'écrivain s'est élevé à toute la hauteur du sujet : mais il en est peu aussi où, faute d'un examen scrupuleux des faits de détail, il ait plus multiplié les hypothèses et quelquefois les erreurs. D'abord il s'est appuyé avec beaucoup trop de confiance sur des étymologies incertaines, qui l'ont conduit à établir des distinctions que nous n'avons pu nous dispenser de modifier, même dans son texte; ou à méconnaître telles autres distinctions que nous devons rétablir ici, en complétant son travail. Il n'est pas exact de dire que les noms de *Thoth* et d'*Hermès* s'appliquent à deux attributions diverses du dieu de la science écrite, et par suite à deux modes d'écriture essentiellement différens, l'hiéroglyphique et l'alphabétique; il ne l'est guère plus d'avancer qu'*Anubis* et *Thoth* soient une seule et même divinité, considérée sous deux aspects distincts [1]. Les Grecs

[1] M. Creuzer adopte les opinions de Jablonski sur le sens des noms *Thoth* et *Anubis*; il eût mieux fait de s'en tenir aux caractères des personnages, tels que ce savant les avait déduits des textes anciens. *Voy.* le Panth. Ægypt., part. III, lib. V, cap. 1 et 5.—*Thoth* ou *Theuth* ou *Thoyth*, comme écrivent plus ou moins exactement Manéthon (ap. Syncell., p. 40), Platon, dans le Phédrus (coll. Phileb., tom. IV, p. 223, Bip.; II, p. 309; trad. fr. de Vict. Cousin) Cicéron, de Nat. Deor. (III, 22), voudrait dire, suivant Jablonski (Panth., p. 180, et Voc., p. 91), *la colonne*. Un autre auteur, Dornedden, dans un article étroit et faux *sur les inventions de Thoyth*, dont M. Creuzer s'est encore trop ressouvenu, dérive ce nom de *Tho*, une année, un cycle, le calendrier, et de *Houit*, qui commence, qui mène à sa suite, en sorte que *Thohouit*, *Thoyt*, *Thoth* signifierait à la fois et le *premier mois* et le *premier jour du premier mois de l'année* : à cette bizarre étymologie se rattache tout un système non moins bizarre (*Neue Theorie*, etc., p. 215-240). M. Champollion le jeune ne nous paraît pas très-fixé encore ni sur la véritable orthographe, ni sur le sens du mot; il incline d'abord à distinguer deux formes du nom, analogues aux deux formes du dieu, *Thoth* et *Thôout* ou *Thôouti*; mais ensuite il

ont bien pu confondre quelquefois *Thoth* et *Anubis* sous le même nom d'*Hermès* (et les Romains sous celui de *Mercure*), à cause des grands rapports qu'avaient entre elles ces deux

lui arrive souvent de les confondre dans la seule forme *Thoth*. *Thoth* ou *Tot*, selon lui, pourrait être une racine égyptienne qui signifie *mêler*, *tempérer par le mélange*, et se traduirait *miscens*, *temperans*, parce que le premier Hermès mêla l'eau à la terre pour en former le corps de l'homme : *Thóout*, comme l'avait déjà observé Jablonski, se rapporterait à une autre racine qui veut dire *congregare*, *in unum colligere*, et par conséquent s'appliquerait au chef divin des *colléges* de prêtres et de toute la caste sacerdotale, lequel réunissait dans sa personne mystique l'*ensemble* de toutes les connaissances divines et humaines, de toutes les découvertes et de tous les travaux de la *congrégation* sacrée. (Panthéon égyptien, explicat. des pl. 15 à 15 c, et surtout 30, 30 a, etc.) — Quant au nom d'*Hermès*, d'origine égyptienne, suivant Zoëga (de Obelisc., p. 224, 581), il exprimerait ou le *père de la science*, ou *celui qui s'occupe de la vérité* : on pourrait, dit M Hug (*Untersuchungen über den Mythos*, etc., p. 270), confirmer cette dernière étymologie par un passage de Plutarque (de Isid., cap. 68), qui dit qu'à la fête d'Hermès avait cours le proverbe, γλυκὺ ἡ ἀλήθεια, *la vérité est douce ;* mais d'autres pensent que le mot est purement grec et traduit quelque mot égyptien correspondant. M. Creuzer adopte, en ce sens, l'étymologie qui dérive Ἑρμῆς d'Ἔρω, Εἴρω, *Sero*, d'où *Sermo*, la pensée et en même temps la parole et l'écriture discursives, développées, détaillées, par opposition à la conception, à l'expression, à l'écriture intuitives, totales, c'est-à-dire procédant par masses : de là l'attribution de l'écriture hiéroglyphique à *Thoth*, la colonne, et de l'écriture alphabétique à Hermès, le livre. Cette distinction, comme nous le faisons sentir dans le texte (p. 435 sq.), en inclinant de préférence vers l'opinion de Zoëga, est en grande partie imaginaire, ainsi qu'il sera démontré ci-dessous. Ne serait-il pas plus naturel, dans la supposition que le nom d'*Hermès* fût une traduction grecque d'un mot égyptien, de le rapporter par son analogue Ἕρμα, d'où Ἔρεισμα, de Ἔρδω, Ἐρέδω, Ἐρείδω, *base*, *appui*, *soutien*, à la racine égyptienne *Thoyth*, colonne ? C'était le sentiment de Lévesque (Études de l'hist. anc., II, p. 32). — Reste le nom d'*Anubis*, *Anoubis*, mieux *Anebo*, qui est sans aucun rapport essentiel avec les précédens. Jablonski, et avec lui M. Creuzer, le tire du copte *Noub*, *Annoub*, *aurum*, *aureus* (Panth., l. l., p. 19; et Voc., p. 32.) Le vrai nom égyptien étant *Anbô*, *Anébô*, *Anebou :* cette seule orthographe, puisée

divinités différentes; mais ils n'en ont pas moins distingué plusieurs *Hermès*, et presque toujours ceux-ci d'*Anubis*. D'ailleurs, ici encore, les monumens figurés, d'accord avec le petit nombre de fragmens qui nous ont été transmis des livres *hermétiques*, viennent lever tous les doutes, éclaircir toutes les difficultés. Les images et les légendes hiéroglyphiques de *Thoth* hiéracocéphale, de *Thoth* ou *Thôout* ibiocéphale et cynocéphale, enfin d'*Anebo* ou *Anubis* toujours représenté avec une tête de chakal, marquent nettement les caractères, les attributs, les rôles divers de ces différens dieux, tandis qu'une étude approfondie des traditions sacrées ou populaires qui les concernent, nous montre en eux comme une chaîne non interrompue d'incarnations successives d'un même principe divin, l'intelligence, en rapport avec tous les dieux, astres ou élémens, avec toutes les puissances de la nature, dans toutes les sphères, et avec les hommes dans la vie et dans la mort.

M. Creuzer prend, en quelque sorte, l'inverse de la vraie doctrine égyptienne : au lieu de faire dériver d'un premier *Thoth*, dieu rationel et intelligible, la série entière des émanations qui le reproduisent ainsi de sphère en sphère, en l'individualisant dans chacune, il absorbe *Thoth* en *Anubis*, et concentre sur ce dernier, qui termine aux enfers la généalogie divine des *Hermès*, toutes les attributions des autres. Aussi ne balance-t-il pas à identifier cet *Hermès-Anubis*, comme il l'appelle, avec le dieu auteur du vrai calcul du temps, des périodes astronomiques et de l'année en particulier, c'est-à-dire avec *Thoth-Hermès*, et, par une confusion nouvelle, avec *Sothis* ou *Sirius*, l'étoile caniculaire, expressément affectée à *Isis* par tous les témoignages de l'antiquité [1]. La plupart de ces

dans les légendes hiéroglyphiques du dieu, prouve assez, selon M. Champollion (Syst. hiérogl., p. 101 sq.), que Jablonski s'est trompé lorsqu'il a voulu confondre *Anubis* avec *Hermès*, l'inventeur des métaux, et dériver son nom égyptien de la racine *Noub*, *or*.

[1] *Voy.* Jablonski, Panth. Ægypt., part. II, lib. III, cap. 2.—Notre auteur semble fonder, en partie, son opinion sur une base plus frêle encore, l'étymologie du nom d'*Anubis* rapportée ci-dessus; l'étoile

assimilations plus ou moins erronées paraissent provenir de ce que les Grecs eux-mêmes ne distinguèrent jamais clairement deux animaux consacrés, l'un à *Thoth*, l'autre à *Anubis*, le singe cynocéphale et le chakal, et les confondirent tous deux avec le chien qui était pour eux, Grecs, mais non pas pour les Égyptiens, la figure zodiacale de *Sirius* [1]. Tout ce que M. Creuzer dit de

caniculaire, dit-il, se nommait, chez les Égyptiens, *Sothis*, ou à cause de son éclat, *Anoubis*, comme qui dirait *l'étoile d'or*. Mais il s'appuie plus encore sur les rapprochemens hasardés par Jablonski entre les noms *Sothis*, *Soth*, *Seth* et *Thoth* ou *Thoyth* (l. l., p. 50 sqq.; coll. Creuzer. Commentat. Herodot., p. 150 sq.). Si, comme le dit Plutarque (de Isid., cap. 61), *Sothis* ou *Sothi* signifie *gravida*, *celle qui est enceinte*, le rapport de cette constellation avec *Isis* serait manifeste. D'un autre côté, nous savons qu'*Osiris* lui-même s'appelait ou *Siris* ou *Sirius* (sup., p. 439 et 805), et que, des étoiles dont se compose la canicule, les deux plus brillantes se nommaient, celle de la tête *Isis*, et celle de la langue proprement *Sirius*. (Eratosthen. Catasterism., cap. 33, p. 27, ed. Schaub.) Nous verrons plus loin ce que cette dernière étoile peut avoir de commun, soit avec *Thoth-Hermès*, soit avec *Anubis*: mais remarquons ici, avant tout, que le système de M. Creuzer sur *Hermès-Anubis*, se trouve ébauché dans Zoëga, de Obelisc., sect. IV, cap. 2, § II, p. 580 sq.

[1] Cette dernière observation appartient à Jablonski, *ubi sup.*, p. 46 sq. Quant à la confusion du singe cynocéphale, du chakal et du chien, elle est à peine croyable, et semble cependant résulter de toutes les recherches les plus récentes sur les monumens figurés: si quelquefois les Grecs ont distingué le chakal du chien, ils l'ont appelé loup, et ils ont fait de l'homme ou du dieu à tête de loup un *Macedo* différent d'*Anubis*. (*Sup.*, p. 839.) C'est dans le même sens qu'ils ont reconnu en Égypte deux villes du loup, *Lycopolis*, distinctes des deux *Cynopolis*, dans l'une desquelles, celle de l'Heptanomis, étaient révérés *Anubis* et les chiens, nous dit Strabon. Il est d'autant plus surprenant qu'ils aient si souvent confondu le dieu-chakal et le dieu-Cynocéphale, *Anubis* et *Hermès*, qu'ils avaient très-bien distingué les villes où l'on adorait ces deux divinités différentes, reconnaissant jusqu'à trois *Hermopolis*; et qu'ils ont remarqué le Cynocéphale comme une espèce de singe révéré dans le nome auquel avait donné son nom la grande cité d'*Hermès*, *Hermopolis magna*, la principale des trois. *Confer.* Strabon. XVII, p. 802 sq., 812 sq.; Stephan. Byz. in voc.; Clem. Alexandr. in Protreptic., p. 25; Ælian. de N. A., IV, 46.

son *Hermès-Anubis* ou de son *Anubis-Sirius*, doit s'entendre de l'une des formes de *Thoth*, divinité multiple qu'il est temps de caractériser en la décomposant et la plaçant dans son vrai jour.

Pareil au *Brahmâ* de l'Inde qui, créateur avant la création, écrivit les Védas, *Hermès-Trismégiste* ou le premier *Thoth*, surnommé *trois fois très-grand*, fut antérieur à la race humaine, aux âmes, à toutes choses; seul entre les immortels, il comprit l'essence du Démiurge et celle des choses célestes, dès l'origine des temps, et déposa ses connaissances dans des livres qu'il voulut laisser inconnus, jusqu'à ce que les âmes eussent été créées. Ame de l'âme, intelligence de l'intelligence, principe sacré de la raison universelle, il voyait tout et comprenait ce qu'il avait vu; et ce qu'il avait compris, il pouvait le communiquer et le démontrer; et ce qu'il vit, il l'écrivit, puis le cacha après l'avoir écrit, ne s'exprimant qu'à demi-mot, pour qu'après lui le monde entier cherchât le sens de ses mystérieuses révélations. Auxiliaire et serviteur fidèle du Démiurge, ce fut lui qui, après la création des âmes, forma les corps auxquels elles devaient être unies, et les y enferma lorsqu'elles furent tombées; aux présens que firent à cette race nouvelle le Soleil, la Lune et les planètes, il ajouta la douceur, la prudence, la modération, l'obéissance et l'amour de la vérité. *Thoth trismégiste*, appelé le père et le directeur de toutes choses, fut encore l'historiographe des dieux, l'historien du ciel et de la création; c'est de lui que *Kamephis*, l'aïeul d'*Osiris*, reçut la science; c'est instruits par ses leçons qu'*Osiris* et *Isis* surent pénétrer les mystères de ses écrits, dont ils réservèrent une partie pour eux-mêmes, gravant sur des colonnes la partie qui devait régler la vie tant intellectuelle que physique des hommes [1].

[1] Κόρη κόσμου, ou Dialogue d'Isis et d'Horus, ap. Stobæum, Eclog. physic., ed. Heeren, p. 926-979, *passim. Conf.* Gœrres, *Mythengesch.*, II, p. 338 sq.; Champollion le jeune, Panthéon égyptien, explicat. des pl. 15 à 15 c. — Lorsque dans le Pœmander, dit M. Creuzer, il est parlé d'*Hermès*, comme du Christ dans l'évangile de Saint-Jean, les paroles

Suivant Manéthon, *Thoth*, le premier Hermès, avait lui-

peuvent être chrétiennes, mais les pensées appartiennent à cette doctrine épurée, aux sublimes hauteurs de laquelle, dès l'antiquité la plus reculée, était déjà parvenue une portion privilégiée des hommes, parmi les peuples civilisés. M. Champollion, d'accord sur ce point avec les savans allemands, pense que l'*Hermès*, dont, suivant Cicéron (de N. D., III, 22), il était défendu aux Égyptiens de prononcer le nom, est bien certainement le même que le dieu appelé par Jamblique (de Myst., VIII, 3), d'après les livres sacrés de l'Égypte, *Eicton*, intelligence supérieure émanée de l'intelligence première, *Kneph*, et dont la divine essence ne pouvait être dignement adorée que par le silence. (*Sup.*, p. 517.) Cicéron qui, du reste, a multiplié chacun des dieux, selon les points de vue divers sous lesquels il apparaissait dans la Théogonie, fait cet *Hermès* (le quatrième de ceux qu'il cite, mais le premier qu'il assigne aux Égyptiens), fils du Nil, c'est-à-dire du Démiurge suprême, du Créateur par les eaux, *Amon-Cnouphis* : et en effet, tant dans nos remarques sur le texte que dans la note 6 ci-dessus, nous avons montré, par une foule de rapprochemens, l'étroite connexion de *Thoth* et d'*Ammon*, du *fils* et du *père*, du Créateur et de l'intelligence, sa primitive émanation, avec laquelle il co-existe et qui l'assiste dans son œuvre (p. 444, 446, 513, 518 sq.; surtout 823 sqq.). Cette connexion qui va jusqu'à l'identité, ressort ici avec un nouvel éclat. Et comme *Ammon* et *Mendès* ne sont qu'un au fond, on comprend tout à la fois que *Thoth* identifié avec eux, comme eux et en eux dieu du premier ordre, ait pu devenir l'*Hermès ithyphallique* des Pélasges, et qu'il ait donné à la plus importante de ses villes éponymes le nom de *Schmoun*; car c'est ainsi que la grande *Hermopolis*, homonyme de *Chemmis*, la ville d'*Amon-Mendès* ou de *Pan*, paraît s'être appelée en égyptien (p. 521, 832; coll. 761 : l'identité des noms modernes témoigne encore aujourd'hui pour celle des noms anciens). Notre savant compatriote observe, en outre, que *Thoth* par lui-même ne paraît pas avoir été jamais l'objet d'un culte direct; que, sur les monumens, on ne le voit jamais recevant ni des offrandes, ni des prières; ce qui le conduit à rapprocher, comme nous l'avons fait, *Hermès* et *Brahmâ*, tous deux intelligences divines, tous deux premières émanations de la suprême intelligence, tous deux offrant les plus frappantes analogies de caractères, peut-être même de noms (p. 444 sq., coll. 793, 822 sq.). C'est encore à M. Champollion le jeune qu'est due la détermination des images ou emblèmes du premier *Thoth*, sur lesquels

même, avant le cataclysme¹, inscrit sur des stèles, en hiéroglyphes et en langue sacrée, les principes des connaissances. Après le cataclysme, ces premiers livres sacrés furent traduits en écriture hiéroglyphique et en langue commune par le fils d'*Agathodémon*, le *second Hermès*, père de *Tat*². *Thôout, Thoyth*,

notre explication des planches, combinée avec la note 15 ci-après, donnera tous les détails nécessaires, pl. XXVIII, 135; XXXII, 141; XLI, 168 *a* ; XLII, 173; XLVIII, 188.

¹ Nul doute qu'avec le dogme des différens âges (p. 840), les Égyptiens n'eussent aussi celui des révolutions alternatives du monde, par l'eau comme par le feu, après des périodes plus ou moins considérables : c'est un rapport nouveau qui ne pouvait manquer de se trouver entre leur mythologie et celle des Hindous (*voy*. liv. I, p. 180 sqq., 190, etc.): mais qu'il soit question d'un déluge unique, c'est ce que ni la tradition, ni l'analogie ne permettent guère de penser. *Conf*. note 13.

² Manetho ap. Syncell. Chronograph., p. 40.—Ce passage important de Manéthon, peut être altéré de plus d'une manière par ses copistes et commentateurs chrétiens, a toujours offert de grandes difficultés dans le texte du Syncelle. Sans parler du *Cataclysme*, la généalogie du second *Hermès* n'est rien moins que clairement présentée: ὑπὸ τοῦ ἀγαθοῦ δαίμονος υἱοῦ τοῦ δευτέρου Ἑρμοῦ, πατρὸς δὲ Τὰτ κ. τ. λ., surtout si l'on rapproche cette phrase du passage d'*Hermès* lui-même, conservé dans Stobée et extrait plus haut, où il est dit que ce furent *Osiris* (appelé aussi *Agathodémon*) et *Isis* qui transcrivirent et communiquèrent aux hommes les leçons d'*Hermès*, leur instituteur. Jablonski et beaucoup d'autres avec lui traduisent : *par Agathodémon, fils du second Hermès, et père de Tat*. Après tout, la traduction de M. Champollion le jeune nous paraît la plus conforme, sinon au texte, du moins à la vraisemblance mythologique et à l'ordre naturel des idées, d'autant que, dans tous les fragmens des livres hermétiques, *Tat* est constamment nommé fils et non petit-fils d'*Hermès* : nous reparlerons de ce *Tat*. Suivant Manéthon, les colonnes hiéroglyphiques du premier *Hermès* étaient placées dans la terre *Sériadique*, ἐν τῇ Σηριαδικῇ γῇ, autre énigme, autre tourment des critiques, qui s'en sont vengés en torturant diversement le texte et le soumettant au flexible scalpel de l'étymologie : ils auraient mieux fait de s'en tenir au rapprochement curieux du passage de Josèphe, dans lequel il est raconté, que le patriarche *Seth*, pour ne pas laisser périr la sagesse et les découvertes astronomiques, éleva, dans la prévoyance de la double destruction par le feu et par l'eau,

ou *Thoth* deux fois grand, incarnation d'*Hermès trismégiste*, fut le conseiller et l'ami d'*Osiris* et d'*Isis* qu'il suivit sur la terre; l'inventeur du langage articulé, car il est dit qu'il imposa des

qu'avait prédite Adam, deux colonnes, l'une en brique, l'autre en pierre, sur lesquelles furent gravées les connaissances, et qui subsistaient encore dans la terre *Siriad*, κατὰ γῆν τὴν Στριάδα. (Joseph. Archæolog., liv. I, c. II, § 3.) D'autres rattachent cette tradition au nom de *Cham*, mais par une falsification manifeste de la tradition égyptienne, jugement que Jablonski étend, mais à tort, selon nous, au récit de Josèphe. *Conf.* Panth. Ægypt., III, p. 173 sqq. Nous aurons occasion, dans la suite, de revenir sur la terre *Sériadique* ou *Siriadique*, dont le nom a probablement quelque analogie avec ceux de *Siris* et *Sirius*. Ce qu'il nous importe de constater, quant à présent, c'est cet usage général, dans la haute antiquité, d'inscrire sur des colonnes ou *stèles* les inventions et les connaissances; c'est surtout la distinction des deux écritures et même des deux langues, l'une sacrée et plus ancienne, l'autre plus récente et vulgaire, distinction représentée dans le double personnage d'*Hermès*, en même temps que celle des deux doctrines, secrète et profane. De là sans doute ces deux figures données à *Hermès*, ou, pour mieux dire, ces deux *Hermès*, l'un vieillard et l'autre jeune homme (Synesius, de Provid., p. 101), pour exprimer ces deux formes et comme ces deux époques de l'intelligence à la fois divine et humaine, transfigurée tout ensemble par la parole et par l'écriture. Laissant de côté la langue, nous nous occuperons seulement ici de l'écriture des Égyptiens, ce premier de leurs mystères, dont les efforts soutenus de M. Champollion le jeune, dignement récompensés par un tel succès, viennent enfin de lever tous les voiles, après trois siècles de tentatives plus ou moins infructueuses. La face de la science paléographique a été complétement changée, sous ce rapport, par les résultats des nouvelles recherches de cet habile philologue, consignés dans son *Précis du système hiéroglyphique des anciens Égyptiens* (publié en mars 1824); et l'on peut s'assurer de toute l'étendue de la métamorphose, en relisant dans notre note 3 sur l'introduction de M. Creuzer, ci-dessus, p. 540 sq. (note rédigée et imprimée avant la publication du *Système hiéroglyphique*), les vues dans lesquelles nous avait confirmés la lecture antérieure d'un premier ouvrage du même savant (*Lettre à M. Dacier, sur l'alphabet des hiéroglyphes phonétiques, employés par les Égyptiens pour inscrire sur leurs monumens les titres, les noms et les surnoms des souverains Grecs et Romains.* Paris, Firmin Didot, 1822). Il est maintenant

noms à tous les objets; l'auteur de l'écriture, de la grammaire, de l'astronomie, de la géométrie, de l'arithmétique, de la musique, de la médecine; l'instituteur de la religion et des céré-

prouvé que les Égyptiens s'étaient beaucoup plus avancés qu'on ne le croyait, que nous ne le pensions, que ne le pensait d'abord M. Champollion lui-même, dans la route de l'écriture *phonographique*, c'est-à-dire de l'alphabet. Non-seulement ils avaient consacré un certain nombre de leurs caractères, hiéroglyphiques ou autres, à écrire *phonétiquement*, en représentant les sons par une méthode particulière, rapprochée de l'alphabétique, les mots des langues étrangères, tels que les noms propres, auxquels ils ne pouvaient trouver d'analogues dans leur propre langue; mais, quelle que fût d'ailleurs l'origine de cette méthode *phonographique*, ils l'avaient singulièrement généralisée, dès les temps les plus anciens, en la combinant toutefois avec la méthode *idéographique*, qui n'en doit pas moins avoir précédé. La forme de l'écriture demeura pour les yeux purement figurative et symbolique, en un mot, *hiéroglyphique*; mais, sous ces *hiéroglyphes*, sous ces images sacrées d'hommes, d'animaux, de plantes et de toute sorte d'objets de la nature ou de l'art, se glissèrent peu à peu tous les élémens d'un système semi-alphabétique qui, au lieu de peindre les idées, comme autrefois, s'attacha le plus souvent à représenter les sons et les articulations dont se composent les mots, et réfléchit ainsi le langage où se réfléchissait la pensée. Et ce que nous disons de l'écriture *hiéroglyphique*, appelée encore *sacrée* par nombre d'auteurs anciens, s'applique, à plus forte raison, à l'écriture *hiérographique*, *hiératique* ou *sacerdotale*, qu'ils ont presque toujours confondue avec la première dont elle n'était qu'une simplification, et, en quelque sorte, une tachygraphie. Une seconde dérivation des hiéroglyphes et une troisième écriture égyptienne vint simplifier et abréger à son tour l'écriture sacerdotale; ce fut l'écriture nommée *démotique* ou *populaire*, ou encore *épistolographique*, à son tour confondue avec la précédente, mais seulement par les modernes. Pendant que les deux premiers modes étaient exclusivement réservés, à ce qu'il paraît, soit aux inscriptions des monumens, soit aux manuscrits sur des matières religieuses et scientifiques, le dernier, probablement seul enseigné aux hommes des castes inférieures, servait aux relations privées : mais il faut distinguer les temps, car, sous les Ptolémées, la langue et l'écriture des Grecs s'étant répandues en Égypte, l'écriture démotique paraît, d'un autre côté, et dans les actes publics et même sur les monumens, associée comme intermédiaire aux inscriptions

monies du culte, même de la gymnastique et de la danse ; enfin, le maître de tous les arts qui font le bien-être ou le charme de la société, tels que l'architecture, la sculpture, la

hiéroglyphiques et grecques. Un exemple est la fameuse stèle ou pièrre de Rosette, élevée par les prêtres en l'honneur de Ptolémée Épiphane. Du reste, les trois écritures égyptiennes, fondées sur les mêmes principes, ne formaient, à proprement parler, qu'un seul et unique système, mais singulièrement mixte et complexe, tenant dans son origine à la simple représentation des idées par la peinture des objets, aboutissant dans ses développemens à un mélange de caractères *figuratifs*, *symboliques* et *phonétiques*, où ceux-ci dominent de beaucoup, et cependant eux-mêmes ne sont point purs de tout alliage avec l'antique méthode. C'est encore par les images d'objets physiques que les caractères *phonétiques* ou *vocaux* expriment les sons des mots, voyelles ou consonnes ; leur rôle consiste à réveiller dans l'esprit le nom d'un objet par sa figure, de telle sorte que ce nom commençant par la voix ou par l'articulation que le caractère est destiné à exprimer, ce caractère ainsi transformé en *signe* purement vocal, devienne une véritable *lettre*. On voit donc que les *signes vocaux* ne sont nullement arbitraires, et qu'ils se rattachent, par un lien nécessaire autant que naturel, aux deux autres ordres de caractères avec lesquels ils se combinent dans l'écriture. Long-temps leur nombre ne fut point limité par celui des sons, pas plus que le nombre des autres ne pouvait l'être par celui des idées ; aussi chaque son avait-il plusieurs signes *homophones* (de même son ou voix) correspondans, et ce n'est guère que dans l'écriture démotique, la dernière inventée, que l'on voit les signes phonétiques se restreindre sensiblement dans leur nombre, tandis que dans leur forme ils deviennent de plus en plus arbitraires, et que les caractères symboliques et figuratifs disparaissent presque entièrement. Ce n'était donc point encore l'alphabet, que ce système mixte des Égyptiens, mais c'était un pas immense vers l'écriture alphabétique ; et c'est avec beaucoup de raison, selon nous, que M. Champollion incline à trouver, dans cette transition évidente et toujours plus marquée des *signes-images* naturels aux *signes-sons* conventionnels, la véritable origine de l'alphabet. Il a même signalé de frappantes analogies, soit entre la constitution intime de la partie phonétique des écritures égyptiennes et celle des principaux alphabets des langues dites sémitiques, hébreu, chaldéen, syriaque, etc., soit entre les formes et plus encore les noms, toujours significatifs, des caractères de ces alphabets, et les figures et appellations des hiéroglyphes phonétiques et des caractères hiératiques ou démotiques qui y cor-

peinture, etc. Ce fut lui qui trouva la lyre, à laquelle il ne donna d'abord que trois cordes. Il organisa la caste sacerdotale, dont il était regardé comme le père et le chef mystique,

respondent. L'invention des signes vocaux devait nécessairement conduire à restreindre, par voie d'exclusion, le nombre des caractères, en le ramenant à celui des sons et des articulations de la parole ; et cette réduction, qu'était-ce autre chose, sinon l'*alphabet*? Si l'on en croit certains passages des anciens, déjà elle aurait été tentée en Égypte même : au moins Plutarque (de Isid., c. 56), d'accord avec la tradition la plus autorisée de l'antiquité classique, qui fait honneur aux Égyptiens de cette grande découverte, dit-il que leur alphabet comptait *vingt-cinq lettres*. Cependant l'écriture égyptienne, ainsi devenue alphabétique en grande partie, conserva toujours, et dans la forme et dans le sens, des rapports intimes avec la peinture simple ou allégorique des objets ; par un retour singulier à son origine, souvent elle symbolisait une idée au moyen des caractères même qui représentaient le son du mot, son expression. Nous parlerons ailleurs des *anaglyphes*, représentations purement figurées et emblématiques, que les anciens comme les modernes paraissent avoir plus d'une fois confondues avec les *hiéroglyphes*, et qui en effet tiennent à ceux-ci, ainsi qu'aux deux autres formes d'écriture, par la classe des caractères dits *symboliques*. Ces *anaglyphes* formaient une grande écriture monumentale et religieuse, plus sacrée que toute autre et même regardée comme *divine* : ce fut peut-être la seule dont les prêtres s'étaient réservé la connaissance, et ils l'interprétaient dans un langage mystérieux, qui nous paraît avoir été la *langue sacrée* dont parle Manéthon ; de là cette foule de récits mythiques, d'origine éthiopienne ou égyptienne, que nous a laissés l'antiquité. Tous les raisonnemens que les modernes ont faits sur l'*écriture hiéroglyphique* et sur ses conséquences relativement au génie des peuples et à la forme de leurs traditions, ne trouvent d'application réelle ou complète qu'à cette véritable *écriture sacrée*. — Les autres passages des anciens ont été rassemblés par Beck (*Allgem. Weltgesch.*, I, p. 749 sqq.) et par M. Creuzer dans le § 27 de ses Comment. Herodot. (p. 369 sqq.). Le plus important de tous, qui est celui de Clément d'Alexandrie, cité plus haut, p. 540, a été savamment commenté par M. Letronne dans l'ouvrage même de M. Champollion le jeune (*Syst. hiéroglyph.*, p. 328, et surtout à la fin sous la forme de lettre, p. 401-408) : il s'ensuit que les termes mieux compris du philosophe Alexandrin confirmeraient sur tous les points la théorie de notre compatriote, si elle avait encore besoin d'un tel appui, après l'évidence des faits et des

et la fit dépositaire des livres nombreux qu'elle lui rapportait comme à la source divine de toute intelligence. Nous avons parlé plus haut de ces livres sacrés qui formaient une véritable encyclopédie égyptienne [1].

résultats nombreux dont l'auteur l'a étayée et l'éclaire de plus en plus par ses découvertes journalières. La distinction assez peu intelligible, établie jusqu'ici entre les mots κυριολογικὸς et κυριολογούμενος (sup., p. 18, 540, 554), est fausse; ces mots signifient seulement *qui exprime au propre* (ou *directement*), sans déterminer le moyen d'expression; διὰ τῶν πρώτων στοιχείων κυριολογικὴ, qualification d'un des deux genres ou modes de l'écriture hiéroglyphique, selon Clément, veut dire *exprimant au propre les objets* (ou *les idées*) *par les lettres* (*prima elementa*), tandis que l'autre mode ou genre les représente par des *symboles* ou des *figures* dont il y a trois espèces, celle qui *exprime au propre* (κυριολογεῖται) *par imitation*, celle qui peint (γράφεται) *tropiquement*, et celle qui allégorise (ἀλληγορεῖται) *par de certaines énigmes;* puis Clément cite des exemples où, entre autres, κυριολογούμενον se trouve employé seul pour dire : *qui exprime par simple image* ou *imitation directe de l'objet*. Ainsi l'existence des *hiéroglyphes phonétiques* ou alphabétiques, des *lettres hiéroglyphiques*, repose en définitive sur le témoignage formel d'un ancien. Les modernes qui ont le plus contribué à mettre M. Champollion sur la voie de ses belles recherches, ou qui, avant lui, ont traité avec quelque succès le même sujet, sont Zoëga, qui reconnut le premier des hiéroglyphes phonétiques et assigna aux Égyptiens l'invention de l'écriture alphabétique (*de litterarum apud Ægyptios usu et origine*, dans son grand ouvrage sur les obélisques, sect. IV, ch. II, p. 423 sqq.), MM. Silvestre de Sacy et feu Akerblad, dans leurs travaux sur le texte démotique de l'inscription de Rosette, et surtout le docteur Young, tant dans les supplémens de l'*Encyclopædia Britannica*, que dans un dernier ouvrage intitulé : *an Account of some recent discoveries in hieroglyphical literature and Ægyptian antiquities*, etc.; London, 1823, in-8°. On ne lira pas non plus sans fruit un morceau de M. Heeren, qui contient le précis des travaux de Zoëga et de Tychsen comparés, et représente assez fidèlement l'état des connaissances, il y a dix ans : mais les vues ingénieuses de l'auteur sur l'influence de l'écriture symbolique des Égyptiens, par rapport à la langue et à l'histoire, sont bien plus applicables aux *anaglyphes* qu'aux *hiéroglyphes* proprement dits. *Voy.* Heeren's *Ideen*, etc. II, 2, p. 455 sqq.

[1] Maneth. ap. Syncell., *ubi sup.* Diodor., I, 15 et 16. Platon. Phileb

Mais *Thoth* avait encore d'autres aspects et d'autres fonctions. Retiré dans la sphère de la lune, auprès du roi des âmes séparées de leurs corps, *Pooh* ou *Püoh*, il présidait à la seconde division de son empire, comprenant huit régions situées au-dessus des quatre de la terre. C'est là qu'il conduisait les âmes, avant de les lier à des corps nouveaux, et après les avoir présentées au tribunal d'*Osiris*, juge souverain de l'*Amenti* ou

---

et Phædr. *ubi sup.*; Plutarch., Sympos., III; Strabon, etc.—L'*Hermès* dont parle Hérodote (II, 138), et qui avait un temple voisin de celui d'*Artémis* ou Diane, à Bubastis, doit être le second *Thoth*, émanation ou incarnation du premier, et presque toujours confondu avec lui. Les Égyptiens rapportaient à *Thoth trismégiste* leur plus ancien mode d'écriture; mais il reste à savoir s'il faut entendre par-là l'écriture *hiéroglyphique* tout entière avec ses trois sortes de caractères, ou seulement la partie figurative et symbolique de cette écriture, qui doit avoir précédé de beaucoup l'invention des *hiéroglyphes phonétiques*. Les expressions de Platon, dans le Philèbe, semblent affecter à *Thoth grand et grand*, comme dit l'inscription de Rosette, cette invention qui fut en principe celle de l'alphabet. Et en effet c'est à *Taaut*, le même que *Thôout*, et peut-être mal à propos surnommé *trismégiste* dans Eusèbe (Præpar. Evang., I, 9), que les Phéniciens faisaient honneur de la grande découverte de l'écriture alphabétique, la seule qu'ils connussent, selon toute apparence. *Voy.* tom. II, liv. IV, chap. 2. Quant aux livres sacrés d'*Hermès*, *conf.* ci-dessus, p. 751, 792 sqq., 821 sq., et ci-après. Ces livres sont attribués à *Hermès trismégiste*, parce que le second *Hermès*, *deux fois grand*, ne fit que les traduire en les développant; remarque que l'on peut bien aussi appliquer à l'écriture. Les deux *Hermès* ne paraissent nettement distingués que sur les monumens : *compar.* les images du premier *Thoth*, indiquées plus haut, avec celles du second, pl. XXVIII, 135, 136; XXXII, 141; XXXIV, 167; XXXVII, 168; XLI, 168 *a*, etc. M. Jomard dit avoir remarqué, dans les bas-reliefs d'Edfou (Descript. de l'Ég., Antiq., vol. I, chap. 5, p. 24), un *Hermès* à tête d'ibis tenant son doigt posé sur une colonne d'hiéroglyphes et écrivant; cette colonne qu'il commence, est la quarante-troisième, et déjà quarante-deux sont achevées : serait-ce, comme le conjecture M. Creuzer, d'après le savant français, une allusion aux quarante-deux livres hermétiques qui vont se poursuivre et se multiplier encore? (*Sup.*, p. 441.)

enfer. Du reste, il était supposé suivre la lune dans toutes ses révolutions, sous toutes ses formes [1].

En général, le premier *Thoth* paraît avoir eu les rapports les plus intimes avec *Ammon*, *Phtha* et *Phré*, le Soleil, dieu de la sphère supérieure; le second *Thoth*, avec *Pïioh*-Lunus, *Isis* et *Osiris*, dieux de la sphère inférieure. Là, il est en relation avec le feu générateur, avec la lumière divine, principe de toute science; ici, avec l'eau féconde, avec la sagesse terrestre, comme elle émanation des cieux. Voilà pourquoi l'épervier était consacré à la fois au Soleil et à *Thoth trismégiste* ; l'ibis demi-blanc, demi-noir à la Lune et à *Thoth deux fois grand*. Le second *Thoth* et la Lune avaient encore pour commun symbole le singe appelé *Cynocéphale* ou à tête de chien, emblème vivant et plus spécial, à ce qu'il semble, de la caste sacerdotale et de son chef mystique sur la terre. Le *Thoth* céleste porte ordinairement la tête d'un épervier; le terrestre celle d'un ibis, mais ce dernier se voit souvent encore sous la forme entière d'un cynocéphale. D'un autre côté, les noms d'*Ioh* et de *Thoth*, *Thôout* ou *Thôouti* sont fréquemment associés l'un à l'autre, ainsi que nous l'avons déjà remarqué [2].

[1] Plutarch de Isid., cap. 41. Hermes ap. Stob. Eclog., p. 1077 sqq., Heeren. *Conf.* Champollion le jeune, Panth. égypt., explicat. des pl. 30 à 30 *g*. — L'on voit successivement, dans ces planches, *Hermès* ibiocéphale assis sur un trône comme une grande divinité; puis, la tête surmontée du croissant et du disque lunaire (compar. notre pl. XLVIII, 190, où *Thoth* est deux fois dans un rapport évident avec la lune représentée soit par le croissant, soit par l'œil : *ci-dessus*, p. 820, coll. explicat. des pl., n° cité); puis le même, comme présidant à la partie inférieure du monde sublunaire, dont il porte l'emblème dans ses mains (l'un de ses titres habituels est celui de *seigneur des huit régions* qui composent cette seconde division de l'empire lunaire; aussi le nombre *huit* lui était-il consacré, et M. Champollion croit que le nom de *Schmoun*, qui veut dire *huit* en égyptien, peut s'expliquer par-là : *conf. sup.*, p. 856); enfin comme *Psychopompe* et scribe sacré, assistant *Osiris* dans l'*Amenti*. Compar. pl. XLVI, 184. Vient ensuite *Hermès* ou *Thoth* Cynocéphale, dans les mêmes rapports, soit avec la lune, soit avec les âmes des morts.

[2] Ci-dessus, note 6, p. 834.—Les nombreux *Hermès* ou *Mercures* dont

Quels sont maintenant les justes rapports du second *Thoth* ibiocéphale ou cynocéphale, scribe sacré des dieux sur la terre et aux enfers, *psychopompe* ou directeur des âmes, avec *Anubis* ou *Anebo* à tête de chakal, autre compagnon fidèle d'*Isis* et d'*Osiris* dans leur incarnation terrestre, et qui se retrouve également à la suite du juge des morts dans l'*Amenti*, après avoir rendu à ces mêmes morts les derniers devoirs ici-bas? M. Creuzer les confond tous deux; mais évidemment il a tort; car, sur les monumens, ils figurent l'un à côté de l'autre dans les mêmes scènes funèbres, et la tradition ne les distingue pas moins, mettant entre eux, d'ailleurs, toute la distance qui sépare un fils d'*Agathodémon* d'un enfant adultérin d'*Osiris* et de *Nephthys*[1]. Aussi *Anubis* occupe-t-il la limite de la lumière et des ténèbres, de la terre cultivée et du désert, de la vie et de la mort, conséquemment du bien et du mal comme *Nephthys*, sa mère, épouse de *Typhon*, mais pourtant alliée d'*Horus*, son vainqueur[2]. Il y a là, comme dans tout le mythe po-

parlent les auteurs, s'expliquent peut-être encore plus naturellement par les divers aspects et les fonctions différentes du double ou triple *Thoth*, qui se retrouve à la fois au ciel, sur la terre et dans les enfers, dans toutes les sphères et dans tous les mondes, en rapport avec tous les dieux principaux, que par la multiplication des écritures et des livres sacrés. Cicéron (de N. D. III, 22) nomme cinq *Mercures* dont le dernier est plus spécialement, selon lui, le *Thoth* des Égyptiens (*conf.*, p. 856, 863), auteur des lois, des lettres, et qui donna son nom au premier mois de l'année: le 19 de ce mois, qui partit d'abord du solstice d'été, et répondit ensuite d'une manière fixe à septembre, dans le calendrier Alexandrin, on célébrait la fête de *Thoth-Hermès*. (Plutarch., de Is., cap. 68. *Conf. sup.*, p. 800 sq.) Il faut voir, dans l'édition que M. Creuzer a donnée du traité de Cicéron, son excellent commentaire sur ce passage, qui sera la meilleure préparation aux développemens qu'offrira, sur le mythe d'*Hermès*, la suite du présent ouvrage. Il y avait une série ou succession de *Pans* et d'*Esculapes*, liée étroitement à celle des *Hermès*.

[1] *Sup.*, p. 391, 839. *Conf.* pl. XLV, 181, 182; XLVI, 183, 184; XLVII, 185, etc.; et la note 12, § 2, ci-après.

[2] *Sup.*, p. 806, 815. *Conf.* l'explication de la pl. XXXII, 141, qui peut avoir un sens astronomique en même temps qu'un sens physique, et répand le plus grand jour sur ce qui suit.

pulaire, un fond d'idées astronomiques, physiques et morales manifestement et diversement combinées avec des faits locaux. Plutarque rapporte que certains mythographes égyptiens voyaient, dans *Anubis*, le cercle de l'horizon qui divise le monde visible et le monde invisible, c'est-à-dire les deux hémisphères [1]; cette opinion n'a rien que de conforme à la vraisemblance. D'autres écrivains nous disent, en effet, qu'*Anubis* présidait aux deux points solsticiaux, et que deux chiens (ou plutôt deux chakals), images vivantes de ce dieu, étaient supposés garder les tropiques par où le soleil s'élève vers le nord ou descend vers le sud [2]. Il faut donc distinguer deux *Anubis*: l'un, *Anubis* proprement dit, gardien de l'hémisphère inférieur et de la partie ténébreuse de l'année; l'autre, *Hermanubis*, gardien de la partie lumineuse et de l'hémisphère supérieur. Ce sont encore l'horizon méridional et l'horizon septentrional, tandis que *Nephthys* et *Isis* seraient les deux hémisphères correspondans [3].

[1] Cap. 44. *Conf.* Jablonski, Panth. Ægypt., III, p. 25 sqq. — M. Prichard, par les raisons les plus faibles du monde, essaie de réfuter cette explication et de tourner contre Jablonski sa mauvaise étymologie du nom d'*Anubis*, sans faire la moindre attention au caractère infernal du dieu, qu'il confond d'ailleurs avec *Hermès*: il voit en lui le *crépuscule* (du matin et du soir), et ensuite l'*Aurore*. Ægypt. Mythol., p. 123 sqq.

[2] Clem. Alexandr. Stromat. V, 7, p. 671, Potter. — Pour avoir confondu, comme les autres, *Anubis* et *Hermès*, le chakal et le chien, ou plutôt le cynocéphale, M. Hug se permet de changer ici fort arbitrairement le texte de Clément d'Alexandrie, en substituant les équinoxes aux solstices, ce dont avaient eu garde Jablonski et Dupuis (*Untersuchungen über den Mythos*, etc., p. 76.) Les tropiques sont encore nommés les *portes des âmes*, placées l'une dans le Cancer, l'autre dans le Capricorne, et celle-ci gardée par des chiens (chakals): ci-dessus, p. 453. Clément ajoute qu'un *épervier* marque l'équinoxe: mais en le comparant à Horapollon (I, 16), il est à croire qu'il se trompe et qu'il faut dire un *cynocéphale*. On verra plus bas que très-probablement l'épervier, symbole d'*Horus*, appartient aussi au solstice, dans la vraie doctrine égyptienne.

[3] Clem. Alex., un peu avant le passage cité plus haut, même chap. Plutarch., de Isid., c. 44 et 61. — *Anubis*, de même que tous les autres dieux,

C'est ici qu'*Anubis* et *Thoth* se rapprochent sensiblement; tout en demeurant distincts l'un de l'autre. Le véritable *Anubis* trouve sa place dans la révolution du jour et de la nuit, comme dans celle de l'année; il n'est double qu'en apparence, et quoiqu'il semble appartenir à la fois à *Isis* et à *Nephthys*, celle-ci seule est sa mère, ce qui l'affecte déjà plus spécialement à la nuit et à l'hémisphère inférieur ou au solstice d'hiver. Si l'on remarque ensuite qu'*Horus*, fils d'*Osiris* comme *Anubis*, mais légitime et né d'*Isis*, est pourtant allié de *Nephthys*, de même qu'*Anubis* d'*Isis* qui l'adopte, cette exacte correspondance, indépendamment d'une foule d'autres raisons, l'affectera au solstice d'été, à l'hémisphère supérieur, au jour, en contraste avec *Anubis*, son frère de père. C'est là, selon nous, la seule modification que l'on puisse admettre au texte de Clément d'Alexandrie. Nous ajouterons qu'*Hermès* ou *Thoth* qui, par le cynocéphale, son image vivante, appartient aux deux équinoxes (Horapoll., *ubi sup*.), doit aussi se trouver en rapport avec les deux solstices; et de là sans doute, soit l'équivoque qui place deux chiens (un cynocéphale et un chakal) aux deux tropiques, soit la confusion générale, chez les Grecs ou les Romains, d'*Hermès* et d'*Anubis* et des deux animaux, leurs emblèmes. La planète d'*Hermès* et de *Mercure* était attribuée à *Horus* aussi bien qu'à *Anubis*, dont Apulée dit, en le confondant avec *Hermès* : *ille superûm commeator et inferûm, nunc atra, nunc aurea facie sublimis, lœva caduceum gerens, dextra palmam virentem quatiens*. (Metamorph. XI, p. 262.) Par-là s'expliquerait encore que des anciens aient pris *Anubis* pour *Saturne*, qui appartient aussi au solstice d'hiver, et, dans toutes les mythologies, sous tous les noms, offre les plus grands rapports avec *Hermès-Mercure*. Mais *Hermès* triple ou quadruple, et dont M. Creuzer a entrevu, sauf l'inexactitude des termes, l'intime alliance avec *Ammon* dans le bélier, à l'équinoxe du printemps (p. 518 sq.), s'élève bien au-dessus et d'*Anubis* et d'*Horus*. Une pierre gravée nous l'offre, sous la figure d'un homme-Cynocéphale, tenant dans sa main le jeune *Anubis* et non pas *Horus*, comme dit notre auteur, ce qui détermine assez leur rang mutuel : pl. LII, 138 *b*, coll. 141 *a*, et l'explication des planches. Nous verrons, dans la suite, que le loup consacré à Apollon, *Horus-Anubis*, fut, chez les anciens Grecs, le véritable représentant du chakal, comme le chien celui du cynocéphale et d'*Hermès*. Sur les médailles égyptiennes des empereurs, une louve, probablement *Bouto-Latona*, la déesse de la Nuit, allaite deux enfans. (Zoëga, Num. Ægypt. imper., tab. XVII, et p. 70.) La note 12, § 2, ci-après, montrera *Horus* et *Anubis* en rapport l'un avec l'autre aux enfers, et tous deux subordonnés à *Thoth*.

est un *Hermès* ténébreux, comme l'*Anubis* lumineux est un véritable *Hermès* [1]. Reste à savoir s'il faut maintenant les réunir tous deux dans *Sothis-Sirius*, céleste gardien d'*Isis*, ouvrant, au solstice d'été, le trésor des eaux qui fécondent l'Égypte, et le cercle de l'année : c'est une grave difficulté, que l'état des connaissances ne nous permet point encore de résoudre d'une manière péremptoire [2]. Un moyen plus sûr que les explications physiques et astronomiques, pour ramener à l'unité ces dieux divers et corrélatifs, c'est de les considérer sous le point de vue moral et intellectuel qui domine évidemment en eux. Or, sous ce point de vue, si habilement développé par M. Creuzer, *Thoth-Hermès* est à la fois le génie de la caste sacerdotale et le modèle du prêtre, dans toute la filiation des connaissances et des fonctions diverses qui se distribuent inégalement entre les divers degrés de la hiérarchie : de ces connaissances et de ces fonctions, les dernières et les plus subalternes semblent échoir en partage au dieu *Anubis*; et ainsi se confirmeraient tout ensemble son rapport avec *Thoth* ou les *Thoth*, et son infériorité à leur égard [3].

[1] Ceci soit dit plutôt encore dans le point de vue de Plutarque et des Grecs égyptianisans, que dans celui de l'antique et pure doctrine égyptienne.

[2] Nous croyons toutefois que nos remarques précédentes, en distinguant nettement l'un de l'autre *Anubis* et *Hermès*, et en établissant sur des bases certaines et leurs différences et leurs analogies, ont grandement avancé la solution du problème épineux que nous nous étions proposé dans cet article. Toute la mythologie primitive de *Thoth*, divinité complexe dans l'idée, variée dans les formes, se rattache aux divers aspects de la planète de *Mercure* tour à tour en rapport avec le soleil et avec la lune, dans les différentes saisons ou époques de l'année. Quant à celle de *Sothis* ou *Sirius*, elle s'y lie naturellement, sans que *Sirius* soit pour cela le même que *Thoth*, encore bien moins qu'*Anubis*. Nous renvoyons les développemens sur ce sujet à notre note 13 ci-après, spécialement destinée à présenter le point de vue astronomique de la religion égyptienne.

[3] C'est *Anubis*, et non pas *Thoth*, qui remplit le rôle d'*ensevelisseur* et qui prépare la momie primitive, celle d'*Osiris*; *Thoth* est *guide des âmes*, rôle bien plus élevé. (*Voy.* p. 442, 457 sq., et la note 12, § 2.)

DU LIVRE TROISIÈME. 869

Mais tout se distingue et s'identifie en même temps, dans cette mystérieuse doctrine de l'Égypte, si semblable à celle de l'Inde ; et le dernier des dieux est encore une révélation du dieu suprême [1]. Tous les dieux ne sont qu'un seul dieu, tous les

---

Il règne une grande obscurité sur un autre personnage mythique, en rapport avec *Thoth* (second); c'est *Tat*, son fils, suivant Manéthon et les livres hermétiques : comme tel, il doit appartenir au troisième ordre des dieux. Jablonski voit en lui un troisième *Thoth* ou *Hermès*. (Panth. Ægypt., III, p. 181 sq.) Zoëga, contre toute vraisemblance, le prend pour Vulcain, c'est-à-dire *Phtha;* mais, dans tous les cas, ce ne pourrait être qu'un Vulcain très-subordonné. (Num. Ægypt., p. 35 sqq.) *Imuthes-Esculape, Pan, Tat, Arnebeschenis*, rapprochés dans les fragmens d'Hermès (ap. Stob. Eclog., p. 932 et 1090), seraient, suivant M. Creuzer, des Kamephis ou des Cabires plus ou moins inférieurs, à la suite de *Phtha*. Ce qu'il y a de sûr, c'est qu'entre *Phtha*, le Démiurge, l'artisan par excellence, le premier inventeur des arts, et les différens *Thoth*, il y a des relations multipliées, et qu'en général les dieux du premier ordre se révèlent dans ceux du second, comme les dieux du second dans ceux du troisième.

[1] C'est ainsi que, dans la mythologie des Hindous, il est dit que *Hanoumán*, le dieu singe ou à tête de singe, placé à la suite de *Rama*, dans sa grande expédition, comme *Hermès*-Cynocéphale ou bien *Anubis* à la suite d'*Osiris*, doit un jour devenir *Brahmá* et prendre le gouvernement du monde (liv. I, p. 202, et le chap. 4, *passim :* les nombreux rapports d'*Hermès* avec les dieux de la famille de *Brahmá*, y sont marqués : conf. ci-dessus, p. 444 sq., 856.). *Brahmá* est à la fois ce qu'il y a de plus élevé et de plus bas. *Bouddha* et *Crichna* et *Vichnou* en général, qui ont tant d'analogies avec la planète de Mercure, avec la Lune et avec le Soleil, se retrouvent également dans *Thoth-Hermès*, dieu-astre, dieu-verbe, dieu-homme, tenant à tout comme *Bouddha*, comme *Brahmá* (p. 294 sqq. : l'un des Mercures est fils de *Maya* ainsi que *Bouddha*). D'un autre côté, les ressemblances d'*Hermès*, sous ses divers aspects, avec certains personnages plus ou moins symboliques de la religion des Perses, sont tout aussi frappantes. Après les développemens que nous avons donnés dans les notes sur le livre II (p. 668 sq., 684, 689, 698 sqq., 704, 707, surtout 713, 715, 730 sqq.), il doit être bien évident que *Hom* et *Zoroastre*, sous son point de vue mythique, tous deux en connexion avec le Verbe *Honover*, avec *Taschter* et *Tir* (Sirius et Mercure-planète), avec

astres qu'une seule lumière, tous les prêtres qu'un seul prêtre, tous les hommes qu'un seul homme, tous les esprits qu'un seul esprit, tous les corps qu'un seul corps; la lumière et l'intelligence, l'esprit et le corps, l'homme et Dieu, Dieu et la nature se confondent en un tout unique [1]; l'unité absolue est à la fois le principe, la condition et la fin de toutes choses. Ce système d'identité universelle réside au fond de la religion égyptienne, la pénètre tout entière et se produit pourtant à l'extérieur sous des formes si diverses, que les philosophes ont pu s'y méprendre en des sens complétement opposés, dans l'antiquité comme de nos jours. Les Égyptiens, disait le stoïcien Chérémon [2], ne reconnaissent pas d'autre monde que le monde vi-

---

le chien *Soura*), et par ceux-ci avec le triple *Mithra* (identique au Démiurge et au dieu suprême), avec le soleil et la lune ou la planète de Vénus, *Mithras-Mitra*, etc., répondent au premier et au second *Thoth* de la doctrine égyptienne. *Conf.* p. 520, note 2. Ajoutons que *Féridoun*, le vengeur de *Dschemschid*, est mis en rapport non-seulement avec la planète de Jupiter, mais avec celle de Mercure, de même qu'*Horus*, le vengeur d'*Osiris*, et se trouve ainsi successivement à l'équinoxe et au solstice, d'abord comme *Hercule*, puis comme *Horus*.

[1] C'est ce que marque le rapprochement d'*Ammon* et de *Thoth* s'identifiant tous deux en *Mendès-Pan*. Je ne sais si les seconde et troisième races divines ne doivent pas reproduire cette union des deux grands principes en un seul, qui est l'univers; mais il semble qu'*Osiris* et *Hermès* (le second ou plutôt le troisième *Thoth*) se donnent également rendez-vous dans *Horus*. *Conf.* ci-dessus, p. 807 sq., 822, 824 sq., 828, 832, 867. La grande distinction, si fortement saisie et exprimée par M. Creuzer, n'en subsiste pas moins; c'est toujours l'unité dans la diversité, la diversité dans l'unité : p. 445 sq. Les développemens qui suivent ont été empruntés par notre auteur à son ami Gœrres. *Conf. Mythengesch.*, II, p. 439 sqq.

[2] Chérémon accompagna Ælius Gallus dans son voyage en Égypte, et vécut par conséquent sous Tibère : Strabon (XVII, p. 806, Casaub.) porte sur lui un jugement très-défavorable; Porphyre, au contraire, un très-avantageux. C'est de ce dernier qu'est tiré l'exposé de son opinion. *Voy.* Porphyr., Epist. ad Anebonem (*Anebo*-Anubis, nom pris de celui du dieu) Ægyptium, in proœm. oper. Jamblich. de Myster., p. 7, ed. Gale; p. 11, 13 de la traduction anglaise de Th. Taylor; Chiswick, 1821, in-8°.

sible, pas d'autre existence que l'existence matérielle, pas d'autres dieux que 1° les planètes, 2° les constellations zodiacales, 3° les paranatellons, 4° les décans dans lesquels se divisent les signes du zodiaque, 5° les horoscopes, c'est-à-dire les étoiles qui influent sur toute la nature vivante et d'où l'on prend la constellation. Le soleil est le Dieu suprême, le créateur et le maître de l'univers. Les sectateurs de cette opinion expliquaient toute l'histoire d'Isis et d'Osiris, et en général tous les mythes sacrés, soit par les étoiles, leurs couchers et leurs levers; soit par les phases de la lune; soit par le cours du soleil qui passe, selon les saisons, d'un hémisphère à l'autre; soit par le Nil et par d'autres causes naturelles, sans avoir jamais recours à des êtres incorporels ou vivans. Ils allaient jusqu'à faire dépendre des astres du ciel les actes de la liberté humaine, les subordonnant à une chaîne fatale, dans laquelle les dieux eux-mêmes se trouvaient engagés. Cette religion toute physique, ou plutôt cette physique religieuse n'était donc que matérialisme et que fatalisme. Mais l'interprétation de Chérémon, quoique appuyée par un grand nombre de mythographes, était en opposition directe avec celle des Néo-Platoniciens, à la tête desquels se place ici Jamblique [1]. Suivant ce dernier, les Égyptiens concevaient ainsi leur théorie religieuse: 1° une intelligence qu'il appelle νοῦς et λόγος, être subsistant par lui-même; 2° une intelligence démiurgique, à la fois supérieure et antérieure au monde; 3° une intelligence non divisée, répandue comme une âme unique dans le monde entier; 4° enfin, une intelligence divisée, éparse dans toutes les sphères du monde. Pour Chérémon, Kneph n'était autre chose que l'assemblage et l'aggrégat des élémens subtils, destinés à former les corps; pour Jamblique, au contraire, c'était l'intelligence, créatrice suprême de toutes choses. Aux yeux du

---

Sur Chérémon, l'on peut consulter Gale ad Jamblich., VIII, 4, p. 303, et de Rhœr ad Porphyr., de Abstin., p. 308, 321.

[1] Le passage fondamental se trouve sect. VIII, cap. 4 de Myst. Ægypt.; p. 160 ed. Gal.; 305 trad. de Th. Taylor : coll. Euseb. Præpar. evang., III, 4.

premier, Phtha était le feu; aux yeux du second, l'esprit démiurgique : et ainsi du reste. Ni l'un ni l'autre de ces philosophes n'a saisi dans son véritable esprit le système antique de la théologie égyptienne : mais l'envisageant l'un et l'autre sous un jour beaucoup trop moderne, ils se sont partagé, en quelque sorte, les deux élémens fondamentaux dont il se compose et les ont développés chacun à part, au lieu de les concevoir et de les expliquer dans leur union primitive [1]. Le sens originel des livres d'Hermès fut une intuition simple, mais profonde, de la nature considérée comme vivante et identique dans toutes ses parties : de ce principe fécond le temps fit éclore, comme un arbre puissant de son germe, la plus vaste et la plus sublime théorie philosophique. Mais entre l'époque de Chérémon et de Jamblique, et celle où se reporte l'origine des livres hermétiques, il s'était peut-être écoulé trois mille

---

[1] Un écrivain récent, M. Prichard, s'est fait de ce système une idée plus juste à quelques égards, mais bien incomplète, souvent bien confuse, et avec une tendance beaucoup trop exclusivement matérialiste : il y a pressenti le panthéisme, mais sans en comprendre ni l'étendue, ni la portée. Aussi faut-il voir comme il traite et Jamblique et les Néo-Platoniciens en général. Il penche évidemment vers l'opinion de Chérémon, quoique, d'un autre côté et par une contradiction assez bizarre, il rejette presque toujours, dans le détail, les explications astronomiques. En revanche, il a une singulière prédilection pour les interprétations les plus inférieures dans l'ordre physique : nous avons promis des exemples, en voici un puisé dans le sujet même qui vient de nous occuper. Repoussant avec raison une autre opinion plus erronée encore, celle des Évhéméristes anciens et modernes, qui prennent *Thoth* ou *Hermès* pour un personnage humain déifié, et décidant, d'une manière trop absolue, que *Thoth*, ainsi que les autres divinités de l'Égypte, doit avoir une origine ou physique ou idéale (intellectuelle), il va chercher dans le culte de l'ibis, oiseau consacré à ce dieu, ou plutôt dans la forme seule de cet oiseau, qui offre une frappante ressemblance avec celle de l'organe du cœur, l'idée fondamentale, l'idée tout entière d'un être symbolique si sublime et si divers ; et cela parce que l'ibis étant le symbole du cœur, le cœur était regardé par les Égyptiens comme le siège de l'intelligence. Conf. *Analysis of the Ægypt. Mythol.*, p. 11, 30, 126 sqq. ; ci-dessus, p. 803, 810; et ci-après les notes 13 et 15.

ans. Dans un si long intervalle, l'esprit humain, même en Égypte, dut avancer et faire de grands progrès; à travers les nombreuses révolutions politiques et morales que subit la nation, se développa nécessairement l'antinomie de la matière et de l'esprit, du physique et de l'intellectuel, qui sommeillait, pour ainsi dire, dans les temps anciens : de là les sectes et les systèmes divers ou hostiles qui ne manquèrent probablement pas plus à l'Égypte qu'à l'Inde [1]. (J. D. G.)

Note 11 (chap. VI, p. 457 sqq.)

Dans cette première partie du chapitre VI, M. Creuzer s'est contenté de donner un extrait substantiel des onze ou douze premiers paragraphes (cap. I et II) de ses *Commentationes Herodoteæ*, où il avait presque entièrement épuisé, sous le double point de vue philologique et historique, ce qui regarde la sépulture et les cités sépulcrales des anciens Égyptiens. Nous rétablirons ici quelques détails propres à jeter un nouveau jour sur cet intéressant sujet, auquel les découvertes

---

[1] Gœrres, *Mythengesch.*, p. 441 et sq. — On pourrait, ajoute M. Creuzer, comme on l'a déjà fait plus d'une fois, imaginer que ce point de vue intellectuel de la religion égyptienne n'est autre chose qu'une superfétation grecque et une interprétation systématique des néo-platoniciens. A de telles assertions, nous n'aurions à opposer qu'une dénégation pure et simple, et la tradition constante de l'antiquité, élevée par la critique moderne à la certitude d'un fait historique, d'après laquelle Pythagore et d'autres sages de la Grèce avaient puisé leurs doctrines en Égypte. D'ailleurs une foule de passages dans Hérodote, Hellanicus, et tout ce qui nous reste de fragmens des anciens historiens et philosophes, supposent également une très-haute et très-ancienne culture de l'esprit, chez les Égyptiens. Ceux qui se feraient une difficulté de la forme philosophique dont les Grecs d'Alexandrie ont revêtu les dogmes égyptiens, n'ont qu'à lire dans Jamblique l'explication aussi naturelle que remarquable qu'il en donne : de Myster., VIII, 4, p. 160, Gale. *Conf.* Commentat. Herodot., § 13, p. 165 sqq. — M. Prichard, qui heureusement n'est pas toujours d'accord avec lui-même, se trouve ici presque entièrement d'accord avec M. Creuzer : *Ægypt. Mythology*, p. 10, 12 sqq., et *passim*.

récentes des voyageurs et des savans, et surtout les riches collections qui se multiplient depuis dix années, dans presque toutes les capitales de l'Europe, promettent des développemens plus curieux encore, mais que nous ne saurions attendre en ce moment.

Diodore (I, 91) dit que les embaumeurs ($\tau\alpha\rho\iota\chi\epsilon\upsilon\tau\alpha\hat{\iota}$) jouissaient d'une grande considération : le Pseudo-Manéthon (Apotelesmat., VI, 459 sqq.), au contraire, les présente comme une classe assez misérable. Si l'on songe, en effet, aux infâmes excès dont les accuse Hérodote (II, 89), on aura peine à voir en eux des hommes d'une condition distinguée. Mais il y a moyen de concilier ces contradictions. En effet, les embaumeurs paraissent avoir appartenu aux pastophores, c'est-à-dire aux prêtres du dernier ordre [1]. Diodore de Sicile parle encore du *scribe* ($\acute{o}$ $\gamma\rho\alpha\mu\mu\alpha\tau\epsilon\acute{\upsilon}\varsigma$), qui traçait l'incision que devait exécuter le *paraschiste*.

Hérodote distingue trois espèces de momies, selon les trois différens modèles que l'on proposait aux parens du mort, et, d'après l'inspection des monumens, il est à croire que, dans chaque espèce, il y avait encore plusieurs variétés. Diodore ajoute que l'embaumement le plus précieux coûtait un talent attique, et le second vingt mines, ce qui peut représenter environ 6000 et 2000 fr. Si l'on considère que l'embaumement, en général, avait tout le caractère d'une initiation sainte, d'un sacrement, on sera porté à penser que les plus pauvres Égyptiens n'étaient pas hors d'état de faire les frais du dernier et du plus simple mode.

[1] *Supra*, note 2 sur ce livre, § 4, p. 794.—Zoëga (de Obelisc., p. 255), cite en preuve le témoignage d'Horapollon (Hieroglyph. I, 39), qui affirme que l'*ensevelisseur* ($\dot{\epsilon}\nu\tau\alpha\phi\iota\alpha\sigma\tau\grave{\eta}\nu$, pollinctorem) était représenté par le même caractère hiéroglyphique que le prophète et le scribe sacré, c'est-à-dire par la figure d'un chien, avec allusion à *Hermès - Anubis*. — *Voy.* les distinctions établies dans la note précédente, 10, et *conf.* la note suivante, 12, § 2, où nous traiterons en détail des représentations figurées qui se rapportent soit aux cérémonies funèbres, soit à l'autre vie. Consultez encore la pl. XLV, et l'explication, au n° 181. (J. D. G.)

Cette idée d'une initiation dans la mort, nous explique le silence discret du père de l'histoire sur quelques circonstances mystérieuses de l'embaumement, que des auteurs moins scrupuleux ou plus récens n'ont pas craint de nous révéler [1]. Quand les entrailles (des personnes de distinction) ont été retirées du corps, dit Porphyre [2], et placées dans un coffre, ils (les embaumeurs) prennent ce coffre, et s'adressant au soleil, l'un d'eux s'écrie : « O seigneur Soleil, et vous tous dieux, qui avez donné la vie aux hommes, accueillez-moi, et transmettez-moi aux dieux éternels, afin que je partage leur séjour. Car, je n'ai pas cessé de révérer les dieux que m'avaient enseignés mes parens, durant tout l'espace de temps qui me fut accordé dans cette carrière de la vie, et j'ai constamment honoré ceux qui ont engendré mon corps ; quant aux autres hommes, je n'en ai fait périr aucun, ni ne l'ai frustré d'un dépôt, ni ne lui ai causé aucun autre mal. Mais si, dans le cours de ma vie, j'ai péché en quelque chose, soit en mangeant, soit en buvant ce qui était défendu, ce n'est point par moi-même que j'ai péché, c'est par cette portion de mon corps [3]. » Ayant prononcé ces paroles, ajoute Porphyre, il livre au fleuve le coffre qui contient les entrailles : le reste du corps est embaumé comme pur.

Les physiciens et chirurgiens modernes ont reconnu, par l'examen d'un grand nombre de momies, que les Égyptiens, sans être précisément très-avancés dans la science anatomique, devaient posséder des connaissances assez étendues en chimie. Leurs procédés pour conserver les corps et les garantir contre la corruption, paraissent mériter toute l'attention dont ils ont

---

[1] *Conf.* Commentat. Herodot., § 3, p. 30 sq.

[2] De Abstinentia, IV, 10, p. 329 seq., avec les remarques de Rhœr.— M. Creuzer y a joint un commentaire fort étendu avec beaucoup de rapprochemens curieux : Commentat. Herodot., p. 31 sqq. (J. D. G.)

[3] *Conf.* Plutarch. de usu Carn., p. 54, ed. Wyttenb.—Cette prière égyptienne, au rapport de Porphyre, aurait été traduite de la langue nationale en grec par un certain Euphante, peut-être le même que le Pythagoricien Euphante, dont parle Jamblique, de Vit. Pythag., cap. 36, (§ 267, p. 522 Kiessling.).

été l'objet dans ces derniers temps [1]. Ce qui n'est guère moins remarquable, c'est la variété et souvent la finesse des tissus qui servaient aux diverses enveloppes des momies. Il est aujourd'hui bien prouvé que le *byssus* dont étaient faites la plupart de ces enveloppes, n'est autre chose que le coton indigène en Égypte [2]. Du reste, il faut distinguer l'espèce de masque gypseux étendu sur le corps et toujours couvert de peintures, qui pourrait s'appeler un premier étui, tant des bandelettes intérieures qui maintiennent les membres, que des enveloppes proprement dites, qui sont extérieures, souvent très-multipliées, et ordinairement dépourvues de couleurs [3]. Ainsi emmailloté, peint et enveloppé, le corps était enfermé dans un second étui, qui, de même que le premier, représentait la personne défunte, homme ou femme, et dont les parois tant intérieures qu'exté-

[1] M. Creuzer a résumé tous les travaux et toutes les opinions tant sur ce point que sur les suivans, depuis les Mémoires du médecin Rouelle, dans le recueil de l'Académie des Sciences, année 1750, et les recherches de Heyne, de Gmelin, de Blumenbach, etc., soit dans les Commentat. Soc. Scient. Gœtting., vol. IV, soit dans d'autres recueils et ouvrages, jusqu'aux découvertes mieux constatées de la Commission d'Égypte. Les faits et les résultats les plus importans sont exposés dans Larcher, notes sur Hérodote, tom. II, p. 348 sqq.; Zoëga, de Obelisc., sect. IV, cap. 1, § 13, p. 250 sqq.; Winckelmann, Hist. de l'Art, addit. au vol. I, p. 625 sqq.; Becker, dans l'Augusteum, vol. I, p. 5 sqq.; Bœttiger, *Archæologie der Malerei*, p. 46 sqq.; Silvestre de Sacy, notes sur Abdallatif; Rouyer, dans la Descript. de l'Ég., Antiquités, Mémoires, vol. I, p. 207 sqq.; Jomard, dans la même collection, Antiq., Descript., vol. II, ch. IX, sect. X, § 8; De Hammer, dans les Mines de l'Orient, tom. V, p. 273 sqq.; Belzoni, Voyages, t. I, p. 262 sqq. de la trad. fr.

[2] Commentat. Herodot., p. 47 sqq. — M. Mongez a lu cette année, à la séance solennelle de l'Académie des Inscriptions et Belles-Lettres, une savante dissertation sur ce dernier point, qui doit être insérée dans l'un des prochains volumes du recueil de cette société. (J. D. G.)

[3] M. Creuzer a publié et décrit, dans ses Commentaires, un de ces masques ou premiers étuis, enveloppe intermédiaire d'une momie appartenant au cabinet du grand duc de Hesse, à Darmstadt. *Voy.* Commentat. Herodot., § 28, p. 381 sqq., et la planche, au n° 8. (J. D. G.)

rieures étaient couvertes de figures symboliques et de légendes hiéroglyphiques richement coloriées [1]. Ce second étui, en bois de sycomore, était la caisse proprement dite, le cercueil de la momie, reçu quelquefois à son tour dans un sarcophage de granit, de marbre ou d'une autre matière plus précieuse encore, lui-même orné de sculptures significatives [2].

Mais les mêmes honneurs n'étaient pas rendus aux morts de toutes les conditions, et il s'en fallait de beaucoup que les momies de la seconde et de la troisième classes fussent traitées avec autant de soins, ensevelies avec autant de précautions, et leurs enveloppes ou caisses aussi magnifiquement décorées et faites de matières aussi riches [3]. Maintenant, ceux qui pos-

---

[1] *Voy.* le monument dont les parties les plus remarquables sont gravées, pour la première fois, dans notre planche XLV, 182, ou décrites dans l'explicat. des pl.   (J. D. G.)

[2] De semblables sarcophages ont été et sont tous les jours apportés en Europe, depuis l'expédition française d'Égypte. Il en est qui sont faits d'albâtre parfaitement transparent, et qui rappellent ces stèles ou étuis de verre où les Éthiopiens déposaient leurs momies préparées et peintes à la manière égyptienne, au rapport d'Hérodote (III, 24). Tel est celui que le célèbre voyageur Belzoni a découvert dans le tombeau royal dont nous parlerons plus bas, et transporté en Angleterre. Un autre magnifique sarcophage pesant, dit-on, à lui seul dix-neuf milliers, et le couvercle onze, ayant quatre pieds et demi de hauteur, quatre pieds de largeur et huit de longueur, vient d'être acheté par le gouvernement français, et doit, au premier jour, arriver à Paris.   (C—R et J. D. G.)

[3] Commentat. Herodot., p. 74 sqq. — M. Creuzer a, vers la fin de cet ouvrage (§ 27, p. 360 sqq.), ajouté quelques généralités sur les momies, leurs noms anciens et modernes, la perfection des procédés qui les ont conservées jusqu'à nous, à travers tant de siècles, l'époque où put être inventé cet art précieux, et celle où, long-temps après avoir atteint ses derniers développemens, il tomba tout-à-fait en désuétude, probablement vers le cinquième siècle de notre ère. (*Conf.* Walch. de mumiis Christian. in Commentat. Soc. Scient. Gœtting., vol. III, n° 2.) Il touche, en terminant, les usages analogues qui ont existé ou existent encore chez différens peuples, sujet curieux et intéressant, traité fort au long par Zoëga, de Obelisc., p. 264 sqq.

sédaient des cryptes ou des tombeaux souterrains dans les nécropoles, c'est-à-dire dans la partie des villes, destinée aux sépultures, y déposaient leurs morts; les autres les gardaient chez eux. Il paraît néanmoins que les rois étaient quelquefois ensevelis dans leurs propres palais ou bien dans les temples [1].

Certaines villes égyptiennes étaient fameuses entre toutes les autres par la religion des tombeaux. Thèbes, outre ses sépultures royales, situées dans la vallée que les Arabes nomment *Biban-el-Molouk* (les tombeaux des rois), avait encore une incroyable multitude de sépultures privées, creusées sous terre, aux abords de la chaîne libyque, et que l'on est convenu, pour cette raison, d'appeler *hypogées*. Quant à la position des *îles des bienheureux*, elle n'est pas très-exactement déterminée [2]. Remarquons, en passant, que la Thèbes d'Égypte et la Thèbes de Béotie sont fréquemment assimilées par les anciens, et que

[1] On connaît le célèbre palais du roi Osymandyas, où se trouvait son tombeau. (Diodor. I, 47. *Conf.* note 14 ci-après.) De même, la fille du roi Mycérinus fut ensevelie, après sa mort, dans le palais paternel. (Hérodot. II, 129, 130.) Les habitans de Saïs déposaient dans le temple de Minerve, bâti dans cette ville, les momies des rois nés dans leur nome.(*Id.*, II, 169; III, 10 et 16, coll. Strab. XVII, p. 802.) Quant aux Ptolémées, ils avaient leurs tombeaux dans l'enceinte même de leur palais, à Alexandrie : c'est là que furent ensevelis et Alexandre et les monarques de cette race. Strab. *ibid.*, p. 794.

[2] L'interprétation que donne M. Creuzer de ces *îles* ou plutôt de cette *île des bienheureux*, μακάρων νῆσοι ou νῆσος, nous paraît singulièrement arbitraire, et en opposition formelle avec le texte si positif d'Hérodote, qui dit, en parlant de l'Oasis de Thèbes : « Or, ce lieu, dans la langue des Hellènes, se nomme *île des heureux*. » Le pluriel s'entendra naturellement de la réunion des Oasis, véritables *îles Fortunées*, par comparaison avec le désert qui les séparait des nécropoles égyptiennes, situées toutes à l'occident, région des ténèbres, et dans une terre elle-même aride et rocailleuse. (*Conf.* note 2, *sup.*, p. 767 sq.; et Jomard, dans le Voyage à l'Oasis de Thèbes, par Cailliaud, p. 46 sq.) Nous n'en sommes pas moins persuadés que les Oasis entrent comme élément, aussi bien que les nécropoles, dans la fable grecque de l'Élysée, d'origine égyptienne, selon Zoëga, de Obelisc., p. 296; et notre auteur, *sup.*, p. 462.   (J. D. G.)

la cité de Cadmus eut elle-même ses *îles des heureux* [1]. L'une et l'autre passaient pour avoir vu naître Jupiter-Ammon et Osiris-Bacchus; l'une et l'autre possédaient le tombeau de ce dernier dieu, victime de la mort. De jour en jour nous apprenons à connaître mieux les sépulcres antiques des Pharaons, dont il fut le premier et le constant modèle; ils sont remplis, ainsi que la plupart des constructions avancées de la nécropole égyptienne à Thèbes, d'anaglyphes et de peintures qui représentent ou des scènes funéraires ou les destinées des morts, conformément aux idées nationales [2].

[1] *Conf.* Creuzer., Meletem., I, p. 94, et Comm. Herodot., 90 sq., 94. — Nous y reviendrons dans la suite.

[2] *Voy.*, ci-dessus, p. 757, 759, et la note suivante, § 2. — Les savans de la Commission d'Égypte ont visité, mesuré et décrit onze de ces tombeaux ou catacombes royales, dont les anciens connaissaient bien davantage : la profondeur varie de cinquante à trois cent soixante pieds. Toutes se composent d'une suite de galeries, chambres et salles, creusées dans le roc vif; une salle principale renferme ordinairement le sarcophage, qui contenait la momie du monarque. La plus vaste de ces excavations a reçu des Français le nom de *grotte des harpes*; une autre, également fort considérable, paraît avoir été le tombeau de *Ramsès-Méiamoun*. (*Sup.*, p. 846.) Belzoni en a découvert une nouvelle, qu'il nous a fait connaître, tant par son ouvrage que par ce magnifique modèle long-temps exposé à la curiosité publique, à Londres et à Paris : nul spectacle n'était plus propre à laisser dans l'imagination une impression profonde de la vieille civilisation des Égyptiens et surtout du caractère imposant de leur religion, dont une foule de cérémonies et d'idées, principalement celles qui se rapportent aux funérailles, à l'autre vie et à l'espèce d'apothéose décernée dans les cieux aux Pharaons, y sont représentées en bas-reliefs peints des plus vives couleurs. Nous en avons extrait une scène que l'on peut voir, avec les détails qui servent à constater l'époque de ce monument, antérieur au précédent, selon M. Champollion le jeune, dans notre pl. XXXIV, 146, et l'Explication des pl., p. 41. *Conf.* ci-dessus, 844. — Les hypogées, ou les catacombes renfermant les sépultures des particuliers, ne sont pas moins intéressans à d'autres égards. *Voy.* Jollois, Devilliers et Jomard, dans la Descript. de l'Ég., Antiq., t. II, chap. IX et X; Hamilton's *Ægyptiaca*; et Belzoni, Voyages, t. I, p. 194 sqq., 245 sqq., 358, 371 sqq. de la trad. franç. (J. D. G.)

S'il était possible de douter du sens profondément symbolique et mystique que les Égyptiens attachaient aux cérémonies de la sépulture, aux embaumemens et à tout ce qui concernait les tombeaux, ce que les anciens rapportent d'Abydus serait bien propre à dissiper toute incertitude à cet égard. Indépendamment des récits formels de Plutarque et de Strabon, Porphyre nous apprend que le plus grand des crimes, aux yeux d'un Égyptien, c'eût été de révéler le secret des mystères de cette ville non moins sainte que Thèbes [1]. Les *Memnonium* ou les *Osymandeum*, les *Osireum* et les *Serapeum*, pour nous servir des termes sacramentels, c'est-à-dire les édifices funèbres consacrés à Memnon ou à Osymandyas, à Osiris et à Sérapis (personnages mythologiques qui se tiennent entre eux par cette solennelle idée de la mort inévitable pour tous, même pour les dieux et les héros qui leur ressemblent), ces sépulcres divins et royaux étaient communs aux deux cités. Abydus, de même que Thèbes, paraît avoir été en rapport avec les *îles des bienheureux*. Cette ville déchue de bonne heure de sa splendeur antique, conserva long-temps ses dévotions populaires, surtout son culte des morts, et nous savons qu'un dieu plein de mystère, appelé *Besa*, était encore en vénération dans le pays sous Constantin-le-Grand [2].

Après Thèbes et Abydus, Memphis fut en possession de recevoir dans sa nécropole, dans les vastes hypogées qui en formaient les habitations, et dans ces montagnes artificielles des pyramides, qui étaient comme les palais de cette cité de la

---

[1] Porphyr. in epistol. ad Anebon. Ægypt., p. 6, ed. Gale ; et Jamblich. de Myster., VI, p. 147 et 149, *ibid.*

[2] *Voy.* Euseb., Hist. Eccles., VI, 41; Ammian. Marcellin., XIX, 12. — Antinoé, avant de porter ce nom, s'appela *Besa* (*sup.*, p. 761), ce qui prouve déjà la haute antiquité de ce dieu peu connu. (*Conf.* Jablonski, Panth. III, p. 200 sq.). M. Champollion le jeune paraît l'avoir retrouvé sur les monumens, avec quelques autres dieux non moins obscurs, tels que *Seb*, *Bennô* ou *Vennô*, etc., sur lesquels ses recherches ultérieures répandront peut-être plus de jour.

mort, tout ce qu'il y avait d'illustre en Égypte [1]. La terre des environs de Memphis était sainte aux yeux des Égyptiens, car non-seulement Apis, mais Osiris et Isis elle-même l'avaient consacrée par leurs propres sépultures. On montrait le tombeau d'Isis dans l'enceinte du fameux temple de Vulcain; et de même, à Saïs, Osiris passait pour être enseveli dans le temple non moins célèbre de Minerve [2]. Les dieux descendus jusqu'à la condition humaine, les dieux qui avaient voulu subir le trépas comme de simples mortels, étaient censés reposer, après leur mort, dans les demeures des divinités plus élevées, qui n'avaient rien de commun avec cette triste terre ni avec les destinées de ses habitans. Et quand les Égyptiens, à leur tour, voulaient reposer auprès d'Osiris, soit à Memphis, soit à Saïs, soit dans quelqu'une de ces nombreuses villes, plus spécialement vouées à la mort, qui portaient, comme les nécropoles des grandes cités, le nom de *tombeaux d'Osiris* [3], la pensée qui les animait, c'est que placés ainsi sous la protection de ce dieu terrestre, ils pourraient s'élever graduellement avec lui jusqu'aux dieux du ciel, après avoir parcouru la carrière d'épreuves qui leur était imposée. Pour la même raison, les momies les plus distinguées étaient apprêtées sur le modèle de celle d'Osiris, de la momie première et prototype. En effet, dans ces rites funèbres, rien n'était donné au hasard, aucune pratique n'était arbitraire : tout, au contraire, avait été prévu et arrêté invariablement par les prescriptions d'une discipline

---

[1] C'est de cette contrée que venaient, presque exclusivement, avant les dernières découvertes, les momies qui se trouvent encore dans la plupart des collections et des cabinets de l'Europe. *Conf. supra*, p. 763 sq.

[2] Diodor. I, 22. Herodot. II, 170.—Par le premier de ces passages, se trouve réfutée l'assertion de Zoëga, de Obelisc., p. 373, qui nie l'existence des tombeaux d'Isis. Ce n'est pas ici le lieu de rechercher pourquoi, en général, dans les religions anciennes, il est si rarement question de déesses mourantes ou mortes, tandis que les exemples de dieux morts ou mourans y sont si multipliés.

[3] *Busiris, Taphosiris. Voy.* principalement la note 9 sur ce livre, *supra*, p. 848 sqq.

religieuse dont la base était dans une doctrine tenue pour divine [1]. (C—n et J. D. G.)

Note 12 (chap. VI, p. 464 sqq. : suite de la précédente).

§ 1. Il est évident que le soin extrême qu'apportaient les Égyptiens, entre tous les peuples, à conserver les corps de ceux qui n'étaient plus, devait avoir pour motif principal une opinion toute particulière sur la destinée des âmes après cette vie; et l'idée qui se présente le plus naturellement à l'esprit, c'est qu'un rapport quelconque était censé subsister entre les âmes et les corps dont les liens avaient été brisés par le trépas, ou même, qu'une résurrection finale devait réunir de nouveau l'une à l'autre ces deux parties intégrantes de l'homme momentanément séparées [2]. Mais quelque vraisemblance que puisse offrir au premier abord cette dernière supposition, il ne paraît pas que telle ait jamais été, du moins dans les temps anciens, la croyance de l'Égypte. Rétablissons ici, dans son intégrité, le passage capital d'Hérodote (II, 123):

« Les Égyptiens sont les premiers qui aient professé le dogme, que l'âme de l'homme est immortelle : le corps venant à se dissoudre, elle passe successivement (selon eux) dans de nouveaux corps par des naissances nouvelles; puis, quand elle a ainsi parcouru tous les animaux de la terre, tous ceux de la mer et tous ceux qui volent dans les airs, elle rentre dans un corps humain qui naît à point nommé : cette révolution de l'âme s'accomplit en trois mille années. »

Hérodote, dans cette exposition claire quoique peu développée, présente, sans aucun doute, le dogme de la métempsychose ou *métensomatose,* comme inséparable de celui de l'immortalité de l'âme; il ne conçoit pas l'âme autrement qu'unie à un corps, et en ce sens seulement l'on peut soutenir avec

---

[1] Creuzer., Commentat. Herodot., § 11, p. 108 sqq.

[2] C'est une conjecture qui a été émise par M. Hamilton, dans ses *Ægyptiaca*, et combattue par le Dr Prichard, *Ægypt. Mythol.*, p. 198 sqq.

Larcher et Wyttenbach, dont M. Creuzer suit l'autorité [1], qu'il s'agit principalement ici de la transmigration des âmes : car c'était la forme même sous laquelle les Égyptiens avaient compris leur immortalité [2]. « Telle est la philosophie des Égyptiens, dit Diogène-Laërce : ils croient que l'âme survit à la mort en passant dans des corps nouveaux [3]. » La *métensomatose*, et plus généralement l'union à un corps quelconque, était donc comme la condition de la permanence de l'âme [4].

Ainsi s'explique, sans effort, l'usage si antique d'embaumer les corps privés de la vie, et de les garder avec un soin religieux. On croyait, en conservant à l'âme son domicile de prédilection, l'y retenir et lui épargner, au moins en partie, ces migrations pénibles qu'elle devait épuiser, jusqu'à sa renaissance dans un nouveau corps humain. Elle n'abandonnait tout-à-fait son premier corps, que lorsqu'il venait à tomber en poussière [5]. Tel paraît encore ici le vrai sens d'Hérodote, développé par Zoëga, dans un excellent morceau sur ce sujet [6], et adopté sans restriction par notre auteur. M. Heeren, tout en rendant à Zoëga, qui a tant fait pour les antiquités égyp-

---

[1] Commentat. Herodot., p. 315 sqq.; coll. Larcher sur Herodote, t. II, p. 426 sq., et Wyttenbach in Dissert. : *Quæ fuerit veterum philosophorum sententia de vita et statu animorum post mortem;* Amstelod. 1783, p. XVII.

[2] Cela est si certain que la plupart des auteurs ne parlent que d'immortalité, attribuant, comme Hérodote, aux Égyptiens, la découverte de cette vérité philosophique et religieuse, tandis que d'autres la rapportent aux Brahmanes de l'Inde. *Conf.* Clem. Alexandr. Strom. VI, 2, p. 752; Potter., et al. ap. Creuzer., lib. laud., p. 316 : *add. supra*, p. 277.

[3] Τὴν ψυχὴν καὶ ἐπιδιαμένειν καὶ μετεμβαίνειν. Diog. Laert., I, 11, ex Hecatæo, Aristagora et Manethone.

[4] Les autres principaux passages, d'où résultent, suivant nous, cette conclusion, se trouvent dans Servius ad Virgil. Æneid., III, 68; Tertullian., de Anima, cap. XXXIII, p. 288 sq., Rigalt. *Conf.* Creuzer., l. l., p. 320 sqq.

[5] Τοῦ σώματος καταφθίνοντος κ. τ. λ. Herodot., *ubi sup.*—Larcher n'a rendu ni la force de ce mot, ni la propriété de l'αἰεί qui suit.

[6] De Obelisc., sect. IV, cap. 1, § XVI, p. 294 sqq.

tiennes, un hommage mérité, lui conteste ce sens et les conséquences qui en résultent relativement à la métempsychose : il prétend qu'on ne saurait comprendre comment une telle opinion aurait pu s'établir chez un peuple qui avait trouvé l'art d'éterniser, en quelque sorte, les cadavres des morts; partant, il ne reconnaît aucune liaison nécessaire entre le dogme de la transmigration des âmes et l'usage de conserver les corps; il voit dans cet usage, dans l'établissement des nécropoles, enfin dans l'idée d'un royaume infernal, d'un *Amenti*, où les morts étaient supposés poursuivre leur existence en corps et en âme, où ils étaient jugés et récompensés ou punis, selon leurs mérites, les élémens d'une croyance populaire tout-à-fait distincte de la doctrine sacerdotale dont faisait partie la métempsychose [1].

Nous ne voyons pas plus que Zoëga, pas plus que M. Creuzer, pourquoi ces choses se concilieraient moins chez les Égyptiens qu'elles ne se concilient chez les Hindous. Les termes d'Hérodote ont été pris dans un sens beaucoup trop absolu, et la doctrine de la métempsychose n'était ni aussi exclusive, ni aussi conséquente dans les détails que paraît le croire M. Heeren. Sans doute elle fut développée par les prêtres en une théorie philosophique, mais elle n'en demeura pas moins une croyance populaire, tout aussi bien que le royaume des morts; et il faut en dire autant des peines et des récompenses. Ici nous nous séparerons à la fois de notre auteur et de son adversaire. Il nous semble, en effet, que si M. Heeren a mal saisi l'ensemble de la doctrine égyptienne, M. Creuzer à son tour en donne une explication beaucoup trop arbitraire et bien plus artificielle qu'historique, quand il suppose une combinaison des pressentimens grossiers des nomades avec les idées épurées d'une tribu déjà civilisée, de telle sorte que les prêtres ayant donné au peuple le dogme complexe de la transmigration des âmes, se seraient réservé pour eux-mêmes la notion plus simple et plus philosophique de la seconde vie ou de la *palingénésie* [2].

[1] Heeren, *Ideen*, II, 2, p. 643 sqq.
[2] *Supra*, p. 465 sq., coll. Comm. Herodot., p. 322 sqq. — M. Creuzer

La *palingénésie*, dogme commun aux Hindous, aux Perses et à plusieurs sectes grecques, mais surtout aux Pythagoriciens, nous paraît être une déduction, ou, si l'on veut, un perfectionnement de la métempsychose, autre dogme bien plus ancien, bien plus général, qui contient en soi le germe du premier, et qu'en aucun cas nous ne saurions considérer comme une invention des castes sacerdotales et une forme poétique imaginée à plaisir pour couvrir d'un voile la grande idée de l'immortalité de l'âme. Elle tient de trop près pour cela à ce système primitif de panthéisme, d'émanation, d'une vie unique et universelle se produisant au sein de la nature sous une infinie variété de formes sans cesse renouvelées, que nous avons signalé comme la base commune des doctrines religieuses de l'Inde et de l'Égypte, et jusqu'à un certain point seulement, de la Perse [1]. La métempsychose se lie intimement, d'un côté avec les incarnations des dieux, de l'autre avec le culte des animaux, leurs vivantes images, ainsi que nous le montrerons dans la note dernière sur ce livre. Elle est une partie intégrante du corps, plus homogène peut-être qu'on ne le pense, de la religion égyptienne, et non point un accident, un ouvrage des circonstances. Un auteur anglais, pour avoir soupçonné la fraternité, ou du moins la ressemblance de famille, qui existe surtout entre les deux systèmes de l'Égypte et de l'Inde, a vu en ceci plus juste et plus loin que les savans allemands [2].

appelle cette métempsychose égyptienne, telle qu'il la conçoit : *Mixtam temperatamque pastoritia superstitione ac sacerdotali eruditione disciplinam.* Quant à la palingénésie, il nous semble avoir senti la faiblesse de son hypothèse, p. 331 sqq., où il y revient avec moins de confiance. Il persiste cependant à penser que la métempsychose, pour les prêtres de l'Égypte, comme pour Pythagore, n'était qu'une *figure.* Nous reviendrons dans la suite sur cette dernière assertion.

[1] *Conf.* ci-dessus, liv. I, p. 276 sqq., et les notes sur ce même livre, *passim*; note 4, § 2, sur le liv. II, p. 697 sqq. (La doctrine de Zoroastre ne connaît déjà plus que la *palingénésie*, et même sous la forme récente de *résurrection* : p. 329, coll. 708); notes du liv. III, p. 822, 869 sqq.

[2] Prichard's *Analysis of Ægypt. Mythol.*, book II, ch. 3, et surtout le

A part cette explication que nous croyons fausse en principe, M. Creuzer est parvenu à concilier avec assez de bonheur les divers témoignages qui nous ont été laissés par les anciens sur la durée des migrations de l'âme, sur la manière dont s'opère le retour, etc. Avouons toutefois qu'il est bien difficile de démêler dans ces passages, empruntés la plupart aux systèmes pythagoricien et platonicien, ce qui appartient réellement à l'antique doctrine égyptienne. Ceci est applicable en particulier aux citations de Pindare, et même à celles des livres d'Hermès, en tant que la forme sous laquelle nous en possédons des extraits, est moderne. Et Pindare et Hermès, tel que nous l'avons, s'accordent cependant sur les points essentiels avec Hérodote : le cycle fatal de trois mille ans, qui doit s'écouler avant le retour des âmes à leur source divine, l'ordre des migrations depuis les reptiles jusqu'aux oiseaux, et au sortir des corps de ceux-ci, le passage immédiat dans des corps humains, voilà ce qu'il y a de plus positif [1]. Quant à la mi-

supplément à ce chap., où sont comparés ensemble ces deux systèmes en ce qui concerne notre sujet actuel, p. 213 sqq.

[1] Dans le premier des passages de Pindare que nous avons cités d'après M. Creuzer, p. 466 *supra*, ἐς τρὶς ἑκατέρωθι, *ter utrobique*, Olymp. II, 122, 123, est expliqué par le scholiaste, ἤγουν ἐν τῷ βίῳ καὶ ἐν τῷ ᾅδῃ, conformément au sens dans lequel nous interprétons Hérodote. Nous traduirons ici le passage capital d'Hermès d'accord tout à la fois avec Hérodote et avec Pindare. Hermès s'exprime ainsi : « Les migrations de ces âmes sont nombreuses, et les unes plus heureuses, les autres moins. Celles qui étaient devenues reptiles, passent dans les animaux aquatiques; celles des animaux aquatiques, dans des animaux terrestres; celles des animaux terrestres, dans les volatiles, et celles-ci dans des corps humains. Les âmes des hommes ont un commencement d'immortalité, passant dans les démons, et de là dans le chœur des dieux. Or, il y a deux chœurs des dieux, l'un de ceux qui errent, l'autre de ceux qui n'errent point. Telle est la gloire la plus accomplie où puisse parvenir une âme. Mais l'âme qui est passée dans un corps humain, si elle reste mauvaise, n'obtiendra jamais l'immortalité : au contraire, elle recommencera de nouveau la carrière, et rentrera dans les reptiles. Tel est le châtiment d'une âme mauvaise. »

gration totale, répétée trois fois dans le cours des trois millénaires, par les âmes vulgaires, avant qu'elles soient entièrement purifiées (car ce sont des purifications que ces épreuves successives, et peut-être les seules peines que connaisse le système primitif), est-ce bien la même idée dans Pindare et dans Platon [1], et le titre de *Trismégiste* appliqué à Hermès s'y rapporte-t-il, comme au type divin de l'homme, à l'intelligence divine incarnée, donnant à l'intelligence humaine l'exemple de la mort comme celui de la vie [2] ? cela est probable, sans que l'on puisse décidément affirmer que telle fut aussi l'idée égyptienne. Nous en dirons autant du mode de retour à travers le zodiaque et les astres [3]. (J. D. G.)

§ 2. Ces idées sur les destinées futures de l'âme et sur les diverses phases de l'autre vie, que les Grecs empruntèrent à l'Égypte et déposèrent dans des mythes ingénieux, long-temps auparavant les Égyptiens eux-mêmes les avaient figurées en symboles dans les sculptures ou les peintures des édifices, des grottes sépulcrales et des monumens de toute espèce qui avaient trait aux tombeaux. Pour les images relatives aux cérémonies funèbres, à la confection ou à la fabrication des momies, de même que pour les scènes ordinairement représentées sur les enveloppes ou caisses de celles-ci, nous nous référons à la note précédente et surtout à l'explication des figures 141 *a*, 178, 181, 182, et 182 *a* et *b*, planches XLV, LI, LII. Ces descriptions prépareront ou compléteront ce qui nous reste à dire ici des sujets 183, 184 et 185, pl. XLVI et XLVII, qui s'y lient

[1] Plat. Respubl., X, 11, p. 304, Ast., coll. 14, p. 310; Phædr., 6, p. 258, Heindorf., coll. 29, p. 152, Ast., où Hermias cite les paroles même de Pindare rapportées plus haut. *Compar.* aussi la fin du chap. V, ci-dessus, p. 456.

[2] Hermias ad Plat. Phædr. *ubi sup.*, immédiatement avant la citation de Pindare. *Voy.* plus haut, p. 520, coll. 855, 863, 865, etc., une autre interprétation du nom de *Trismégiste*.

[3] Le passage cité d'Hermès, et la prière égyptienne rapportée dans Porphyre (*supra*, p. 875), semblent l'impliquer, de concert avec le cycle astronomique de la grande année. *Conf.* note 13, ci-après, et Prichard, ouvr. cit., p. 208 sqq.

naturellement, mais qui ont un rapport plus intime avec les développemens que nous venons de donner, et avec l'art. II du chap. VI, p. 462 sqq. Commençons par le premier sujet, 183, le seul dont le sens nous paraisse un peu équivoque, si équivoque même qu'en l'examinant de près, nous ne balançons pas à le distraire de cette série d'images funèbres, pour le renvoyer à la série suivante, celle des images astronomiques. (*Voy.* la note 13, et les planches, n°s 187 et surtout 189 sqq.)

En effet, quand l'on sait par le témoignage formel de Diodore de Sicile [1], appuyé des monumens récemment découverts dans la Thébaïde, que les Grecs avaient emprunté soit des localités, soit des usages religieux et des légendes sacrées de l'Égypte, tous les élémens essentiels de leur fable des enfers; quand on se souvient, d'un autre côté, que des loups ou chakals passaient pour les gardiens du sombre empire [2], et que le dieu *Anubis*, chargé de divers offices funèbres, était lui-même distingué par la tête d'un de ces derniers animaux, l'on est bien tenté de soupçonner, dans cette barque que traînent des chakals et qui porte le dieu, leur souverain, imploré par deux figures de femmes, quelque rapport avec le passage des âmes et le nautonier *Charon* [3]. Nous ne disconvenons pas que cette scène n'offre une analogie générale assez frappante avec la scène suivante, 184, et que les deux divinités à tête de chakal

---

[1] I, 92-96. *Conf.* ci-dessus, p. 460, 462, 464, 878.

[2] Herodot., II, 122. *Conf.* Zoëga de Obelisc., p. 307 sqq.; la note 10 ci-dessus, p. 865 sqq., et ci-après, note 15.

[3] Peut-être faut-il plutôt, en prenant, avec les auteurs de la Descript. de l'Égypte, Diodore pour guide, chercher l'origine de *Charon* et de sa barque, du fleuve des enfers, de l'Achéron, etc., dans des représentations purement historiques, telles que celles des grottes d'Ilithyia, où l'on voit figurées, dans un magnifique bas-relief, toutes les cérémonies des funérailles. L'on y remarque, entre autres détails, des *baris* ou barques *thalaméges* (*naves cubiculatæ*) dans lesquelles sont placés les morts, et qu'un nautonier conduit à la rame. *Voy.* la Descript. de l'Ég., Antiq., Pl., vol. I, pl. 70, n° 5; et les réflexions ingénieuses de MM. Jollois et Devilliers, dans le texte, vol. I, chap. IX, sect. IV, p. 167 sqq.

et à tête d'épervier n'y soient rapprochées à peu près de la même manière. Néanmoins, nous avons les plus fortes raisons de penser qu'il s'agit plutôt, dans la première, du passage d'un astre quelconque sous l'horizon, c'est-à-dire de son coucher, que de la descente d'une âme aux enfers. Ces deux événemens ou ces deux phénomènes étaient, il est vrai, comparés et assimilés l'un à l'autre; on devine pourquoi, et la note 13 ci-après développera cet aperçu. Supposons donc, pour un instant, qu'au lieu d'un astre, ce soit une âme qui descende dans les sombres demeures de l'*Amenti*, dans ce ténébreux hémisphère qui a aussi ses habitans, ses astres et ses dieux [1]. La seconde image nous montre cette âme, reconnaissable à ses longs vêtemens, présentée par une déesse inférieure à la grande déesse des enfers, *Saté* ou *Sati*, c'est-à-dire *Hera* ou *Junon*, sous son aspect infernal, qui l'introduit devant le juge des morts, le noir *Osiris* ou *Jupiter-Sérapis*, siégeant sur son trône ou tribunal à l'autre extrémité du tableau. Entre le dieu terrible et l'âme qui implore sa clémence, l'on voit d'abord une balance tenue en équilibre par deux divinités, l'une à tête d'épervier, l'autre à tête de chakal, que ces formes autant que leurs légendes hiéroglyphiques, nous font reconnaître pour *Horus* et *Anubis*, placés ainsi en contraste; sur le fléau de la balance, où vont être pesées les bonnes et les mauvaises actions du mort, est assis un Cynocéphale, flanqué de deux espèces de sphinx parfaitement semblables, symbole de la sagesse et sans doute ici de la sagesse équitable; ce symbole appartient au dieu de la toute-science, *Thoth* ou *Hermès* à tête d'ibis, prêt à marquer, du stylet qu'il tient dans une main, sur la règle dentelée qu'il porte dans l'autre, le résultat de

---

[1] *Solemque suum, sua sidera norunt.* Virgil. Æneid., VI, 641. La magnifique exposition qui suit, v. 724-751, empruntée des dogmes pythagoriciens sur Dieu, le monde et l'âme, est encore à bien des égards, ainsi que le pense un savant anglais, l'un des meilleurs commentateurs de la doctrine égyptienne, dont les élémens épars ont été rassemblés par M. Creuzer avec tant d'habileté. *Conf.* Prichard's *Ægypt. Mythol.*, p. 202 sqq.

l'opération [1]. Devant le scribe sacré, qui a conduit l'âme en ces lieux, est un jeune dieu, regardé comme *Harpocrate*, assis mystérieusement sur un sceptre recourbé où nous voyons le bâton augural : d'une main, il tient le fléau, et de l'autre présente au roi des morts un second bâton augural, emblème du don de prophétie qu'il lui communique; car les sentences des dieux, comme leurs réponses, doivent être des oracles [2]. Un monstre dont le corps est celui du lion, la tête celle du sanglier ou de la laie, est posté en avant sur un autel, qui figure peut-être un tombeau : est-ce *Typhon*, le dieu des flammes dévorantes, qui réclame sa victime, pour l'entraîner dans la nuit éternelle [3] ? Plus près encore du souverain de l'*Amenti*, et sur l'estrade même qui soutient son siége, une tige de lotus, symbole opposé des eaux vivifiantes, porte sur son large calice quatre petites figures en forme de momies, la première ayant une tête humaine, la seconde celle d'un cynocéphale, la troisième celle d'un chakal, et la quatrième celle d'un épervier: ce sont les quatre génies qui président au royaume des morts et que l'on trouve perpétuellement reproduits dans toutes les scènes funèbres [4]. Après ces quatre génies, immédiatement

[1] En rapprochant cette figure de celles que nous avons décrites plus haut, p. 811, coll. pl. XXVIII, 136, XXIX, 137, et l'Explicat. des pl., nous sommes portés à croire que ce résultat est une somme d'années : y aurait-il quelque relation à la métempsychose? Dans d'autres scènes de ce genre, il est vrai, *Thoth*, au lieu du sceptre annuaire, tient simplement les tablettes à écrire avec le roseau.

[2] Cette idée nous est suggérée par l'observation faite ci-dessus, p. 813.

[3] Les auteurs de la Description de l'Égypte voient, dans ce monstre, le type primitif de *Cerbère* : nous préférons la conjecture de Zoëga, d'après laquelle le gardien des enfers, à triple tête, serait une composition de *Thoth*-cynocéphale, psychopompe, d'*Anubis* à tête de chakal, entaphiaste, et du lit funèbre à tête de lion, quelquefois remplacé par un lion véritable, sur lequel est placée la momie que forme, consacre ou accompagne le dieu-loup. *Conf.* note 10, p. 865; la pl. XLV, 181, et la pl. LII, 141 *a*, coll. 138 *c*.

[4] *Voy.*, entre autres, pl. XLV, 181, 182. — Tantôt, comme ici, et au n° 182, ils ont le corps serré dans des gaînes et ressemblent à des mo-

devant *Sérapis*, paraît un animal percé d'une flèche et dont la tête semble tomber dans un vase; la figure se rapproche de celle d'un cheval en diminutif, et l'on conjecture que ce quadrupède est peut-être l'animal d'où sort l'âme du mort qui est en présence du juge redoutable [1]. Celui-ci, prêt à prononcer la fatale sentence, tient dans ses mains le fléau et le bâton augural; et l'*uræus* se dressant au devant de sa mitre, atteste le roi des enfers.

Cette scène souvent reproduite avec des modifications légères, soit sur les caisses de momies, soit sur les papyrus ou manuscrits funéraires trouvés dans les tombeaux [2], est ici

mies, observation que l'on pourrait étendre à presque tous les dieux infernaux; tantôt leurs têtes sont placées, en manière de couvercles, sur des canopes ou vases, comme dans le n° 181. Les têtes sont celles d'*Osiris*, de *Thoth*, d'*Anubis* et d'*Horus*; mais, comme on le voit, ces génies n'en ont pas moins une existence propre, et déjà M. Champollion le jeune nous en fait connaître eux par leurs noms, *Amset* ou *Omset*, le premier, *Hapi* ou *Api*, le second. Syst. hiéroglyph., Explicat. des pl., p. 6, 7.

[1] Jollois et Devilliers, dans la Descript. de l'Ég., *ubi supra*, p. 165. — Nous prenons cette conjecture pour ce qu'elle est, c'est-à-dire pour très-hasardée, ce qui nous encourage à proposer une autre idée: ne serait-ce pas plutôt l'emblème de l'âme du mort pénétrée de terreur à l'aspect de son souverain juge, ou tout simplement une légende hiéroglyphique dont le sens est inconnu?

[2] *Voy.* Zoëga de Obelisc, p. 295 sqq., p. 308; Bœttiger, Archæolog. der Malerei, I, p. 89 sqq.; et les papyrus publiés par M. Denon, Voyage, etc., atlas, pl. 141, et par la Commission d'Égypte, Antiq., vol. II, pl. 60, 64, 66, 67 et 72. *Conf.*, dans le texte de ce dernier ouvrage, I, p. 362 sqq., les observations de M. Jomard sur ces papyrus, auxquels les découvertes récentes de MM. Belzoni, Cailliaud, Drovetti, Thédenat-Duvent, etc., ont ajouté de nombreux objets de comparaison. Le cabinet du roi de France en possède plusieurs très-précieux. — M. Creuzer croit retrouver, sur l'un des papyrus donnés dans le grand ouvrage français, pl. 62, les quarante-deux juges composant le tribunal terrestre des morts, dont parle le texte de Diodore de Sicile, corrigé d'après deux mss. : δικαστῶν (δυσὶ) πλείω τῶν τετταράκοντα κ. τ. λ. Cette correction acquerrait ainsi un haut degré de certitude, et le récit de l'historien une pleine confirmation.

représentée plus complète que partout ailleurs, d'après un bas-relief peint, appartenant à l'édifice appelé *temple d'Isis*, qui fait partie des ruines à l'ouest de Thèbes et se rattache conséquemment à la cité des morts [1]. Une autre peinture copiée par M. Jomard dans une des tombes royales de la même nécropole, fait suite, en quelque sorte, à cette image curieuse et n'est pas moins intéressante. Neuf personnes, chacune occupant une marche, montent un escalier au haut duquel est une estrade sur laquelle siége un dieu tenant dans ses deux mains la croix ansée, signe de la vie divine, et le bâton augural. En face de lui est un personnage debout, portant sur son épaule une grande balance. Plus haut, et en sens contraire, l'on voit, dans une barque, un Cynocéphale chassant devant soi un pourceau ou un hippopotame; en avant de la barque est un autre Cynocéphale, et tous deux ont une verge en main. Plus haut encore, mais dans le même sens que la première série de personnages, à droite, paraît un homme à tête de chakal; sur la même ligne, à gauche, quatre oiseaux à tête humaine planent au-dessus du dieu assis. Comme la scène principale, ordinairement peinte sur les papyrus funéraires et que nous avons décrite plus haut, se rapporte évidemment au jugement de l'âme, l'on a pensé avec raison que la scène actuelle doit s'y rapporter également, et qu'ici encore il s'agit d'une sentence prononcée par le juge des morts et exécutée sous ses yeux [2]. Peut-être, en effet, voyons-nous un méchant amené devant ce juge terrible par ses neuf assesseurs; le coupable porte sur ses épaules le symbole du jugement, et bientôt son âme condamnée passe ou dans un pourceau, animal impur, abhorré des Égyptiens, ou dans un hippopotame,

---

[1] *Conf.* ci-dessus, p. 757 sq. — MM. Jollois et Devilliers pensent que le sanctuaire où ils ont dessiné ce bas-relief, et même l'édifice entier peuvent avoir servi de tombeau à des personnages de distinction, tels que des rois ou des prêtres. Descript. de l'Ég., *ubi sup.*, p. 165, 169, 170.

[2] Jomard, dans la Descript. de l'Égypte, Antiq., vol. I, p. 379; Costaz, *ibid.*, p. 408.

emblème de l'ingratitude, de l'injustice et de la violence[1]; sous cette forme hideuse, elle doit retourner sur la terre où l'envoie *Thoth-Hermès* cynocéphale; *Anubis* l'attend pour l'y conduire[2]. Restent à expliquer et les quatre oiseaux à tête

---

[1] Horapoll. I, 56; II, 37. — M. Jomard met en rapport avec cette scène, et les hiéroglyphes dont elle est accompagnée et les autres peintures de la catacombe royale, où se représentent souvent un ou plusieurs personnages de la tête desquels jaillit un ruisseau de sang : il y voit un supplice qui aurait suivi la sentence et précédé la transmigration. Nous ne savons sur quelle autorité repose cette conjecture; mais il nous paraît utile d'appeler ici l'attention sur d'autres scènes des mêmes tombeaux d'où l'on pourrait inférer que des exécutions plus réelles, de véritables sacrifices humains avaient lieu dans les cérémonies funèbres (*Conf.* ci-dessus, p. 430, 432.) Ce n'est pas qu'un certain nombre de ces représentations ne paraissent être symboliques : mais il en est plusieurs sur lesquelles nous ne pouvons nous empêcher de partager l'avis de M. Costaz et de M. Creuzer. La plupart des victimes sont des hommes noirs, probablement des prisonniers ou esclaves nègres, comme on en voit tant sur les bas-reliefs des temples à Thèbes, dans la Nubie et dans l'Éthiopie. D'ailleurs, ces temples mêmes nous offrent fréquemment un autre genre de scènes, où il nous semble également impossible de méconnaître des sacrifices d'esclaves ou de prisonniers, assez souvent barbus, exécutés par un héros vainqueur, par exemple pl. XLIV, 186 *b*. Quelquefois, il est vrai, ces scènes pourraient n'être qu'emblématiques, comme au n° 186 *a*, même planche : mais l'emblème lui-même ne témoigne-t-il pas pour l'existence antique d'un usage réel? *Voyez*, au reste, pour le premier ordre de représentations, Descript. de l'Ég., Antiq., Pl., vol. II, pl. 85, 86, etc.; et pour le second, aux divers sujets gravés dans la même collection, ajoutez Gau, Antiq. de la Nubie, pl. 51 et *passim*; Cailliaud, Voyage à Méroé, pl. 16, 18, 61, etc. *Conf. sup.*, p. 813. Dans les groupes nombreux, et que nous serions portés à regarder comme symboliques (au moins le sont-ils dans la disposition), le nombre des victimes est constamment de 29 à 33. *Conf.* l'explication de la fig. 186 *a*.

[2] « Étrangère au bien et privée des yeux de l'esprit (est-il dit dans les livres d'Hermès, de l'âme criminelle), elle se vautre dans les passions du corps; se méconnaissant elle-même, elle devient l'esclave des monstres hideux. La raison (Thoth-Hermès) alors lui est donnée comme démon (ou génie); elle prend un corps de feu, et de son fouet vengeur frappe

humaine et le grand serpent qui se développe à l'opposé dans toute la hauteur, mais en dehors du tableau. M. Creuzer, qui adopte en général l'interprétation de M. Jomard, dont celle que nous venons de donner est empruntée en majeure partie, la modifie seulement pour le premier point. Il conjecture que les oiseaux pourraient être ou des harpies ou plutôt ces sirènes qui font partie de la cour du souverain des enfers, suivant Platon; mais il finit par s'arrêter à une autre idée, c'est que ce sont là ces *jynges* ou *langues divines*, sorte d'esprits de sagesse et de justice qui inspirent le juge des morts, comme leurs images, également au nombre de quatre, étaient supposées inspirer le juge des vivans, le monarque, à Babylone [1]. L'on pourrait penser encore, en se rapprochant de la conjecture du savant français, que, placées en contraste à côté de l'âme du méchant, ce sont les âmes des bons qui ayant accompli le cycle entier des migrations animales, vont passer des corps d'oiseaux dans des corps humains. Quant au grand serpent déployé dans toute sa longueur, ne serait-ce pas un symbole du temps et plus spécialement de la grande période de trois millénaires, établie pour la durée totale des transmigrations et de l'ordre actuel des choses [2] ? (C—n et J. D. G.)

l'âme mauvaise qu'elle pousse à tous les maux, pendant qu'au contraire elle porte à tous les biens celle qui est demeurée bonne. » Herm. Trismeg. Clav., § 10. *Conf.* Gœrres, *Mythengesch.*, II, p. 427.

[1] *Sup.*, p. 502, coll. p. 341. *Voy.* les développemens intéressans donnés par notre auteur, Commentat. Herodot., p. 346 sqq.

[2] Ce qui paraît certain, c'est que, parmi les hiéroglyphes qui accompagnent ce serpent, sont des signes de nombre. (*Voy.* Notice sur les *signes numériques* des anciens Égyptiens, etc., par M. Jomard, Paris, 1819 : sur le même objet, Notice d'une momie égyptienne du temps d'Hadrien, par M. Champollion-Figeac; et Remarques sur les *hiéroglyphes numériques* de la même momie, dans le Bulletin des sciences historiques, septembre et octobre 1824, p. 177 et 250 sqq. La découverte partielle de M. Jomard est de mieux en mieux constatée.) Du reste, on verra, par notre explication de la pl. XLVII comparée à celle de la pl. XLV (*a*), que nous plaçons cette scène, non pas dans l'*Amenti*, par-devant *Osiris*,

Note 13 (chap. IV, p. 437 sqq.; V, p. 447 sqq.; VII, 469 sqq.; IX, 505, etc.).

Cette note où, sans pouvoir entrer dans tous les développemens qu'exigerait l'importance du sujet, mais que nous défend notre insuffisance, nous essaierons d'indiquer les principaux rapports de la religion et de l'astronomie, chez les Égyptiens, se réfère non-seulement aux passages du texte rappelés en tête, mais d'une manière plus spéciale aux notes 3, 4, 5, surtout 6 et 10 sur ce livre (ci-dessus, p. 799 sqq., 805 sqq., 810 sqq., 820, 830 sqq., 836, 839, 853 sqq., 865 sqq., 871). Les notes 14 et 15 ci-après ne feront encore, à quelques égards, que la compléter.

Autant nous sommes convaincus que l'astronomie ne saurait suffire à rendre compte de la religion égyptienne, pas plus que d'aucune autre religion, autant il nous est prouvé que la contemplation des astres, les notions élémentaires qui en dérivèrent de bonne heure, les premières observations du soleil et de la lune, ensuite des planètes et enfin des étoiles fixes, eurent une très-grande part à la formation et aux développemens successifs des systèmes religieux de la haute antiquité. Non pas que les intuitions primitives, ou, si l'on veut, les sentimens et les besoins secrets de l'âme n'aient été une source antérieure et féconde de la religion; non pas que le progrès ou l'élan naturel de l'esprit n'ait introduit peu à peu dans les formes antiques des idées d'un ordre supérieur, n'ait rattaché de tout temps

mais dans la sphère de la lune, où les âmes changent de corps, par-devant *Pooh*. Les vues qui nous sont propres, relativement à la doctrine égyptienne sur l'âme et ses destinées après la mort, se trouvent exposées principalement dans l'explication de la pl. XLV, 182 : nous regrettons de n'avoir pu les comparer avec celles de M. Thorlacius, qui a émis sur les différens points du sujet esquissé dans cette note et dans la précédente, beaucoup d'idées nouvelles. Un extrait bien fait, mais trop succinct, de son mémoire (inséré au tome XIX du recueil intitulé *Skandinaviske Litteratur Selskalbs Skrifter*, que nous n'avons pu nous procurer) a été donné dans le Bulletin des sciences historiques, *avril* 1824, p. 240 sqq.

aux symboles empruntés du monde extérieur, les révélations du monde intérieur et les inspirations propres de la pensée : mais l'homme nourri au sein de la nature, élevé à la face du ciel, en lutte avec les élémens, en présence des phénomènes terrestres et devant ce spectacle mille fois plus saisissant et plus magnifique des phénomènes célestes; l'homme soumis à la double loi de l'espace et du temps, deux phénomènes plus grands encore, qu'il voyait l'un et l'autre mesurés et réglés par les invariables révolutions des astres; l'homme, entre tous ces objets de ses premières adorations, dut révérer, d'un culte à la fois plus général et plus constant, ceux qui en paraissaient les plus dignes, dut retenir, plus long-temps que toutes les autres, les formes plus générales et plus nécessaires elles-mêmes de ce culte de prédilection. Une ordonnance du monde et une ordonnance du temps; les dieux distribués tout ensemble et dans l'étendue et dans la durée, qu'ils gouvernent d'un pouvoir égal; des sphères et des périodes, une carte céleste et un calendrier sacré, voilà des conceptions communes aux religions de l'Inde, de la Perse et de l'Égypte, et que nous retrouvons plus ou moins dans toutes les religions. Même quand eurent prévalu les notions épurées d'essences divines ou intelligibles, distinctes des corps et des phénomènes matériels, l'ordre primitif subsista, et les notions nouvelles s'unirent sur tous les points aux notions anciennes [1].

[1] Ces idées générales, que nous touchons ici en passant, mais sur lesquelles nous aurons occasion de revenir plus d'une fois dans la suite, nous ont été suggérées par la lecture d'un livre de grand talent, que nous nous proposons d'examiner dans notre Discours préliminaire, sitôt que l'auteur l'aura conduit au terme de la brillante carrière qu'il s'est tracée, et que nous-mêmes nous aurons vu la borne de la carrière plus modeste où nous sommes heureux de marcher parallèlement avec lui. Nous trouvons beaucoup trop restreinte la part qu'il fait aux idées dans les croyances, à la raison dans la religion, en général; nous pensons qu'en particulier, il ne tient pas assez compte de cette observation spontanée, de cette étude instinctive et nécessaire de la nature et du monde, d'où résultèrent une science, une philosophie primitives, contemporaines de

Tout porte à croire que, chez les Égyptiens, comme chez tant d'autres peuples, le soleil et la lune, sous divers noms, furent les premières et long-temps les principales divinités: aussi se retrouvent-elles dans la religion sacerdotale et dans le culte populaire, dans le premier, dans le second et dans le troi-

la formation des systèmes religieux. Tous, de près ou de loin, appartiennent à la haute antiquité, où sentiment et pensée, idée et croyance, science et religion se confondent. Ce sont les prêtres qui ont fait, non pas la religion, car elle est éternelle, inhérente à la nature de l'homme, identique avec la raison, c'est-à-dire avec la vérité, avec le bien, avec le beau, mais les religions qui ont passé sur le monde en se proportionnant aux lumières et aux besoins des temps, en se mêlant aux erreurs et aux passions des hommes. Et cependant les prêtres ayant toujours commencé par être les savans de chaque époque, comme ils ont été plus ou moins les premiers législateurs de tous les peuples, n'ont-ils pas dû consigner dans les symboles qu'ils proposaient à la foi implicite de leurs contemporains, les connaissances relatives qui, se révélant à eux avec le caractère de vérités absolues, devaient commander leur propre croyance et leur paraître la base la plus solide de l'édifice religieux et politique qu'ils voulaient élever? Du reste, nous souscrivons de bon cœur au jugement sévère de M. Benjamin Constant sur la manière anti-historique dont Dupuis et ses imitateurs ont envisagé les religions; et nous en prendrons occasion pour rappeler le jugement plus favorable à quelque égards, mais partiel; il est vrai, de M. Creuzer (Introduction, p. 131), que nous compléterons par l'opinion motivée de Gœrres, qui est de tout point la nôtre: « Cet ouvrage si ingénieux et d'une rare sagacité, dit-il en parlant de l'Origine des Cultes, est rempli de vues excellentes, mais gâtées par deux grands défauts; d'abord, la haine de l'auteur pour toute religion positive, qui ne lui montre partout qu'imposture et que fraude de la part des prêtres; et en second lieu, sa répugnance, ici encore tout-à-fait d'accord avec l'esprit de la philosophie nationale, à reconnaître aucune abstraction tant soit peu élevée, aucun progrès d'idées, dans l'histoire des religions. Aussi, voulant ramener tout de force au naturalisme, a-t-il méconnu complétement et présenté sous le jour le plus faux, le caractère d'un grand nombre de mythes et le génie tout entier du christianisme. » Gœrres, *Mythengesch.*, I, p. 275 sq., coll. Benjamin Constant, de la Religion considérée dans sa source, ses formes et ses développemens, Paris, 1824, t. I, liv. I, chap. IX, p. 180, 185 sqq.

sième ordre des dieux. Vinrent s'y joindre successivement les cinq planètes; et, comme on l'a pensé¹, peut-être formèrent-elles dans l'ordonnance primordiale, le rang le plus élevé de la hiérarchie divine, en y comprenant les deux astres suprêmes, et en y ajoutant un huitième dieu, le ciel des fixes, le chef d'une huitième sphère dans les espaces célestes, l'ensemble des dieux et des sphères, le tout, *Pan*. Mais les cinq planètes paraissent avoir cédé, avec le temps, devant cinq divinités à la fois élémentaires et intelligibles, qui s'adjoignant le soleil et la lune et *Pan*, le roi des étoiles, devinrent huit grandes puissances cosmogoniques et occupèrent le premier rang. Le second rang ou le second ordre, né du premier, ou plutôt de l'observation combinée de la révolution du soleil et de celle de la lune, fut contemporain de l'invention des douze mois, auxquels furent attachés douze dieux nouveaux avec un treizième à leur tête, qui fut le dieu de l'année : mais quels sont ces douze dieux, c'est sur quoi, malgré l'ingénieux arrangement de Gœrres, rapporté dans la note 6, nous n'avons pas encore des lumières suffisantes. Il est assez naturel de penser que les dieux planétaires, dépossédés du premier ordre par les dieux cosmogoniques, descendirent dans le second, s'y doublèrent, et avec le soleil, la lune et le cercle de l'année, formèrent les douze-treize divinités qui composent ce nouvel ordre, et correspondent aux douze-treize mois lunaires de la révolution annuelle. Mais n'y aurait-il pas un rapport plus immédiat entre les douze mois et les douze dieux, et les noms de ceux-là ne nous donneraient-ils pas les noms de ceux-ci ? C'est ce qu'on est bien tenté de croire, en voyant, parmi les mois, *Thoth* ou *Thôout*, *Athor* ou *Athyr* et *Epiphi*-Epaphus ou *Apis*, qui sont évidemment trois divinités et ne peuvent appartenir qu'au second ordre.

¹ J. Chr. Gatterer, Commentationes II, de Theogonia Ægyptiorum, in Commentat. Soc. reg. Gotting., t. VII, p. 1 sqq., ann. 1785. — La théorie de Dornedden, citée plus haut, p. 800, est fondée en grande partie sur ce travail antérieur, plein de faits et d'idées justes, et bien préférable, quoique très-incomplet lui-même aujourd'hui.

Quoi qu'on en ait dit, les Égyptiens, à l'usage de l'année vague, durent joindre de très-bonne heure une connaissance quelconque de l'année fixe : et tandis que le *Thoth* vague courait de saison en saison, menant à sa suite tout le cortége des fêtes religieuses, mobiles comme lui, un *Thoth* fixe, attaché invariablement au solstice d'été, époque de création en Égypte, ouvrait à la fois une invariable année tropique et le cercle constant des phénomènes célestes ou terrestres, auxquels se liait la série non moins constante des travaux agraires. L'année fixe agraire fut donc solsticiale, comme elle devait l'être dans ce pays : mais outre l'année vague religieuse, dont le commencement et la fin tombaient successivement à toutes les époques, n'y eut-il pas une forme quelconque d'année, dont le commencement et la fin tombaient à l'équinoxe; n'y eut-il pas une année équinoxiale, plus sacrée peut-être que toutes les autres, une année planétaire, s'ouvrant à l'équinoxe du printemps? C'est ce que le dieu-bélier, *Ammon-Jupiter,* le premier de tous les dieux, qu'il est difficile de ne pas regarder comme le type du signe zodiacal du belier, nous porte à conjecturer [1].

[1] Le signe du belier est nommé par les anciens le premier des signes du zodiaque égyptien : Proclus in Tim. I, p. 30 ; Theonis Scholia in Arati Phænom., p. 69. — Une autre année équinoxiale aurait commencé à l'équinoxe d'automne, et avec le signe de la balance, ou tel aurait été le premier commencement de l'année vague de trois cent soixante-cinq jours, d'après l'exposition de M. Creuzer, suivie dans la note 3, ci-dessus, p. 800 : mais cela doit plutôt s'entendre de l'année fixe alexandrine, où le premier de *Thoth* tombant au 29 août, ce mois répondait par conséquent à septembre, p. 801. Quant à l'antiquité et à la nature de l'année fixe agraire, que nous appelons solsticiale, M. Creuzer admet avec M. Fourier et la Commission d'Égypte en général, que cette forme d'année avait été fondée très-anciennement sur l'observation du lever héliaque de Sirius, et qu'elle était plutôt *caniculaire* que *tropique*; de là la très-grande importance qu'il attache à Sirius, dans son système d'explication mythologique, l'identifiant avec *Thoth*, qui aurait ainsi donné son nom au premier mois. Mais des savans qui ont soumis la question à un nouvel et sévère examen, ont fait aux idées de M. Fourier de puissantes objections : ils pensent que la détermination de l'année agricole dut plutôt

En effet, non-seulement les dieux cosmogoniques ou intelligibles du premier ordre, conservèrent d'intimes rapports avec les dieux des planètes, tombés dans le second, mais les uns et les autres semblent être descendus dans le zodiaque, par les animaux qui leur étaient consacrés, à une époque plus ou moins reculée [1]. Plusieurs savans ont été frappés des nombreuses analogies qui se montrent entre les noms des mois égyptiens et les figures des constellations zodiacales, de la conformité d'ordre et de succession des uns et des autres, et de l'accord du sens de la plupart de ces figures et de ces noms avec la marche des phénomènes physiques, plus encore que des travaux de l'agriculture [2] : mais peut-être n'était-il pas moins

---

dépendre, dans les temps anciens, du retour annuel du solstice d'été et de sa constante coïncidence avec l'époque de l'inondation du Nil, que du lever héliaque de Sirius, qui ne concourait ni avec l'inondation, ni avec le commencement de la crue, et qui n'offrait qu'un indice vague beaucoup plus difficile à observer que le solstice même. *Voy.* Delambre et autres dans la lumineuse exposition de M. Cuvier, Disc. prélim. de son grand ouvrage sur les Ossemens fossiles, 2ᵉ édit., p. CIV sqq.; et la discussion des passages des auteurs, dans les Recherches sur plusieurs points de l'astronomie égyptienne, par M. Biot, Paris, 1823, in-8°, p. 140 sqq., surtout 201 sqq., 219, et les notes V et VI à la fin du vol.

[1] *Ammon*-Jupiter et *Neith*-Minerve, tous deux représentés criocéphales sur les monumens, ouvrent l'année sacrée dans le belier, auquel appartiennent également *Pi-Soou*-Jupiter et *Som*-Hercule : ci-dessus, p. 428, 835 sq.

[2] Nous avons déjà cité Jablonski, *supra*, p. 800 : Gatterer, parmi beaucoup de conjectures hasardées, a émis plusieurs idées très-justes à ce sujet, dans la seconde des deux dissertations insérées au vol. VII des Commentat. Gotting., p. 24 sqq. Depuis, feu Remi Raige, dans un Mémoire spécieux sur le Zodiaque nominal et primitif des anciens Égyptiens, comme il l'appelle, a cherché à soutenir par le même moyen, l'hypothèse favorite de Dupuis et de plusieurs membres de la Commission d'Égypte, d'après laquelle le zodiaque aurait été inventé à l'époque où le capricorne et, selon Raige, le mois *Epiphi* (qu'il suppose faussement signifier *capricorne*, *supra*, p. 502) ouvraient l'année au solstice d'été, il y a 15000 ans : mais les suppositions de Raige sont elles-mêmes insoutenables. *Voy.* Des-

essentiel de rechercher les rapports, non moins certains, des mois et des constellations qui leur correspondent, avec les formes, les attributs, les caractères des douze divinités du deuxième ordre; le nombre seul devait faire soupçonner ces rapports, et c'est lui sans doute, autant que l'affirmation positive d'Hérodote, qui a conduit M. Creuzer à voir, dans ces douze divinités, les douze signes du zodiaque[1]. En suivant cette idée et en se rappelant que l'année égyptienne, quelle qu'elle fût du reste, procédait par intercalation, et reposait sur un cycle de trois cent soixante jours, analogues aux trois cent soixante degrés du cercle zodiacal, on rattachait naturellement aux douze dieux des mois, les cinq divinités des jours épagomènes ou complémentaires, issues d'eux, et qui portées à sept, par l'addition d'*Anubis* et de *Bubastis* (sept-huit, en distinguant *Aroéris* et *Horus*), pourraient bien, jusque dans le troisième degré de la hiérarchie divine, représenter les sept planètes[2]. Cependant ces dieux du troisième ordre nous

cript. de l'Ég., Antiq., Mémoires, t. Ier, p. 169 sqq. *Conf.* les obss. de M. Cuvier, dans le Discours cité, p. cxxxii sqq., et de l'abbé Halma, Examen des zodiaques égyptiens, Paris, 1822, 2e partie, p. 37 sqq.

[1] *Supra*, p. 447 sq. — Ce double accord des mois avec les signes, et des uns et des autres avec les dieux, se fonde avant tout sur un passage de Porphyre, confirmé par d'autres témoignages anciens, auquel on n'a pas fait assez d'attention, et qui prouve que les Grecs avaient connaissance d'une forme d'année égyptienne commençant au solstice d'été, dans le Cancer, et non dans le Lion ou dans la Vierge, comme on l'a voulu : Αἰγυπτίοις δὲ ἀρχὴ ἔτους οὐχ ὑδροχόος, ὡς Ῥωμαίοις, ἀλλὰ καρκίνος. Porphyr. de antro Nymphar., cap. 24, p. 22, Goens. Mais cette année partant du Cancer et de *Thoth*, au solstice, paraît subordonnée à l'année sacrée dont nous avons parlé, laquelle commencerait avec le zodiaque lui-même au belier et à *Pauni*, *Payni* ou *Paoni*, sans doute en rapport avec *Amon-Mendès-Pan*, le dieu à tête de belier. *Voy.*, pour les détails, notre explication des zodiaques égyptiens, dans l'Explication des planches, n{os} 191 et suiv.

[2] Ce qu'il y a de sûr, c'est que, chez les Égyptiens, Jupiter était appelé l'astre d'*Osiris*, Mercure l'astre d'*Horus*; Vénus de même, était mise en rapport avec *Isis*, Mars probablement avec *Typhon* (plutôt qu'avec Hercule), et peut-être Saturne avec *Anubis*; le Soleil et la Lune auraient, par

paraissent avoir trait plus immédiatement aux grandes divisions naturelles de l'année : *Osiris*, *Aroéris - Horus* et *Typhon*, les trois frères, aux trois saisons que reconnaissait le calendrier égyptien ; *Isis* et *Nephthys*, *Horus* et *Anubis* aux deux moitiés lumineuse et ténébreuse du cycle luni-solaire, aux deux hémisphères, aux deux solstices. Quant à *Bubastis*, elle a sa place dans une ordonnance fort ancienne, où elle partageait avec *Isis* et *Nephthys* la domination du mois, qui fut l'année primitive : *Bubastis* était la nouvelle lune, *Isis* la pleine lune, *Nephthys* la lune ténébreuse. Mais n'est-il pas plus simple encore de rapprocher dans les trois saisons, où purent mener par imitation ces trois phases, *Isis* d'*Osiris*, *Bubastis* d'*Horus* et *Nephthys* de *Typhon* [1] ? Chacun de ces arrangemens a ses

analogie, *Aroéris* et *Bubastis-Nephthys*. *Supra*, p. 833, 835 ; coll. Jablonski Panth. II, lib. III, cap. VI.

[1] C'est à peu près en ce sens qu'un ingénieux et savant écrivain, M. Hug (*Untersuchungen über den Mythos*, etc., Freyburg, 1812, in-4°) a conçu et expliqué la mythologie égyptienne dans ses rapports avec celle des Phéniciens, et surtout des Grecs ; les livres suivans donneront une idée plus étendue de son système, simple dans le principe, mais peu fécond dans les développemens. C'est l'école allemande de Gatterer, modifiée et agrandie par l'influence de l'école française de Dupuis : nous prenons des uns et des autres ce qui nous paraît le plus vraisemblable, principalement dans l'interprétation des divinités du troisième ordre. Il y a un rapprochement tout naturel à faire entre ces dieux de l'année et les dieux correspondans de l'Inde et de la Perse : *Osiris* répond à *Brahmá-Crichna* et à *Ormuzd* ; *Aroéris* à *Vichnou-Siva* (*Hari-Hara*) et à *Mithra* avec son taureau ; *Typhon* à *Siva-Caliya* et à *Ahriman*, le grand serpent ; et ainsi du reste, comme nous le montrerons dans notre livre IX, où les rapprochemens de ce genre seront développés et examinés à fond. *Conf.* liv. I et II, *passim*, et surtout les notes 11 et 16 sur le liv. I ; 5, 6 et 8 sur le liv. II, ci-dessus, p. 633, 661, 701, 709, 728 sqq. — On pourrait croire encore que les planètes et les dieux des mois tombant dans le zodiaque, et les divinités des premier et second ordre étant ainsi représentées par les douze constellations zodiacales, les divinités du troisième ordre doivent se trouver à leur tour parmi les constellations ou intra ou extra-zodiacales. En effet, nous avons vu, p. 814, 854, 868 sq., que *Sothis*-Sirius, Orion et l'Ourse

DU LIVRE TROISIÈME. 903

probabilités; aucun n'est exclusivement certain; tous s'étant succédé à différentes époques, selon le progrès des observations et des connaissances, purent ensuite coexister.

Si maintenant l'on remarque que les sept planètes, dans un ordre combiné avec la succession des vingt-quatre heures du jour, donnent la semaine ou la période de sept jours, telle que nous la tenons des Égyptiens [1], on sentira toute la portée de

étaient regardés comme les demeures célestes d'*Isis*, d'*Horus* et de *Typhon*; qu'*Osiris* lui-même était mis, par l'un de ses noms, en rapport avec Sirius. Nous savons, d'un autre côté, que le lever de cette dernière constellation coïncidait avec la fin de l'année agricole et solsticiale, comme la naissance des dieux auxquels elle appartient, était supposée avoir eu lieu dans les jours épagomènes et sous l'influence des gémeaux : ajoutons que *Thoth*-Hermès-Mercure, planète, ayant son siége dans le signe du Cancer, où était aussi le domicile de la Lune au mouvement de laquelle il présidait, et Sirius étant le paranatellon du Cancer, en même temps que celui du Capricorne, où était le domicile de Saturne accompagné d'*Anubis*, on conçoit tout ensemble que *Thoth* soit donné pour gardien à la Lune et à *Isis*, et que *Sothis*-Sirius, l'astre d'*Isis*, ait été souvent confondu avec *Thoth* et avec *Anubis*, comme celui-ci avec Saturne. Par une inversion remarquable, mais dans un point de vue particulier, *Tastcher*-Sirius, chez les Perses, était chargé de la garde de *Tir*-Mercure; et l'un et l'autre aussi, pour la même raison, devaient être fréquemment identifiés. Mais en général, chez les Égyptiens comme chez les Perses, les étoiles fixes étant soumises aux planètes et les constellations aux douze signes, c'est-à-dire les paranatellons au zodiaque (le troisième ordre divin au second), M. Creuzer est-il fondé dans la vraie doctrine égyptienne, à mettre, ainsi qu'il l'a fait plus d'une fois, d'après les néo-platoniciens, les dieux non-errans et Sirius entre autres au-dessus des dieux errans? Cette partie de son exposition, comme son assimilation de Sirius à Hermès, et le rôle suprême qu'il attribue en conséquence à la constellation du chien, ne sont-ils point démentis par les faits? *Conf.* p. 467, 491, la fin du § 1 de la note 12, et la note 10 *supra*, *passim*. Ici encore nous renvoyons les détails à l'explication des zodiaques.

[1] Dio Cass., XXXVII, 18. Ptolem., Macrob., etc. *Conf.* Gatterer, *ubi sup.*, p. 10 sq.; Gœrres, *Mythengesch.*, I, p. 23. — M. Letronne penche à croire qu'à la vérité la période de sept jours est d'une date fort ancienne; mais que l'application qu'on y a faite des noms des sept planètes, dans l'ordre adopté, qu'il fait dériver d'une autre combinaison toute astrologique,

ces paroles du père de l'histoire : « Les Égyptiens, entre autres inventions, ont trouvé à quels dieux appartiennent chaque mois et chaque jour. » L'on se convaincra que le calendrier, tout religieux et tout mythologique, le calendrier, intimement lié avec le zodiaque, devait, aussi bien que le zodiaque lui-même, être en grande partie astrologique, lorsque Hérodote ajoute immédiatement : « Ils ont encore trouvé, d'après le jour où chacun a pris naissance, quelle destinée l'attend, et comment il mourra, et ce qu'il sera de sa personne [1]. »

Mais et le zodiaque et l'astronomie, en général, telle que l'avait faite la religion en réagissant sur elle de toute la force des croyances, avaient bien d'autres applications; et il ne faut pas s'étonner de les trouver jusque dans l'histoire. Ici nous rétablirons, d'après Gœrres, le système de la Vieille Chronique, combiné avec celui de Manéthon, système que notre auteur n'a fait connaître qu'imparfaitement. « En trente-six mille cinq cent vingt-cinq ans, la véritable grande année, se déroule toute l'histoire égyptienne, tant des dieux que des hommes [2]. Cette grande année, formée de la période sothiaque

pourrait être assez récente, aussi bien que le grand développement de l'astrologie elle-même. *Voy.* Observations archéologiques et critiques sur l'objet des représentations zodiacales, etc., Paris, 1824 : nous reviendrons plus bas sur cet ouvrage et sur l'opinion générale de l'auteur.

[1] Herodot. II, 82. *Conf.* Creuzer dans le texte, p. 451.

[2] Les grandes catastrophes ou révolutions physiques par le feu et par l'eau, que M. Creuzer rattache à la période de trois mille ans, connue d'Hérodote, comme à la grande année égyptienne, M. Gœrres les rattache à la période bien plus considérable de trente-six mille cinq cent vingt-cinq ans, dont les autorités sont plus modernes, mais reposent sur un fond ancien ; car les milliers d'années, donnés par Hérodote lui-même aux règnes divins, doivent nécessairement y trouver place : ci-dessus, p. 437 sq. ; coll. Origen. contra Cels., V, p. 252 ; Epiphan. adv. Hæres., c. 18 ; Jul. Firmic. III, 1 ; Macrob. Somn. Scipion. I, 21 ; Solin., c. 44 ; Nonn. Dionysiac. VI, 230.—Le Scholiaste du Tetrabiblos de Ptolémée distingue plusieurs créations, et nomme la première, « celle dont l'Esculape égyptien dit qu'elle avait eu lieu sous la balance » (Scalig. not. ad Manil. I, v. 125) ; c'est-à-dire, comme l'entend fort bien Gœrres, que

de quatorze cent soixante et un ans, multipliée par les vingt-cinq ans de la période d'Apis [1], ne commençait qu'avec le

l'incendie général tombant à l'équinoxe du printemps, dans le belier, la grande inondation ou le déluge arrive au solstice d'été, et le monde sort des eaux, rajeuni, à l'équinoxe d'automne. Cette histoire de la nature, dans la grande année, est calquée sur celle de l'année naturelle en Égypte. Gœrres, *Mythengesch.* II, p. 407 sqq. On peut voir encore sur les périodes égyptiennes, les destructions et les renouvellemens périodiques du monde, etc., Gatterer, *ubi sup.*, p. 51 sqq.; Prichard's *Ægypt. Mythol.*, p. 177 sqq.

[1] Les idées de Gatterer sur ces périodes et leur nature, sont remarquables; elles ont été adoptées par Gœrres et par le plus grand nombre des savans allemands : nous les consignons ici d'autant plus volontiers, qu'il doit rester sur ce sujet beaucoup de vague, après l'exposition insuffisante et même inexacte qu'en a faite notre auteur, p. 437, 471 sqq. C'est un vaste système de cycles astronomiques où tout dépend de *Sothis*-Sirius, l'étoile d'*Isis*, véritable régulatrice de l'année, et de la grande comme de la petite. Les Égyptiens crurent d'abord que la lune, faisant sa révolution totale en trois cent neuf lunaisons et en neuf mille cent vingt-cinq jours, revenait conséquemment, au bout de vingt-cinq années civiles, vers le même point de *Sothis* : de là la vie d'*Apis* fixée à vingt-cinq ans et le cycle de ce nom, sans doute par rapport au passage de la lune dans le taureau céleste, qu'il lui fallait traverser pour arriver à *Sothis*. Les vingt-cinq années vagues dépassaient réellement le cycle lunaire de 1 h. 13 min. 42 sec., qui ne furent point négligées; car l'on imagina un nouveau cycle de cinq cents ans (durée de la vie du phénix, suivant Hérodote), résultant de la multiplication de 25 par 20=500, au bout desquels l'excédant se trouva former un jour (le phénix nouveau). Un troisième cycle fut la période sothiaque, résultat de la comparaison de l'année civile ou religieuse de trois cent soixante-cinq jours avec l'année tropique, supposée de trois cent soixante-cinq jours un quart : quatorze cent soixante années tropiques furent jugées égales à quatorze cent soixante et une années vagues (dans la réalité, 1507=1508), et delà le phénix des traditions plus récentes. (La période sothiaque est double, selon qu'on la rapporte à l'année fixe ou à l'année vague qu'elle met en accord, et sans doute ce fut la première grande année : le cycle de trois mille ans indiqué par Hérodote, comme se liant à la révolution des âmes, ne résulterait-il pas du rapprochement des deux formes de la période sothiaque, et n'au-

règne du Soleil, qu'on supposait avoir duré trente mille ans, les règnes de *Phtha* et à plus forte raison de *Kneph* ne pouvant être évalués. *Saturne* et les autres dieux du second ordre viennent ensuite avec leurs trois mille neuf cent quatre-vingt-quatre ans. Puis les dieux du troisième ordre avec *Osiris* à leur tête, durant deux cent dix-sept années dont *Osiris*, suivant Plutarque, avait régné trente-trois [1]. Là se rattache la première

rait-il pas été une seconde grande année, ainsi que M. Creuzer le suppose?) Enfin, selon Gatterer, les Égyptiens ayant connu la précession des équinoxes, inventèrent les derniers et les plus considérables de leurs cycles : ils pensaient que cette précession est d'un degré tous les siècles, en sorte que la révolution totale aurait été de trente-six mille ans (la rétrogradation est réellement d'un degré tous les soixante-onze ans, et la période de restitution d'environ vingt-six mille ans); de là la fameuse période équinoxiale, appelée vulgairement *année de Platon*. Les deux formes de la période sothiaque multipliées séparément par le cycle lunaire, donnèrent deux autres grandes périodes de trente-six mille cinq cents et de trente-six mille cinq cent vingt-cinq ans; et ainsi tous les cycles se trouvant en accord, la restitution, l'*apocatastase* eut lieu, dans la dernière et véritable grande année. Gœrres croit que le cycle de trente-six mille cinq cent vingt-cinq ans n'étant fondé que sur la restitution des mouvemens du soleil et de la lune, il peut n'avoir été que l'épicycle d'un cycle plus considérable encore, qui aurait embrassé la restitution de tous les corps célestes, la véritable *apocatastase*, et serait, chez les Égyptiens, l'analogue du cycle de quatre cent trente-deux mille ans, ou de la grande année des Chaldéens, dont la période de trente-six mille ans n'est qu'un mois. Il faut comparer, note 9 sur le livre I, l'aperçu de la chronologie mythique des Hindous; et les notes du liv. IV, vol. II, sur celle des Chaldéens.

[1] Plutarque, de Isid., c. 13, dit vingt-huit seulement. — Ici Gœrres abandonne la Vieille Chronique (ap. Euseb. Thesaur. Tempor., Part. II, p. 7, ed. Amstel. 1653, coll. Syncell. Chronogr., p. 51) pour suivre Manéthon et l'interpréter, ce nous semble, d'une façon tout-à-fait arbitraire. Remarquons encore que M. Creuzer se trompe et comprend mal Gœrres, quand, p. 469, il distingue les *Cabires* de Saturne et des autres dieux du second ordre : *conf.* ci-dessus, p. 833 sqq. Comme nous l'avons déjà dit, nous inclinons à croire, avec Fréret, M. Prichard et M. Champollion le jeune, que la Vieille Chronique renferme le véritable système chronologique des prêtres

période caniculaire de Manéthon, comprenant onze dynasties en quatorze cent soixante et un ans : *Ménès* figure à leur tête. C'est probablement cette première série de rois, qui avaient régné au delà de quatorze cents ans, comme les prêtres le dirent à Diodore. C'est peut-être aussi cette liste de trente-sept rois thébains, que nous a laissée Ératosthène et qui embrassait mille cinquante-cinq années ; si toutefois ces trente-sept dynastes ne sont pas plutôt les trente-six Décans commandés par *Ménès* [1]. Le Syncelle aurait alors raison d'observer que

égyptiens ; elle seule rend compte et de la théogonie et des nombres divins, des dix-sept mille et dix-huit mille ans, que nous présentent Hérodote et Diodore ; elle seule concilie les données plus ou moins monstrueuses des autres auteurs avec la vraisemblance historique. Du reste, il paraît qu'au temps de Diodore, il y avait, parmi les prêtres, de grands dissentimens sur la chronologie mythico-astronomique des règnes divins.

[1] Quelque gratuite que semble, au premier abord, cette conjecture de Gœrres, attendu que les noms du *laterculus* d'Ératosthène ne s'accordent nullement avec ceux des Décans, tels que nous les connaissons d'ailleurs, nous en joindrons ici le développement très-ingénieux, qui aura l'avantage de faire connaître en détail un document important, et servira en même temps à compléter nos éclaircissemens sur le zodiaque. En commençant avec le mois de *Thoth*, dit-il, et le signe de la balance qui y répond (ni l'année, ni le zodiaque ne commencent à ce point, dans l'antique Égypte, et toutes ces ouvertures de l'année grande ou petite sous la balance, nous paraissent accuser l'année alexandrine dont l'introduction est peu antérieure à notre ère), tous ces personnages se rangent d'eux-mêmes dans le zodiaque. Les deux *Athothes* (nés de *Thoth* ou Hermès-Mercure, suivant l'interprétation d'Ératosthène qui rend, comme nous l'avons déjà vu, *Menes* ou *Mines* par *Dionios* ou *Jovialis*, né de Jupiter) et *Diabies* (l'ami des amis) tombent dans la balance, domicile de Vénus ; *Pemphos* ou plutôt *Semphos* (fils d'Hercule), *Toigar Amachos Momchiri* (celui qui a des membres superflus), *Stoichos* (Mars l'insensé) dans le scorpion, domicile de Mars ; *Gosormies* (ἐτησίπαντος· Scaliger lit αἴτησις πάντων), *Mares* (don du soleil), *Anouphis* (fils commun) dans le sagittaire, demeure de Jupiter ; *Sirius* ou *Siroes* (genæ filius, ou, suivant d'autres, *Abascantos*, invidiâ carens), *Chnoubos Gneuros* (Aureæ vel Aurei filius, *Canopus*, selon Gœrres), *Rauosis* (architector) dans le capricorne, avec qui Sirius et Canopus sont unis astrologiquement, et où Saturne a son domicile ; *Biyris*, *Saophis*

Manéthon s'accorde avec la chronologie généralement reçue, si l'on retranche de son calcul six cent cinquante-six ans avant le déluge et cinq cent trente-quatre après, qu'il a remplis avec des fables. Ces onze cent quatre-vingt-dix années fabuleuses seraient occupées, en effet, par *Ménès* et les génies qu'il mène à sa suite; et le vrai temps historique ne commencerait qu'à partir de la fin de cette période. Or Manéthon fixe à trois mille cinq cent cinquante-cinq ans, qui se terminent à l'an 347 av. J.-C., la durée des cent treize générations qu'il compte depuis *Ménès* : si l'on en retranche les onze cent quatre-vingt-dix années mythiques, l'ère véritable de l'histoire égyptienne partira de l'an 2712 avant notre ère chrétienne. Cette époque concourt, à peu de chose près, avec le commencement de la première période sothiaque, que Fréret fixe à l'an 2782 avant J.-C., la seconde finissant, d'après Censorin, en 139 de notre ère [1]. A

(comatus vel negociator), *Sensaophis* dans le verseau, autre domicile de Saturne; *Moscheris* (donné par le soleil), *Mousthis* et *Pammos Archondes* dans les poissons, autre domicile de Jupiter; *Apappus* (très-grand), *Achescos Ocaras*, *Nitocris* (reine, Minerva victrix) dans le bélier, demeure de Mars, auquel appartient aussi Minerve; *Myrtaios* (don d'Ammon?), *Thyosimares* (le fort soleil), *Thinillus* (qui a agrandi l'empire paternel) dans le taureau, nouveau domicile de Vénus; *Semphoucrates* (Hercule-Harpocrate), *Chouther* (le taureau tyran), *Meures* (Philoscorus?) dans les gémeaux, demeure de Mercure; *Chomaephtha* (le monde, ami de Phtha), *Anchounios Ochy* (tyran), *Penteathyris* (qui appartient à Athyr) dans le cancer, domicile de la lune; *Stamenemes*, *Sistosichermes* (force d'Hercule), *Maris* (don du soleil) dans le lion, domicile du soleil; *Siphoas* (plutôt *Si-Phthas*, Hermès, fils de Phtha-Vulcain), *Phrouron* (Nilus), *Amouthantaios* dans la vierge, domicile d'Hermès-Mercure, sous l'influence de laquelle l'inondation se fait.

[1] *Conf.* Fréret, Défense de la chronologie, part. III. Une ère moins reculée, mais plus historique que celle que Fréret déduit de Censorin, est donnée par Théon d'Alexandrie comme la date du commencement de cette seconde période sothiaque, date rapportée au règne de *Ménophrès* et à l'année qui répond à 1322 avant J.-C. Le passage de Théon publié d'abord par Larcher, d'après le manuscrit 2390 de la Bibliothèque royale, répété et mal compris par Volney, a été reproduit plus complet

cette donnée se lie celle de Tacite qui nous apprend, dans le sixième livre de ses Annales, que le premier phénix avait paru sous Sésostris (celui de la XIIe dynastie de Manéthon), par conséquent à l'origine du temps historique; le second sous Amasis ou Amosis (non pas celui d'Hérodote, mais cet antique *Amosis* qui expulsa les rois-pasteurs); le troisième sous Ptolémée Évergète, l'intervalle d'un Phénix à l'autre étant de quatorze cent soixante et un ans [1]. Mais dans la vieille Chronique, les demi-

par M. Biot, dans ses Recherches sur l'astronomie égyptienne, p. 181, 303 sqq. Cet habile géomètre l'a savamment commenté sous ses rapports mathématiques; et, sous ses rapports historiques, il a été de nouveau commenté par M. Champollion-Figeac, qui voit dans *Ménophrès*, non pas *Sésostris*, comme Larcher, mais *Amménephthès* ou *Aménophès*, son second successeur et le troisième roi de la XIXe dynastie de Manéthon. *Voy.* Notice chronologique à la suite de la première Lettre à M. de Blacas, par M. Champollion le jeune, p. 100 sqq.

[1] L'interprétation adoptée par Gœrres du passage de Tacite, pour ce qui regarde *Sésostris* et *Amasis*, est assez peu naturelle en elle-même: que sera-ce si elle ne s'accorde pas mieux avec les deux époques assignées à la période de quatorze cent soixante et un ans, que l'interprétation ordinaire, soit avec cette période, soit avec celle de cinq cents ans, à laquelle peut également se rapporter le Phénix? Il n'y a nou plus aucun accord avec les dates du renouvellement de la période sothiaque, telles que viennent de nous les donner Théon et Censorin. *Conf.* Volney, Recherches sur l'Hist. anc., part. III, p. 216. Quelqu'ait été le sens primitif du Phénix, qui peut-être en avait de très-divers, nous croyons, avec M. Creuzer, qu'il exprimait le renouvellement des temps dans des cycles quelconques: mais nous sommes loin de connaître tous les cycles astronomiques ou autres qui ont été successivement en usage chez les Égyptiens. On voit, par les monumens, qu'ils avaient des périodes religieuses de différente longueur, dont le retour était consacré par des *panégyries* ou *jubilés*; l'une des plus célèbres de ce genre paraît avoir été la période de trente ans, dont le nom figure parmi les titres des rois et des dieux, leurs modèles: ci-dessus, p. 811, et le passage de Champollion cité là même. Quant aux rapprochemens que l'on a faits entre le phénix et divers autres oiseaux mythiques, nous renvoyons, avec notre auteur, aux dissertations *ex-professo* de Dalberg et de Drummond (la première citée dans le texte, p. 474; la seconde insérée au *Classical Journal*, vol. XIV, p. 319 sqq.,

dieux (dieux du troisième ordre) sont suivis de quinze dynasties du cycle caniculaire, évaluées à quatre cent quarante-trois ans seulement, sans doute parce que les auteurs de cette Chronique comprenaient les Décans dans les quatre mille deux cents années des dieux et demi-dieux (dieux du second et du troisième ordre), et comptaient ensuite avec Manéthon quatre cent quarante-trois ans de la XIe à la XVIe dynasties thébaines [1]. Sous la XVIIe dynastie arrive l'invasion des *Hycsos*, puis (sous la XVIIIe) leur expulsion et l'émigration des Hébreux : huit cent trente-cinq ans jusqu'à Thuoris (dernier roi de la XIXe), au temps de la guerre de Troie. De là jusqu'à la conquête de Cambyse, 524 ans avant J.-C., époque où vraisemblablement fut dressée la Chronique, il y a six cent quatre-vingt-un ans. Ces deux der-

---

coll. XVI, 94.), et à l'*Histor. Sinica* de Martini, extraite dans Coray sur Héliodore, p. 201 sqq. Il faut y joindre le Mémoire de Larcher dans le Recueil des Mémoires de l'Institut National.

[1] Nous ne savons encore une fois sur quelles bases Gœrres appuie cette prétendue conciliation entre Manéthon et la Vieille Chronique, si ce n'est sur des réductions de nombre tout-à-fait arbitraires dans le premier. Il nous paraît plus important de rapprocher ici deux passages de cet auteur, dont l'un attribue sept dieux tutélaires aux seize premières dynasties, probablement les sept *Cabires* ou les sept planètes, reçues ainsi dans l'histoire humaine ou supposée telle (*compar.* ci-dessus, notes du liv. II, p. 715 sq., les *Amschaspands* ou les planètes, tombant de même dans le temps, chez les Perses, et se coordonnant avec les dynasties et les rois); l'autre dit que l'invasion des pasteurs en Égypte arriva sous *Concharis*, roi de la XVIe dynastie, la sept centième année du cycle cynique, évidemment le premier des deux reconnus plus haut, qui était censé s'être ouvert en 2782. Remarquons aussi, comme une donnée capitale pour la chronologie égyptienne, que la Vieille Chronique compte quinze générations, et non pas quinze dynasties, du cycle caniculaire, en quatre cent quarante-trois années, immédiatement après les règnes divins, ce qui rejette au delà de l'histoire une partie des sept cents ans écoulés jusqu'aux pasteurs, et n'offre rien en soi que de très-vraisemblable, tandis que les quinze premières dynasties de Manéthon, placées surtout dans un ordre successif, ne sauraient, avec leurs trois mille ans ou plus, soutenir l'examen de la critique. *Conf.* Maneth. ap. Syncell., p. 18, 51 et 103,

nières sommes faisant quinze cent seize, ajoutées aux quatre cent quarante-trois des dynasties caniculaires, donnent dix-neuf cent cinquante-neuf, qui ajoutés eux-mêmes aux dynasties divines, donnent trente-six mille cent soixante ans, nombre auquel il ne manque qu'une année divine de trois cent soixante-cinq années humaines, pour accomplir la grande année de trente-six mille cinq cent vingt-cinq ans. Avec l'invasion des Perses, on regarda l'histoire égyptienne comme fermée, les livres prophétiques d'Hermès comme accomplis; et l'on n'attendait plus qu'une année divine, qui devait amener la fin dernière de toutes choses [1].

[1] Gœrres, qui mutile si arbitrairement Manéthon, en donnant quatorze cent soixante et un ans aux onze dynasties renfermées dans son premier livre, ne traite guère mieux la Vieille Chronique, qui s'étendait jusqu'à la fin de Nectanébus II, en 347 ans avant notre ère, où se terminaient également et les cent treize générations et les trois mille cinq cent cinquante-cinq ans auxquels Manéthon, selon le Syncelle, réduisait lui-même ses trente premières dynasties. La Chronique à son tour réduit de beaucoup cet intervalle, puisqu'en retranchant de ses trente-six mille cinq cent vingt-cinq ans les trente-quatre mille deux cent et un ans des dieux et demi-dieux, il ne reste que deux mille trois cent vingt-quatre ans pour les hommes, ou deux mille six cent soixante-onze ans jusqu'à notre ère, ce que nous donnent aussi, à très-peu près, en remontant, les dynasties jusqu'à la seizième inclusivement, additionnées avec la durée des quinze générations du cycle caniculaire, auxquelles tout nous indique que se doivent ramener les quinze premières dynasties de Manéthon, soit en les considérant comme collatérales, soit de toute autre manière. Nous sommes ainsi conduits au même résultat que Gœrres, mais par un procédé, ce nous semble, bien plus naturel. M. Prichard a récemment essayé, avec assez de succès, de rapprocher et de concilier la Vieille Chronique, qu'il prend comme nous pour base, les listes de Manéthon, une autre liste du Syncelle qui remonte à 2600 ans avant J.-C., et le *laterculus* d'Ératosthène: s'il n'abaissait pas trop l'époque de Sésostris, et s'il faisait la part entière de la XVIIe dynastie, celle des pasteurs, et de la XVIe des rois de Thèbes, qui la précède, il arriverait aussi vers 2700 (*a Critical Examination of the remains of Egyptian Chronology*, à la suite de son *Analysis of the Egypt. Mythol.*). Quoi qu'il en soit, le meilleur moyen de vérifier les calculs des anciens, ceux des modernes et nos propres calculs, c'est de

912 NOTES

De savoir maintenant ce qui, dans ces grandes inventions, l'année perfectionnée, le zodiaque, les périodes de restitution, etc., appartient en propre à l'Égypte antique, à l'Égypte

nous appuyer d'une base fixe, d'où nous puissions partir avec quelque certitude pour remonter le cours des règnes et des dynasties : cette base, nous la trouvons soit dans l'ère de *Ménophrès*, dont il a été parlé ci-dessus, soit dans l'époque de *Séthos-Sésostris* sur laquelle la plupart des anciens s'accordent à un siècle près, et que nous avons fixée par approximation et en suivant de préférence les nombres de la Vieille Chronique, vers 1400 avant J.-C. Dès lors tout repose sur la XVIIIe dynastie, sur sa conciliation avec la dynastie ou les dynasties des pasteurs et sur la date de l'invasion de ceux-ci, trois élémens fondamentaux que viennent éclairer et développer les précieux récits de Manéthon conservés dans Josèphe. Peut-être les avons-nous resserrés dans des limites un peu étroites, en nous attachant aux idées de Volney, adoptées aussi par M. Champollion le jeune dans son Système hiéroglyphique : c'est du moins ce que feraient croire les travaux ultérieurs de ce dernier savant sur des documens d'une nature toute nouvelle, la table hiéroglyphique d'Abydus contenant une série de prénoms des rois de la XVIIIe dynastie, qui se termine à *Sésostris*, et les cartouches royaux des nombreuses statues égyptiennes du Musée de Turin. Il en résulterait une manière également nouvelle d'entendre le texte de Manéthon dans Josèphe, d'après laquelle l'expulsion des pasteurs daterait du premier Pharaon de la XVIIIe dynastie (*Amosis-Thoutmosis* ou *Aménoftep* des monumens, fils de *Misphrathoutmosis* alors différent du sixième roi de la même dynastie, dont le successeur est aussi un *Thoutmosis*) vers 1800, et leur invasion du commencement du vingt-unième siècle avant notre ère, conformément au passage rapporté plus haut, qui la met à l'année 2082, la sept-centième du cycle caniculaire ; et, comme les rois-pasteurs entrent en ligne à titre de XVIe dynastie, de 1800 environ à 2082, l'origine de la XVIe dynastie formée de cinq rois thébains, suivant Manéthon dans Eusèbe, remonterait vers le commencement du vingt-troisième siècle, auquel se rattacheraient naturellement les quinze générations primitives de la Vieille Chronique, pour nous reporter encore à 2700 ans environ avant J.-C. D'un autre côté, l'ère de *Ménophrès* concourrait avec la trente-unième année du second successeur de *Sésostris*, et ce grand monarque, chef de la XIXe dynastie, serait monté sur le trône en 1474. Un autre résultat non moins important de cette conception plus large de la chronologie égyptienne, c'est que la période des conquêtes et des grands travaux, de

des Pharaons; ce qui, au contraire, peut lui être venu par ses communications avec les Chaldéens et les autres peuples de la haute Asie, à des époques plus ou moins reculées; ce qui

la civilisation, des arts et de la gloire se serait ouverte pour l'Égypte au moins trois siècles avant *Sésostris*, et que ses illustres prédécesseurs cités par Hérodote et surtout par Diodore de Sicile, bien plus d'accord avec Manéthon, les *Mœris*, les *Uchoreus*, les *Osymandyas*, peut-être même les *Busiris* pourraient se comparer aux rois de la XVIIIe dynastie ou même trouver place au delà. Mais nous reviendrons sur ce sujet, qui a reçu et reçoit tous les jours des découvertes de M. Champollion le jeune, un nouvel et merveilleux intérêt, dans la note 14 ci-après. Qu'il nous suffise ici, en terminant, d'appeler l'attention sur les essais plus ou moins heureux qui ont été tentés pour concilier avec la chronologie de Manéthon, quant aux règnes humains, les nombres monstrueux que leur donnent en apparence Hérodote et Diodore, l'un et l'autre d'après les annales des prêtres Égyptiens. Le premier ne compte pas moins de 11,340 ans jusqu'à *Séthon* ou *Séthos*, en 715 avant notre ère : mais, comme on l'a plusieurs fois remarqué, c'est un calcul qui lui appartient et non aux prêtres, qui ne lui parlèrent que de 341 rois et non pas de 341 générations. La somme des rois est encore plus considérable chez Diodore, puisqu'elle va jusqu'à 479 avant Cambyse : et cependant c'est par une erreur palpable que l'on s'est imaginé voir 15,000 ans pour les règnes humains dans son texte, les dieux et les hommes n'ayant régné au total, selon lui, que 23,000 ans, dont ceux-là 18,000, ce qui ne laisse réellement que 5000 années pour les hommes, ou même un peu moins, dit cet auteur, jusqu'à la CLXXX^e olympiade (il n'y a pas à s'embarrasser de la mauvaise leçon ἀπὸ μυριάδος, sous laquelle, s'il faut en faire acception, se cache nécessairement un nom de roi). Nous voilà donc ramenés, à peu de chose près, au total des dynasties de Manéthon, qui est de 5000 ans environ, abstraction faite de la réduction à 113 générations, réduite encore par la Vieille Chronique; et Manéthon, dans cet intervalle, place un nombre de rois qui tient jusqu'à un certain point le milieu entre celui d'Hérodote et celui de Diodore. Enfin, si l'on en croit plusieurs critiques, Hérodote se ramènerait de lui-même au résultat commun de Diodore et de Manéthon, ou plutôt à un moindre nombre, lorsqu'il ajoute au résultat erroné qu'il lui avait plu de déduire des 341 règnes comptés jusqu'à *Séthos*, que, suivant les prêtres, dans l'espace de temps embrassé par ces règnes, le soleil avait changé quatre fois le lieu ordinaire de son lever; qu'il s'était

enfin ne fut trouvé que dans la période récente des Ptolémées, où l'esprit ingénieux et subtil des Grecs vint créer la méthode, la critique et la vraie science au sein des doctrines mystérieuses, des symboles et des pratiques consacrées, mais en même temps immobilisées par la religion, c'est une question aussi compliquée que difficile à résoudre, et qui heureusement sort en grande partie des limites de notre sujet [1]. Toutefois, il faut le

levé deux fois où il se couche, et deux fois s'était couché où il se lève à présent : cela voudrait dire, qu'il s'était écoulé, durant cet intervalle, deux périodes sothiaques ou à peu près, dans lesquelles le premier jour de Thoth vague s'était trouvé quatre fois à des points opposés, par l'effet de la révolution de l'année civile égyptienne comparée à l'année fixe; et ce rapport, mal compris d'Hérodote, aurait été confondu par lui avec la révolution du soleil dans l'écliptique. Sans entrer dans la discussion de ce passage ni des précédens, nous rappellerons que cette conciliation des auteurs a été essayée de nouveau par M. Saint-Martin, dans le Journal des Savans (septembre 1823, p. 558 sqq.). Mais il y a, dans son mémoire, judicieux du reste, outre un certain nombre d'assertions peu motivées, une erreur matérielle sur le dernier point : ce n'est pas quatre périodes sothiaques, mais seulement deux qui sont nécessaires pour rendre compte du singulier phénomène rattaché par les prêtres d'Égypte à la chronologie de leurs rois. Gœrres ne s'y était pas trompé, *Mytheng.*, II, p. 415. *Conf.* Larcher sur Hér., II, p. 480 sqq.; Biot, ouv. c., p. 314 sqq.

[1] M. Creuzer, tout en inclinant, dans l'ensemble de son système d'interprétations mythologiques, pour la haute antiquité de l'astronomie et spécialement de l'astronomie égyptienne, ne se prononce nulle part d'une manière positive sur la nature de cette astronomie antique et des découvertes qui lui sont dues : il se borne à rapporter les opinions sans les juger; et quelque fréquent usage qu'il ait fait des explications de Dupuis et de la Commission d'Égypte, presque toutes empruntées à l'astronomie, on voit que les théories sur lesquelles reposent ces explications, lui semblent souvent plus ingénieuses que solides. Du reste, il a craint de se lancer dans l'examen de la question épineuse que nous devons, nous-mêmes, à bien plus forte raison, nous contenter de poser nettement et sans prévention de part ni d'autre. Dupuis croyait que l'astronomie antérieure aux Grecs avait pris naissance sous le ciel de l'Éthiopie; ses successeurs en ont revendiqué l'origine, comme celle de toute science et de toute civilisation, pour l'Égypte primitive, pour la Thébaïde : d'autres pensent, au contraire,

dire, la solution en a été jusqu'ici plus retardée qu'avancée par les hypothèses des astronomes et des géomètres peu attentifs, en général, au génie des nations anciennes et aux témoignages

que les Chaldéens de Babylone furent les premiers astronomes: dans une dissertation assez récente, Claudius James Rich a fait valoir en leur faveur des titres nombreux (*Observations on the Ruins of Babylon*, London by Murray, 1816). Les travaux du célèbre astronome allemand, M. Ideler, ont répandu beaucoup de jour sur ce sujet (*Histor. Untersuchungen über die astronomisch. Beobachtung. der Alten*, Berl. 1806, in-8°; *über den Ursprung und die Bedeutung der Sternnamen*, Berl. 1809, in-8°, etc.), et toute l'Europe connaît les travaux bien plus importans encore de notre savant compatriote M. Delambre, dont la grande autorité n'est nullement favorable à la cause des anciens. (Hist. de l'astronomie ancienne; Discours prélim. de l'Hist. de l'astron. du moyen âge.) M. Cuvier penche tout-à-fait pour l'opinion de M. Delambre, dans la lumineuse autant que rapide exposition dont nous avons déjà parlé. Plus récemment encore, M. Biot a soumis à un nouvel et non moins rigoureux examen, l'opinion opposée, en ce qui regarde les connaissances astronomiques des Égyptiens. Mais peut-être, à l'exemple de ses deux prédécesseurs, s'est-il plus attaché à montrer ce que les Égyptiens ne pouvaient savoir, qu'à mettre en évidence ce que nécessairement ils ne devaient pas ignorer. *Voy. et compar.* Fourier, Recherches sur les sciences et le gouvernement de l'Égypte, dans la Descript. de l'Ég., Antiq., Mém., t. 1, p. 803 sqq.; Biot, Rech. sur plusieurs points de l'astron. égypt., p. 140 sqq., 219-229.—M. Biot a particulièrement recherché jusqu'à quel point l'observation exacte des levers de Sirius et ses résultats, par exemple la période sothiaque, en tant que fondée sur cette observation, peuvent être légitimement rapportés aux âges qui ont précédé l'école d'Alexandrie; il ne croit pas plus à l'existence antique du grand cycle de quatorze cent soixante années juliennes, qu'à celle de l'année héliaque de trois cent soixante-cinq jours un quart, dépendante de Sirius (ci-dessus, p. 899 sq.): nous avouons, pour notre compte, que l'autorité de la Vieille Chronique et de Manéthon, auquel les anciens attribuent un *livre de Sothis*, βίβλος τῆς Σώθεως, et toute la chronologie égyptienne rattachée au cycle caniculaire, nous paraissent n'avoir point été suffisamment prises en considération par l'habile géomètre, d'autant que, suivant ses propres expressions, « il n'aurait pas fallu de longs espaces de temps pour déduire de tels résultats d'observations même fort grossières. »

historiques : peut-être est-elle réservée plutôt aux recherches patientes, aux laborieux rapprochemens, aux méditations curieuses des antiquaires et des philologues. Mais les philologues et les antiquaires eux-mêmes se sont laissé trop souvent séduire à l'esprit de système, adoptant tour à tour et rejetant comme ancien ou comme moderne, ce qui n'était moderne que dans la forme ou ce qu'une analogie quelconque leur faisait juger ancien. Il ne faut pas vouloir, en faisant abstraction des faits, transporter dans l'antiquité les idées et les procédés scientifiques de nos jours; il ne faut pas non plus refuser une science à l'antiquité, parce que cette science s'enveloppe dans des images et des allégories encore imparfaitement expliquées, ou que la chaîne des faits et des témoignages s'est brisée à travers les siècles. Ces réflexions s'appliquent surtout au zodiaque, tant de fois repris et abandonné depuis les hypothèses de Bailly et de Dupuis, et sur lequel un concours inattendu de découvertes archéologiques et paléographiques, joint à la circonstance qui a jeté au milieu de nous le monument original de Dendera, vient d'appeler de nouveau l'attention des savans, sans doute pour ne la plus lasser, cette fois, qu'elle n'en ait obtenu le secret tout entier [1].

L'on n'a pu vouloir établir que l'invention primitive du zodiaque remonte à quinze ou seize mille ans, qu'en s'abusant des suppositions les plus gratuites, des spéculations les plus imaginaires, et en faisant abstraction tout à la fois de l'histoire de

---

[1] « Il ne suffit pas, » dit judicieusement M. Champollion le jeune, au sujet du Mémoire de M. Biot sur le zodiaque de Dendera, qui fait le fond de l'ouvrage cité plus haut, « il ne suffit pas de posséder à fond la savante théorie de l'astronomie moderne, il faut encore une connaissance exacte de cette science telle que les Égyptiens eux-mêmes l'avaient conçue, avec toutes ses erreurs et dans toute sa simplicité. S'il ne se pénètre point de cette idée, que l'astronomie égyptienne était essentiellement mêlée avec la religion, et même avec cette fausse science qui prétend lire dans l'état présent du ciel l'état futur du monde et des individus, l'explorateur *des monumens* se trouve sur un terrain dangereux, etc. »

l'homme, des monumens de l'antiquité et même des données de la science ¹. Rien ne prouve que le zodiaque, tel que nous l'avons aujourd'hui et tel qu'il se retrouve à très-peu près dans l'Égypte, dans la Chaldée, dans la Perse ancienne et dans l'Inde actuelle, ait pris naissance sous l'un plus que sous l'autre de ces climats; qu'il porte en lui-même la date de son origine et le cachet de sa première patrie ². Tout ce que nous savons, c'est qu'il fut, qu'il est encore commun à notre Occident et à une grande partie de l'Orient, et que, dans l'antiquité, il paraît avoir tenu à un système de représentations des phénomènes célestes par des figures terrestres, en rapport avec la marche des saisons, avec les occupations de l'agriculture, avec les fêtes civiles ou religieuses, et surtout avec ce culte symbolique de la nature, qui consacrait les animaux comme les images vivantes

---

¹ L'opinion de Dupuis, soit telle qu'il la conçut d'abord, soit telle qu'il la modifia ensuite par l'hypothèse des levers du soir, qui rabaissait l'âge du zodiaque à quatre mille ans, a été, comme l'on sait, adoptée et soutenue en France par la plupart des collaborateurs du grand ouvrage français sur l'Égypte : en Allemagne, Bode, dans son Ptolémée, et Rhode, dans une dissertation expresse, s'en sont tenus aux seize mille ans, l'un et l'autre supposant avec Dupuis et les savans français que le zodiaque est d'invention égyptienne. Gœrres, au contraire, lui donnant une origine indienne ou chaldéenne, montre fort bien qu'il est contre toute vraisemblance historique et scientifique de reporter cette origine à une date aussi reculée, et il ne la fait pas remonter au delà de trois mille ans avant notre ère. M. Creuzer paraît adopter, au moins sur le premier point, cette opinion modérée, qui en elle-même n'a pas une base plus solide que la précédente. *Conf. supra*, p. 900; Gœrres, *Mythengesch*. I, p. 277; Van Goens ad Porphyr. de antro Nymphar., p. 113; et les sévères mais justes réflexions de M. Cuvier, Discours cité, p. CXXIX, sur lesquelles s'appuient les assertions subséquentes.

² En nous exprimant ainsi, nous entendons parler seulement des douze figures convenues, disposées de telle ou telle manière, mais dans un ordre constant de succession, par lesquelles sont représentées, sur tous les tableaux de ce genre, les douze constellations que semble parcourir le soleil dans sa révolution annuelle, et qui constituent le fond de tout zodiaque.

des astres divinisés [1]. Mais qu'il ait été destiné primitivement à peindre au vrai un état du ciel déterminé, d'où l'on puisse déduire une époque astronomique et chronologique certaine; que spécialement les représentations zodiacales, trouvées au plafond de quelques temples égyptiens, figurent, d'après des observations plus ou moins exactes, et en vertu du mouvement des fixes, de la précession des équinoxes, les variations successives de cet état céleste, selon la succession des époques auxquelles on les aurait exécutées; qu'enfin tel ou tel zodiaque soit rigoureusement ce qu'on appelle un *thème astronomique*, c'est ce qui nous semble démontré faux, par le concert des résultats auxquels sont arrivés, en suivant des voies différentes, de grands astronomes, de savans archéologues et des philologues d'une rare sagacité [2].

[1] *Voy.* le Tableau des principales constellations figurées des peuples anciens et modernes, joint aux Recherches sur les bas-reliefs astronomiques des Égyptiens par MM. Jollois et Devilliers, Descript. de l'Ég., Antiq., Mém., t. I, p. 427 sqq. *Compar.* Descript. des Monum. astronom. découverts en Égypte, par les mêmes, même ouvrage, Antiq., Descript., appendice n° II au tome I (Thèbes). — Ces mémoires et ce tableau devront être complétés par les travaux beaucoup plus étendus de M. Jomard, dont la dernière livraison de la Description de l'Égypte recevra sans doute les précieux résultats. Quelque juste opposition qu'éprouvent aujourd'hui certaines opinions des collaborateurs de cet ouvrage vraiment monumental, il n'est pas moins juste de reconnaître qu'ils ont porté dans l'étude des antiquités égyptiennes un sentiment assez profond, surtout pour le temps, du caractère religieux et mythologique empreint dans toutes les productions des arts, chez ce peuple dont la civilisation fut si différente de la nôtre : leur enthousiasme les a souvent mieux servis que leurs théories, mieux même que n'aurait pu le faire, à cette époque, une critique aride et froide, bien moins étrangère qu'elle ne le croit elle-même à l'esprit du dix-huitième siècle.

[2] Résumer seulement ici l'histoire des systèmes imaginés sur les représentations, soit réellement zodiacales, soit données comme telles, qui ont été trouvées en Égypte, nous entraînerait beaucoup trop loin : d'ailleurs le sujet a été traité de main de maître dans le Discours déjà tant cité de M. Cuvier, p. cxv-cxxix, avec l'importante note de M. Delambre. Nous

D'un autre côté, de ce que les représentations zodiacales connues et notamment celles des temples de l'Égypte, sont toutes, d'après la date de leur exécution, ou même d'après la

nous bornerons, en grande partie, à continuer notre illustre devancier. Il faut, avant tout, voir et comparer les planches XLVIII à L, n°s 191, 192, 193 et leur explication. L'on a été et l'on a dû être frappé d'abord de la division ou bissection des signes, qui se présente également, mais sous des aspects divers, dans les zodiaques d'Esné et dans ceux de Dendera ; et y appliquant les idées de Dupuis, l'on a cru y voir la preuve certaine que la rétrogradation du point solsticial avait été observée très-anciennement par les Égyptiens et consignée dans une succession de tableaux célestes, sculptés et peints sur des monumens contemporains, qui auraient même été élevés en mémoire de ces observations d'époques astronomiques et de l'établissement ou du renouvellement des périodes et cycles rattachés de bonne heure à ces époques. Voilà ce qu'il y a de commun entre les opinions des membres de la Commission d'Égypte, qui diffèrent beaucoup, du reste, sur les bases précises de leurs systèmes et sur les dates qu'ils en déduisent pour les divers zodiaques. La théorie la plus ingénieuse, la plus savamment combinée, mais non pas la plus conséquente aux faits, ni la plus naturelle, est celle du profond géomètre, M. Fourier, qui fondant la distribution du zodiaque, aussi bien que l'année fixe, la période sothiaque et les autres cycles égyptiens sur l'observation du lever héliaque de Sirius, durant une suite de siècles, et supposant que le *point héliaque*, comme il l'appelle, placé dans le lion au milieu du XXVe siècle avant l'ère chrétienne, se trouvait trois siècles après au point de division qui sépare le lion du cancer, et s'est ensuite avancé de plus en plus ; supposant en outre, que la constellation qui précède toutes les autres, dans la marche allégorique des saisons représentée par les zodiaques, est celle que le soleil parcourait lors de la plus grande affluence des eaux du Nil, en conclut que les zodiaques des deux temples d'Esné, où le lion occupe la dernière place et la vierge la première, datent de 2500 ans avant J.-C., tandis que ceux du temple de Dendera, où le soleil est dans le cancer, à l'instant du lever de Sirius (visiblement exprimé, suivant M. Fourier et d'autres, sur le zodiaque rectangulaire), et qui commencent par le lion, signe subséquent, datent de moins de 2000 ans avant cette même ère. Les prédécesseurs de M. Fourier et la plupart de ses collègues voient, plus simplement, le lieu du solstice d'été, dans le lion à Dendera, dans la vierge à Esné ; et ils assignent à la première posi-

disposition qu'elles présentent en elles-mêmes, d'une époque qui se rapproche de notre ère ou lui est postérieure, faut-il en conclure que le zodiaque, dans son principe, pourrait bien

tion quatre mille ans, à la seconde six mille, environ, avant le temps présent, pour choisir un moyen terme entre leurs différentes évaluations, rabaissées encore, quant aux monumens de Dendera, par Dupuis lui-même, qui ne leur donne pas plus de trois mille trois cents ans d'antiquité, jugeant leurs positions astronomiques identiques à celles de la sphère d'Eudoxe, telle qu'il la conçoit. (*Conf.* les Mémoires cités de M. Fourier et de MM. Jollois et Devilliers avec celui de Nouet, astronome de la Commission, dans Volney, Rech. sur l'Hist. anc., fin du tom. III; Dupuis, dans la Revue philosophique, an 1806, 2e trimestre, et à la fin des nouvelles éditions de son abrégé.) Mais, si nous en croyons les calculs approfondis de MM. Delambre et Biot, il y aurait eu, dans toutes ces discussions, d'étranges confusions de mots et des erreurs mathématiques plus étranges encore : l'on aurait pris les signes pour les constellations, les constellations pour les signes ; le solstice n'aurait réellement quitté la constellation du cancer que quarante-cinq ans après J.-C., celle du lion que douze cent soixante ans avant la même ère; qui plus est, et ceci s'applique spécialement à l'hypothèse de M. Fourier, depuis plus de trois mille ans avant jusqu'à plus de mille ans après J.-C., le soleil, au moment du lever héliaque de Sirius, se serait trouvé constamment dans la constellation du lion et en même temps dans le signe du cancer : si bien que tous les systèmes élevés jusqu'ici sur cette double base, du point solsticial et du point héliaque, se trouveraient ruinés à la fois. Malgré la juste défaveur que de tels résultats devoient jeter sur les interprétations astronomiques des zodiaques égyptiens, M. Biot, le rude adversaire des théories antérieures, n'a pas craint de proposer à son tour une explication nouvelle, plus rigoureusement astronomique que toutes les autres, du planisphère de Dendera, le seul de ces monumens où il ait cru découvrir des preuves certaines d'une construction géométrique. Mais renonçant cette fois à trouver dans les zodiaques rien de relatif à la précession des équinoxes, ignorée des Égyptiens, selon lui, et faisant abstraction complète, sous ce rapport, de la bissection différente des signes, qu'il attribue au différent orientement des temples sur les plafonds desquels sont sculptées ces représentations, il s'attache à poursuivre une idée dont s'étaient douté seulement quelques-uns de ses devanciers, c'est que la structure du zodiaque circulaire a pour principe une projection par dévelop-

être assez moderne, et que sa présence chez des peuples fort éloignés les uns des autres, loin de tenir à des communications mystérieuses, cachées dans la nuit des temps, s'explique-

pement, sur le plan de l'équateur terrestre, d'où il conclut la date céleste de sept cents ans environ avant l'ère chrétienne, également applicable aux trois zodiaques rectangulaires tant de Dendera que d'Esné. D'autres savans, tels que MM. de Paravey, l'abbé Halma et M. Delambre lui-même avaient déjà pareillement rapproché tous ces monumens, rendu compte de leur disposition respective par l'orientement, et reconnu que rien, dans leur construction supposée mathématique, n'autorisait à en reporter aucun au delà de l'époque d'Alexandre. Même avant la publication des Mémoires de M. Biot, renfermés dans l'ouvrage que nous avons plus d'une fois cité, de graves objections avaient été faites à son nouveau système, en des sens divers, par MM. Jomard et Champollion le jeune (Revue encyclopédique, année 1822, tome XV, p. 232 sqq., 433 sqq.), et les bases s'en trouvaient fortement ébranlées. Les explications purement astronomiques se détruisant ainsi les unes par les autres, il était naturel que les antiquaires vinssent, à leur tour, examiner sous d'autres points de vue, un problème qui était peut-être avant tout de leur ressort et qui rentrait tous les jours davantage dans les limites de l'histoire. Dès 1802, le savant Visconti et l'abbé Testa en avaient cherché la solution dans le rapport possible de la distribution particulière de tel ou tel zodiaque avec telle ou telle forme d'année en usage chez les Égyptiens, et non point avec l'état réel du ciel : comme les astronomes, ils demandaient aux zodiaques une date, mais une date purement historique, et, du reste, se guidaient par des considérations archéologiques jusque-là demeurées étrangères à la question; de la sorte, ils abaissaient l'âge des tableaux de Dendera et d'Esné à des époques voisines de notre ère, quoiqu'assez peu déterminées par elles-mêmes. (Visconti, Notice, etc., à la fin du tome II de l'Hérodote de Larcher, p. 567 sqq.; Testa, *Sopra due zodiaci, etc.*, Rom. 1802.) Le premier de ces érudits avait fait surtout deux observations d'une haute importance : d'abord, que le rapport des signes avec les saisons de l'année n'est pas différent, dans les zodiaques égyptiens, de celui que nous connaissons pour les catastérismes grecs; et que la ressemblance des figures zodiacales, l'existence de la balance, celle des Décans, prouvent que ces monumens pourraient bien avoir été exécutés dans un temps auquel les opinions des Grecs n'étaient pas étrangères à l'Égypte, et qui même ne remonte pas à la plus haute époque de l'astrono-

rait, au contraire, par l'invasion d'une idée, d'une superstition, d'un usage, qui lui ayant donné naissance à une époque tardive, l'aurait propagé seulement dans la période gréco-

mie grecque; en second lieu, que l'architecture du temple de Dendera, par exemple, quoique dans le goût égyptien, porte en soi des caractères qui ne permettent pas de la croire antérieure aux Ptolémées, et que même l'une des inscriptions grecques, gravées sur cet édifice, paraît annoncer un César qui ne saurait être qu'Auguste ou Tibère, fait que Visconti rapportait assez naturellement à l'époque de la construction du temple. Il n'a pas fallu moins de vingt années pour que ces précieuses données du célèbre archéologue fussent appréciées à toute leur valeur, et la plupart de ses doutes changés en certitudes. Il est aujourd'hui démontré par les savantes lectures des inscriptions hiéroglyphiques et grecques, de MM. Champollion le jeune et Letronne (Lettre du premier à M. Dacier, p. 25; Système hiéroglyph., p. 4 sq. et *passim*: Recherches du second pour servir à l'hist. d'Égypte, Introduct., p. XII sqq., p. 186 sqq., 449, 457 sqq.), que le zodiaque rectangulaire de Dendera appartient, quant à l'exécution, au temps de Tibère; le planisphère, très-probablement à celui de Néron; le zodiaque du grand temple d'Esné au règne de Claude Germanicus, et celui du petit temple aux règnes d'Hadrien ou d'Antonin. Les observations de MM. Huyot et Gau sur la différence des styles dans les monumens égyptiens, viennent de tout point à l'appui de ces résultats; et il est de jour en jour plus vraisemblable que toutes ces représentations astronomico-mythologiques, considérées en elles-mêmes et indépendamment des édifices qui les renferment, ou ne portent qu'une date vague résultant d'une construction astronomique sans précision, peut-être même d'une simple projection à vue, ou plutôt ne portent absolument aucune date, sans que l'on puisse, dans tous les cas, en rien conclure relativement à la précession des équinoxes. La seconde observation de Visconti se trouvant ainsi vérifiée, il restait à examiner la première, et M. Letronne s'en est chargé après M. Saint-Martin. Ce dernier savant, dans sa Notice sur le zodiaque de Dendera, publiée en 1822, et où l'on trouve une foule de détails intéressans tant sur l'historique du transport de ce monument en France que sur son état matériel et sur les diverses copies qui en avaient été faites avant cette époque, pense, contre l'opinion de Visconti et celle de Testa : 1° que les zodiaques égyptiens sont étrangers à la sphère grecque-romaine, et que la présence de la balance, loin d'infirmer leur antiquité sous ce rapport, attesterait au contraire et

romaine, où les conquêtes et le commerce brisèrent ou franchirent les barrières qui avaient jusque-là séparé les nations? En d'autres termes, le zodiaque ne serait-il point lié aussi intimement qu'on l'a cru avec les anciennes religions des peuples et avec une astronomie primitive toute symbolique et mythologique? Faudrait-il rejeter ou frapper de doute, dans leur ensemble, les systèmes d'interprétation que l'on a élevés sur une base fausse alors, ou du moins très-suspecte? Cet assemblage de constellations figurées, auparavant éparses, aurait-il été formé successivement, soumis à de certaines lois, à telle ou telle disposition particulière, non point en vertu d'une observation

leur origine purement égyptienne et une date d'au moins douze cents ans avant notre ère; 2° que la disposition particulière de ces tableaux célestes, et notamment du planisphère, ne concorde ni avec l'année vague, ni avec l'année alexandrine ou julienne, ni avec une forme d'année soit sidérique, soit solsticiale, telle que la supposent les membres de la Commission d'Égypte, et qui nous reporterait beaucoup au delà de la date précitée, mais seulement avec une année naturelle luni-solaire, propre aux Égyptiens, qui prenait son commencement à la nouvelle lune la plus voisine du lever héliaque de Sirius, le soleil étant dans la constellation du lion, spécialement consacrée à cet astre; et Sirius se levant près du cancer, aux approches de l'inondation du Nil, dont le lion était également le symbole (c'est l'année que nous avons reconnue, sous le nom d'agraire, avec M. Creuzer, se fondant, comme M. Saint-Martin, sur les passages formels des anciens, ci-dessus, p. 438, 801, 899); 3° que cette disposition, clairement représentée sur les zodiaques de Dendera, nous force à descendre à l'an 900 au moins av. J.-C., tandis que les inscriptions hiéroglyphiques, gravées à côté du planisphère, nous font remonter, par voie d'exclusion, au moins jusqu'à l'époque d'Amasis en 569 (deux assertions dénuées de preuves réelles et renversées par les travaux ultérieurs de MM. Biot, Letronne et Champollion); 4° enfin, que les zodiaques en question pourraient bien être des thèmes astrologiques sans que, pour cela, l'on doive cesser de les regarder comme des productions de l'art et de la science des Égyptiens. M. Letronne, en cherchant à prouver la première partie de cette nouvelle assertion, jetée au hasard par M. Saint-Martin, est arrivé sur la seconde, comme on va le voir, à des résultats complétement opposés, et identiques en grande partie aux doctes pressentimens de Visconti.

quelconque des phénomènes célestes et de la marche prévue de l'année religieuse ou agricole, non point pour exprimer des faits réels, et les idées, les croyances ou les rites qui s'y rattachaient de toute antiquité, mais uniquement et exclusivement pour servir aux combinaisons artificielles de l'astrologie et pour en constater les chimériques résultats? L'astrologie elle-même, ou du moins sa grande extension sous cette forme nouvelle qu'elle avait prise, daterait-elle d'une époque relativement récente, des temps de l'école d'Alexandrie, qui mit la science au service de la superstition et répandit l'usage des *thèmes généthliaques?* Les représentations qualifiées du nom de zodiaques ne seraient-elles autre chose que des compositions de ce genre, des *thèmes astrologiques,* variantes d'un type commun, destinées à marquer l'époque de la naissance d'un grand personnage, ou même d'une divinité, de la fondation d'un temple ou d'une ville [1]?

[1] C'est en ce sens, mais d'une manière plus large toutefois et plus générale, que M. Creuzer nous paraît avoir conçu lui-même le zodiaque égyptien et notamment le planisphère de Dendera, que l'on peut regarder comme type par rapport aux zodiaques rectangulaires, espèce de déroulemens du zodiaque circulaire. Le considérant tout ensemble comme astronomique, mythologique et astrologique, mais surtout comme intimement lié avec la théogonie et l'ordonnance calendaire du système religieux, il y voit, à l'exemple de Chérémon, quoique dans un point de vue différent, une grande conception de l'univers divinisé, et cet état normal, reposant au fond sur l'état réel de la sphère depuis deux mille cinq cents ans environ avant J.-C., que les astrologues appelaient le *thème natal du monde,* et qu'ils rattachaient à la grande année égyptienne, image de la petite (*supra,* p. 438, 447 sq., 451 sqq., 871). « Que l'on se place, dit-il, devant le zodiaque circulaire de Dendera, et que l'on se représente cet état normal de tous les signes célestes, au moment solennel de l'ouverture de la grande année, dans la nuit sainte du solstice d'été, après trois mille ans écoulés : au milieu du firmament paraît le belier, c'est-à-dire *Amnon,* Jupiter-Ammon, le dieu des dieux, la primitive lumière; suivent tous les autres grands dieux, tous les signes célestes, ayant auprès d'eux leurs satellites, leurs paranatellons, dieux secondaires; et ainsi de sphère en sphère jusqu'au cercle de la lune, et

Telle est la multitude de questions qu'a soulevée autour de la question principale, dans le dernier et sans contredit l'un des plus importans ouvrages publiés sur les zodiaques, un savant qui a le bonheur de réunir à une grande pénétration d'esprit, toutes les conditions des connaissances philologiques, archéologiques et astronomiques nécessaires à sa solution [1].

toujours en descendant jusqu'aux dieux terrestres, *Osiris* et les autres. C'est une grande et multiple pyramide qu'*Isis* embrasse de son vaste corps; et tout au haut, au point culminant du ciel, dans l'astre de Sirius, *Anubis-Thoth-Hermès* paraît dominer le système planétaire tout entier, le contenir comme par un lien magique de lumière, et supporter l'univers, le grand Tout, depuis la pointe de la pyramide jusqu'à sa large base. » *Compar.* le zodiaque circulaire avec le rectangulaire, pl. XLIX et L, et l'explicat., n°s 192 et 193. M. Creuzer, après MM. Fourier, Nouet et les membres de la Commission d'Égypte, en général, reconnaît, ce semble, dans cette figure propre au zodiaque rectangulaire de Dendera, et placée après le cancer, laquelle se compose d'un globe ou disque projetant obliquement des rayons ou parcelles de lumière sur une tête à oreilles de vache, l'image du lever héliaque de Sirius, astre qu'il identifie, comme l'on sait, avec *Thoth* et avec *Anubis* (*sup.*, p. 853, 868, 903) : ne serait-ce pas plutôt l'emblème de la néoménie de Thoth, époque dominante de l'année et de tous les mouvemens qui s'opèrent dans l'univers, selon les anciens; tandis que la vache couchée plus loin dans une barque, avec une étoile sur la tête, serait, comme l'admettent d'un autre côté les savans français, *Sothis*-Sirius, l'astre d'*Isis*, qui domine l'époque de la nativité du monde, au dire de Porphyre, et renouvelle à la fois la grande et la petite année, vers le solstice, au moment où s'annonce l'inondation prochaine du Nil, exprimée par cette figure qui épanche l'eau de deux urnes entre la vache et la tête en question? Dupuis voit dans la pyramide lumineuse, surmontée, selon lui, du disque solaire, le symbole parlant du solstice d'été, époque où le soleil arrivé au cancer dardait sur le temple de Dendera et sur le zodiaque lui-même, des rayons presque verticaux. Cette opinion n'est certainement pas l'une des moins probables, et se concilierait à la rigueur avec les conjectures précédentes : quant à la tête aux oreilles de vache, ce n'est pas plus celle d'*Osiris*, comme le croit Dupuis, que celle de Sirius, mais seulement celle d'*Athor*, qui, dans notre hypothèse, représenterait ici la lune.

[1] Observations critiques et archéologiques sur l'objet des représen-

Nous attendrons, pour prendre un parti, qu'il ait donné à son opinion tous les développemens qu'il lui promet, nous réservant de revenir nous-même au long, vers la fin de cet ouvrage,

tations zodiacales qui nous restent de l'antiquité; à l'occasion d'un zodiaque égyptien peint dans une caisse de momie qui porte une inscription grecque du temps de Trajan; par M. Letronne, membre de l'Institut, etc. Paris, mars 1824. L'auteur avait déjà laissé pressentir son opinion sur la nature des zodiaques, dans l'Introduction à ses Recherches sur l'histoire d'Égypte, etc., p. xv; et peu après M. Champollion le jeune déclarait que les monumens de Dendera et d'Esné lui paraissaient aussi plus *astrologiques* qu'*astronomiques*. Un fait nouveau, consigné sur un monument dont la découverte est due à M. Cailliaud, et qui a été habilement expliqué par M. Letronne, est devenu pour ce savant la base d'une démonstration en forme : ce fait est l'existence d'un zodiaque représenté au fond du cercueil de la momie de *Pétéménon ou Ammonius... mort, après avoir vécu vingt-un ans quatre mois et vingt-deux jours, la* xixe *année de Trajan-le-Seigneur, le 8 de payni*, comme porte l'inscription grecque tracée sur le cercueil, et dont la restitution vraiment merveilleuse, par l'ingénieux helléniste, s'est trouvée pleinement confirmée par la lecture qu'a faite M. Champollion le jeune des légendes hiéroglyphiques de la momie. (*Voy.* la Lettre à M. Letronne, fin de l'opuscule précité, avec la planche renfermant les inscriptions grecque et égyptiennes.) Le zodiaque en question est distribué en deux bandes parallèles à droite et à gauche d'une grande figure de déesse, les bras élevés au-dessus de sa tête; la série des signes commence en haut, à gauche, par le lion, et remonte à droite jusqu'au cancer, mais le capricorne manque et se trouve placé au-dessus de la tête de la figure, près de la main droite; ce zodiaque est, du reste, presqu'en tout semblable à ceux de Dendera, particulièrement au rectangulaire, et la vache de *Sothis* s'y voit aussi couchée dans une barque, mais aux pieds de la figure et placée en dehors de la ligne zodiacale (par conséquent à l'opposite du capricorne, comme le cancer ou scarabée, également retiré de la série, dans le zodiaque rectangulaire de Dendera et même jusqu'à un certain point dans le circulaire). M. Letronne conclut de cette singulière disposition du zodiaque peint dans la caisse qui renferme la momie de Pétéménon, que son objet est astrologique, et qu'il doit être en rapport avec la vie de ce personnage : en effet, Pétéménon étant mort le 8 payni ou 2 juin de l'an 116 de notre ère, devait, vu la durée connue de son existence, être né le 17 tybi ou

sur les rapports généraux des systèmes religieux de l'antiquité
avec l'astronomie, l'astrologie et le zodiaque, sur la liaison de
ces trois choses entre elles et sur les formes différentes qu'elles

12 janvier de l'an 95, sous l'influence du capricorne; donc le zodiaque,
où le capricorne est dominant, exprime son thème natal, son horoscope.
L'auteur se trouvait entraîné, par une induction naturelle, à conjecturer
que les deux zodiaques de Dendera et même ceux d'Esné pourraient bien
avoir un objet analogue : déjà Visconti (et M. Creuzer) y avaient reconnu
les Décans, dont M. Champollion le jeune a lu, depuis, plusieurs des
noms au-dessus des figures placées au bord du planisphère; d'autres, et
M. Saint-Martin le dernier, soupçonnaient un nouveau caractère astrologique dans la présence des planètes, supposées être représentées par ces
autres figures que l'on y voit inscrites dans des disques. Mais M. Letronne porte bien plus avant ses inductions : retraçant à grands traits
l'histoire de l'astrologie jusqu'au règne d'Hadrien, et rappelant que cette
fausse science se divisait, chez les anciens, en deux branches, la méthode chaldéenne et l'égyptienne, celle-ci ayant pour auteurs Pétosiris et
Nécepsos, il avoue son origine orientale et son antiquité en Égypte; il
croit que certaines représentations égyptiennes, de beaucoup antérieures
à la domination grecque, telles que les plafonds dits astronomiques, peints
dans les tombeaux des rois à Thèbes (*compar*. Descript. de l'Ég., Antiq.,
vol. II, pl. 82, avec le sujet analogue du tombeau royal découvert par Belzoni), sont bien plutôt astrologiques et par leur nature même et par la place
qu'elles occupent, si tant est qu'elles contiennent des figures de constellations zodiacales, chose peu probable, selon lui ; il prouve en passant combien l'on s'est abusé en voulant retrouver partout, et souvent sur des monumens très-modernes, purement religieux et mythologiques, quand ils ne
sont pas astrologiques, sur les bas-reliefs mithriaques, par exemple, les
signes du zodiaque, les constellations en positions réelles et rigoureuses, et
des dates astronomiques fort reculées, le taureau équinoxial, le lion solsticial, etc.; de ce nombre sont ces pierres gravées et ces médailles du temps
des empereurs, sur lesquelles se voient les planètes et le zodiaque, toujours commençant par le belier et finissant par les poissons, avec Pan ou
Sérapis ou Jupiter ou le Soleil au centre. (*Voy*. ci-dessus, p. 451, et les
renvois à nos planches avec l'explication, n°s 194 et 195. *Conf*. Euseb.
Præpar. Evang., III, 4.) Quant à l'astrologie, chez les Grecs et chez les
Romains, le savant académicien montre, d'après Vitruve, que les anciens
Grecs s'en tinrent long-temps à la méthode des pronostics ou présages

ont successivement revêtues, dans les différens âges de la religion. Jusque-là nous nous en tiendrons aux rapprochemens que nous avons faits, soit dans cette note, soit dans

tirés des phénomènes naturels et des observations météorologiques, qu'ils consignaient dans des *Parapegmes :* tel lui paraît être le fameux cercle d'or du tombeau d'Osymandyas, pure fable des prêtres égyptiens, à son avis, maladroitement dérobée par eux aux idées grecques, pour s'approprier l'invention, postérieurement à Alexandre. (*Voy.* la note 14 ci-après.) Même dans l'école d'Alexandrie, nulle trace d'astrologie jusqu'à l'époque romaine; mais seulement une astronomie plus ou moins mythologique, comme dans les Catastérismes d'Ératosthène et dans les Phénomènes d'Aratus. Au contraire, du premier contact des Romains avec l'Orient, avec l'Égypte, date l'invasion de l'astrologie dans l'Occident, et les horoscopes, les thèmes généthliaques s'appliquèrent à tout, se multiplièrent partout, dès le temps de Cicéron; dès lors aussi se succédèrent une foule d'ouvrages, tels que le poëme de Manilius, où l'astronomie, dit M. Letronne, ne paraît plus que pour servir de cortége à l'astrologie. L'auteur pense qu'à partir de cette époque, le développement des méthodes de calcul et la rédaction des tables astronomiques, dans l'école d'Alexandrie, donnèrent à l'astrologie égyptienne cette face nouvelle et plus scientifique qui fit sa fortune dans tout le monde romain; puis, parcourant l'un après l'autre la plupart des zodiaques connus, et les trouvant tous, particulièrement ceux d'Égypte, d'une exécution postérieure à notre ère, et marqués de caractères plus ou moins évidemment astrologiques, au nombre desquels il compte la bissection différente des signes, il en tire cette double conclusion; 1° que ces monumens sont tous ou entièrement ou principalement astrologiques, dressés d'après les principes de cette astrologie scientifique que l'Égypte vit naître et se développer dans la période romaine ou peu auparavant; 2° que le zodiaque proprement dit, tel que nous le connaissons, si peu différent des zodiaques égyptiens, le zodiaque pris en général, n'a très-probablement pas d'autre source, et conséquemment fut inconnu à la haute antiquité. Mais ce n'est point, à vrai dire, dans l'ouvrage que nous analysons; c'est dans un Mémoire lu plus tard, la même année, à la séance solennelle de l'Académie des Inscriptions et Belles-Lettres, dont il est membre, que M. Letronne a ainsi généralisé son opinion. Dans ce Mémoire, extrait d'un travail étendu sur l'histoire de l'astrologie, l'auteur recherche celle du zodiaque qu'il croit d'origine grecque et importé par les Grecs en Égypte, nullement par les Égyptiens

les précédentes, et à ceux qui se présenteront d'eux-mêmes dans les livres suivans. Mais ou nous nous abusons beaucoup, ou nous sommes fondés à croire qu'il ne sera pas très-

en Grèce : son principal argument, outre les formes des astérismes qui lui paraissent toutes grecques et qu'il ne retrouve point, dont il n'aperçoit pas même les analogues sur les innombrables bas-reliefs égyptiens autres que les zodiaques, c'est le fait constant de l'existence de onze astérismes seulement chez les Grecs jusqu'à Ératosthène; d'où il induit la composition successive du zodiaque chez ce peuple, son importation par lui en Égypte, et son perfectionnement, par suite de son application aux méthodes astrologiques perfectionnées elles-mêmes dans l'école d'Alexandrie. Cependant M. Letronne, qui accorde aux Grecs la possession ancienne d'une mythologie astronomique, à laquelle le zodiaque dut tenir en principe ; qui signale, sur leurs monumens d'une date antérieure à notre ère, des représentations zodiacales sans objet proprement astrologique, des représentations symboliques et mystiques de la marche du soleil et des astres, reconnaît à plus forte raison aux Égyptiens, adorateurs des corps célestes, maîtres des Grecs en astrologie, inventeurs du calendrier, une astronomie à la fois mythologique et astrologique, avec un système quelconque de représentations figurées qui s'y rattachait. Pour nous, nous ne pouvons nous empêcher de voir la preuve de ce double fait, d'abord dans les zodiaques dits égyptiens, eux-mêmes, où les douze catastérismes, grecs ou non d'origine, sont accompagnés et comme enveloppés d'un si grand nombre de figures certainement astronomiques et purement égyptiennes, qui se retrouvent, elles au moins, isolées ou groupées et dans des combinaisons fort diverses, sur tant d'autres bas-reliefs ; ensuite, dans la disposition singulière et caractéristique d'une foule de scènes religieuses où les dieux et les âmes des morts sont mis en rapport avec ces figures astronomiques, et souvent semblent parcourir avec elles une céleste carrière. Beaucoup de ces sujets flottent indécis, pour ainsi dire, entre la terre et le ciel, parce que le ciel et la terre se réfléchissent mutuellement, et que l'Égypte avec ses animaux sacrés reflète, en quelque sorte, les animaux divins de la voûte céleste, comme l'a si bien dit M. Creuzer : de ce nombre sont les belles scènes de nos planches XXXII, 141, XLII, 175. D'autres n'offrent pas moins d'indécision entre un sens simplement astronomique, relatif aux révolutions des astres, à leurs levers et à leurs couchers, aux époques naturelles de l'année ou du mois, etc., et un sens mystique, relatif aux destinées de l'âme et à son passage dans les régions

difficile alors de démontrer, à notre tour, que la plupart des théogonies et leur intime connexion avec le calendrier religieux supposent, sinon le zodiaque tel que nous le connaissons, du moins quelque chose de très-analogue; et qu'il préexistait, en quelque sorte, au sein de toutes les mythologies, sous des formes diverses, lorsqu'un concours singulier de circonstances vint le coordonner dans cet ensemble astronomique plus complet, plus déterminé, le consacrer à

supérieures ou inférieures : nous croyons pourtant que les sujets 183, pl. XLVI, et 190, pl. XLVIII, qui paraîtraient au premier abord, devoir être rangés dans cette classe, à raison de la présence de certains personnages infernaux, rentrent plutôt dans la classe des scènes astronomiques, mais religieuses et mythologiques en même temps. Au reste, les destinées de l'âme, après sa sortie du corps, telles que son passage dans l'*Amenti*, ou enfer, son jugement par-devant *Sérapis*, les migrations qui lui sont imposées par *Pooh* ou par *Thoth*, et son ascension de sphère en sphère jusqu'au séjour des dieux suprêmes, se coordonnent manifestement avec une conception mystico-astronomique du monde, où le zodiaque a sa place au moins implicite, où les équinoxes et les solstices, la division en deux hémisphères, les deux séries ascendante et descendante, non point des signes, si l'on veut, mais de dieux qui semblent y répondre, jouent les rôles principaux. Une comparaison attentive des figures 182, 184, 185 avec les explications développées que nous en avons données, et surtout avec celle de la planche XLV dans son ensemble, répandra, nous l'espérons, un jour nouveau sur ce système remarquable, dont l'astrologie est un élément tout aussi ancien que les autres. Des représentations où elle nous paraît dominer sont, indépendamment des zodiaques, celles des planches XXXIV, 167, et peut-être XLVIII, 187, 187 *a*, qui appartiennent également aux tombeaux des rois à Thèbes. Peut-être aussi ces deux dernières images ont-elles un objet plus général et plus élevé, et se rapportent-elles à la cosmogonie, à une cosmogonie toutefois mythico-astrologique : nous y reviendrons dans la note 15 ci-après. Faisons des vœux, en finissant la note actuelle, déjà si longue, pour que M. Champollion le jeune qui, dit-on, vient de retrouver, dans les papyrus historiques du Musée de Turin, comparés avec les monumens, tous les élémens de l'ancien calendrier égyptien, applique bientôt ses belles découvertes à l'examen des nombreuses et difficiles questions qu'ici nous avons dû nous borner à poser, sans essayer de les résoudre.

ces applications astrologiques plus exclusives, et le répandre dans le monde romain sous cette forme plastique, désormais invariable, dont M. Letronne a si habilement reconnu les principaux caractères. (J. D. G.)

Note 14 (chap. VIII, p. 480 sqq.; coll. II, p. 402 sq.).

S'il est difficile de découvrir le point où l'astronomie se dégage de la mythologie, chez les Égyptiens, il ne l'est guère moins de marquer la limite où l'histoire se sépare nettement de l'allégorie, où finissent les personnifications religieuses et où commencent les personnages historiques. Que sera-ce, si la tradition d'un héros ou d'un fait réels, transportée d'Égypte en Orient et en Grèce, aux âges les plus reculés, semble avoir de bonne heure fait le tour du monde ancien, se mêlant et se combinant avec les traditions locales, soit historiques, soit religieuses, de presque toutes les nations? C'est ce qui est arrivé, selon nous, au fameux *Memnon*, que M. Creuzer regarde comme un être purement allégorique, mais que nous avons aujourd'hui les plus fortes raisons de croire un personnage humain, un antique Pharaon, immortalisé par de lointains exploits, et jusqu'à un certain point divinisé déjà par les rites de sa patrie, avant qu'il le fût, chez les peuples voisins, par le prestige des vieux souvenirs.

M. Creuzer nous fait voir *Memnon* se rapprochant tour à tour d'Osiris et d'Horus, d'Hercule, de Mithras et de Persée; il le rattache aux incarnations du soleil, l'identifie particulièrement avec Osiris, à cause de la ressemblance des légendes, et, frappé de son double rapport avec Thèbes et avec l'Éthiopie, dont la grande divinité fut également Ammon, il le déclare fils de Jupiter, et même explique son nom égyptien par *le gardien de la cité d'Ammon*. Comme, d'un autre côté, il fait souvent Osiris fils d'Ammon, suivant l'autorité de Diodore[1], il est à croire qu'il ne nous démentirait pas si nous avancions que,

---

[1] *Conf.* ci-dessus, p. 407 et 484.—*Memnon* est expressément appelé *fils de Jupiter*, dans le passage cité du Scholiaste d'Aristophane.

pour lui, *Memnon* est l'Osiris de Thèbes, et sa légende la légende thébaine d'Osiris.

Nous reconnaissons qu'il serait impossible d'entourer de plus de vraisemblances, de pénétrer de plus vives lueurs, de colorer du charme d'une imagination plus riche une interprétation mythologique, que ne l'a fait M. Creuzer dans son développement du mythe de *Memnon*. Il se peut même qu'à prendre ce mythe dans les derniers âges, en Égypte, ou chez les Grecs qui se l'approprièrent sitôt[1], cette explication demeure entière et soutienne sur presque tous les points l'examen de la critique. Mais il ne nous paraît pas moins qu'elle est fausse en principe, et qu'au lieu d'un dieu fait homme, tel qu'Osiris, c'est un héros devenu dieu, ou plutôt assimilé aux dieux, qu'il faut voir dans l'Éthiopien ou le Thébain *Memnon* : justifions nous-mêmes en peu de mots cette manière de voir opposée à celle de notre illustre auteur.

[1] Aux autorités recueillies par ses prédécesseurs, Jablonski et autres, M. Creuzer ajoute les remarques suivantes : Homer., Odyss. IV, 188. Proclus touche ce passage dans son Commentaire manuscrit sur l'Alcibiade I de Platon, fol. 123 cod. Augustan. (maintenant, publié par M. Creuzer lui-même, et p. 220, vol. III, éd. de Cousin). La citation que fait le même Proclus de l'Æthiopis d'Arctinus se trouve aujourd'hui plus complète dans la Chrestom. ad Hephæstion., p. 478 sq., ed. Gaisford. Les récits de Diodore, II, 22 sq., p. 136 sqq., Wesseling., découlent sûrement de Ctésias, comme le second livre presque tout entier. Aux scholies des Tzetzès sur Lycophr. v. 18, *compar.* actuellement Müller, p. 303. D'autres ont prouvé qu'Eschyle, Sophocle et Théodecte avaient mis *Memnon* sur la scène (*Busiris* y avait été mis également : *supra*, p. 850). On le voit aussi sur les vases Grecs. *Conf.* l'interprétation récemment essayée par Alexandre de la Borde, dans la Collection des vases du comte de Lamberg, t. I, p. 2 sq., et n° I, pl. II et III. Un vase dans Dubois-Maisonneuve, t. I, pl. XIX, et p. 37 sqq., nous montre Achille et Memnon (*Busiris* figure également sur les vases grecs : *supra*, p. 434, et la planche citée, avec l'explication, vol. IV, p. 51). — Ailleurs, M. Creuzer parlant des passages d'Hérodote, V, 53 sq., VII, 151, et II, 106, où il est question de *Memnon* et des *Memnonium*, met en doute que, même dans le dernier, le père de l'histoire ait eu en vue le *Memnon de la Thèbes d'Égypte*. Heidelberg. Jahrbüch. der Litteratur, 1823, p. 155.

Convenons toutefois qu'avant les dernières découvertes, le meilleur parti à prendre, dans une question douteuse qui se présentait avec cette double face de l'*incarnation* et de l'*apothéose*, et où tous les élémens de solution étaient fournis par les Grecs, adonnés à ce dernier système, c'était le parti qu'a pris M. Creuzer. Cependant il avoue lui-même et il a fort bien prouvé que les Égyptiens étaient dans l'usage d'assimiler leurs rois à leurs dieux, surtout à Osiris; que l'erreur populaire avait même pu, dans certains cas, aller, chez eux, jusqu'à confondre Osiris avec quelqu'un de ces antiques Pharaons, dont la mémoire était célébrée dans les chants nationaux, et auxquels la reconnaissance publique avait consacré des honneurs presque divins [1]. Mais si Osiris a pu être personnifié à ce point, d'être pris pour un Pharaon, l'un des vieux héros, fondateurs de l'empire ou libérateurs de la patrie, n'a-t-il pu à son tour, en vertu de cette perpétuelle assimilation des dieux et des rois, être tellement rapproché d'Osiris qu'il fut aisé de le confondre avec lui? Et si *Memnon*, beaucoup plus ancien, était, dès le temps d'Hérodote, confondu avec *Sésostris*, *Sésostris*, d'un autre côté, quoique bien plus moderne, n'était-il pas, dès la même époque, lui aussi rapproché d'Osiris [2]? N'est-il pas évident, par tout ce que nous savons de l'histoire égyptienne, que les Pharaons des premières dynasties, successeurs des dieux leurs patrons et leurs modèles, avaient comme les dieux leurs légendes toutes poétiques, calquées sur les légendes divines, qui étaient à leur tour des imitations de la vie, des actions des rois et du cérémonial usité à leur cour?

Maintenant M. Champollion le jeune, dont, il faut bien le dire, les inappréciables travaux ont changé à tant d'égards la face des études sur l'Égypte ancienne, nous rappelle d'abord qu'au nombre des Pharaons de la XVIIIe dynastie composée de dix-sept rois thébains qui occupèrent le trône durant trois siècles au moins, de 1800 à 1500 environ avant notre ère, se

---

[1] *Voy.* le texte, ci-dessus, p. 413 sq., et 482.
[2] Herodot., II, 106 sqq. Conf. *supra*, p. 784, 785, coll. 776 sq.

trouve un *Aménophis*, deuxième du nom et le huitième roi de cette dynastie, lequel régna trente ans, dans la première moitié du XVIIe siècle, et cinq siècles avant l'époque assignée par les Grecs à la guerre de Troie[1]? « Cet *Aménophis*, » disait, à ce qu'il paraît, Manéthon dans les fragmens que Georges le Syncelle emprunta à Jules l'Africain, « est celui que l'on croit *Memnon* à la statue parlante[2]. » Pausanias, d'un autre côté, nous apprend que, selon les Thébains, ce n'était point *Memnon*, mais *Phaménophis*, leur compatriote, que représentait la statue ; quelques-uns même y voyaient *Sésostris*[3]. Or, sur cette statue colossale, dont les jambes couvertes d'inscriptions grecques et latines, attestent à la fois et l'admiration de ceux qui la visitèrent, comme Pausanias, au temps des empereurs romains, et que c'était bien là *Memnon* ou *Phaménoph*[4], existent encore deux cartels ou cartouches renfermant la légende royale hiéroglyphique d'un Pharaon, c'est-à-dire son prénom et son nom propre, précédés des titres royaux ordinaires en dehors et au-dessus des cartouches. Voici cette légende interprétée

[1] Précis du Système hiéroglyphique, p. 233-239.

[2] Maneth., ap. Syncell., p. 72.

[3] Pausan. I, Attica, 42. — M. Creuzer nous paraît s'appuyer avec beaucoup trop de confiance sur la correction très-favorable, il est vrai, à son hypothèse, que feu M. Clavier propose dans la phrase qui précède, p. 298 de son édition : ἔτι καθημένον ἄγαλμα ἡλίου, ὅν Μέμνονα ὀνομάζουσιν οἱ πολλοί. Scaliger sur Eusèbe, p. 25, lit ἠχεῖον M., qui rappelle le φθεγγόμενος λίθος de Manéthon et s'accorde bien mieux, selon nous, soit avec le contexte du passage, soit avec les idées des Grecs sur *Memnon*.

[4] Le colosse se voit dans les Planches d'Antiquités, vol. II, pl. 22, de la Descript. de l'Égypte. Quant aux inscriptions, recueillies principalement par Pococke, elles ont été expliquées en grande partie, par Jablonski, Jacobs et autres. L'une d'elles, commentée par M. Champollion-Figeac, Annales des Lagides, I, p. 413 sqq., rapproche les deux noms. Deux autres, une grecque et une latine, ont été plus récemment interprétées par M. Letronne ; et ce savant conclut de la dernière, que la statue de *Memnon* rendait encore des sons au commencement du IIIe siècle de notre ère. *Voy.* ses Rech. pour servir à l'Hist. d'Ég., p. 264 sqq., 352 sqq., avec les remarques de M. Creuzer dans les *Heidelb. Jahrb.*, 1823, p. 158.

par M. Champollion : *le roi du peuple obéissant*, DOMINATEUR PAR PHRÉ ET PAR SATÉ, *fils du soleil* (ou de *Phré*), AMÉNOF, *président de la région supérieure* (dernier titre inscrit dans l'intérieur même du second cartouche [1]). Cette légende royale se retrouve sur un grand nombre de monumens égyptiens, tels que les plus anciennes constructions du palais de Louksor à Thèbes, les grands débris connus des Grecs sous le nom de *Memnonium*, le tombeau royal isolé de l'ouest, dans la vallée de Biban-el-Molouk, le temple du dieu Chnouphis à Éléphantine, et les colonnades du palais de Soleb, à cent lieues au sud de Philes. Elle se retrouve sur une statue de granit gris, de dix pieds de hauteur, découverte par Belzoni parmi les ruines du *Memnonium*, et dans le voisinage même du grand colosse [2]; sur une statue au-dessous de la grandeur naturelle, mais infiniment remarquable par le costume, qui est celui d'un monarque et d'un conquérant à demi-barbare [3], dans le Musée royal égyptien de Turin; enfin, sur plusieurs statues du dieu *Phtha*, fils d'*Ammon*, et de *Neith*, gardienne à la tête de lion, évidemment consacrées par *Aménophis II*, et qui font partie de la même collection. Le nom seul de ce prince indiquerait suffisamment qu'il eut pour divinité tutélaire, pour patron, le dieu *Ammon*, *Amon* ou *Amen*, quand même sa légende ne serait

---

[1] La lecture de ce titre n'est point de M. Champollion le jeune, mais peut avoir été inspirée par lui à un savant académicien de Turin, que nous allons citer tout à l'heure.

[2] Elle est aujourd'hui au Musée britannique. Quelques personnes y soupçonnaient *Osymandyas* plutôt que *Memnon*; mais tous les doutes sont levés par l'identité des cartouches de cette statue avec ceux de la grande.

[3] *Voy.* la description qu'en donne M. Champollion le jeune, dans sa première Lettre à M. de Blacas, p. 39 sqq. Conf. *Descrizione dei monumenti Egizi del regio Museo Egizio*, di Costanzo Gazzera; Torino, 1824, in-4°, p. 20 sq., et tav. 4, n° 1. Ce Mémoire, qui est accompagné de douze planches lithographiées, contenant le trait de la plupart des monumens décrits par M. Champollion dans l'ouvrage précité, avec un grand nombre de légendes royales développées, forme un complément naturel et nécessaire de la Lettre à M. de Blacas.

pas accompagnée des titres *chéri d'Ammon*, *approuvé d'Ammon*, etc. : mais il est qualifié encore, dans les inscriptions hiéroglyphiques, de *dieu vivant et gracieux*, *seigneur du monde*, *vivificateur comme le soleil*, *fils du soleil qui l'aime*, et autres surnoms magnifiques, qui lui sont communs avec la plupart des Pharaons de la XVIIIe dynastie [1].

[1] Champollion le jeune et Gazzera, *ibidem* et *passim*.—Leurs honneurs tout divins, dont le cérémonial consacré par la religion se transmit, à travers les siècles, jusqu'aux Ptolémées et même aux empereurs, étaient loin de se borner à ces surnoms et titres, comme on peut le voir par nos réflexions ci-dessus, p. 776 sq., 798 sq., 845, et mieux encore par les observations des savans que nous venons de citer, sur les statues du Musée de Turin et leurs inscriptions hiéroglyphiques. Ces Pharaons sont représentés, non-seulement dans la compagnie des dieux, mais sous leurs figures, comme leurs épouses sous celles des déesses; leurs images sont placées dans les temples avec les images des dieux; ils sont perpétuellement comparés aux dieux *Phré, Thoth, Phtha, Horus*, etc., et leurs épouses aux déesses *Isis, Nephthys, Saté, Athyr*, etc.; enfin, un culte leur est décerné, des prêtres sont établis pour le desservir, et ces rois salués *dieux* de leur vivant sont adorés comme tels long-temps après leur mort. Chose singulière et qui prouve bien l'immobilité des institutions de l'Égypte! Les formules et tout le fastueux protocole de l'inscription de Rosette se retrouvent dans un texte hiéroglyphique, contenant un décret presque semblable, rendu en faveur du Pharaon *Horus*, précisément le fils d'*Aménophis II* : ce décret est gravé sur un groupe représentant cet *Horus* avec la reine *Tmauhmot*, sa fille (l'*Akenchersès* de Manéthon, qui lui succéda, seize cent dix-huit ans avant notre ère, suivant M. Champollion-Figeac), associée à ses honneurs divins, comme, dans le décret de Rosette, Ptolémée-Épiphane l'est à tous ceux rendus à ses ancêtres. M. Champollion le jeune croit, en conséquence de cette analogie fortifiée de plusieurs autres raisons, que le monument fut exécuté sous le règne même de *Tmauhmot*. Pour la parfaite intelligence de cette note 14 et de la précédente, autant que pour le complément du § 3 de la note 2, ci-dessus, p. 780 sqq., nous joignons ici, d'après MM. Champollion, la série entière des noms royaux tirés des monumens, mis en ordre au moyen de la table des prénoms à Abydus, et comparés aux noms donnés par Manéthon, desquels se compose la XVIIIe dynastie : 1. *Aménoftep* des monumens — *Amosis, Thoutmosis*, fils de *Misphrathoutmosis*,

En voilà sans doute assez pour établir avec certitude l'existence réelle d'*Aménophis* ou *Phaménophis* et comme homme et comme souverain de l'Égypte : l'on voit qu'il fut un des plus illustres prédécesseurs de *Ramsès-Sésostris*, surnommé *Amonmai*, c'est-à-dire *aimé d'Ammon*, et de son aïeul *Ramsès-Méiamoun*, c'est-à-dire *aimant Ammon*, tous deux voués, ainsi qu'*Aménophis-Memnon*, au grand dieu de Thèbes. Et comme *Ammon* fut en même temps, aux époques les plus reculées, le grand dieu de l'Éthiopie que tous ces héros remplirent de leur gloire, et qui conserve encore les monumens de la grandeur d'*Aménophis* le plus ancien d'entre eux, ne se comprend-il pas tout à la fois que ce Pharaon, dont la tradition racontait des merveilles, ait été connu des anciens Grecs sous le nom de *Memnon* (*mai-Amon* ou *Amon-mai* ou simplement *Aménof*[1]) l'Éthiopien, qu'ils l'aient pris pour un fils de Jupiter, c'est-à-dire d'*Ammon*, et qu'ils l'aient confondu avec tel ou tel de ses successeurs et descendans, et tel ou tel de ceux-ci avec lui? Si, d'un autre côté, ils lui donnèrent l'Orient pour théâtre de ses

de Manéthon; 2. *Thoutmosis (I)* — Chébron, son fils; 3. *Amon-Mai* — *Aménophis (I)*; 4. *Amensé* — Amensès, sa sœur; 5. *Thoutmosis (II)* — Miphrès ou Miphra, son fils, Mœris ou Myris d'Hérodote et de Diodore; 6. *Aménophis (I)* — Miphrathoutmosis, son fils; 7. *Thoutmosis (III)* — Thoutmosis, son fils; 8. *Aménophis (II)* — Aménophis (II); 9. *Hór* — Horus, son fils; 10. *Tmauhmot* — Akencherses, sa fille; 11. *Ramsès (I)* — Rathotis, Athoris, son frère; 12. *Ousireï* — Achenchérès, son fils; 13. *Mandoueï* — Achenchérès, son frère; 14. *Ramsès (II)* — Armaïs, Armès, son fils; 15. *Ramsès (III)* — Ramessès, son fils; 16. *Ramsès (IV)* Maiamoun — Ramessès-Méiamoun, son fils; 17. *Ramsès (V)* — Aménophis-Ramessès (III), son fils et père de *Ramsès VI*, Ramessès, ou *Séthos*, le grand *Sésostris*.

[1] Nous croyons que ces noms ou surnoms égyptiens rendent beaucoup mieux raison du nom de *Memnon*, que l'étymologie toute grecque proposée par M. Creuzer, p. 482. Quant à l'explication que Jablonski donne d'*Aménophis* ou *Phaménophis*, elle paraît aussi hasardée que la plupart des étymologies de ce savant : M. Champollion le jeune regardant ce mot comme une simple abréviation d'*Aménoftep*, l'interprète *celui qu'Ammon a goûté*. Système hiérogl., p. 238 sq., et Lettre déjà citée, p. 81.

exploits et le firent même intervenir au siége d'Ilion, nous en trouvons deux causes principales : la première, que les Grecs étaient dans l'habitude de rattacher à la guerre de Troie, le plus grand événement de leurs antiques traditions nationales, toutes les traditions étrangères; la seconde, qu'il n'est nullement impossible qu'*Aménophis-Memnon* et ses Éthiopiens, ou *Ramsès-Méiamoun*, ou *Amonmai-Ramessès-Sésostris*, ces fils du soleil, ces enfans d'*Ammon*, aient porté leurs armes au delà de l'isthme de Suez, sur les traces des pasteurs vaincus, qu'ils aient passé l'Euphrate et le Tigre, dans leurs courses victorieuses, et même qu'ils aient laissé dans la Médie ou dans l'Asie-Mineure, comme au fond de l'Éthiopie, des monumens de leurs triomphes et de leur piété tout ensemble [1].

Ici se présente de lui-même le nom de cet *Osymandyas* aussi célèbre par ses conquêtes au dehors que par ses grands travaux en Égypte, et qui dominait déjà sur la haute Asie, si

---

[1] Nous ne nous dissimulons pas quelles graves questions historiques implique cette hypothèse, beaucoup plus naturelle en elle-même qu'on ne l'avait cru, et à l'appui de laquelle viendront peut-être bientôt des témoignages irrécusables, les inscriptions et les textes hiéroglyphiques contemporains. En attendant, les bas-reliefs des monumens, qui ont aussi leur autorité, offrent à nos regards, dans les scènes militaires et dans les pompes triomphales et religieuses, où figure tel ou tel des héros que nous avons nommés, des ennemis, plus souvent des captifs, qui ne peuvent guère avoir appartenu qu'à des nations déjà civilisées, déjà opulentes, de l'Asie. On connaît les scènes sculptées sur les palais ou les temples de Thèbes et de la Nubie, dans les vol. II et III des Antiquités de la Description de l'Égypte, dans l'Atlas de M. Denon, dans les Antiquités de la Nubie publiées par M. Gau; et tout le monde a vu les belles peintures du tombeau égyptien exposé par Belzoni, où marchent processionnellement, aux funérailles du Pharaon *Ousireï*, quatrième successeur d'*Aménophis II*, vers le commencement du XVIe siècle avant notre ère, non-seulement des Égyptiens et des Éthiopiens, mais des Orientaux, Assyriens, Mèdes ou autres, très-reconnaissables à leur costume asiatique. La suite de cet ouvrage fera ressortir quelques-unes des conséquences les plus importantes de ces faits, relativement aux origines historiques de l'Asie antérieure et de la Grèce.

l'on en croit Diodore, huit cents ans avant *Sésostris* [1]. Telle était, du moins, la tradition des prêtres, qui faisaient de si magnifiques récits du vaste et somptueux édifice renfermant la sépulture de ce roi, et du cercle d'or couronnant son tombeau [2]. Ces récits merveilleux sont pour M. Creuzer, avec

---

[1] Diodor. Sic. I, cap. 47-50 et sqq.—Huit règnes, d'*Osymandyas* à *Uchoreus*, fondateur de Memphis; douze générations d'*Uchoreus* à *Mœris* (*Thoutmosis II*, de la XVIIIe dynastie, vers 1730 avant J.-C.); sept générations de *Mœris* à *Sésostris*.

[2] Nous avons déjà fait connaître, dans la note 1re, § 2, ci-dessus, p. 757 sq., le Mémoire de M. Letronne sur le *tombeau d'Osymandyas* (inséré au Journal des Savans, juillet 1822, p. 387 sqq., et imprimé à part avec diverses inscriptions gréco-égyptiennes restituées), d'où il résulterait, en dernière analyse, que la description de Diodore n'eut très-probablement jamais de type réel parmi les édifices de la partie occidentale de Thèbes, où devait se trouver le monument. Depuis, ce savant a bien voulu nous communiquer une note additionnelle, encore inédite, à son Mémoire, où il confirme d'abord son opinion sur la non-identité du *Memnonium* et de l'*Osymandeum*, par le témoignage de M. Huyot qui, ayant récemment visité les ruines de Thèbes, s'est assuré que le *palais de Memnon* ne convient nullement dans son état actuel, et même ne put jamais convenir à l'édifice décrit chez Diodore. Il soumet ensuite à un examen plus approfondi le passage où l'auteur grec annonce sa description; et il prouve, par l'analyse exacte du texte, que le monument quel qu'il fût, auquel les prêtres attachaient le nom d'*Osymandyas*, n'existait plus, de leur propre aveu, dès le temps de Ptolémée, fils de Lagus, et ne faisait point partie des dix-sept tombeaux qui, sur quarante-sept, subsistaient encore à cette époque. Il en conclut que cette description était une invention des prêtres, composée à plaisir de traits empruntés à tout ce qu'il y avait de plus gigantesque dans les antiques débris de Thèbes, exagérés encore et réunis dans un assemblage aussi monstrueux qu'imaginaire. Quant au fameux cercle d'or, nous avons rapporté dans la note précédente, p. 928, l'explication particulière et non moins sceptique qu'il en donne, dans un autre ouvrage, en répondant aux critiques que lui avait faites sur ce point notre auteur, à l'occasion de son premier Mémoire (*Heidelb. Jahrbücher der Litteratur*, 1823, p. 150 sqq.). M. Creuzer accorde à M. Letronne que l'édifice décrit par Diodore ne se retrouve pas dans les ruines actuelles de Thèbes; qu'il n'existait plus depuis long-

une assertion peu autorisée de Strabon, un motif suffisant temps peut-être, à l'époque où les prêtres lui en firent le récit : mais il est loin d'en tirer cette conclusion, qu'un tel monument n'exista jamais, ni après ni avant Cambyse, qui, selon les prêtres, aurait pillé le cercle d'or, Nous traduirons ici en entier cette partie de l'article de notre auteur : « Quand même le cercle aurait été réellement d'or et non pas simplement doré (comme l'a pensé M. Jomard, dans le Système métrique des anciens Égyptiens, Descript. de l'Ég., Antiq., Mém., t. I, p. 544), il semble que l'historien grec, en nous donnant l'état des immenses revenus du Pharaon *Osymandyas*, explique lui-même d'où pouvait venir une si grande quantité de ce métal précieux : mais c'est précisément un des points qui excitent le plus l'incrédulité de M. Letronne... Beaucoup de difficultés ne seraient-elles pas levées, si l'on songeoit qu'aux premiers âges, tout le pays, jusque bien avant dans la haute Nubie, portait le nom d'*Égypte*, et qu'indépendamment du produit des mines d'or et d'argent, le commerce des métaux précieux devait valoir en droits au monarque, des sommes incalculables... Je crains que notre auteur n'ait oublié, en cette occasion, la *mesure* de l'Orient, d'après laquelle toutes les évaluations, toutes les grandeurs grecques et européennes nous paraissent si petites... Mais quoiqu'il en soit des Pharaons et de leur magnificence, il est un autre point de vue sous lequel on peut envisager la question. Que serait-ce si le *cercle d'or d'Osymandyas* n'était qu'un cercle symbolique (ici M. Creuzer rentre dans son système général d'interprétation)? S'il en était de ce cercle comme de la *serviette d'or* d'un autre Pharaon, de Rhampsinit, où le sévère Zoëga lui-même (de Obelisc., p. 303) soupçonnait déjà une allégorie? Il ne serait pas nécessaire alors d'évoquer Olaüs Borrichius avec sa pierre philosophale (Journal des Sav., *ubi sup.*, p. 339), et les orgueilleux Ptolémées n'auraient point à envier à leurs prédécesseurs une richesse toute poétique, pas plus qu'aucun esprit sain, chez les Grecs, n'imagina jamais d'envier au Jupiter d'Homère, sa célèbre *chaîne d'or*. Dans des temps où l'antique constitution, où la religion de l'Égypte, n'étaient plus que des cadavres sans vie, les vieilles traditions désenchantées s'étaient transformées en récits platement historiques, non moins platement interprétés. Alors aussi la statue résonnante de Memnon était devenue le hochet misérable d'une curiosité superstitieuse, tandis qu'autrefois elle avait eu un sens sublime. (*Conf.* Bœttiger, *Amalthea*, II, p. 176.) Il s'en faut de beaucoup que l'histoire des Pharaons, telle que nous l'ont transmise Hérodote et Diodore, soit encore bien comprise. Quiconque va cherchant partout, dans leurs récits, des faits, des actions historiques,

d'identifier *Osymandyas* et *Memnon*, et de rapprocher l'*Osymandeum*, des édifices connus en divers lieux sous le nom de *Memnonium*, notamment à Thèbes et à Abydus [1]. Dans quelques-unes des notes précédentes, nous nous sommes prêtés nous-mêmes au système de notre auteur, afin de le mieux développer: peut-être aurait-il dû compléter ses rapprochemens, en y ajoutant *Ismandès-Mendès* et le labyrinthe, son ouvrage, rangé par Strabon au nombre des *Memnonium* [2]. Il est vrai s'abuse aussi fortement que s'il voulait saisir et toucher de ses mains la chaîne d'or d'Homère... Les Annales des Pharaons sont en grande partie des traditions épiques, qui ont pour objet un monde tout héroïque : ici la finesse et la sagacité ne suffisent plus au critique ; elles doivent même l'égarer souvent. Il lui faut ce sens profond, capable de saisir le tour d'idées, les formes de la poésie et du style, en un mot, le génie des anciens peuples de l'Orient. » Nous n'ajouterons qu'une seule réflexion : c'est que Diodore dit positivement que les prêtres faisaient ces récits du tombeau et du cercle d'or, d'après leurs livres sacrés. Ces livres, comme ceux des Hindous, devaient embrasser les poésies nationales, où des monumens qui avaient réellement existé, qui existaient même encore, prenaient un aspect merveilleux : il en était des faits et des hommes comme des monumens, et nous ne voyons pas plus de raisons pour contester au fond l'existence du tombeau d'*Osymandyas* que pour nier celle de ce Pharaon, qui dut aussi bien que les autres, de l'aveu de M. Letronne lui-même, avoir son tombeau. Les doutes ne portent donc que sur la forme et non sur le fond ; et la forme fut, selon nous, l'ouvrage du génie poétique bien plus que de la fraude, chez les prêtres égyptiens.

[1] Remarquons d'abord une légère inadvertance de notre auteur, qui, après avoir dit (p. 490), que le *Memnonium* de Thèbes s'élève sur la rive libyque du Nil, ajoute que le palais de *Memnon* s'élevait à Abydus *sur l'autre rive*, tandis qu'Abydus et la partie de Thèbes où se voit le *Memnonium*, sont toutes deux sur la même rive et toutes deux à l'ouest du Nil. La partie des vastes constructions connues sous le nom de *Memnonium* à Thèbes, où l'on a cru retrouver le tombeau d'*Osymandyas*, ne porte que les légendes royales de différens souverains de la XVIIIe dynastie, entre autres de *Thoutmosis II* ou *Miphres-Mœris*, et de *Ramsès-Sésostris* : mais le *Memnonium* proprement dit porte réellement les cartouches d'*Aménophis-Memnon*.

[2] Strab. XVII, p. 811, 813, Casaub.; Diodor. I, cap. 61. *Conf.* ci-dessus, p. 762, 786.

que si Diodore fait *Osymandyas* bien antérieur à l'époque où paraît devoir se placer *Aménophis-Memnon*, il abaisse *Mendès*, auteur du labyrinthe selon lui, au-dessous de *Sésostris* [1]. Ici encore, l'identité accidentelle des noms et des titres n'aurait-elle pas fait confondre en un seul plusieurs personnages essentiellement différens? Nous le croyons, et nous pensons, de plus, que la légende d'*Osymandyas*, chez Diodore, tout entière liée à son monument, est une légende héroïque et sacerdotale, comme dut être, dans l'origine, celle de *Memnon*, mais moins mythique que cette dernière et demeurée plus pure d'alliage avec toute sorte d'élémens étrangers, parce qu'ayant été connue beaucoup plus tard des Grecs, elle ne passa jamais dans leurs fables nationales [2]. Ce qu'il y a de sûr, c'est qu'une statue colossale de seize pieds et demi de haut, la plus grande et l'une des plus belles de la précieuse collection Drovetti, représente un monarque dont les cartouches, nom et prénom paraissent ne pouvoir se rapporter qu'à *Osymandyas* [3]. Nous

---

[1] Diodor. *ubi sup.* — *Osymandyas, Ismandès, Mendès* sont certainement un seul et même nom : mais, comme nous l'avons vu, ce n'était point le *nom*, c'était le *prénom* qui distinguait les monarques égyptiens. Le *prénom* était vraiment propre et unique, tandis que le *nom* pouvait avoir appartenu à plusieurs souverains, et que réciproquement un seul souverain pouvait avoir plusieurs noms, indépendamment d'une foule de surnoms et de titres. Cela explique fort naturellement la diversité des noms sous lesquels figurent les rois d'Égypte dans les auteurs grecs ou latins, chez Manéthon et sur les monumens : ajoutez les différences d'orthographe. Par exemple, *Mendes*, dans Diodore, s'appelle aussi *Marrhus*, et *Marrhus* répond à *Maris, Mœris, Myris, Miphres* ou *Miphra* ou *Mephres*, etc.

[2] Cette distinction nous paraît de quelque importance à établir, d'autant que son application peut s'étendre à bien d'autres cas.

[3] Voy. *Osservazioni sul maggiore colosso del regio Museo egiziano*, dans les *Lezioni archeologiche intorno ad alcuni monumenti, ecc., del cav.* Giulio di S. Quintino; Torino, 1824, in-4°, avec planches. La planche I représente le colosse de face et de profil; il est adossé à un obélisque pris du même bloc et de même hauteur; le *pschent*, coiffure double, richement ornée et surmontée d'un disque, lui forme une triple couronne, égale

DU LIVRE TROISIÈME. 943

les lisons, avec l'un des savans de Turin, qui ont su apprécier et déjà féconder, pour leur propre compte, la découverte de notre célèbre compatriote, M. Champollion le jeune : *le Roi du peuple obéissant*, SOLEIL GARDIEN DES MONDES, AIMÉ D'AMMON (*Amon-mai*), *fils du soleil*, MANDOUEI, SERVITEUR DE PHTHA. Des titres non moins superbes que ceux des autres Pharaons accompagnent cette légende royale, et comparant *Mandoueï* au dieu son patron, *Mandou, Mandou-Ra* ou *Mandou-Ri* (le *Mandulis* des inscriptions grecques de Khalapsché en Nubie, *supra*, p. 754 sq., et le *Mendes* des auteurs grecs, à ce que l'on croit[1]), à son autre patron *Amon* ou

à la moitié de la statue, dans la hauteur totale de laquelle est compris encore le piédestal qui la soutient. La face est d'un caractère fortement africain, et le corps entièrement nu, à l'exception de la ceinture, d'où pend le tablier militaire et royal, que portent encore les Ptolémées et les empereurs romains, dans les monumens égyptiens de leurs règnes. L'*uræus* se dresse sur le front, que ceint le bandeau ou diadème, et des bracelets ornent les poignets, dont l'un tient un rouleau ou volume. Le personnage est dans l'attitude de la marche, la jambe gauche en avant et les bras pendans. La planche II offre des légendes et cartouches qui couvrent un des côtés de l'obélisque, la base de la statue, la ceinture, le tablier et la tranche du rouleau.

[1] S. Quintino, lib. laud., p. 10 sqq. *Conf.* Champollion le jeune dans le Bulletin des sciences historiques, 1824, p. 107.—Ce dieu *Mandou* ou *Mandou-Ri*, représenté sur les monumens avec une tête d'oiseau (d'épervier ou d'aigle, ou encore de vautour?), surmontée du disque orné de deux plumes, forme lui-même, comme caractère figuratif, la plus grande partie du nom hiéroglyphique du Pharaon, dans les cartouches de la statue : mais ce qui est remarquable, c'est qu'il s'y trouve constamment mutilé et presque effacé (quoique reconnaissable encore), on ne sait trop pour quelle raison, la statue ayant été respectée du reste. Il est intact dans les légendes royales d'un second *Mandoueï*, frère d'*Ousireï* et treizieme roi de la XVIIIe dynastie. Un troisième *Mandoueï* fut très-probablement le *Mendes* de Diodore, qui doit avoir appartenu à la XIXe. Cette synonymie rend également probale celle des dieux *Mandou* et *Mendes*, et par conséquent leur identité : mais alors *Mandou-Mendès*, forme d'*Amon-Ra* ou d'*Ammon*-Soleil, aurait eu plusieurs figures, puisque nous l'avons reconnu avec une tête humaine et le phallus en érection, ci-dessus, p. 495 sq., 830, coll. pl. XXXVII, 155.

Amon-Ra, à *Phtha*, à *Phré*, à *Arouéris*, etc., le qualifient *seigneur du monde, souverain des trois régions*, et rappellent le *Roi des rois* de Diodore. Quant à la légende, s'il est vrai qu'elle se retrouve sur les plus anciennes constructions du grand temple ou palais de Karnac à Thèbes; que, d'un autre côté, le prénom, véritable nom de règne et titre distinctif de chaque Pharaon, ne figure point au nombre des prénoms royaux composant la table généalogique d'Abydus et comprenant les XVIIIe et XVIe dynasties (la XVIIe est, comme l'on sait, celle des Pasteurs), il deviendra très-probable, en rapprochant ces données de celles de Manéthon et de Diodore, que le premier *Mandoueï* connu jusqu'ici, ou le fameux *Osymandyas*, remonte jusqu'à la XVe dynastie, tout au moins à la tête de la XVIe, et ne peut avoir régné après le XXIIIe siècle qui précéda notre ère [1]. Memphis n'existait point encore, et Thèbes avait été fondée, quelques siècles avant *Osymandyas*, par le deuxième *Busiris*, qui, de même que *Memnon*, pouvait être

---

[1] *Conf.* la note 13 ci-dessus, p. 912 sq. — Tout ce système chronologique, aussi vaste que neuf, où s'accordent avec MM. Champollion frères les savans de Turin, nous paraît bon et vrai en général; mais, dans le détail, il reste encore bien des difficultés à aplanir. Par exemple, M. Champollion le jeune ne nous dit-il pas (Lettre à M. de Blacas, p. 27) que le cartouche prénom de *Misphrathoutmosis* précédant immédiatement, sur la table d'Abydus, celui d'*Aménoftep* ou *Amosis-Thoutmosis*, chef de la XVIIIe dynastie, *Aménoftep* dut être, en conséquence, fils et successeur de *Misphrathoutmosis*? Mais que devient alors la dynastie des pasteurs? Elle n'aurait donc pas été la XVIIe? Cependant Manéthon déclare positivement que leur invasion arriva sous la XVIe dynastie, et que leurs rois en composèrent une autre. Ne sommes-nous pas ainsi nécessairement ramenés à l'idée que cette dynastie des Pasteurs dut être en partie collatérale et contemporaine, sinon de la XVIIIe, où nous trouvons également un *Misphrathoutmosis* et un *Thoutmosis* qui se suivent, au moins de la XVIe? Nous croyons que le sujet est loin d'être complétement éclairci, et nous attendons, pour prendre un parti, que les documens originaux, tels que la table d'Abydus, les cartouches des plus anciens monumens, et surtout quelques-uns des papyrus historique du Musée de Turin, aient été publiés.

devenu, dans la tradition non moins anciennement transmise aux Grecs, un personnage purement mythique, sans cesser pour cela d'être, aux yeux des Égyptiens et dans la réalité de l'histoire, un personnage humain, un antique Pharaon [1].   (J. D. G.)

Note 15 (chap. IX, p. 502 sqq.; X, 518, etc.).

Nous nous bornerons, dans cette quinzième et dernière note, à compléter M. Creuzer par lui-même, au moyen de quelques développemens, plus souvent de simples indications, que nous avons cru devoir rejeter de son texte: nous y ajouterons seulement quelques courtes remarques et quelques indications nouvelles, qui pourront mettre sur la voie de recherches plus étendues ceux qui voudraient approfondir le sujet aussi curieux qu'important, du culte des animaux et de ses causes chez les Égyptiens. Indépendamment des travaux bien connus de Jablonski, Zoëga, Meiners, Dupuis et plusieurs autres, pour ne pas remonter jusqu'à la savante compilation de Bochart, les auteurs qui ont le mieux traité ce sujet vers ces derniers temps, sont, avec notre auteur tant dans sa Mythologie que dans ses *Commentationes Herodoteæ*, p. 131-164, Heeren, dans ses *Ideen*, II, 2, p. 634 sqq.; Gœrres, *Mythengeschichte*, II, 397 sqq.; et le Dr Prichard, qui s'est particulièrement attaché à éclaircir, en ce point comme en nombre d'autres, la religion morte de l'Égypte par la religion vivante encore de l'Inde (*Ægypt. Mythology*, book IV, chap. I, p. 301-357). Il faut y ajouter les dissertations d'un intérêt si neuf,

---

[1] *Conf.* la note 9 ci-dessus, p. 848 sqq., et le texte, p. 428 sqq., où *Busiris* est présenté sous un point de vue tout mythologique, mais beaucoup plus grec qu'égyptien. Ce nom et ceux d'*Osymandyas*, ou *Ismandes-Mendes*, et de *Memnon*, rattachés à la fondation des temples, des palais, des tombeaux de Thèbes et des plus anciennes villes de l'Égypte, doivent, selon toute apparence, se prendre dans un sens général, comme s'appliquant à la plupart des souverains de ces antiques dynasties, jusque bien après *Sésostris*.

que M. Champollion le jeune nous donne dans son Panthéon égyptien, à mesure que les livraisons se succèdent, sur les animaux consacrés à chaque divinité. C'est à M. Champollion plus qu'à personne, qu'il appartient de dresser une liste complète et des dieux et de leurs incarnations ou images animales; de déterminer et de spécifier, dans le détail, les rapports réels ou imaginaires qui liaient ces vivans symboles avec leurs types divins. Contentons-nous de signaler ici, avec M. Creuzer, quelques-uns des traits qui doivent entrer dans un tableau de ce genre.

Que des phénomènes physiques, chez certains animaux, aient souvent conduit à leur rendre un culte, c'est ce que prouve entre autres l'*ibis*[1]. Cet oiseau qui déchirait les serpens et détruisait les insectes des bords du Nil, était un emblème de l'inondation de ce fleuve. L'ibis paraissait quand le nilomètre annonçait la crue des eaux; son apparition avait, comme celle du Nil, une époque fixe. Hermès, disait-on, observa le premier la mesure du Nil et la désigna, dans l'écriture sacrée, par un ibis. Aussi portait-il une tête d'ibis, et l'ibis était-il la première lettre de l'alphabet hiéroglyphique[2]. Un autre symbole d'Hermès était le singe nommé *cynocéphale* ou à tête de chien, qui était en même temps l'hiéroglyphe, 1° de la lune, parce que cet animal, selon les Égyptiens, devenait aveugle et avait un flux mensuel de sang, à la nouvelle lune, ce qui le faisait nourrir dans les temples; 2° de l'écriture; 3° de la caste sacerdotale, parce qu'il ne mange pas de poisson; 4° du monde, étant comme celui-ci composé de soixante-douze parties[3].

[1] Ἡ Ἶϐις, *Ibis Tantalus*, Linn.; *Numenius*, Cuv.—*Voy.*, sur cet oiseau, Herodot., II, 75 sq.; Strab. XVII, p. 823, Casaub. *Conf.* Savigny, Hist. nat. et mythol. de l'ibis; Paris, 1805, in-8°; Cuvier, dans son grand ouvrage sur les Ossemens fossiles, t. Ier, p. cxli sq., nouvelle édition.

[2] *Voy.* pl. XLVIII, 190, et l'explicat.; Zoëga, Num. Ægypt. imp., tab. XXI et p. 123. *Conf.* Plutarch. Sympos. IX, 3; Letronne sur ce passage, dans le Syst. hiérogl. de Champollion, p. 407; et ci-dessus, note 10, p. 860 sq.

[3] *Voy.* Horapoll. I, 14; Strab. XVII, p. 812.—Le cynocéphale comme

L'oiseau sacré par excellence, non-seulement chez les Égyptiens, mais chez bien d'autres peuples, était l'*épervier*, ce qu'exprime son nom grec, ἱέραξ. Quiconque avait le malheur de tuer un épervier ou un ibis, même involontairement, encourait la peine de mort [1]. Son nom égyptien était βαιήθ, c'est-à-dire *âme* [2] : aussi était-il le symbole des âmes et, plus généralement, de toute chose divine et sacrée. L'épervier se représente sans cesse sur les monumens égyptiens de toutes les époques; plusieurs dieux portent sa tête, mais spécialement les dieux de la lumière, les dieux solaires, dont il paraît avoir été l'emblème favori [3]. (Il faut se garder de confondre avec cet oiseau, le *vautour* d'Éthiopie, qui ne lui ressemble en aucune façon, et qui appartenait aux déesses comme *mères*, parce que, disait-on, il n'y avait pas de mâles dans son espèce. Le vautour, symbole du principe féminin dans la nature, symbole de l'année dont on croyait avoir observé dans ses habitudes les différentes périodes, était encore un signe de victoire; et voilà

l'ibis se voit fréquemment en rapport avec la nouvelle lune qu'il représentait, figuré debout. *Horus* paraît aussi, rapproché du cynocéphale dans cette position, sur une barque, qui se termine par une tête de belier du côté du cynocéphale, par une tête de taureau du côté d'*Horus* (ou plutôt du soleil levant sortant du calice d'un lotus) avec allusion, dit M. Creuzer, à la position de la lune dans le belier, et à celle du soleil dans le signe du taureau : pierre gravée dans Caylus, I, tab. 9, n° 1. *Conf.* ci-dessus, p. 834, 864.

[1] Herodot. II, 65. *Voyez* encore sur l'épervier, sa nature et ses habitudes, suivant les traditions égyptiennes, Strab., XVII, 818; Ælian., Hist. animal. X, 14; Porphyr., de Abstin. IV, 9, ed. Rhœr.

[2] Proprement *âme* et *cœur*, ou *âme qui est dans le cœur*, *qui a sa demeure dans le cœur*, suivant les idées des Égyptiens. Horapoll. I, 7. *Conf.* Jablonski Voc. Ægypt., p. 47, et Panth. I, 158; Champollion et Letronne dans le Syst. hiérogl., p. 408; et ci-dessus, nos notes, p. 872.

[3] Non-seulement *Phré* ou le Soleil par excellence, mais *Mandou-Mendès*, *Phtha-Sokari*, *Thoth* trismégiste ou le premier Hermès, *Arouéris-Horus*, et d'autres encore sans doute. *Voy.* nos planches relatives à ce livre et leur explication, *passim*.

pourquoi il se voit si souvent planant sur la tête des guerriers [1].

Au vautour correspond le plus élevé de tous les symboles égyptiens, le *scarabée*, comme emblème du principe mâle [2]. Suivant la tradition, il engendrait sans le concours d'une femelle, dans une boule formée de fiente de bœuf, et d'où éclosaient ses petits, au bout de vingt-huit jours qu'elle était demeurée sous terre. Ce nombre de jours avait trait à la révolution de la lune; et les six mois que cet insecte passait alternativement, sous et sur terre, à celle du soleil. Le scarabée était encore un symbole de la puissance créatrice et de la divinité, en général; son image est une des plus multipliées sur les monumens de tous les âges, depuis les obélisques jusqu'aux ouvrages grecs et romains d'imitation égyptienne [3]. Dans les peintures si anciennes des tombeaux des rois à Thèbes, le scarabée joue un rôle infiniment remarquable, comme emblème de la génération, ou plutôt comme source première de la vie qu'il communique à l'embryon par l'intermédiaire du générateur. (Il faut voir la description détaillée de ces singulières images dans notre explication des planches, n°ˢ 187 et 187 *a*, pl. XLVIII, et comparer la fin de la note 13.) Il est continuellement reproduit dans les scènes sépulcrales des hypogées, où il paraît être le symbole de la permanence substantielle de l'âme à travers ses migrations de corps en corps; sur les caisses des momies, où il annonce la future renaissance [4]. Mais peut-être le scarabée conserve-t-il ici même son sens primitif, comme image du soleil et de sa révolution; du soleil qui trace et prescrit aux

---

[1] Strab., *ubi sup*. Ammian. Marcellin. XVII, 4, 11, et ibi Interpret., p. 255 sq., vol. II, ed. Wagner et Erfurdt. Horapoll., cap. 11, 13, 6. *Conf*. planches XL, 164; XLI, 168 *a* et 169; XLII, 175; XLV, 182, (*a*) etc., et l'Expl. des pl.

[2] Porphyr., de Abstin. IV, 9, p. 327. Horapoll. I, 10, coll. 13. *Voy*. encore Beckmann ad Aristotel., de mirabil. auscultat., p. 268, 328,; et Schneid. ad Arist. Hist. Animal. V, 17, p. 353.

[3] Zoëga de Obelisc., p. 547 et *passim*. *Conf*. nos planches, *passim*.

[4] Jomard, sur les hypogées de Thèbes, dans la Descript. de l'Ég., Antiq., vol. I, sect. X, p. 377, 352, etc.

âmes la carrière qu'elles ont à parcourir dans le zodiaque [1]. Sur le grand manuscrit hiéroglyphique de la Commission d'Égypte [2], on voit des figures qui portent un scarabée sur la tête ou qui au lieu de tête ont un scarabée ; c'est à ce que l'on croit, *Isis régénératrice*, qui donne aux âmes éprouvées la vie nouvelle. D'autres fois, des figures de femmes, penchées en avant et les bras étendus, semblent vouloir saisir, comme en se précipitant, un scarabée noir placé au-dessous d'elles. Ces figures ainsi allongées se rapprochent beaucoup de celles qui enveloppent les zodiaques de Dendera et d'Esné, et l'on en trouve de pareilles qui ont le scarabée noir placé tout près des parties sexuelles. Des images analogues se remarquent jusque sur les vases grecs. C'est partout *Isis*, la lune et le temps ; l'épouse d'*Osiris*, dieu du soleil ; la nature mère universelle, qui embrasse toutes choses et l'homme lui-même, qui le suit dans toutes les phases de son existence, de la vie à la mort, de la mort à la vie, et le reproduit substantiellement dans la révolution des lunes et des soleils, c'est-à-dire des années [3].

Les Égyptiens avaient coutume de donner à leurs pierres ou gemmes, d'un côté une face plate et unie, pour y graver des caractères, tandis qu'à l'autre côté demeuré convexe, ils donnaient la forme d'un scarabée. Cette figure symbolique était sacrée à leurs yeux, et ils portoient au cou en manière d'amulettes de pareils scarabées. On en trouve une multitude dans

---

[1] Cette interprétation déjà plus déterminée que celle de M. Jomard, nous semble préférable, mais trop vague encore : le scarabée, comme les autres symboles égyptiens, a presque toujours un rapport direct et précis à telles ou telles divinités. *Voy.* l'explication de nos planches XXXIV, 167 ; XLV, 182, *passim*, et XLVIII, 187 *a* et 187 *b*.

[2] *Voy.* Descript., vol. II, Atlas, pl. 75, colonne 132, 49, 2, etc. *Conf.* Jomard, *ubi sup.*, p. 379.

[3] Ces interprétations, comme les précédentes, manquent absolument de précision et ne portent pas le vrai caractère de la mythologie égyptienne. *Conf.* nos notes sur ce livre, *passim*, et surtout p. 803, 825, 827, 829, etc. ; l'Explicat. des pl. aux nos cités, particulièrement celle des zodiaques aux nos 191, 192 et 193.

les collections, et les hypogées de Thèbes en ont fourni un très-grand nombre, avec différentes modifications, souvent enfilés les uns aux autres et formant des chaînes ou bien des séries [1].

Parmi les symboles de la classe des insectes, l'*abeille*, si l'on en croit les assertions des anciens [2], occupait une place importante. Elle désignait un *roi* (et en effet on la voit sur les monumens précédant sans cesse les légendes royales [3]).

Parmi les symboles tirés des quadrupèdes, il n'en est guère de plus intéressant que le *lion* : c'est peut-être, en même-temps, de tous les symboles, le plus propre à démontrer comment certaines images normales, parties souvent de points de vue tout-à-fait locaux, s'élèvent peu à peu, se généralisent, et en conservant l'idée fondamentale qui leur donna naissance, pénètrent dans toutes les religions, et parcourent le cercle entier de l'art. En Égypte, le lion était un symbole de l'inondation du Nil, pour des causes évidemment astronomiques et calen-

---

[1] Jomard, dans la Descript. de l'Ég., *ubi sup.*, p. 357. *Compar.* le vol. V des planches d'Antiquités, pl. 79 sqq., avec Denon, Atlas, pl. 97, et Schlichtegroll, Dactylioth. Stosch. II, 38.—Plusieurs collections de ces scarabées égyptiens portant des inscriptions hiéroglyphiques, des légendes royales ou autres, souvent d'une époque très-reculée, avec toute sorte de figures symboliques, ont été récemment publiées, et fourniront de précieux documens non-seulement à la mythologie, mais à l'histoire, car ils avaient bien d'autres usages que de servir d'amulettes. *Voy.* pl. LII, 196, 196 *a*, et les indications de l'Explicat. des pl.

[2] Ammian. Marcell. XVII, 4, 11, et ibi Lindenbrog. *Conf.* Zoëga, de Obelisc., p. 443.

[3] Bailey (Hieroglyph. Origo et Natura, Cambridge, 1816, p. 52, 64 sq.) et le Dr Young, dans le Museum Criticum de Cambridge, lui avaient déjà reconnu ce sens. Depuis, M. Champollion le jeune, s'appuyant du témoignage positif d'Horapollon I, 62, a pensé qu'elle exprime plutôt symboliquement *un peuple obéissant à son roi*, et que le mot *roi* est rendu phonétiquement, quoiqu'en abrégé, par le caractère qui précède l'abeille au-dessus de la plupart des cartouches-prénoms ; le groupe se lirait donc : *le roi du peuple obéissant*. Les cartouches-noms

daires. 1. Il devint ensuite un emblème de l'eau consacrée et des ondes rafraîchissantes qui récréent les morts 2. Dans les Mithriaques, dont un degré se nommait *Leontica*, il fut un signe de purification. Nul doute qu'il n'ait été reçu, avec un sens analogue, dans les mystères des Grecs, comme nous le verrons par la suite. Dans l'architecture grecque et romaine, il prit une acception tout-à-fait générale, en qualité de gardien des sources (κρηνοφύλαξ, Pollux, VIII, 9); on voit les eaux des fontaines couler de la gueule des lions, sur les monumens antiques. C'est ainsi qu'à la fin, il devint un simple ornement, une simple décoration d'architecture, comme dans nos fontaines modernes. Mais les mêmes raisons astronomiques qui avaient rattaché au lion l'idée de l'eau, y rattachèrent celle du feu, ainsi qu'une foule d'idées accessoires. On peut comparer l'explication qui a été donnée ci-dessus, du plus ancien ouvrage connu de l'art grec, la porte des lions à Mycènes (liv. II, chap. 5, p. 369-375, et la Pl. XXV, 130).

Un autre symbole de l'eau, de l'eau potable et, par excellence, de l'eau du Nil, c'était le *crocodile*, amphibie qui peuplait ce fleuve et infestait ses rives. Les crocodiles se nommaient en égyptien *champsæ* (d'où *Tachompso*, l'île des crocodiles), comme nous l'apprend Hérodote [3]. Avant lui, le vieil Hécatée avait jugé l'histoire naturelle de cet animal

---

sont ordinairement surmontés d'un autre groupe, également phonético-symbolique (une oie et un disque), signifiant *fils du soleil*. *Voy.* Système hiéroglyphique, p. 184 sq., et l'expl. des pl. qui y sont jointes, p. 31. *Conf.* le premier cartouche royal gravé dans notre pl. XXXII, 141, en avant de la tête du Pharaon.

[1] Horapoll. I, 21. Zoëga, de Obel., p. 290, 305 sqq. Descript. de l'Ég., Antiq., vol. I, ch. VIII, p. 7, 45, 57, etc.

[2] *Voy.* pl. XXXII, 141; XLV, 181; LII, 141 *a*, et l'Explicat. des pl., p. 37 sq., 39, 60, 73, 75.

[3] II, 68, 69, 148 et ibi Interpret. Quant au nom, *voy.* Jablonski Voc., p. 387, avec la remarque de Silvestre de Sacy. *Conf.* Champollion le jeune, Syst. hiérogl., p. 93. Dans les textes coptes, le crocodile est appelé *Amsah*.

digne d'un sérieux examen [1]. Pour les Égyptiens, qui trouvaient en lui comme dans le Nil de merveilleux rapports aux phénomènes célestes, il était devenu l'emblème favori du temps, dont ses différentes parties exprimaient les différentes divisions. Dans le système hiéroglyphique, les deux yeux d'un crocodile signifient le lever du soleil ou d'un astre; le crocodile recourbé désigne le coucher, et sa queue les ténèbres, la nuit [2].

Le *serpent* était un autre emblème du temps, mais du temps indivisible et immuable, de l'éternité; il se voit en ce sens sur les monumens et dans une foule de légendes hiéroglyphiques. Nul doute qu'il ne fût aussi un symbole de la vie et de la divinité. Il appartenait même au premier principe de toute vie, à la plus grande de toutes les divinités, à *Kneph*, à *Jupiter-Ammon*, se nommait comme lui *Agathodémon* ou le *Bon Dieu*, était consacré, adoré, nourri, enseveli dans son temple le plus fameux à Thèbes [3]. Le serpent *Uræus* ou *royal* (très-distinct du *bon* serpent dédié à *Kneph* [4]) était spécialement affecté à l'*Isis* infernale ou reine des morts (*Saté* ou *Sati*), et paraît dans les scènes funèbres à côté de cette déesse [5].

[1] Creuzer., Græcor. historic. antiquiss. fragm., p. 19.

[2] Clem. Alex., Stromat. V, p. 566, Potter. Horapoll. I, 68, 69, 70.

[3] Herodot., II, 74. Plutarch., de Isid. p. 418. *Conf.* Jablonski Voc., p. 112, et Silvestre de Sacy sur Abdallatif, p. 223, note 27; ci-dessus, p. 824 sq., et pl. XLIII, 180; XLVII, 185; LII, LIII, 180 *a* et *b*, avec l'explication.

[4] M. Creuzer, comme tous ses prédécesseurs, les a confondus, *supra*, p. 507. M. Champollion le jeune a le premier, dans son Panthéon égyptien (expl. des pl. 3 *a* ou *bis* et 7 *b*), reconnu et établi, d'après les monumens et les légendes hiéroglyphiques, cette importante distinction. Οὐραῖος vient du mot égyptien *Ouro*, roi, que les Grecs ont traduit par βασιλίσκος. C'est un *basilic*, un aspic, qui n'a rien de commun avec l'*Agathodémon*, grand serpent, représenté ordinairement barbu, et quelquefois avec des jambes humaines.

[5] *Voy*., entre autres, pl. XLV, 182 (*a*), et l'explication de tout ce monument, *passim*.

Gonflé et menaçant, il se dresse au-devant de la tête des dieux et des rois, leurs terrestres images [1]. Dans les bas-reliefs égyptiens et sur les ouvrages d'imitation égyptienne, différentes espèces de serpens figurent tantôt isolées tantôt combinées, soit avec la tête, le corps ou les membres de l'homme et des animaux, soit avec des attributs divers, des globes, disques ou cercles, le sistre, des épis, des urnes ou des vases et d'autres emblèmes de fécondité [2].

Puisque nous avons parlé de combinaisons symboliques, nous allons revenir sur quelques-unes de celles qui sont expliquées dans le texte. Mais remarquons avant tout que l'homme ne pouvait manquer d'avoir place dans le règne des animaux sacrés. Porphyre nous dit, en effet, qu'un *homme* était adoré à *Anabis* ou *Anamis*, bourg de l'Égypte [3]. C'était

---

[1] Voy. nos planches, *passim*, et entre autres XXXIV, 146.

[2] Les bas-reliefs astronomiques, entre autres ceux d'Edfou et le zodiaque du grand temple d'Esné (pl. XLVIII, 189, 191), offrent une très-grande variété de ces sortes de figures dans les positions, les combinaisons, et avec les sens les plus divers, mais pour la plupart encore inexpliqués; ce qui dès à présent est manifeste, c'est que chacun de ces symboles a une existence propre, individuelle, et ne souffre pas les interprétations vagues et générales dont on a été si prodigue. Un exemple est le globe ou disque flanqué de deux *uræus*, soit ailé comme au fronton des temples, soit sans ailes. M. Creuzer avait déjà vu, avant le docteur Young, que cet emblème, si fréquemment reproduit sur les monumens de tout genre, remonte jusqu'à la Divinité suprême, jusqu'à *Kneph-Agathodémon*. M. Champollion le jeune nous apprend aujourd'hui qu'il appartient spécialement au premier *Thoth* ou à l'*Hermès-Trismégiste*, émanation directe et visible révélation du Très-Haut. *Voy.* Panth. ég., explicat. des pl. 15 *b* et 15 *c. Confer.* ci-dessus, p. 824 sqq., 855 sqq., et les pl. XXXII, 141; XLI, 168 *a*; XLII, 173; XLV, 182, avec l'explication. La figure plus compliquée de la pl. XLVIII, 188, qui rentre dans le même ordre, sera commentée plus loin. L'explication des planches donnera tous les détails nécessaires sur les autres compositions symboliques où entrent divers serpens, XXXII, 141, 143; XXXIX, 163; surtout XLV, 182 (*b*, *c*).

[3] Porphyr., de Abstin., IV, p. 325, Rhœr. *Conf.* Euseb., Præpar.

un complément nécessaire, organique, du culte des corps, et qui n'a rien de commun avec l'apothéose.

Les oiseaux ou, pour mieux déterminer et la figure et l'idée à la fois, les éperviers à tête d'homme ou de femme que l'on rencontre si souvent sur les monumens égyptiens, particulièrement dans les peintures des tombeaux, dans celles des papyrus et sur les caisses des momies, représentent certainement des *âmes* : car l'épervier était un symbole de l'âme, comme nous l'avons vu plus haut [1]. Les *Canopes*, d'origine fort ancienne, rentrent dans ce genre de compositions : sur les bas-reliefs et dans les peintures des hypogées et des temples, non-seulement des têtes humaines, mais des têtes d'animaux, ou de dieux sous la figure des animaux et de l'homme, couvrent ces vases mystiques [2]. Réciproquement, le corps de l'homme ou de la femme s'allie aux têtes de tous les animaux sacrés, aux oiseaux, aux quadrupèdes, aux reptiles, aux insectes, à des vases ou à des globes, à toute sorte d'objets de la nature et de l'art, et même à des figures de convention, pour exprimer les attributs et les caractères distinctifs des personnages divins de tous les ordres, et de ceux des enfers comme de ceux du ciel. Les déesses à tête de lion se voient par centaines aux avenues des temples aussi bien que les *sphinx*, soit dans la combinaison inverse, soit dans toute autre : elles y jouent le même rôle, celui de gardiennes, et paraissent représenter principalement *Neith* et *Tafné*, divinités guerrières, redoutables aux ennemis et aux profanes [3]. Et les dieux et les déesses portent encore des animaux, des dépouilles ou des membres d'animaux, des édifices, des autels, des trônes, etc.,

cv. III, 4 et 12; Minutius Felix, Théodoret, etc.; Prichard's *Egypt. Mythol.*, p. 345 sqq.

[1] Pag. 947, coll. p. 894 et les renvois au texte. *Voy.* encore Champollion, Panth. ég., explicat. de la pl. 14 *c*, et notre pl. XLV, avec son explication, *passim*.

[2] Même planche, n° 181; ci-dessus, p. 819, 415, et les renvois aux planches, avec l'explication.

[3] *Voy.* pl. XXX, 138; XL, 162, 164; XLVIII, 189, 190, etc.

en manière de coiffures symboliques, sur des têtes humaines; telles sont ces deux déesses, rapprochées dans le monument comme dans notre planche, dont l'une a un scorpion et l'autre un vase posé sur sa tête: la première est *Selk*, de laquelle on ne sait encore rien, si ce n'est qu'elle fut adorée à *Pselcis*, en Nubie, avec *Thoth-Hermès* [1]; la seconde, à notre connaissance, n'a pas même retrouvé son nom jusqu'ici. Mais et ces divinités et celles qui portent des têtes de lion, de belier, de taureau ou de vache, des cornes de bouc, etc., ont-elles un sens astronomique, un rapport aux constellations zodiacales? auraient-elles, en quelque sorte, préparé le zodiaque composé en grande partie des animaux qui leur furent consacrés et dont elles montrent les insignes? faut-il étendre cette idée aux divers sphinx que nous présentent les monumens et les zodiaques de l'Égypte eux-mêmes? Ne pouvant, dans l'état des connaissances, prendre un parti décidé sur ces questions, nous renvoyons le lecteur à nos réflexions générales sur le zodiaque (ci-dessus, texte de la note 13, p. 916-930).

Mais ce qu'il y a de certain, c'est que les sphinx à tête d'homme, de femme ou de bête, les combinaisons quelconques de l'homme et des animaux, et en général les figures symboliques si multipliées sur les monumens Égyptiens, et souvent fort bizarres, ont presque toujours une application déterminée, directe, spéciale à tel ou tel des membres, bien plus nombreux qu'on ne l'a pensé long-temps, de la hiérarchie divine. Le sphinx a cela de singulier, qu'à raison de ses différentes variétés et de ses attributs non moins divers, il appartient tantôt à un dieu, tantôt à un autre; il y a le sphinx d'*Ammon*, le sphinx de *Phré* ou du Soleil, et ainsi du reste [2]. En général, le corps du lion dominant chez le sphinx, celui de l'homme

---

[1] *Voy.* pl. LI, 179, 179 a. *Conf.* ci-dessus, p. 819; Champoll., Panth. ég., explicat. de la pl. 15.

[2] *Voy.* les excellentes et neuves observations de M. Champollion le jeune, dans la Lettre précitée, p. 58 sqq., et dans le Panth. ég., explicat. de la pl. 24 e.

ou de la femme et celui du serpent, peut-être encore celui de l'épervier, sont, de tous les corps, ceux qui paraissent se prêter au plus grand nombre d'alliances avec toute sorte de têtes, de membres, et d'objets empruntés à la nature ou à l'art. Une autre observation faite dans ces derniers temps, c'est que ces compositions mystiques et religieuses, que l'on a regardées comme purement astronomiques, les sphinx en particulier, sont employées pour représenter, non-seulement des dieux et des déesses, mais des rois et des reines, sans doute aussi des prêtres et d'autres personnages humains [1]. Nous avons déjà vu que les Pharaons et leurs épouses, divinités de la terre, étaient souvent figurés sous les images des divinités du ciel. De même, il n'est pas douteux que les prêtres et les desservans des temples ne paraissent fréquemment sous la livrée et avec les attributs des dieux auxquels ils étaient voués, dans les scènes sculptées ou peintes sur les monumens. Jusqu'à quel point pouvait-il en être de même dans les scènes réelles de la vie, dans les processions et dans les cérémonies religieuses, c'est encore une de ces questions sur lesquelles il nous semble important d'appeler de nouveau l'examen.

Passons à quelques symboles tirés, soit du règne végétal, soit du domaine de l'art, et à quelques combinaisons remarquables par la complication, la singularité de leurs élémens, ou par la grandeur du sens.

1° Le *lotus* [2]. Aucune figure, aucun emblème n'est plus

---

[1] *Voy.* Champollion, *ibid.*, et la pl. I de sa Lettre à M. de Blacas, représentant, d'après un monument du Musée de Turin, la reine *Tmauhmot* (ci-dessus, p. 936 sq.), sous la figure d'un sphinx ailé, avec des mains humaines et cinq mamelles. Les fig. 169 et 170 de notre pl. XLI sont très-probablement dans le même cas.

[2] *Voy.* ci-dessus, p. 820, 403 sqq., et les renvois au liv. I. *Confer.*, sur cette plante et ses parties intégrantes (κιβώριον, la capsule renfermant le fruit ou les graines; κύαμος, la fève elle-même; κολοκάσιον, la racine, et λωτός, la fleur), aussi bien que sur ses différentes variétés, ses applications à l'architecture et à la sculpture, etc., Jomard, dans la Description de l'Égypte, t. I, chap. 5, p. 20 sqq., et les mémoires de

souvent reproduit dans tous les ouvrages, non-seulement de la sculpture et de la peinture, mais encore de l'architecture égyptienne, et avec des sens plus divers ou plus riches d'idées. Le Nil, le Démiurge, l'eau en général comme principe de la nature, la vie et l'immortalité, telles sont ses principales acceptions dont la plupart ont déjà passé sous nos yeux. Les dieux de l'Égypte sont assis sur le calice du lotus comme les dieux de l'Inde, et portent sa tige sur leurs têtes ou dans leurs mains ; il entre dans les ornemens de leurs coiffures, dans ceux de leurs trônes et de leurs sceptres, dans les décorations de leurs temples.

2° Le *palmier*. Le lit des prêtres égyptiens était fait de ses rameaux. Cet arbre renommé à cause de l'âge avancé où il parvient, était un symbole du cycle de l'année, parce que tous les mois ses branches se renouvellent. Il ne joue pas un rôle moins important que le lotus dans l'architecture égyptienne [1].

3° L'*ognon de mer*. « Il recevait des honneurs divins (dit Sprengel, Hist. de la Botanique, I, p. 29). Il avait un temple à Péluse ; car l'on apprit de bonne heure à l'employer au traitement de l'hydropisie causée par les exhalaisons des marais (plaie de Typhon). De là une foule d'allégories sur l'ognon de mer, dans la langue sacrée des Égyptiens. » On l'appelait l'œil de Typhon [2].

4° Le *persea*, arbre éthiopien transplanté en Égypte avec les colonies sacerdotales, et de tout temps consacré à *Isis*. Un grand nombre de traditions s'y rattachaient. Aujourd'hui cette plante a complétement disparu du sol de l'Égypte ; mais la croyance à sa sainteté vit encore dans les légendes chrétiennes

---

MM. de Savigny et Delile, cités là même ; Voss, sur les Géorgiques de Virgile, II, 84, p. 292 sqq., et III, 394 ; C. Sprengel, Hist. de la Botanique (en allem.), t. I, ch. 3, p. 28, et tab. 7. *Add.* nos pl. et leur explication, *passim*.

[1] *Confer.* Te Water ad Jablonski Voc. Ægypt., p. 48 ; Bœttiger, Isisvesper, p. 126 ; Descript. de l'Ég., Antiquités, *passim*.

[2] *Confer.* Lucian. Juppit. Tragœd., p. 152 ; Jamblich., de Myst. Ægypt., p. 150 (κρομμύον, Scylla maritima).

et mahométanes [1]. C'était un symbole de fraîcheur et de vie, une image consolante dans la grande séparation de la mort. Aussi voit-on le *persea* sur les cercueils des momies et sur d'autres monumens funéraires. Des feuilles de *persea* entrent encore dans la décoration des chapiteaux des colonnes du grand temple à Edfou [2].

5° Le *Tau égyptien*, la *croix à anse* ou la *clef du Nil*. Il existe une diversité extrême d'opinions sur le vrai nom et le vrai sens de cette figure. On la remarque déjà sur les plus anciens monumens de l'Égypte. Les pères de l'église y voyant une croix véritable, en racontaient des miracles. Saumaise s'est rangé à leur sentiment [3]. Lacroze, Jablonski, Heyne [4] y trouvent, au contraire, l'image d'un phallus avec rapport au signe de la planète de Vénus (♀). Zoëga [5] a combattu cette opinion, et avance que c'est une clef du Nil; que dans la main d'*Isis*, cet emblème caractérise la grande déesse qui ouvre et ferme le sein de la nature. Denon et autres ont suivi Zoëga. Sur les murs du palais de Médinat-Abou, on voit ce symbole porté par un grand nombre de personnages divers, entre autres par le roi triomphant; et les savans français, à cette occasion, le nomment simplement l'*attribut de la divinité* [6]. Visconti a repris l'opinion de Jablonski et l'a développée par de savans parallèles avec les symboles asiatiques, particulièrement ceux de l'Inde; Larcher partage le même avis [7]. Po-

---

[1] *Confer.* Silvestre de Sacy sur Abdallatif, p. 47 sqq., 66, 68, 72, où l'on trouvera détails et citations.

[2] Descript. de l'Ég., Antiq., vol. I, pl. 55. — Entre tous les emblèmes végétaux, c'est l'un des plus mal déterminés jusqu'ici.

[3] Tertullian. Apolog., p. 7; Cedrenus, p. 325; Jul. Pollucis Chronicon, p. 366, ed. Hardt.; Salmas, epist. de Cruce.

[4] Jabl. Voc., p. 258, ibi Te Water. Heyne, notitia mum. Mus. Getting., p. 10.

[5] De Obelisc., p. 440, 451, 585, 592.

[6] Descript. de l'Ég., Antiq., vol. I (Thèbes), p. 47.

[7] Visconti Museo Pio-Clem., II, p. 36 sqq.; Larcher sur Hérodote, II, p. 272. *Confer.* Bœttiger, l. l., p. 123.

cocke pensait que cette figure est un emblème des quatre élémens ; Pluche y reconnaissait un nilomètre. D'autres y voient une simple clef ; et la prenant dans le sens le plus général, ils y attachent l'idée d'empire, de domination sur la terre. M. Petit-Radel remarquant combien ce signe est répandu dans toute l'antiquité, et le retrouvant partout plus ou moins modifié, même sur les tombes runiques du Nord, signale son rapport avec le soleil et avec la lune, soit directement, soit indirectement : il en conclut que, très-vraisemblablement, c'est un symbole de la division de l'année en trois saisons, division usitée chez les Égyptiens et chez nombre d'autres nations antiques. [1].

6° Le *sistre*. Le nom égyptien de cet instrument de musique religieuse était *kemkem* [2]. On le retrouve à chaque instant sur les monumens de tout genre, même sur les monnaies, et sa forme reçoit les modifications les plus variées [3]. Il avait, comme les autres symboles, son histoire mythique ; *Isis*, disait-on, l'avait elle-même inventé, et en effet il jouait un rôle important dans le culte de cette déesse. C'était un instrument de percussion qui servait à battre la mesure dans les orchestres sacrés, surtout à la grande fête d'*Osiris* perdu et retrouvé. L'autre explication qu'on a voulu donner du sistre, en y voyant un nilomètre, dont les bâtons auraient servi à marquer les degrés de la crue du fleuve, se concilie à merveille avec la précédente ; car la fête d'*Osiris* ne faisait que figurer aux yeux les époques de l'année liées aux phases du fleuve. D'autres interprétations lui donnent un sens plus général : par exemple, dans les quatre bâtons qui le composent ordinairement, les Grecs ont reconnu une allusion aux quatre élémens. Mais il

---

[1] Musée Napoléon, IV, 109. *Conf.* nos planches, *passim*, surtout LII, 196, 196 *a*, et l'explicat.

[2] Jabl. Voc., p. 306, ibi Te Water. Villoteau, dans la Descript. de l'Ég., Antiq., Mém. t. I, p. 197.

[3] *Voy*. pl. LII, 160 *a*, et le Zodiaque d'Esné, bande d'en haut, pl. XLVIII, 191.

est difficile de décider laquelle de ces explications est la plus vraie ou la plus ancienne [1].

7° Le *cône tronqué*, etc. On rencontre souvent ces sortes de cônes (ou plutôt de triangles), rapprochés en grand nombre avec une telle disposition, qu'ils s'enchâssent les uns dans les autres ; ils occupent ordinairement les ouvertures ménagées pour introduire la lumière et l'air dans les temples ; ils se remarquent aussi fort souvent parmi les hiéroglyphes, et l'on y a reconnu avec raison un symbole de la lumière [2]. Au contraire, l'eau avait pour emblème, à ce qu'il paraît, des *lignes brisées*, et formant une multitude d'angles aigus. Le Nil est représenté par des lignes onduleuses de ce genre, peintes en bleu. Dans les scènes d'initiation (ou plutôt de purification), des croix à anse et des sceptres à tête de *coucoupha* se dégagent de lignes semblables pour exprimer l'eau consacrée [3].

---

[1] Une figure plus ou moins rapprochée du sistre, et que l'on a prise également pour un nilomètre, mais avec tout aussi peu de fondement, se trouve bien plus multipliée sur les anciens monumens de l'Égypte : *voy.*, entre autres, pl. XLIII, ses différentes variétés, et l'expl. de la pl. XLV, qui la reproduit nombre de fois sous d'autres aspects.

[2] Descript. de l'Ég., Antiq., vol. I (Thèbes), p. 162. — Ce symbole se combine fréquemment avec d'autres non moins significatifs ; par exemple, sur le Zodiaque rectangulaire de Dendera, pl. XLIX, et à la frise du même temple, pl. XLVIII, 188, où la lumière et la parole célestes, identifiées sous cette forme emblématique, semblent découler de la source de toute lumière et de toute doctrine, *Thoth trismégiste*, le Verbe manifesté. Confer. *supra*, p. 855 sqq., et l'explic. des planches, n°[s] cités.

[3] *Voy.* pl. XXVIII, 135, et l'explic. des pl. XLV, XLIX, L, où sont donnés de nouveaux et intéressans développemens, non-seulement sur les symboles interprétés ici, mais sur une foule d'autres. Les renvois à cette note, qui n'y trouveraient point satisfaction ou éclaircissemens suffisans, doivent se reporter à l'Explication des planches, complément aussi étendu que nécessaire de notre travail additionnel sur l'ouvrage de Creuzer. (J. D. G.)

FIN DU TOME PREMIER.

www.ingramcontent.com/pod-product-compliance
Lightning Source LLC
Chambersburg PA
CBHW072215240426
43670CB00038B/1518